TEORIA GERAL DO
PROCESSO

O GEN | Grupo Editorial Nacional – maior plataforma editorial brasileira no segmento científico, técnico e profissional – publica conteúdos nas áreas de concursos, ciências jurídicas, humanas, exatas, da saúde e sociais aplicadas, além de prover serviços direcionados à educação continuada.

As editoras que integram o GEN, das mais respeitadas no mercado editorial, construíram catálogos inigualáveis, com obras decisivas para a formação acadêmica e o aperfeiçoamento de várias gerações de profissionais e estudantes, tendo se tornado sinônimo de qualidade e seriedade.

A missão do GEN e dos núcleos de conteúdo que o compõem é prover a melhor informação científica e distribuí-la de maneira flexível e conveniente, a preços justos, gerando benefícios e servindo a autores, docentes, livreiros, funcionários, colaboradores e acionistas.

Nosso comportamento ético incondicional e nossa responsabilidade social e ambiental são reforçados pela natureza educacional de nossa atividade e dão sustentabilidade ao crescimento contínuo e à rentabilidade do grupo.

RODOLFO DE CAMARGO
MANCUSO

TEORIA GERAL DO PROCESSO

- A EDITORA FORENSE se responsabiliza pelos vícios do produto no que concerne à sua edição (impressão e apresentação a fim de possibilitar ao consumidor bem manuseá-lo e lê-lo). Nem a editora nem o autor assumem qualquer responsabilidade por eventuais danos ou perdas a pessoa ou bens, decorrentes do uso da presente obra.
  Todos os direitos reservados. Nos termos da Lei que resguarda os direitos autorais, é proibida a reprodução total ou parcial de qualquer forma ou por qualquer meio, eletrônico ou mecânico, inclusive através de processos xerográficos, fotocópia e gravação, sem permissão por escrito do autor e do editor.

  Impresso no Brasil – *Printed in Brazil*

- Direitos exclusivos para o Brasil na língua portuguesa
  Copyright © 2018 by
  EDITORA FORENSE LTDA.
  Uma editora integrante do GEN | Grupo Editorial Nacional
  Travessa do Ouvidor, 11 – Térreo e 6º andar – 20040-040 – Rio de Janeiro – RJ
  Tel.: (21) 3543-0770 – Fax: (21) 3543-0896
  faleconosco@grupogen.com.br | www.grupogen.com.br

- O titular cuja obra seja fraudulentamente reproduzida, divulgada ou de qualquer forma utilizada poderá requerer a apreensão dos exemplares reproduzidos ou a suspensão da divulgação, sem prejuízo da indenização cabível (art. 102 da Lei n. 9.610, de 19.02.1998). Quem vender, expuser à venda, ocultar, adquirir, distribuir, tiver em depósito ou utilizar obra ou fonograma reproduzidos com fraude, com a finalidade de vender, obter ganho, vantagem, proveito, lucro direto ou indireto, para si ou para outrem, será solidariamente responsável com o contrafator, nos termos dos artigos precedentes, respondendo como contrafatores o importador e o distribuidor em caso de reprodução no exterior (art. 104 da Lei n. 9.610/98).

- Capa: Danilo Oliveira

- Fechamento desta edição: 06.04.2018

- CIP-BRASIL. CATALOGAÇÃO NA PUBLICAÇÃO
  SINDICATO NACIONAL DOS EDITORES DE LIVROS, RJ

  M237t
  Mancuso, Rodolfo de Camargo
     Teoria geral do processo / Rodolfo de Camargo Mancuso. – 1. ed. – Rio de Janeiro: Forense, 2018.

     Inclui bibliografia
     ISBN 978-85-309-8057-3

     1. Processo civil – Brasil. 2. Direito processual civil – Brasil. I. Título.

  18-48638   CDU: 347.91/.95(81)

  Meri Gleice Rodrigues de Souza – Bibliotecária CRB-7/6439

*O presente livro é, singelamente, dedicado a todos os alunos
do curso de bacharelado e orientandos de mestrado e doutorado,
aos quais, ao longo de mais de três décadas de magistério na
Faculdade de Direito da Universidade de São Paulo – FADUSP,
procurei transmitir meus modestos conhecimentos de Direito Processual Civil,
na expectativa de que este trabalho possa contribuir em alguma medida
para o seu êxito profissional nas carreiras jurídicas que tenham adotado.*

NOTA INTRODUTÓRIA

Ao longo dos anos em que tivemos a oportunidade de lecionar Processo Civil e Teoria Geral do Processo, como docentes da USP e, esporadicamente, em aulas e palestras em outras instituições, tais como a magistratura, o Ministério Público, a Advocacia e a Defensoria Pública, fomos nos convencendo da importância e da utilidade de ser priorizada a explicação acerca dos vários tópicos abordados, antes mesmo da singela explanação doutrinária, dado que o Processo é um ramo do conhecimento jurídico preordenado a se realizar, precipuamente, no ambiente forense, enquanto instrumento para a consistente formulação de pretensões e resistências das partes, assim em primeiro grau como na instância recursal.

A Teoria Geral do Processo é de suma importância para a assimilação, por parte dos operadores do Direito, bem como pelos estudantes, da extensão-compreensão da disciplina processual, a qual, de um lado, expõe a estrutura, os princípios e as diretrizes desse ramo do conhecimento, e, de outro lado, confere coesão sistêmica ao ordenamento jurídico como um todo, já que o Processo Civil opera em modo supletivo e subsidiário em face dos demais ramos do Direito, tais como o trabalhista, o previdenciário, o tributário, o constitucional, o administrativo, o eleitoral, o ambiental e até mesmo o penal. Nesse sentido, o disposto nos arts. 15 e 1.046, § 2º, do vigente CPC – Lei 13.105/2015. Daí a reconhecida função instrumental do Processo Civil.

O grande diferencial entre o Processo estabelecido no vigente CPC e aquele antes regido pelo Código de 1973 reside nisso que a nova legislação processual codificada instaura e consagra um ambiente claramente precedentalista (acórdãos do STF no controle concentrado de constitucionalidade; súmulas; decisões – quadro do STF e do STJ em recursos excepcionais afetados como representativos da controvérsia; acórdãos do STF em recurso extraordinário reconhecido com repercussão geral; acórdãos em incidente de assunção de competência; teses jurídicas firmadas em incidente de resolução de demandas repetitivas; questões de ordem estabelecidas em Plenário ou Órgão Especial dos tribunais), como se colhe de muitos dispositivos, como arts. 332, I e IV; 927 e incisos; 932, IV, *a*, e V, *a*; art. 947, § 3º; 955, parágrafo único e incisos; 966, §§ 5º e 6º (estes inseridos pela Lei 13.256/2016); 985 e incisos; 988, III e IV (estes com redação da Lei 13.256/2016); 1.040 e incisos.

Esse renovado panorama induz ao reconhecimento de uma clara aproximação ou nivelamento, conceitual e operacional, entre a norma legislada e a norma judicada, implicando uma realocação do Direito brasileiro, agora postado a meio caminho entre as famílias do *civil law* e do *common law*, com o relevante e inevitável impacto em nosso ambiente processual.

O operador do Direito, assim como os estudantes, precisa, pois, estar atento e empenhado em bem conhecer essa nova realidade, afinada com a proposta de um processo civil de resultados, levando a que hoje não mais basta o reconhecimento judicial de uma dada situação de vantagem (*jurisdictio in sola notio consistit*), mas impende ainda que o direito, o valor, o bem da vida reconhecidos no julgado sejam efetivamente outorgados a quem de direito, num lapso de tempo razoável, como afirmado nos arts. 4º e 139, IV, do vigente CPC.

A presente obra almeja colocar-se em simetria com esse renovado ideário, buscando, como antes dito, priorizar a explicação dos princípios, dos institutos e das categorias processuais, inclusive reportando-os sistematicamente ao Direito positivado, e ilustrando as explanações, sempre que pertinente, com quadros sinóticos, úteis à melhor visualização e à compreensão dos textos.

SUMÁRIO

Capítulo 1 – O que se entende por Teoria Geral do Processo?..................... 1

Capítulo 2 – Competência legislativa em matéria processual e procedimental..... 7

Capítulo 3 – Lei processual: natureza, fontes, interpretação e aplicação......... 13
   3.1   Natureza e fontes da norma processual... 14
   3.2   Interpretação e aplicação da norma processual 25
          3.2.1   Método gramatical 27
          3.2.2   Método lógico-sistemático 28
          3.2.3   Método histórico-sociológico 32
          3.2.4   Método teleológico 33

Capítulo 4 – Direito e Ação.. 43

Capítulo 5 – Concepções (i) unitária ou monista e (ii) dualista do Direito e sua repercussão no âmbito processual.. 55

Capítulo 6 – Linha evolutiva do Direito Processual e correlata implicação entre pretensão material e processo 63

Capítulo 7 – Princípios do Direito Processual.. 71
   7.1   Distinção entre princípios e normas e sua repercussão no âmbito processual 71
   7.2   Princípios processuais em espécie 77
          7.2.1   Inafastabilidade do controle judicial, garantia de acesso à Justiça, ou ainda ubiquidade/universalidade da jurisdição 79
          7.2.2   Devido processo legal... 84

7.2.3   Igualdade ou isonomia processual 92
7.2.4   Imparcialidade do julgador 97
7.2.5   Motivação das decisões 103
7.2.6   Tempestividade da resposta jurisdicional 110
7.2.7   Princípio da demanda, da ação, ou ainda da inércia inicial, conectado ao princípio dispositivo 118
7.2.8   Duplo grau de jurisdição 126

Capítulo 8 – Escopos do processo 135

Capítulo 9 – Meios auto e heterocompositivos de resolução de conflitos 143

Capítulo 10 – Pirâmide de resolução de conflitos 161

Capítulo 11 – Poder Judiciário 169

Capítulo 12 – Os Tribunais da Federação: STF e STJ 185

Capítulo 13 – As Justiças especiais: Trabalhista, Eleitoral, Militar 193

Capítulo 14 – A Justiça Estadual, do Distrito Federal e Territórios 199

Capítulo 15 – Funções essenciais à Justiça 203
15.1   Ministério Público 204
15.2   Advocacia, contratual e institucional 211
15.3   Defensoria Pública 220

Capítulo 16 – Categorias fundamentais do Direito Processual: jurisdição; ação e defesa; processo e procedimento 227
16.1   De ordem geral 227
16.2   Jurisdição e competência 231
16.3   Ação e defesa 249
16.4   Processo e procedimento 272

Capítulo 17 – Atos do processo e os sujeitos que os realizam 285

Capítulo 18 – Identificação das ações 299
18.1   Partes 305
18.2   Pedido 311
18.3   Causa de pedir 314

Capítulo 19 – Tutela provisória: o direito provável, com ou sem caráter acautelatório ou de urgência 319

Capítulo 20 – Sistema probatório 329

Capítulo 21 – Fases do processo 357
    21.1   Fase postulatória 361
    21.2   Fase de saneamento ou ordinatória 364
    21.3   Fase instrutória ou probatória 365
    21.4   "Fase" decisória 371
    21.5   Fase recursal 374
    21.6   Fase satisfativa (cumprimento de sentença) ou processo de execução... 378

Capítulo 22 – Sistema recursal 383

Capítulo 23 – Cumprimento do julgado e processo de execução 401

Capítulo 24 – Nulidades processuais 413

Capítulo 25 – Preclusão e coisa julgada 419

Capítulo 26 – Épocas do trabalho forense 439

Capítulo 27 – O Conselho Nacional de Justiça 445

Bibliografia 453

Sítios eletrônicos 459

1

O QUE SE ENTENDE POR TEORIA GERAL DO PROCESSO?

É facilmente constatável que vários ramos do Direito Positivo apresentam uma "teoria geral", em que são dispostos e sistematizados os fundamentos, princípios e diretrizes que regem a matéria. Assim, fala-se em "teoria geral" do Direito Civil, Penal, Tributário, Administrativo, Trabalhista. A par disso, as respectivas codificações, não raro, trazem uma "Parte Geral", com análoga finalidade, como o faz, por exemplo, o vigente CPC – Lei 13.105/2015 – cujo Livro I – "Das Normas Processuais Civis" – é encimado pela expressão "Parte Geral".

A propósito, a Exposição de Motivos do novo CPC – Lei 13.105/2015 – anota no item nº 5: "O Novo CPC conta, agora, com uma Parte Geral, atendendo às críticas de parte ponderável da doutrina brasileira. Nesse Livro I, são mencionados princípios constitucionais de especial importância para todo o Processo Civil, bem como regras gerais, que dizem respeito a todos os demais livros. A Parte Geral desempenha o papel de chamar para si a solução de questões difíceis relativas às demais partes do Código, já que contém regras e princípios gerais a respeito do funcionamento do sistema". Noutra passagem, em nota de rodapé nº 33, prossegue a Exposição de Motivos: "O profundo amadurecimento do tema que hoje se observa na doutrina processualista brasileira justifica, nessa oportunidade, a sistematização da teoria geral do processo, no novo CPC".[1]

Igualmente, as faculdades de Direito costumam trazer em seus currículos certas disciplinas que se valem da expressão "teoria geral", como se passa na Faculdade de Direito da Universidade de São Paulo (FADUSP), em cuja grade do bacharelado vem disponibilizada a matéria nominada "Teoria Geral do Processo", no âmbito do Departamento de Direito Processual, o qual tivemos a honra de integrar por mais de três décadas.

---

[1] Disponível em: <www.senado.gov.br/senado/novocpc/pdf/Anteprojeto.pdf>. Acesso em: 10 fev. 2017.

A propósito, anota Fredie Didier Júnior: "A disciplina Teoria Geral do Processo pode ser encontrada na grade curricular dos cursos de bacharelado em Direito das principais instituições de ensino superior brasileiras. Raros são os cursos que não a preveem como disciplina obrigatória. 'Teoria Geral do Processo' é a designação mais comum, embora apareçam 'Teoria do Processo', 'Direito Processual Geral', 'Introdução ao Processo', 'Introdução ao Estudo do Processo', 'Introdução ao Direito Processual' e 'Introdução ao Estado do Direito Processual'. Em algumas faculdades, há uma disciplina introdutória ao processo civil, que reúne conteúdo de introdução ao Direito Processual".[2]

Algumas faculdades de Direito (como se passa na FADUSP) contemplam, a par da disciplina "Teoria Geral do Processo", também o "Processo Civil I". Todavia, ainda assim se justifica aquela primeira, porque sua finalidade básica é expor a matéria processual em sua dimensão abrangente, expondo seus fundamentos, princípios e diretrizes, por modo a permitir, assim ao estudante como ao próprio operador do Direito o conhecimento sistemático da ciência processual, explicando as linhas mestras dos grandes temas que a compõem. Especialmente no tocante aos estudantes, o que se pretende é familiarizá-los com os temas fundantes do Processo, os quais, no decorrer do curso, serão examinados de forma pontual, em maior extensão e compreensão.

Assim é que os seguintes tópicos constituem objeto da Teoria Geral do Processo, independentemente da ordem em que venham tratados em sede doutrinária:

(*i*) a relação entre Direito e Processo e as respectivas concepções (*a*) unitária ou monista e (*b*) dualista do Direito;

(*ii*) a competência legislativa, assim em matéria propriamente processual como no campo procedimental;

(*iii*) a lei processual, em sua natureza, fontes, interpretação e aplicação;

(*iv*) síntese histórica da evolução do Direito Processual;

(*v*) os princípios retores do Direito Processual e os escopos por ele objetivados;

(*vi*) os meios de resolução de conflitos e sua tendencial *desjudicialização*, sob o ideário de um processo de estrutura cooperatória;

(*vii*) os três pilares em que se assenta a relação jurídica processual: *Ação* (a judicialização das controvérsias); *Jurisdição* (contenciosa e voluntária);

---

[2] *Sobre a Teoria Geral do Processo* – essa desconhecida. 3. ed. Salvador: JusPodivm, 2016, p. 183-184.

Processo (de conhecimento; de cumprimento do julgado ou de execução; cautelar ou tutela provisória);

(*viii*) as instituições essenciais ao funcionamento da Justiça estatal: Ministério Público, Defensoria Pública, Advocacia, privada e pública;

(*ix*) os atos do processo, praticados pelos sujeitos que o integram, assim o *imparcial* – juiz/desembargador/ministro – como os *parciais*, assim os que o compõem originalmente (autor e réu, singularmente ou litisconsorciados) como pelos que vêm a integrá-lo ulteriormente, tais os terceiros intervenientes (CPC, arts. 119-132), o opoente (CPC, art. 682), o proponente dos embargos de terceiros (CPC, art. 674 e incisos), os aderentes sequenciais, tal o *amicus curiae* (CPC, art. 138), e ainda os atos dos auxiliares da justiça (CPC, art. 149);

(*x*) as nulidades processuais;

(*xi*) a identificação das ações a partir de seus elementos – partes, pedido, causa de pedir – e os seus relevantes reflexos nos diversos tópicos da relação processual;

(*xii*) as épocas do trabalho forense;

(*xiii*) as fases do processo, a saber, a postulatória, a probatória, a decisória, a recursal, a satisfativa;

(*xiv*) o Poder Judiciário, em sua tríplice dimensão – poder, função, atividade – as Justiças comum e especial e o órgão planejador diretivo e correcional no plano macro: o Conselho Nacional de Justiça;

(*xv*) a competência dos órgãos jurisdicionais;

(*xvi*) o sistema probatório;

(*xvii*) o sistema recursal;

(*xviii*) o cumprimento do julgado e o processo de execução;

(*ixx*) o regime das preclusões e da coisa julgada.

Sem embargo da hoje reconhecida autonomia disciplinar e utilidade prática da Teoria Geral do Processo, de início ela encontrou resistência para firmar-se no plano acadêmico, e isso sob argumentação diversa, desde uma afirmada superfetação em face do que já se contém no próprio Direito Processual, passando pela dificuldade em se estruturar uma disciplina capaz de operar como paradigma aplicável aos diversos Processos, mormente o Penal, até o questionamento acerca da consistência dogmática da disciplina.

Nesse sentido, afirma Fernando Antônio Negreiros Lima: "Uma importante parcela da doutrina existe – sobretudo entre os estudiosos do processo penal – que entende não ser viável uma teoria geral do processo, sustentando que, para cada ramo do direito processual, deve-se conceber uma teoria própria. Postulam-se a autonomia e a dignidade do processo penal, mencionando a impossibilidade de generalizar categorias tais como ação, jurisdição e processo".[3] Assim, Rogério Lauria Tucci entendia ser "inadmissível a absorção, pelo processo penal, de diversificados regramentos e institutos próprios do civil".[4] Em verdade, como obtempera José Eduardo Carreira Alvim, "na elaboração de uma *teoria geral do processo*, não se pretende afirmar a 'absoluta identidade entre o processo civil e o processo penal', mas que as pilastras do ordenamento processual são comuns aos dois tipos de processo, como os conceitos de jurisdição, ação e processo, e muitos outros institutos também o são, tanto no processo civil quanto no processo penal, como a citação, a intimação, a sentença, a coisa julgada etc."[5]

A seu turno, Cândido Rangel Dinamarco afirmara em sua tese de titularidade na FADUSP (1986), a propósito da então excogitada Teoria Geral do Processo: "Ainda incipiente e problemática quanto ao reconhecimento de sua própria legitimidade científica, ela não tem até hoje suas linhas bem definidas, nem o âmbito de sua abrangência. Mas é significativo o seu poder de síntese indutiva do significado e diretrizes do direito processual como um sistema de institutos, princípios e normas estruturados para o *exercício do poder* segundo determinados objetivos: passar dos campos particularizados do processo civil, trabalhista ou penal (e administrativo e legislativo e mesmo não estatal) à integração de todos eles num só quadro e mediante uma só inserção no universo do direito é lavor árduo e incipiente, que a teoria geral do processo se propõe a levar avante". Teoria geral do processo, é, nessa perspectiva, um *sistema de conceitos e princípios elevados ao grau máximo de generalização útil e condensados indutivamente a partir do confronto dos diversos ramos do direito processual*.[6]

A Teoria Geral do Processo, do modo como a concebemos e expomos no trabalho ora introduzido, objetiva expor e explicar, em modo premonitório, epistemológico e abrangente, os conceitos fundantes da ciência processual e sua aplicação no ambiente forense, a fim de que esses fundamentos, assim aclarados em seus aspectos básicos, possam ser depois pontualmente desenvolvidos nas disciplinas sequenciais que constituem o programa do Direito Processual como um todo. Assim se passa, por exemplo, com a exposição, no contexto da Teoria Geral do Processo, dos fundamentos da instrução

---

[3] *Teoria Geral do Processo Judicial*. São Paulo: Atlas, 2013, p. 252.
[4] Considerações acerca da inadmissibilidade de uma Teoria Geral do Processo. *Revista Jurídica*, Porto Alegre, 2001, n. 281, p. 49.
[5] *Teoria Geral do Processo*. 19. ed. Rio de Janeiro: Forense, 2016, p. 38.
[6] *A instrumentalidade do processo*. 6. ed. São Paulo: Malheiros, 1998, p. 58-59.

probatória e das possibilidades impugnativas, pavimentando e encaminhando o posterior estudo pontual das "provas em espécie" e "recursos em espécie".

A Teoria Geral do Processo opera, assim, como a parte introdutória do ramo do Direito Público nominado "Direito Processual", em suas dimensões acadêmica e forense, disciplina que foi gradualmente se expandindo, hoje abrangendo, para além do Processo Civil e Penal, ainda a parte instrumental dos Direitos Constitucional, Tributário, Trabalhista, Previdenciário, Eleitoral, Consumerista, Ambiental.

Nesse sentido, observa Fernando Antônio Negreiros Lima: "Categorias teóricas, tais como ação, exceção, jurisdição, processo, são passíveis de uma generalização conceitual mínima, que lhes apreenda os traços compartilhados. As particularidades hão de ser explicadas, por suposto, mas isso a partir do tronco comum. Noções como *competência, demanda, impugnação e procedimento* conservam linhas gerais que, em qualquer dos ramos do Direito Processual, são facilmente identificáveis e reconduzíveis a uma ideia nuclear".[7]

No tocante às relações entre a Teoria Geral do Processo e o Direito Constitucional, afirma Paulo Roberto de Gouvêa Medina: "Na Constituição residem, com efeito, as fontes da chamada trilogia estrutural do processo – jurisdição, ação e processo – além de, nela, se estabelecerem os princípios básicos do Direito Processual. No Brasil, ademais, a estrutura do Poder Judiciário é inteiramente traçada pela Constituição. A jurisdição constitucional, tanto no que diz respeito ao controle da constitucionalidade quanto no que se refere à tutela dos direitos fundamentais – a chamada jurisdição constitucional da liberdade –, é objeto de estudo do Direito Processual Constitucional, que tem como prerrequisito a Teoria Geral do Processo".[8]

Por conta do maior desenvolvimento da matéria processual no âmbito *cível*, compreende-se que o Processo Civil, além de instrumentar as controvérsias encaminhadas à correspondente jurisdição civil, ainda opere como *fonte subsidiária e supletiva* em face dos outros Processos antes mencionados, assim os regulados em Códigos (*v.g.*, CPP, CLT, CTN) como em leis extravagantes (*v.g.*, ação popular, ação civil pública, inquilinato, ações no controle direito de constitucionalidade), como, aliás, autorizado no próprio CPC: "*Art. 15*. Na ausência de normas que regulem processos eleitorais, trabalhistas ou administrativos, as disposições deste Código lhes serão aplicadas *supletiva e subsidiariamente*"; § *2º do art. 1.046*: "Permanecem em vigor as disposições especiais dos procedimentos regulados em outras leis, aos quais se aplicará supletivamente este Código".

---

[7] *Teoria Geral do Processo Judicial*, cit., p. 252.
[8] *Teoria Geral do Processo*. 2. ed. Salvador: JusPodivm, 2016, p. 30.

Bem por isso, Cândido Rangel Dinamarco e Bruno Vasconcelos Carrilho Lopes esclarecem que empreitaram uma "*teoria geral do processo civil*, em que as atenções se endereçam aos institutos fundamentais integrantes da estrutura do sistema do processo civil, com as especificações que lhe são próprias, mas sem as especificações próprias a um compêndio em que os pormenores são estudados. Aqui se focalizam a *jurisdição* civil, a *ação* civil, a *defesa* no processo civil e o próprio *processo* civil".[9]

Por análogas razões, a teoria geral exposta no presente livro apresenta expressiva e preponderante ênfase no Processo Civil, já que este, como tronco básico, apresenta-se como o *provedor natural* em face dos demais ramos instrumentais regulados em outras normações; assim é que a exposição tem foco no Processo Civil, e, na medida do que seja possível, adequado e proveitoso, são feitas pontuais conexões com os demais ramos processuais. Nem poderia ser diferente, porque, de outro modo, o trato abrangente e exauriente de cada tópico em face de cada um dos ramos que compõem o largo plexo do *Direito Processual*[10] reclamaria uma empreita enciclopédica, em detrimento do sentido de unidade da exposição e do objetivo premonitório e prático a que se devota a Teoria Geral do Processo.

Nesse sentido, Cândido Rangel Dinamarco alerta que "é indispensável definir os limites da síntese útil, sem chegar a extremos de generalização dos quais nada de proveitoso possa retornar a cada ramo do processo: a exagerada extensão dos conceitos e princípios seria propícia à diluição da força de agregação, que cada qual tem, como elemento retor de institutos e critério interpretativo de disposições endereçadas ao objetivo eleito".[11]

Por análogas razões de concisão e objetividade, esta obra não almeja estender-se em demasia por múltiplas controvérsias doutrinárias e debates acadêmicos, tendo antes sua concepção e elaboração sido instigada por nossa própria experiência no magistério do Direito Processual Civil e especialmente de sua Teoria Geral, na FADUSP. Desse modo, buscamos priorizar a exposição objetiva e elucidativa acerca dos diversos tópicos analisados, sempre conectando-os às respectivas fontes normativas, codificadas ou constantes da legislação extravagante, com vistas a imprimir a desejável utilidade prática à obra.

---

[9] *Teoria Geral do Novo Processo Civil*. São Paulo: Malheiros, 2016, p. 17.
[10] Por exemplo, os incisos XXV, XXXVI, XXXVII, XXXVIII, LV, LVI, LVII, LXVIII, LXIX, LXX, LXXI, LXXII, LXXIII e LXXVIII do art. 5º da CF, apesar de inseridos nessa Carta Magna, são de natureza claramente processual, donde sua explicitação e regulamentação ter sido repassada ao legislador ordinário federal – CF, art. 22, I.
[11] *A instrumentalidade...*, 6. ed., cit., p. 67.

2

COMPETÊNCIA LEGISLATIVA EM MATÉRIA PROCESSUAL E PROCEDIMENTAL

Conquanto os vocábulos "processo" e "procedimento" remontem ao mesmo radical latino, algumas precisões devem ser destacadas:

(*i*) a palavra "processo" é polissêmica ou plurívoca, consentindo mais de uma percepção: (*a*) um sentido *físico*, significando "autos do processo", concepção que tende a perder relevância à medida que avança a implantação do processo eletrônico (CPC, arts. 193-199; Lei 11.419/2006); (*b*) um sentido *acadêmico*, sinalizando a disciplina ministrada nas faculdades de Direito, permitindo falar-se nas cátedras de Processo Civil ou de Processo Penal; (*c*) um sentido de *ramo autônomo do Direito Público*, nominado "Direito Processual", dotado de princípios, metodologia e objetivos próprios; (*d*) enfim, o sentido de uma vera *relação jurídica*, de estrutura bilateral e natureza instrumental, adjacente às relações de Direito Material mas ao mesmo tempo autônoma em face destas, viabilizando a judicialização das controvérsias não compostas consensualmente ou não suscetíveis de sê-lo por outros meios auto e heterocompositivos ou ainda aquelas que, por peculiaridades da matéria ou da pessoa, reclamam necessária passagem judiciária;

(*ii*) a palavra "procedimento" provém da junção dos termos latinos *pro* e *caedere*, significando, literalmente, "cair para a frente", sinalizando a dinâmica de atos concatenados e realizados sob um dado *modo de ser*: cadenciado ou célere; documental ou oral; formal ou informal, expressando, assim, um sentido ritualístico, permitindo falar-se em procedimento *comum* (CPC, art. 318 e parágrafo único) e procedimentos *especiais*, de jurisdição contenciosa e voluntária, regulados, assim no CPC (arts. 539-770 e parágrafo único), como na legislação extravagante, por exemplo, o rito sumário observado na ação de mandado de segurança – Lei 12.016/2009.

O processo, no sentido estrito de *relação jurídica processual*, caracteriza-se pelo evolver de atos e termos sequenciais, animados pela unidade de um fim adrede estabelecido:

(a) *eliminação da incerteza*, no caso do processo de conhecimento (*cog + noscere*: apreender com profundidade o objeto litigioso, sob a égide da chamada jurisdição integral), mediante a decisão de mérito, preordenada à oportuna agregação da coisa julgada material, a qual estabiliza e imuniza os comandos proferidos nas ações declaratórias, condenatórias, desconstitutivas, mandamentais, valendo ressaltar que o CPC inclui dentre as legítimas aspirações das partes o "direito à resolução integral do mérito" – art. 4º;

(b) *realização prática do direito reconhecido* no título revestido de força executiva, seja aquele formado na Justiça (comandos prestacionais de pagar, entregar coisa, fazer ou não fazer: CPC, art. 515 e incisos) ou nas relações interpessoais e negociais, das quais derivam os títulos executivos extrajudiciais (CPC, art. 784 e incisos), valendo ressaltar que o art. 4º do CPC inclui no conteúdo ocupacional do juiz o zelo pela realização da "atividade satisfativa";

(c) *outorga de segurança* a pessoas, coisas, situações, nos casos de danos temidos, de difícil ou incerta reparação, e onde se apresente algum risco para o resultado útil do processo, mediante processo cautelar (*fumus boni iuris* e *periculum in mora*), renomeado no vigente CPC como *tutela provisória*, a par dos direitos prováveis, considerados, *ex lege*, como evidentes (CPC, art. 311 e incisos), valendo observar que a garantia constitucional de acesso à Justiça (CF, art. 5º, XXXV) tem em vista não só a proteção ao direito lesado (dano sofrido) como também os casos de "ameaça a direito", ou seja, os danos temidos.

É dizer, enquanto o *processo* apresenta-se como a sucessão de atos concatenados, animados pela consecução de uma das finalidades antes mencionadas, já o *procedimento* representa a *forma*, o *modo* ou a *intensidade* do evolver do processo, como fica evidente na fase satisfativa, que, sendo vocacionada à finalidade básica de realização prática do título exequendo, comporta mais de um *rito* para consecução de tal desiderato, segundo a natureza da obrigação já reconhecida, ou seja, para pagamento de quantia, realização de obrigação de fazer ou não fazer, ou de entregar coisa móvel ou imóvel (CPC, arts. 806-830 e parágrafos), tudo sob a força coercitiva que caracteriza a justiça estatal. Nesse sentido, dispõe o art. 778, *caput*, do CPC: "Pode promover a execução *forçada* o credor a quem a lei confere título executivo".

Em que pesem o esforço doutrinário, ou mesmo do legislador, com vistas a distinguir *processo* e *procedimento*, pode dar-se que a lei, ao referir-se a "processo", em verdade acabe por alinhar características que melhor se prestam a identificar "procedimento", como parece ter ocorrido no caso dos Juizados Especiais regidos pela Lei 9.099/1995, cujo art. 2º, conquanto mencione a palavra "processo", indica dados que melhor se afeiçoam ao *rito*, a saber: "oralidade, simplicidade, informalidade, economia processual e celeridade (...)", ou seja: o *modo de ser* dos processos que tramitam nessa instância.

Releva observar que o constituinte, ao dispor sobre as competências legislativas dos três entes da Federação – União, Estados, Municípios – assim distinguindo-as em *exclusivas ou privativas, comuns, concorrentes* e *residuais* (CF, arts. 22 a 24), parece ter levado em conta as precisões conceituais antes lembradas, porque, ao referir-se à atribuição exclusiva ou privativa da União para legislar nos diversos ramos do Direito Positivo, aí inseriu o *Direito Processual* (CF, art. 22, I), ao passo que, ao tratar da competência concorrente dos Estados e do Distrito Federal em diversas matérias, aí inseriu o poder de legislar nos "*procedimentos* em matéria processual" (inciso XI do art. 24).

Assim é que uma norma não se define como *processual* ou *procedimental* em função do corpo legislativo onde está inserida, e sim pela sua *natureza*, ou seja: no primeiro caso, a *instrumentação* de um dado direito material no ambiente forense; no segundo caso, a fixação do *modo de ser* pelo qual um dado processo judicial vai se desenvolver. É preciso ainda atentar para o fato de que um mesmo diploma legal pode abrigar normas que relevam do direito material a par de outras de conteúdo processual, como, por exemplo, a Lei 7.347/1985, sobre a ação civil pública, texto legal que nos parece "de índole *predominantemente* processual, visto que, precipuamente, oferece os meios judiciais hábeis à efetivação, em juízo, da tutela aos interesses metaindividuais reconhecidos nos textos substantivos".[1]

Embora os órgãos jurisdicionais não sejam dotados, por conta da separação entre os Poderes, de função legislativa (em que pesem os recorrentes casos de ativismo judicial excessivo, não raro atritando a exigência de reserva legal), aos tribunais é dado dispor, regimentalmente, sobre aspectos atinentes à economia interna da Corte e outras particularidades concernentes à divisão de trabalho entre suas frações e ainda sobre o *status* funcional

---

[1] *Ação Civil Pública – em defesa do meio ambiente, do patrimônio cultural e dos consumidores* – Lei 7.347/1985 e legislação complementar. 14. ed. São Paulo: Thomson Reuters/Revista dos Tribunais, 2016, p. 34.

de seus servidores administrativos, podendo ser lembrados os Enunciados Administrativos aprovados pelo STJ em sessões de 02 e 09.03.2016, visando adaptar os trâmites dessa Corte superior às inovações trazidas pelo novo CPC – Lei 13.105/2015, alterada pela Lei 13.256/2016.

Nesse sentido, a CF confere aos tribunais, privativamente, o poder de dispor "(...) sobre a competência e o funcionamento dos respectivos órgãos jurisdicionais e administrativos" – art. 96, I, *a*; já com relação às Justiças estaduais, a CF diz que elas "organizarão sua Justiça, observados os princípios estabelecidos nesta Constituição", sendo que a competência desses tribunais locais "será definida na Constituição do Estado, sendo a lei de organização judiciária de iniciativa do tribunal de justiça" (art. 125 e § 1º). Assim é que, *v.g.*, a Constituição Paulista (D.O. 09.12.2009) dispõe no parágrafo único do art. 73: "O Tribunal de Justiça exercerá, em matéria administrativa de interesse geral do Poder Judiciário, direção e disciplina da Justiça do Estado".

No âmbito dessa distribuição de competência e de atribuições, cabe registrar que, a par dos órgãos com atribuição administrativa, disciplinar e correcional existentes ao interno de todos os tribunais – Conselhos, Corregedorias, Tribunal Pleno ou, em certos casos, Órgão Especial – merece registro o Conselho Nacional de Justiça, apresentando composição paritária, o qual, posto não seja, propriamente, um órgão jurisdicional (em que pese figurar no rol constante do art. 92 da CF), situa-se num patamar diferenciado, operando no plano macro, de supervisão administrativa, financeira e correcional do Judiciário ao nível nacional, como se colhe das amplas atribuições listadas no art. 103-B da CF, com destaque para o § 4º, atribuindo ao CNJ "o controle da atuação administrativa e financeira do Poder Judiciário e do cumprimento dos deveres funcionais dos juízes (...)". Isso, sem prejuízo do disposto no Estatuto da Magistratura (evocado naquele dispositivo da CF), a saber a LC 35/1979, cujo art. 21 dispõe caber aos tribunais, privativamente: (...) III – elaborar seus regimentos internos e neles estabelecer, observada esta Lei, a competência de suas câmaras ou turmas isoladas, grupos, seções ou outros órgãos com funções jurisdicionais ou administrativas".

Vale ainda mencionar que a CF contempla várias matérias de natureza *processual*, tais: as ações no controle direto de constitucionalidade – ADIn, ADCon, ADPF, inconstitucionalidade por omissão – §§ 1º e 2º do art. 102; § 2º do art. 103; súmula vinculante do STF – art. 103-A e parágrafos; mandado de segurança – art. 5º, LXIX; *habeas data* – art. 5º, LXXII e alíneas; ação popular – art. 5º, LXXIII; ação civil pública – art. 129, III. Todavia, a *regulamentação* de tais temas, ou seja, o seu perfil propriamente processual, remanesce em mãos do legislador ordinário federal, por força da competência estabelecida no art. 22, I, da CF. Assim, na ordem dos temas antes indicados, foram editadas as Leis: 9.868/1999, 9.882/1999, 11.417/2006, 12.016/2009, 9.507/1997, 4.717/1965, 7.347/1985 e alterações posteriores.

É ainda na Constituição Federal que se encontra o conteúdo substancial do *devido processo legal* (art. 5º, LIV, LV), abrangendo tópicos diversos: *duração razoável dos processos* – art. 5º, LXXVIII; *acesso à Justiça* – art. 5º, XXXV; *funções essenciais ao funcionamento da Justiça*: Advocacia – art. 133; Defensoria Pública – art. 134; Ministério Público – art. 127; *órgãos jurisdicionais* – art. 92 e incisos; *vedação de juízo ou tribunal de exceção* – art. 5º, XXXVII; *assistência jurídica integral e gratuita aos necessitados* – art. 5º, LXXIV.

Também na Carta Magna vêm estabelecidas as bases organizacionais e as competências originárias e recursais dos tribunais na linha do Direito federal constitucional e comum (STF e STJ: arts. 102 e 105, nessa ordem) e federal especial (trabalhista, eleitoral militar: arts. 111, 118, 122, nessa ordem). O texto constitucional também traz precisões sobre certas categorias processuais, tais a *coisa julgada*, a *legitimação para agir*, a *representação processual* (arts. 5º, XXXVI, XXI), embora sua disciplina e explicitação sejam deferidas à legislação ordinária federal, tanto a codificada como aquela objeto da legislação processual extravagante, como, por exemplo, se passa com as ações previstas na lei do inquilinato (Lei 8.245/1991) ou ainda com o *habeas data* (Lei 9.507/1997).

Com relação ao CPC, cabe ressaltar sua colocação como texto fundante e referencial em matéria processual, não apenas em matéria cível (Direito Privado), mas também com relação a outros ramos do Direito Público, tais o Tributário, o Administrativo, o Eleitoral, o Trabalhista, o Previdenciário, o Ambiental, aos quais o CPC se aplica em modo subsidiário e supletivo, como se colhem dos arts. 15, § 2º, e 1.046, o primeiro expressando a posição sobranceira do processo civil e o segundo revelando o estreito nexo entre processo e procedimento.

Naturalmente, presente o princípio *lex specialis derogat generalis*, nos casos em que a legislação extravagante, codificada ou não, contenha disposição específica, é esta que será aplicada, como, por exemplo, se passa com as normas que regem a execução fiscal (Lei 6.830/1980) ou com o *jus postulandi* assegurado ao empregado, na justiça trabalhista (CLT, art. 791, *caput*), em face dos dispositivos do CPC que regem, respectivamente, o processo de execução e a capacidade postulatória. Ainda, dispõe o § 3º do art. 1.046 do vigente CPC que continuam reguladas pelos correspondentes textos legais as matérias (e respectivos processos) relacionadas no art. 1.218 do CPC/1973, enquanto não incorporadas por lei, aplicando-se-lhes, nesse interregno, o procedimento comum, tal como previsto no vigente CPC.

3

LEI PROCESSUAL: NATUREZA, FONTES, INTERPRETAÇÃO E APLICAÇÃO

Impende desde logo ter presente que os CPCs de 1973 e 2015 advieram em conjunturas nacionais muito distintas sob os aspectos políticos, social, econômico e jurídico. Exemplo expressivo está na chamada *crise numérica* dos processos judiciais, a teor do exposto no Relatório *Justiça em Números*, do CNJ (2017, ano-base 2016): "Durante o ano de 2016, ingressaram 29,4 milhões de processos e foram baixados 29,4 milhões. Um crescimento em relação ao ano anterior na ordem de 5,6% e 2,7%, respectivamente. Mesmo tendo baixado praticamente o mesmo quantitativo ingressado, com índice de atendimento à demanda na ordem de 100,3%, o estoque de processos cresceu em 2,7 milhões, ou seja, em 3,6%, e chegou ao final do ano de 2016 com 79,7 milhões de processos em tramitação aguardando alguma solução definitiva".[1]

As distintas circunstâncias históricas preexistentes quando do advento de ambos os CPCs – o atual e o de 1973 – levaram a que, enquanto na vigência deste último a jurisprudência era vista sobretudo como um elemento indutivo da persuasão judicial ou ainda como uma forma de expressão subsidiária/complementar do Direito Positivo (até mesmo a uniformização da jurisprudência – arts. 476 e 479 – era deixada ao alvitre dos tribunais), já no vigente CPC, dada a premência em enfrentar, de modo isonômico, a exacerbada crise numérica dos processos, a jurisprudência, mormente em suas formas otimizadas, vem contada dentre os padrões decisórios impositivos (CPC, art. 927 e incisos), a ponto de a contrariedade entre a pretensão inicial e uma dada súmula autorizar a liminar improcedência do

---

[1] Departamento de Pesquisas Judiciárias do CNJ. Disponível em: <www.cnj.jus.br>. Acesso em: 2 fev. 2017, p. 65 do texto impresso.

pedido (CPC, art. 332, IV); ainda, a jurisprudência está agora alçada a um patamar tão relevante que uma decisão de mérito fundada em súmula ou acórdão proferido em julgamento de casos repetitivos, sem que tenha sido feita a devida *distinção* em face das singularidades do caso concreto, fica equiparada à decisão que "violar manifestamente norma jurídica", assim autorizando o manejo de ação rescisória – CPC, art. 966, V e §§ 5º e 6º, estes últimos acrescidos pela Lei 13.256/2016.

Enquanto até o final do século passado a matéria processual era quase toda encampada pela produção legislativa, já presentemente nota-se um claro e crescente prestígio do Direito Sumular, levando a que o padrão decisório, antes centrado na *norma legal* (princípio da legalidade: CF, art. 5º e inciso II), agora venha em boa medida ocupado por diversas expressões do *Direito Jurisprudencial*: decisões do STF no controle direto de constitucionalidade; enunciados sumulares, acórdãos em incidente de assunção de competência; teses firmadas em incidente de resolução de demandas repetitivas; questões de ordem firmadas no Pleno ou Órgão Especial dos tribunais, como se colhe dos arts. 927, 332 e respectivos incisos do CPC.

3.1 Natureza e fontes da norma processual

O Direito é um todo unitário, consistente na sistematização orgânica de normas de conduta revestidas de exigibilidade e coercibilidade, levando a que a obediência aos preceitos induza a consecução dos efeitos esperados, ao passo que seu descumprimento engendra as sanções previstas na norma de regência: nulidade, multa, insubsistência, expropriação ou mesmo, no campo penal, a imposição de pena privativa de liberdade. Assim, por exemplo, a Lei 8.078/1990 declara "nulas de pleno direito" as cláusulas nos contratos consumeristas que tipifiquem as condutas descritas no art. 51 e incisos; a CF considera *nulas* as decisões judiciais despidas de fundamentação (art. 93, IX), norma recepcionada no § 1º e incisos do art. 489 do CPC.

É justamente por isso que os direitos e as obrigações se imbricam mutuamente – *jus et obligatio correlata sunt* – e é sob tal percepção que se compreende o disposto no art. 189 do Código Civil: "Violado o direito nasce para o titular a pretensão (...)". Esse preceito, no âmbito do processo civil, deve ser lido à luz das condições de admissibilidade das ações, a saber, o interesse de agir (a necessidade e utilidade da intervenção jurisdicional) e a legitimação ativa (CPC, art. 17), a par do fundamento jurídico do pedido (CPC, art. 319, III), além dos pressupostos de existência e validade da própria relação processual, por modo que o atendimento a tais quesitos permita o julgamento do mérito da pretensão. Portanto, a afirmação do art. 4º do CPC no sentido de que as partes do processo têm o *direito* de obter a *solução integral do mérito* deve ser entendida em termos, porque o direito de ação é bastante condicionado, levando a que a solução do *meritum causae* fique a depender do atendimento aos antes referidos quesitos de admissibilidade da ação ajuizada (CPC, art. 485, IV e VI).

De outra parte, impende ter presente a distinção entre "texto" e "norma": o primeiro consiste na verbalização de uma dada vontade política do legislador, expressada em vernáculo nos artigos da lei; já o segundo é o substrato, o espírito, o sentido profundo pretendido pelo legislador, que altera o *statu quo ante* ao estabelecer o *jus novum*; por exemplo, o texto do art. 16 da Lei 7.347/1985 dispõe que a coisa julgada, na ação civil pública, projeta eficácia *erga omnes*; já a norma que daí se extrai serve a elucidar a *ratio* daquele dispositivo, a saber: comandos judiciais envolvendo interesses metaindividuais, por concernirem a sujeitos indeterminados reportados a um objeto indivisível, devem se imunizar sob uma coisa julgada de eficácia expandida, diversamente do que se passa nas lides interssubjetivas, nas quais os sujeitos são determinados, permitindo assim uma coisa julgada de eficácia *inter partes* (CPC, art. 502).

Tampouco se confundem "regra" e "princípio", este último vindo associado à ideia de premissa, diretriz ou fundamento, como se passa com o art. 1º da CF, estabelecendo os *fundamentos* que regem a República Federativa do Brasil: a soberania, a cidadania, a dignidade da pessoa humana, os valores sociais do trabalho e da livre-iniciativa, o pluralismo político. Diversamente, pois, do que se passa, por exemplo, com uma regra de caráter instrutório, tal a que dispensa a prova testemunhal de um fato já provado por documento ou confissão (CPC, art. 443, II).

Admite-se, com Ronald Dworkin, que as regras operam sob uma técnica que se diria de *soma zero (all or nothing)*,[2] de modo que, se uma regra é aplicável no caso, então outra, porventura cogitável, fica afastada; se uma regra está em vigor, então outra, antecedente e de análogo conteúdo, fica superada; se duas regras são de diversa hierarquia, a superior prevalece sobre a outra. Essas ocorrências vêm roboradas por conhecidos aforismas de uso corrente na hermenêutica: *unus inclusius, alterus exclusio; lex superior derogat lex inferior; lex posterior derogat legi priori; lex specialis derogat lex generalis*. Tais critérios, em boa medida, vêm recepcionados na Lei de Introdução às normas do Direito brasileiro – dita *lei sobre leis* (Dec.-Lei 4.657/1942), redenominação dada pela Lei 12.376/2010.

---

[2] *Levando os direitos a sério*. São Paulo: Martins Fontes, 2002, p. 39.

Já os princípios, por expressarem premissas, diretrizes ou fundamentos, preordenam-se a operar no plano macro, não se afeiçoando a uma exegese mais singela ou reducionista, como se dá com as regras; antes e superiormente, ao ver de Robert Alexy, os princípios atuam como *mandados de otimização*,[3] de sorte que, em caso de conflito entre eles, deve-se proceder à devida e cautelosa *ponderação*, com vistas a saber qual deles é o mais indicado, à vista das peculiaridades da espécie e dos valores envolvidos, sem prejuízo de, num momento futuro, em sobrevindo alteração no quadro preexistente, o princípio antes preterido possa vir a ser aplicado.

Assim se verifica, por exemplo, com o princípio que estabelece a separação dos Poderes, em face daquele que reconhece independência e autonomia do Judiciário: a ponderação entre eles, ante os contornos do caso concreto, permitirá identificar se uma dada decisão judicial se conteve, legitimamente, no campo reservado à intervenção jurisdicional ou se, porventura, terá depassado esse limite, incidindo em *excesso de ativismo*. Noutro exemplo, considere-se que a CF fixa o princípio da preservação do meio ambiente (art. 170, VI), enquanto valor transcendente, transgeracional, tipificado como "bem de uso comum do povo e essencial à sadia qualidade de vida" (art. 225, *caput*); a mesma CF fixa o princípio de proteção aos "valores sociais do trabalho e da livre-iniciativa" (art. 1º, IV), buscando a "redução das desigualdades regionais e sociais" e a "busca do pleno emprego" (art. 179, VII e VIII); presentes esses parâmetros, figure-se o projeto de um megaempreendimento para construção de hidrelétrica em local adjacente a uma área de preservação ambiental permanente: caberá ao órgão competente proceder à devida *ponderação* entre os princípios, com vistas a saber qual deles se apresenta mais ponderoso na espécie.

Bem por isso, os princípios operam como *fontes subsidiárias* do Direito, e também como *meios de integração*, permitindo colmatar as lacunas da legislação, com a *analogia* e os *costumes* (Lei de Introdução às normas do Direito brasileiro – Dec.-Lei 4.657/1942, cf. Lei 12.376/2010, art. 4º), e também com a *jurisprudência*, especialmente em suas modalidades otimizadas: dominante, pacífica, sumulada.

Ao longo do tempo foram se identificando certas particularidades que permitiram estabelecer algumas distinções entre os diversos tipos de normas legais, em função de critérios diversos:

(*i*) algumas normas são geradoras de situações jurídico-materiais – por exemplo, a Lei 6.099/1974, que dispõe sobre o contrato de arrendamento

---

[3] *Teoria de los derechos fundamentales.* Madrid: Centro de Estudios Políticos y Constitucionales, 2002, p. 86-87.

mercantil (*leasing*) – ao passo que outras se destinam a instrumentar o já antes estabelecido em normas de direito material (por exemplo, o decreto regulamentador de certo imposto); outras, ainda, se preordenam a regular o *modus* pelo qual os históricos de danos temidos ou sofridos podem ser judicializados, como se passa com as normas processuais, que se caracterizam pela instrumentalidade: por exemplo, o CCi protege a posse (art. 1.210), levando a que, em sucedendo o esbulho, o *status quo ante* possa ser restaurado mediante a ação de reintegração de posse (CPC, art. 560); não raro, porém, tangenciam-se os campos das normas processuais e materiais, como, por exemplo, em matéria de prova (CCi, art. 229, e CPC, art. 442);

(*ii*) outra distinção quanto às normas diz com a sua origem, e aí se encontram as normas constitucionais, que parametrizam as demais, de menor hierarquia (art. 5º e inciso II), por exemplo, a norma que assegura o acesso à Justiça (art. 5º, XXXV), depois recepcionada na lei ordinária federal (CPC, art. 3º, *caput*), nos termos da competência estabelecida no art. 21, I, da CF); já as Justiças estaduais e a competência de seus tribunais são deixadas às respectivas Constituições locais e leis de organização judiciária (CF, art. 125 e § 1º);

(*iii*) outra diferença entre as normas está em que algumas são cogentes e imperativas, estabelecendo modelos impostos aos destinatários (por exemplo, a que estabelece a competência absoluta – CPC, art. 64 e § 1º), ao passo que outras têm natureza dispositiva ou permissiva, como tal se oferecendo ao alvitre dos interessados, por exemplo, a que consente às partes fazer a "delimitação consensual das questões de fato e de direito" a ser submetida ao Juízo, ao ensejo do saneamento do processo – CPC, § 2º do art. 357.

No tocante às *fontes* do Direito, é possível distingui-las em (*i*) *materiais*, constituídas pelos costumes sociais, as necessidades da coletividade e o perfil cultural de cada povo, e (*ii*) *formais*, estas bifurcadas em: (*a*) *principal*, a saber, a *norma legal* (especialmente nos países da família *civil law*, de perfil legicêntrico, como o Brasil – CF, art. 5º e inciso II), certo que, nos casos de lacuna, a própria lei credencia os meios (ditos *de integração*) pelos quais esses vazios podem ser colmatados: analogia, costumes e princípios gerais (Lei de Introdução às normas do Direito Brasileiro – Dec.-Lei 4.657/1942, art. 4º, redenominação cf. Lei 12.376/2010); (*b*) *secundárias*: o *costume*, a saber, a prática reiterada e uniforme de uma dada conduta, acompanhada do reconhecimento social quanto à sua legitimidade, validade e exigibilidade; a *doutrina*, a saber, o contributo dos jurisconsultos, no esclarecimento do conteúdo das disposições legais.

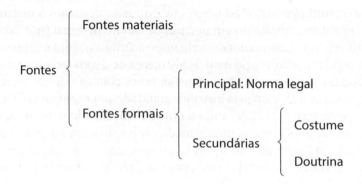

Em que pese a *presunção de completude* da ordem jurídica, fato é que o Direito não consegue identificar todas as situações carentes de regulação, e, mesmo quando seleciona uma ocorrência dita de *norma necessitada*, pode dar-se que a normação a respeito deixe em aberto algum aspecto atinente ao valor, ao interesse ou à situação objetivada. Quando tal ocorre, apresenta-se a questão das *lacunas* ou dos *vazios* do Direito, valendo desde logo distinguir:

(*i*) as *não intencionais*, decorrentes de lapso do legislador, que não atentou para certos aspectos subjacentes ou tangenciais ao tema normatizado; e,

(*ii*) as *intencionais*, ocorrentes quando, de indústria, o legislador opta por não dispor acerca de certos tópicos do tema normatizado; a rigor, esta segunda hipótese não configura propriamente uma lacuna, mas, antes, decorre de uma escolha política, no caso a disposição em não normatizar um certo aspecto que de algum modo concernia ao objeto normatizado. Tais casos podem dar ensejo ao suprimento da lacuna por intervenção de um tribunal superior, como, por exemplo, se passa com a Súmula 449 do STJ ao declarar que não constitui bem de família (matéria regulada na Lei 8.009/1990), para efeito de penhora, a "vaga de garagem que possui matrícula própria no registro de imóveis".

Deve-se dar o devido peso à separação entre os Poderes, levando a que o juiz deva operar como um *aplicador da norma* (em sua feição original ou suprida pelos meios de integração) e não como uma *law maker*, como se consente nos países de família jurídica filiada ao *common law*; de outro lado, apesar de o vigente CPC não se referir, como o fazia o CPC/1973 (art. 295, parágrafo único, III), à *possibilidade jurídica do pedido* como uma das condições da ação, fato é que o novo Código insere dentre os requisitos da petição inicial o "fundamento jurídico do pedido" (art. 319, III), parecendo-nos que, independentemente da nomenclatura, segue de atualidade a exigência de que a pretensão inicial se enquadre, ao menos abstratamente, num dado *locus* do ordenamento positivo.

Tenha-se também presente que, sendo relativa a *presunção de completude* da ordem jurídica (até por conta da impossibilidade de a legislação abarcar todos os valores e interesses existentes em sociedade), é razoável entender-se que no setor privado, onde predominam os interesses disponíveis, é lícito fazer tudo que não venha proibido, enquanto no setor público, no qual as condutas são vinculadas ao modelo legal, só é possível fazer o que venha previsto na norma de regência e no modo aí descrito.

De todo modo, não é dado ao juiz deixar de decidir acerca de controvérsia judicializada ao argumento de lacuna da legislação, sendo expresso nesse sentido o art. 140, *caput*, do CPC: "O juiz não se exime de decidir sob a alegação de lacuna ou obscuridade do ordenamento jurídico", certo que o descumprimento desse comando tipifica *negativa de jurisdição*, conduta funcional inaceitável, passível de reprimenda pelo órgão correicional competente.

Para os casos de lacuna do ordenamento jurídico (entenda-se: as lacunas *não intencionais*, antes referidas) dispõe a antes referida Lei de Introdução às normas do Direito Brasileiro, em seu art. 4º: "Quando a lei for omissa o juiz decidirá o caso de acordo com a analogia, os costumes e os princípios gerais de direito", elementos esses que, todavia, devem ser utilizados com cautela: a *analogia*, respaldada na parêmia *ubi eadem ratio, ibi eadem dispositio* não se aplica em matéria penal (ressalvado entendimento que a admite *in bonam partem*, isto é, para beneficiar o acusado) e em matéria tributária, campos que exigem tipicidade estrita, assim com relação à conduta delitiva como na configuração do fato gerador; os *costumes* podem ser levados em consideração em certas situações, como, por exemplo, em algumas práticas comerciais assentadas ou situações recorrentes na convivência social, lembrando-se que o *costume jurídico* (ou com efeitos jurídicos) constitui-se na prática reiterada de uma certa conduta, roborada pelo reconhecimento social quanto à sua legitimidade, validade e exigibilidade; os *princípios gerais* servem a iluminar a adequada interpretação dos textos legais, por exemplo, o da igualdade de todos perante a lei (CF, art. 5º e inciso II), que, no plano processual, se resolve no dever de tratamento isonômico aos jurisdicionados afetados a uma mesma questão de direito: CPC, art. 139, I.

Outro relevante meio de integração nos casos de vazios da legislação é a *equidade* (do latim *equitas* e do grego *epieikeia*), dita *justiça do caso concreto*, a saber o julgamento inspirado na percepção subjetiva do juiz acerca do alegado e provado, fora e além, portanto, do critério de legalidade estrita, operando em certa medida como elemento de equilíbrio, a prevenir excessos interpretativos, forte no aviso romano *summum jus, summa injuria*. O uso da equidade, porém, somente é autorizado quando a lei assim o permita (CPC, parágrafo único do art. 140), como se dá, por exemplo, nos processos em trâmite nos Juizados Especiais (Lei 9.099/1995, art. 25), nas ações consumeristas (Lei 8.078/1990, art. 7º), no processo tributário (CTN, art. 108, IV e parágrafo único), na arbitragem (Lei 9.307/1996, art. 26, II).

A todo esse arcabouço integrativo do Direito se agrega ainda o escólio doutrinário, mormente de prestigiados juristas, cujas lições desfrutam de merecido prestígio no ambiente forense, contribuindo expressivamente para dissipar dúvidas e dificuldades na interpretação dos textos e para respaldar a motivação das decisões judiciais.

Quanto à *jurisprudência* – sobretudo a dominante ou sumulada – conquanto não inserida *expressis verbis* dentre os meios de integração pela antes referida Lei de Introdução, fato é que não se pode negar ou mesmo minimizar sua relevância para a definição do sentido das normas, para o tratamento isonômico aos jurisdicionados e para a agilização dos trâmites processuais, especialmente sob a égide do vigente CPC, de perfil claramente *precedentalista*, como se infere de vários dispositivos (*v.g.*, arts. 332 e incisos; 927 e incisos; 1.030, I, *a* e *b*). No ponto, Luiz Fux afirma que "o papel da jurisprudência é tão elevado no suprimento das lacunas que a tendência à 'uniformização dos julgados' e às 'súmulas vinculantes' confere a esse método quase um papel de fonte secundária do Direito Processual".[4]

Especificamente no que toca ao campo processual, são fontes formais *principais*: a *Constituição Federal* (*v.g.*, art. 5º, XXXV: garantia de acesso à Justiça); os *tratados internacionais*, uma vez incorporados ao ordenamento pátrio (CF, art. 84, VIII); a *legislação ordinária federal* (CF, art. 22, I), inclusive as leis complementares, tal a Lei Orgânica da Magistratura (Lei 35/1979), salientando-se a vedação de medidas provisórias em matéria processual (CF, art. 62, § 1º, I, *b*); já em matéria procedimental registra-se competência concorrente entre União e Estados (CF, art. 24, XII), certo ainda que é atribuída a cada Estado competência exclusiva para dispor sobre a respectiva organização judiciária – CF, art. 125 e § 1º. No que diz respeito à economia interna dos tribunais, a estes é dado normatizar em seus Regimentos Internos (CF, art. 96, I), salientando-se que, em matéria eleitoral, o TSE emite Resoluções regulamentadoras da Lei 4.737/1965 – Código Eleitoral – CF, art. 23, IX, as quais, nesse campo especializado, têm eficácia praticamente impositiva. Quanto aos municípios, não lhes assiste competência para legislar em matéria processual ou procedimental.

Ainda no ambiente processual, pode-se identificar como fontes *subsidiárias ou supletivas*: os *princípios gerais*, por exemplo, o da isonomia (*v.g.*, CPC, art. 976, II); o da fundamentação das decisões (CF, art. 93, IX; CPC,

---

[4] *Teoria geral do processo*. 2. ed. Salvador: JusPodivm, 2016, p. 13.

art. 489, § 1º); o *costume, secundum legem* ou em certos casos até *praeter legem*, excluído o costume *contra legem*, valendo lembrar que na experiência judicial os costumes são também chamados estilos, *práxis* ou mesmo usos e costumes do foro; as "*regras de experiência comum*, subministradas pela observação do que ordinariamente acontece" (CPC, art. 375); a *jurisprudência*, mormente a dominante e a sumulada, em se considerando o perfil claramente *precedentalista* do vigente CPC, como se colhe de vários dispositivos: arts. 332 e incisos; 927 e incisos; § 3º do art. 947; § 5º do art. 966, inserido pela Lei 13.256/2016; art. 985 e incisos.

A respeito da jurisprudência, vale colacionar o quanto exposto por Fernando Antônio Negreiros Lima: "(...) não é inoportuno lembrar o inspirado magistério de Piero Calamandrei, a propósito das divergências jurisprudenciais e de uma suposta falta de certeza, daí decorrente, quando assinala, em sugestiva imagem: 'As sentenças dos juízes refletem em cada período histórico a realidade das forças sociais em contraste: recriminar a jurisprudência – reveladora desses contrastes – seria como recriminar o espelho porque revela as rugas de um rosto envelhecido'. De resto, é um fato contemporâneo evidente a progressiva aproximação dos sistemas do direito legislado e do *common law*, o que pode, se explorado sem excessos, resultar em benefício".[5]

Dentre as várias manifestações dessa *rota de aproximação* entre as famílias jurídicas do *civil law* e do *common law* pode ser lembrada, dentre nós, a exigência de que o juiz, para deixar de aplicar um precedente ou súmula ao caso concreto, deve demonstrar, cumpridamente, que a espécie não se ajusta a um ou outro daqueles parâmetros, e isso sob pena de nulidade (CPC, art. 489, § 1º, VI; §§ 5º e 6º do art. 966, incisos inseridos pela Lei 13.256/2016), notando-se aí clara recepção do *distinguishing*, de uso corrente no ambiente na família *common law*. Dessa forma, esclarece José Rogério Cruz e Tucci: "Em primeiro lugar, o juiz da *common law* deve aproximar os elementos objetivos que possa identificar a demanda em julgamento com eventual ou eventuais decisões anteriores, proferidas em casos análogos. Procede-se, em seguida, ao exame da *ratio decidendi* do precedente. Dependendo da postura do juiz, pode este ser interpretado de modo restritivo (*restrictive distinguishing*) ou ampliativo (*ampliative distinguishing*).[6]

---

[5] *Teoria geral do processo judicial*, cit., Atlas, 2013, p. 178-179. (A obra de Giuseppe Calamandrei, citada pelo autor, é: *Instituições de Direito Processual Civil*. Campinas: Bookseller, 2003, v. 3, estando o excerto à p. 201).

[6] Parâmetros de eficácia e critérios de interpretação do precedente judicial. In: WAMBIER, Teresa Arruda Alvim (Coord.) *Direito jurisprudencial*. São Paulo: Revista dos Tribunais, 2012, p. 126.

Ainda no tocante às fontes, saliente-se que no ambiente processual o juiz só pode decidir por equidade (fora, portanto, da regra da legalidade estrita) quando para tal venha autorizado por lei (CPC, parágrafo único do art. 140), como se passa nos Juizados Especiais (Lei 9.099/1995, art. 25). É igualmente muito expressivo o disposto no art. 8º da CLT: "As autoridades administrativas e a Justiça do Trabalho, na falta de disposições legais ou contratuais, decidirão, conforme o caso, pela jurisprudência, por analogia, pela equidade e outros princípios e normas gerais de direito, principalmente do direito do trabalho, e, ainda, de acordo com os usos e costumes, o direito comparado, mas sempre de maneira que nenhum interesse de classe ou particular prevaleça sobre o interesse público. Parágrafo único. O Direito comum será fonte subsidiária do direito do trabalho" (redação cf. Lei 13.467/2017). Ainda no processo trabalhista, é notória a influência – não raro decisiva – de certos produtos judiciários otimizados, tais as *súmulas* do TST, as *orientações jurisprudenciais* (OJs) e, nos dissídios coletivos, os *precedentes normativos* e a *sentença normativa* (CLT, art. 868). A propósito, dispõe o § 2º do art. 8º da CLT, inserido pela Lei 13.467/2017: "Súmulas e outros enunciados de jurisprudência editados pelo Tribunal Superior do Trabalho e pelos Tribunais Regionais do Trabalho não poderão restringir direitos legalmente previstos nem criar obrigações que não estejam previstas em lei".

É comum dizer-se, no tocante à conhecida distinção entre normas cogentes e dispositivas, que as do Direito Público enquadram-se na primeira categoria, ao passo que as do Direito Privado se afeiçoam ao segundo tipo, por consentirem alguma relativização, mas essa afirmação deve ser vista com cautela: apesar de o Direito Processual integrar o Direito Público, por vezes, o ordenamento consente algum espaço para flexibilização do modelo legal, por exemplo: os procedimentos ou ritos, em regra, são preestabelecidos na norma de regência, até para resguardo do tratamento igualitário entre as partes; mas, em se tratando de direitos disponíveis, é lícito às partes "convencionar sobre os seus ônus, poderes, faculdades e deveres processuais, antes ou durante o processo" (CPC, art. 190, *caput*); igualmente, ao ensejo do saneamento e organização do processo, é dado às partes "apresentar ao juiz, para homologação, delimitação consensual das questões de fato e de direito (...)" – CPC, § 2º do art. 457.

Por isso, apesar de as disposições processuais, tanto as codificadas como as inseridas na legislação extravagante, se destinarem a ser estritamente cumpridas segundo o modelo estabelecido, impende ter presente que os poderes e deveres processuais devem ser compreendidos e exercidos não sob um exacerbado contexto adversarial, mas, antes, sob um ambiente cooperativo e coexistencial (CPC, art. 6º; § 3º do art. 357), donde ser dado ao juiz "promover, a qualquer tempo, a autocomposição, preferencialmente com auxílio de conciliadores e mediadores judiciais" – CPC, inciso V do art. 139. Aplicação desse ideário encontra-se no processo trabalhista, que, embora presidido pela premissa da proteção ao trabalhador, presumido como parte hipossuficiente, consente, nos moldes do art. 791, *caput*, da CLT, que ele prescinda da representação por advogado, assim exercendo de *per si* o *jus postulandi*.

Essas particularidades no tocante à norma processual permitem que um mesmo instituto jurídico – por exemplo, o das *invalidades* – seja regulado em modo diverso no Direito Material e no Processual, como se colhe deste cotejo: CCi, art. 169 – "O negócio jurídico nulo não é suscetível de confirmação, nem convalesce pelo decurso do tempo", ao passo que no ambiente processual, no limite do possível, busca-se o *aproveitamento* do ato ou de alguns dos seus efeitos, segundo os consagrados preceitos *utile per inutile non vitiatur* (os atos tecnicamente hígidos do processo não devem ser afetados pelas falhas ou vícios de outros atos); *pas de nullité sans grief* (não se pronuncia a nulidade quando daí não decorra prejuízo), diretrizes essas recepcionadas, em maior ou menor dimensão, nos arts. 276 a 283 do CPC, sob a égide da *instrumentalidade do processo*.

Sob tais premissas, o CPC enfatiza o *aproveitamento dos atos*, no limite do possível, cabendo ao juiz "determinar o suprimento de pressupostos processuais e o saneamento de outros vícios processuais" (inciso IX do art. 139); análoga atribuição é deferida ao relator, nos tribunais, a teor do parágrafo único do art. 932: "Antes de considerar inadmissível o recurso, o relator concederá o prazo de 5 (cinco) dias ao recorrente para que seja sanado vício ou complementada a documentação exigível".

Exemplo expressivo dessa política conservadora, no trato das ocorrências processuais, verifica-se na citação do réu, necessária à triangularização do processo e à produção dos efeitos indicados no art. 240, *caput*, do CPC: apesar de as citações e intimações serem "nulas quando feitas sem observância das prescrições legais" (CPC, art. 280), consente-se que eventual falha formal na citação, ou mesmo a falta desta, fique suprida pelo "comparecimento espontâneo do réu ou do executado (...)" – § 1º do art. 239; esse preceito está em consonância com o disposto no art. 277, consagrando a *instrumentalidade da forma*: "Quando a lei prescrever determinada forma, o juiz considerará válido o ato se, realizado de outro modo, lhe alcançar a finalidade".

No âmbito do processo administrativo, esse ideário é recepcionado à luz do instituto da *convalidação*, como se colhe do art. 55 da Lei 9.784/1999: "Em decisão na qual se evidencie não acarretarem lesão ao interesse público nem prejuízo a terceiros, os atos que apresentarem defeitos sanáveis poderão ser *convalidados* pela própria Administração".

Com efeito, o sobreprincípio da *instrumentalidade das formas* perpassa todo o ambiente processual e ilumina tanto a compreensão de suas disposições quanto a sua aplicação *in concreto*, levando a que, sem embargo do enquadramento do Direito Processual na seara do Direito Público, ainda assim os dispositivos processuais não podem ser vistos como um fim em si mesmos, mas antes devem ser interpretados e aplicados à luz da *finalidade* a que se preordenam, autorizando que se considere atendida a exigência formal quando, a despeito de não se ter observado estritamente o modelo preestabelecido, todavia se logrou atingir o desiderato pretendido na *mens legis*.

Nesse sentido, já se disse que o processo deve ter "horror às nulidades", porque a insubsistência do ato inquinado pela falha formal leva ou ao perecimento do Direito ante a inocuidade da atividade antes exercida, ou então ao prolongamento da controvérsia, assim deixada em aberto, o que conspira contra a segurança jurídica e a paz social.

Impende, portanto, ao intérprete e ao aplicador da norma processual ter sempre presente o seu caráter instrumental, nesse sentido de servir à realização prática dos direitos, valores e interesses estabelecidos no direito material, quando venham ameaçados ou contrariados, levando à necessidade da judicialização. E isso, tendo ainda presente o sentido contemporâneo do interesse de agir (CPC, art. 17), que não raro reclama a demonstração da impossibilidade de solução da controvérsia pelos próprios interessados ou então o esgotamento de outros meios, auto e heterocompositivos (conciliação, mediação, arbitragem e suas formas híbridas), evitando-se o ajuizamento açodado, *per saltum*, de controvérsias que ainda não alcançaram seu ponto de maturação. Até porque, sem prévio exercício de certas etapas premonitórias ou intermediárias (por exemplo, a submissão do conflito desportivo ao tribunal competente: CF, art. 217 e § 1º), não se pode, a rigor, falar numa verdadeira *lide*, a qual pressupõe um conflito de interesses qualificado por pretensão *resistida*, na conhecida fórmula *carnellutiana*.

Fernando Antônio Negreiros Lima assim define o âmbito das normas processuais: "(*a*) as que se referem à estrutura e à organização do Poder Judiciário, inclusive quanto à composição de seus órgãos e ao modo de seu recrutamento e atuação, designadas, genericamente, como *normas de organização judiciária*; (*b*) as normas qualificadas como *processuais em sentido estrito*, como tais entendendo-se aquelas que regem a relação processual, instituindo os poderes, faculdades, deveres e ônus processuais dos sujeitos do processo; e (*c*) as normas que estabelecem o rito a ser observado na tramitação do processo, vale dizer, a forma, prazos e sequência dos atos processuais, intituladas *normas procedimentais*".[7]

3.2 Interpretação e aplicação da norma processual

Os métodos interpretativos da lei processual não diferem, essencialmente, dos que são utilizáveis nos demais ramos do Direito Público, podendo-se desde logo considerar que não é mais de atualidade a antiga parêmia *in claris cessat interpretatio*, até pela curial constatação de que, para saber se um dado texto é realmente claro, é preciso... *interpretá-lo* em seu real conteúdo (extensão-compreensão)! Isso é particularmente verdadeiro quando o intérprete e o aplicador têm de apreender o real sentido de certas expressões ou conceitos que se apresentam vagos ou indeterminados, por exemplo: a "probabilidade do direito e o perigo de dano ou o risco ao resultado útil do processo", no âmbito da tutela provisória (CPC, art. 300, *caput*); "proceder de modo temerário em qualquer incidente ou ato do processo" (CPC, inciso V do art. 80), conduta que caracteriza a litigância de má-fé. Dessa forma, o CPC considera *não fundamentada* (e, portanto, nula: CF, art. 93, IX) a decisão judicial que "empregar conceitos jurídicos indeterminados, sem explicar o motivo concreto de sua incidência no caso" – § 1º, II, do art. 489.

A interpretação é, pois, um labor inafastável e onipresente no ambiente jurídico, até pela curial razão de o Direito não ser ciência exata, mas um produto cultural, donde resulta que a apreensão do real significado das normas pode levar a resultados distintos, a depender do momento histórico, do evolver dos costumes, das necessidades contemporâneas ao interno da coletividade e mesmo da intensidade da demanda judicial, a impactar a capacidade instalada do Judiciário, gerando, como hoje se passa, respostas tendencialmente massivas.

Um exemplo de interpretação da norma processual está na apreensão do vero sentido da expressão "*efetiva repetição* de processos" (CPC, inciso I do art. 976), um dos pressupostos para o incidente de resolução de demandas repetitivas. Deve o intérprete dar o devido peso ao fato de a Exposição de Motivos do CPC enfatizar o empenho contra a *dispersão jurisprudencial excessiva*, donde a positivação de padrões decisórios impositivos a juízes e tribunais (CPC, art. 927 e incisos); por certo, a replicação de demandas isomórficas, num dado Juízo, deve se revelar numericamente bastante expressiva, a tal ponto que, se elas fossem julgadas separadamente, se instalaria um

---

[7] *Teoria geral do processo judicial*. São Paulo: Atlas, 2013, p. 150.

ambiente errático, pondo em risco a *isonomia* e a *segurança jurídica*, valores indicados no inciso II do art. 976. Nesse sentido, em outra sede escrevemos que "o objeto do IRDR não consiste – ao menos não exatamente – na resolução de *demandas* propriamente dita (como à primeira vista deflui da denominação do instituto), mas antes se preordena à emissão de uma *tese jurídica* (art. 985, *caput*), com aptidão paradigmática, de modo a otimizar a resposta jurisdicional, propiciar ganho de tempo e promover o tratamento isonômico de questões jurídicas replicadas massivamente".[8]

Tenha-se presente que a norma processual, tendo natureza *instrumental*, não raro reclama que sua interpretação leve em conta os subsídios que, no tema, coexistem noutro correlato ramo do Direito, como se passa em matéria de prova, tema versado, embora em diversa intensidade, assim no CPC como no Código Civil, ou ainda o devido processo legal, tema regulado tanto na CF como no CPC. Bem por isso, tem-se proposto o *diálogo das fontes* como critério mais seguro para a plena realização do sistema jurídico como um todo. Dessa forma, Cláudia Lima Marques exemplifica com as intercorrências do Código Civil e do Código de Defesa do Consumidor na temática geral das relações de consumo, afirmando: "Na belíssima expressão de Erik Jayme, é o 'diálogo das fontes' (*dialogue de sources*), atual e necessário, a permitir a aplicação simultânea, coerente e coordenada das plúrimas fontes legislativas convergentes".[9]

Os métodos interpretativos variam, em alguma medida, no campo doutrinário, mas, de modo geral, podem ser indicadas as interpretações: gramatical, lógico-sistemática, histórico-sociológica e teleológica, que nessa ordem serão a seguir versadas. Fala-se, ainda, em *interpretação autêntica*, quando promana do próprio órgão ou instância que produziu a norma, como, por exemplo, se dá quando vem editada uma lei ou uma norma explicitadora de outra(s) anteriore(s), valendo salientar que, qualquer que seja a técnica exegética utilizada, o resultado pode se mostrar ampliativo ou restritivo, à luz de certos princípios de uso corrente na hermenêutica: *odiosa restringenda, benigna ampliando; onde o legislador não distinguiu, não o faça o intérprete.* Naturalmente, esses métodos não são autoexcludentes, mas, não raro, consentem aplicação conjunta, a depender das peculiaridades e da complexidade da espécie examinada.

---

[8] *Incidente de resolução de demandas repetitivas.* São Paulo: Thomson Reuters/Revista dos Tribunais, 2016, p. 207.
[9] *Contratos no Código de Defesa do Consumidor.* 5. ed. São Paulo: Revista dos Tribunais, 2006, p. 667.

3.2.1 Método gramatical

A interpretação literal dos textos, por conta de se ater, estritamente, à letra da lei, traz ínsito um certo *déficit* operacional, porque o Direito é uma ciência valorativa que se expressa por meio de normas de conduta próprias do mundo do dever-ser, assim tornando indispensável a perquirição da extensão-compreensão da norma, sob uma dada perspectiva de espaço-tempo. Esse contexto leva a que se tenha por superado o aforisma *in claris cessat interpretatio*, por modo que a lei processual, mesmo quando expressada com clareza, deve ser interpretada.

Dessa forma, considerem-se estes exemplos: o art. 4º do CPC dispõe que as partes "têm o direito de obter em prazo razoável a solução integral do mérito (...)"; porém, como não há direitos absolutos, e o direito de ação é (bastante) condicionado, segue-se que a resolução do mérito fica a depender do atendimento aos pressupostos de existência e validade do processo e às condições da ação, sob pena de extinção do processo sem resolução do mérito (CPC, art. 485, IV e VI); noutro exemplo, a *possibilidade jurídica do pedido*, prevista no CPC/1973 dentre as condições da ação (art. 295, parágrafo único, III), não aparece, ao menos sob aquela nomenclatura, no vigente CPC, o qual faz menção ao interesse de agir e à legitimidade (art. 17); porém, como o interesse de agir há que ser jurídico – ao menos *in status assertionis* –, força é convir que a possibilidade jurídica do pedido segue de atualidade, embora sob diversa nominação e ubicação, já agora inserida dentre os requisitos da petição inicial, dentre os quais figuram os "fundamentos jurídicos do pedido" – CPC, art. 319, III.

Tais conclusões exegéticas (do grego *exegeomai*: extrair, perscrutar, inferir) não seriam alcançadas simplesmente pela mera leitura vernacular dos textos, possibilitando afirmar que o método gramatical não basta para uma percuciente aferição do conteúdo da norma *sub examen*; nesse sentido, atribui-se a São Paulo, apóstolo, a afirmação *littera accidit; spiritus vivificat*: a letra mata; o espírito vivifica, justamente porque é este último que desvela o vero conteúdo do texto examinado.

Sem embargo, o método gramatical foi expressivamente prestigiado ao tempo da chamada Escola Exegética, pela qual cabia ao julgador e aplicador da norma tão somente aplicá-la em sua literalidade, em simetria com a conhecida afirmação de Montesquieu pela qual deveria o juiz limitar-se a proceder como a boca que pronuncia as palavras da lei (*la bouche qui prononce les paroles de la loi*). A respeito da Escola da Exegese, esclarece Fernando Antônio Negreiros Lima que ela "representou, a seu tempo, nas primeiras décadas do século XIX, logo após a promulgação do *Code Napoléon*, uma orientação metodológica cujo mote central era a crença na lei como expressão suprema e absoluta do Direito Natural, que se devia interpretar rigidamente. Apenas a lei (sem qualquer espaço para os costumes, as condições históricas, econômicas e sociais) deveria ser levada em conta pelo intérprete. Entre seus maiores representantes estão alguns dos grandes civilistas franceses, como Aubry y Rau, Demolombe e Baudry-Lacantinerie. Conta-se, a propósito, que Bugnet, civilista e professor universitário, teria dito não conhecer o Direito Civil, porque apenas limitava-se a ensinar o Código de Napoleão".[10]

A superação contemporânea da proposição sustentada pela Escola da Exegese (ao menos em sua rígida configuração inicial) não pode, porém, consentir o exagero de que o intérprete fique liberado para dar ao texto *sub examen* a leitura que bem lhe pareça, assim dando azo a um ambiente caótico e errático, em detrimento da segurança jurídica e do tratamento igualitário de todos perante a lei; na conhecida frase, não é dado ao intérprete *fazer do preto branco e do quadrado redondo*.

Mesmo em face dos conceitos abertos ou indeterminados e das cláusulas gerais o CPC exige que o juiz, ao valer-se deles, explique na motivação "o motivo concreto de sua incidência o caso", sob pena de ter-se o julgado como *não fundamentado*, e, portanto, nulo: art. 489, § 1º, II; CF, art. 93, IX. Até mesmo a súmula ou outro precedente, que de *per si* já representam o extrato de uma jurisprudência dominante ou assentada num dado tribunal, quando venham a servir de base a uma decisão, devem ser explicitados quanto à sua extensão-compreensão e quanto à sua pertinência no caso, ao risco de ter-se como *não fundamentada* a decisão judicial que "se limitar a invocar precedente ou enunciado de súmula, sem identificar seus fundamentos determinantes nem demonstrar que o caso sob julgamento se ajusta àqueles fundamentos" (art. 489, § 1º, V). Tão grave é essa falha que, se a decisão de mérito não procedeu à "distinção entre a questão discutida no processo e o padrão decisório que lhe deu fundamento", o caso poderá desafiar ação rescisória (CPC, art. 966, § 5º, inciso acrescido pela Lei 13.256/2016).

3.2.2 *Método lógico-sistemático*

A interpretação lógico-sistemática segue prestigiada porque, de um lado, o Direito é um ramo do conhecimento integrado ao mundo do dever-ser, composto por normas de conteúdo valorativo (permissivas, reguladoras, repressivas), empregando postulados reportados à lógica formal, a qual se rege, segundo Aristóteles, pelo tríduo: *identidade* (uma coisa é sempre igual a si mesma); *não*

---

[10] *Teoria geral do processo*, cit., p. 187-188, rodapé nº 30.

contradição (uma coisa não pode ser e não ser num mesmo espaço-tempo); *terceiro excluído* (se alguma coisa é, então outra não é: *tertius non datur*).[11]

Tomem-se estes exemplos: se um servidor público ocupa tão somente um cargo de confiança, de livre provimento em comissão, então ele não é efetivo, porque este atributo é exclusivo dos que ingressam por concurso público; no âmbito processual, se um dado pedido poderia ter sido cumulado a um outro, mas não o foi, e o réu não consente tal acréscimo ulterior (CPC, art. 329 e incisos), tal pretensão está excluída do objeto litigioso e só noutra ação poderá, eventualmente, ser formulada. É também o elemento lógico que está presente na possibilidade de desistência do recurso sem anuência do recorrido (CPC, art. 998, *caput*): primeiro, porque esse ato de liberalidade não trará prejuízo ao recorrido, mas até poderá favorecê-lo, dando azo ao trânsito em julgado; segundo, porque quem pode o mais (interpor recurso, assim protraindo a preclusão) pode o menos, isto é, dele desistir. É também o elemento lógico que permite concluir sobre o alcance da expressão "controvérsia sobre a mesma questão unicamente de direito", no âmbito do incidente de resolução de demandas repetitivas (CPC, art. 976, I): apesar da estreita correlação entre fato e direito (*ex facto oritur jus*), o advérbio *unicamente*, ali empregado, desvela a intenção do legislador de excluir as controvérsias acerca de matéria fática, empregando-se, nessa exegese, o aforismo *ubi lex voluit, dixit, ubi noluit tacuit*: onde a lei quis incluir um dado elemento, disse-o; onde não o fez, excluiu-o.

Evidentemente, o elemento lógico não atua, no âmbito do Direito, do mesmo modo como se passa em outros ramos do conhecimento, tais a Filosofia, Sociologia ou as ciências exatas, mas, dado que o Direito se legitima como um instrumento voltado à pacificação social mediante a oferta de segurança à coletividade, e o Processo Civil busca a resolução judicial, justa, tempestiva e tecnicamente consistente dos conflitos, então a lógica jurídica apresenta algumas particularidades, com vistas à sua aplicação efetiva nesse campo, devendo os textos serem lidos à luz da boa-fé, da razoabilidade e da proporcionalidade, com isso se evitando interpretações insustentáveis ou mesmo bizarras, tudo sob o aviso romano: *summum jus, summa injuria*. Neste passo cabe lembrar o contributo de Luís Recasens Siches, recomendando a aplicação do *logos del razonable*: "um tipo diferente de *logos*, que tem tanta dignidade quanto a lógica tradicional, se é que não é superior a esta: há que manejar o *logos* do humano, a lógica do razoável, que é razão, tão razão quanto a lógica do racional, mas é diferente desta".[12]

---

[11] *Dicionário de Filosofia*. São Paulo: Martins Fontes, 2000, p. 203, 529 e 954-955, *passim*.
[12] Filosofia del Derecho. México: Porrúa, 2010, p. 642, tradução de Fernando Antônio Negreiros Lima. In: *Teoria geral do processo*, cit., p. 190, rodapé nº 39.

De outra parte, o Direito, em que pese suas compartimentações – a *summa divisio*: Público e Privado –; suas categorizações (normas cogentes, dispositivas, repressivas) e a diversa origem ou hierarquia de suas normas (constitucionais, complementares, ordinárias, federais, estaduais, municipais), em verdade ele é unitário (presunção de *completude do Direito*), vindo definido pela finalidade básica do ordenamento, qual seja a valoração e regulação dos fatos e condutas relevantes (*fato + valor = norma*, na clássica concepção de Miguel Reale: "Podemos comparar, para facilidade de compreensão, o 'campus' nomogenético à imagem de um raio luminoso (impulsos e exigências axiológicas) que, incidindo sobre um prisma (o multifacetado domínio dos fatos sociais, econômicos, técnicos etc.), se refracta em um leque de 'normas possíveis', uma das quais apenas se converterá em 'norma jurídica', dada a interferência do Poder".[13]

A consideração de que o Direito é um *sistema* e como tal deve ser tratado é particularmente verdadeira em face do Direito Processual, por conta de sua natureza instrumental, por exemplo: ele regula as ações de manutenção e reintegração de posse (CPC, arts. 560-566) mas o conceito de *posse* é dado pelo Código Civil (arts. 1.196, 1.210 e parágrafos); o CPC define casos de competência do foro em função do *domicílio* (art. 53, I e II), mas este último vem definido no Código Civil (arts. 70-78); o CPC regula a ação de consignação em pagamento (arts. 539-549), mas, antes, o Código Civil declara que por esse modo se extingue a obrigação (art. 334).

Daí que a interpretação de uma norma não deve ser feita em modo isolado e apartado do contexto em que ela se insere, formado por elementos diversos, tais a percepção social sobre o fato ou a conduta objetivados, a temporalidade, o território sobre o qual incide a norma, a sua compatibilidade com o sistema jurídico como um todo. É justamente por isso que a interpretação meramente gramatical apresenta riscos e deficiências, porque o isolamento do texto pode induzir o intérprete a erro, ao se deixar seduzir pela literalidade dos vocábulos e dos aforismas. Por exemplo, a afirmação pela qual *mors omnia solvit* (a morte tudo resolve) deve ser tomada em termos e ser devidamente contextualizada, porque, do contrário, se chegaria à insustentável leitura de que os assassinatos não poderiam ser sindicados, dado o perecimento da vítima!

A interpretação lógico-sistemática leva em conta que cada norma ou princípio está inserido num dado contexto, e é sob essa global perspectiva que devem ser interpretados e compreendidos os enunciados normativos. Por exemplo, o

---

[13] *Filosofia do Direito*. 5. ed. São Paulo: Saraiva, 1969, v. 2, p. 485-486.

art. 5º, XXXV, da CF assegura o acesso à Justiça dos históricos de dano temido ou sofrido, mas, como o interesse de agir (CPC, art. 17) pressupõe a *necessidade e utilidade* da intervenção jurisdicional, não é razoável entender-se que todo e qualquer interesse contrariado ou a ameaçado possa, açodadamente, ser judicializado: a uma, porque, sem a prévia exposição da pretensão à contraparte não se configura, propriamente, uma *lide*, a qual pressupõe interesse resistido; a duas, porque a cultura demandista, desestimulando os meios suasórios, acaba por sobrecarregar a capacidade instalada dos órgãos jurisdicionais, trazendo prejuízo aos próprios jurisdicionados, que recebem uma prestação jurisdicional massiva, tardia e, não raro, carente de melhor fundamentação.

Daí ser lícita a exigência de que uma dada pretensão seja, primeiramente, exposta à contraparte, até porque daí pode resultar o atendimento voluntário e espontâneo da pretensão apresentada, por exemplo: a desocupação do imóvel pelo inquilino; o atendimento do pleito previdenciário pelo INSS; a cessação do esbulho, pelo invasor.

No tocante à *aplicação* da norma processual, ela se submete, em linha de princípio, à regra da *irretroatividade* (excepcionada no campo penal: CF, art. 5º, XL); mas, como o Direito Processual leva em conta os feitos judiciais que estão em andamento, é dado à lei processual, com base na competência exclusiva deferida à União (CF, art. 22, I), criar, alterar ou extinguir certas ocorrências, por exemplo: o vigente CPC não recepcionou os embargos infringentes no modo como tal recurso se apresentava no CPC/1973, com base na existência de voto vencido no julgamento da apelação, mas inseriu um novo modelo, qual seja a configuração *de ofício* desse recurso (art. 942, parágrafos e incisos); desse modo, o julgamento de uma apelação, na vigência do novo CPC, já se subsume a esse novo modelo, embora ele fosse ainda inexistente quando do ajuizamento da ação. Noutro exemplo, o juízo de admissibilidade do RE e do REsp havia sido repassado ao tribunal *ad quem*, na expressão original do vigente CPC; mas, ainda no período de *vacatio legis*, sobreveio a Lei 13.256/2016, que reformulou esse regime, voltando o juízo de admissibilidade a ser feito no tribunal *a quo* (art. 1.030 e parágrafos); com isso, um recurso excepcional cujo acórdão local ou regional atacado fora proferido na vigência do CPC assim alterado, é alcançado por esse novo rito.

Assim se passa por conta da natureza *instrumental* da lei processual, que deve, como tal, aplicar-se aos processos pendentes, não se vislumbrando, aí, atrito ao princípio da irretroatividade das leis; nesse sentido, o princípio da *aplicação imediata* da lei processual, estampado no art. 1.046, *caput*, do CPC dispõe: "Ao entrar em vigor este Código, suas disposições se aplicarão desde logo aos processos pendentes, ficando revogada a Lei n. 5.869, de 11 de janeiro de 1973".

Ainda no tocante à aplicação da norma processual, há que se ter presente o princípio da separação entre os Poderes (CF, art. 1º, II), levando a que o juiz não possa *criar* a norma a ser aplicada (assim se convertendo em legislador positivo), mas antes deva proceder à subsunção entre o fato ou a ocorrência processual e a norma de regência, decidindo segundo o alegado e provado (CPC, art. 490). Mesmo não podendo o juiz declinar da prestação jurisdicional alegando um *non liquet*, não lhe é dado suprir, *ex propria auctoritate*, a eventual lacuna da legislação, mas antes deve valer-se dos *meios de integração* credenciados pelo próprio ordenamento, tais as regras de experiência comum (CPC, art. 375), a equidade (CPC, parágrafo único do art. 140; Lei 9.099/1995, art. 6º), os costumes e a jurisprudência (CLT, art. 8º, *caput*), podendo ainda decidir a causa mediante o emprego de certos precedentes judiciários otimizados (*v.g.*, CPC, arts. 332 e incisos; 927 e incisos; 985 e incisos).

3.2.3 Método histórico-sociológico

Conquanto a eficácia temporal e espacial da norma se inicie quando ela entra em vigor (Lei de Introdução às normas do Direito Brasileiro – Dec.-Lei 4.657/1942, art. 1º e parágrafos – cf. Lei 12.376/2010; LC 95/1998, art. 8º), nos moldes em que ao final restou redigida, fato é que, não raro, o intérprete precisa consultar a *massa legislativa* precedente à promulgação do *jus novum* (anteprojetos, projetos de lei, ata de deliberação na Comissão de Constituição e Justiça da casa legislativa), com vistas a captar a vera situação de *norma necessitada* existente à época, e assim alcançar com mais segurança a precípua *mens legislatoris*.

Assim, por exemplo, para bem compreender a dicção constante do art. 985 e incisos do CPC, determinando eficácia expansiva à *tese* alcançada ao final do incidente de resolução de demandas repetitivas, será útil ao intérprete investigar as razões pelas quais, na vigência do CPC/1973, o incidente de uniformização de jurisprudência, igualmente voltado a parametrizar os julgamentos sobre uma mesma questão jurídica, não experimentou a eficiência que dele se esperava. O dado histórico-sociológico então revelará que, à época, prevalecia o entendimento de que num país legicêntrico como o Brasil (CF, art. 5º e inciso II), a jurisprudência não se alçava ao patamar de fonte do Direito, levando a que a instauração daquele incidente de uniformização ficasse ao livre critério de cada tribunal. Esse panorama hoje não mais subsiste, tendo em vista a notória aproximação entre as famílias jurídicas do *civil law* e do *common law*, donde deriva o perfil claramente precedentalista do vigente CPC, permitindo interpretar-se que a tese jurídica alcançada ao final do IRDR é de se aplicar impositivamente a juízes e tribunais (art. 927 e inciso III), assim agilizando os trâmites e propiciando tratamento isonômico aos jurisdicionados.

Noutro exemplo, considere-se que a garantia de acesso à Justiça (CF, art. 5º, XXXV) consentiu, ao longo de várias décadas, uma interpretação extensiva, insuflada pelos motes da universalidade e da ubiquidade da jurisdição; todavia o contexto judiciário daquela época não guarda correspondência com o atual, onde se registra notável crise numérica de processos a desafiar a capacidade instalada dos órgãos judiciais, levando a que o novo CPC incentive a busca pelos chamados *equivalentes jurisdicionais*, a saber, outros meios e modos auto e heterocompositivos, tais a conciliação, a mediação, a arbitragem (art. 3º e parágrafos; art. 139, V).

Essa alteração no quadro histórico antes existente permite entender-se que hoje a garantia de acesso à Justiça não mais se compatibiliza com o *monopólio estatal na distribuição da justiça*, mas, como o reconhece o CNJ, "o direito de acesso à Justiça, previsto no art. 5º, XXXV, da Constituição Federal, além da vertente formal perante os órgãos judiciários, implica acesso à ordem jurídica justa", donde caber ao Judiciário "organizar, em âmbito nacional, não somente os serviços prestados nos processos judiciais, como também os que possam sê-lo mediante outros mecanismos de solução de conflitos, em especial dos consensuais, como a mediação e a conciliação" (*consideranda* da Res. 125/2010), ideário recepcionado no art. 167 e parágrafos do CPC. Destarte, o emprego do método histórico-sociológico permite, no exemplo dado, uma releitura, atualizada e contextualizada, do que se contém no art. 5º, XXXV, da CF.

3.2.4 Método teleológico

O Direito é um produto cultural, como tal aderente aos fatos e valores ocorrentes ao interno de uma dada coletividade, num certo espaço-tempo. Esse contingenciamento espacial e temporal permite compreender que num dado momento e num certo território determinado valor ou interesse seja considerado relevante e como tal merecedor de positivação (situações ditas de *norma necessitada*), circunstância essa que, todavia, pode se desvanecer com o tempo ou mesmo não apresentar o mesmo impacto em outra localidade.

Ainda que uma dada norma mantenha íntegra sua redação original, pode dar-se que num momento ulterior sobrevenha uma releitura quanto ao seu significado ou seu conteúdo (extensão-compreensão), como se dá quando o STF, devidamente instado, entenda conferir *interpretação conforme* a um dado texto legal, como ocorreu, dentre outros casos, com o conceito de união estável, constante do art. 1.723, *caput*, do CCi, o qual refere a relação entre "homem e mulher", mas o STF, dando *interpretação conforme* a esse texto, fixou o entendimento de que aquela expressão vernacular deve ser entendida de modo a abranger a união entre *pessoas* (ADIn 4.277-DF; ADPF 132-RJ, Pleno, j. 05.05.2011, rel. Min. Ayres Britto).

De outra parte, a norma legal necessita de elementos que a legitimem: um deles é de fundo político, na medida em que o *jus novum* é deliberado e positivado pelos representantes do povo no Parlamento, por modo que a lei possa se oferecer como critério fundamental para regulação e avaliação de todas as condutas comissivas e omissivas no país, assim no setor privado como no público (CF, art. 5º e inciso II); o outro elemento legitimante é a *finalidade* a que se preordena cada texto legal, o que tanto pode consistir na revogação expressa da normação anterior que dispunha sobre um dado tema, como no estabelecimento de novos direitos e obrigações, ou ainda na regulação de uma dada atividade. Dado esse contexto, a Lei de Introdução às normas do Direito Brasileiro (Dec.-Lei 4.657/1942, cf. Lei 12.376/2010) dispõe em seu art. 5º: "Na aplicação da Lei, o juiz atenderá aos fins sociais a que ela se dirige e às exigências do bem comum", texto recepcionado no art. 8º do CPC, que ainda inclui no conteúdo ocupacional do juiz o zelo pela "dignidade da pessoa humana", cabendo-lhe ainda observar "a proporcionalidade, a razoabilidade, a legalidade, a publicidade e a eficiência".

A interpretação teleológica, axiológica ou finalística desempenha papel relevante na exegese jurídica porque o Direito é uma ciência valorativa, que avalia fatos, condutas e ocorrências, definindo sua natureza e estabelecendo seus efeitos, com vistas a possibilitar a sequencial subsunção de uma dada ocorrência no texto legal de regência. A interpretação axiológica é particularmente informada pela *razoabilidade-proporcionalidade*, flexibilizando, em certa medida, a rigidez da norma, e assim evitando que a interpretação conduza a situações aberrantes da racionalidade e do sentido do justo.

Luiz Fux fornece exemplos ilustrativos do antes afirmado: "Assim, *v.g.*, se a Lei dos Juizados dispõe que as partes devem comparecer pessoalmente a juízo, uma interpretação puramente literal pode conduzir à ideia de que os interessados não podem acudir aos juizados acompanhados de advogados, o que desvirtuaria por completo os fins da regra. Noutro passo, se a lei exige a presença do Ministério Público para velar pelos interesses do incapaz, a causa acaso julgada a favor deste, mas sem aquela intervenção não deve ser anulada, em atenção à 'interpretação finalística' da lei".[14]

No plano processual, esse desenho leva a que uma dada pretensão, afirmadamente respaldada num dado *locus* do ordenamento jurídico (CPC, art. 319, III), mas não acolhida espontaneamente pela contraparte, possa ser judicializada, a fim de que, oportunamente, a controvérsia venha dirimida na decisão de mérito (CPC, art. 490), se presentes as demais condições da ação e

---

[14] *Teoria geral do processo*. 2. ed., cit., p. 14.

os pressupostos de existência e validade da relação processual. Nesse sentido, já dizia Francisco Cavalcanti Pontes de Miranda que o processo "não é mais que o corretivo da imperfeita realização automática do direito objetivo".[15]

Sucede que o valor positivado numa norma não é estático, mas antes se sujeita à dinâmica que caracteriza a vida em sociedade, na qual interagem constantemente fatores de diversa extração, sócio-político-econômico-jurídicos, verificando-se, por exemplo, que o casamento, ao tempo do CCi de 1916, era concebido sob uma perspectiva estritamente formal-institucional, atrelado às justas núpcias, ao passo que, gradualmente, se foram consentindo outras formas de convivência conjugal, com destaque para a união estável (CCi, art. 1.723), que hoje, sob certas condições, pode ser extinta por ato notarial – CPC, art. 733, *caput*.

O elemento finalístico é muito relevante no labor interpretativo, mormente para prevenir situações de perplexidade, que resultariam da leitura meramente gramatical do texto a ser interpretado, por exemplo: se um aviso interdita a entrada, num dado recinto, de pessoas acompanhadas de cães, há que se entender que esta palavra não pode ser tomada em sua literalidade, e sim no sentido de que a proibição se estende, em linha de princípio, a todo animal capaz de representar perigo ou incômodo às pessoas, porque, do contrário, ter-se-ia que, paradoxalmente, permitir o ingresso de pessoa acompanhada de uma fera selvagem.

Um exemplo no qual a aplicação da interpretação teleológica se mostra adequada reside no disposto no art. 4º do CPC: aí se diz que as partes têm direito a obter "a solução integral do mérito", o que, numa leitura rápida, parece se contrapor ao art. 485 e incisos do mesmo Código, onde vêm elencadas várias hipóteses de extinção do processo *sem* resolução do mérito. Esse aparente paradoxo, todavia, pode ser dirimido pelo manejo da interpretação teleológica, que enfatiza a natureza *instrumental* do processo: o direito de ação é abstrato, nesse sentido de não ser dependente da real existência do afirmado direito material, e, além disso, é muito condicionado, de sorte que, mesmo estando a parte respaldada pelo bom direito, pode dar-se que a relação processual não esteja hígida o bastante para recepcionar a decisão sobre o *meritum causae*, por exemplo, quando vem aos autos notícia de convenção de arbitragem antes estabelecida entre as partes – CPC, art. 337, X, c/c art. 485, VII.

Noutro exemplo, considere-se que os padrões decisórios a serem observados por juízes e tribunais (CPC, art. 927 e incisos), não vêm, ao menos

---

[15] *Comentários ao Código de Processo Civil*. Rio de Janeiro: Forense, 1974-1978, t. I, p. 100.

expressis verbis, qualificados pelo termo *vinculante* (palavra que, todavia, otimiza a eficácia do acórdão proferido em assunção de competência – CPC, § 3º do art. 947), o que numa leitura rápida, ou descontextualizada, poderia sugerir que aqueles padrões decisórios operam apenas no plano da influência, ou da mera persuasão, sem impositividade propriamente dita. Todavia, essa leitura não se sustenta, em se tendo presente o ambiente de *dispersão jurisprudencial excessiva* instalado em nosso sistema judiciário, como o reconhece a Exposição de Motivos do CPC no bojo de seu item 1º, agravado pela notória *crise numérica de processos* que assola a Justiça estatal, como reconhecido no boletim *Justiça em Números*, anualmente divulgado pelo CNJ.

Essas condicionantes parecem autorizar, pelo viés da interpretação teleológica, que o termo *observarão*, constante do *caput* do antes referido art. 927 do CPC deve ser entendido no sentido de que os padrões decisórios otimizados, relacionados nos incisos daquele dispositivo, revestem-se de eficácia impositiva, único modo pelo qual, por meio deles, se poderá alcançar os elevados objetivos de agilização dos trâmites processuais, trato isonômico aos jurisdicionados e segurança jurídica. Dessa forma, afirmam Teresa Arruda Alvim Wambier *et al.*, comentando o art. 927, *caput*, do CPC: "Este dispositivo reforça a necessidade de respeito à jurisprudência de órgãos superiores, em determinadas condições, e, aqui, se pode afirmar que a obrigatoriedade se dá num grau mais intenso".[16]

À luz do princípio interpretativo pelo qual *verba cum effectu sunt accipienda* (as palavras devem ser entendidas juntamente com seus efeitos), cumpre reconhecer que o vocábulo imperativo *observarão*, empregado no art. 927, *caput*, do CPC, interpretado teleologicamente, só pode levar ao entendimento de que os padrões decisórios listados naquele dispositivo devem ser cumpridamente atendidos pelos órgãos jurisdicionais do país, não se sustentando uma leitura que reduza ou enfraqueça tal eficácia, sob pena de perder-se o objetivo almejado de uma maior previsibilidade nas decisões judiciais.

Bem por isso, aliás, os precedentes judiciários têm múltipla aplicação no CPC: art. 313, IV (suspensão do processo); art. 332 e incisos (liminar improcedência do pedido); art. 966, §§ 5º e 6º, da Lei 13.256/2016 (ação rescisória ao argumento de que a decisão de mérito, trânsita em julgado, não procedera à devida distinção entre o caso concreto e o padrão decisório); art. 985 e incisos (eficácia expansiva da tese jurídica firmada no incidente de resolução de demandas repetitivas); § 3º do art. 947 (eficácia vinculativa do acórdão em assunção de competência); art. 1.030, I, *a* e *b*, da Lei 13256/2016 (juízo

---

[16] *Primeiros comentários ao novo Código de Processo Civil.* São Paulo: Thomson Reuters/Revista dos Tribunais, 2015, p. 1.317.

de admissibilidade em 1º grau dos recursos extraordinário e especial, tendo como parâmetro acórdão do STF em repercussão geral ou acórdão do STF ou STJ no julgamento de casos repetitivos). Compreende-se esse expressivo rol de precedentes judiciários de eficácia impositiva porque, segundo prestigiada diretriz interpretativa, quando o legislador estabelece uma dada finalidade – no caso, a empreita contra a dispersão jurisprudencial excessiva – é de se entender que disponibilizou os meios adequados para alcançar tal resultado: *quem quer os fins dá os meios*.

Os dispositivos sobre a *vigência* e a aplicação *espacial* da lei consideram--se normas de *sobredireito*, sendo aquelas primeiras inseridas no chamado Direito Processual Intertemporal e as segundas afeiçoadas ao chamado Direito Processual Internacional, tendo como pano de fundo o Direito Internacional Privado. Tais regras consubstanciam um corpo normativo que se pode chamar *lei sobre leis*, porque sobrepairam todo o ordenamento positivo, aplicando-se a todos os seus ramos, permitindo identificar o início da vigência das normas e sua aplicação territorial, assim fornecendo elementos para resolução dos conflitos acerca desses aspectos.

No tocante à vigência temporal da lei, tirante o caso especial do processo eleitoral (CF, art. 16, redação da EC 4/1993: *princípio da anualidade*), e sempre respeitada a irretroatividade da lei nova em face do ato jurídico perfeito, da coisa julgada e do direito adquirido (*incluído o direito adquirido processual* – CF, art. 5º, XXXVI – a regra geral é a estabelecida no art. 1º, *caput*, da Lei de Introdução às normas do Direito Brasileiro (Dec.-Lei 4.657/1942, cf. Lei 12.376/2010): "Salvo disposição contrária, a lei começa a vigorar em todo o país 45 (quarenta e cinco) dias depois de oficialmente publicada".

Portanto, pode dar-se que a lei nova protraia o início de sua entrada em vigor, como ocorreu com o vigente CPC – Lei 13.105, de 16.03.2015 – a teor do art. 1.045: "Este Código entra em vigor após decorrido 1 (um) ano da data de sua publicação oficial". É interessante observar que, mesmo no interregno da *vacatio legis* desse Código, ele veio a ser pontualmente alterado pela Lei 13.256/2016, resultando em alterações, dentre outros casos, no art. 1.030 (juízo de admissibilidade do RE e do REsp), no art. 12, *caput* (ordem cronológica de conclusão dos autos para julgamento) e na inserção de parágrafos ao art. 966, sobre a ação rescisória.

A antes referida irretroatividade da norma (salvo, no campo penal, no tocante à superveniência de norma mais benigna ao condenado: CF, art. 5º, XL) apresenta certas peculiaridades em matéria processual, no tocante às três hipóteses excepcionadas, indicadas no art. 5º, XXXVI da CF, antes referido: a preservação do ato jurídico perfeito alcança o recurso que já fora interposto sob a égide de lei anterior; a proteção ao direito adquirido se estende aos *direitos adquiridos processuais*, por exemplo, a prova oral a ser colhida em audiência, requerida e já antes deferida sob a égide da lei anterior; a coisa julgada (CPC, art. 508), posto configurada sob a égide da lei pretérita, pode vir a ser alvo de ação rescisória segundo o modelo estabelecido na lei processual superveniente, em virtude da eficácia imediata das normas processuais.

A respeito dos *direitos adquiridos processuais*, anota Paulo Roberto de Gouvêa Medina: "Pode acontecer, no entanto, de o ato processual já praticado influir sobre o subsequente, produzindo efeitos em relação a este que ainda não se tenham consumado, quando a lei nova entra em vigor. Nesse caso, esta não pode ser aplicada, sob pena de retroagir, violando um direito adquirido".[17] Ressalte-se o disposto na antes referida Lei de Introdução às normas do Direito Brasileiro, no § 1º do art. 6º: "Reputa-se ato jurídico perfeito o já consumado segundo a lei vigente ao tempo em que se efetuou", aí se adotando, pois, o princípio *tempus regit actum*.

Na aplicação da lei processual no tempo, incide, também, o princípio da *perpetuatio jurisdictionis*, recepcionado no art. 43 do CPC: "Determina-se a competência no momento do registro ou da distribuição da petição inicial, sendo irrelevantes as modificações do estado de fato ou de direito ocorridas posteriormente, salvo quando suprimirem órgão judiciário ou alterarem a competência absoluta" (valendo notar que o citado dispositivo quer referir-se antes à *competência*, porque a jurisdição é permanente e indissociável da justiça estatal). Uma das exceções contempladas no referido princípio (antes inserido no art. 87 do CPC/1973), a saber, quando um dado órgão jurisdicional vem a ser suprimido, teve expressiva aplicação quando da extinção dos Tribunais de Alçada, pela EC 45/2004, art. 4º, *caput*.

Ainda no tocante à aplicação da lei processual no tempo registram-se três regimes:

(*i*) o da *unidade do processo*, em que este é tomado como um todo indivisível, regido por uma única lei que se lhe aplica ao longo de toda a tramitação, mesmo com o advento de lei nova, ocorrendo, pois, um caso de ultra-atividade;

(*ii*) o das *fases processuais*, ensejando que a lei nova só possa alcançar a fase ainda não completada (por exemplo, a recursal), preservados os atos praticados sob a égide da lei anterior;

(*iii*) o do *isolamento dos atos processuais*, por modo que, respeitados aqueles praticados sob a precedente lei processual, as demais faculdades

---

[17] *Teoria geral do processo*. 2. ed. Salvador: JusPodvim, 2016, p. 95.

processuais (atos, provas, recursos), acaso ainda não exercidas, são alcançadas pela eficácia imediata da lei nova; registre-se, porém, entendimento pelo qual tal eficácia imediata não opera quando a lei pretérita dispunha de modo mais benéfico (*lex mitior*) na espécie.[18] Dessa forma, Paulo Roberto de Gouvêa Medina entende que o sistema de isolamento dos atos processuais é o que "realmente, condiz com a ideia atual de processo, qual seja a de uma relação jurídica dinâmica, composta de atos autônomos, posto que estritamente ligados uns aos outros, cujo desenvolvimento no tempo conduz a um desfecho programado – o da composição da lide, mediante sentença proferida pelo juiz competente".[19]

Este regime do isolamento dos atos processuais é o adotado no CPC, a teor do art. 1.046, *caput*, dispondo que ao entrar em vigor, "suas disposições se aplicarão desde logo aos processos pendentes (...)". Por exemplo: tomando-se uma ação ajuizada na pendência do CPC/1973, em sobrevindo, já agora sob a vigência do novo CPC, acórdão contendo voto vencido, não caberá o recurso de embargos infringentes (antes existente no CPC/1973, art. 530), porque a nova lei processual não o recepcionou, prevendo-se agora outro *modus operandi* para a hipótese em causa, nos moldes de um recurso que se instaura de ofício (art. 942). Outro exemplo: embora um processo se tenha iniciado sob a égide do CPC/1973, o qual não previa a "delimitação consensual das questões de fato e de direito" (CPC vigente, § 2º do art. 357), todavia tal faculdade poderá agora ser exercida pelas partes desse processo em curso, ao ensejo de seu saneamento, dada a regra da *aplicação imediata* da lei processual aos processos pendentes. No campo probatório, tal eficácia do *jus novum* somente se aplica em face das provas "requeridas ou determinadas de ofício a partir da data de início de sua vigência" – CPC, art. 1.047.

No âmbito da justiça penal, dispõe o art. 2º do CPP: "A lei processual penal aplicar-se-á desde logo, sem prejuízo da validade dos atos realizados sob a vigência da lei anterior"; sem embargo, dada a prevalência da *lex mitior* (CF, art. 5º, XL), pode ocorrer, segundo esse critério, tanto a ultra-atividade da lei processual penal, como a retroatividade daquela ulterior, mais benéfica.

No tocante à eficácia *espacial*, a lei processual ao entrar em vigor se estende a todo o território nacional – princípio da *territorialidade* (Lei de Introdução às normas do Direito Brasileiro – Dec.-Lei 4.657/1942, cf. Lei 12.376/2010, art. 12) – em simetria com o que se passa em face do chamado *estatuto* pessoal,

---

[18] *O novo direito processual civil e os feitos pendentes*. Rio de Janeiro: Forense, 1974, p. 12-13.
[19] *Teoria geral do processo*, cit., p. 94.

que está sujeito à *lex domicilii*, como estabelece a citada Lei de Introdução, art. 7º, *caput*: "A lei do país em que for domiciliada a pessoa determina as regras sobre o começo e fim da personalidade, o nome, a capacidade e os direitos de família". Saliente-se que o Código Civil (Lei 10.406/2002) explicita o sentido de *domicílio* das pessoas físicas e jurídicas no Direito brasileiro, podendo destacar-se o art. 70: "O domicílio da pessoa natural é o lugar onde ela estabelece a sua residência com ânimo definitivo". Saliente-se que em matéria probatória a citada Lei de Introdução adota o princípio *locus regit actum*, como se colhe do art. 13: "A prova dos fatos ocorridos em país estrangeiro rege-se pela lei que nele vigorar, quanto aos ônus e aos meios de produzir-se, não admitindo os tribunais brasileiros provas que lei brasileira desconheça".

Tenha-se presente que o sentido de *território nacional* não se reduz ao solo, mas comporta um certo elastério, abrangendo ainda as ilhas lacustres, os rios, lagos e demais águas interiores, tais os golfos, baías e bem assim os portos, a par da faixa de mar territorial, sendo útil a leitura do inteiro teor do art. 20 da CF, onde vêm arrolados os bens da União.

O princípio da *territorialidade*, aliado ao critério do *domicílio* das pessoas física e jurídica, projeta mais de um efeito no plano processual, como se colhe do art. 21 do CPC: "Compete à autoridade judiciária brasileira processar e julgar as ações em que: I – o réu, qualquer que seja a sua nacionalidade, estiver domiciliado no Brasil; II – no Brasil tiver que ser cumprida a obrigação; III – o fundamento seja fato ocorrido ou ato praticado no Brasil. Parágrafo único. Para o fim do disposto no inciso I, considera-se domiciliada no Brasil a pessoa jurídica estrangeira que nele tiver agência, filial ou sucursal". Esse dispositivo se completa com o disposto no art. 22 e incisos, alinhando hipóteses sujeitas à jurisdição nacional. Já o art. 23 e incisos elenca os casos em que a competência brasileira é *exclusiva*, assim refratária à jurisdição internacional. A seu turno, o art. 24 explicita os casos de competência *concorrente* entre as autoridades judiciárias brasileira e estrangeira. Enfim, fechando esse contexto normativo, que tangencia o Direito Internacional, o art. 25 do CPC atribui *somente* à jurisdição estrangeira "o processamento e o julgamento da ação quando houver cláusula de eleição de foro exclusivo estrangeiro em contrato internacional, arguida pelo réu na contestação", com a curial exceção, segundo o parágrafo único desse dispositivo, dos casos de "competência internacional exclusiva".

De resto, a competência da justiça brasileira se insere dentre os pressupostos *objetivos* de existência e validade da relação processual, de sorte que, ausente aquela exigência, o processo deverá ser extinto sem julgamento do mérito (CPC, art. 485, IV e X), certo que a incompetência absoluta do juiz deve ser declarada de ofício, em qualquer tempo e grau de jurisdição (CPC, art. 64 e § 1º), podendo ainda desafiar ação rescisória – CPC, art. 966, II.

Todo esse contexto deve ser visto à luz da competência exclusiva da União para legislar em direito processual (CF, art. 22, I), ao passo que, no âmbito da justiça estadual, remanesce em cada uma das unidades federativas a competência para dispor sobre a respectiva organização judiciária (CF, art. 125, § 1º), dispondo o art. 73, *caput*, da Constituição paulista (1989): "O Tribunal de Justiça, órgão superior do Poder Judiciário do Estado, com jurisdição em todo o seu território e sede na capital, compõe-se de Desembargadores em número que a lei fixar (...)".

Saliente-se que o CPC enfatiza a *cooperação internacional*, cabendo ao Ministério da Justiça exercer "as funções de autoridade central na ausência de designação específica" (CPC, § 4º do art. 26) cooperação essa que envolve, dentre outros tópicos, a "colheita de provas e obtenção de informações" (art. 27, II). Ainda nesse campo o CPC prevê o *auxílio direto*, cabível "quando a medida não decorrer diretamente de decisão de autoridade jurisdicional estrangeira a ser submetida a juízo de delibação no Brasil" (art. 28), dispondo ainda sobre a *carta rogatória* (art. 36 e parágrafos), respaldada no *princípio da reciprocidade* (§ 1º do art. 26), observado ainda o disposto no parágrafo único do art. 963. Consulta, igualmente, ao campo das relações internacionais da justiça brasileira a *homologação de sentença estrangeira*, de competência do STJ (CF, art. 105, I, *i*; CPC, arts. 960-963 e incisos), mediante o chamado *juízo de delibação*, segundo os critérios indicados no art. 15 da antes citada Lei de Introdução às normas do Direito Brasileiro, com vistas à emissão do *exequatur*. Insere-se também no âmbito das relações entre a Justiça brasileira e as estrangeiras o processo de *extradição*, de competência do STF (CF, art. 102, I, *g*), observadas as condições estabelecidas na Lei de Migração – Lei 13.445/2017, arts. 81-99.

Tenha-se ainda presente que alguns produtos judiciários otimizados projetam eficácia territorial expandida, irradiando-se em face de processos em trâmite em todo o Brasil: os acórdãos do STF afetados com repercussão geral (CF, § 3º do art. 102; CPC, art. 1.035 e §§ 1º e 5º); os acórdãos do STF e do STJ em casos repetitivos (CPC, art. 927, III, c/c art. 928 e incisos); as súmulas do STF e do STJ (art. 927, IV), especialmente a *vinculante* do STF (CF, art. 103-A e parágrafos; CPC, art. 927, I) ou ainda a *tese jurídica* firmada ao final do incidente de resolução de demandas repetitivas, quando o acórdão que a fixou venha a ser conhecido pelo STF em recurso extraordinário ao STF – CPC, § 2º do art. 987. Além disso, há casos em que a coisa julgada projeta eficácia *erga omnes* (diversamente do que se passa na jurisdição singular: CPC, art. 506), como se dá com os acórdãos do STF no controle direto de constitucionalidade (CF, art. 102, § 2º) e com a sentença em ação civil pública envolvendo interesse difuso (Lei 7.347/1985, art. 16, c/c Lei 8.078/1990, arts. 81, parágrafo único, I, e 103, I).

4

DIREITO E AÇÃO

Para a melhor compreensão da relação entre direito e ação deve-se antes ter presente a distinção entre *pretensão material* e *processo*. Os direitos subjetivos materiais (*v.g.*, posse, domínio, créditos) reportam-se aos respectivos textos legais que os positivaram, a saber, naquela ordem, dispositivos que regulam os direitos reais e os obrigacionais, certo que, em princípio, tais situações de vantagem assim estabelecidas destinam-se a ser usufruídas pelo titular, assim como se preordenam a ser atendidas pela contraparte.

Trata-se aí da *eficácia natural* que toda norma jurídica projeta, ou seja: ela é positivada ao pressuposto ou sob a expectativa de que seu comando será cumprido; por exemplo, o art. 304 e parágrafo único do CCi dispõe que o pagamento extingue a obrigação. Daí se segue que a matéria só passa a concernir ao Direito Processual quando aquela eficácia natural não se concretiza na prática, levando, no exemplo dado, ao ajuizamento da ação de cobrança.

Verdade que, em algumas situações, o direito de uma parte não é condicionado por qualquer conduta, ativa ou omissiva da contraparte, senão que apenas se configura como uma sorte de direito potestativo, por exemplo, quando um ente político – União, Estado, Município – entende que necessita de um dado imóvel para realização de certa obra e assim o declara de interesse público para fim de desapropriação; bem por isso, a CF, ao tempo em que garante a propriedade, prevê que a "lei estabelecerá o procedimento para desapropriação por necessidade ou utilidade pública ou por interesse social (...)" – art. 5º, XXII e XXIV.

É dizer, o Direito, como norma de conduta impositiva, destina-se ao cumprimento espontâneo de suas disposições (como se dá, por exemplo, quando o locatário paga os aluguéis ao locador), fazendo que a ação judicial opere como um *posterius*, isto é, na eventualidade de os direitos estabelecidos em prol de um dado sujeito não virem reconhecidos pela contraparte. É o que se passa, por exemplo, quando o aluguel estabelecido não é pago, resultando infrutíferos os eventuais meios suasórios intentados, levando a que o locador, ante a vedação da justiça de mão própria (CP, art. 345) tenha que recorrer à Justiça estatal, propondo ação de despejo (Lei 8.245/1991, art. 59, IX).

Ainda assim, deve-se ter presente que a ação civil é presidida pelo *princípio da demanda*, nesse sentido de que, em regra, a judicialização de uma controvérsia e a correlata intervenção do Estado-juiz ficam a depender da iniciativa do interessado, a teor do art. 2º do CPC: "O processo começa por iniciativa da parte e se desenvolve por impulso oficial, salvo as exceções previstas em lei", certo ainda que ao juiz só é dado decidir nos limites para os quais foi provocado (vedação da decisão *ultra*, *extra* ou *infra petita*), aí operando, pois, o princípio dispositivo – CPC, arts. 490 e 492.

Dentre as exceções à regra da *disponibilidade* no ajuizamento e prosseguimento dos processos judiciais podem ser lembradas as ações no controle direto de constitucionalidade (ADIn, ADCon, ADPF, inconstitucionalidade por omissão – CF, art. 102, §§ 1º e 2º; art. 103, e parágrafos; Leis 9.868/1989 e 9.882/1999; abertura de inventário, havendo testamento ou incapaz (CPC, art. 610, *caput*), podendo-se então falar em *ações necessárias*. No plano criminal, a ação penal pública tem o Ministério Público como *dominus litis* – CPP, arts. 24, *caput*, e 42. No âmbito da Administração Pública, as decisões de cunho pecuniário proferidas pelos Tribunais de Contas formam título executivo – CF, art. 71, § 3º (por exemplo, aquela que define o valor da lesão causada ao erário e identifica o responsável), levando a que a Procuradoria Fazendária concernente deva promover o devido processo executório (CPC, art. 784, XII).

A correlação entre os planos do direito material e do direito processual é de ser vista à luz do disposto no art. 189 do CCi – "Violado o direito, nasce para o titular a pretensão (...)". Esse dispositivo deve ser lido por modo a contextualizá-lo em face do sistema jurídico como um todo, ensejando que a ação resulte compreendida, não como um singelo apêndice do direito material, mas como um *direito*:

(*i*) *subjetivo público*, disponibilizado a quem apresente um histórico de dano temido ou temido (CF, art. 5º, XXXV);

(*ii*) *autônomo*, porque distinto do afirmado direito material (embora reportado a este);

(*iii*) *abstrato*, porque independente de ser ou não fundada a pretensão material.

A não se entender assim, o intérprete e o aplicador correm o risco de extrair do art. 189 do CCi mais do que nele se contém (*legis dixit plus quam voluit*), deixando sem explicação os casos em que a ação vem a ser julgada improcedente: se o afirmado direito material não era existente, como então o autor foi autorizado a propor a ação e nela prosseguiu até o final, alcançando decisão de mérito?

Na causa remota desse aparente paradoxo está a distinta natureza das normas de direito material e de direito processual: aquelas criam ou regulam situações de vantagem ou de sujeição, a partir de fatos relevantes da vida social e negocial ocorrentes ao interno da coletividade, estabelecendo os efeitos jurídicos e correspondentes sanções, sendo o caso (*v.g.*, obrigações pecuniárias e multa em caso de impontualidade no pagamento; casamento, família e respectivas obrigações dos cônjuges e pais; posse e a devida proteção em caso de esbulho). Já as ocorrências no plano processual não são tão visíveis ou compreensíveis de pronto, apresentando o processo uma estrutura mais formal, com categorias, institutos e objetivos próprios, *v.g.*, ação, defesa, saneamento do processo, fases probatória e decisória, coisa julgada, cumprimento do julgado.

Nesse sentido, observa Cândido Rangel Dinamarco: "O direito processual, porém, não é assim espontâneo na vida em sociedade. O processo é um instrumento de que dispõe o Estado para o exercício de uma função específica e soberana, que é a jurisdição. É através dele que o Estado, pela mão do juiz, julga as pretensões que lhe são trazidas, dizendo através de uma sentença quem tem razão e quem está contra os ditames do direito. É através dele que o Estado efetiva praticamente suas próprias decisões, invadindo a vida e o patrimônio do devedor inadimplente, impelindo-o a adimplir ou retirando dali o que baste para satisfação do credor, ou impondo restrições ao *jus libertatis* do criminoso ao submetê-lo a uma pena corporal".[1]

Impende ter presente que algumas ações e incidentes radicam na própria seara do Direito Processual, envolvendo institutos e categorias que relevam desse mesmo campo, por exemplo: a *coisa julgada*, cujo desatendimento desafia *ação rescisória* (CPC, art. 966, c/c art. 502); a *sentença estrangeira*, que, para produzir efeito no território nacional, exige um *juízo positivo de delibação* no âmbito do STJ (CF, art. 105, I, *i*; CPC, arts. 960-965); o *arresto* para garantir a eficácia de futura *execução* – CPC, art. 301.

Em princípio, porém, o processo se vocaciona a instrumentalizar direitos, valores e interesses positivados nos ramos do Direito Positivo que criam, alteram ou extinguem direitos materiais, como, aliás, antes se extraía do art. 75 do CCi de 1916: "A todo o direito corresponde uma ação que o assegura",

---

[1] *Fundamentos do processo civil moderno*. 3. ed. São Paulo: Malheiros, 2000, t. I, p. 93.

aí se estabelecendo uma estreita correlação entre os direitos subjetivos materiais e as correspondentes ações, cabíveis nos casos de afronta ou ameaça.

Esse dispositivo do CCi anterior não veio, ao menos *expressis verbis*, recepcionado no atual CCi (Lei 10.406/2002), mas o seu espírito está subjacente no antes referido art. 189 deste Código – "Violado o direito, nasce para o titular a pretensão (...)". Esta redação se afigura mais satisfatória e precisa do que a precedente, escrita ao tempo em que imperava a concepção *civilista* ou *imanentista* da ação, forte numa leitura quase gramatical do texto romano de Celso (Digesto, XLIV, 7, 51: *Nihil aliud est actio, quam iudicio persequendi quod sibi debetur*: a ação é o direito de perseguir em Juízo o que nos é devido), levando a que o direito material e a ação fossem vistos e tomados como dimensões de uma mesma realidade ou como faces de uma mesma moeda: não há direito sem ação; não há ação sem direito; a ação segue a natureza do direito.

A percepção contemporânea, dita *autonomista*, reconhece o caráter *abstrato* do direito de ação, assim distinguindo os planos do direito material e processual, e, portanto, reconhecendo que a ação judicial, de *per si*, não assegura ou não garante o acolhimento do afirmado direito previsto na norma, nem mesmo sua concreta fruição no plano prático, mas apenas instrumentaliza, tecnicamente, a formulação judicial da pretensão, no bojo de um processo existente e válido. Por essa percepção, o final acolhimento do afirmado direito – a tutela jurisdicional propriamente dita –, fica a depender de que o direito se revele fundado, respaldado por prova fática consistente, o que será avaliado na decisão de mérito – CPC, art. 489 e incisos c/c art. 490.

É, pois, sob tais luzes que se deve compreender o afirmado no art. 4º do CPC, ao prever que as partes têm o *direito* à solução integral do *mérito*, incluída a *atividade satisfativa*: em primeiro lugar, a decisão de mérito só pode ser prolatada quando presentes as condições da ação e os pressupostos de existência e validade do processo; em segundo lugar, a efetiva realização prática do direito reconhecido no julgado, quando de caráter condenatório (pagar, fazer, abster-se, entregar coisa), fica a depender de certas circunstâncias adicionais, por exemplo: que, em caso de resistência do executado, e esgotadas as medidas coercitivas, a obrigação seja cumprida por terceiro, às expensas daquele; que o devedor tenha patrimônio suficiente para atender à obrigação pecuniária; que o vencedor da causa contra a Fazenda Pública aguarde a "ordem cronológica de apresentação dos precatórios" – CF, art. 100, *caput*.

Essas previsões legais servem a desvelar a recíproca inter-relação dos direitos material e processual, como denotado nestes exemplos: o esbulho de imóvel é moléstia possessória (CCi, art. 1.210 e parágrafos), de sorte que, não resolvida a pendência entre as partes, restará o ajuizamento de ação reintegratória – CPC, art. 560; a desocupação do imóvel locado, para fim de realização de reparações urgentes determinadas pelo Poder Público, acaso não atendida voluntariamente pelo locatário, autoriza o ajuizamento de ação de despejo – Lei 8.245/1991, arts. 9º, IV, e 59, VI; a norma legal, contrária aos ditames constitucionais, pode ser tornada insubsistente mediante ação direta de inconstitucionalidade – CF, § 2º do art. 102; Lei 9.868/1999.

A antiga concepção *civilista* ou *imanentista* do direito de ação acabou sendo gradualmente superada, seja por baralhar os planos do direito material e do direito processual, seja por não conseguir explicar certas ocorrências, tais a da ação julgada *improcedente* e a da ação que visa a declaração da *inexistência* de uma dada relação jurídica (dita declaratória negativa – CPC, art. 19, I): no primeiro caso, apesar da insubsistência do alegado direito material, a ação teve curso e alcançou decisão de mérito; no segundo caso, a ação foi acolhida justamente para declarar que a relação jurídica historiada nos autos em verdade não se configurara.

A linha evolutiva sobre a natureza do direito de ação se alteraria fortemente com o advento das teorias que visualizavam a ação como um *direito abstrato* (Degenkolb, na Alemanha; Ploz, na Hungria), consentindo que a ação se tenha por efetivamente exercida independentemente de ser ou não fundado o afirmado direito material nela veiculado. Essa linha de pensamento teve importante contribuição, na Itália, com Alfredo Rocco, ao evidenciar os dois planos em que se situam o direito material e o direito de ação: este é inalterável, como meio de provocar a intervenção do Estado-juiz; é abstrato, porque independente do afirmado direito material; é geral, no sentido de estar disponibilizado a todos os que entendam necessitar da função jurisdicional do Estado, dada a vedação da justiça privada; enfim, é secundário, nesse sentido de seguir em paralelo ao direito material, instrumentando judicialmente o pleito quanto ao valor, o interesse, o bem da vida previstos na norma de direito material.

Ainda na trilha da ação enquanto direito abstrato, Emilio Betti, embora reconhecesse a autonomia do direito de ação – independentemente de ser ou não fundada a pretensão – todavia enfatizava a estreita relação entre esse pleito (a que chamava *ragione*) e a ação proposta para fazer valê-lo em Juízo. A seu turno, Francesco Carnelutti, agregou relevante contribuição para a concepção abstratista do direito de ação – exercido por quem tenha ou não o direito material – ao elaborar o profícuo sentido de *lide*, como o *conflito de interesses qualificado por uma pretensão resistida*, de sorte que a ação, em seu pensar, serve não exatamente para instrumentar a pretensão (o interesse em lide), mas em verdade para propiciar a justa composição da lide, assim reconhecendo o direito a uma sentença, simplesmente, e não a uma sentença justa ou favorável.

Um relevante diferencial adveio com o contributo de Enrico Tullio Liebman, que, aperfeiçoando a posição autonomista-abstratista, ao tempo em que a decotava de certos excessos, sustentara que a ação é o *direito a uma sentença de mérito*. Esse posicionamento se distanciava vantajosamente sobre os demais alvitres, tais o da ação enquanto *direito concreto à tutela jurídica* (ou, se se quiser, *a uma sentença favorável*), como propunha Wach, ou ainda como um *direito potestativo* (Chiovenda), ou mesmo das posições propriamente abstratistas, como as dos autores antes referidos.

Na concepção de Liebman, o direito de ação "é um direito subjetivo diverso daqueles do direito substantivo, porque é direito contra o Estado, sem ser um direito a uma prestação sua: é antes um direito de iniciativa e impulso, com o qual o indivíduo põe em movimento o exercício de uma função pública, da qual espera obter a proteção de suas próprias razões, dispondo para esse fim os meios fornecidos pela lei para fazer valer (mesmo sabendo que o resultado também pode ser desfavorável); é, portanto, um direito fundamental do indivíduo, que qualifica sua posição no ordenamento jurídico e em relação ao Estado, conferido e regulado pelo direito processual, mas reforçada por uma garantia constitucional na qual encontramos suas características essenciais esculpidas" (tradução livre).[2]

Fernando Antônio Negreiros Lima atesta que essa concepção de Liebman fora "expressamente adotada pelo Código de Processo Civil de 1973, cujo anteprojeto foi elaborado por Alfredo Buzaid, um dos tantos discípulos de Liebman. É essa, igualmente, a doutrina prevalente entre os processualistas brasileiros filiados ao pensamento do mestre italiano".[3]

Portanto, para Liebman, a ação é mais do que o singelo direito de demandar, aderente à garantia de acesso à justiça (CF, art. 5º, XXXV), mas se eleva ao patamar subsequente, qual seja o direito à decisão de mérito, desde que, como antes dito, tenham sido atendidas as condições de admissibilidade da ação, tendo esta sido exercida num processo existente e

---

[2] "è un diritto soggetivo diverso da quelli del diritto sostanziale, perchè rivolto verso lo Stato, senza essere diretto ad una sua prestazione: è piuttosto un diritto d'iniziativa e d'impulso, con cui il singolo pone in movimento l'esercizio di una funzione pubblica, dalla quale spera di ottenere la protezione delle proprie ragioni, disponendo a questo scopo dei mezzi apprestati dalla legge per farle valere (pur sapendo che l'esito potrà anche essergli sfavorevole); è dunque un diritto fondamentale del singolo, che qualifica la sua posizione nell'ordinamento giuridico e nei confronti dello Stato, conferito e regolato dalla legge processuale, ma rafforzato da una garanzie costituzionale in cui troviamo scolpiti i suoi connotati essenziali" (*Manuale di Diritto Processuale Civile*. 3. ed. Milão: Giuffrè Editore, 1973, v. I, p. 120).

[3] *Teoria geral do processo judicial*, cit., p. 406.

válido; caso contrário, extingue-se o processo sem julgamento do mérito, solução perfilhada no vigente CPC, como se colhe à leitura integrada dos arts. 330, II e III, 337, IX e XI, e 485, IV e VI.

Pode-se dizer que também em face do vigente CPC a concepção de Liebman sobre a ação segue de atualidade, porque, embora o Código não traga uma definição do direito de ação (forte no aviso romano: *omnia definitio in iuris civilis periculosa est*), fato é que o mestre milanês afirmara que as condições de admissibilidade da ação "são o interesse de agir e a legitimação" (tradução livre),[4] o que aparece recepcionado no art. 17 do vigente CPC. Além disso, esse Código é sensível, igualmente, à ideia da ação como direito a uma decisão de mérito, como parecera a Liebman, na medida em que dispõe o art. 4º: "As partes têm o *direito* de obter em prazo razoável a *solução integral do mérito*, incluída a atividade satisfativa".

Sem embargo, como antes ressalvado, esse art. 4º do CPC é de ser lido, sob as luzes da interpretação lógico-sistemática, no sentido de que o poder-dever do Judiciário de proferir decisão de mérito fica sempre a depender do atendimento a certos requisitos formais, a saber, as condições da ação e os pressupostos processuais. Ausentes quaisquer desses quesitos, resultando infrutífero o empenho do juiz em supri-los ou saneá-los (CPC, art. 139, IX), o Estado se desonera de aferir o *meritum causae*, sendo o processo extinto sem julgamento do mérito (CPC, art. 485, IV e VI). Bem por isso, a prolação de decisão de mérito quando tal não se afigurava tecnicamente viável, uma vez sobrevindo o trânsito em julgado, tipificará a hipótese indicada no inciso V do art. 966 do CPC – decisão que "violar manifestamente norma jurídica" – podendo dar azo ao exercício de ação rescisória.

Verdade que, ao contrário do que se passava no CPC/1973, que incluía entre as condições da ação a *possibilidade jurídica do pedido* – art. 295, parágrafo único, III –, o vigente CPC menciona, como antes dito, apenas o interesse de agir e a legitimação. Ainda assim, diversamente do sustentado por expressiva parcela da doutrina,[5] parece-nos que a exigência quanto à demonstração da possibilidade jurídica do pedido (que é *mais* do que o singelo fundamento legal) segue sendo um ônus do autor da ação, porque o interesse de agir não pode consistir num interesse *qualquer*, ou *simples*, ou ainda numa prosaica *expectativa*, mas, antes, há que radicar num dado *topos* do ordenamento jurídico (por exemplo: responsabilidade objetiva), ou,

---

[4] "sono l'interesse ad agire e la legittimazione" (*Manuale...*, cit., p. 120).

[5] Dentre outros doutrinadores, v. Fredie Didier Júnior: Será o fim da categoria "condição da ação"? Um elogio ao projeto do novo Código de Processo Civil. *Revista de Processo*, n. 197, jul. 2011, p. 58.

quando menos, que não venha desde logo excluída por ele, como se daria, por exemplo, com a pretensão a usucapir um bem público, ou de adquirir um bem sem a devida contraprestação.

Nesse sentido, de resto, dentre os *requisitos da petição inicial* o CPC inclui "(...) os *fundamentos jurídicos* do pedido" – art. 319, III. Aliás, o próprio Liebman, cuja proposição acerca da natureza do direito de ação acabou prevalecendo dentre nós, ressalvara que o interesse de agir não se configura "se o provimento demandado não pode ser pronunciado, porque não permitido por lei (es. A prisão por débito)" (tradução livre).[6]

O conteúdo (extensão-compreensão) da proposta de Liebman quanto à natureza do direito de ação, tornada prevalecente entre nós, veio bem explicitado por Moacyr Amaral Santos: "Concebida a ação como direito de provocar a prestação jurisdicional do Estado, está afastada a ideia de ação no sentido concreto. Provocando a jurisdição a um pronunciamento, a ação não pode exigir senão isso e não uma decisão de determinado conteúdo. É por isso um direito abstrato, porque exercível por quem tenha ou não razão, o que será apurado tão somente na sentença, e além do mais genérico, pois não varia, é sempre o mesmo, por mais diversos sejam os interesses a que, em cada caso, possam os titulares aspirar".[7]

A partir das precedentes considerações, e tendo presente o caráter claramente *precedentalista* do vigente CPC (*v.g.*, art. 332 e incisos; § 3º do art. 947; art. 927 e incisos; art. 985 e incisos; art. 1.030 e incisos, cf. Lei 13.256/2016), parece lícito concluir que uma pretensão que se revela contrária ao enunciado de uma súmula do STF ou do STJ (certo que o direito sumular representa o extrato de uma jurisprudência assentada), em verdade, estará em *desconformidade com o ordenamento*, já que o CPC inclui tais súmulas entre os padrões exegéticos de observância obrigatória – art. 927, *caput* e inciso IV. Por aí se compreende a autorização para a liminar improcedência do pedido em tal caso (CPC, art. 332, I), e, também, para que o relator, no tribunal, negue provimento a recurso (CPC, art. 932, IV, *a*).

Em suma, pode-se dizer que a *ação é o direito subjetivo público* (disponibilizado a todos), *abstrato* (independente de ser ou não fundado o afirmado direito material), *autônomo* (distinto da relação de direito material) de pleitear junto ao órgão jurisdicional competente e imparcial a resolução de um conflito de interesses, cujo mérito será decidido uma vez presentes as condições

---

[6] "se il provvedimento domandato non può essere pronunciato, perchè non ammesso dalla legge (es., la prigione per debiti" (*Manuale...*, cit., p. 122).

[7] *Primeiras linhas de direito processual civil*. 27. ed. atual. por Maria Beatriz Amaral Santos Köhnen. São Paulo: Saraiva, 2010, v. I, p. 169.

de admissibilidade da ação proposta (interesse, legitimidade e, a nosso ver, o fundamento jurídico do pedido) e ainda os pressupostos de existência e validade da própria relação processual, em especial a petição inicial, a citação e a regularidade da representação.

Assim é que o processo se conecta com o Direito por uma relação de instrumentalidade, deflagrada sempre que uma dada situação jurídica atribuída a um afirmado titular não venha atendida pela contraparte, ou quando se apresente um histórico de risco para o resultado útil do processo, ou mesmo uma situação de urgência, ou ainda quando se busque a satisfação, no plano prático, de um direito já reconhecido ou constante de título a que a lei empresta força executiva. Vale lembrar que não só o processo de conhecimento, mas também o cautelar têm guarida na garantia constitucional do acesso à justiça, na medida em que o inciso XXXV do art. 5º dispõe que nenhuma *lesão* (dano sofrido) ou *ameaça* (dano temido) será subtraída à apreciação do Judiciário.

Verdade que não só a lesão ou a ameaça autorizam o exercício do direito de ação, mas também o *legítimo interesse* em eliminar a incerteza que paira sobre um documento ou uma dada relação jurídica, admitindo-se, nesse sentido, as chamadas ações *declaratórias puras* (CPC, arts. 19 e 20). Vale também ressaltar as ações que não se reportam a um dano temido ou sofrido, mas sim a um direito subjetivo público, tal o que está à base das ações no controle direto de constitucionalidade, por exemplo, a ADIn (CF, § 2º do art. 102), podendo-se em tais casos falar em *processo objetivo*, descabendo falar em lide ou em sucumbência.

Sem embargo da predominante concepção da ação como um direito autônomo e abstrato, não há como negar a estreita relação entre os planos normativos material e processual, este último preordenado a instrumentar, mediante a ação, os históricos de ameaça ou de afronta a afirmados direitos, interesses e valores atribuídos a pessoas físicas e jurídicas, de direito privado ou de direito público. Assim, se passa, inclusive, por conta da criminalização da justiça de mão própria (CP, art. 345), levando a que os direitos postos em risco ou contrariados, porventura não resolvidos suasoriamente, se encaminhem a um de três alvitres: ou são tolerados, arcando a parte com o prejuízo daí decorrente, ou são encaminhados a outros meios, auto e heterocompositivos de resolução de conflitos (CPC, art. 3º e parágrafos), ou, então, são judicializados.

Deve-se desde logo ter presente que o plano normativo não se reduz à norma legal, mas antes cumpre reconhecer que o ordenamento jurídico é também integrado por outros insumos, tais os costumes, os princípios gerais, a equidade, a analogia, as regras da experiência comum, os precedentes judiciários, de modo que a relação entre ação e Direito deve levar em conta a global dimensão deste último, composto pela fonte principal – a lei – mais aquelas fontes secundárias ou supletivas, valendo observar, por exemplo, que no âmbito dos Juizados Especiais é autorizado o emprego da equidade, devendo o juiz adotar "em cada caso a decisão que reputar mais justa e equânime" – Lei 9.099/1995, art. 6º, c/c art. 25.

Uma aplicação do que ora se afirma pode ser identificada na alteração inserida num dos fundamentos da ação rescisória: enquanto o CPC/1973, no inciso V do art. 485, referia-se à sentença de mérito que "violar literal disposição de lei", já agora esse fundamento ganhou outra e mais ampliada dimensão, referindo-se o inciso V do art. 966 do vigente CPC à sentença de mérito que "violar manifestamente *norma jurídica*", sabido que o sentido de "norma" é mais amplo do que o de "lei", assim como se passa no contraponto entre "princípio" e "regra".

A resolução das lides judicializadas mediante a aplicação de padrões decisórios de eficácia impositiva, tais os listados no art. 927 e incisos do CPC, não atrita o princípio da legalidade (CF, art. 5º, *caput* e inciso II), e tampouco afeta a garantia do acesso à Justiça (CF, art. 5º, XXXV), porque a vinculação de todos ao império da lei não pode se restringir apenas à *norma legislada* (produto final do Parlamento), mas deve igualmente estender-se à *norma judicada*, isto é, aquela que teve seu *momento judiciário*, tendo, num dado momento dessa trajetória, alcançado uma exegese uniforme, segura e estável acerca de seu real significado (extensão e compreensão), como se passa com certos produtos judiciários otimizados: jurisprudência dominante, pacífica ou sumulada; questões de ordem firmadas no Pleno ou Órgão Especial dos Tribunais; acórdãos em recursos extraordinário (STF) e especial (STJ) afetados como representativos da controvérsia, no regime dos recursos repetitivos; teses firmadas ao final do incidente de resolução de demandas repetitivas; acórdãos no incidente de assunção de competência.

Esse ambiente claramente *precedentalista* se evidencia à simples leitura de vários dispositivos do CPC (art. 332 e incisos; art. 313, IV; art. 489, § 1º e incisos; art. 947 e § 3º; parágrafo único do art. 949; parágrafo único e incisos do art. 955; art. 927, incisos e parágrafos, c/c art. 928 e incisos; art. 932, incisos IV e V; art. 985 e incisos; art. 1.030, incisos e parágrafos (cf. Lei 13.256/2016); art. 1.040, incisos I e II), tratando-se, pois, de uma nova ordem processual, situada a meio caminho entre o *civil law* e o *common law*, comprometida com valores transcendentes, tais a agilização dos trâmites processuais, a resolução isonômica das controvérsias, a preservação da segurança jurídica, a potencialização da resposta jurisdicional, a par da amenização da sobrecarga do serviço judiciário, assolado pelo afluxo crescente de demandas. Roborando essa natureza *precedentalista* do vigente CPC, vem prevista *reclamação* ao tribunal competente, para os casos de descumprimento ou desconsideração de certos produtos judiciários otimizados, como resulta do art. 988, III e IV (incisos com redação da Lei 13.256/2016), valendo salientar que, acolhida a reclamação, "o tribunal cassará a decisão exorbitante de seu julgado ou determinará medida adequada à solução da controvérsia" (art. 992).

A respeito da antes referida rota de aproximação entre as famílias jurídicas do *civil law* e do *common law*, Michele Taruffo fala numa vera *circulação de modelos*: "São numerosíssimos os exemplos, sobretudo se se observa a influência do modelo norte-americano, mas bastará citar alguns para esclarecer o discurso: vários sistemas de *civil law* extraíram daquele modelo o júri penal (como aconteceu recentemente na Espanha), a técnica do interrogatório cruzado, a ideia de pôr limites ao recurso às cortes supremas, a *class action*, o uso de depoimentos escritos, à semelhança do *affidavit* etc. Não faltam todavia, conquanto bem menos frequentes, hipóteses em que os legisladores de *common law* olharam para os sistemas da Europa continental: o caso paradigmático é o da Inglaterra, que consagrou, com as *Rules* de 1999, a ideia de um Código Processual, até aquele momento estranho à tradição inglesa, e que parece haver buscado inspiração nos modelos europeus, por exemplo em matéria de medidas cautelares e de poderes do juiz no processo".[8]

De tudo resulta que o *arco* da experiência jurídica hoje se fecha na confluência da norma com sua leitura judiciária, assim consentindo uma cognição mais aberta, permitindo entender-se que o Direito aplicável ao caso concreto abrange, *também*, aquele forjado nos tribunais – a *norma judicada* – irradiando eficácia potencializada, em projeção panprocessual. Desse modo, as premissas da obrigatoriedade da lei e da igualdade de todos perante ela, hoje também se estendem em face da *norma judicada*.

Na experiência contemporânea, a relação entre ação e direito consente afirmar-se que a desejável instrumentalidade do processo, não se reduz à aplicação do "direito legislado", mas, igualmente, se estende aos precedentes judiciários de eficácia otimizada, tais os listados nos incisos do art. 927 do CPC.

---

[8] Observações sobre os modelos processuais de *civil law* e de *common law*. Trad. José Carlos Barbosa Moreira. *Revista de Processo*, n. 110, abr./jun. 2003, p. 153.

5

CONCEPÇÕES (I) UNITÁRIA OU MONISTA E (II) DUALISTA DO DIREITO E SUA REPERCUSSÃO NO ÂMBITO PROCESSUAL

O ponto ora focado está, em certa medida, ligado ao tópico precedente (item IV, supra: relação entre direito e ação), mas apresenta um especial enfoque, contrapondo duas posições doutrinárias:

(i) *teoria unitária ou monista* (Carnelutti), pela qual as ocorrências relevantes na vida em sociedade são positivadas na norma jurídica, abstratamente posta no ordenamento, mas pode dar-se que os direitos subjetivos ali atribuídos a um dado sujeito não operem espontaneamente, por resistência da contraparte, ou por outro obstáculo ou intercorrência, de sorte a justificar a intervenção judicial por meio do processo, assim se completando o *arco* iniciado pela norma, o qual assim se fecha no *círculo* composto pelo ordenamento jurídico como um todo; por esse pensamento, a sentença seria a norma em sentido concreto;

(ii) *teoria dualista* (Chiovenda), pela qual a norma já é integralmente hígida e completa desde o momento em que entra em vigor, nada lhe vindo acrescido pela intercorrência do processo judicial, de sorte que a sentença judicial, a rigor, não agrega eficácia à norma, senão que apenas declara ou reconhece direitos e situações jurídicas já preexistentes, numa atuação que se diria *fisiológica* do ordenamento positivo.

Assim é que para a teoria unitária ou monista, a norma de direito material não esgota o universo jurídico, o qual só vem a ser efetivamente integrado ou completado quando da passagem judiciária da norma, atrelada a uma dada controvérsia, quando então o permissivo legal de regência recebe a devida interpretação, vindo a alcançar sua integral higidez e efetividade nesse ambiente forense, pela prolação da sentença ou, *a fortiori*, pela emissão de certos produtos judiciários otimizados, tais a jurisprudência dominante, pacífica ou sumulada; as decisões-quadro tiradas nos recursos excepcionais afetados como representativos da controvérsia; as teses jurídicas firmadas no incidente de resolução de demandas repetitivas; as questões de ordem fixadas no Pleno ou Órgão Especial dos tribunais; os acórdãos nos incidentes de assunção de competência.

Já para a teoria dualista, Direito e Processo formam planos distintos e autônomos, levando a que a criação do Direito (*nomogênese*) seja determinada pela norma de direito material – que define a natureza e os efeitos de certas situações consideradas relevantes, ao tempo em que identifica os sujeitos que as titularizam e os que em face delas estão em situação de sujeição (*jus et obligatio correlata sunt*). Daí resulta que o processo judicial se constitui num *posterius*, oferecendo-se como uma ocorrência virtual, deflagrada por iniciativa do interessado, com base na garantia do acesso à Justiça (CF, art. 5º, XXXV), podendo-se dizer que, tirante os casos de interesses indisponíveis (por exemplo, o erário público), no mais, e de ordinário, o ajuizamento da ação resulta de livre deliberação do afirmado titular do direito controvertido. É bem por isso que, mesmo tendo proposto a ação, o autor pode dela desistir, sem anuência do indigitado réu, se ainda não se efetivou a citação, ou seja, se ainda não se triangularizou a relação processual – CPC, art. 485, § 4º.

Um e outro dos posicionamentos antes referidos passam pela premonitória consideração de que uma norma legal, *de per si*, existe para projetar, naturalmente, os efeitos que dela se espera (a *fisiologia* da norma), inclusive quando estabelece sanção para o caso de descumprimento; todavia, a simples observação evidencia que não raro os direitos estabelecidos são resistidos pela contraparte (a *patologia* da norma), levando à necessidade da intervenção judicial, dada a criminalização da justiça de mão própria (CP, art. 345).

Cândido Rangel Dinamarco resume as teorias unitária e dualista, antes referidas, iniciando sua explanação com duas indagações: "*O direito subjetivo nasce mediante o exercício da atividade desenvolvida no processo ou é anterior a ela? A jurisdição é função criativa de direitos, ou meramente recognitiva de direitos preexistentes?*". E prossegue: "Preferir a primeira solução (o direito nasce do processo) é dizer que as normas jurídicas concretas se produzem ao longo do arco da colaboração entre as chamadas atividades legislativa e judiciária do Estado: o direito subjetivo nasce com o processo e com a sentença, antes dos quais não há senão interesses relevantes para o direito, interesses em conflito, mas direito subjetivo não. A norma que rege a concreta relação entre indivíduos depende, para existir, da atividade do juiz. A segunda solução significa que as atividades legislativa e jurisdicional, mediante as quais desempenha o Estado a sua função jurídica, distinguem-se nitidamente uma da outra. No plano legislativo são produzidos preceitos gerais e abstratos, que se tornam concretos e específicos (i.e., que se *aplicam*) automaticamente, diante do ocorrer de um fato juridicamente relevante; e a função jurisdicional não consiste senão em declarar essa vontade concreta do ordenamento jurídico (i.e., reconhecê-la) e atuá-la praticamente".[1]

Para uma boa compreensão do tema deve-se, desde logo, ter presente que os valores e interesses de relevância na vida em sociedade são reconhecidos e regulados na norma de regência; isso, naturalmente, sob a perspectiva de que a norma legal projete, *de per si*, a eficácia jurídica e social que dela se espera, isto é, que os direitos assim positivados e atribuídos a um *titular* se tornem efetivamente *exigíveis*, independentemente de alguma outra injunção estatal subsequente. Assim se dá com o adimplemento do débito no seu vencimento – *dies interpellat pro homine*; com o cumprimento espontâneo das cláusulas contratuais; com a outorga do objeto licitado ao proponente vencedor do certame.

Todavia, em não se concretizando tal expectativa originalmente projetada pela norma e não se resignando o titular do direito com o retardo ou com o descumprimento da norma ou do título representativo da obrigação, e esgotados os meios suasórios, restará o ajuizamento da ação judicial cabível, sem que daí se possa extrair a ilação de que a *efetividade* ou a *concreção* da norma de regência só veio a se configurar a partir da judicialização de uma dada pretensão. Vem em reforço dessa argumentação a própria *independência entre os Poderes* (CF, art. 2º), por modo a caber ao Legislativo a *nomogênese* e ao Executivo e ao Judiciário o poder-dever de atuá-la nos casos concretos: *de ofício*, no caso da Administração Pública, e mediante *provocação*, no caso do Judiciário (CPC, arts. 2º e 490). Tal argumentação, a nosso ver, evidencia que a teoria *dualista* parece se avantajar sobre a *monista* ou *unitária*.

O contraponto entre essas teorias não é de interesse apenas doutrinário ou acadêmico, mas, antes e principalmente, evidencia um dos *pontos sensíveis* do processo, qual seja a sua precípua função *instrumental* em face dos demais ramos do Direito material (constitucional, civil, tributário, administrativo, eleitoral, militar, trabalhista, previdenciário), embora, excepcionalmente, possa dar-se que uma ação judicial ou um procedimento venham instaurados tendo como conteúdo não um direito material, mas uma categoria ou instituto que releva do próprio campo processual. Assim se dá com a *ação rescisória*, voltada a desconstituir a coisa julgada material (CPC, art. 966 e incisos, c/c art. 502), ou a *reclamação*, voltada a preservar a autoridade de certos produtos judiciários otimizados (CPC, art. 988, III e IV, incisos com redação da Lei

---

[1] *Fundamentos do processo civil moderno*, cit., p. 44-45.

13.256/2016) ou, ainda, o incidente de resolução de demandas repetitivas, voltado à emissão de uma *tese jurídica* idônea a parametrizar a resolução de demandas seriais – CPC, art. 976 e incisos; art. 985 e incisos.

Sem embargo, não há como negar que a grande maioria das lides judicializadas envolve um bem da vida, valor ou interesse previsto no direito material, não reconhecido espontaneamente pela contraparte ou obstaculizado por alguma intercorrência, assim colocando o prejudicado na contingência de se resignar com a situação de prejuízo ou intentar algum meio suasório, ou frustrado este, propor a ação judicial cabível. Assim se passa, inclusive, por conta da vedação da justiça de mão própria, tipificando o crime de exercício arbitrário das próprias razões – CP, art. 345.

Dentre tantos exemplos, considere-se que a lei protege a posse, enquanto exteriorização do domínio (CCi, art. 1.196), mas, advindo uma afronta por parte de terceiro – ameaça, turbação ou esbulho – haverá ensejo para a intervenção jurisdicional, provocada pelo ajuizamento da ação cabível, indicando o CPC, pela ordem, o interdito proibitório, a ação de manutenção ou de reintegração de posse (CPC, arts. 560-568); ademais, como o esbulho possessório é, também, infração penal (CP, art. 161, II), caberá, a depender da espécie, ação penal privada (mediante queixa do ofendido) ou pública (denúncia do MP). O mesmo se passa em face de outro ramo do direito material, qual seja o Constitucional: sendo condição de validade da norma sua compatibilidade com a Carta Magna, uma vez desatendida tal exigência, abre-se ensejo para as ações no chamado "controle direto de constitucionalidade" (ADIn, ADCon, ADPF, ação de inconstitucionalidade por omissão) por parte dos colegitimados listados no art. 103 e incisos da CF. Outro exemplo: dado que o meio ambiente é "o conjunto de condições, leis, influências e interações de ordem física, química e biológica, que permite, abriga e rege a vida em todas as suas formas" (Lei 6.938/1981, art. 3º), segue-se que as ameaças ou afrontas a esse valor transcendente (CF, § 3º do art. 225) podem ser prevenidas ou reparadas mediante ação civil pública (CF, art. 129, III; Lei 7.347/1985, art. 1º, I), cujo acolhimento poderá resultar em medida inibitória da conduta ilícita e/ou na reparação do dano.

Dessa correlação entre os planos do direito material e do processual não se pode, todavia, extrair a conclusão de que a realização do direito material fica a *depender* do ajuizamento da ação cabível, porque tal entendimento implicaria em ignorar que as normas do direito material tornam-se cogentes assim que entram em vigor, sob a legítima expectativa de que, ao menos em um primeiro momento, serão cumpridas espontaneamente pelos destinatários (a *fisiologia* da norma), por exemplo, quando o locatário cumpre sua obrigação legal no tocante à conservação do imóvel e pagamento do aluguel. Além disso, não se pode olvidar a configuração de certas situações jurídicas previstas no direito material que se concretizam independentemente da ação judicial, por exemplo, o perecimento da exigibilidade do título cambial, pelo decurso do prazo prescricional; a desocupação voluntária do imóvel, ao término do prazo locatício; a agregação da estabilidade ao *status* funcional do servidor, transcorrido o biênio de seu ingresso por concurso público; a caracterização da impontualidade pelo protesto do título cambial.

Desse modo, na experiência jurídica contemporânea não se pode recepcionar, em sua literalidade, o aforisma romano *Nihil aliud est actio, quam ius persequendi in iudicio quod sibi debetur* (Celso, no Digesto, XLIV, 7, 51) – ação é o direito de perseguir em Juízo o que nos é devido –, porque esse brocardo remonta às priscas eras em que vicejava a concepção *civilista* ou *imanentista* da ação judicial: não há ação sem direito; não há direito sem ação; a ação segue a natureza do direito. Atualmente, prevalece a tese abstratista (decotada de certos excessos), como visto no item precedente (Direito e Ação), vindo a ação concebida como direito *subjetivo público*, nesse sentido de ser ofertado a quem necessite da tutela jurisdicional, à vista de um histórico de dano temido ou sofrido; *abstrato*, porque admissível independentemente de ser ou não fundada a pretensão material; *autônomo*, porque constitui relação jurídica própria, de natureza instrumental, voltada a viabilizar uma dada prestação jurisdicional em face de um definido caso concreto.

Justamente por isso, uma vez alcançada a resolução do mérito (CPC, art. 487 e incisos), com o acolhimento ou a rejeição da pretensão do autor ou da reconvenção do réu (CPC, art. 490), tal significa que foram atendidas as condições de admissibilidade da ação e preenchidos os pressupostos de existência e validade do processo, porque, do contrário, seria imperiosa a extinção do processo sem julgamento do mérito (CPC, art. 485, IV e VI), inviabilizando a oportuna agregação da coisa julgada material – CPC, art. 502.

Dito de outro modo, a ação judicial não se configura como um elemento imanente, tampouco como uma condicionante necessária para a existência e validade do direito, valor ou interesse tutelado na norma legal, a qual já nasce hígida, aperfeiçoada e eficaz em sua inteireza original, desde o momento em que é validamente promulgada e posta em vigor. Isso é verdadeiro inclusive no campo processual, dispondo o art. 1.046, *caput*, do CPC: "Ao *entrar em vigor* este Código, suas disposições se aplicarão *desde logo* aos processos pendentes (...)".

O fato de a sentença judicial fazer valer, no caso concreto, o preceito expresso na norma (*v.g.*, condenando o réu-devedor a pagar a dívida pleiteada pelo credor-autor) é uma intercorrência que se apresenta *a posteriori*, e portanto dela não dependem a integralidade e a efetividade da norma de direito material, que *de per si* já projeta sua eficácia natural, por exemplo, quando os proprietários lindeiros respeitam mutuamente os direitos de vizinhança ou quando a mensagem publicitária é fiel às características do produto ou do serviço anunciado. Mesmo no caso das sentenças desconstitutivas, por exemplo, a que anula o casamento, força é reconhecer que tanto o matrimônio quanto os motivos que constituíram a causa de pedir naquela ação já *preexistiam* a ela e foram apenas reconhecidos na sentença que julgou procedente a ação, com os efeitos previstos na norma de regência.

Em que pese a importância que à época se atribuiu ao contraponto entre as teorias antes referidas, não se pode descartar que, no limite, tal controvérsia talvez tangenciasse os lindes de um *falso problema*, na medida em que toda norma se preordena a ser interpretada, e, embora muitos atores da cena jurídica sejam credenciados a fazê-lo (*v.g.*, o advogado atuante numa empresa imobiliária, ante um dispositivo da lei de locações; o promotor de justiça, ante a tipificação de um delito, narrado pela autoridade policial), fato é que a *ultima ratio*, no labor exegético, cabe ao Judiciário, certo ainda que somente a decisão de mérito se preordena a tornar-se imutável e indiscutível pela oportuna agregação da coisa julgada material – CPC, art. 502. Esse contexto em nada compromete ou infirma a higidez e a integralidade da norma legal, que já nasce aperfeiçoada, uma vez concluído regularmente o processo legislativo, com a publicação, promulgação e início de vigência.

Dada a isonomia de todos perante a lei (CF, art. 5º e inciso II), compreende-se que ela, após ser interpretada judicialmente em modo reiterado e harmônico (jurisprudência dominante, pacífica, sumulada), projete efeito expansivo, *ultra partes*, ensejando sua aplicação em modo igualitário aos demais casos subsumidos ao entendimento assentado. Porém, daí não cabe inferir que a norma legal seja uma categoria jurídica *incompleta*, cuja higidez e integração ficassem a depender de sua interpretação judicial; antes e superiormente, trata-se de dois planos que se tangenciam e se completam, mantendo cada qual sua autonomia e função. Nem outra coisa se colhe do art. 2º da CF, dizendo que os Poderes constituídos são "independentes e harmônicos".

Essa argumentação guarda simetria com o instituto da coisa julgada, que, *de per si*, não cria direitos, mas antes serve a imunizar a decisão de mérito que interpretou e aplicou a norma de regência, agregando-lhe *estabilidade* e *indiscutibilidade*, assim incorporando definitivamente ao *status* do vencedor da causa o direito, o valor e o bem da vida reconhecidos no julgado. E isso, em tal intensidade, que nem mesmo lei posterior poderá infirmar coisa julgada anteriormente formada – CF, art. 5º, XXXVI; CPC, arts. 485, V, 505 e 508.

A supremacia da norma, como produto final do Legislativo, é ainda evidenciada pelo fato de que uma decisão judicial de mérito que resulte em "violar manifestamente norma jurídica" fica sujeita à ação rescisória (CPC, art. 966, V); ainda, considere-se que uma súmula do STF e do STJ, enquanto extrato de uma dada jurisprudência assentada nessas Cortes, todavia perde eficácia e aplicabilidade, caso a norma legal, cuja interpretação estava condensada naquele enunciado sumular, venha a ser revogada, evidenciando, pois, a supremacia da lei em face dos produtos judiciários, mesmo otimizados.

Sem embargo do antes exposto, cabe registrar que o vigente CPC, por seu evidente caráter *precedentalista*, reconhece no Judiciário a instância legitimada a fixar – em alguns casos com eficácia panprocessual – o real significado da norma legal, assim permitindo sua paradigmática aplicação aos casos subsumidos naquela exegese. Tal se dá, dentre outros casos, com as súmulas, ficando autorizada a *improcedência liminar* das ações cujos pedidos as contrariem (CPC, art. 332, I e IV), o que, em boa medida, se explica por conta da *rota de aproximação* entre as famílias do *civil law*, de perfil legicêntrico, e do *common law*, radicada no precedente judiciário, valendo salientar que o art. 927, *caput*, do vigente CPC, ao elencar os produtos judiciários de eficácia expandida e impositiva, diz que juízes e tribunais os *observarão* (*sic*).

Exemplo emblemático do que ora se afirma está na *tese jurídica* firmada ao final do *incidente de resolução de demandas repetitivas*, a qual se aplica, a teor do art. 985 e incisos do CPC: "i – a todos os processos individuais ou coletivos que versem sobre idêntica questão de direito e que tramitem na área de jurisdição do respectivo tribunal, inclusive àqueles que tramitem nos juizados especiais do respectivo Estado ou região; ii – aos casos futuros que versem idêntica questão de direito e que venham a tramitar no território de competência do tribunal, salvo revisão na forma do art. 986".

A dicotomia entre a teoria unitária ou monista e a teoria dualista do Direito revela conexão com a linha evolutiva por que passou a própria relação jurídica processual, a qual experimentou três fases:

(*i*) *sincrética*, na qual o processo era tido como um prolongamento ou um elemento inerente ao próprio direito material contrariado ou insatisfeito, concepção que remontava ao direito romano (*actio autem nihil aliud est, quam ius persequendi in iudicio quod sibi debetur*: a ação nada mais é do que o direito de pleitear em Juízo o que nos é devido), cujo resquício podia ser identificado no art. 75 do CCi de 1916: "A todo o direito corresponde uma ação que o assegura";

(*ii*) a *autonomista*, diametralmente oposta à primeira acepção, visualizando uma separação entre as relações jurídicas material e processual, por modo a entender-se que esta última se aperfeiçoa *de per si*, assim abstraída e independente da pretensão material que lhe é subjacente;

(*iii*) a *instrumentalista*, oferecendo-se como o *medio virtus* entre as precedentes concepções, pondo ênfase no objetivo que anima o processo e lhe confere legitimidade social, qual seja o seu caráter finalístico, a saber, o meio técnico para a promoção da ordem jurídica justa, permitindo alcançar um julgamento tecnicamente consistente, em tempo razoável.

Acerca desta última tendência Cândido Rangel Dinamarco esclarece que a *instrumentalidade do processo* "é vista pelo aspecto *negativo* e pelo *positivo*. O negativo corresponde à negação do processo como valor em si mesmo e repúdio aos exageros processualísticos a que o aprimoramento da técnica pode insensivelmente conduzir; o aspecto negativo da instrumentalidade do processo guarda, assim, alguma semelhança com a ideia da instrumentalidade das formas. O aspecto positivo é caracterizado pela preocupação em extrair do processo, como instrumento, o máximo de proveito quanto à obtenção dos resultados propostos (os escopos do sistema); infunde-se com a problemática da 'efetividade do processo' e conduz à assertiva de que o processo deve ser apto a cumprir integralmente toda a sua função sócio-político-jurídica, atingindo em toda a plenitude todos os seus escopos institucionais".[2]

O CPC vigente, em mais de uma passagem, consagra a proposta instrumentalista:

(*a*) ao dizer que as partes têm o direito à resolução *tempestiva* do mérito da causa, incluída a *satisfação* do direito reconhecido no comando judicial (art. 4º);

(*b*) ao propor um processo de *estrutura cooperatória*, sob a égide de uma justiça coexistencial, incentivando a busca por outros meios, auto e heterocompositivos (arts. 3º e parágrafos; 6º; 139, V; 357, § 2º);

(*c*) ao explicitar o dever de *motivação*, enunciado no art. 93, XI, da CF, reafirmando a nulidade da decisão infringente a alguma das exigências elencadas nos incisos do § 1º do art. 489;

(*d*) ao enriquecer o sentido do devido processo legal (CF, art. 5º, LV), aí incluindo o *direito à não surpresa* (art. 10), e enfatizando a lealdade processual (arts. 77-80 e incisos);

(*e*) ao ressaltar o poder-dever do juiz de "determinar o suprimento de pressupostos processuais e o saneamento de outros vícios processuais" (art. 139, IX), a par de assinar prazo para o autor emendar a petição inicial, "indicando com precisão o que deve ser corrigido ou completado" – art. 321, *caput*.

---

[2] *Instrumentalidade do processo*. 6. ed. São Paulo: Malheiros, 1998, p. 319.

6

LINHA EVOLUTIVA DO DIREITO PROCESSUAL E CORRELATA IMPLICAÇÃO ENTRE PRETENSÃO MATERIAL E PROCESSO

O Direito brasileiro, especialmente o nosso Processo Civil, reporta-se, em muitas passagens, ao Direito romano, assim configurando o Brasil como um país legicêntrico, como tal filiado à família do *civil law*, tendo a norma legal como parâmetro para regulação e avaliação das condutas comissivas e omissivas, assim no setor público como no privado: princípio da legalidade – CF, art. 5º e inciso II.

O processo civil romano passou por três períodos, a saber, pela ordem, o das ações da lei (*legis actiones*), o do processo formular (*per formulas*) e o da cognição extraordinária (*extraordinária cognitio*); as duas primeiras fases, reportadas às fases da realeza e da república, integraram a ordem dos juízos privados (*ordo judiciorum privatorum*), ao passo que a última constituiu-se na ordem dos juízos públicos, ou seja, na *ordo judiciorum publicorum*.

No período das *ações da lei* operara-se uma sorte de cisão na jurisdição, havendo uma primeira fase perante o pretor, dita fase *in iure*, e outra perante o *árbitro*, indicado pelas partes, ou, então, pelo próprio pretor, dita fase *apud iudicem*, sendo cinco as ações da lei: *sacramentum, iudicis postulatio, condictio, manus iniectio* e *pignoris capio*.[1] (Interessante observar que ainda hoje se nota um entrelaçamento entre a justiça estatal e a justiça privada, representada pela arbitragem: o art. 18 da Lei 9.307/1996 diz que o árbitro é "juiz de fato e de direito", ao passo que o art. 24, *caput*, da Lei 9.099/1995 [Juizados Especiais] prevê que, frustrada a tentativa de conciliação em audiência, "as partes poderão optar, de comum acordo, pelo juízo arbitral na forma prevista nesta lei"). O período das ações da lei caracterizou-se por um

---

[1] *Institutas* (IV, 11-12). São Paulo: Revista dos Tribunais, 2004, p. 182-183.

formalismo exacerbado e pela excessiva relevância da prova testemunhal, a que se agregava a fixação em *numerus clausus* das ações disponibilizadas, o que levou o pretor a emitir certos comandos, nos casos concretos, ditos *interditos*, assim pavimentando o caminho para a fase seguinte, dita processo *per formulas*, ou período formulário.

A *fórmula* consistia numa sorte de relato elaborado pelo pretor e dirigido ao árbitro, em que vinha exposto o histórico da causa, eram identificadas as partes concernentes e, também, vinham cogitados os alvitres que se apresentavam idôneos para a solução da pendência. Quando a causa envolvia pessoas estrangeiras, as providências vinham tomadas pelo *pretor peregrino*, justamente porque os que não eram cidadãos romanos não tinham acesso ao sistema de ações do processo romano. Daí que os pretores passaram a emitir certos editos ou fórmulas, configurando o chamado *período formulário*.

Na fase seguinte, os imperadores que se seguiram passaram a assumir o poder judicante, que, num primeiro momento, era desempenhado por funcionários credenciados, distribuídos pelo vasto império romano, sempre com final recurso (*appellatio*) ao imperador. Em conhecido episódio bíblico, São Paulo apóstolo, considerando-se injustiçado pelos judeus, invoca sua condição de cidadão romano, protestando: "*Apelo a César!*" (*Atos dos Apóstolos*, 25, 11).

Deve-se ter presente, porém, que as instituições judiciárias romanas não desfrutavam da autonomia, das garantias e da estrutura que hoje guarnecem e empoderam a magistratura, de sorte que nas priscas eras romanas a "distribuição da justiça" por meio de funcionários credenciados se dava numa sorte de função delegada, porque a autoridade máxima remanescia concentrada nas mãos do imperador.

Outro aspecto a ser considerado é que, em paralelo ao processo romano, era comum a *autotutela*, ou seja, a solução das pendências entre os próprios interessados, com os meios e instrumentos de que dispusessem, prática que perseverou durante séculos, estendendo-se até a Idade Média, com as ordálias, os duelos e os Juízos de Deus.

No período medieval, em meados do século XI, deu-se o fenômeno conhecido como *recepção do Direito romano*, que assim passou por uma releitura de caráter explicitador e racionalizador, pelo trabalho dos chamados *glosadores* e *pós-glosadores*, como Acúrcio, Cajácio, Bártolo, de tudo resultando um direito de perfil includente e expansivo, incorporando elementos originários dos povos germânicos e do direito canônico, tudo resultando num corpo jurídico único, a que se chamou Direito Comum (*ius commune*).

Dessa forma, esclarece José Eduardo Carreira Alvim: "Com a criação da Universidade de Bolonha, na Itália, no século XI da Era Cristã, surgiu a

Escola dos Glosadores e, posteriormente, a Escola dos Pós-Glosadores, que muito se preocuparam com o estudo do direito romano, procurando adaptá-lo às necessidades do seu tempo; fazendo surgir, em consequência desses estudos, um tipo de processo chamado *processo comum medieval*, de fundo romano-canônico, mas impregnado de elementos germânicos e de novos institutos espontaneamente formados pelo uso".[2]

Já o então incipiente Direito português passou a se constituir a partir do século XI, com elementos próprios ou provindos da influência ibérica, tais os *forais*, as *fazãnas* e os *alvedrios*, logo cuidando os reis de elaborar certos corpos jurídicos que buscassem reunir e sistematizar o direito da época, textos então chamados *Ordenações*:

(*i*) *Afonsinas* (D. Afonso IV, 1447);

(*ii*) *Manuelinas* (D. Manuel I, o Venturoso, 1521 – portanto, quando já descoberto o Brasil), com destaque para os *assentos* da Casa de Suplicação, que, séculos depois, seriam evocados quando da positivação, dentre nós, de certos precedentes judiciários de eficácia impositiva, mormente a súmula vinculante do STF, advinda com a EC 45/2004);

(*iii*) *Filipinas* (D. Felipe I, à época da União Ibérica – 1580 a 1640).

Vale ressaltar que tais Ordenações vigoraram por séculos, assim em Portugal como no Brasil, inclusive após a chegada da família real portuguesa, com D. João VI, em 1808, valendo destacar o Decreto Imperial de 1823, que autorizou a continuidade da aplicação daquelas Ordenações dentre nós.

A respeito das Ordenações Filipinas, Fernando Antônio Negreiros Lima esclarece que elas "continuaram a ser o diploma legislativo de regência do império lusitano como um todo, inclusive no processo civil e penal, não se registrando – nestes ramos jurídicos – quaisquer inovações dignas de nota, senão que as necessárias adaptações à nova condição da monarquia, principalmente no que diz respeito à competência dos órgãos judicantes, em face do deslocamento da estrutura político-administrativa para a antiga colônia e da ocupação da metrópole pelos exércitos franceses".[3]

Proclamada a independência em 1822, vale destacar alguns textos legislativos surgidos à época imperial: a *Constituição* de 1824, inovando a estrutura judiciária preexistente, mormente com a criação do Supremo Tribunal de Justiça, embrião do atual STF; o *Código Criminal* (1832); o *Regulamento 737*, de 1850, voltado a disciplinar os processos civil e comercial; a *Consolidação*

---

[2] *Teoria geral do processo*, cit., p. 22.
[3] *Teoria geral do processo*, cit., p. 38.

das Leis do Processo Civil (1871), também chamada Consolidação Ribas, em alusão ao Conselheiro Antônio Joaquim Ribas.

Com o advento da República (1889), alterou-se mais uma vez o contexto até então vigente, com destaque para a criação do STF; supressão da Justiça Municipal e criação da Justiça Federal e dos Estados (Dec. 848, de 1890). Também nessa era republicana advieram os Códigos Estaduais de Processo, como o do Pará, em 1905. Depois, com a CF de 1934, se restabeleceu a unidade da legislação processual, concentrada em mãos da União, como se dá ainda hoje (CF vigente, art. 22, I).

A partir da CF de 1934 foram gradualmente promulgados os Códigos Processuais: na área cível, o de 1939, sob projeto de Pedro Baptista Martins; o de 1973, já sob a égide da CF de 1946, sob projeto de Alfredo Buzaid, que foi ministro do STF; de 2015, ora em vigor, sob projeto de Luiz Fux, ministro do STJ e, depois, do STF; na área criminal adveio o CPP de 1941, ainda em vigor; enfim, ainda no campo dos textos codificados, vale ressaltar a Consolidação das Leis do Trabalho, de 1943, diploma que engloba disposições de direito material e processual, com destaque para a diretriz apontada no art. 8º: "As autoridades administrativas e a Justiça do Trabalho, na falta de disposições legais ou contratuais, decidirão, conforme o caso, pela jurisprudência, por analogia, por equidade e outros princípios e normas gerais do direito, principalmente do direito do trabalho, e ainda, de acordo com os usos e costumes, o direito comparado, mas sempre de maneira que nenhum interesse de classe ou particular prevaleça sobre o interesse público". A Lei 13.467/2017 agregou a esse dispositivo um relevante § 2º: "Súmulas e outros enunciados de jurisprudência editados pelo Tribunal Superior do Trabalho e pelos Tribunais Regionais do Trabalho não poderão restringir direitos legalmente previstos nem criar obrigações".

A linha evolutiva do Processo Civil passou por fases sequenciais: a *civilista* ou *imanentista*, depois superada pela *autonomista*, até alcançar, presentemente, a fase *instrumentalista*, já agora pondo ênfase nisso que o processo não pode ser um fim em si mesmo, nem pode descurar das intercorrências sócio-políticos-culturais existentes ao interno da coletividade; dessa forma, Cândido Rangel Dinamarco discorre sobre os *escopos* do processo e da jurisdição, destacando o escopo *social* ("pacificar com justiça"), o escopo *político* (o poder estatal, a preservação da liberdade, o direito à participação dos cidadãos) e o escopo *jurídico* ("preservação dos preceitos concretos do direito objetivo").[4]

---

[4] *Instrumentalidade do processo*, cit., p. 149-219, *passim*.

Sob a contemporânea acepção instrumentalista, o processo, sem embargo de sua intrínseca higidez técnico-formal, deve manter-se aderente aos aspectos sócio-político-culturais da coletividade em face da qual ele deve apresentar resultados concretos, com ênfase para a resolução justa e tempestiva dos conflitos e consequente pacificação social, por meio do *devido processo legal*, com destaque para seus principais atributos: o juiz natural, o contraditório, a ampla defesa, a efetividade prática do comando judicial, tudo em simetria com o que se espera de um *processo civil de resultados*, como propugnado por Cândido Rangel Dinamarco.[5]

Presentemente, com o elevado grau de desenvolvimento da ciência processual, não é difícil apreender a conexão entre os planos do direito material (pretensão) e do direito processual (ação) e o reconhecimento dos respectivos espaços. Essa linha evolutiva, porém, não sucedeu sem dar azo a acesas polêmicas doutrinárias acerca da natureza, finalidade e eficácia de cada uma daquelas categorias.

Inicialmente, por influência das fontes romanas (Celso: "Nihil alliud est actio quam jus judicio persequendi quod sibi debetur": ação é o direito de pleitear em Juízo o que nos é devido), a primeira fase da evolução da ciência processual foi dominada pela concepção dita *civilista* ou *imanentista*, que concebia a ação como inerente ao direito material e por este condicionada, como fora uma sua extensão ou consequência necessária; esse pensamento lançou longevas projeções ao longo do tempo, podendo-se mesmo identificar um fruto tardio daquela concepção no art. 75 do CCi de 1916: "A todo o direito corresponde uma ação, que o assegura", conceito que, um tanto alterado, subsiste, em essência, no art. 189 do CCi vigente: "Violado o direito nasce para o titular a pretensão (...)". Essa concepção se resume neste trinômio: "Não há ação sem direito; a todo direito corresponde uma ação; a ação segue a natureza do direito".

Esse atrelamento da ação ao afirmado direito material da parte, conquanto servisse a conferir maior consistência *substancial* ao direito de ação (evitando, por exemplo, a formulação de singelas consultas ao Judiciário, ou a exposição de meras expectativas), todavia, dificultava a configuração do Direito Processual como ramo autônomo e distinto dos demais que compõem o Direito Positivo.

Além disso, a vinculação da ação ao direito material, que vicejou na fase civilista ou imanentista, deixava sem explicação certas ocorrências relevantes,

---

[5] *Instrumentalidade do processo*, cit., p. 190, rodapé nº 5, com alusão à doutrina de Francesco Carnelutti.

tais a da ação julgada improcedente, na qual o fato de a pretensão ser *infundada* não impede o exercício do direito de ação, presentes suas condições, no bojo de um processo existente e válido, assim possibilitando a prolação de decisão de mérito; igualmente, aquela teoria não conseguia explicar a ação *declaratória negativa*, por meio da qual pode-se pleitear o reconhecimento da *inexistência* de uma dada relação jurídica (CPC, art. 19, I); tampouco essa teoria conseguia explicar a existência de certas ações, procedimentos ou incidentes processuais que não radicam no direito material, mas têm por objeto certos valores ou categorias oriundos da própria seara processual, como se dá com a *reclamação*, voltada a resguardar a competência e a autoridade das decisões dos tribunais (CPC, art. 988 e incisos); a *ação rescisória*, voltada a desconstituir a coisa julgada material (CPC, art. 966, incisos e parágrafos); o *incidente de resolução de demandas repetitivas*, preordenado a evitar a dispersão jurisprudencial nas demandas seriais (CPC, art. 985, *caput* e incisos); os chamados processos *objetivos* ("sem partes") tais as ações no controle direto de constitucionalidade – ADIn, ADCon, ADPF (CF, § 2º do art. 102; § 2º do art. 103; Lei 9.882/1999).

Por força das limitações da teoria civilista ou imanentista, antes apontadas, e, por outro lado, dado o crescente desenvolvimento e definição do Direito Processual enquanto ramo autônomo, com princípios, método e objetivos próprios, foi ganhando corpo uma segunda concepção, a que se chamou *autonomista*, afirmando a ação como um direito abstrato, existente *de per si*, desconectado da relação de direito material, ensejando a formação da relação processual, que opera como continente, em face da ação, que lhe fornece o conteúdo.

Esse pensamento, oposto à concepção civilista/imanentista, todavia, se ressentia de algum excesso, dando ensejo ao argumento de que a percepção abstratista da ação, tomada em seu rigor, engendraria situações de *non sense*, aberrantes da lógica, levando, no limite, a se ter de admitir um estranho e paradoxal "direito de não ter direito" (*diritto di aver torto*, na afirmação de Chiovenda), quando em verdade a ação judicial não pode se justificar por si mesma, em modo autorreferente, revelando-se de todo desconectada de uma dada controvérsia concreta e alienada do compromisso com a consecução da ordem jurídica justa.

Assim é que, com o tempo, o pêndulo da linha evolutiva retornou a uma posição intermédia, situada a meio caminho das outras duas posições doutrinárias, numa opção pela virtude do meio-termo, dando azo à formulação de um pensamento cuja evolução acabou por engendrar a concepção *instrumentalista* do Processo, antes referida, consentindo reconhecer a ciência processual como ramo autônomo, no âmbito do Direito Público, contando com princípios, pressupostos, metodologia e objetivos próprios, atuando como instrumento para o reconhecimento judicial de direitos, interesses e valores plasmados nos ramos do direito material (constitucional, penal, civil, administrativo, tributário, trabalhista, previdenciário, ambiental, consumerista, eleitoral, cibernético). A par disso, pode o processo, em alguns casos, servir à judicialização de pretensões envolvendo valores e categorias oriundos *da própria seara processual*, como, por exemplo, a ação rescisória, voltada a desconstituir a coisa julgada material que imuniza a decisão de mérito (CPC, art. 966 e incisos).

Essa visão *instrumentalista* do processo remanesce predominante entre nós, por modo que uma ação revestida das suas condições de admissibilidade (CPC, arts. 17 e 319, III), tendo por continente um processo existente e válido (citação e Juízo competente), reúne os requisitos básicos para prosseguimento e oportuna aferição do mérito, a que se preordena a relação processual, a teor do art. 4º do CPC. A esse contexto se agregam certas exigências éticas (sanções pela litigância de má-fé ou pelo ajuizamento de processo simulado: CPC, art. 80 e incisos; art. 142, nessa ordem) e ainda o dever de motivação das decisões, sob pena de nulidade (CPC, art. 489, II e § 1º), com vistas ao atendimento da finalidade adrede estabelecida, qual seja a consecução da ordem jurídica justa, num lapso de tempo razoável (CF, art. 5º, LXXVIII), tudo sob a égide da chamada *jurisdição integral*.

Esse contexto projeta, dentre outras externalidades, o descarte da formulação de meras *consultas* ao Judiciário (à exceção do processo eleitoral: Lei 4.737/1965, art. 23, XII), ou a judicialização de meras ilações acerca de supostos prejuízos, de simples expectativas ou de históricos de prejuízos de todo inverossímeis, valendo observar que mesmo os danos *temidos* devem ser passíveis da devida demonstração, inclusive em consideração aos sujeitos indigitados ao polo passivo, que, tanto quanto o promovente, têm direito ao devido processo legal. Assim se compreende o disposto no art. 142 do vigente CPC, voltado a coartar a chamada *colusão* entre as partes: "Convencendo-se, pelas circunstâncias, de que autor e réu se serviram do processo para praticar ato simulado ou conseguir fim vedado por lei, o juiz proferirá decisão que impeça os objetivos das partes, aplicando, de ofício, as penalidades da litigância de má-fé".

Em simetria com a contemporânea acepção *instrumentalista* do processo, o vigente CPC acolhe a diretriz da chamada *jurisdição integral*, valorizando e potencializando o conteúdo ocupacional do magistrado, ao dispor no art. 4º: "As partes têm o direito de obter em prazo razoável a *resolução integral do mérito*, incluída a *atividade satisfativa*", por modo que, uma vez atendidos os requisitos formais, o juiz "resolverá o mérito acolhendo ou rejeitando, no todo ou em parte, os pedidos formulados pelas partes" (CPC, art. 490), a saber: a pretensão inicial, o pedido reconvencional do réu, as preliminares, a questão prejudicial, as exceções substanciais, o pleito formulado por eventual terceiro interveniente.

Sob a égide dessa renovada perspectiva da relação processual, vale ressaltar a evolução registrada no tocante à postura do juiz, que evoluiu de uma inicial *neutralidade* indicada na primitiva redação do art. 463 do CPC/1973 ("Ao publicar a sentença de mérito, o juiz cumpre e acaba o ofício jurisdicional (...)" para alcançar o ideário de um juiz *ativo e assertivo*, atento à aplicação do direito, mas igualmente sensível à situação das partes, por exemplo, quando entende justificada a *inversão do ônus da prova* – CPC, § 1º do art. 373, ou quando homologa a "*delimitação consensual* das questões de fato e de direito" (CPC, § 2º do art. 357).

Sob esse renovado panorama, afinado à instrumentalidade do processo, inclui-se no conteúdo ocupacional do juiz o poder de "dilatar os prazos processuais e alterar a ordem de produção dos meios de prova, adequando-os às necessidades do conflito de modo a conferir maior efetividade à tutela do direito" – CPC, inciso VI do art. 139.

Embora cada ramo do direito material contenha, em maior ou menor dimensão, disposições de natureza processual (*v.g.*, na Constituição Federal, as previsões acerca das ações no controle direto de constitucionalidade – §§ 1º e 2º do art. 102; na CLT as disposições sobre o processo trabalhista – arts. 763-901, com alterações pontuais da Lei 13.467/2017), fato é que o processo em trâmite na jurisdição civil, inclusive pela completude e extensão do CPC, serve de fonte subsidiária e supletiva para todos os demais processos inerentes aos outros ramos do Direito Positivo (Administrativo, Tributário, Eleitoral, Previdenciário, Trabalhista), como, aliás, previsto nos arts. 15 e 1.046, § 2º, do vigente CPC.

7

PRINCÍPIOS DO DIREITO PROCESSUAL

7.1 Distinção entre princípios e normas e sua repercussão no âmbito processual

Na conhecida acepção de Miguel Reale, a *nomogênese*, isto é, o *processus* de criação da norma legal pode ser sintetizado na equação *fato + valor = norma*, como por ele explicado: "Podemos comparar, para facilidade de compreensão, o 'campus' nomogenético à imagem de um raio luminoso (impulsos e exigências axiológicas) que, incidindo sobre um prisma (o multifacetado domínio dos fatos sociais, econômicos, técnicos, etc.), se refracta em um leque de 'normas possíveis', uma das quais apenas se converterá em 'norma jurídica', dada a interferência do Poder".[1]

Com efeito, as normas jurídicas são definições valorativas, que se expressam sob forma de comandos imperativos destinados a operar *in concreto* nas diversas ocorrências da vida em sociedade, assim parametrizando as condutas comissivas e omissivas das pessoas físicas e jurídicas, de direito privado ou público. A partir desse contexto, identificam-se normas:

(*a*) *criadoras* de situações jurídicas, como, por exemplo, as que tipificam o fato gerador de certo tributo;

(*b*) *reguladoras* de certa atividade ou de uma dada relação contratual (por exemplo, a Lei 6.099/1974, que dispõe sobre o contrato de *leasing*);

(*c*) *repressivas*, que impõem alguma pena ou sanção a uma conduta considerada infringente a um dado valor ou interesse protegido pelo Direito, daí resultando tanto as normas que impõem multa como as que

---

[1] *Filosofia do Direito*. 5. ed. São Paulo: Saraiva, 1969, v. 2, p. 485-486.

cominam pena privativa de liberdade ou sanção de outra natureza, tal o perdimento de bens.

Tenha-se desde logo presente que a clássica *summa divisio*, que bifurcava o Direito Objetivo em Público e Privado, reportada às priscas eras romanas, não é mais de atualidade (ao menos em sua concepção original), em virtude da superveniência de fatores diversos, tais a globalização e massificação das sociedades contemporâneas, fazendo aflorar novas realidades e necessidades, a par do fato de que, num mesmo corpo de leis, por exemplo, o Código de Processo Civil, encontram-se dispositivos de caráter impositivo e inderrogável, tal o que rege a competência absoluta (art. 64 e § 1º), a par de outros de perfil permissivo ou autorizativo, como o que permite às partes delimitar, consensualmente, as "questões de fato e de direito" sobre as quais incidirá a cognição judicial – § 2º do art. 357.

Hoje, se ainda houver interesse em se enquadrar um texto legal como de "direito público" ou de "direito privado", não se pode lançar mão de um critério absoluto ou excludente, mas sim ter-se-á que considerar a *natureza* das normas que, no texto considerado, se mostram *predominantes*. Assim, embora existam ilícitos penais cuja perquirição se faz por queixa da vítima ou do prejudicado (crimes de ação privada), fato é que na legislação penal *prevalecem* os ilícitos de perquirição mandatória pelo Ministério Público (crimes de ação pública) e, por isso, o CP e o CPP consideram-se ramos do Direito Público. Corolariamente, há normas claramente presididas pelo interesse público, tais as que regem a licitação no setor público ou a defesa do meio ambiente, e, como tal, têm caráter indisponível e se revestem de força impositiva, a par de outras que apresentam perfil dispositivo ou autorizativo, por exemplo a que permite, nos Juizados Especiais, que, uma vez frustrado o acordo em audiência, as partes se valham do juízo arbitral – Lei 9.099/1995, art. 24 e parágrafos.

A nomogênese, isto é, o *processus* de formação da norma legal, origina-se de uma situação considerada de *norma necessitada* (figure-se o interesse dos moradores de rua a que lhes seja permitido ocupar os terrenos baldios e os espaços sob os viadutos); a partir dessa constatação, segue-se uma avaliação, sob critério sociopolítico-jurídico, quanto à relevância do indigitado valor ou interesse, carente de regulação; em resultando positiva tal valoração, abre-se espaço para o debate, assim ao interno da coletividade como no ambiente político, com vistas à possível deflagração do processo legislativo (inclusive de iniciativa popular – CF, § 2º do art. 61), que poderá ou não revelar-se exitoso, a depender de intercorrências diversas.

É por conta disso que dentre os requisitos da petição inicial se encontra a indicação dos "fundamentos jurídicos do pedido" (CPC, art. 319, III), a saber, a demonstração de que a pretensão, ao menos *in statu assertionis*, consente um encaixe em algum ponto do ordenamento positivo ou, quando menos, não vem por este repelida *a priori*; a não ser assim, toda e qualquer expectativa, ou um interesse simples, bastaria para a admissibilidade da ação judicial. Na verdade, a contrariedade a uma certa situação de vantagem, ou a afirmada situação de prejuízo, precisam reportar-se a um determinado *locus* do ordenamento positivo, podendo, ao final, receber acolhimento ou rejeição na decisão de mérito, assim se devendo entender o contido no art. 189 do CCi: "Violado o direito, nasce para o titular a *pretensão* (...)". Ou seja: se a *fattispecie* não é prevista no ordenamento jurídico nem é ao menos compatível com este, o ajuizamento da ação será inócuo, valendo lembrar que o *interesse de agir* (CPC, art. 17) se configura quando presentes a *necessidade* e a *utilidade* da ação proposta. Observe-se que por vezes a ação instrumentaliza não um direito subjetivo, propriamente dito, mas um *interesse legítimo*, como se dá na impetração de mandado de segurança a favor de terceiro – Lei 12.016/2009, art. 3º e parágrafo único.

O art. 189 do CCi, antes referido, repercute no âmbito do processo, verificando-se, por exemplo, que o inadimplemento de uma obrigação, em seu termo, deflagra a oportunidade para a ação de cobrança, na qual deverá ser demonstrado o *interesse de agir* (a saber, a *necessidade e utilidade* da ação para a recomposição patrimonial do credor) e a *legitimidade ad causam* (CPC, art. 17), no caso a correspondência ou a relação de pertinência entre o autor da ação e o sujeito indicado como titular do crédito.

No ambiente jurídico, a *norma* é o gênero, que se compõe de *princípios* e *regras*. Estas últimas, tanto de direito material como processual, se preordenam a operar de um modo pontual, incidindo estritamente sobre uma dada ocorrência (por exemplo, a norma tributária, reportada a um dado fato gerador), e sob uma dinâmica que, segundo Ronald Dworkin, se traduz em *soma zero* (*all or nothing*), a saber: ou um dado fato foi recepcionado e valorado pelo Direito Positivo, convertendo-se em regra legal ou não o foi; se uma regra legal é aplicável a um dado caso concreto, outras, possíveis, ficam afastadas; ou a regra está em vigor ou não está; desse modo, no dizer de Dworkin, uma vez ocorridos "os fatos que uma regra estipula, então ou a regra é válida, e neste caso a resposta que ela fornece deve ser aceita, ou não é válida, e neste caso em nada contribui para a decisão".[2]

Já com relação aos *princípios*, outro desenho se apresenta, porque eles atuam no plano macro, tendo um caráter mais abstrato, como diretrizes,

---

[2] *Levando os direitos a sério*. São Paulo: Martins Fontes, 2002, p. 39.

indicando critérios e parâmetros para a interpretação do Direito e para o *modus operandi* dos seus aplicadores, assim atuando como os pilares do edifício jurídico, com vistas a lhe conferir coesão interna, estabilidade e segurança.

Bem por isso, a aplicação das regras, de modo geral, apresenta uma operacionalidade que se diria mais simples e direta, sob o antes referido critério de *soma zero*, consentindo aplicação de aforismas consagrados (*lex superior derogat legi inferior*; *lex posterior derogat legi priori*; *lex specialis derogat legi generalis*), ao passo que os princípios, por sua generalidade e abstração, reclamam operação hermenêutica mais elaborada. Ao ver de Robert Alexy, os princípios são mandados ou *comandos de otimização*, caracterizando-se, ainda, pelo fato de que sua incidência (ou afastamento) em face de um dado concreto, não impede que, noutra espécie, uma vez alteradas as precedentes circunstâncias, um princípio antes preterido venha a ter plena aplicação. Para Alexy, os princípios se caracterizam "pelo fato de que podem ser cumpridos em diferente grau e que a medida de seu cumprimento não só depende das possibilidades reais, mas também das jurídicas. (...) Isto significa que a diferença entre regras e princípios é qualitativa e não de grau. Toda norma ou é uma regra ou um princípio".[3]

Assim, por exemplo, um país como o Brasil, de raiz legicêntrica, como tal filiado ao *civil law*, rege-se pelo princípio da legalidade, tendo fixado a *norma legal* como parâmetro das condutas comissivas e omissivas (CF, art. 5º e inciso II), donde o corolário *princípio da igualdade*, que se realiza em dupla dimensão:

(*i*) *na norma*, por modo que ela não venha a estabelecer desequiparações ilegítimas, e

(*ii*) *perante a norma*, por modo que sua interpretação e aplicação se dê em modo isonômico, podendo-se também definir a igualdade sob um viés negativo, na conhecida assertiva: *trato desigual aos desiguais, na medida em que se desigualam*.

Até mesmo os vazios do ordenamento, em razão do princípio da legalidade, só podem ser preenchidos pelos meios igualmente previstos *em lei*, como se dá com a equidade, a analogia, os princípios gerais ou mesmo com as regras de experiência comum (Lei de Introdução às normas do Direito Brasileiro – Dec.-Lei 4.567/1942; cf. Lei 12.376/2010, art. 4º; Lei 9.099/1995, art. 25; CPC, parágrafo único do art. 140; art. 375).

---

[3] *Teoria de los derechos fundamentales*. Madrid: Centro de Estudios Políticos e Constitucionales, 2002, p. 86-87.

A referência à *lei*, no art. 5º e inciso II da CF, a nosso ver, não pode reduzir-se ao produto final do Legislativo (*norma legislada*), assim postada abstratamente no ordenamento, mas há que abranger, igualmente, a lei que vem a ter sua passagem judiciária (*norma judicada*), a qual, num dado momento de sua aplicação nas sequenciais instâncias, há de alcançar uma exegese segura, estável e duradoura, forjando um padrão decisório capaz de parametrizar eficazmente a decisão de todos os casos subsumidos em seu raio de incidência. A se entender diversamente, a desejada igualdade de todos perante a lei se dissiparia e perderia concretude e efetividade, caso a lei, submetida à interpretação judicial, consentisse os mais diversos, erráticos e até contraditórios entendimentos, sem alcançar um momento de coesão interna e de estabilidade hermenêutica.

Um tal ambiente caótico (que em situações extremas engendra a temível *loteria judiciária*) resulta em desprestígio do Direito e da Justiça estatal, frustrando os jurisdicionados, desorientando os operadores do Direito, e projetando insegurança ao interno da coletividade. Bem por isso, a Exposição de Motivos do CPC enfatiza o empenho de todos os atores da cena jurídica na luta contra a *dispersão jurisprudencial excessiva*, determinando o CPC que os tribunais *uniformizem* sua jurisprudência e emitam *súmulas* dos entendimentos que se vão assentando (art. 926 e parágrafos), ao tempo em que elenca, nos incisos do art. 927, os padrões decisórios de observância obrigatória por juízes e tribunais.

É por conta da eficácia potencializada dos princípios que eles se contam dentre os *meios de integração do Direito*, que são os elementos ou insumos credenciados a colmatar as eventuais lacunas da legislação, como dispõe o art. 4º da antes referida Lei de Introdução às normas do Direito Brasileiro. O legislador aí não se referiu, expressamente, à *jurisprudência*, mesmo em suas formas otimizadas (dominante, pacífica, sumulada), porque ela se constitui e opera como um *posterius* em face da norma, formando-se gradualmente à medida que vem a ser interpretada e aplicada nos processos judiciais, por modo que a norma, ao alcançar um padrão hermenêutico estável e confiável, passa a consentir uma projeção panprocessual, com vistas ao tratamento isonômico dos jurisdicionados e à agilização dos trâmites processuais.

Bem por isso, o vigente CPC autoriza o juiz a julgar *liminarmente improcedente* uma ação cujo pedido contraria certos precedentes, tais uma *súmula* do STF ou do STJ (CPC, art. 332 e inciso I) e igualmente autoriza o relator, nos tribunais, e os presidentes dos TJ's e TRF's a pautarem seu juízo de admissibilidade recursal a partir de certos padrões decisórios impositivos – CPC, art. 932, IV, V e respectivas alíneas; art. 1.030, I e II; cf. Lei 13.256/2016.

Justamente por conta da distinta carga de eficácia dos princípios, que se irradiam pelo sistema como um todo, na comparação com as regras, de incidência mais pontual, a transgressão de um princípio (por exemplo, o que estabelece a primazia do interesse público), projeta consequências mais intensas e graves do que a infringência de uma regra: enquanto neste último caso o prejuízo se confina aos lindes de um dado processo judicial (por exemplo, quando o dano causado por um ato ilícito não resulta reparado por equivocada interpretação da norma de regência), já a violação de um princípio se expande em modo muito mais amplo, projetando-se sobre ocorrências atuais e futuras subsumidas ao seu enunciado, como pode dar-se, por exemplo, quando vêm desatendidos os princípios da função social da propriedade (CF, art. 184 e parágrafos) ou o da motivação das decisões (CF, art. 93, IX; CPC, § 1º do art. 489).

Considere-se, por exemplo, a notável latitude do princípio do *devido processo legal* (CF, art. 5º, LV), certo que um de seus elementos – o contraditório: *audiatur et altera pars* – hoje está otimizado, com agregação do *direito à não surpresa* (CPC, art. 10) e ainda do *direito a influenciar*, em limite razoável, o resultado do processo, ideário que se estende às relações processuais em geral, não se confinando ao processo civil.

A diferença conceitual entre *princípios* e *regras* leva a que aqueles primeiros – tendo entre si, presumivelmente, análoga importância – devam submeter-se a uma técnica de *ponderação*, com vistas a saber qual se afigura mais apropriado à espécie: por exemplo, se é mais indicado o princípio que manda preservar o meio ambiente (CF, art. 170, VI) ou o que enfatiza a "redução das desigualdades regionais e sociais" e a "busca do pleno emprego" (CF, art. 170, VII e VIII). Desse modo, um desses princípios acabará se revelando mais ajustado à espécie, mas sem demérito ou descarte do outro, que seguirá válido e prestigiado para aplicação em outras ocorrências, presentes outras circunstâncias.

No caso *supra* figurado, considere-se a construção de uma usina hidrelétrica que, de um lado, se mostra necessária ao fomento da fonte de energia e ao desenvolvimento social e econômico de uma dada região, mas, de outro lado, implica comprometer parcela expressiva da cobertura florestal do entorno; deverá então o juiz proceder à devida e cautelosa *ponderação* entre aqueles princípios, a ver qual deles se mostra prevalecente no caso, sem descarte de algum possível ajuste entre eles, como pode dar-se, no exemplo citado, se a construtora, mediante um termo de ajustamento de conduta (Lei 7.347/1985, § 6º do art. 5º), se compromete a limitar ao máximo o impacto ambiental mediante meios idôneos, comprometendo-se, ainda, ao replantio de espécies nativas no entorno e em outros sítios degradados, em modo de compensação ambiental.

Para o caso de eventual *colisão* entre normas, o CPC indica que "o juiz deve justificar o objeto e os critérios gerais da ponderação efetuada, enunciando as razões que autorizam a interferência na norma afastada e as premissas fáticas que fundamentam a conclusão" (§ 2º do art. 489). Vem ao encontro dessa técnica da *ponderação* o disposto no art. 8º do CPC, determinando que o juiz observe, dentre outros parâmetros, a *proporcionalidade* e a *razoabilidade* na aplicação dos textos de regência.

Essa sintonia fina mostra-se necessária quando, num caso concreto, dá-se a intercorrência de mais de um princípio, por exemplo: o que garante a *propriedade* (CF, art. 5º, XXII) e o que a condiciona à sua *função social* (CF, art. 5º, XXIII); o que assegura a *ampla defesa*, com os meios e recursos inerentes (CF, art. 5º, LV) e o que estabelece a *duração razoável dos processos* (CF, art. 5º, LXXVIII); o que garante a *liberdade de manifestação do pensamento* (CF, art. 5º, IV) e o que declara a *inviolabilidade* da intimidade, vida privada, honra e imagem das pessoas (CF, art. 5º, X). Tenha-se ainda presente, nesse campo, o disposto no § 2º do art. 5º da CF: "Os direitos e garantias expressos nesta Constituição não excluem outros decorrentes do regime e dos princípios por ela adotados, ou dos tratados internacionais em que a República Federativa do Brasil seja parte".

7.2 Princípios processuais em espécie

A abordagem dos princípios retores do Processo Civil não tem sido uniforme em doutrina, registrando-se, não raro, algum excesso ou superfetação a respeito, até porque alguns deles operam como veros *sobreprincípios*, por exemplo, o do *devido processo legal*, cujo conteúdo já abrange o contraditório, a ampla defesa e a liberdade probatória; ou o do *juiz natural*, que de per si já engloba as exigências de imparcialidade, isenção e competência. De sorte que parece mais adequado, no plano da Teoria Geral do Processo, a exposição dos princípios em modo mais sintético, suficiente à compreensão das diretrizes que presidem o ambiente processual como um todo, evitando-se digressões desnecessárias.

Vários princípios processuais radicam na CF (o do devido processo legal – art. 5º, LV; o da fundamentação das decisões – art. 93, IX; o da duração razoável dos processos – art. 5º, LXXVIII; o da reserva de plenário – art. 97; o da preservação da coisa julgada material – art. 5º, XXXVI), mas o conteúdo (compreensão-extensão) de cada qual fica a cargo do legislador ordinário federal, a quem compete dispor sobre matéria processual – CF, art. 22, I. Assim é que, naquele rol, pela ordem, o CPC disciplina: o contraditório e a ampla defesa: arts. 9º e 10; a motivação das decisões: art. 489, II e § 1º; a duração razoável do processo: art. 12, *caput*, redação da Lei 13.256/2016; a reserva de plenário: inciso II do art. 949; a coisa julgada material: arts. 502; 966 e inciso IV.

Registre-se, ainda, que certos princípios e diretrizes são mais afeiçoados a determinados ramos do Direito:

(*i*) no *processo penal*, a presunção de inocência (CF, art. LVII); a vedação da revisão *pro societate*, por modo que, uma vez absolvido o acusado, não possa ele ser novamente processado pelo mesmo fato (CPP, art. 621 e incisos); a obrigatoriedade e indisponibilidade da persecução penal pelo Ministério Público, nos crimes de ação pública (CPP, arts. 24, *caput* e 42);

(*ii*) no *processo trabalhista*, a presunção de hipossuficiência do empregado, levando a que, dentre outros exemplos, o empregador deva proceder ao depósito recursal, quando vencido (CLT, art. 899, §§ 1º e 4º, este último com redação da Lei 13.467/2017), e, ainda, a diversidade de tratamento em caso de ausência da parte: para o empregador revel, a confissão ficta; para o empregado, o arquivamento da reclamação (CLT, art. 844 e §§ 1º e 2º, estes com redação da Lei 13.467/2017); atribuição à Justiça do Trabalho para julgar dissídio coletivo, fixando normas de eficácia expandida (CF, art. 114 e § 2º) e autorização ao juiz para decidir por equidade (CLT, art. 8º, *caput*);

(*iii*) no *processo eleitoral*, a irrecorribilidade das decisões do TSE, salvo quando contrariarem a CF, denegarem *habeas corpus* ou mandado de segurança (CF, § 3º do art. 121) e o princípio da anualidade da lei eleitoral, por modo que ela só venha aplicada à eleição realizada após um ano de sua vigência (CF, art. 16);

(*iv*) no *processo coletivo*, a eficácia panprocessual da decisão de mérito, *ultra partes* ou *erga omnes*, conforme o caso: Lei 8.078/1990, art. 103 e incisos; Lei 7.347/1985, art. 16; o transporte *in utilibus* da coisa julgada coletiva, por sorte a permitir o seu aproveitamento às demandas individuais (Lei 8.078/1990, § 4º do art. 103).

Nesse sentido, o alerta de Fernando Antônio Negreiros Lima: "Aos princípios gerais do processo cabe dar forma ao sistema processual, definir sua natureza e orientar a aplicação de suas regras. Alguns de tais princípios têm incidência e significado uniformes em todos os ramos do direito processual. Outros possuem um caráter mais restrito, seja porque se apliquem unicamente a um, ou a alguns desses ramos processuais, seja porque tenham conteúdo diverso, conforme o campo em que incidam".[4]

---

[4] *Teoria geral do processo judicial*, cit., 2013, p. 67.

7.2.1 Inafastabilidade do controle judicial, garantia de acesso à Justiça, ou ainda ubiquidade/universalidade da jurisdição

Em consonância com o ideário do Estado democrático de Direito, e também tendo presente a criminalização da justiça de mão própria (CP, art. 345), o art. 5º, XXXV da CF busca assegurar que os históricos de danos temidos (vocacionados ao processo cautelar ou tutela provisória) e de danos sofridos (preordenados ao processo de conhecimento) não sejam *a priori* subtraídos à apreciação do Judiciário, ao que tudo se agrega o corolário aviso ao legislador para que se abstenha de positivar situações refratárias ou imunes ao controle judicial. Em simetria com esse ideário, e tendo presente a situação de vulnerabilidade ou de hipossuficiência de muitos jurisdicionados, o que poderia dificultar a judicialização de suas pretensões, a CF institui a *assistência judiciária gratuita e* integral – CF, art. 5º, LXXIV; art. 134, *caput*, redação da EC 80/2014. É também com vistas a facilitar o acesso à Justiça que, nos Juizados Especiais, nas causas de valor até vinte salários mínimos a assistência por advogado é facultativa – Lei 9.099/1995, art. 9º e § 1º.

Sem embargo, é preciso compreender nos seus devidos termos a garantia de acesso à Justiça, sem excessos interpretativos ou arroubos conceituais, porque, do contrário, pode-se *tomar a nuvem por Juno*, ao risco de se converter o direito de ação em *dever de ação*, com isso se retrocedendo à concepção monopolística da Justiça estatal, a par de insuflar a contenciosidade social, já de per si fomentada pela *cultura demandista*, que está à base da notória *crise numérica de processos.*

Dessa forma, escrevemos em outra sede: "Urge, pois, *dessacralizar o acesso à Justiça*, despojando-o da aura que o tem erigido numa sorte de cláusula pétrea, contexto ainda agravado pelas limitações da capacidade financeiro-orçamentária do Estado, para prover os investimentos que seriam necessários ao 'acompanhamento' do vertiginoso crescimento da demanda. O acesso à Justiça deve, assim, desvestir-se dos excessos que o têm feito operar como um perigoso 'convite à demanda' para, realisticamente, reduzir-se a uma *cláusula de reserva*, a uma oferta residual, operante num renovado ambiente judiciário, plasmado sob duas premissas:

(*i*) os conflitos – inter ou plurissubjetivos – constituem um mal em si mesmos, nisso que acirram a litigiosidade, esgarçam o tecido social, fomentam a cultura demandista e, ao final, engendram os males de um superdimensionamento do Judiciário;

(*ii*) tais conflitos devem ter solução justa, num bom equilíbrio entre custo e benefício, e serem dirimidos em tempo razoável, mas *não necessariamente pela via judicial,* senão que também – e em certos casos até preferivelmente – por meio dos chamados *equivalentes jurisdicionais*, tais as formas alternativas de solução de conflitos nas várias modalidades auto e heterocompositivas".[5]

Sob essa ponderação, cabe desde logo ter presente que o constituinte, no inciso XXXV do art. 5º da CF se vale do verbo *apreciar*, justamente para evidenciar que por ali se está assegurando, tão somente, que um órgão jurisdicional competente e imparcial será disponibilizado para recepção dos históricos de danos temidos ou sofridos, sem qualquer outro comprometimento no tocante à avaliação de fundo da controvérsia, até porque o direito de ação é (bastante) condicionado, levando a que o exame do mérito (saber se a pretensão é ou não *fundada*) dependerá do atendimento a certos requisitos formais, tais as *condições da ação* (interesse de agir; legitimação – CPC, art. 17 – e, a nosso ver, também o fundamento jurídico do pedido – CPC, art. 319, III) e os pressupostos de existência e validade da relação processual, pertinentes às *partes* (capacidade; representação), ao *juiz* (competência; imparcialidade) e ao próprio *processo* (petição inicial; citação válida); além disso, impende atentar para os pressupostos processuais *negativos*, tais a perempção, a litispendência, a coisa julgada – CPC, art. 337, V, VI, VII e §§ 1º a 4º, c/c art. 485, IV a VII.

Desse modo, impende interpretar com a devida cautela o art. 4º do CPC, na parte em que assegura às partes a "solução integral do mérito", porque em verdade o Estado-juiz fica desonerado dessa atribuição na ausência dos antes referidos requisitos formais, necessários à higidez técnico-formal da ação e do processo; em tais circunstâncias, o processo se extingue sem resolução do mérito: CPC, art. 485, IV a VII. Portanto, e sem embargo da concepção *abstratista* do direito de ação, a rigor só caberia falar-se em *tutela jurisdicional* em face da parte que, tendo preenchido os requisitos formais, alcançou uma decisão sobre o *meritum causae*, a qual reconheceu o afirmado direito, valor ou bem da vida. Nesse sentido, Cândido Rangel Dinamarco fala numa *escalada de situações jurídicas*, compreensiva de três etapas sequenciais:

(*i*) "*direito de demandar* ou direito à administração da Justiça" [CF, art. 5º, XXXV];

(*ii*) *direito de ação*, que, "adequadamente exercido, será apto a proporcionar ao seu titular o pronunciamento sobre a pretensão que deduzir

---

[5] *A resolução dos conflitos e a função judicial no contemporâneo Estado de direito.* 2. ed. São Paulo: Thomson Reuters/Revista dos Tribunais, 2014, p. 70.

(*meritum causae*) – o que não ocorre quando ausentes as condições da ação, e, portanto, inexiste esta";

(*iii*) *direito à tutela jurisdicional*, dado que, "pelo aspecto substancial, não pode considerar-se *tutelado* aquele cuja pretensão foi rejeitada. Por isso é que, como dito, *só tem direito à tutela jurisdicional quem tiver razão perante o direito material*".[6]

Obviamente, descabe conceber a *tutela jurisdicional* apenas sob o prisma do autor, mas, dada a igualdade das partes no processo, também o réu pode se beneficiar de tal tutela, assim quando formula pedido reconvencional (CPC, art. 343 e parágrafos) ou argui uma *questão prejudicial de mérito* (CPC, art. 503, parágrafos e incisos), como ainda quando a ação vem a ser julgada *improcedente*, porque, do ponto de vista prático, implica o reconhecimento judicial de que a imputação feita ao réu pelo autor (*v.g.*, o inadimplemento da obrigação) era *infundada*, não mais podendo o réu ser demandado pelo mesmo fundamento, por conta da coisa julgada material (CPC, art. 502). Dito de outro modo, a decisão de improcedência opera, em face do réu, como fora uma ação *declaratória negativa* (CPC, art. 19 e incisos), que resultou acolhida. No dizer de Cândido Rangel Dinamarco e Bruno Vasconcellos Carrilho Lopes: "A declaração contida na sentença de improcedência é uma tutela concedida ao réu, com o mesmo peso que teria o acolhimento da pretensão do autor".[7]

Consulta ao interesse da coletividade como um todo e em especial aos jurisdicionados, efetivos ou potenciais, que a prevenção ou resolução dos conflitos seja buscada, num primeiro momento, mediante a *autocomposição*, seja diretamente entre os interessados, ou mediante a intercessão de um agente facilitador, tal o conciliador e o mediador, ou ainda pelos meios *heterocompositivos*, notadamente a *arbitragem*, conforme enfatizado no CPC (§ 3º do art. 3º; art. 139, V) e na Res. CNJ 125/2010, esta última estabelecendo a *Política Judiciária Nacional*.

Vale atentar que a citada Res. CNJ 125/2010, evocando o art. 5º, XXXV, da CF, estabelece que o acesso à Justiça, "além da vertente formal perante os órgãos judiciários, implica acesso à ordem jurídica justa", para tal cabendo ao Judiciário "estabelecer política pública de tratamento adequado dos problemas jurídicos e dos conflitos de interesses, que ocorrem em larga e crescente escala na sociedade, de forma a organizar, em âmbito nacional, não somente os serviços prestados nos processos judiciais, como também os que possam

---

[6] *Fundamentos do processo civil moderno*. 3. ed. São Paulo: Malheiros, 2000, t. II, p. 820-822, *passim*.
[7] *Teoria geral do processo civil*. São Paulo: Malheiros, 2016, p. 23.

sê-lo mediante outros mecanismos de solução de conflitos, especialmente dos consensuais, tais a mediação e a conciliação". Esse ideário está recepcionado no CPC, como se colhe do art. 3º e parágrafos e do art. 167 e parágrafos.

Vale observar que as fórmulas resolutórias resultantes de tais procedimentos acabam operando como veros *equivalentes jurisdicionais*, formando *títulos executivos* (CPC, art. 515, III e VII; art. 784, IV e XII), como se passa com o *termo de ajustamento de conduta*, bastante empregado nos conflitos consumeristas e ambientais – Lei 7.347/1985, § 6º do art. 5º; CPC, art. 515, III. Além disso, superando antiga resistência quanto à utilização da arbitragem nas controvérsias envolvendo o Poder Público, a Lei 13.129/2015 veio alterar dispositivos da Lei da Arbitragem – 9.307/1996 – por modo que o § 1º do art. 1º passou a dispor: "A *administração pública direta e indireta* poderá utilizar-se da arbitragem para dirimir conflitos relativos a direitos patrimoniais disponíveis". Ainda sob essa tendencial expansão na utilização dos meios resolutivos extrajudiciais, a Lei 13.140/2015 veio autorizar o uso da mediação "como meio (...) de autocomposição de conflitos no âmbito da administração pública" – art. 1º, *caput*.

Desse modo, a Justiça estatal, confinada aos órgãos indicados no art. 92 da CF, não exclui a legitimidade e a válida atuação das instâncias *parajurisdicionais*, no afã de processar e resolver conflitos, como o fazem, no âmbito de suas competências: os tribunais de arbitragem (Lei 9.307/1996, alterada pela Lei 13.129/2015); o Conselho Administrativo de Defesa Econômica – Cade (Lei 12.529/2011, art. 4º); os Tribunais de Contas (CF, art. 71 e § 3º); os bancos oficiais, credenciados a recepcionar e resolver as consignações em pagamento (CPC, § 1º do art. 539); os tabeliães, habilitados a processar e resolver inventários, partilhas, divórcios, separações, extinções de união estável, em não havendo conflito nem filhos nascituros ou incapazes – CPC, § 1º do art. 610; art. 733 e parágrafos; as entidades civis de consumidores e as associações de fornecedores ou sindicatos de categoria econômica, credenciados a celebrar *convenção coletiva de consumo* (Lei 8.078/1990, art. 107); os tribunais de justiça desportiva, legitimados a decidir controvérsias nesse campo (CF, art. 217, § 1º).

Ao contrário do que se passa no *direito de petição*, que é genérico e incondicionado (CF, art. 5º, XXXIV, *a*), o *direito de ação* pressupõe um histórico de dano temido ou sofrido incompossível por outros meios (ou quando estes não tenham sido exitosos), tratando-se de um direito (muito) condicionado, por modo que a almejada decisão judicial de mérito (CPC, art. 4º) fica a depender do atendimento a certos requisitos específicos, tais as condições da ação e os pressupostos processuais, certo ainda que, em certos casos, a configuração do *interesse de agir* (CPC, art. 17: necessidade mais utilidade da intervenção jurisdicional) pode exigir a prévia demonstração de que a pretensão fora, antes, submetida à contraparte, como se passa, por exemplo, no *habeas data* (Lei 9.507/1997, art. 8º); nos *conflitos desportivos* (CF, art. 217 e § 1º); no *processo trabalhista* (CLT, arts. 625-A a 625-H, inseridos pela Lei 9.958/2000),[8] e, segundo certo entendimento, também nas demandas previdenciárias. De fato, tomando-se este último tópico, como se poderia, a rigor, falar em *lide* (conflito de interesses qualificado por pretensão resistida, na fórmula *carnellutiana*) se a autarquia competente – INSS – não fora, antes, instada a pronunciar-se acerca da pretensão do segurado?

De tudo resulta que, ao contrário do que possa sugerir uma leitura apressada, ufanista e irrealista do art. 5º, XXXV, da CF, a intervenção do Estado-juiz deve preservar-se sob um registro que se diria *residual*, no melhor sentido da expressão, a saber:

(*a*) para os casos não suscetíveis de resolução por outro meio que não a instância judicial, em razão de peculiaridades da matéria ou da pessoa (ex.: anulação de casamento, rescisória, homologação de sentença estrangeira, ações no controle direto de constitucionalidade – ações ditas *necessárias*);

(*b*) para os casos que não restaram resolvidos ou não o foram satisfatoriamente nas instâncias extrajudiciais às quais foram antes submetidos (como no exemplo antes citado, das pretensões previdenciárias), ou,

(*c*) para aquelas hipóteses nas quais as providências suasórias não alcançaram êxito junto à contraparte, por exemplo, o desatendimento, pelo inquilino, do acordo para desocupação do imóvel locado (Lei 8.245/1991, arts. 9º, I, e 59, I), acarretando a sequencial ação de despejo, ou, ainda, as frustradas tratativas para expropriação consensual do imóvel, levando à sequencial ação de desapropriação.

Sob tal renovado panorama, previne-se o risco de que a garantia de acesso à Justiça se desvirtue numa judicialização exacerbada, que insufla a contenciosidade social e arrisca banalizar a intervenção jurisdicional do Estado; de outra parte, a leitura ponderada e realista do que se contém no art. 5º, XXXV, da CF afina-se com a contemporânea tendência à *desjudicialização*

---

8   Fernando Antônio Negreiros Lima antevê "possível inconstitucionalidade" na preliminar submissão da pretensão do empregado à Comissão de Conciliação Prévia: *Teoria Geral do Processo Judicial*, cit., 2013, p. 262-263. Em senso diverso, Sérgio Pinto Martins: "A lei não obriga a constituição das comissões, pois emprega o verbo poder. Isso quer dizer que a instituição das comissões é facultativa" (*Direito processual do trabalho*. 29. ed. São Paulo: Atlas, 2009, p. 53).

dos conflitos, que em nada atrita ou desmerece o Judiciário, antes contribuindo para a tendencial superação do monopólio estatal na distribuição da justiça, como o evidencia o expressivo rol de agentes, órgãos e instâncias credenciados a resolver conflitos, como antes referido.

Mesmo em relação ao processo que *já está instaurado* remanesce o interesse na auto ou heterocomposição, sendo muito significativo que o CPC, após repetir, no art. 3º, *caput*, a diretriz constante do inciso XXXV do art. 5º da CF, já nos parágrafos daquele dispositivo indica outros meios resolutivos, tais a arbitragem, a conciliação, a mediação. Em simetria com essa sinalização, é dado às partes obter a suspensão do processo, na pendência das tratativas para a composição do conflito (CPC, art. 313, II), lembrando-se que incumbe ao juiz "promover *a qualquer tempo*, a autocomposição, preferencialmente com auxílio de conciliadores e mediadores judiciais" – CPC, art. 139, V.

7.2.2 Devido processo legal

Locução derivada do anglicismo *due process of law*, o devido processo legal radica, remotamente, na *Charta Magna*, elaborada na Inglaterra em 1215, trasladada séculos depois para o direito dos Estados Unidos (emendas V e XIV da Constituição) e, na sequência, gradualmente, para as Constituições de muitos países, inclusive o nosso, dispondo o inciso LV do art. 5º da CF: "aos litigantes em processo judicial ou administrativo e ao acusados em geral são assegurados o contraditório e a ampla defesa, com os meios e recursos a ela inerentes".

Inicialmente, o *devido processo legal* consentia uma concepção mais singela, radicada na expressão latina *audiatur et altera pars*, significando a alteridade que permeia e caracteriza a relação processual, a saber: oitiva bilateral das partes acerca dos atos e termos do processo. Na sequência, a expressão experimentou uma certa evolução semântica, vindo, primeiramente, enriquecida com a agregação da "possibilidade de impugnação", por modo a assegurar à contraparte a eventual resistência às ocorrências processuais. Por exemplo: o réu fica ciente do rol de testemunhas arroladas pelo autor, mas, igualmente, lhe é permitido, quando da audiência, arguir a suspeição ou impedimento de qualquer delas, para que o juiz decida a respeito: CPC, § 1º do art. 457. Nesse sentido, tirante os casos excepcionados nos incisos do art. 9º do CPC (tutelas provisórias de urgência ou evidência, inclusive na ação monitória), dispõe o *caput*: "Não se proferirá decisão contra uma das partes sem que ela seja previamente ouvida".

A eventual impugnação, pela contraparte, dos atos e termos da relação processual, não segue, exatamente, o perfil observado em diversos campos do Direito material (Civil, Penal, Administrativo, Tributário, Trabalhista), nos quais o contraponto se estabelece entre "direitos e obrigações" (*jus et obligatio correlata sunt*), ao passo que no âmbito do processo judicial, dada sua natureza instrumental, a rigor apresentam-se *faculdades*, que, bem aproveitadas, induzem situações de vantagem (por exemplo, a apresentação de prova convincente, idônea a esclarecer ponto controvertido e relevante para o deslinde da controvérsia), e, mal aproveitadas, ou ainda em caso de omissão, ensejam situações de desvantagem ou de sujeição: por exemplo, a ausência de impugnação especificada dos tópicos constantes da petição inicial, levando à presunção de veracidade dos fatos não resistidos – CPC, art. 341 e incisos; o não oferecimento de contestação, gerando revelia – CPC, arts. 344, 345 e incisos; a não interposição do recurso cabível, acarretando preclusão ou trânsito em julgado, conforme o caso – CPC, arts. 507 e 508.

Assim é que o disposto no art. 7º do CPC, estabelecendo que deve o juiz zelar pelo *efetivo contraditório*, deve ser interpretado à vista do sistema processual como um todo, cabendo entender-se que cabe ao juiz zelar para que as intimações e a citação ocorram validamente, por modo que as faculdades processuais sejam efetivamente oportunizadas às partes, a fim de serem ou não por elas aproveitadas, com as consequências decorrentes das opções feitas.

Na linha evolutiva por que foi passando a expressão "devido processo legal", agregaram-se-lhe, gradualmente, dois elementos, sob a égide do chamado *substantive due process of law*, a saber, a concepção integral e profunda do que nele se contém, avantajando-se sobre a leitura apenas literal ou formal desse princípio, permitindo destacar e identificar:

(i) o *direito à não surpresa*, buscando evitar que as partes não sejam prejudicadas pelo impacto de uma atitude unilateral, imprevisível e não anunciada previamente pelo julgador, como poderia dar-se quando somente ao ensejo da prolação da sentença constatam as partes que ela veio informada por critério de equidade (CPC, art. 140 e parágrafo único), e não de legalidade estrita; ou então, constatam as partes que o elemento determinante para a resolução da lide num dado sentido residiu em questão de direito estranha àquelas debatidas nos autos ou àquelas que haviam sido selecionadas por ocasião do saneamento (CPC, inciso IV do art. 357); ou ainda, quando o Juízo tenha invertido o ônus da prova, sem prévio aviso à parte concernente (CPC, § 1º do art. 373). Nesse sentido, dispõe o art. 10 do CPC: "O juiz não pode decidir, em grau algum de jurisdição, com base em fundamento a respeito do qual não se tenha dado às partes oportunidade de se manifestar, ainda que se trate de matéria sobre a qual deva decidir de ofício";

(*ii*) o *direito a influenciar*, em limite razoável, a decisão judicial, seja no campo probatório, com a oferta tempestiva e eficaz dos meios instrutórios, seja na linha argumentativa, por exemplo, quando a posição sustentada nos autos vem roborada com indicação de certos precedentes judiciários de eficácia impositiva – CPC, art. 927 e incisos. Tal se justifica em razão da *natureza dialética* da relação processual, por modo que os sujeitos parciais têm, cada qual a seu tempo e modo, legítimo interesse em laborar para que sua posição seja, ao final, prevalecente; sob esse registro, em sucedendo de a causa poder ser decidida com base em precedente judiciário de eficácia impositiva (CPC, art. 927 e incisos), é preciso que o julgador dê às partes possibilidade de demonstrar que o caso concreto porventura não se subsume no padrão decisório, cogitado para fundamentar o julgado: trata-se do *distinguishing*, de uso corrente na experiência do *common law*, técnica essa que, segundo Teresa Arruda Alvim Wambier, "permite que a regra sobreviva, embora seu sentido se torne menos abrangente. O tribunal faz referência ao precedente e diz que este seria literalmente aplicável ao caso que deve ser julgado. Entretanto, por causa de uma peculiaridade que existe neste caso e não existia no outro, a regra deve ser reformulada para se adaptar a esta circunstância".[9] Essa técnica foi, em certa medida, recepcionada em nosso vigente CPC, ao dispor que o não atendimento à devida *distinção* entre o precedente invocado e as peculiaridades do caso *sub judice* configura hipótese de não fundamentação do julgado (inciso VI do § 1º do art. 489), podendo, mesmo, dar ensejo à ação rescisória: CPC, §§ 5º e 6º do art. 966, acrescidos pela Lei 13.256/2016, c/c CF, art. 93, IX.

É todo um renovado panorama que transparece em vários dispositivos do CPC, tal o parágrafo único do art. 487, dispondo que, tirante a hipótese de constatação, desde logo, de prescrição ou decadência (CPC, § 1º do art. 332), essas eximentes "não serão reconhecidas sem que antes seja dada às partes oportunidade de manifestar-se"; e ainda, o art. 141: "O juiz decidirá o mérito nos limites propostos pelas partes, sendo-lhe vedado conhecer de questões não suscitadas a cujo respeito a lei exige iniciativa da parte".

O devido processo legal, por sua transcendência e relevância para o sistema como um todo, opera como *sobreprincípio*, vindo sediado na CF, nos incisos LIV e LV do art. 5º, nesta ordem: "ninguém será privado da liberdade ou de seus bens sem o devido processo legal"; "aos litigantes, em processo

---

[9] Estabilidade e adaptabilidade como objetivos do direito: *civil law* e *common law*. *Revista de Processo*, n. 172, jun. 2009, p. 136.

judicial ou administrativo, e aos acusados em geral são assegurados o contraditório e ampla defesa, com os meios e recursos a ela inerentes".

Além desses parâmetros básicos, antes expostos, o devido processo legal, dado o seu profícuo conteúdo, consente alguns subprincípios que lhe são subjacentes ou decorrentes, igualmente previstos no rol dos direitos e garantias constante do art. 5º da CF: *direito de resposta* (inciso V); *vedação de juízo ou tribunal de exceção*, ou seja, afirmação do *juiz natural*, a saber, aquele *competente*, constituído *antes* dos fatos (incisos XXXVII e LIII); vedação da prova obtida por *meios ilícitos* (inciso LVI); assistência jurídica *integral e gratuita* aos necessitados (inciso LXXIV c/c art. 134 e parágrafos); *duração razoável* dos processos (inciso LXXVIII); *publicidade* dos atos, aderente ao direito à informação (CF, art. 5º, XIV; art. 93, IX; CPC, arts. 8º, 11, *caput*; 189, *caput*), salvo os casos de sigilo e de tutela à intimidade, que justifiquem o segredo de justiça (CF, art. 5º, X e XII; CPC, art. 107, I; parágrafo único do art. 11); *inviolabilidade do domicílio* (CF, art. 5º, XI); *presunção de inocência* (CF, art. 5º, LVII).

Assim se passa porque, segundo Nelson Nery Júnior, o princípio do devido processo legal "é a base sobre a qual todos os outros se sustentam", por modo que "bastaria a norma constitucional haver adotado o princípio do *due process of law* para que daí decorressem todas as consequências processuais que garantiriam aos litigantes o direito a um processo e a uma sentença justa. É, por assim dizer, o gênero do qual todos os demais princípios constitucionais do processo são espécies".[10]

Compreende-se a preocupação do constituinte (em certa medida extensiva ao legislador ordinário federal – CF, art. 22, I), de fincar as bases do devido processo legal, mormente em sua renovada e ampliada configuração contemporânea, antes exposta, porque a relação processual é informada pela *alteridade* e *dialeticidade*, constituindo-se num *actum trium personarum*, consentindo ainda em certos casos uma ampliação do contraditório – também chamada democratização do julgamento – como se dá, por exemplo, pelo ingresso do *amicus curiae* (CPC, art. 138) ou pela intervenção de outros sujeitos ou órgãos de algum modo concernentes à demanda judicializada, como se passa nos conflitos coletivos pela posse ou propriedade de imóvel – CPC, art. 565, §§ 2º a 5º.

É bem por isso que, embora uma petição inicial possa, de per si, comportar desde logo uma cognição (improcedência liminar: CPC, art. 332 e

---

[10] *Princípios do processo civil na Constituição Federal*. São Paulo: Revista dos Tribunais, 2000, p. 31.

incisos; indeferimento liminar: parágrafo único do art. 321), encerrando-se precocemente o processo, fato é que, a rigor, a relação processual se tem por instaurada, validamente, quando se *triangulariza* com a válida citação do réu – CPC, arts. 239, 240, 312. Até porque é dado a este alegar, em preliminar da contestação, a "inexistência ou nulidade da citação" – CPC, art. 337, I – podendo, igualmente, suscitar preliminar de ilegitimidade de parte ou excluir-se da relação de causalidade afirmada pelo autor – CPC, art. 338 e parágrafo único; art. 339 e §§; a par disso, pode o réu valer-se do processo instaurado para ampliar o objeto litigioso, com vistas às resolução integral de todos os tópicos subjacentes à controvérsia, ofertando *reconvenção,* arguindo *exceções substanciais* ou suscitando *questão prejudicial de mérito* – CPC, art. 343 e parágrafos; art. 350; § 1º e incisos do art. 503, nessa ordem.

Verdade que, em respeito ao binômio *razoabilidade-proporcionalidade*, que sobrepaira todo o ordenamento jurídico e informa sua interpretação, pode dar-se que em certas ocorrências o princípio do devido processo legal apareça um tanto mitigado, com vistas a possibilitar um tratamento diferenciado em face de situações distintas, por exemplo: sendo o processo de execução já fundado em título que se presume líquido, certo e exigível (CPC, arts. 783, 784 e incisos), a resistência do executado não se faz sob o largo plexo da contestação, mas através dos embargos, incidindo sobre os pontos indicados nos incisos e parágrafos do art. 917 do CPC, podendo ainda dar-se o indeferimento liminar desses embargos, inclusive sob a pecha de "manifestamente protelatórios" (art. 918, III e parágrafo único); noutro exemplo, embora a desistência do recurso interposto independa da anuência do recorrido (CPC, art. 998, *caput*), tal regra vem excepcionada em se tratando de recurso extraordinário já reconhecido com *repercussão geral* ou recurso extraordinário ou especial afetado como *representativo da controvérsia,* sob o rito dos recursos repetitivos, casos em que a homologação da desistência não impede o prosseguimento do trâmite, já agora com vistas à emissão da tese ou da decisão-quadro, dada a eficácia panprocessual reconhecida a esses precedentes otimizados – CF, § 3º do art. 102; CPC, art. 332, II; § 5º do art. 1.035; art. 927, III.

A observância do devido processo legal não implica, pois, que em todos os casos deva ser observado um rito distendido, com o completo esgotamento da matéria de fato e de direito, e, sim, que seja observada a devida simetria entre as características do caso concreto e a cognição judicial, observando-se, por exemplo, que nos casos de *tutela da evidência,* estando a peça inicial fundada em precedente judiciário revestido de força obrigatória ou em prova documental, fora de qualquer dúvida razoável (incisos II e IV do art. 311, c/c art. 927 e incisos II e III), é dado ao juiz decidir liminarmente. Também o contraditório é de ser exercido com racionalidade e proporcionalidade, podendo mesmo dar-se que os excessos na resistência do réu tipifiquem conduta abusiva ou protelatória, caracterizando litigância de má-fé (art. 311, I, c/c art. 80 e incisos), o que também se aplica ao processo trabalhista (CLT, arts. 793-A a 793-D, inseridos pela Lei 13.467/2017). Análoga argumentação se estende a outros casos, como o do mandado de segurança, que, sendo processo de natureza objetiva e pressupondo direito líquido e certo (CF, art. LXIX), afeiçoado à prova documental pré-constituída, a autoridade apontada como coatora não oferece, propriamente, uma contestação ou defesa, mas antes é instada a prestar as *informações* devidas – Lei 12.016/2009, art. 7º, I.

O devido processo legal abrange não só a defesa, no sentido de contestação, mas igualmente a interposição dos recursos pertinentes à espécie (CF, art. 5º, LV), desde o primeiro grau, como a apelação contra o indeferimento da petição inicial (CPC, art. 331, *caput*), passando pelos agravos de instrumento contra decisões interlocutórias (CPC, art. 1.015 e incisos), até a apelação contra a sentença (CPC, art. 1.009); mas, como não há direitos absolutos, a recorribilidade exacerbada ou abusiva pode configurar litigância de má-fé (CPC, art. 80, VII; §§ 2º, 3º e 4º do art. 1.026), sob a égide da diretriz geral pela qual cabe ao juiz "indeferir postulações meramente protelatórias" – CPC, art. 139, III. Demais disso, os "recursos" são disponibilizados em *numerus clausus* (CPC, art. 994 e incisos), sujeitando-se a pressupostos específicos de admissibilidade, tais o prazo, preparo, adequação da via eleita, interesse em recorrer, legitimidade para recorrer, a par de requisitos específicos dos recursos excepcionais, tais a "transcendência da questão", na revista trabalhista – CLT, art. 896-A, ou a "repercussão geral da questão constitucional", no recurso extraordinário – CF, § 3º do art. 102; CPC, art. 1.035 e § 1º.

No tocante à "ampla defesa, com os meios e recursos a ela inerentes", na dicção constitucional, e respeitada a estrutura dialética do processo, impende todavia reconhecer que as alegações, provas e impugnações devem se conter nos lindes racionais do que seja necessário e útil para a compreensão do objeto litigioso e para a consistente decisão da lide, por modo a não desvirtuar a finalidade precípua do processo – compor os conflitos com justiça, num lapso de tempo razoável – nem prejudicar a contraparte com dilações excessivas ou condutas protelatórias que não raro são informadas por interesses escusos. Nesse sentido, partes e procuradores devem se abster de "formular pretensão ou de apresentar defesa quando cientes de que são destituídas de fundamento", e "não produzir provas e não praticar atos inúteis ou desnecessários à declaração ou à defesa do direito" (CPC, art. 77, II e III), podendo tais condutas configurar *litigância de má-fé* – CPC, art. 80 e incisos.

Impende, pois, que os atores da cena processual não incidam ou não recalcitrem numa leitura exacerbada do que se contém no art. 5º, LV, da CF, sede do princípio do devido processo legal, olvidando-se que não há direitos absolutos, por modo que os atos praticados no processo devem se ajustar aos parâmetros da razoabilidade, proporcionalidade e da boa-fé, como se colhe à leitura dos arts. 5º e 6º do CPC.

É justamente por isso que a garantia do devido processo legal não resta infirmada quando o legislador estabelece ritos sumarizados (p. ex., na improcedência liminar do pedido inicial – CPC, art. 332 e incisos – ou na rejeição liminar dos embargos do executado – CPC, art. 918, incisos e parágrafo único) ou quando o acesso a um Tribunal superior é obstado pelo enunciado de uma súmula (p. ex., a Súmula 203 do STJ, negando recurso especial das decisões do Juizado Especial), ou ainda quando a interposição de embargos de declaração com fito protelatório é apenada com multa – CPC, §§ 2º e 3º do art. 1.021.

Impende, pois, ter presente que o contraditório pleno não tem como operar em todos os casos, indiscriminadamente, até porque a finalidade perseguida em cada modalidade de processo (eliminação da incerteza; satisfação do direito reconhecido; segurança de pessoa, coisa ou situação) deve guardar relação de adequação com o rito por meio do qual se busca alcançar cada um daqueles objetivos. É por isso que, por exemplo, no plano da satisfação do direito constante de título executivo extrajudicial, a resistência do devedor é mitigada, justamente porque já se parte de um título líquido certo e exigível (CPC, art. 783), ficando o juiz autorizado a rejeitar liminarmente os embargos manifestamente protelatórios (CPC, art. 918, III), certo ainda que os embargos do devedor não têm, em regra, efeito suspensivo (CPC, art. 919 e parágrafos); por análoga razão, também não opera o contraditório pleno na concessão de liminar *inaudita altera parte* (CPC, § 2º do art. 300), como pode ocorrer no mandado de segurança – Lei 12.016/2009, art. 7º, III.

Em casos de tutela *inaudita altera parte*, não se configura, propriamente, ofensa ao devido processo legal, mas trata-se de um *contraditório apenas diferido ou postergado*, em razão da premência do tempo e/ou da suficiência da documentação apresentada, como pode dar-se na tutela da evidência (CPC, art. 311, II e III) e nas ações de manutenção ou reintegração de posse (CPC, arts. 562, *caput*, e 563).

De outra parte, o contraditório apresenta certas refrações especiais nos processos afetados à jurisdição penal, em que se contrapõem, de um lado, o Ministério Público (ação penal pública) ou o querelante (ação penal privada), e, de outro lado, o acusado, podendo ser destacado o disposto no art. 366, *caput*, do CPP, redação da Lei 9.271/1996: "Se o acusado, citado por edital, não comparecer, nem constituir advogado, ficarão suspensos o processo e o curso do prazo prescricional, podendo o juiz determinar a produção antecipada das provas consideradas urgentes, e, se for o caso, decretar prisão preventiva, nos termos do disposto no art. 312". Dessa forma, analisa Júlio Fabbrini Mirabete: "Procurou-se, assim, dar inteiro cumprimento ao princípio *nemo inauditur damnari potest* (ninguém pode ser julgado sem ser ouvido), evitando-se o perigoso expediente da decretação da revelia em caso de não comparecimento do réu para responder ao processo com a simples presunção de que tomou conhecimento da imputação".[11]

Já no tocante ao inquérito policial, a rigor não cabe falar em contraditório e ampla defesa, pela boa razão de que aí não se trata de processo, e sim de um procedimento investigativo, de caráter inquisitório, além do que o indiciado não ostenta, nessa instância policial, a condição de acusado, a quem se tivesse de assegurar direito de defesa. A par disso, os fatos apurados no inquérito policial serão, posteriormente, analisados pelo Ministério Público que, porventura não se convencendo da tipicidade penal, poderá, "ao invés de apresentar a denúncia, requerer o arquivamento" (CPP, art. 28).

No âmbito do *processo administrativo* incide a exigência do devido processo legal (CF, art. 5º, LV), dispondo o art. 3º da Lei 9.784/1999, que ao administrado são assegurados os direitos de "(...) II – ter ciência da tramitação dos processos administrativos em que tenha a condição de interessado, ter vista dos autos, obter cópias de documentos neles contidos e conhecer as decisões proferidas; III – formular alegações e apresentar documentos antes da decisão, os quais serão objeto de consideração pelo órgão competente". A par disso, dispõe o art. 56, *caput*, dessa lei: "O recurso será dirigido à autoridade que proferiu a decisão, a qual, se não a reconsiderar no prazo de cinco dias, o encaminhará à autoridade superior".

Nos processos de controle direto de constitucionalidade, apesar de o § 3º do art. 103 da CF dizer que o STF determinará a oitiva do Advogado-Geral da União "que *defenderá* o ato ou texto impugnado", fato é que, a rigor, trata-se de *processo objetivo*, em que está em jogo o interesse público a que leis e atos sejam conformes à Constituição Federal, donde a Autoridade concernente ao ato sindicado vem a ser instada a prestar *informações* (Lei 9.868/1999, art. 6º e parágrafo único) e, não, propriamente, para "defender-se", assim descabendo falar-se em "polo passivo", "revelia" ou em "sucumbência", não sendo razoável sustentar-se que o advogado da União seja constrangido a "defender" a lei ou o ato sindicado, quando claramente infringentes ao texto constitucional.

---

[11] *Código de Processo Penal interpretado*. São Paulo: Atlas, 2001, v. 1, p. 85.

Registre-se, ao propósito, o entendimento de Pedro Lenza: "Decorrido o prazo das informações, serão ouvidos, sucessivamente, o Advogado-Geral da União e o Procurador-Geral da República, que deverão manifestar-se, cada qual, no prazo de 15 dias. O primeiro defenderá o ato impugnado, enquanto o segundo poderá dar parecer tanto favorável como desfavorável. Temos percebido, contudo, algumas situações nas quais o AGU, segundo orientação do STF, 'não está obrigado a defender tese jurídica se sobre ela esta Corte já fixou entendimento pela sua inconstitucionalidade' (vide ADI 1.616/PE, ADI 2.101/MS, ADI 3.121/SP e ADI 3.415/AM). Ainda, evoluindo a jurisprudência firmada na ADI 72, a partir da interpretação sistemática, na ADI 3.916, entendeu o STF que a AGU tem direito de manifestação".[12]

7.2.3 Igualdade ou isonomia processual

A igualdade é um conceito mais propício a ser compreendido intuitivamente do que através de palavras, porque este viés vernacular induz o risco de tautologia, ao se colocar o definido na definição, como não raro se nota em algumas conceituações a respeito. Melhor se afigura, assim, definir-se a igualdade sob uma formulação de viés negativo: *tratar desigualmente os desiguais, na medida em que se desigualam*, com isso conferindo-se um sentido *substancial* – e não apenas formal – ao princípio em causa. Afinal, a simples observação das ocorrências da vida em sociedade revela que a vera igualdade é praticada apenas excepcionalmente, dada a notória disparidade social, econômica, cultural ao interno da sociedade, a que tudo se agrega o crescente egoísmo e a agressiva competitividade dos tempos que correm. Bem por isso, já se disse, com espírito, que... se a igualdade existisse não precisaria vir garantida na Constituição!

Por uma e outra dessas razões, foi ganhando força a ideia de que para se atribuir em modo justo um direito, valor ou interesse em prol de um sujeito ou em face de uma dada situação, é preciso aferir se está presente algum fator de *desequiparação legítima*, que justifique a prerrogativa ou o trato diferenciado. Desse modo se alcançaria o desejado *trato desigual aos desiguais*.

Por exemplo, é de simples bom senso que o atendimento às pessoas a um dado local de prestação de serviço deve ser feito pela ordem de chegada; todavia, algumas pessoas se singularizam e se distinguem por conta de algum fator particular, por exemplo, idade avançada, moléstia, deficiência física, gravidez ou outra condição de vulnerabilidade ou carência; em tais casos, normas determinam o chamado *atendimento prioritário*, como se observa em

---

[12] *Direito constitucional esquematizado.* 18. ed. São Paulo: Saraiva, 2014, p. 376.

muitas situações da vida em sociedade: reserva de assentos em transportes públicos; *filas e guichês* diferenciados nos Bancos, órgãos públicos e supermercados; aplicação antecipada de vacinas a certos segmentos. Também o Processo Civil se mostra sensível a esse contexto, ao determinar o trâmite prioritário dos processos nos quais figurem idosos, crianças ou adolescentes ou portadores de moléstia grave – art. 1.048 e incisos.

Historicamente, a igualdade tem sido consagrada em textos fundamentais da era moderna, tais a Declaração Universal dos Direitos do Homem, cujo art. 1º dispõe que "todos os homens nascem livres e iguais em dignidade e direitos"; a Lei francesa 16, de 1790, logo após a Revolução (1789), consagrando a tríade *liberté, egalité, fraternité*; esse mesmo ideário está presente na Declaração de Independência dos Estados Unidos, de 1776. Entre nós, já a Constituição Imperial de 1824 dispunha no inciso XIII do art. 179: "A Lei será igual para todos, quer proteja, quer castigue, e recompensará em proporção dos merecimentos de cada um".

A vigente CF (1988) também dispõe sobre a *igualdade*, afirmando, no art. 5º, *caput*: "Todos são iguais perante a lei, sem distinção de qualquer natureza (...)", comando esse que vem, na sequência, completado: "I – homens e mulheres são iguais em direitos e obrigações, nos termos desta Constituição" (igualdade de gênero, pois); "II – ninguém será obrigado a fazer ou deixar de fazer alguma coisa senão em virtude de lei" (o que consagra o Brasil como país *legicêntrico*, assim integrado, em princípio, na família do *civil law*). Uma aplicação deste último dispositivo está na Súmula Vinculante 44: "Só por lei se pode sujeitar a exame psicotécnico a habilitação de candidato a cargo público".

Esse ideário da igualdade enquanto premissa (embora consentindo exceções pontuais em virtude de certas desequiparações legítimas), é recepcionado pelo CPC: o art. 7º assegura às partes "*paridade de tratamento* em relação ao exercício de direitos e faculdades processuais, aos meios de defesa, aos ônus, aos deveres e à aplicação de sanções processuais, competindo ao juiz zelar pelo efetivo contraditório"; nesse sentido, dispõe o art. 139 que incumbe ao juiz: "I – assegurar às partes *igualdade de tratamento*". Também no campo da arbitragem, sem embargo de tratar-se de um juízo privado, impõe-se o zelo pelos "princípios do contraditório, da *igualdade das partes*, da imparcialidade do árbitro e de seu livre convencimento" – Lei 9.307/1996, § 2º do art. 21.

Essa isonomia, porém, é excepcionada em ocorrendo certas *desequiparações* que o legislador reputou legítimas, assim com relação a pessoas como em face de certas situações diferenciadas: trâmite prioritário aos processos de que participam idosos, portadores de moléstia grave, crianças e adolescentes (art. 1.048 e incisos); assistência jurídica integral e gratuita aos necessitados (CF, art. 5º, XXXIV, *a*, c/c art. 134; CPC, art. 98, *caput*, § 1º e incisos); prazos em dobro nas causas de que participam o Ministério Público, a Advocacia Pública e a Defensoria Pública (arts. 180 e parágrafos; 183 e parágrafos; 186 e parágrafos, nessa ordem) e quando os litisconsortes tiverem diferentes procuradores ou forem representados por distintos escritórios de advocacia (CPC, art. 229 e parágrafos); duplo grau de jurisdição obrigatório ("remessa necessária" – art. 496, incisos e §§ 1º, 2º e 3º, excetuadas as hipóteses indicadas no §§ 3º, 4º e respectivos incisos); limitação dos honorários sucumbenciais quando vencida a Fazenda Pública (§ 3º e incisos do art. 85); pagamento ao final, pelo vencido, das despesas dos atos requeridos pelo Ministério Público, Fazenda Pública e Defensoria Pública (art. 91, *caput*); exclusão do efeito da revelia quando o litígio versar sobre direitos indisponíveis (CPC, art. 345, II); dispensa de preparo e de porte de remessa e retorno, nos recursos interpostos pelo Poder Público e suas autarquias (§ 1º do art. 1.007); inquirição de certas testemunhas na residência ou local em que exercem sua função, *ratione muneris* (CPC, art. 454 e incisos); inversão do ônus da prova, assim excepcionando a regra da distribuição *estática*, em função de certas peculiaridades da causa (CPC, art. 373 e § 1º), certo que também nas ações consumeristas, dada a presumida vulnerabilidade do consumidor em face do fabricante ou fornecedor, é autorizada tal inversão (Lei 8.078/1990, art. 8º, VII); regime diferenciado de coisa julgada nos processos coletivos (Lei 8.078/1990, art. 103 e incisos; Lei 7.347/1985, art. 16).

Assim se passa por conta de vicissitudes e dificuldades no manejo da *igualdade de todos perante a lei* (CF, art. 5º e inciso II): para que esse critério uniformizante opere em modo eficaz e legítimo, impende que o contingente de sujeitos a que a norma se endereça seja efetivamente homogêneo; do contrário, justifica-se o tratamento diferenciado, ou mais benéfico a um ou outro segmento, com vistas a preservar o *trato desigual aos desiguais*. Por exemplo: contribuintes que praticam o mesmo fato gerador sujeitam-se ao mesmo tributo; todavia, em função de certos fatores distintivos, não raro a lei estabelece isenções e até imunidades tributárias, como, por exemplo, se passa com o imposto de renda de pessoas portadoras de certas enfermidades graves ou incapacitantes. Inexistindo desequiparações legítimas, incide a regra geral, ou seja: a lei deve ser aplicada indistintamente a todos.

Interessante observar que, em certas situações a própria lei de regência pode reconhecer precedência e prioridade às soluções encontradas pelos próprios interessados, como ora se passa nas relações de trabalho, em face dos acordos e convenções envolvendo um elenco importante de matérias, dispondo o art. 611-A da CLT, inserido pela Lei 13.467/2017: "A convenção coletiva e o acordo coletivo de trabalho têm prevalência sobre a lei quando, entre outros, dispuserem sobre (...)".

Outra aplicação do princípio da igualdade se dá na questão da *competência* ("a medida da jurisdição", no clássico conceito), na medida em que a competência dos órgãos judiciais é estabelecida em função de critérios *adrede fixados – ratione materiae, personae, loci* – vedados os Juízos e Tribunais de exceção (CF, art. XXXVII) assim permitindo aferir, mesmo abstratamente, qual será o Juízo competente ao qual uma determinada ação será encaminhada (*v.g.*, ação pessoal: foro do domicílio do réu – CPC, art. 46, *caput*), com isso se assegurando a igualdade no trato aos jurisdicionados subsumidos às mesmas ocorrências. Sem embargo, em função de certos cargos desempenhados por alguns agentes públicos, incidem certos critérios diferenciados (*ratione muneris*), como se nota na competência originária do STF em face de certos agentes favorecidos pela chamada *prerrogativa de função*: CF, art. 102, I, *b*, *c*.

A igualdade constitucionalmente assegurada repercute, no plano processual, no dever de tratamento isonômico às partes, assim as que integram originalmente o processo, nos polos ativo e passivo, como aquelas que se lhe agregam ulteriormente, sob as várias figuras de intervenção de terceiro (CPC, arts. 119-132), ou na condição de "nomeado à autoria" (CPC, art. 339 e parágrafos), devendo o juiz zelar pela *paridade de tratamento* a todos que compõem o contraditório (CPC, art. 7º, c/c art. 139, I). Dito de outra forma, a igualdade processual se resolve, ao fim e ao cabo, pela oferta e preservação da *paridade de armas* a todos que participam do contraditório; mesmo as situações excepcionadas têm que vir respaldadas em lei (reserva legal), o que, ao fim e ao cabo, tudo converge para a impositividade geral da norma de regência.

Vale ressaltar que a decisão de mérito, mesmo já transitada em julgado, quando ocorra dela "violar manifestamente norma jurídica" (CPC, art. 966, V), desafia ação rescisória no biênio, hipótese que, naturalmente, abrange o descumprimento de norma processual, por exemplo, aquela que exige, sendo o caso, que o juiz proceda à devida *distinção* entre o caso concreto e o precedente judiciário no qual se respaldou a decisão – CPC, §§ 5º e 6º do art. 966, acrescidos pela Lei 13.256/2016, c/c inciso VI do § 1º do art. 489.

Como se percebe, para que a igualdade seja realmente efetiva e não apenas teórica ou principiológica, é preciso levar em conta certas situações que, ao ver do legislador caracterizam desequiparações legítimas, assim autorizando tratamento distinto em prol de certos sujeitos ou de certas situações diferenciadas, sob o ideário do *trato desigual aos desiguais, na medida em que se desigualam.*

Com base nessa premissa, identificam-se certos valores superlativos, como o erário, o patrimônio público ou os interesses indisponíveis, em face dos quais algumas disposições processuais consagram tratamento diferenciado – entenda-se: mais benéfico – a certos atores, na comparação com o que, de ordinário, se passa com as partes em geral e seus advogados, tal como ocorre nos casos antes destacados. Exemplo expressivo do ora afirmado se passa no campo penal: sob o ideário do chamado "Direito Penal mínimo" segue prestigiado o princípio da insignificância, aderente aos chamados crimes de bagatela; todavia, o STJ assentou na Súmula 589: "É inaplicável o princípio da insignificância nos crimes ou contravenções penais praticados contra a mulher no âmbito das relações domésticas".

Por vezes, o tratamento diferenciado prende-se a certas peculiaridades que são próprias de certos momentos ou fases processuais, por exemplo: em regra, todo recorrente pode desistir do recurso sem aquiescência da contraparte (CPC, art. 998, *caput*), mas, em se tratando de recurso especial ao STJ, já afetado como *representativo da controvérsia* (CPC, art. 1.037, *caput*), ou de recurso extraordinário ao STF já reconhecido com *repercussão geral da questão constitucional* (CF, § 3º do art. 102; CPC, art. 1.035 e parágrafos), então a homologação da desistência se faz de molde a não impedir o trâmite sequencial do recurso, para efeito de ensejar a emissão da decisão-quadro (CPC, parágrafo único do art. 998), por aí se reconhecer o interesse público na fixação do padrão decisório capaz de parametrizar a resolução igualitária dos demais recursos retidos nos tribunais de origem, envolvendo a mesma questão de direito.

No processo penal, por conta de certas singularidades que distinguem a acusação (Ministério Público) e a defesa (réu), ao *parquet* se atribui o ônus da prova, ao passo que o acusado se beneficia da *presunção de inocência* (art. 5º, LVII), podendo este, ainda, intentar *revisão criminal* a qualquer tempo, no tocante à decisão condenatória (CPP, art. 622 e parágrafo único). Assim se passa em virtude da ponderação entre o *ius libertatis*, do réu, e o *ius puniendi*, do Estado, representado pelo Ministério Público, tendo o constituinte e o legislador optado em priorizar o primeiro daqueles valores.

No processo trabalhista, sendo o empregado presumido hipossuficiente, ele se beneficia de certas vantagens, por exemplo: apresentação da reclamação sem assistência de advogado, podendo fazê-la oralmente (CLT, arts. 791 e 840, *caput*); possível concessão do benefício de justiça gratuita (CLT, § 3º do art. 790, parágrafo com redação da Lei 13.467/2017); arquivamento da reclamação, com pagamento das custas iniciais, em caso de ausência do empregado à audiência (CLT, § 2º do art. 844, parágrafo inserido pela Lei 13.467/2017), ao passo que a ausência do reclamado "importa revelia, além de confissão quanto à matéria de fato" (CLT, art. 844, *caput*). Assim se dá por conta do *princípio da proteção*, que preside todo o ambiente processual dessa Justiça especializada, como afirma Sérgio Pinto Martins: "Assim como no Direito do Trabalho, as regras são interpretadas mais favoravelmente ao empregado, em caso de dúvida, no processo do trabalho também vale o princípio protecionista, porém analisado sob aspecto do direito instrumental. Esse princípio é de âmbito internacional, não vigorando apenas no Brasil, mas em outros países".[13]

De observar-se ainda que certas singularidades concernentes à matéria, pessoa, ou situação jurídica, impactam o plano processual, justificando certos tratamentos diferenciados. Por exemplo, em que pese a regra da distribuição "alternada e aleatória" das ações (CPC, art. 285, *caput*), fato é que as ações de desapropriação (Dec.-Lei 3.365/1941) e as de improbidade administrativa não são encaminhadas às Varas Cíveis, mas às da Fazenda Pública, por conta da presença do ente político e do interesse público na preservação do erário; já as causas cíveis de menor complexidade são de competência dos Juizados Especiais (Lei 9.099/1995, art. 3º, incisos e parágrafos), consentindo um rito mais informal e um julgamento com base em equidade (Lei citada, arts. 2º e 25). Ainda uma vez, portanto, busca-se o trato desigual às situações desiguais, com vistas à consecução da igualdade em sentido *substancial*.

Acerca deste último aspecto, Cândido Rangel Dinamarco e Bruno Vasconcelos Carrilho Lopes enfatizam que o princípio da igualdade, aplicado ao plano processual, deve servir ao propósito de *neutralizar desigualdades*: trata-se de "promover a igualdade substancial, que nem sempre coincide com uma formal igualdade de tratamento (...). A tarefa de *preservar* a isonomia consiste portanto nesse tratamento formalmente desigual que substancialmente iguala".[14]

7.2.4   Imparcialidade do julgador

Assim como há pressupostos processuais concernentes às *partes* (capacidade de estar no processo; representação por advogado) e à própria *relação processual* (petição inicial; citação) também existem pressupostos necessários à válida atuação do órgão jurisdicional, a começar pelo princípio do *juiz natural*, isto é, aquele constituído *antes* dos fatos, devendo, ainda, ser competente na conformidade das regras de regência da espécie *sub judice*. Esse contexto se completa com a exigência da *imparcialidade*, isto é, não pode o juiz ser suspeito ou estar impedido.

O magistrado, enquanto integrante do Judiciário, incumbido de decidir as lides judicializadas, e o administrador público, integrante do Executivo, atuando como gestor da coisa pública e dos interesses maiores da população,

---

[13]   *Direito processual do trabalho.* 29. ed. São Paulo: Atlas, 2009, p. 41.
[14]   *Teoria geral do novo processo civil,* cit., 2016, p. 59.

apresentam em comum o fato de ambos estarem jungidos ao *império da lei*, cabendo-lhes aplicar a norma de regência ao fato concreto.

Sem embargo, registram-se, porém, algumas diferenças específicas entre as atuações do juiz e do administrador:

(*a*) o juiz aplica a lei ao caso concreto, *quando provocado e no limite em que o seja*, vedada, em princípio, a atuação de ofício (CPC, arts. 141, 492), salvo raras hipóteses, como, por exemplo, na arrecadação de bens da herança jacente (CPC, art. 738), ao passo que o administrador, tendo legitimidade de base popular, é autorizado a *aplicar a lei de ofício*, a par de lhe ser dado deliberar e implementar escolhas primárias e opções políticas, mormente nos atos de natureza discricionária;

(*b*) embora o juiz e o administrador decidam sobre pleitos e controvérsias, à luz da norma de regência, somente ao Judiciário é dado fazê-lo com definitividade, quando a decisão de mérito vem a se imunizar com a agregação da coisa julgada material (CPC, art. 502), tornando-se *estável*, com relação ao passado, e *imutável*, em face do futuro, ao passo que a decisão administrativa, em princípio, é passível de reforma ou revisão, quando ocorra de vir submetida ao crivo jurisdicional (*v.g.*, a demissão do servidor, determinada ao cabo do inquérito administrativo, que pode vir a ser tornada insubsistente por sentença judicial);

(*c*) enquanto a decisão administrativa pode ser revista ou invalidada tanto pelo órgão ou agente público competente (*autocontrole* da administração pública: Súmula 473 do STF) como por intervenção jurisdicional, a decisão judicial somente pelo Judiciário pode ser reformada ou tornada insubsistente (dita *reserva de sentença*), de que é expressivo exemplo a ação rescisória contra decisão judicial transitada em julgado (CPC, art. 966 e incisos);

(*d*) enquanto a atuação do governante, mormente com vistas a pretensões políticas futuras, é submetida a uma avaliação contínua por parte do eleitorado, a atuação do juiz é fiscalizada por critérios técnicos, previstos em textos específicos (CF, art. 103-B, § 4º, III, IV, V; Estatuto da Magistratura – LC 35/1979, arts. 35-49; Regimentos Internos dos tribunais), observados os procedimentos instaurados pelas Corregedorias, no âmbito dos tribunais, ou, no plano macro, pelo Conselho Nacional de Justiça.

Já no tocante à *imparcialidade* ou à *isenção* do julgador, vale desde logo registrar que se trata de exigência comum a quem está legalmente investido do *poder de decisão*, ressaltando-se que não só o juiz (CPC, arts. 144, 145 e respectivos incisos), mas também o administrador (Lei 9.784/1999, arts. 18 a 21) sujeitam-se a eventual alegação e aferição quanto à imputação de impedimento ou suspeição, como também o árbitro, que "deverá proceder com imparcialidade, independência, competência, diligência e discrição" (Lei 9.307/1996, § 6º do art. 13, c/c art. 14, § 1º). Bem por isso, dentre os *pressupostos de existência e validade* da relação jurídica processual, figuram a *competência* e a *imparcialidade* do juiz, ou seja, nessa ordem: que ele tenha atribuição para julgar a causa *in concreto*; que não seja suspeito e não esteja impedido.

A partir do momento em que o magistrado é investido da *judicatura* – por nomeação após aprovação em concurso público de provas e títulos (CF, art. 93, I), ou através de acesso aos tribunais pelo chamado *quinto constitucional* (CF, art. 94 e parágrafo único) – ele se torna um cidadão diferenciado, na medida em que lhe é atribuído o *múnus* de avaliar e julgar atos e condutas das pessoas físicas e jurídicas, de direito privado e de direito público, analisando os fatos constantes dos autos e aplicando a norma de regência (critério de legalidade estrita, como regra – CPC, art. 140 e parágrafo único), devendo *fundamentar* em modo consistente a decisão, sob pena de nulidade (CF, art. 93, IX; CPC, art. 489, II e § 1º e incisos).

A *validade* dos pronunciamentos do magistrado de conteúdo decisório (sentenças, decisões interlocutórias – CPC, art. 203, e §§ 1º e 2º) exigem atendimento a certos pressupostos específicos:

(*i*) *competência* (CF, art. 5º, LIII; CPC, art. 42) – entendida, na expressão clássica, como a *medida da jurisdição* – a qual, quando fixada em razão da matéria ou de pessoa ou de certos cargos públicos, é *absoluta* e, caso desatendida, leva à nulidade da decisão, podendo até desafiar ação rescisória (CPC, art. 966, II);

(*ii*) *imparcialidade*, que melhor se afeiçoa a ser definida por exclusão, nesse sentido de *não poder* o juiz estar impedido ou ser suspeito (CPC, arts. 144, 145 e respectivos incisos), cabendo ao réu, em preliminar de contestação alegar tanto a incompetência absoluta como a relativa (CPC, art. 337, II), assim como, na quinzena do conhecimento do fato, suscitar o impedimento ou a suspeição do juiz – CPC, art. 146 e parágrafos.

Saliente-se que a simples leitura dos casos que tipificam suspeição e impedimento (CPC, arts. 144, 145 e respectivos incisos) denota que estes últimos se revestem de maior gravidade, tanto assim que é a sentença de mérito, transitada em julgado, proferida por juiz *impedido* (e não apenas suspeito) que desafia ação rescisória – CPC, art. 966, II.

O juiz, instado em arguição de suspeição ou de parcialidade, tanto pode reconhecer tal imputação, como pode recusá-la: no primeiro caso, "ordenará imediatamente a remessa dos autos a seu substituto legal", certo ainda que é dado ao próprio juiz considerar-se "suspeito por motivo de foro íntimo, sem necessidade de declarar suas razões"; na segunda hipótese, apresentará suas razões, formando-se então o incidente a ser encaminhado ao tribunal, em cujo âmbito podem suceder estes alvitres:

(*a*) a alegação é considerada improcedente, vindo então rejeitada e arquivada;

(*b*) sendo aceita a alegação de impedimento ou verificado que a suspeição era manifesta, "o tribunal condenará o juiz nas custas e remeterá os autos ao seu substituto legal, podendo o juiz recorrer da decisão";

(*c*) além disso, uma vez reconhecido o impedimento ou a suspeição, "o tribunal fixará o momento a partir do qual o juiz não poderia ter atuado", e, ainda, "decretará a nulidade dos atos do juiz, se praticados quando já presente o motivo de impedimento ou de suspeição" – CPC, § 1º do art. 145; art. 146, parágrafos e incisos.

Vale observar que é aderente à imparcialidade do juiz o princípio *dispositivo* ou da *demanda*, que afasta a chamada *inércia inicial*, a qual condiciona a intervenção jurisdicional à provocação da parte ou interessado, habilitando o juiz a pronunciar-se acerca da pretensão do autor ou, eventualmente, do pleito reconvencional do réu (CPC, arts. 2º, 141, 492, 343 e parágrafos), ou de pretensão do terceiro interessado (*v.g.*, CPC, art. 682), tudo sob a égide do princípio da legalidade estrita, pelo qual o juiz está, em regra, adstrito à norma de regência (CPC, art. 140, *caput*), só podendo valer-se dos meios de integração do Direito em caso de lacuna da legislação (Lei de Introdução às normas do Direito Brasileiro – Dec.-Lei 4.657/1942, art. 4º; cf. Lei 12.376/2010). Ao propósito, vale registrar que o uso da equidade depende de autorização legal (CPC, parágrafo único do art. 140; Lei 9.099/1995, art. 25), a par de existirem situações refratárias ou restritivas ao seu emprego, como se dá no plano penal, dadas as estritas exigências de tipicidade, autoria e materialidade, ou em matéria tributária, na qual o uso da equidade não pode resultar "na dispensa do pagamento de tributo devido" (CTN, § 2º do art. 108).

No plano constitucional, a imparcialidade do juiz se conecta à garantia do *juiz natural*, que vem a ser aquele constituído *antes dos fatos*, o que implica a vedação dos juízos e tribunais de exceção (art. 5º, XXXVII). Por exemplo, as partes num contrato de locação de imóvel residencial, situado em dado município, podem saber, de antemão, que, em sobrevindo uma ação de despejo (ação pessoal, calcada no direito das obrigações), tal demanda será distribuída a uma das Varas Cíveis dessa comarca, local onde se situa o imóvel – Lei 8.245/1991, art. 58, II. Noutro exemplo, já agora no campo penal, o autor do crime doloso contra a vida sabe que o seu juiz natural será o tribunal do júri: CF, art. 5º, XXXVIII, *d*.

Observe-se que as situações de foro privilegiado (*rectius*: por *prerrogativa de função*), a nosso ver, não constituem exceção ao juiz natural, seja porque reguladas por regras instituídas antes dos fatos, seja porque se endereçam não ao agente imputado de certa conduta ilícita (*ad personam*), mas sim em contemplação do *cargo* por ele exercido à época dos fatos (*ratione muneris*), em qualquer dos três Poderes; assim se passa com os exercentes de certos cargos públicos, que são processados e julgados no STF – CF, art. 102, I, *b*, *c*.

Vale observar que os motivos de impedimento e suspeição (CPC, arts. 144 e 145), se estendem aos demais atores da cena judicial: Ministério Público (CPC, art. 148, I), auxiliares da justiça (CPC, art. 148, II, c/c art. 149) e "demais sujeitos imparciais do processo" (CPC, art. 148, III), notando-se que também as testemunhas podem ser contraditadas quando impedidas ou suspeitas, assim no cível (CPC, art. 447, §§ 2º e 3º; art. 457 e parágrafos) como no penal (CPP, art. 214), podendo ainda o perito "escusar-se ou ser recusado por impedimento ou suspeição" – CPC, art. 467, *caput*.

Quanto ao árbitro, considerado "juiz de fato e de direito" (Lei 9.307/1996, art. 18), "deverá proceder com *imparcialidade*, independência, competência, diligência e discrição" (Lei *supra*, § 6º do art. 13), a par do *dever de revelação*, conforme o § 1º do art. 14 dessa lei: "As pessoas indicadas para funcionar como árbitro têm o *dever de revelar*, antes da aceitação da função, qualquer fato que denote dúvida justificada quanto à sua *imparcialidade* e independência", certo que a opção dos interessados por esse meio resolutivo da controvérsia afasta a cognição judicial sobre a mesma, levando à extinção do processo sem resolução do mérito (CPC, arts. 337, X, e 485, VII), sem prejuízo, porém, de futuro e eventual questionamento judicial acerca da higidez técnico-jurídica da decisão arbitral – Lei 9.307/1996, arts. 32, 33, incisos e parágrafos, com as alterações promovidas pela Lei 13.129/2015.

Outrossim, a autocomposição, com auxílio de conciliador ou mediador, também se sujeita à exigência da *imparcialidade* do agente facilitador – CPC, art. 166, *caput*.

Imparcialidade não se confunde com neutralidade, já que esta última configura uma postura de indiferença ou de distanciamento do julgador no tocante aos integrantes do contraditório e aos fatos trazidos ao processo, hoje se reclamando uma postura de *juiz ativo*, a saber, aquele que – sem prejuízo da necessária isenção – procura *sentir o processo* (origem da palavra *sentença*) em toda sua extensão e compreensão, empenhando seu conhecimento técnico na avaliação dos argumentos e provas, com vistas à resolução justa e tempestiva do conflito, sem incorrer em excessos, como por vezes tem ocorrido, quando a intervenção jurisdicional avança em áreas que reclamam *reserva legal*, aí se já configurando o *excesso de ativismo*.

Ao propósito, considere-se a enfática crítica de Hugo Nigro Mazzilli ao tendencial *excesso de ativismo*, mormente nas Cortes superiores: "Os ministros do STF vêm dando sobejos exemplos de ceder com naturalidade e gosto à tentação onipotente de fazerem leis, seja em decisões monocráticas, seja coletivas, como quando autorizaram o aborto até o terceiro mês de gravidez (HC 124.306-RJ), ou quando da Súmula 394, que deu foro por prerrogativa de função a quem não tinha função, ou quando da súmula das algemas, ou quando deram ao procurador-geral da República o poder que ele não tem de decidir conflito de atribuição entre o Ministério Público estadual e o federal (ACO n. 924)...".[15]

O exercício da judicatura com independência e neutralidade demanda, naturalmente, que os magistrados sejam dotados de certas garantias, tanto quanto de um regime de vedações de certas atividades, vindo tais tópicos indicados na CF, com destaque para a tríplice garantia (vitaliciedade, inamovibilidade, irredutibilidade de vencimentos – art. 95 e incisos) e para as vedações indicadas no parágrafo único desse dispositivo: proibição de exercício de outro cargo ou função, salvo um de magistério; receber quaisquer custas ou participação em processo; exercer atividade político-partidária; receber quaisquer auxílios ou contribuições, salvo as exceções legais; exercer advocacia antes de finda a quarentena de três anos, contada da aposentadoria ou exoneração. A par disso, como integrante de um Poder da República, espera-se do magistrado uma conduta social e particular compatível com a relevância de suas funções, o que transparece, em cores fortes, no acesso ao STF, cujos ministros, além do notório saber jurídico, devem também exibir *ilibada reputação* (CF, art. 101, *caput*).

Sem embargo, a exigência da imparcialidade não pode ser tomada em modo absoluto ou desmesurado, sendo razoável admitir-se que todo magistrado, como integrante de uma dada comunidade e exercendo sua função num dado interregno temporal, tem o legítimo direito de ter suas próprias convicções acerca de valores, interesses e ocorrências sócio-político-econômicas no âmbito de uma dada coletividade, por modo que uma exigência

---

[15] O ativismo judicial. *Tribuna do Direito*, São Paulo, n. 289, p. 21, maio 2017.

de neutralidade absoluta seria inaceitável e mesmo inviável, cabendo antes entender-se que basta ao atendimento da imparcialidade uma postura objetiva e serena no tocante à avaliação dos fatos, alegações e provas dos autos, com vistas à sua correta subsunção à norma de regência.

Com efeito, como observam José Maria Rosa Tesheiner e Rennan Faria Krüger Thamay, a imparcialidade, se levada "às suas últimas consequências, teríamos: a) que a jurisdição jamais poderia ser 'protetiva' de qualquer das partes, como ocorre nas relações de trabalho e em outras em que o juiz se depara com flagrante desigualdade entre os contendores; b) que o juiz não poderia jamais determinar a produção de provas, de ofício, porque estaria, assim, a auxiliar uma das partes".[16]

Com efeito, a se interpretar, desmesuradamente, os dispositivos que tratam de suspensão e de impedimento do juiz (CPC, arts. 144, 145), se arriscaria inviabilizar a atuação jurisdicional em muitos casos, como, por exemplo, se fosse acolhida alegação de suspeição do juiz para decidir controvérsia envolvendo comportamento de alunos numa dada escola de ensino superior, pelo só fato de o juiz haver estudado no mesmo estabelecimento de ensino. De invocar-se, em casos que tais, o sábio aviso romano: *summum jus, summa injuria*, a saber: o direito interpretado e aplicado em modo radical e exacerbado induz situações de perplexidade e de injustiça.

Ao propósito, afirma Fernando Antônio Negreiros Lima: "Não se deve confundir juiz imparcial com juiz absolutamente neutro, que não existe e nem seria desejável, ainda fosse possível. Neutralidade é palavra que pode sugerir uma situação de absoluta ausência de convicções, de *estranhamento* mesmo. O juiz, para ser completamente neutro, precisaria ser uma máquina. Na interpretação que faz das normas jurídicas e dos fatos com que se depara, todo aplicador do Direito projeta suas próprias impressões pessoais, sua vivência, seus juízos e conceitos prévios, vale dizer suas pré-compreensões".[17]

7.2.5 Motivação das decisões

Durante muito tempo, a expressão *livre convicção do juiz* designava a atribuição ou o poder-dever reconhecido ao magistrado para formar seu convencimento de acordo com suas próprias percepções, assim sobre o conteúdo da norma de regência do caso concreto – a *exegese* ou *hermenêutica* – como a respeito da avaliação das alegações e provas constantes dos autos.

---

[16] *Teoria geral do processo*. 2. ed. Rio de Janeiro: Forense, 2016, p. 71.
[17] *Teoria geral do processo civil*, cit., 2013, p. 97.

Gradualmente, porém, foi ganhando corpo o entendimento de que a percepção do juiz sobre a inteligência da norma, assim como sua avaliação sobre a massa probatória não é propriamente *livre*, nesse sentido de consentir uma absoluta liberdade e independência acerca de tais valorações. Até porque, de outra forma, seria palpável o risco de que a convicção do juiz se degradasse em *arbítrio* ou fosse *autorreferente*, quando em verdade, nesse tema, a ideia forte é a de que a persuasão do juiz deva ser *racional*, legitimada pela percuciente *análise e ponderação*, tanto acerca dos argumentos apresentados pelas partes (os alinhados à solução que ao final será alcançada e, também, os que a contrariam) como dos elementos probatórios carreados aos autos.

Estes dois relevantes tópicos foram assim recepcionados pelo CPC: "Art. 371. O juiz apreciará a prova constante dos autos, *independentemente do sujeito que a tiver promovido*, e indicará na decisão as *razões* da formação de seu convencimento"; § 1º do art. 489: "Não se considera fundamentada qualquer decisão judicial, seja ela interlocutória, sentença ou acórdão, que: (...) IV – não enfrentar *todos os argumentos* deduzidos no processo capazes de, em tese, *infirmar* a conclusão adotada pelo julgador".

Assim se passa por conta do *ambiente dialético* que permeia todo o processo, levando a que o juiz deva sopesar, detida e objetivamente, as alegações e provas constantes dos autos, para ao final proceder ao devido enquadramento do objeto litigioso no *locus* correto do ordenamento positivo, certo de que a norma de regência sempre reclama a devida *interpretação* (superado o antigo brocardo *in claris cessat interpretatio*), com vistas a definir seu efetivo conteúdo, a saber, sua extensão e compreensão e, ainda, a sua pertinência à espécie.

Assim se passa, igualmente, na hipótese em que a decisão venha fundada em súmula, porque, configurando esta o extrato da jurisprudência dominante ou assentada num dado tribunal (Regimento Interno do STF, § 4º do art. 102: "A citação da Súmula, pelo número correspondente, dispensará, perante o Tribunal, a referência a outros julgados no mesmo sentido"), não basta a singela transcrição do enunciado, mas incumbe ao juiz – sob pena de ter-se como *não fundamentada* (e, pois, nula – CF, art. 93, IX) a decisão que "se limitar a invocar precedente ou enunciado de súmula, sem identificar seus fundamentos determinantes nem demonstrar que o caso sob julgamento se ajusta àqueles fundamentos" – CPC, § 1º, inciso V, do art. 489.

Por conta desse renovado panorama, que reposicionou o ambiente jurídico-político do país, colocando-o a meio caminho entre as famílias jurídicas do *civil law* e do *common law*, tornou-se inevitável a releitura do princípio da motivação, levando, gradualmente, à superação da referência à *livre convicção* do juiz, dando-se preferência ao termo *persuasão racional*, fórmula que melhor traduz a atividade cognitiva do juiz, valendo ressaltar estes tópicos:

(*i*) não basta a singela indicação do dispositivo legal que ao ver do julgador é o pertinente à espécie, até porque o Direito não se confina à lei, donde referir-se o CPC ao "fundamento jurídico", expressão de conteúdo mais elástico (art. 319, III), que sinaliza para o sistema jurídico como um todo; bem por isso, o julgador, ao optar por uma das normas que em princípio incidiriam na espécie, deve declinar as razões que o levaram a assim proceder, a teor do § 2º do art. 489 do CPC;

(*ii*) no silogismo da sentença, deve o julgador atentar para, na premissa maior, não cair em *petição de princípio*, tomando como certa uma circunstância (por exemplo, a incidência, na espécie, de uma dada norma), quando, ao invés, tal subsunção é um *posterius*, reclamando, *a priori*, a devida demonstração;

(*iii*) o juiz, ao limitar-se a deduzir a linha de pensamento que justifica a conclusão alcançada, a rigor está se limitando a *explicar* seu próprio entendimento, o que não se confunde nem se equipara com a necessária *motivação* ou *fundamentação*, o que já implica a ponderação entre os diversos argumentos – favoráveis ou contrários – à conclusão alcançada.

Nesse sentido, afirma Fernando Antônio Negreiros Lima: "A fundamentação das decisões judiciais é um imperativo do devido processo legal. Em sede penal ou civil, na jurisdição comum ou especial, é direito do jurisdicionado conhecer as razões que levaram o julgador a pronunciar-se em um ou outro sentido. Assiste-lhe o direito de saber que aspectos de sua argumentação foram acolhidos, ou desconsiderados; ou como foi valorada a prova produzida; ou ainda, quais normas jurídicas foram aplicadas ao caso e qual a interpretação que, concretamente, lhes deu o juiz".[18]

Na verdade, não só às partes do processo interessa a motivação das decisões, mas, sob uma perspectiva sociopolítica, cada integrante da coletividade tem o lídimo direito – subjetivo público – a ser inteirado das razões que fundamentam as decisões judiciais, já que o jurisdicionado é o *consumidor* – efetivo ou virtual – do serviço estatal de distribuição da justiça. No ponto, afirmam Antonio Carlos Araújo Cintra, Ada Pellegrini Grinover e Cândido Rangel Dinamarco: "Mais modernamente, foi sendo salientada a *função política* da motivação das decisões judiciais, cujos destinatários não são apenas

---

[18] *Teoria geral do processo judicial*, cit., 2013, p. 121.

as partes e o juiz competente para julgar eventual recurso, mas *quisquis de populo*, com a finalidade de aferir-se em concreto a imparcialidade do juiz e a legalidade e justiça das decisões".[19]

A exigência da motivação – como condição de validade jurídica e legitimidade social do julgado – apresenta-se, igualmente, no âmbito do processo administrativo, observando-se, por exemplo, que a imposição de uma pena disciplinar a um magistrado, ao cabo de um procedimento para aferição de descumprimento de dever funcional (LC 35/1979 – Lei Orgânica da Magistratura, arts. 35, 36 e respectivos incisos), é de ser feita com estrita observância do devido processo legal (CF, art. 5º, LV), ensejando uma decisão devidamente fundamentada (CF, art. 93, IX), devendo ainda a apuração dos fatos ser "exercida com o resguardo devido à dignidade e à independência do magistrado" – art. 40 da lei *supra*. Tudo, aliás, em consonância com as diretrizes da Lei 9.784/1999, que regula o processo administrativo no âmbito federal, dispondo o § 1º do art. 50: "A motivação deve ser explícita, clara e congruente, podendo consistir em declaração de concordância com fundamentos de anteriores pareceres, informações, decisões ou propostas, que, neste caso, serão parte integrante do ato".

Sob as premissas ante expostas, cabe ao magistrado examinar e avaliar, detidamente, as alegações e provas constantes dos autos, observando as *regras de julgamento* (*v.g.*, a distribuição do ônus da prova ou sua eventual inversão – CPC, art. 373, incisos e parágrafos; o uso da equidade – CPC, parágrafo único do art. 140), devendo, ainda, sopesar a prova realizada e analisar a pertinência e a legalidade dos meios pelos quais foi produzida, à vista da natureza dos fatos (recusando, *v.g.*, prova testemunhal sobre fato que só comporta prova documental ou pericial – CPC, art. 443, II), indeferindo ou recusando prova reportada ao uso de meio ilícito (CF, art. 5º, LVI; CPC, art. 369) e ainda indeferindo, "em decisão fundamentada, diligências inúteis ou meramente protelatórias" – CPC, parágrafo único do art. 370.

A independência judicial não pode ser erigida em direito absoluto nem em privilégio do agente ou do órgão investido de jurisdição; justamente por isso, a validade de qualquer decisão judicial depende da consistente motivação, sob pena de nulidade (CF, art. 93, IX; CPC, art. 11, *caput*; inciso II do art. 489, c/c § 1º e incisos).

A motivação da decisão serve, de um lado, para prevenir a prolação de decisões arbitrárias ou autorreferentes, fundadas no argumento de autoridade; de outro lado, serve para dar a conhecer às partes do processo os motivos que

---

[19] *Teoria geral do processo*. 14. ed. São Paulo: Malheiros, 1998, p. 68.

levaram à conclusão alcançada no julgamento, assim fornecendo os subsídios para o eventual recurso da parte sucumbente, já que este não pode insurgir-se apenas contra a parte dispositiva do julgado, mas também contra os motivos expostos para a conclusão alcançada.

De resto, a motivação do julgado consulta a necessária *transparência* a que estão jungidos os atos estatais, levando a que não só as partes do processo devam conhecer os *passos* do raciocínio do juiz e os elementos de convicção utilizados na decisão, mas, numa perspectiva mais ampla, também a própria coletividade, cujos integrantes têm legítimo interesse em acompanhar o desempenho dos órgãos e agentes estatais, inclusive os jurisdicionais. Considere-se, por exemplo, a hipótese de alguém que, ao se inteirar da judicialização de uma controvérsia de largo espectro, envolvendo questões de interesse para a coletividade, delibere postular seu ingresso nos autos como *amicus curiae* – CPC, arts. 138, §§ 1º e 2º; 984, II, *b*, c/c § 3º do art. 138; 1.035, § 4º.

Ao propósito dessa *transcendência extraprocessual*, subjacente à motivação, afirma Cássio Scarpinella Bueno: "Não é despropositado, muito pelo contrário, referir-se ao princípio da motivação como uma forma de o magistrado 'prestar contas do exercício de sua função jurisdicional' ao jurisdicionado, aos demais juízes, a todos os participantes do processo e, mais amplamente – e como consequência inafastável –, a toda a sociedade".[20]

É tal a relevância da motivação para a validade da decisão judicial que, se ela vem fundada num padrão decisório de eficácia impositiva (CPC, art. 927 e incisos), sem que o julgador, todavia, tenha feito a devida *distinção* entre o precedente invocado e as singularidades do caso concreto (os *material facts*, na terminologia do *common law*), pode tal decisão vir a ser impugnada ao fundamento de ter violado "manifestamente norma jurídica" (CPC, inciso V do art. 966, c/c inciso VI do § 1º do art. 489), caso em que, mesmo já transitada em julgado, ela poderá desafiar ação rescisória (CPC, § 4º do art. 966, acrescido pela Lei 13.256/2016). Sem embargo, transcorrido *in albis* o biênio para a propositura de tal ação, a própria coisa julgada material irá operar o chamado *efeito sanatório* ou, se se quiser, ficará blindada pela chamada *eficácia preclusiva geral* (CPC, arts. 507, 508), tendo-se então por superada a falha e convalidada a relação processual, em nome da segurança jurídica e da estabilidade das relações interpessoais, valores que seriam negativamente impactados caso a resolução da lide restasse em aberto.

Em algumas circunstâncias, a *persuasão racional* do juiz consente uma ampliação do contraditório, com vistas à chamada *democratização do*

---

[20] *Curso sistematizado de processo civil*. 8. ed. São Paulo: Saraiva, 2014, v. I, p. 150-151.

julgamento, como, por exemplo, se verifica no litígio coletivo pela posse do imóvel ou da propriedade (CPC, art. 565 e parágrafos); algo semelhante se passa nos ritos: de afetação de RE ou REsp como representativo da controvérsia (CPC, art. 1.038, I e II); de edição, revisão ou cancelamento de súmula vinculante do STF (Lei 11.417/2006, § 2º do art. 3º); do incidente de resolução de demandas repetitivas (CPC, art. 983 e §§), justamente porque os padrões decisórios daí resultantes preordenam-se a projetar eficácia panprocessual e às vezes até extraprocessual, como se colhe de vários dispositivos do CPC – arts. 332 e incisos; 927 e incisos; 985, incisos e § 2º; §§ 5º e 6º do art. 966, acrescidos pela Lei 13.256/2016.

Embora o art. 490 do CPC vigente não tenha recepcionado a fórmula constante do art. 459, *caput,* do CPC/1973 – "(...) Nos casos de extinção do processo sem julgamento do mérito, o juiz decidirá em forma concisa" – é razoável entender-se, ante a ênfase dada pelo § 1º do art. 489 do CPC vigente à fundamentação de "qualquer decisão judicial" que, mesmo as chamadas *sentenças terminativas,* que não decidem o mérito (CPC vigente, art. 485 e incisos), devem ser motivadas, sob pena de nulidade (CF, art. 93, IX), embora, naturalmente, não tendo a sentença adentrado o *meritum causae,* a motivação poderá ser mais singela, focada nos aspectos formais da relação processual. Por exemplo: ocorrendo o indeferimento da petição inicial, o juiz, ao extinguir o processo sem julgamento do mérito (CPC, art. 485, I), explicitará que o autor deixou transcorrer *in albis* a quinzena assinalada para a correção ou complementação da peça exordial – CPC, art. 321 e parágrafo único.

De observar-se que o tribunal, conhecendo de apelação tirada de sentença que extinguiu o processo sem resolução do mérito, se entender que a decisão recorrida é nula por "falta de fundamentação", decretará sua nulidade, e, considerando já ter a causa alcançado nível suficiente de maturação, poderá avançar para a apreciação do mérito, sem que aí se perscrute ofensa ao duplo grau de jurisdição – CPC, § 3º e inciso IV do art. 1.013.

Por análoga razão, compreende-se que nos Juizados Especiais, voltados às "causas cíveis de menor complexidade e infrações penais de menor potencial ofensivo" (CF, art. 98, I), a motivação das sentenças, possa, por simetria, apresentar-se mais singela, limitando-se a mencionar "os elementos de convicção do juiz, com breve resumo dos fatos relevantes ocorridos em audiência, dispensado o relatório" – Lei 9.099/1995, art. 38, *caput.*

Quanto à questão de saber se a decisão *mal ou insuficientemente fundamentada* se equipara àquela *não fundamentada* parece-nos que deve o intérprete guiar-se pelos parâmetros da *razoabilidade* e da *proporcionalidade,* para não incidir em excessos (*summum jus, summa injuria*). Não há como fixar, *a priori* e abstratamente, uma rigorosa linha divisória entre aquelas ocorrências, assim descabendo aferir, sob o mesmo critério avaliatório, uma decisão que resolveu controvérsia multiplexa, com intrincadas questões jurídicas e extensa massa probatória (por exemplo, uma ação popular ambiental, envolvendo desmatamento ilegal em área de preservação permanente e de reserva indígena), em face de uma outra que decidiu uma lide de contornos mais simples e bem definidos, com prova documental satisfatória e desde logo juntada aos autos, como, por exemplo, uma ação de despejo por falta de pagamento.

A dificuldade para se definir – *a priori* e abstratamente – o que se entende por decisão *insuficientemente fundamentada* é agravada pelo fato de o vigente CPC não ter recepcionado – ao menos expressamente – a referência à *decisão concisa*, como fizera o CPC/1973 (art. 165: despachos e decisões interlocutórias; art. 459, *caput*: sentença terminativa). Por tal razão, anotam Nelson Nery Júnior e Rosa Maria de Andrade Nery: "É muito difícil indicar critérios objetivos de fundamentação sem a análise de cada caso concreto, portanto o mais importante talvez seja ressaltar a clareza no desenvolvimento da argumentação pelo juiz, e isso não se faz mediante a normatização do que seria ou não fundamentação inexistente/insuficiente, mas mediante o desenvolvimento pessoal do próprio juiz, que deve ter entre as qualidades exigidas para o exercício da profissão o domínio da linguagem e da construção de texto".[21]

Uma hipótese em que se afigura aceitável a fundamentação concisa é a da condenação nos *pedidos implícitos* (CPC, art. 322, § 1º), isto é, aqueles que não precisam ser expressamente postulados por decorrerem *ex lege*, tais os juros legais, nas dívidas de dinheiro; a correção monetária, nas dívidas de valor; as verbas sucumbenciais, inclusive a honorária advocatícia. Parece também aceitável a motivação concisa nos casos em que a recepção de um dos fundamentos da demanda contrasta, logicamente, com um outro, que, assim, fica descartado, à semelhança do que se passa com a *preclusão lógica* entre os atos e condutas processuais, assim permitindo ter-se como superada uma alegação ou uma prova incompatível com ato ou conduta precedente.

Enfim, parece-nos também aceitável a fundamentação concisa das decisões fundadas em súmula ou outro padrão decisório impositivo dentre os listados no art. 927 e incisos do CPC, como, por exemplo, na liminar improcedência do pedido inicial que se apresenta contrário a "enunciado de

---

[21] *Comentários ao Código de Processo Civil*. São Paulo: Thomson Reuters/Revista dos Tribunais, 2015, nota nº 13 ao art. 489, p. 1.154.

súmula do Supremo Tribunal Federal ou do Superior Tribunal de Justiça" (CPC, art. 332, I); isso, porém, sem prejuízo:

(*i*) da aferição do *conteúdo* do enunciado pretoriano, interessando saber sua exata extensão-compreensão – CPC, art. 489, § 1º, V;

(*ii*) da subsunção do precedente aos lindes do caso *sub judice*, ou, então, procedendo-se à devida *distinção*, sendo o caso – CPC, art. 489, § 1º, VI.

Suponha-se uma ação tributária na qual a Fazenda pretenda cobrar imposto de renda sobre a indenização que foi paga a um cidadão, a título de dano moral: tal pleito afigura-se desde logo incabível, à vista da Súmula 498 do STJ: "Não incide imposto de renda sobre a indenização por danos morais".

Saliente-se que, no caso de a decisão judicial reportar-se a conceitos indeterminados (por exemplo, "notória especialização", no campo do direito administrativo) deverão ser declinados os elementos de convicção que, no caso concreto, justificavam a incidência do conceito vago ou da cláusula geral, sob pena de ter-se a decisão como *não fundamentada* (CPC, § 1º, II, do art. 489), e, portanto, nula (CF, art. 93, IX). Algo semelhante se passa com a decisão que concede tutela de urgência por ter presente o "risco ao resultado útil do processo" (CPC, art. 300, *caput*), circunstância que, também, deverá ser explicitada.

Ainda no tocante à motivação das decisões, situação peculiar é a dos jurados, componentes do Conselho de Sentença, no júri popular, competente no caso dos crimes dolosos contra a vida: nos termos do art. 486 do CPP, os jurados recebem "pequenas cédulas, feitas de papel opaco e facilmente dobráveis, contendo umas a palavra *sim* e outras a palavra *não*, a fim de, *secretamente*, serem recolhidos os votos". Sem embargo, cabe ao juiz presidente do Tribunal do Júri, na sentença condenatória, indicar, dentre outros elementos, "as circunstâncias agravantes ou atenuantes alegadas nos debates" (CPP, art. 492, I, *b*), ou seja: cabe-lhe proceder à devida ponderação e fundamentação acerca do quanto alegado e provado nos autos.

Enfim, considere-se que, assim como se passa com o juiz togado, também a autoridade administrativa está adstrita ao dever de *motivação* de sua decisão, "com indicação dos fatos e dos fundamentos jurídicos (...)" – Lei 9.784/1999, art. 50, *caput*.

7.2.6 *Tempestividade da resposta jurisdicional*

O Direito é aderente ao fator *tempo*, e não raro impactado por ele, assim para a aquisição de certas posições de vantagem (*v.g.*, a posse mansa e pacífica do imóvel, exercida por certo tempo, que pode se converter em domínio, pela ação de usucapião – CCi, art. 1.238 e parágrafo único) como para o perecimento de um direito, pelo advento do lapso prescricional ou decadencial, assim de direitos materiais (*v.g.*, a extinção do usufruto – CCi, art. 1.410, II) como de direitos processuais, por exemplo, a passagem *in albis* do biênio para a ação rescisória – CPC, art. 975 e parágrafos.

Fala-se, ainda, sob a égide da *tutela da confiança*, da chamada *teoria dos atos próprios*, ou *vedação ao comportamento contraditório*, assim consentindo os institutos radicados no direito romano da *suppressio*, *surrectio* e *tu quoque*, que não se identificam ou se reduzem, exatamente, às figuras da prescrição ou da decadência, mas buscam negar efeito às condutas que são de per si autoexcludentes ou que se mostram incompatíveis entre si. Ao propósito, afirma Humberto Theodoro Júnior: "No Brasil, principalmente após a expressa consagração da boa-fé objetiva pelo Código Civil de 2002, o *venire contra factum proprium* passou a merecer amplo e irrestrito reconhecimento da jurisprudência (...)". Nesse sentido, o autor colaciona acórdãos do STJ, dentre os quais o proferido no Ag/ED/ED/AgReg. 704.933-SP, Rel. Min. Maria Thereza de Assis Moura, onde se lê: "Fere a boa-fé objetiva a conduta da locatária que, após exercer a posse direta do imóvel por mais de duas décadas, alega a ilegitimidade do locador em ajuizar a ação de despejo por falta de pagamento" (6ª T., ac. 24.08.2009, *DJe* 14.09.2009)."[22]

Outra aplicação do fator tempo no âmbito do processo está na própria vigência da lei processual que, pelo *sistema do isolamento dos atos processuais*, alcança cada ato de per si, o qual passa a ser regulado pela lei nova no momento em que esta entra em vigor – eficácia imediata – independentemente da fase em que se encontra o processo (CPC, arts. 1.045, 1.046, *caput*). Por exemplo, se o acórdão não unânime, em apelação, veio publicado já sob a égide do novo CPC, não mais será cabível o recurso de embargos infringentes, antes previsto no art. 530 do CPC/1973; presentemente, em tal caso, o julgamento é retomado, com novos integrantes no órgão julgador, nos moldes do art. 942 e parágrafos. Também se objetiva ganho de tempo com o julgamento, em segundo grau, da apelação interposta contra sentença que não decidira o mérito, quando o tribunal considere que a causa já está madura, sem que aí se perscrute ofensa ao duplo grau de jurisdição – CPC, art. 1.013, § 3º, I.

O art. 4º do vigente CPC afirma que as partes têm direito à *solução integral do mérito*, com o que se elimina a incerteza e termina a lide, mas impende,

---

[22] Processo justo e boa-fé objetiva: repulsa aos atos contraditórios e desleais – *venire contra factum proprium*, *suppressio*, *surrectio* e *tu quoque*. In: ZUFELATO, Camilo; YARSHELL, Flávio (Org.). *40 anos da Teoria Geral do Processo no Brasil*: passado, presente e futuro. São Paulo: Malheiros, 2013, p. 492-493, rodapé nº 73.

ainda, que isso se dê num interregno temporal não muito distendido, porque do contrário o reconhecimento do direito e/ou sua efetiva fruição podem ficar comprometidos ou ter sua eficácia praticamente anulada, sob impacto do chamado *tempo nemico* (Carnelutti).

O antes afirmado é igualmente verdadeiro no tocante à instrução probatória, que não pode se protrair desmesuradamente, intercalando distância temporal excessiva entre fato e prova, donde a conhecida afirmação: *tempo que passa é verdade que foge*. Uma forte indicação da repercussão do fator *tempo* em face das partes e das diversas ocorrências concernentes a uma lide judicializada, está no tratamento diferenciado (*rectius*: prioritário) assegurado aos idosos e aos portadores de doença grave (CPC, art. 1.048, I), em ambos os casos por intuitivas razões. Algo semelhante, *mutatis mutandis*, se passa com o incidente de *produção antecipada da prova*, que contempla, dentre seus pressupostos, o risco de que a passagem do tempo, na pendência da lide, acabe por desfigurar a situação fática existente ao tempo do ajuizamento (CPC, art. 381 e incisos).

Pelos motivos antes enunciados, compreende-se que o CPC tenha afirmada a premissa da duração razoável do processo em mais de uma passagem:

(*i*) ao associá-la ao escopo da jurisdição (art. 4º) e da estrutura cooperatória do processo (art. 6º);

(*ii*) ao incluí-la no conteúdo ocupacional do magistrado, incumbindo-o de "velar pela duração razoável do processo" (CPC, art. 139, II);

(*iii*) ao aplicá-la a certas ocorrências processuais, tal a figura da *oposição* (CPC, parágrafo único do art. 685);

(*iv*) ao dispor que juízes e tribunais "atenderão, preferencialmente, à ordem cronológica de conclusão para proferir sentença ou acórdão" (art. 12, *caput*, redação da Lei 13.256/2016), o que se ajusta ao previsto na Lei Orgânica da Magistratura (LC 35/1979), art. 35: "São deveres do magistrado: (...) II – não exceder injustificadamente os prazos para sentenciar ou despachar"; III – determinar as providências necessárias para que os atos processuais se realizem nos prazos legais", sob pena de incidir em pena disciplinar (LC *supra*, art. 42 e incisos) e sem prejuízo do dever de *fundamentar* as sentenças, as decisões interlocutórias e os acórdãos, sob pena de nulidade – CPC, § 1º do art. 489, c/c art. 93, IX, da CF.

Toda essa normação reafirma o disposto no inciso LXXVIII do art. 5º da CF: "a todos, no âmbito judicial e administrativo, são assegurados a razoável duração do processo e os meios que garantam a celeridade de sua tramitação".

Vale desde logo registrar que o dever imposto ao Estado brasileiro de ofertar a prestação jurisdicional em tempo razoável não tem como marco inicial o antes citado dispositivo constitucional, advindo com a EC 45/2004, mas já antes tal diretriz fora positivada ao ensejo da Convenção Americana de Direito Humanos (Pacto de São José da Costa Rica, de 1969) texto internalizado pelo Dec. 678, de 1992. Tal Convenção dispõe, no art. 8º: "Garantias judiciais. 1. Toda pessoa terá o direito de ser ouvida, com as devidas garantias e dentro de um prazo razoável, por um juiz ou tribunal competente, independente e imparcial, estabelecido anteriormente por lei, na apuração de qualquer acusação penal formulada contra ela, ou na determinação de seus direitos e obrigações de caráter civil, trabalhista, fiscal ou de qualquer outra natureza".

Evidentemente, pode-se questionar o conteúdo da expressão *tempo razoável*, referida no inciso LXXVIII do art. 5º da CF, a saber, se se trata de conceito indeterminado, premissa, diretriz, norma programática ou princípio. Sérgio Pinto Martins entende tratar-se de "expressão indeterminada e em aberto";[23] a seu turno, Horácio Wanderlei Rodrigues e Eduardo Lamy suscitam duas hipóteses: "a) tempo razoável é o tempo legal, expressamente previsto na legislação processual; ou b) tempo razoável é o tempo médio efetivamente despendido no País, para cada espécie concreta de processo"; na sequência, argumentando com o disposto na alínea *e* do art. 93, II, da CF, referindo-se à observância do "prazo legal" para retorno dos autos ao cartório, e ainda com a alínea *c* do inciso II desse artigo, elencando dentre os requisitos para promoção do juiz por merecimento a "produtividade e *presteza*", esses autores inclinam-se pela primeira daquelas hipóteses, embora ressalvem a necessidade de se distinguir, no caso concreto, se a dilação temporal excessiva se deveu à conduta das partes e de seus procuradores, ou, então, do Juízo; neste último caso, impende ainda aferir se o retardamento foi voluntário, por incúria do magistrado, ou involuntário, decorrente de fatores diversos, mormente o acúmulo de serviço e as deficiências estruturais. Assim, concluem aqueles autores: "Em ambos os casos, cabe ao cidadão que teve seu direito lesado, pela demora na prestação jurisdicional, o direito de acionar o Estado, buscando ser indenizado pelas perdas e danos que lhe foram impostos".[24]

Impende também atentar para a parte final do citado inciso LXXVIII do art. 5º da CF, no qual vêm mencionados os "*meios* que garantam a celeridade"; com efeito, *quem quer os fins dá os* meios, e, assim, é lícito afirmar que, se o Estado brasileiro incumbe os órgãos jurisdicionais de decidirem *em tempo razoável*, então esse mesmo Estado assume, implicitamente, o poder-dever

---

[23] *Teoria geral do processo*. 2. ed. São Paulo: Saraiva, 2017, p. 66.
[24] *Teoria geral do processo*. 4. ed. São Paulo: Atlas, 2016, p. 222-224, *passim*.

de municiar satisfatoriamente o Judiciário, para que ele tenha condições materiais e recursos humanos em ordem a atender esse objetivo.

Por isso, apesar de o texto do inciso LXXVIII do art. 5º da CF não mencionar o direito da parte de ser indenizada em caso de dilação temporal excessiva da relação processual, é preciso considerar-se que aquele inciso está incluído no rol dos "direitos e garantias fundamentais", da Carta Magna, não parecendo razoável que um enunciado constante desse elenco se ofereça como uma singela proposição, diretriz ou norma programática, assim se descurando que o Processo é um ramo de Direito Público, no qual prevalecem as normas cogentes e impositivas, autorizando falar-se num *processo civil de resultados*.

Por isso, quer se trate de demora *voluntária* (por conduta funcional culposa do magistrado) ou *involuntária* (em decorrência de deficiências do próprio sistema judiciário, tais a carência de servidores ou excesso de trabalho), fato é que o jurisdicionado, prejudicado com a oferta tardia da resposta jurisdicional, não pode arcar com o prejuízo decorrente de fatores para os quais ele não concorreu. Assim, assiste razão a Horácio Wanderlei Rodrigues e Eduardo Lamy, quando afirmam que, em ambas aquelas hipóteses, "cabe ao cidadão que teve seu direito lesado pela demora na prestação jurisdicional, o direito de acionar o Estado, buscando ser indenizado pelas perdas e danos que lhe foram impostos".[25] (Naturalmente, se o retardamento excessivo se deveu à desídia funcional do agente público, caberá ao Estado, na sequência, voltar-se, por via de regresso, contra o causador do dano – CF, § 6º do art. 37).

Registre-se que o prejuízo advindo pela duração *irrazoável* do processo é distinto daquele derivado da sucumbência, a qual permite ao vencido interpor o recurso cabível na espécie; já o prejuízo decorrente da dilação temporal excessiva é, na precisa expressão de Ítalo Andolina, um *danno marginale*,[26] que, por isso mesmo, pode acometer qualquer das partes, inclusive aquela vencedora da causa. Bem por isso, na Itália, a *Legge Pinto* (24.03.2001) prevê no art. 2º que, comprovada a *durata irragionevole* do processo, o prejudicado faz jus a uma *equa riparazione*.

Analisando esse direito estrangeiro, afirma Paulo Hoffman que tal iniciativa do legislador italiano "é bastante louvável, pois, no mínimo, serve de reparo e alento a quem é prejudicado pela incompetência estatal, direito este porém que não deve ser encarado como um fim em si mesmo, mas

---

[25] *Teoria geral do processo*, cit., 4. ed., 2016, p. 224.
[26] *'Cognizione' ed 'esecuzione forzata' nel sistema della tutela giurisdizionale*. Milano: Giuffrè, 1983, p. 17

como mero ponto de partida para um processo justo, moderno e com tutela prestada em tempo hábil".[27]

Entre nós, em se verificando que a demora excessiva é imputável ao juiz, a parte prejudicada pode representar contra ele, tanto na Corregedoria do Tribunal como perante o CNJ (CF, art. 103-B, §§ 4º, III, e 5º, I e II), o mesmo se passando em face dos advogados, cuja postura manifestamente protelatória nos autos pode, em casos mais severos, ensejar comunicação à OAB para a apuração devida.

Efetivamente, considerando-se que os direitos e as obrigações são correlacionais (*jus et obligatio correlata sunt*), assim no setor privado como no público, não seria razoável entender-se que um enunciado constante do rol dos direitos e garantias fundamentais da Constituição Federal se ofereça desprovido de impositividade, o que lhe suprimiria a esperada efetividade. Ainda que se consinta uma certa fluidez ou vagueza na expressão *duração razoável do processo*, impende ter presente que todo enunciado demanda interpretação, e esta é de ser feita em boa-fé, sempre buscando o sentido que expresse o real conteúdo da norma (princípio da *máxima efetividade* na interpretação do texto constitucional), de sorte que, a nosso ver, uma vez demonstrado, objetivamente, que a resposta jurisdicional excedeu os lindes da razoabilidade no tocante ao tempo em que deveria ser ofertada, é de se reconhecer ao prejudicado o direito a pleitear o ressarcimento devido.

Outra aplicação do fator *tempo* no âmbito processual se dá no rito para emissão de precedente judiciário de eficácia panprocessual: no recurso extraordinário reconhecido com repercussão geral e no recurso extraordinário ou especial reconhecidos como representativos da controvérsia, a suspensão, na origem, dos processos versando análoga questão constitucional ou de direito federal comum, não pode ficar em aberto indefinidamente, donde o CPC fixar o prazo de um ano para o julgamento do recurso afetado (CPC, art. 1.035, §§ 5º e 9º; art. 1.037, § 4º), a fim de não postergar demasiadamente o desfecho dos processos sobrestados.

Noutro exemplo, presente a regra da continuidade do fluxo processual, sendo excepcional sua interrupção ou suspensão (CPC, arts. 220 e parágrafos; 221 e parágrafo único), o CPC determina que, existindo questão prejudicial de natureza penal, o processo cível poderá ser suspenso "até que se pronuncie a justiça criminal", certo que, transcorrido *in albis* o prazo de três meses para

---

[27] O direito à razoável duração do processo e a experiência italiana. In: WAMBIER, Teresa Arruda Alvim *et al.* (Coord.). *Reforma do Judiciário*: primeiras reflexões sobre a EC n. 45/2004. São Paulo: Revista dos Tribunais, 2005, p. 588.

tal pronunciamento, a instância cível deverá ser retomada, nos moldes do art. 315 e parágrafos do CPC.

É também por conta da continuidade do fluxo processual que, embora seja dado às partes obter a suspensão do processo enquanto buscam uma solução suasória para a lide, podendo, noutra hipótese, o processo ficar suspenso na pendência do julgamento de outra causa que contenha questão prejudicial ou ainda no aguardo de certa prova requisitada a outro Juízo, ainda nesses casos o sobrestamento tem limites temporais: seis meses no primeiro caso e um ano nos dois seguintes – CPC, art. 313, II e V e alíneas, c/c §§ 4º e 5º desse artigo.

Todo esse contexto, evidentemente, guarda simetria com o disposto no inciso LXXVIII do art. 5º da CF, inciso acrescido pela EC 45/2004: "a todos, no âmbito judicial e administrativo, são assegurados a razoável duração do processo e os meios que garantam a celeridade de sua tramitação". O CPC, ao tempo em que reafirma aquele preceito, lhe amplia o significado e a carga eficacial, ao dispor no art. 4º: "As partes têm o direito de obter *em prazo razoável* a solução integral do mérito, incluída a atividade satisfativa". Assim, resta recepcionado o ideário da *jurisdição integral*, reconhecendo que não basta à decisão de mérito apenas *eliminar a incerteza* (como antes se sustentara: *jurisdictio in sola notio consistit*, preceito repercutido na original redação do art. 463, *caput*, do CPC/1973), mas incumbe ainda ao Estado-juiz o zelo pela efetiva outorga ou fruição do direito ou do bem da vida ao vencedor da causa, objetivos que, de outro modo, ficam prejudicados com a oferta serôdia da prestação jurisdicional.

A atenção do legislador para com o tempo incorrido nos atos e termos do processo não diz somente com o juiz, mas se estende igualmente às partes, com a repressão às condutas dilatórias e procrastinatórias (*v.g.*, no manejo dos embargos declaratórios – CPC, art. 1.026 e §§ 2º, 3º e 4º), podendo mesmo configurar litigância de má-fé (CPC, art. 80, VII); além disso, todos os integrantes da relação processual devem se eximir de "formular pretensão ou de apresentar defesa quando cientes de que são destituídas de fundamento" – CPC, art. 77, II. Assim é que deve o juiz "prevenir ou reprimir (...) postulações meramente protelatórias" (CPC, art. 139, III), que implicam distender a duração do processo, o que se estende à instrução probatória – CPC, parágrafo único do art. 370. No ponto, afirma Sérgio Pinto Martins: "No processo do trabalho, muitas vezes o empregador não tem interesse na solução do processo. Com o trânsito em julgado da decisão, não quer pagar ao empregado aquilo que foi estabelecido no processo e protela o máximo que pode o seu andamento".[28]

---

[28] *Teoria geral do processo*, 2. ed., 2017, p. 66.

A temática da tempestividade nas decisões judiciais transparece ainda em outras passagens do CPC: na compactação do rito na tutela de urgência e da evidência (art. 300 e parágrafos; art. 311 e incisos); nas sumarizações de rito, como se dá na liminar improcedência do pedido inicial (art. 332 e incisos), ou ainda quando se verifica a revelia e seus efeitos, abreviando o curso da relação processual (arts. 344, 345, 355, II); quando se considera "atentatória à dignidade da justiça" a interposição de embargos do executado "manifestamente protelatórios" (parágrafo único do art. 918), ou ainda quando ele "se opõe maliciosamente à execução, empregando ardis e meios artificiosos" (CPC, inciso II do art. 774), dado que a parte vencedora tem legítimo direito à *atividade satisfativa* – CPC, art. 4º.

Para a consecução da razoável tempestividade no trâmite processual, também concorrem os chamados *meios aceleratórios* (por exemplo, nas ações de despejo, a concordância do réu com a desocupação – Lei 8.245/1991, art. 61, *caput*); as *medidas de apoio* (tais as *astreintes*, voltadas ao cumprimento específico da obrigação – CPC, art. 536 e § 1º; § 3º do art. 538), e ainda as técnicas de *julgamento antecipado do mérito*, parcial ou total (CPC, art. 355 e incisos; art. 356, incisos e parágrafos). Desse modo, a clássica *conversão em perdas e danos* fica deslocada como último alvitre, ou seja, quando baldadas as tentativas para a prestação específica do objeto, caso em que ao exequente é dado proceder à execução por terceiro à custa do executado ou pleitear perdas e danos (CCi, arts. 247, 248; CPC, art. 816 e parágrafo único).

O dever de prestação jurisdicional em tempo razoável se engrena com outros postulados e diretrizes, por exemplo, o princípio do *impulso oficial*, por modo que a chamada *inércia inicial da jurisdição* resta confinada aos momentos do ajuizamento da ação, da interposição dos recursos e da iniciativa da execução, ou seja: é preciso que o sujeito necessitado da tutela tome a iniciativa de *provocar* a instância judicial; feito isso, sendo o processo uma relação de direito público, formada por atos contínuos e peremptórios, caberá ao juiz, mesmo de ofício, doravante zelar pelo trâmite sequencial e pela regularidade do processo. Nesse sentido, dispõe o art. 2º do CPC: "O processo começa por iniciativa da parte e se desenvolve por impulso oficial, salvo as exceções previstas em lei" (dentre estas, a remoção de inventariante leniente ou negligente, que pode dar-se de ofício – CPC, art. 622, *caput*; a concessão de *habeas corpus* – CPP, art. 660 e § 1º; a execução de decisão trabalhista – CLT, art. 878 e parágrafo único).

A diretriz da continuidade do trâmite processual se faz presente até mesmo quando o autor da ação quer dela desistir: se o réu já foi citado, tal intento fica a depender da anuência deste (CPC, § 4º do art. 485); outrossim, a desistência de recurso extraordinário ou especial, se aquele já foi afetado com repercussão geral ou se este último ou o recurso extraordinário, como repetitivos, já estão afetados como representativos da controvérsia (CPC, art. 1.037 e § 4º), então a desistência não obstará o prosseguimento dos trâmites, com vistas à fixação da decisão-quadro (CPC, parágrafo único do art. 998), dado o interesse público na resolução isonômica dos conflitos envolvendo uma mesma questão de direito.

Também o *direito sumular* contribui para prevenir a dilação excessiva do processo, na medida em que, de um lado, agiliza os trâmites, ao fornecer o padrão decisório aplicável; de outro lado, opera como desestímulo para o ajuizamento açodado e massivo dos conflitos, na medida em que o interessado resta avisado acerca do posicionamento já assentado na jurisprudência, o qual, sendo contrariado, pode levar à liminar improcedência do pedido (CPC, art. 332, I, IV). Algo semelhante se passa com outros precedentes impositivos, tais os listados nos incisos do art. 927 do CPC.

7.2.7 Princípio da demanda, da ação, ou ainda da inércia inicial, conectado ao princípio dispositivo

Conquanto o juiz e o administrador público decidam as controvérsias que lhes são submetidas, é diversa a *legitimidade* de cada qual desses atores. O administrador, seja o que foi eleito (governante) como aquele que ocupa cargo de provimento em comissão, tal um Secretário de Estado, beneficiam-se de uma legitimidade de caráter político, donde, inclusive, serem credenciados a deliberar e executar atos e condutas que relevam de escolhas primárias e opções políticas (*privilège du préalable*), podendo, inclusive rever seus próprios atos, como o reconhece a Súmula 473 do STF: "A administração pública pode anular seus próprios atos quando eivados de vícios que os tornam ilegais, porque deles não se originam direitos; ou revogá-los, por motivo de conveniência ou oportunidade, respeitados os direitos adquiridos e ressalvada, em todos os casos, a apreciação judicial". Já a legitimidade do magistrado radica em base técnica, de cunho funcional ou institucional: aprovação em concurso público, ou nomeação pelo chamado *quinto constitucional* (CF, arts. 93, I; 94 e parágrafo único).

Dessa distinção derivam relevantes consequências no desempenho das funções de cada qual desses agentes públicos, permitindo afirmar-se: *administrar é aplicar a lei, de ofício, ao passo que judicar é aplicá-la no bojo de um processo judicial, com vistas à resolução de uma dada controvérsia, quando assim venha postulado pela parte e nos limites em que se deu essa provocação.*

Essa necessidade de ser instado o julgador a desempenhar sua função num dado processo, é, geralmente, nominada *princípio dispositivo*, da *demanda*, ou da *inércia inicial*, diretriz que guarda simetria com a vedação da justiça de ofício, a qual, inclusive, é criminalizada – CP, art. 345. Esse contexto é recepcionado pelo CPC, ao afirmar que a jurisdição se deflagra "por iniciativa da parte" (CPC, art. 2º), não podendo, ademais, exceder os lindes do objeto litigioso, o qual inclui a resistência *proativa* do polo passivo: exceções, questão prejudicial incidental, reconvenção, pleitos de terceiros intervenientes, tal o opoente – CPC, arts 350; § 1º e incisos do art. 503; art. 343 e parágrafos; 682, nessa ordem. Tampouco é dado ao juiz ofertar resposta além ou diversa daquela pleiteada: vedação da decisão *ultra* ou *extra petita* (CPC, art. 492, *caput*), no que se convencionou chamar *princípio da congruência* ou da *adstrição* da resposta jurisdicional aos limites da demanda. Esse contexto radica em conhecidos brocardos: *ne procedat iudex ex officio*; *nemo iudex sine actore*; *ne iudex eat ultra petita partium*.

Verdade que também não é de ser consentida uma resposta jurisdicional que se situe *aquém* do que constitui o objeto litigioso do processo, por modo que a decisão que silencia sobre algum ponto controvertido nos autos se diz *infra* ou *citra petita*, desafiando embargos de declaração, ao argumento de a decisão se apresentar omissa (CPC, art. 494 e incisos, c/c art. 1.022, II).

Vale ressaltar que a expressão "inércia *inicial*", como também é conhecido o princípio da demanda, quer significar que, uma vez instado o Judiciário por meio da ação promovida pelo interessado, a partir daí cabe ao juiz zelar pela regular continuidade do processo, inclusive determinando, mesmo de ofício, as medidas que julgue necessárias, *v.g.*: aclaramento de certos pontos da petição inicial, conferindo prazo para o autor emendá-la, sob pena de indeferimento – CPC, art. 321 e parágrafo único; determinação à parte para exibição parcial de livros e documentos (CPC, art. 421); inversão do ônus da prova, quando presentes os pressupostos – CPC, § 1º do art. 373; igualmente, em havendo intercorrência de fato superveniente ao ajuizamento da ação (*v.g.*, desocupação espontânea do imóvel pelo inquilino, na pendência da ação de despejo) é dado ao juiz, ouvidas as partes, "tomá-lo em consideração, de ofício ou a requerimento da parte, no momento de proferir a decisão" (CPC, art. 493, *caput*).

Como argutamente observa José Carlos Barbosa Moreira, o exercício das faculdades instrutórias "não é incompatível com a preservação da imparcialidade do juiz. Tal expressão, bem compreendida, não exclui no órgão judicial a vontade de decidir com justiça e, portanto, a de dar ganho de causa à parte que tenha razão. A realização da prova pode ajudá-lo a descobrir qual delas a tem, e esse não é resultado que o direito haja de ver com maus olhos. De mais a mais, no momento em que determina uma diligência não é dado ao juiz adivinhar-lhe o êxito, que tanto poderá sorrir a este litigante como àquele. E, se é exato que um dos dois se beneficiará com o esclarecimento do ponto antes obscuro, também o é que a subsistência da obscuridade logicamente beneficiaria o outro".[29]

A dinâmica entre os sujeitos do processo (a parte, a quem compete provocar a instância jurisdicional, e o juiz, a quem compete *gerenciar* o processo), vem expressa no art. 2º do CPC: "O processo *começa por iniciativa da parte* e *se desenvolve* por impulso oficial, salvo as exceções previstas em lei".

Todo esse contexto opera sob a égide da desejável *jurisdição integral*, que assegura às partes o "direito à solução integral do mérito", a teor do art. 4º do CPC. Dito de outro modo, não se consente ao juiz moderno a emissão de um pronunciamento que não se atenha aos lindes da provocação ou da ocorrência que reclama sua intervenção: a *decisão interlocutória* deve resolver a questão incidente, controvertida nos autos (CPC, § 2º do art. 203; art. 1.021 e incisos); a *sentença* deve extinguir o processo, nos lindes em que restou configurado, sem excesso ou *déficit*, quer resolva ou não o mérito (CPC, § 1º do art. 203). Ao juiz moderno não é dado, pois, valer-se do *non liquet*, como o poderia fazer o magistrado, nas priscas eras romanas.

O princípio da demanda se conecta ao princípio dispositivo, pelo qual cabe às partes delimitar suas pretensões: o autor, na petição inicial; o réu, na eventual reconvenção ou arguição de questão prejudicial; eventuais terceiros, tal o opoente, com seus pedidos; esses pleitos conformam o *objeto litigioso*, ficando assim delimitada a cognição judicial, a qual não pode exceder esse desenho nem ficar aquém dele (CPC, arts. 490, 492, *caput*).

Assim, se na ação foi pleiteada indenização por dano material, embora o juiz possa vislumbrar, ante a prova produzida, que também se configurou o dano moral, não pode conceder indenização a este título, pena de decidir *extra petita*; ainda nesse exemplo, se a indenização foi pleiteada em valor certo, declarado na peça inicial, o juiz, embora possa conceder quantia menor (procedência parcial), não poderá *exceder* o valor pleiteado pelo autor, pena de decidir *ultra petita*.

Aliter, porém, se, em se tratando de cobrança de *dívida de valor*, a sentença de procedência incluir a correção monetária; ou, cuidando-se de *dívida de dinheiro*, forem incluídos os juros de mora, porque tais adendos são inerentes à própria natureza da obrigação principal; também se entendem subsumidos na pretensão inicial (ou na reconvenção do réu) certos itens, ditos *pedidos implícitos*: as verbas sucumbenciais, os honorários de advogado e a condenação

---

[29] Os poderes do juiz na direção e na instrução do processo. In: BARBOSA MOREIRA, José Carlos. *Temas de direito processual*. São Paulo: Saraiva, 1989, p. 48, quarta série.

às prestações sucessivas (CPC, arts. 82-97; 322, § 1º; 323). Bem por isso, na análise do objeto litigioso cabe ao juiz considerar o *conjunto* da postulação (pleitos formulados pelas partes e por eventuais terceiros intervenientes), a par da *massa probatória* (princípio da comunhão da prova), sempre à luz do princípio da boa-fé (CPC, § 2º do art. 322).

Todo esse contexto deve, ainda, ser visto à luz da *causa de pedir*, ou seja, do fundamento jurídico da pretensão formulada (CPC, arts. 319, III; 329, incisos e parágrafo único), assim permitindo ao juiz identificar se se trata de ação real ou pessoal; se a responsabilidade imputada ao réu é de natureza objetiva ou é fundada em culpa; se o vínculo funcional do servidor é de base contratual (*celetista*), ou institucional, decorrente de aprovação em concurso, com as consequências jurídicas correspondentes a cada qual desses enquadramentos.

O princípio da *inércia inicial* é de largo espectro, alinhando-se, como demonstram Horácio Wanderley Rodrigues e Eduardo Lamy, a outros princípios imanentes à *jurisdição*: inafastabilidade; inevitabilidade; indeclinabilidade; indelegabilidade; irrevogabilidade dos atos jurisdicionais pelos outros Poderes (*reserva de sentença*); imparcialidade.[30]

Dentre esses princípios adjacentes ou decorrentes da *inércia inicial*, destaca-se o da *indeclinabilidade*, significando que, uma vez *regularmente* provocada a intervenção jurisdicional, cabe ao juiz pronunciar-se a respeito da *res in iudicio deducta*, pena de configurar-se a *negativa de jurisdição*. Esse poder-dever não é excepcionado no caso de o juiz indeferir liminarmente a petição inicial, levando à extinção do processo sem resolução do mérito (CPC, art. 330, incisos e parágrafos; art. 485, I), porque o direito de ação (em que pese a redação do art. 4º do CPC) é bastante condicionado, devendo ainda ser exercido num processo existente e válido; ausentes esses pré-requisitos, o Estado-juiz se desonera de decidir o mérito.

De observar-se que o princípio da demanda ou da inércia inicial, conectado ao princípio dispositivo, não se confina ao primeiro grau, mas é igualmente incidente nos tribunais, porque o *efeito devolutivo*, inerente aos recursos, submete ao colegiado *ad quem* o reexame dos pontos ou dos capítulos da decisão recorrida que foram questionados pelo recorrente (*tantum devolutum, quantum appellatum* – CPC, art. 1.013, *caput*), por modo que aquelas questões ou capítulos da decisão, porventura não atacados, precluem ou se estabilizam pela agregação da coisa julgada, a depender da espécie – CPC, arts. 507, 508.

---

[30] *Teoria geral do processo*, cit., 4. ed., 2016, p. 173-174.

A regra do conhecimento, pelo tribunal *ad quem*, apenas dos pontos questionados no recurso, consente, porém, alguns temperamentos:

(*a*) certas matérias são cognoscíveis de ofício pelo tribunal, na medida em que são alcançadas pelo chamado *efeito expansivo* da apelação (CPC, §§ 1º e 2º do art. 1.013);

(*b*) em certos casos é dado ao tribunal conhecer diretamente do mérito da causa, ao acolher a apelação contra a sentença que julgara o processo *sem* julgamento do mérito, avançando desde logo sobre o mérito da causa, ao verificar que se trata de *causa madura* (CPC, §§ 3º, e incisos, e 4º do art. 1.013), sem atrito ao duplo grau de jurisdição;

(*c*) questões de ordem pública são cognoscíveis a qualquer tempo e grau de jurisdição, mesmo de ofício, como, *v.g.*, a incompetência absoluta (CPC, § 1º do art. 64);

(*d*) algumas sentenças, em razão da pessoa ou da matéria envolvidas, reclamam *reexame necessário* (CPC, art. 496 e incisos), não transitando em julgado antes desse crivo em segundo grau;

(*e*) a afetação de um recurso extraordinário ou especial ao rito dos recursos repetitivos, com vistas à emissão de decisão-quadro, não fica a critério do recorrente, mas é definida pelo tribunal, dado o interesse público na fixação de um padrão decisório com eficácia panprocessual – CPC, parágrafo único do art. 998; 1.036, *caput*; 1.040, I e II;

(*f*) o efeito suspensivo de um recurso pode, alguma vez, ser concedido de ofício, tanto pelo juiz, por exemplo, na ação civil pública (Lei 7.347/1985, art. 14), como pelo relator, nos tribunais (CPC, § 3º e incisos do art. 1.012).

Igualmente, em casos pontuais, é dado ao juiz adotar uma postura proativa, tomando certas iniciativas que entenda necessárias ao regular desenvolvimento do processo, com vistas a preservar seu resultado útil, por exemplo: em vez de indeferir liminarmente a petição inicial, o juiz pode, antes, oportunizar ao autor a correção da falha apontada (CPC, art. 321 e parágrafo único); de ofício, pode o juiz determinar as provas necessárias ao complemento da instrução (CPC, art. 370, *caput*), inclusive promovendo inspeção judicial (CPC, art. 481); ainda de ofício, o juiz pode comunicar a certas entidades e instituições a afluência massiva de demandas repetitivas ao Juízo, para que aquelas instâncias deliberem sobre a conveniência e a adequação do ajuizamento de ação coletiva (CPC, art. 139, X); o relator, no tribunal, pode conceder prazo para que seja sanado vício suprível ou complementada a documentação (CPC, parágrafo único do art. 932); ainda em matéria probatória, é dado ao juiz inverter o ônus da prova, presentes os pressupostos do § 1º do art. 373 do CPC.

Tais iniciativas não atritam o princípio dispositivo, nem a imparcialidade do julgador, tampouco configuram excesso de ativismo, mas antes, se compatibilizam com o poder-dever do juiz de zelar pela adequada e efetiva direção do processo (CPC, art. 139, *caput*; art. 932, I) e por sua higidez técnico-jurídica, envidando esforços, tanto para alcançar a solução integral do mérito, como para assegurar o cumprimento do quanto decidido, a teor do art. 4º do CPC.

O princípio da demanda, ou da inércia inicial, e bem assim o princípio dispositivo conectam-se à chamada *persuasão racional* do juiz, antes chamada "livre convicção", na medida em que a ele é dado avaliar os fatos e alegações deduzidos pelas partes e respectivas provas, à luz da norma de regência – a qual, de resto, deve ser identificada e interpretada – ficando, porém, adstrito o julgador:

(*a*) ao perímetro do objeto litigioso, tal como delineado pelos integrantes do contraditório, inclusive no caso em que, sendo viável a propositura de ação condenatória, tenha sido ajuizada ação meramente declaratória – CPC, arts. 19, e incisos, e 20;

(*b*) à devida e consistente *fundamentação*, sob pena de nulidade do julgado – CF, art. 93, IX; CPC, arts. 11; 489, § 1º e incisos; §§ 4º e 5º do art. 966 (parágrafos acrescidos pela Lei 13.256/2016);

(*c*) à aplicação do precedente ou padrão decisório de eficácia impositiva (súmulas simples ou vinculantes; decisões-quadro emitidas em recursos repetitivos; acórdãos em incidente de assunção de competência ou em resolução de demandas repetitivas; questões de ordem fixadas no Pleno ou Órgão Especial dos tribunais – CPC, art. 927 e incisos c/c art. 928 e incisos), valendo notar que o citado art. 927, *caput*, ao enunciar o rol desses precedentes, vale-se do verbo no modo imperativo: "Os juízes e os tribunais *observarão*".

Tenha-se ainda presente que, no campo da *prevenção* às situações de risco iminente, de difícil ou incerta reparação (tutela de urgência – CPC, art. 300, *caput*), é reconhecido ao juiz o chamado *poder cautelar geral*, que em certa medida se distancia do estrito princípio dispositivo, por modo que, a par das medidas cautelares *nominadas* (*v.g.*, arresto, sequestro, protesto contra alienação de bens) se reconhece ao juiz atribuição para, motivadamente, determinar "qualquer outra medida idônea para asseguração do direito" (CPC, art. 301). Ao propósito, afirma Luiz Fux: "No âmbito da tutela de urgência nada justifica a inércia sob o argumento de necessária equidistância, cabendo ao Judiciário, e só a ele, conjurar essas situações de perigo de dano com grave violação da ordem jurídica, impondo-se-lhe também atuá-la *ex pronto*, tão logo conheça do litígio. Essa iniciativa é 'dever jurisdicional', antes mesmo de se categorizar como 'poder cautelar genérico'. A disponibilidade processual não sofre um só golpe nessa fase inicial em que se apregoa a incoação estatal".[31]

Igualmente, no campo das ações possessórias, admite-se uma certa *fungibilidade* entre elas, sob a égide da instrumentalidade do processo, a teor do art. 554, *caput*, do CPC: "A propositura de uma ação possessória em vez de outra não obstará a que o juiz conheça do pedido e outorgue a proteção legal correspondente àquela cujos pressupostos estejam provados".

Em matéria de direitos indisponíveis, o princípio dispositivo sofre algumas restrições, porque nesse campo prepondera o interesse público, a justificar tratamento diferenciado. Assim se dá:

(*i*) no processo penal, no qual a legitimação do Ministério Público como *dominus litis* da ação penal pública (diretamente ou mediante requisição do Ministro da Justiça ou de representação do ofendido – CF, art. 129, I; CPP, art. 24) sofre alguma mitigação, na medida em que pode o juiz proferir sentença condenatória, mesmo tendo o Ministério Público se manifestado pela absolvição do réu; além disso, pode o juiz, mesmo tendo aceitado o histórico constante da denúncia do MP, daí extrair *outra* tipificação, configurando-se, neste último caso, a chamada *emendatio libelli*. Ainda nos casos de ação penal pública ou mesmo nos de ação privada, é possível que o Ministério Público, instado pelo juiz, proceda à emenda da inicial, alterando o histórico inicialmente apresentado e/ou a pretensão punitiva, oportunizando-se ao acusado ou ao querelante prévia manifestação a respeito, caracterizando-se a chamada *mutatio libelli*. Ainda, é possível a concessão, de ofício, do *habeas corpus* (CPP, § 2º do art. 654);

(*ii*) no processo envolvendo criança ou adolescente, pode o juiz, de ofício ou por representação do MP ou do Conselho Tutelar, determinar o afastamento de dirigente de entidade assistencial (Lei 8.069/1990, art. 191 e parágrafo único), tendo em vista a condição de vulnerabilidade dos menores, nos termos do art. 227 e parágrafos da CF.

No tocante ao processo trabalhista, vale observar que ele é permeado pelo *princípio da proteção* do empregado, dada a presunção de sua

---

[31] *Teoria geral do processo civil*, 2. ed., 2016, p. 54.

vulnerabilidade ou hipossuficiência econômica, donde se registrarem situações excepcionadas ao princípio dispositivo, dispondo o art. 467 da CLT que, rescindido o contrato de trabalho, "havendo controvérsia sobre o montante das verbas rescisórias, o empregador é obrigado a pagar ao trabalhador, à data do comparecimento à Justiça do Trabalho, a parte incontroversa dessas verbas, sob pena de pagá-las acrescidas de 50% (cinquenta por cento)" – gravame esse que, portanto, independe de pedido explícito por parte do reclamante. Ainda na justiça trabalhista, são "executadas *ex officio* as contribuições sociais devidas em decorrência de decisão proferida pelos Juízes e Tribunais do Trabalho, resultantes de condenação ou homologação de acordo...)" (redação da Lei 11.475/2007).

Já no processo constitucional de controle objetivo de leis e atos do poder público (ADIn, ADCOn, ADPF), pode-se reconhecer um certo distanciamento do princípio dispositivo quando o acórdão do STF que acolheu a ação consente a chamada *inconstitucionalidade por arrastamento, por atração, por consequência,* ou ainda *por reverberação normativa,* hipótese assim explicada por Pedro Lenza: "(...) se em determinado processo de controle concentrado de constitucionalidade for julgada inconstitucional a norma principal, em futuro processo, outra norma dependente daquela que foi declarada inconstitucional em processo anterior – tendo em vista a *relação de instrumentalidade* que entre elas existe – também estará eivada pelo vício de inconstitucionalidade 'consequente', ou por 'arrastamento' ou 'atração'. (...) O instituto do 'arrastamento' é, sem dúvida, exceção à regra de que o juiz deve ater-se aos limites da lide fixados na exordial, especialmente em virtude da correlação, conexão ou interdependência dos dispositivos legais e do caráter político do controle de constitucionalidade realizado pelo STF. Estamos diante de inegável revisitação da *regra da congruência (ou correlação)* entre o pedido e a sentença (arts. 128 e 460 do CPC [de 1973, correspondentes aos arts. 141 e 492, *caput*, do vigente CPC]), decorrentes do princípio dispositivo e que devem ser analisados sob esse novo e particular aspecto do processo objetivo".[32]

Em sede doutrinária, tivemos oportunidade de propor a aplicação da referida teoria da inconstitucionalidade *por arrastamento* em estudo acerca do acórdão do TJSP em certa ADIn que questionava lei paulistana reguladora do uso de sacolas plásticas, parecendo-nos que dito acórdão, proferido pelo "órgão superior do Poder Judiciário no Estado, com jurisdição em todo o seu território" (Constituição paulista, art. 73, *caput*), deveria, por simetria

---

[32] *Direito constitucional esquematizado.* 18. ed. São Paulo: Saraiva, 2014, p. 351, 353.

e imposição lógica, aplicar-se a outras leis de municípios paulistas em igual teor, envolvendo o mesmo tema.[33]

No âmbito do processo coletivo, os princípios da demanda e do dispositivo consentem certa singularidade, conforme esclarecemos em outra sede, tendo por base a Lei 8.078/1990: "Se o interesse tutelado na sentença é *individual homogêneo* (CDC, art. 81, parágrafo único, III), então a sentença será de condenação genérica (CDC, art. 95), de modo que os consumidores que se julguem beneficiados por esse julgado poderão habilitar-se na fase de liquidação prevista nos arts. 97 e s. do CDC. No caso de estarem pendentes de decisão em 2º grau as ações de indenização por danos individuais, o produto pecuniário resultante das ações coletivas (art. 13 da Lei 7.347/85) poderá, ainda, servir como uma espécie de *lastro* para prover à satisfação das condenações naquelas ações individuais (CDC, art. 99 e § único)".[34]

Tenha-se, enfim, presente, que o princípio dispositivo não implica que o juiz fique adstrito a julgar a demanda segundo os parâmetros legais indicados pelas partes, mas lhe é lícito, segundo o princípio da persuasão racional, formar sua convicção à luz da normação que entenda aplicável ao caso dos autos: *da mihi factum, dabo tibi jus*. Somente lhe é vedado decidir além ou aquém do objeto litigioso, ou outorgar coisa diversa da pleiteada pelas partes; nesse sentido, dispõe o art. 141 do CPC: "O juiz decidirá o mérito nos limites propostos pelas partes, sendo-lhe vedado conhecer de questões não suscitadas a cujo respeito a lei exige iniciativa da parte".

7.2.8 Duplo grau de jurisdição

O duplo grau de jurisdição já vinha delineado no art. 158 de nossa Constituição Imperial (1824): "Para julgar as causas em segunda e última instância haverá nas províncias do império as relações que forem necessárias para a comodidade dos povos". O sistema constitucional vigente (1988) não traz disposição análoga, donde a expressão *duplo grau* dever hoje ser entendida com certos temperamentos.

Não raro, observa-se referência à *garantia* do duplo grau de jurisdição, mas desde logo cumpre aclarar que não se trata de garantia, no sentido de direito processual *assegurado* à parte sucumbente de ter o julgado reapreciado

---

[33] A necessária eficácia expandida – objetiva e subjetiva – das decisões no âmbito da jurisdição coletiva: especialmente o acórdão do TJSP na ADIn 0121480-62.2011.8.26.0000 (j. 01.10.2014), proposta em face da Lei paulistana 15.374/2011, sobre o uso de sacolas plásticas. *Revista de Processo*, n. 241, mar. 2015, p. 277-309.

[34] *Manual do consumidor em juízo*. 5. ed. São Paulo: Saraiva, 2013, p. 271-272.

por órgão colegiado, tantas são as ocorrências em que esse crivo em segundo grau, ou não está previsto, ou mesmo está afastado. No primeiro caso, considere-se que nas execuções fiscais de pequeno valor apenas vêm disponibilizados embargos infringentes ou de declaração dirigidos ao próprio Juízo prolator da decisão (Lei 6.830/1980, art. 34, *caput*). Além disso, excetuados os casos de duplo grau obrigatório ou *remessa necessária* (CPC, art. 496 e incisos), pode dar-se a formação de coisa julgada *ainda em primeiro grau* – portanto sem alcançar o segundo grau – caso não venha interposto o recurso cabível, o qual tem caráter facultativo.

Nesse sentido, afirmam Cândido Rangel Dinamarco e Bruno Vasconcelos Carrilho Lopes: "Há, portanto, um *princípio* do duplo grau de jurisdição, presente em várias disposições constitucionais, que poderá ser afastado pelo legislador em juízo de *proporcionalidade* quando em confronto com outros princípios de igual ou maior relevância, como o que impõe a prestação da tutela jurisdicional em um prazo razoável. Não há uma *garantia* de intangibilidade total ao princípio do duplo grau de jurisdição".[35]

À custa de ser reiteradamente repercutida na doutrina processual, tornou-se clássica a definição de *recurso* proposta por José Carlos Barbosa Moreira: "remédio voluntário idôneo a ensejar, dentro do mesmo processo, a reforma, a invalidação, o esclarecimento ou a integração de decisão judicial que se impugna".[36]

Com efeito, não configura falha ou atecnia o fato de uma decisão não vir a ser revista por um órgão colegiado, postado hierarquicamente acima daquele que a prolatou, até porque os recursos – à exceção das situações de remessa necessária (CPC, art. 496 e inciso) – não são impostos às partes, mas antes são a elas disponibilizados, tratando-se, pois, de *faculdades processuais*. Além disso, há mesmo situações que obstam a interposição de recurso, como se dá quando se configura a chamada *preclusão lógica* (CPC, art. 1.000 e parágrafo único), ocorrente quando uma precedente conduta processual mostra-se incompatível com a disposição em recorrer.

A expressão *duplo grau* não pode ser tomada ao pé da letra, porque, estando os órgãos jurisdicionais colegiados estruturados em modo *piramidal*, com tribunais locais (TJ's) e regionais (TRT's, TRE's, TRF's, TJM's) de permeio, e tribunais superiores no cimo (TST, TSE, STM, STJ, STF), não há como assegurar, *a priori*, que uma causa irá percorrer todas as instâncias, podendo dar-se, por exemplo, que o acesso ao STF seja obstado

---

[35] *Teoria geral do processo civil*, cit., 2016, p. 70.
[36] *Comentários ao Código de Processo Civil*. Rio de Janeiro: Forense, 2012, v. V, p. 233.

porque a questão constitucional não fora antes reconhecida pela Corte com *repercussão geral* (CF, § 3º do art. 102; CPC, art. 1.035 e § 1º), o mesmo se passando em face da revista trabalhista, se ausente a *transcendência* da questão – CLT, art. 896-A.

Portanto, apesar de a palavra *duplo* induzir, à primeira vista, acepções tais como *dobro*, *duas vezes*, ou "qualidade daquilo que é dúplice",[37] fato é que, tirante os antes referidos casos de remessa necessária (antes dita recurso de ofício), a revisão de um julgado pelo tribunal *ad quem* não configura pressuposto de validade dos pronunciamentos judiciais (decisões interlocutórias, sentenças, acórdãos).

Bem por isso, apesar de o conceito de *devido processo legal* abranger também os recursos (CF, art. 5º, LV), é preciso ter presente que:

(*i*) nem sempre eles são cabíveis ou mesmo vêm a ser efetiva ou validamente exercidos;

(*ii*) compete ao legislador ordinário dispor sobre matéria processual (CF, art. 22, I), e, por isso, no exercício dessa competência, ele provê, nesse campo, segundo seu prudente aviso, dispondo, por exemplo, que as decisões nos Juizados Especiais desafiem um "recurso para o próprio Juizado (...), julgado por uma turma composta por 3 (três) juízes togados, em exercício no primeiro grau de jurisdição, reunidos na sede do Juizado" (Lei 9.099/1995, art. 41 e § 1º), não se configurando, pois, um vero *tribunal*. Essa turma julgadora é, inclusive, competente para julgar mandado de segurança contra ato do Juizado (Súmula STJ 376). Aliás, descabe recurso especial ao STJ de decisão proferida por órgão colegiado de Juizado Especial – Súmula 203.

De outra parte, a própria expressão *duplo grau* pode, à primeira vista, sugerir apenas a existência de duas instâncias, o que não corresponde à estrutura judiciária brasileira, formada, na linha da justiça comum, por Juízos ou Varas, Tribunais locais ou regionais, STJ e STF, mas impende ter presente que estes tribunais de cúpula são de estrito direito, não se preordenando à revisão da matéria de fato nem à reavaliação da prova, o que parece bastar para que não sejam considerados, simplesmente, uma "terceira" e "quarta" instâncias. Nesse sentido, as Súmulas 5 e 7 do STJ, nessa ordem: "A simples interpretação de cláusula contratual não enseja recurso especial"; "A pretensão de simples reexame de prova não enseja recurso especial".

---

[37] Cf. Aurélio Buarque de Holanda Ferreira. *Novo Dicionário da Língua Portuguesa*. 15. ed. Rio de Janeiro: Nova Fronteira, p. 494.

Poucos temas em matéria processual suscitaram tanta controvérsia e polarizações como a questão do duplo grau de jurisdição. Em prol desse princípio, militam desde o dito popular pelo qual "duas cabeças pensam melhor do que uma" até os argumentos de base técnica:

(*i*) o reexame de uma decisão por um órgão colegiado superior atende à legítima aspiração (ou irresignação) da parte sucumbente, e de outro lado, agrega valor à resposta jurisdicional, ao ensejar reexame por um colegiado de julgadores mais experientes;

(*ii*) a recusa ou a inexistência do duplo grau acirra as animosidades, na medida em que o sucumbente não tem como expressar sua inconformidade;

(*iii*) a existência do duplo grau serve como estímulo para a qualidade da decisão recorrível, sabendo seu prolator que ela será examinada pela instância *ad quem*;

(*iv*) a estrutura *piramidal* dos órgãos judiciários, a par da competência *recursal* dos tribunais, labora em prol da existência do duplo grau;

(*v*) a Convenção Interamericana de Direitos Humanos, da qual o Brasil é signatário, dispõe, no art. 8º, acerca das *garantias judiciais*: "I. (*omissis*) 2. Toda pessoa acusada de delito tem direito a que se presuma sua inocência enquanto não se comprove legalmente sua culpa. Durante o processo, toda pessoa tem direito, em plena igualdade, às seguintes garantias mínimas: (...) h. direito de recorrer da sentença para juiz ou tribunal superior".

Em contraponto, alinham-se argumentos contrários ao duplo grau:

(*i*) ele leva a protrair o desfecho da lide a um ponto futuro indefinido;

(*ii*) promove desigualdades, na medida em que favorece a parte sucumbente (portanto, presumivelmente, aquela que não era favorecida pelo bom direito), mormente quando o recurso tem efeito suspensivo, em detrimento do vencedor da causa, relegado a aguardar o desfecho final para ter acesso ao bem da vida ou exercer o direito reconhecido no julgado recorrido;

(*iii*) não raro, o recurso é interposto por espírito de emulação, mesmo quando o recorrente está ciente de que é mínima ou nula a possibilidade de êxito, por exemplo, quando o pleito recursal vai de encontro com a súmula do tribunal *ad quem* na qual se baseara o julgado recorrido;

(*iv*) a apelação, mormente em seu efeito suspensivo (CPC, art. 995 e parágrafo único; art. 1.009), acaba em certa medida por desvalorizar o labor do primeiro grau, arriscando converter a sentença num desprestigiado *rito de passagem*;

(*v*) descabe recurso das causas decididas pelo STF em sua competência originária (CF, art. 102, I e alíneas), visto ser ele o órgão de cúpula na organização judiciária brasileira;

(*vi*) não raro, recursos são interpostos com fito protelatório, a ponto de o CPC tipificar tal conduta como litigância de má-fé (art. 80, VII).

Alinhado a esse rol de argumentos contrários ao duplo grau, dizia um excerto de Ulpiano (*Digestorum D. Justiniani*, XLIX, t. 1): "(...) licet nonunquam bene latas sententias in pejus reformat; neque enim utique melius pronuntiat qui novissimus sententiam laturus est", ou seja, em tradução livre: por vezes, o recurso leva a piorar sentenças que foram bem proferidas; e nem sempre é certo que julga melhor quem o faz por último.

A questão do duplo grau vem assim versada por José Carlos Barbosa Moreira, com a costumeira precisão: "Para os adversários do princípio do duplo grau, ou os órgãos superiores são presumivelmente mais capazes de fazer boa justiça, e neste caso mais vale confiar-lhes diretamente a tarefa de julgar as causas, ou não gozam de tal presunção, e neste caso a devolução da matéria ao seu conhecimento é medida contraproducente, pelo risco que gera de substituir-se uma decisão certa por outro errônea. A verdade, porém, é que a garantia de mais provável acerto resulta, principalmente, de uma circunstância especial: o controle exercido pelo juízo *ad quem* beneficia-se da presença, nos autos, de material já trabalhado, já submetido ao crivo do primeiro julgamento, e ao da crítica formulada pelas próprias partes, ao arrazoarem, num sentido e noutro, o recurso. De qualquer sorte, se no plano da lógica pura talvez se tornasse difícil demonstrar *more geometrico* a superioridade do sistema do duplo grau, é certo que na prática, até por motivos de ordem psicológica, se têm considerado positivos os resultados de sua adoção, como revela a consagração generalizada do princípio nos ordenamentos dos povos cultos, principalmente depois que a Revolução Francesa, apesar de forte resistência, o encampou".[38]

Polêmicas à parte, não há negar que o duplo grau de jurisdição apresenta-se como uma decorrência da própria estrutura judiciária, formada de órgãos monocráticos à base (Juízos de Direito, Varas); colegiados locais e regionais de permeio (TJ's, TRF's, TRT's, TRE's, TJM's); tribunais superiores no cimo (TST, TSE, STM, STJ, STF), todos investidos de competência *recursal* e originária. Há que se considerar, também, que não apenas as

---

[38] *Comentários ao Código de Processo Civil*, cit., 16. ed., v. V, p. 237.

sentenças e os acórdãos desafiam recurso, mas igualmente as decisões interlocutórias proferidas nas várias fases do processo, desde a postulatória (apelação contra o indeferimento liminar da petição inicial – CPC, art. 331 e §§), passando pelas demais que vão dirimindo questões incidentes ao longo do processo (CPC, art. 1.015 e incisos), até alcançar os tribunais superiores, com os agravos em recursos extraordinário e especial (CPC, art. 1.042 e § 2º, redações cf. Lei 13.256/2016), os embargos de divergência no STF e STJ (CPC, art. 1.043 e parágrafos).

Ainda ao propósito do duplo grau vale ter presentes estas considerações:

(*a*) a revisão da decisão recorrida, por outro órgão, colegiado, tanto pode ensejar o eventual descarte (cassação) do julgado porventura inquinado de falha insanável como pode dar azo à superação dos vícios supríveis (CPC, parágrafo único do art. 932; art. 1.013, § 3º, III);

(*b*) nas hipóteses elencadas no § 3º e incisos do art. 1.013 do CPC (quando a decisão recorrida foi apenas terminativa), o tribunal *ad quem*, verificando tratar-se de *causa madura*, pode avançar sua cognição deflagrada pela apelação, entrando a decidir o próprio mérito da causa, sem que aí se prospecte supressão de instância;

(*c*) o CPC elenca em *numerus clausus* os recursos cabíveis (art. 994 e incisos), sob a égide da tipicidade e da unirrecorribilidade, e na sequência explicita o trâmite de interposição de cada qual, assim evidenciando que o sistema, malgrado o dissídio doutrinário a respeito, recepciona e disciplina o duplo grau, ao menos no sentido de uma possibilidade de revisão;

(*d*) o reexame das questões e capítulos do julgado recorrido, por um órgão colegiado composto de magistrados versados na matéria (*v.g.*, a Seção de Direito Privado), dá ensejo a que, gradualmente, venha a formar-se *jurisprudência* sobre o tema, a qual poderá evoluir até tornar-se dominante, pacífica ou assentada, pavimentando o caminho para a extração de súmula, valendo lembrar que o CPC atribuiu aos tribunais o poder-dever de *uniformizar a jurisprudência* e de, oportunamente, emitir súmula a respeito (art. 926 e parágrafos);

(*e*) assim como o juiz não pode exceder os limites da demanda, decidindo *ultra* ou *extra petita* (CPC, art. 490, 492), também o tribunal *ad quem*, tirante as questões de ordem pública cognoscíveis de ofício e os casos de remessa necessária, conhece do recurso na extensão das questões impugnadas (*tantum devolutum quantum appellatum* – CPC, art. 1.013 e § 1º).

Sem embargo, é sempre possível que o órgão *ad quem* venha a *confirmar* a decisão recorrida por seus próprios fundamentos, hipótese em que a atuação da Corte, além de nada acrescentar ao antes decidido, ainda implicou dilação do trâmite e postergação da coisa julgada, a que se agrega o custo operacional incorrido; trata-se, contudo, de um *preço a pagar*, não devendo o operador do direito se deixar impressionar por meras suposições ou exercícios de "futurologia". Em verdade, o que faz o sistema é desestimular a interposição abusiva dos recursos, seja tipificando certas condutas protelatórias como *litigância de má-fé* (CPC, art. 80, VII), seja impondo multa aos embargos declaratórios inquinados desse fim escuso (CPC, art. 1.026, §§ 2º e 3º), seja sobretaxando a honorária em caso de nova sucumbência, já agora em instância recursal (CPC, art. 85, § 11).

Acerca dos limites do duplo grau, vale observar que nos recursos excepcionais (revista trabalhista ao TST, recurso especial ao STJ; recurso extraordinário ao STF) o efeito devolutivo não abrange a matéria de fato ou reavaliação probatória (Súmulas 7 do STJ e 279 do STF), e, quanto às *quaestiones iuris*, ficam limitadas, ou ao direito federal comum, no caso do STJ, ou à temática constitucional, no caso do STF, observando-se, neste último caso, que a admissão do recurso extraordinário, a par dos pressupostos subjetivos e objetivos comuns aos recursos em geral (interesse, legitimidade, preparo, adequação, tempestividade), ainda se condiciona ao pré-requisito da *repercussão geral* da questão constitucional ventilada e prequestionada no acórdão recorrido (CF, § 3º do art. 102; CPC, art. 1.036 e § 1º).

Esse contexto evidencia que os tribunais de cúpula não se preordenam a operar como terceira ou quarta instância em face dos tribunais locais ou regionais, mas antes são Cortes de direito estrito, cujo acesso consente pressupostos, filtros, barreiras e elementos de contenção que lhes são próprios, como igualmente se passa com a revista trabalhista ao TST, cuja admissão exige demonstração da "transcendência com relação aos reflexos gerais de natureza econômica, política, social ou jurídica" (CLT, art. 896-A).

De ressaltar-se que o acesso a um órgão colegiado revisor, embora usualmente se efetive por força de recurso voluntário interposto pelo legitimado (parte vencida, Ministério Público ou terceiro interessado – CPC, art. 996, *caput*), pode igualmente ocorrer por meio da chamada *remessa necessária* (antes dita recurso de ofício), fundada no zelo ao interesse fazendário (o *erário* – aspecto pecuniário do interesse público), no caso de sentença proferida contra os entes políticos ou, então, aquela que acolheu os embargos em execução fiscal (CPC, art. 496 e incisos). Neste caso, salvo se houver apelação de alguma das partes, a revisão feita pelo tribunal *ad quem* não pode resultar em *reformatio in pejus* para a Fazenda, a teor da Súmula 45 do STJ: "No reexame necessário, é defeso, ao Tribunal, agravar a condenação imposta à Fazenda Pública".

O reexame necessário tem, igualmente, incidência: no processo penal, no caso de decisão concessiva de *habeas corpus* ou daquela que absolveu sumariamente o réu com base em excludente de criminalidade ou isenção de pena (CPP, art. 574 e incisos). Já na justiça trabalhista, prevê-se "recurso ordinário de ofício" no caso de sentença proferida contra os entes políticos e seus entes descentralizados, a teor do Dec.-Lei 779/69, art. 1º; Súmula 303 do TST (redação cf. Res. TST 211/2016).

Tenha-se ainda presente que, no processo administrativo federal, a Lei 9.784/1999 não menciona a expressão *duplo grau*, mas, dispõe no art. 57: "O recurso administrativo tramitará no máximo por três instâncias administrativas, salvo disposição legal diversa".

8

ESCOPOS DO PROCESSO

O Direito, desde suas origens romanas, desvela o objetivo básico de "dar a cada um o que é seu" (*jus est constans et perpetua voluntas jus sum cuique tribuere*": o direito é a vontade perene e constante de dar a cada um o que é seu), diretriz que, basicamente, opera em ambas as vertentes do Direito Objetivo – Público e Privado – dita *summa divisio*, dicotomia que hoje não apresenta a rigidez de outrora, seja pela correlação e integração de certos ramos do Direito (*v.g.*, Direito Civil e Direito do Consumidor, consentindo o chamado *diálogo das fontes*), seja porque o critério da *impositividade* das normas não mais basta para identificar um ramo como integrante do Direito Público (considere-se, *v.g.*, certas normas de caráter permissivo, inseridas no bojo do CPC: § 2º do art. 357; art. 168 e §§), devendo-se, antes, atentar para a natureza que é *predominante* dentre as normas de um dado sistema legal.

Assim é que nos ramos do Direito Público (Constitucional, Penal, Internacional, Ambiental, Administrativo, Tributário, Previdenciário, Trabalhista) *prevalecem* as normas cogentes e imperativas, parametrizando atos e condutas em modo vinculativo, ao passo que no campo do Direito Privado (Civil e Comercial) é bastante expressivo o plexo de normas dispositivas ou explicitadoras, mormente em se tratando de interesses disponíveis, donde ser dado aos interessados fazer tudo que não esteja vedado pela norma de regência (ao passo que no setor público, dada a vinculação ao modelo legal, só é dado ao agente proceder quanto autorizado pela norma de regência e do modo como aí determinado).

A par disso, impende ter presente que a experiência jurídica não é estática, e sim dinâmica, sendo constantemente impactada por intercorrências de caráter sócio-político-econômico-cultural, de sorte que o *jus novum* pode alterar conceitos e valores que antes se consideravam estabilizados, por exemplo, o emprego de meios auto e heterocompositivos para a solução de conflitos envolvendo o Poder Público, que antes enfrentava forte resistência, mas que hoje se consente, a teor da nova redação dada pela Lei 13.129/2015 ao § 1º do art. 1º da Lei 9.307/1996, permitindo a *arbitragem* nos feitos de interesse da Administração Pública, em se tratando de direitos patrimoniais disponíveis, e, ainda, a Lei 13.140/2015, cujo art. 1º e parágrafo único permitem a utilização da *mediação* nesse campo.[1]

Assim é que os atos e condutas dos gestores públicos são, em regra, balizados por normas impositivas, vedado o emprego de modelos não autorizados na lei de regência, ao passo que, no setor privado, embora existam contratos regulados por leis específicas, tais o de arrendamento mercantil (Lei 6.099/1974) e o de locação (Lei 8.245/1991), há espaço para a elaboração de outras fórmulas contratuais, à condição de as partes serem capazes, o objeto seja lícito e venha observada a forma prevista ou ao menos não vedada em lei (CCi, art. 104 e incisos).

De outra parte, a própria redução dos direitos às *famílias common law* (radicadas no precedente judiciário) e *civil law*, reportadas à lei (CF, art. 5º e inciso II), mercê de certos fatores, tais a globalização da economia, a massificação dos costumes e a integração cultural dos povos, não mais apresenta a rígida configuração de outrora, consentindo recorrentes releituras sobre conceitos antes assentados, de que é expressivo exemplo a *aproximação* entre aquelas *famílias* jurídicas, como se nota, na experiência brasileira, com a notória e crescente eficácia panprocessual dos precedentes judiciários (CPC, art. 332 e incisos; art. 927 e incisos; art. 947, § 3º; art. 985 e incisos; art. 966, §§ 5º e 6º, estes últimos acrescidos pela Lei 13.256/2016; art. 1.030, I, *a* e *b*, o *caput* acrescido, e o inciso e alíneas com redação desta última lei), ao passo que no direito anglo-saxão são visíveis o incremento e o prestígio do direito escrito (*Statutes*). Afirma Tiago Asfor Rocha Lima: "A crescente força do Direito jurisprudencial nos países vinculados ao *civil law*, assim como o fortalecimento do Direito legislado principalmente na Inglaterra, demonstram esse intercâmbio de ideias e instrumentos que hodiernamente se instalaram nos mais diferentes regimes jurídicos".[2]

---

[1] Há tempos já sustentávamos essa possibilidade, com ênfase no emprego da *conciliação* no setor público: O plano piloto de conciliação em segundo grau de jurisdição, do Egrégio Tribunal de Justiça de São Paulo, e sua possível aplicação aos feitos de interesse da Fazenda Pública, publicado na *Revista dos Tribunais*, n. 820, fev. 2004, p. 11-49. Estudo também publicado (revisto e atualizado) na *Revista Autônoma de Processo*, da Faculdade Autônoma de Direito – FADISP, n. 1, out./dez. 2006, p. 133-197, e na obra coletiva *Estudos de Direito Processual Civil – estudos em homenagem ao Professor Egas Dirceu Moniz de Aragão*, coord. Luiz Guilherme Marinoni. São Paulo: Revista dos Tribunais, 2006, p. 850-885.

[2] *Precedentes judiciais civis no Brasil*. São Paulo: Saraiva, 2013, p. 114.

O Direito Processual, apesar de integrar o campo do Direito Público – por conta da *predominância* das normas de caráter cogente e imperativo – alberga, porém, algumas disposições de caráter permissivo ou dispositivo, como previsto no CPC: as partes podem pedir a suspensão do processo, em havendo perspectiva de acordo (CPC, art. 313, II) e podem também delimitar consensualmente o âmbito das questões de fato e de direito da lide a ser julgada (CPC, § 2º do art. 357); a par disso, é incentivada a resolução de conflitos por meios auto e heterocompositivos (CPC, art. 3º e parágrafos; art. 139, V). Em regra, porém, as previsões no âmbito do Direito Processual são impositivas, por exemplo: os recursos cabíveis são elencados em *numerus clausus* no art. 994 e incisos; impõem-se aos tribunais a uniformização da jurisprudência e a sumulação dos entendimentos assentados (art. 926 e parágrafos); a eficácia preclusiva geral da coisa julgada recobre o *deduzido e o deduzível* (arts. 507 e 508), assim estabilizando a decisão de mérito e imunizando-a de futuros questionamentos.

De outra parte, subsistem diferenças marcantes entre o Direito Material e o Processual: as normas concernentes ao primeiro campo têm por escopo:

(*i*) constituir, regular ou tutelar situações consideradas relevantes e carentes de positivação ao interno da coletividade (a *nomogênese*, incidindo sobre situações ditas de *norma necessitada*), como se dá, por exemplo, com a previsão de ressarcimento em virtude de ato ilícito (CCi, art. 927 e parágrafo único) ou ainda com a conversão de posse em domínio, por meio da usucapião (CCi, art. 1.238 e parágrafo único);

(*ii*) reprimir condutas praticadas contra certos valores ou interesses positivados, como, por exemplo, a aplicação de pena privativa de liberdade a uma certa conduta delitiva ou a imposição de multa por desatendimento a certo preceito tributário;

(*iii*) tornar insubsistentes relações e situações constituídas de modo contrário ao modelo legal, quando não seja possível o suprimento da falha ou a convalidação da conduta, como se passa no sistema de nulidades – CCi, arts. 166-169.

Já o Direito Processual não se preordena à criação, regulação ou desconstituição de direitos propriamente ditos, mas, antes e precipuamente, vocaciona-se a *instrumentar* judicialmente os interesses, direitos e valores radicados nos diversos ramos de direito material, ao tempo em que disponibiliza os *meios* para a efetivação desse escopo, em face de históricos de ameaça ou lesão ao bem da vida tutelado na norma de direito material.

Como exemplo do antes afirmado, considere-se que, enquanto o Código Tributário atribui liquidez e certeza à dívida ativa do Poder Público, tendo a correlata certidão natureza de prova pré-constituída (art. 204, *caput*), já o CPC, recepcionando tal previsão (art. 784, IX), disponibiliza a *cobrança* do tributo sob o rito mais célere do processo de execução (art. 824 e s. c/c Lei 6.830/1980 – execução fiscal); noutro exemplo, o Código Civil prevê que "o possuidor tem o direito a ser mantido na posse em caso de turbação, restituído no de esbulho e segurado de violência iminente, se tiver justo receio de ser molestado" (art. 1.210, *caput*); o CPC, recepcionando tal previsão, disponibiliza as ações de manutenção e de reintegração de posse, a par do interdito proibitório – arts. 560 e 567; ainda noutro exemplo, tendo o nosso sistema jurídico natureza *legicêntrica* (CF, art. 5º e inciso II), segue-se que os atos normativos do Poder Público têm sua *validade* condicionada à conformidade com a norma de regência e a CF; o Direito Processual, recepcionando esse modelo, regula as ações no controle direto de constitucionalidade (ADIN, ADCon, ADPF, inconstitucionalidade por omissão) – Leis 9.868/1989 e 9.882/1989.

Trata-se, em tais casos, do *escopo jurídico* do processo, isto é, da realização, no plano judicial, do quanto estabelecido no direito material, em simetria com a *teoria dualista* do direito, pela qual se expressam os dois planos da experiência jurídica: o da *norma*, que se preordena a positivar as ocorrências consideradas relevantes, e o do *processo*, voltado a viabilizar, no ambiente judicial, aquelas situações positivadas, quando não tenham sido resolvidas apenas pela *fisiologia* da norma. No ponto, afirmam Horácio Wanderlei Rodrigues e Eduardo Lamy: "Para a teoria dualista, o ordenamento jurídico divide-se, nitidamente, em dois: direito material e Direito Processual. O primeiro estabelece normas abstratas, que só se tornam concretas no momento em que se realiza um fato que se enquadra dentro de suas predições. E isso ocorre automaticamente, independentemente de qualquer atividade jurisdicional do Estado. O processo busca somente a atuação do direito em casos concretos, quando não foi ele espontaneamente seguido. Não contribui, no entanto, segundo os defensores dessa posição, para a formação de normas concretas. Os direitos objetivo e subjetivo preexistem ao processo".[3]

Por exemplo, a sentença que anula o casamento é pronunciada num processo no qual foram comprovados os pressupostos indicados no *direito material* (CCi, art. 1.521 e incisos; art. 1.548 e incisos), permitindo a realização daquele resultado. O *escopo jurídico* é, assim, buscado pela via processual enquanto instrumento de realização da ordem jurídica, justificando-se em face dos históricos de dano temido ou sofrido (CF, art. 5º, XXXV), assim no setor público como no privado.

---

[3] *Teoria geral do processo*, cit., p. 14-15.

Embora a grande maioria dos processos judiciais objetive a realização prática de normas de direito material, não se pode descurar que, excepcionalmente, certos dispositivos de natureza processual, quando descumpridos, podem ensejar a formação de um processo para fazê-los valer, como se dá com a *ação rescisória* fundada em *incompetência absoluta* do juiz ou ofensa à coisa julgada (CPC, art. 966, II e IV), ou a *reclamação*, para preservar a competência do tribunal e garantir a autoridade de suas decisões, inclusive a impositividade de certos produtos judiciários otimizados (CPC, art. 988 e incisos, tendo os incisos III e IV recebido nova redação da Lei 13.256/2016).

No âmbito do *escopo jurídico* do processo vale destacar:

(*i*) o ideário da chamada *jurisdição integral* (CPC, arts. 4º e 139, IV), abrangendo, a um tempo, o elemento declaratório, ou seja, o acertamento (*cognitio*) e a realização prática do direito reconhecido (execução, cumprimento do julgado), inclusive, sendo o caso, mediante as chamadas *medidas de apoio*, voltadas a induzir a prestação específica do objeto (CPC, art. 139, IV; art. 536 e § 5º), dispondo o art. 4º do CPC que as partes têm direito à "solução integral do mérito, incluída a atividade satisfativa";

(*ii*) a resolução do conflito em modo tecnicamente consistente, reportado a um dado *locus* do ordenamento positivo, acompanhado da devida *fundamentação*, sob pena de nulidade do julgado (CF, art. 93, IX; CPC, art. 489, § 1º e incisos), observando-se que o dever de motivação se aplica, igualmente ao processo administrativo (Lei 9.784/1999, art. 50, incisos e parágrafos), tudo sob um lapso de tempo razoável (CF, art. 5º, LXXVIII; CPC, art. 139, II);

(*iii*) o julgamento igualitário das lides afins (chamadas *demandas seriais*), com vistas ao trato isonômico dos jurisdicionados, tal como se busca obter com a aplicação da *tese jurídica* alcançada ao final do incidente de resolução de demandas resolutivas (CPC, art. 985 e incisos) ou mediante a aplicação da decisão-quadro fixada pelo STF ou pelo STJ no RE ou REsp afetados como representativos da controvérsia – CPC, arts. 927, III; 1.040 e incisos;

(*iv*) a proporcionalidade e razoabilidade entre os fins almejados e os meios disponibilizados, evitando-se os excessos, o que pode ser alcançado mediante o emprego criterioso e ponderado dos meios processuais, inclusive atentando-se para o correto manejo do *modo de ser* do processo – o procedimento – por modo que controvérsias de pouca complexidade possam ser resolvidas num rito célere, predominantemente oral, com emprego da equidade, como se passa nos Juizados Especiais (Lei 9.099/1995, art. 25), ou ainda, por modo que situações de dano temido, de difícil ou incerta reparação, ou em que impliquem risco ao resultado útil do processo possam merecer pronta preservação, por meio das modalidades de *tutela de urgência* (CPC, arts. 300-311).

Cândido Rangel Dinamarco sustenta que o *escopo jurídico* do processo reside na "relação que ele há de desenvolver com o direito objetivo material dentro do sistema jurídico global do país: sua fidelidade aos desígnios do direito objetivo é um valor em si mesmo, na medida em que nas disposições jurídico-substanciais reside a projeção das escolhas políticas e sociais da nação, resumidas com vistas à solução geral dos casos concretos".[4]

A par desse escopo jurídico, Dinamarco identifica ainda: (*i*) o *escopo social*, nisso que "a função jurisdicional e a legislação estão ligadas pela unidade do escopo fundamental de ambas: a *paz social*. (...) *Eliminar conflitos mediante critérios justos* – eis o mais elevado escopo social das atividades jurídicas do Estado", ou seja, *pacificar com justiça*; (*ii*) o *escopo político*, compreensivo de três aspectos: (*a*) *poder*, isto é, "a capacidade estatal de decidir imperativamente, sem a qual nem ele mesmo se sustentaria, nem teria como cumprir os fins que o legitimam, nem haveria razão de ser para o seu ordenamento jurídico, projeção positivada do seu poder e dele próprio"; (*b*) *liberdade*, "com isso limitando e fazendo observar os contornos do poder e do seu exercício, para a dignidade dos indivíduos, sobre as quais ele se exerce"; (*c*) *participação dos cidadãos*, "por si mesmos ou através de suas associações, nos destinos da sociedade política".[5]

No tocante ao processo enquanto instrumento de realização do *poder estatal*, o CPC autoriza o juiz a "determinar todas as medidas indutivas, coercitivas, mandamentais ou sub-rogatórias necessárias para assegurar o cumprimento de ordem judicial, inclusive nas ações que tenham por objeto prestação pecuniária" (art. 139, IV). Sob o aspecto da eficácia *social* do processo, dispõe o art. 8º do CPC: "Ao aplicar o ordenamento jurídico, o juiz atenderá aos fins sociais e às exigências do bem comum, resguardando e promovendo a dignidade da pessoa humana e observando a proporcionalidade, a razoabilidade, a legalidade, a publicidade e a eficiência"; enfim, sob o aspecto da *participação* dos sujeitos interessados (dita *ampliação do contraditório* ou *democratização do julgamento*), o CPC recepcionou a figura do *amicus curiae*, autorizando-o a intervir no processo *inter alios* (CPC, arts. 138 e §§; 983 e § 1º; 1.038, I).

No plano doutrinário, o escopo jurídico do processo polarizou os entendimentos de Giuseppe Chiovenda, para quem "a função pública desenvolvida no processo consiste na atuação da vontade concreta da lei, relativamente a um bem de vida que o autor pretende garantido por ela",[6] e de Francesco

---

[4] *Instrumentalidade do processo*. 6. ed. São Paulo: Malheiros, 1998, p. 211.
[5] *Instrumentalidade...*, cit., p. 159-176, *passim*.
[6] *Instituições de direito processual civil*. Campinas: Bookseller, 2002, v. I, p. 59-60.

Carnelutti, ao enfatizar o conceito de *lide*, que, uma vez tornada incompossível, legitima a intervenção do Estado-juiz: "A lide, portanto, pode se definir como um *conflito de interesses, qualificado por uma pretensão contestada (discutida)*".[7]

De observar-se que o vigente CPC parece ter haurido elementos que relevam de ambas essas posições doutrinárias, na medida em que, dentre os requisitos da petição inicial exige a indicação dos "fundamentos jurídicos do pedido" (art. 319, III) e, no tocante à sentença que resolve o processo e a controvérsia, dispõe no art. 490: "O juiz resolverá o mérito acolhendo ou rejeitando, no todo ou em parte, os pedidos formulados pelas partes"; portanto, a decisão de mérito é objetivamente abrangente, abarcando não só o pedido do autor, mas também eventuais pedidos do réu, seja em arguição de questão prejudicial, seja em reconvenção (CPC, § 1º do art. 503; art. 343 e parágrafos), a par de eventuais pleitos de terceiros intervenientes, tal o opoente (CPC, art. 682), tudo sob a égide da *jurisdição integral*. Outrossim, para resolver a lide, o juiz há de identificar e aplicar a *norma de regência*, seja em sua originalidade ou ainda completada pelos meios de integração que o próprio Direito credencia, certo que o julgamento por critério de equidade é excepcional e, por isso, há que ser expressamente autorizado em lei – CPC, parágrafo único do art. 140.

Liebman entende que os contributos de Chiovenda e de Carnelutti, antes referidos, não se excluem, mas antes "podem hoje ser consideradas complementares: a primeira representa uma visão puramente jurídica do conteúdo da jurisdição, pois estabelece a relação entre lei e jurisdição, enquanto a segunda considera a atuação do direito como o *meio* para atingir uma finalidade ulterior (a composição do conflito de interesses), procurando assim captar o conteúdo efetivo da matéria à qual a lei vem aplicada e o resultado prático, sob o prisma sociológico, a que a operação conduz".[8]

O *escopo social* do processo se identifica com a ideia de *pacificação dos conflitos com justiça*, salientando-se que a Res. CNJ 125/2010 (*DJe* de 01.12.2011, republicada no *DJe* de 01.03.2011), que institui a *Política Judiciária Nacional* dispõe, dentre seus *consideranda* que "o direito de acesso à Justiça, previsto no art. 5º, XXXV, da Constituição Federal além da vertente formal perante os órgãos judiciários, implica acesso à ordem jurídica justa". Esse escopo é de ser buscado mediante a oferta de uma resposta jurisdicional tecnicamente consistente, motivada e ofertada em prazo razoável, idônea a eliminar definitivamente a lide, assim outorgando segurança jurídica às relações interpessoais e negociais ao interno da coletividade, contribuindo para amenizar o ambiente conflitivo, que fomenta a *cultura demandista*.

---

[7] *Instituições de direito processual civil*. São Paulo: ClassicBook, 2000, v. I, p. 78.
[8] *Manuale di Diritto Processuale Civile*, cit., p. 6, tradução nossa.

Já o *escopo político* do processo vem a ser alcançado quando, por meio da intervenção jurisdicional, se dá ensejo a que os valores maiores, ao interno da coletividade, tais os direitos humanos, as liberdades públicas, os direitos políticos, venham a ser tutelados na via judicial, por meio de remédios como o mandado de segurança, individual e coletivo; o *habeas corpus*; o *habeas data*; o mandado de injunção, a ação popular.

Assim, ao Processo cabe fornecer o instrumental pelo qual o comando expresso na norma de direito material, instituidora de um direito, valor ou interesse, vai se realizar no ambiente forense, viabilizando a garantia do acesso à Justiça mediante o direito de ação – CF, art. 5º, XXXV. Por exemplo, a recusa imotivada ao recebimento da obrigação pecuniária desafia ação de consignação em pagamento (CPC, art. 539 e § 1º); a ameaça ou violação de direito líquido e certo por parte de autoridade (CF, art. 5º, LXIX), permite a interposição de mandado de segurança (Lei 12.016/2009); a existência de patrimônio da pessoa falecida induz a abertura de inventário, a cargo do representante do espólio (CPC, art. 75, VII; art. 610, *caput*).

Pode-se também identificar o *escopo econômico* da relação processual, sob a perspectiva do custo-benefício, abrangendo estes tópicos: a ponderação acerca da efetiva *necessidade* do ajuizamento da ação, considerando-se o valor financeiro envolvido e, também, a conveniência do prévio esgotamento de outros meios, auto e heterocompositivos; a adequação entre a dimensão do objeto litigioso e o modelo processual/procedimental disponibilizado, como se passa nos Juizados Especiais, a teor do art. 2º da Lei 9.099/1995; o aproveitamento máximo da relação processual, colhendo-se a oportunidade da judicialização para incluir no âmbito da lide não só o fulcro da demanda, mas também as questões controvertidas porventura adjacentes, assim diligenciando o autor a cumulação de pedidos, e o réu explorando as possibilidades da defesa pertinentes à espécie, podendo mesmo adotar postura proativa, formulando pedido reconvencional.

Na consecução dos escopos a que se preordena o processo, impende ter presente que o jurisdicionado tem o direito subjetivo público a obter, não a uma *qualquer* prestação jurisdicional, mas a uma *resposta de qualidade*, a qual, segundo afirmamos em outra sede, deve revestir-se de "seis atributos: justa, jurídica, econômica, tempestiva, razoavelmente previsível, com aptidão para promover a efetiva e concreta satisfação do direito, valor ou bem da vida reconhecidos no julgado".[9]

---

[9] *Acesso à Justiça* – condicionantes legítimas e ilegítimas. 2. ed. São Paulo: Thomson Reuters/Revista dos Tribunais, 2015, p. 398.

9

MEIOS AUTO E HETEROCOMPOSITIVOS DE RESOLUÇÃO DE CONFLITOS

Durante muito tempo prestigiou-se o entendimento – sob a influência da rígida separação entre os Poderes – de que ao Legislativo cabia a produção das normas (*nomogênese*) e ao Executivo sua aplicação de ofício, no âmbito da administração pública, enquanto ao Judiciário competia a recepção, no bojo do processo judicial, das lides tornadas incompossíveis entre os interessados.

Por essa concepção de Justiça estatal – que se diria *monopolística* – caberia ao juiz de direito, competente e imparcial, analisar o caso concreto e identificar, no ordenamento positivo, a norma de regência idônea a resolver a lide, tudo sob a égide do *acesso à Justiça* (CF, art. 5º, XXXV).

Essa previsão constitucional tem, não raro, sido interpretada em modo *ufanista e irrealista*, leitura que implica fomentar a judicialização dos conflitos, em detrimento da pacificação social, tendo ao longo do tempo merecido uma leitura exacerbada do que se deva entender por *ubiquidade* ou *universalidade da* jurisdição. Em outra sede, tratamos mais extensamente do tema, oportunidade em que afirmamos: "Impende, pois, no limiar deste novo milênio, uma releitura, atualizada e contextualizada do constante no inciso XXXV do art. 5º da CF, para o fim de tornar esse enunciado aderente, assim à realidade judiciária brasileira – sufocada por uma massa quase inadministrável de processos – como às novas necessidades trazidas por uma sociedade massificada e conflituosa, comprimida num mundo globalizado. Urge não tomar *a nuvem por Juno*, vendo naquele dispositivo um conteúdo utópico e insustentável, ou seja, uma genérica, incondicional e prodigalizada oferta de prestação judiciária, promessa que nenhum Estado de Direito consegue cumprir, nem mesmo a maior potência econômica mundial, falando B.G. Garth numa verdadeira *litigation crisis* ou numa *litigation explosion*, resultante de sucessivas crises econômicas sociais, políticas e até... jurídicas".[1]

Vários fatores têm concorrido para arrefecer, em certa medida, o prestígio da intervenção jurisdicional e a confiança da coletividade na chamada *solução adjudicada estatal* (decisão judicial de mérito), podendo-se apontar, dentre outros: a *dispersão jurisprudencial excessiva* (que a Exposição de Motivos do vigente CPC reconhece e indica os meios pelos quais ela pode ser enfrentada); a demora excessiva na solução das lides, em que pese o princípio ou a diretriz da resposta judicial em tempo razoável – CF, art. 5º, LXXVIII; o baixo custo-benefício da judicialização do conflito, se considerados os ônus incorridos – custas e despesas processuais, contratação de advogado, *stress* pela demora e pela incerteza do resultado final; dificuldades na execução da decisão condenatória.

Acresce que tais ônus não se distribuem de modo igualitário entre as partes, mas, sabidamente, pesam muito mais nos litigantes *eventuais* do que nos *habituais*, porque estes últimos, em suas relações com a Justiça, laboram em economia de escala, contando com seus próprios departamentos jurídicos ou contratando advocacia "de partido", a par de consultorias especializadas.

Uma concausa para a *crise numérica de processos* que assola o Judiciário reside no *déficit* de eficiência na atuação dos órgãos administrativos e agências reguladoras, que, ao retardarem a resolução das controvérsias ou ofertarem respostas insatisfatórias, criam bolsões de insatisfação ao interno da coletividade, assim inflacionando a judicialização, mormente de demandas massivas e repetitivas envolvendo conflitos que poderiam e deveriam ser resolvidos naquelas instâncias, em temas como telefonia, planos de saúde, mensalidades escolares, empréstimos bancários, cartões de crédito, planos governamentais.

A esses insumos da judicialização excessiva se agregam deficiências e dificuldades da própria instância jurisdicional, tais a inadequação da solução adjudicada estatal (sentença de mérito) para resolver conflitos multiplexos, que depassam a seara estrita das questões jurídicas; a baixa efetividade prática dos comandos condenatórios, dados os percalços e dificuldades no cumprimento específico do julgado; a permanência da situação de *coisa litigiosa*, na pendência da lide, acarretando insegurança jurídica e acirrando o ambiente adversarial, a par de outras externalidades negativas.

Com isso, frustra-se a legítima aspiração da parte que, embora assistida pelo bom direito, vê-se afastada da efetiva *fruição* do bem da vida a que faz

---

[1] *A resolução dos conflitos e a função judicial no contemporâneo Estado de direito*. 2. ed. São Paulo: Thomson Reuters/Revista dos Tribunais, 2014, p. 69.

jus, durante a prolongada pendência do processo. No ponto, afirma Sérgio Pinto Martins: "A experiência revela que, ao se proferir uma sentença, que acolhe ou rejeita em parte a pretensão do ator, nunca contenta o vencido, inclusive o autor no segundo caso, o que implica a apresentação dos mais variados recursos, até mesmo na execução".[2] Possivelmente, buscando amenizar em certa medida esse quadro, o art. 4º do vigente CPC inclui no conteúdo ocupacional do juiz o zelo pela *atividade satisfativa*.

Todo esse panorama de baixa efetividade prática na judicialização dos conflitos levou a que, gradualmente, se fosse cogitando de outros meios e modos de resolvê-los, na esteira da experiência do *common law* com as ADR's – *alternative dispute resolutions* – valendo lembrar que, já em sua época, Francesco Carnelutti preconizara o manejo do que chamou de *equivalentes jurisdicionais*, então indicando a arbitragem, a homologação da sentença estrangeira, o processo canônico e os meios de autocomposição, tal a conciliação.[3]

Ao propósito, Cândido Rangel Dinamarco fala em *justiça parajurisdicional* e em *equivalência funcional*, anotando: "(...) a exagerada valorização da tutela jurisdicional estatal, a ponto de afastar ou menosprezar o valor de outros meios de pacificar, constitui um desvio de perspectiva a ser evitado. (...) Na realidade, a tutela jurisdicional tradicional não é o único meio de conduzir as pessoas à ordem jurídica justa, eliminando conflitos e satisfazendo pretensões justas. (...) A crescente valorização e emprego dos meios não judiciais de pacificação e condução à ordem jurídica justa, ditos *meios alternativos*, reforça a ideia da equivalência entre eles e a atividade estatal chamada *jurisdição*".[4]

Justifica-se a expressão *equivalente jurisdicional*, aplicada aos meios auto e heterocompositivos, em se considerando que, do ponto de vista da carga eficacial, tanto uma decisão condenatória prestacional (comandos de dar, fazer, não fazer, pagar) quanto um acordo ou uma sentença arbitral, constituem *títulos exequendos* (CPC, art. 515, I, II, III, VII), sendo que estes últimos meios resolutivos apresentam a vantagem adicional de poupar os interessados do ambiente conflitivo próprio do processo judicial. No tocante à sentença arbitral, sua equiparação à sentença judicial é reconhecida no art. 31 da Lei 9.307/1996, ao dizer que ela "produz, entre as partes e seus sucessores, os mesmos efeitos da sentença proferida pelos órgãos do Poder Judiciário e, sendo condenatória, constitui título executivo".

---

[2] *Teoria geral do processo*, cit., 2. ed., 2017, p. 87.
[3] *Sistema de direito processual civil*. Franca: Lemos e Cruz, 2004, v. I, p. 253.
[4] *Instituições de direito processual civil*. 6. ed. São Paulo: Malheiros, 2009, t. I, p. 121, 122, 125.

A antes referida expressão "meios auto e heterocompositivos" (ADR's – *alternative dispute resolutions* na terminologia do *common law*), à força de ser repetida de modo generalizado, perdeu um tanto de sua identidade conceitual, tornando recomendável um aclaramento a respeito.

Historicamente, a modalidade mais antiga de resolução de conflitos constituía uma espécie de *autocomposição unilateral* a que se pode chamar *autotutela*, o que aliás bem se compreende, tendo em vista que, nas priscas eras, a presença do Estado revelava-se ainda incipiente, tanto no estabelecer regras de conduta da vida em sociedade como no fixar as respectivas sanções em caso de descumprimento do preceito. Restava, assim, proceder-se à resolução das controvérsias por meio do embate direto entre os litigantes (inclusive o duelo), por modo que uma das partes acabava sobrepujando o adversário e o aniquilava ou, então, lhe impunha sua vontade. Naturalmente, a autotutela dava ensejo a condutas exacerbadas, que não raro degradavam em vingança, destruição de bens, atos de crueldade e morte.

Tratava-se então de um período de franca e desmesurada litigiosidade, em que as pendências eram resolvidas por confronto direto; não por acaso, ainda hoje, quando se pretende referir a situações de extrema conflituosidade, não raro se diz que uma dada ocorrência se degradou num ambiente *sem lei nem rei* (ou seja, sem norma de conduta e sem autoridade) ou ainda que ali imperou a *lei da selva*, por alusão ao fato de que no reino da natureza prevalecem os instintos básicos dos animais, tais a defesa do território, a sobrevivência e a procriação. Ao interno da sociedade, as condutas fundadas no espírito de vingança mostram-se igualmente agressivas, assim as referenciadas à chamada *lei do talião* (olho por olho, dente por dente), como aquelas derivadas de atos de justiça privada, ou seja, o *exercício arbitrário das próprias razões*, conduta hoje criminalizada – CP, art. 345.

Possivelmente, resquícios de autotutela possam ser identificados no ordenamento positivo contemporâneo, embora justificados em face de certas peculiaridades da espécie, por exemplo: o *direito de retenção* (CCi, art. 1.433, II), o *desforço imediato em defesa da posse* (CCi, art. 1.210, § 1º), e, no campo penal, certos casos de exclusão de criminalidade, tais o *estado de necessidade* e a *legítima defesa* (CP, art. 24 e parágrafos; art. 25).

Dado que a ação judicial se apresenta como uma *faculdade* disponibilizada a quem se afirma titular de um direito, pode dar-se que uma controvérsia sequer chegue a ser judicializada, seja porque o interessado delibere não exercer seu pretendido direito, a ele renunciando (já que não existe o dever de ação), seja porque a controvérsia vem a se resolver no plano da autocomposição extrajudicial, como, por exemplo, se é firmado um *Termo de Ajustamento de Conduta*, entre o interessado e o Ministério Público; ou ainda, quando os interessados celebram acordo, diretamente ou mediante a intercessão de um agente facilitador, tal o conciliador, valendo lembrar que o art. 840 do CCi conceitua a *transação* como o modo de os interessados "terminarem o litígio mediante concessões mútuas". Tais casos configuram, pois, espécies de *autocomposição espontânea*.

Também no bojo do processo judicial pode dar-se a autocomposição espontânea, em modo unilateral, em ocorrendo *renúncia, desistência* ou *submissão*. No primeiro caso, o interessado *abre* mão da sua pretensão; no segundo, a controvérsia, posto instalada inicialmente, não vem a se desenvolver; no último caso, uma das partes admite a prevalência da pretensão da outra sobre a própria. O CPC assim recepciona essas ocorrências, pela ordem:

(*i*) o autor pode renunciar à sua pretensão, ou o réu ao seu pedido reconvencional, levando à extinção do processo com julgamento do mérito (art. 487,III, *c*);

(*ii*) o autor pode desistir da ação (que, antes da citação do réu independe da anuência deste), levando à extinção do processo sem julgamento do mérito (art. 485, VIII e § 4º);

(*iii*) o réu pode *reconhecer a procedência do pedido* do autor, assim como este pode igualmente fazê-lo com relação à reconvenção do réu, levando em ambos os casos à extinção do processo com julgamento do mérito (art. 487, III, *a*).

Dentre as vantagens da resolução do conflito pelos meios autocompositivos extrajudiciais – unilaterais ou induzidos – na comparação com o que se poderia esperar da judicialização do conflito, contam-se: a economia do tempo que seria incorrido com a pendência, geralmente prolongada, da ação judicial; a prevenção do *status* de *coisa litigiosa* que perdura na pendência da lide (CPC, art. 240, *caput*); a eliminação da incerteza quanto ao resultado final, inerente às lides judicializadas, reconhecendo a Exposição de Motivos do vigente CPC que hoje remanesce um ambiente de *dispersão jurisprudencial excessiva*; a prevenção das dificuldades e ônus de diversa ordem que envolvem o cumprimento do julgado (decisão condenatória – CPC, art. 515 e incisos) ou o processo de execução (título extrajudicial – CPC, art. 784 e incisos).

A esse contexto acresce um importante fator psicológico: a controvérsia que vem a ser composta pelos próprios interessados tende a ser prestigiada e cumprida em seus termos, por conta de a fórmula resolutória ter sido alcançada pelos próprios sujeitos concernentes; diversamente se passa com a solução adjudicada estatal (sentença condenatória), que vem revestida da autoridade estatal e se impõe às partes do processo, convertendo-as em vencedor e perdedor, levando a que, não raro, o sucumbente busque esgotar todos os meios impugnativos para protelar o cumprimento do julgado: *o vencido nunca é convencido*!

A eventual interferência do conciliador ou do mediador não desfigura a natureza precípua da *autocomposição*, pela boa razão de que esses agentes facilitadores *não laboram a fórmula resolutória*, senão que apenas induzem, persuasivamente, os interessados a encontrarem o *modus* adequado à solução consensual da controvérsia, embora se possa reconhecer, no trabalho do mediador, uma postura um tanto mais assertiva ou proativa. Num contraponto entre a mediação e a arbitragem, afirma Fernando Antônio Negreiros Lima: "Aparentada com a arbitragem, a mediação dela se distancia, contudo, e fundamentalmente, porque tem natureza autocompositiva: enquanto o árbitro *dispõe*, isto é, decide, nos limites que lhe fixam a lei e a convenção arbitral, o mediador apenas *propõe* a solução, não a podendo impor às partes, que resolvem o conflito por si mesmas, em última análise".[5]

Com efeito, a mediação não se confunde com a arbitragem, porque esta última configura modalidade de justiça privada, convencionada pelos interessados, implicando, por isso mesmo, o afastamento da Justiça estatal, tipificando um *pressuposto processual negativo* – CPC, arts. 337, X; 485, VII. A arbitragem melhor se enquadra como um meio *heterocompositivo*, porque se realiza pela intercessão de um *tertio* que é considerado, *ex lege*, "juiz de fato e de direito" (Lei 9.307/1996, art. 18), sem descarte de certas fórmulas híbridas, tal a chamada *med/arb*.

A expressão *autocomposição* deve ser reservada às situações em que os próprios interessados vêm a se compor, suasoriamente, acerca de um conflito – virtual ou efetivo – espontaneamente ou mediante o auxílio de um agente facilitador, tanto para *prevenir* a configuração do dissídio, quando ele se prenuncia, como para *evitar seu agravamento ou consumação*, ou ainda, para superar aquele já instaurado.

Observe-se que a Justiça estatal, tanto quanto a arbitragem, é uma instância *heterocompositiva*, na medida em que a jurisdição é de índole *substitutiva*, ficando o objeto litigioso subtraído à ingerência direta dos sujeitos concernentes e repassado à apuração, avaliação e decisão de um agente estatal – o juiz togado, competente e imparcial – a quem é dado emitir um comando impositivo, ao final do processo, sendo mesmo considerado litigante de má-fé a parte que "opuser resistência injustificada ao andamento do processo" (CPC, art. 80, IV). É também por conta de a propositura da ação implicar a

---

[5] *Teoria geral do processo judicial*, cit., 2013, p. 31, 312.

submissão do objeto litigioso ao gerenciamento do juiz que, uma vez estabilizado o objeto litigioso, ao final da fase postulatória, não mais podem as partes alterar a situação de fato ou a tipificação jurídica da demanda (CPC, art. 77, VI) ressalvada a delimitação consensual das questões de fato ou de direito (CPC, art. 357, II, IV e § 2º).

No tocante ao árbitro, embora não integre os quadros do Poder Judiciário (cujos órgãos são listados em *numerus clausus* no art. 92 e incisos da CF), ele é, *ex lege*, "juiz de fato e de direito", a teor do art. 18 da Lei 9.307/1996, e suas sentenças (*sic*) formam título executivo judicial – CPC, art. 515, VII. A jurisdicionalidade da arbitragem se extrai, sem dificuldade, dos arts. 18 e 31 da Lei 9.307/1996, e, ainda assim, esta chegou a ter sua constitucionalidade questionada, mas o STF não reconheceu a afirmada incompatibilidade entre a citada lei e a Carta Magna (Pleno, SE 5.206, AgR/EP, Rel. Min. Sepúlveda Pertence, *DJU* 30.04.2004, p. 29).

A propósito da natureza da arbitragem, afirma Carlos Alberto Carmona: "O legislador optou, assim, por adotar a tese da *jurisdicionalidade da arbitragem*, pondo termo à atividade homologatória do juiz estatal, fator de emperramento da arbitragem. Certamente, continuarão a surgir críticas, especialmente de processualistas ortodoxos que não conseguem ver atividade processual – e muito menos jurisdicional – fora do âmbito da tutela estatal estrita. Para rebater tal ideia tacanha de jurisdição, não há lição mais concisa e direta que a de Giovanni Verde: '[A] experiência tumultuosa destes últimos quarenta anos nos demonstra que a imagem do Estado onipotente e centralizador é um mito, que não pode (e talvez não mereça) ser cultivado. Deste mito faz parte a ideia que a justiça deva ser administrada em via exclusiva pelos seus juízes'".[6] Em sendo consonante, afirma José Eduardo Carreira Alvim: "(...) atualmente, não há mais dúvida sobre o caráter jurisdicional da arbitragem, jurisdição privada, mas impregnada de interesse público, tendo a sentença proferida pelo árbitro ou tribunal arbitral, em tudo e por tudo, eficácia equivalente à sentença proferida pelo juiz togado (Lei 9.307/96: art. 31)".[7]

O CNJ, através da Res. 125/2010, que fixa as bases da *Política Judiciária Nacional*, deu respaldo e importante impulso ao emprego dos meios auto e heterocompositivos de resolução de conflitos, ao dispor, dentre seus *consideranda*, que "o direito de acesso à Justiça, previsto no art. 5º, XXXV, da

---

[6] *Arbitragem e processo*: um comentário à Lei nº 9.307/96. 3. ed. São Paulo: Atlas, 2009, p. 26. O trabalho referido no excerto colacionado é Arbitrato e gurisdizione, in *L'arbitrato secondo la Legge 28/83*. Napoli: Jovene Editores, 1985, p. 168, tradução do excerto por Carlos Alberto Carmona.

[7] *Teoria geral do processo*, cit., 19. ed., p. 96.

Constituição Federal, além da vertente formal perante os órgãos judiciários, implica acesso à ordem jurídica justa". Desse modo, é lícito inferir que o CNJ considera como critério válido para resolução dos conflitos não necessariamente sua passagem pelo Judiciário, e sim o requisito de que ao fim e ao cabo o conflito se resolva por meio de uma *composição justa e convincente*, com o que se sobreleva o aspecto finalístico ou teleológico, sinalizando que essa meta pode ser alcançada através de *outros meios*, fora e além da estrutura judiciária do Estado.

Além disso, a referida Res. CNJ 125/2010 alertou para o poder-dever do Judiciário de "estabelecer política pública de tratamento adequado dos problemas jurídicos e dos conflitos de interesses, que ocorrem em larga e crescente escala na sociedade", sob a premissa de que tais litígios não se preordenam a ser dirimidos só no âmbito judicial, mas também "mediante outros mecanismos de solução de conflitos, em especial dos consensuais, como a mediação e a conciliação".

O vigente CPC tomou posição a respeito, e, superando certas *zonas cinzentas* que ainda pairavam na caracterização das figuras do conciliador e do mediador, houve por bem:

(*i*) incluir ditos agentes dentre os *auxiliares da justiça* (art. 149);

(*ii*) determinar aos tribunais a criação de "centros judiciários de solução consensual de conflitos, responsáveis pela realização de sessões e audiências de conciliação e mediação e pelo desenvolvimento de programas destinados a auxiliar, orientar e estimular a autocomposição" (art. 165, *caput*);

(*iii*) esclarecer que o "conciliador, que atuará preferencialmente nos casos em que não houver vínculo anterior entre as partes, poderá sugerir soluções para o litígio, sendo vedada a utilização de qualquer tipo de constrangimento ou intimidação para que as partes conciliem" (§ 2º do art. 165), ao passo que o "mediador, que atuará preferencialmente nos casos em que houver vínculo anterior entre as partes, auxiliará aos interessados a compreender as questões e os interesses em conflito, de modo que eles possam, pelo restabelecimento da comunicação, identificar, por si próprios, soluções consensuais que gerem benefícios mútuos" (§ 3º do art. 165).

A par desse contexto normativo, o CPC identifica um núcleo comum entre o mediador e o conciliador, ao dispor que tais figuras "são informadas pelos princípios da independência, da imparcialidade, da autonomia da vontade, da confidencialidade, e da oralidade, da informalidade e da decisão informada" (art. 166, *caput*) e que tais agentes, bem como "as câmaras privadas de conciliação e mediação serão inscritos em cadastro nacional e em cadastro de tribunal de justiça ou de tribunal regional federal, que manterá registro de profissionais habilitados, com indicação de sua área profissional" – art. 167, *caput*.

Ao que se colhe desses subsídios, é razoável inferir-se que o conciliador – na comparação com o mediador – opera segundo uma postura informada por uma ingerência mais imediata e direta junto às partes ou interessados, podendo, em certos casos, sugerir ou incentivar a fórmula mais adequada e eficiente em face da natureza e dimensão do conflito, ao passo que ao mediador cabe adotar uma postura mais isenta e equidistante, ou, se se quiser, mais técnica, pautando sua atuação, precipuamente, pela descrição objetiva do conflito, suas características e dimensões, podendo, no limite, alertar as partes ou interessados quanto às consequências da adoção de um ou outro dos alvitres que se oferecem na espécie, a fim de que eles deliberem, livre e conscientemente, acerca da solução mais adequada.

Ao propósito da conciliação, afirma Fernanda Tartuce: "Por tal técnica de autocomposição, um profissional imparcial intervém para, mediante atividades de escuta e investigação, auxiliar os contendores e celebrar um acordo, se necessário expondo vantagens e desvantagens em suas posições e propondo saídas alternativas para a controvérsia, sem todavia, forçar a realização do pacto".[8]

No tocante à mediação é útil ter presente o informado no *site* de notícias *Mediante*, acerca da atuação do TJSP nessa área: "O número de processos que chegam ao Tribunal de Justiça de São Paulo (TJSP) diminuiu depois que foi criado o Centro Judiciário de Solução de Conflitos e Cidadania (Cejusc). Para especialistas, isso comprova a eficiência da mediação para desafogar o Judiciário. De acordo com dados do próprio TJSP, em 2016, foram celebrados 170.226 acordos nas câmaras de mediação, um contingente de processos que deixou de se transformar em passivo judicial.

Na visão do presidente do Instituto Vertus de Mediação e Resolução de Conflitos, Rubens Decoussau Tilkian, o sistema é muito menos desgastante e mais rápido do que as resoluções judiciais. "[No instituto] pegamos casos de oito anos de tramitação e resolvemos em dois meses. E não precisa ser dois meses todos os dias. Apenas 40 horas de mediação às vezes bastam para pôr fim a um conflito", afirma. O especialista observa que a mediação só não é mais usada no Brasil porque a cultura do País se desenvolveu muito em

---

[8] *Mediação nos conflitos civis*. 2. ed. Rio de Janeiro: Forense, 2015, p. 48.

torno da litigiosidade e da judicialização das demandas. "Em todo impasse, as partes acabam transferindo ao Judiciário o poder de decisão dos conflitos", explica Tilkian. Outra vantagem, conforme o presidente do Instituto, é que quando as partes adotam a conciliação ou a mediação, a resolução é de comum acordo, enquanto no Judiciário ou na arbitragem, as partes escolhem um terceiro para solucionar um problema, de uma forma que pode deixar ambos descontentes. "O objetivo da mediação é resolver um conflito e buscar uma nova consciência às partes. É uma ferramenta que entra nos pontos subjetivos da disputa", diz.[9]

A mediação ganhou forte impulso com a edição da Lei 13.140/2015, que, vencendo antiga resistência, veio autorizar o emprego desse meio suasório nos *conflitos envolvendo a Administração Pública*, assim liberando seu emprego no campo dos interesses de cunho fazendário (ou interesse público secundário). O parágrafo único do art. 1º da citada Lei conceitua a mediação como a "atividade técnica exercida por terceiro imparcial sem poder decisório, que, escolhido ou aceito pelas partes, as auxilia e estimula identificar ou desenvolver soluções consensuais para a controvérsia", esclarecendo ainda o art. 3º daquela lei: "Pode ser objeto de mediação o conflito que verse sobre direitos disponíveis *ou sobre direitos indisponíveis que admitam transação*".

Nesta última hipótese, a citada Lei 13.140/2015 procedeu a uma integração da mediação com a Justiça estatal, ao dispor no § 2º do art. 3º: "O consenso das partes envolvendo direitos indisponíveis, mas transigíveis, deve ser homologado em juízo, exigida a oitiva do Ministério Público" (figure-se um Termo de Ajustamento de Conduta celebrado com o degradador ambiental visando ao replantio de espécies nativas). Ainda, essa lei alterou dispositivos da Lei 9.469/1997, ficando o art. 1º, *caput*, com esta redação: "O Advogado-Geral da União, diretamente ou mediante delegação, e os dirigentes máximos das empresas públicas federais, em conjunto com o dirigente estatutário da área afeta ao assunto, poderão autorizar a realização de acordos ou transações para prevenir ou terminar litígios, inclusive os judiciais". De interesse, outrossim, ter presente que o parágrafo único do art. 1º da citada Lei 13.140/2015 conceitua a mediação como a "atividade técnica exercida por terceiro imparcial sem poder decisório, que, escolhido ou aceito pelas partes, as auxilia e estimula identificar ou desenvolver soluções consensuais para a controvérsia".

Em estudo publicado originalmente em 2010, havíamos sustentado que os processos judiciais de que participe a Fazenda Pública poderiam ser resolvidos através de transação direta com as partes ou, sendo o caso, por

---

[9] Disponível em: <https://docs.wixstatic.com/ugd/522e38_84376227be354db9b391ad0f95997ca4.pdf>. Acesso em: 1º set. 2017.

meio da intercessão de conciliador ou mediador: "(...) hoje não mais resiste à serena análise técnica o vetusto argumento que por muito tempo afastou a Fazenda Pública da possibilidade de transacionar em juízo nos feitos de seu interesse. Essa viabilidade é de ser hoje reconhecida, ao pressuposto, naturalmente, de que, como resultado da autocomposição:

> (*i*) a posição fática e/ou jurídica do ente político não *piore qualitativamente*, sem uma contrapartida vantajosa que reequilibre os termos da equação (por exemplo, não se justificaria transação judicial em que o Município concordasse com a proposta da construtora faltosa, concedendo-lhe um prazo maior da obra às posturas edilícias, e a empresa, além disso, também pretendesse o cancelamento da multa antes imposta);
>
> (*ii*) venha o Poder Público a comprometer verba orçamentária *especificamente* afetada ao pagamento de precatórios que aguardam na *fila* da ordem cronológica; tal conduta acarretaria ao ordenador graves consequências, tanto podendo configurar *desvio de finalidade*, em tese passível de ação popular (art. 2º, *e*, da Lei n. 4.717/65: 'o agente pratica o ato visando a fim diverso daquele previsto, explícita ou implicitamente, na regra de competência'), como *ato de improbidade* ('liberar verba pública sem a estrita observância das normas pertinentes ou influir de qualquer forma para a sua aplicação irregular' – art. 10, XI, da Lei n. 8.429/92)".[10]

Na esteira desse prognóstico, a Lei 12.153/2009, sobre os Juizados Especiais da Fazenda Pública, em seu art. 8º autoriza os representantes judiciais dos entes políticos e suas autarquias, fundações e empresas públicas, presentes à audiência, a "conciliar, transigir ou desistir nos processos da competência dos Juizados Especiais, nos termos e nas hipóteses previstas na lei do respectivo ente da Federação".

Assim se passa porque, apesar de o art. 841 do Código Civil dizer que a transação só é possível "quanto a direitos patrimoniais de caráter privado", tal disposição não pode implicar excluir da possibilidade de transação os

---

[10] "O plano piloto de conciliação em segundo grau de jurisdição, do E. Tribunal de Justiça de São Paulo, e sua possível aplicação aos feitos de interesse da Fazenda Pública". Estudo originalmente publicado na *Revista dos Tribunais*, n. 820, p. 11-49, jan. 2004. Dito estudo foi depois publicado, revisto e atualizado, in: MARINONI, Luiz Guilherme (Coord.). *Estudos de direito processual civil*: homenagem ao Professor Egas Dirceu Moniz de Aragão. São Paulo: Revista dos Tribunais, 2006, p. 850-885; *Revista Autônoma de Processo*: Revista da Faculdade Autônoma de Direito – FADISP, n. 1, p. 133-197, out./dez. 2006; ainda, em nossa obra *Advocacia do setor público*: estudos temáticos de direito. São Paulo: Saraiva, 2013, p. 81-174, encontrando-se o excerto ora colacionado na p. 169.

efeitos econômicos de certos direitos indisponíveis, tais aqueles de que se ocupa a Administração Pública como aqueles que concernem à subsistência das pessoas. A não ser assim, não poderia haver desapropriação amigável, já que envolve o erário, isto é, o aspecto pecuniário do patrimônio público; também não poderia haver acordo em ação de alimentos; tampouco uma ação civil pública ambiental poderia resolver-se num Termo de Ajustamento de Conduta, sendo o meio ambiente um bem de uso comum do povo (CF, art. 225, *caput*). Diversamente se passa com os *direitos da personalidade*, que, *ex lege*, são "intransmissíveis e irrenunciáveis" – CCi, art. 11.

No tocante à arbitragem, é elemento fundamental a *convenção arbitral*, que compreende:

(*i*) um elemento *a priori*, a saber, a *cláusula compromissória* (Lei 9.307/96, art. 4º e parágrafos), a qual pode ser inserida em contrato envolvendo direitos disponíveis, levando a que, em sendo judicializado tal contrato, a exclusão da jurisdição estatal poderá ser declarada de ofício pelo juiz;

(*ii*) um elemento *a posteriori*, representado pelo *compromisso arbitral* (Lei 9.307/1996, art. 9º e parágrafos), cuja existência deve ser comunicada ao juiz pelo réu, no bojo da contestação (CPC, art. 337, X), cuidando-se no caso de um *pressuposto processual negativo*, levando à extinção do processo sem julgamento do mérito (CPC, art. 485, VII).

A arbitragem experimentou notável expansão com a Lei 13.129/2015, que alterou dispositivos da Lei 9.307/1996, com destaque para o § 1º do art. 1º, estabelecendo que a "administração pública direta e indireta poderá utilizar-se da arbitragem para dirimir conflitos relativos a direitos patrimoniais disponíveis", e ainda o § 2º desse art. 1º, dispondo que a autoridade competente para tal mister "é a mesma para a realização de acordos ou transações".

A arbitragem aparece situada em patamar distinto da conciliação e da mediação, já agora operando em dimensão potencializada, enquanto meio heterocompositivo extrajudicial, como se colhe deste contexto normativo:

(*i*) o art. 18 da Lei 9.307/1996 tipifica o árbitro como um "juiz de fato e de direito", sendo sua sentença (*sic*), em princípio, definitiva, só podendo ser revista judicialmente em casos estritos, especificados nos arts. 32 e 33 dessa Lei, com as alterações redacionais trazidas pela Lei 13.129/2015, que, inclusive, acresceu o § 4º ao art. 33 da Lei 9.307/1996: "A parte interessada poderá ingressar em juízo para requerer a prolação de sentença arbitral complementar, se o árbitro não decidir todos os pedidos submetidos à arbitragem";

(*ii*) o art. 31 da Lei 9.307/1996 dispõe que: "A sentença arbitral produz, entre as partes e seus sucessores, os mesmos efeitos da sentença proferida pelos órgãos do Poder Judiciário e, sendo condenatória, constitui título executivo", vindo tal sentença listada dentre os títulos executivos *judiciais* (CPC, art. 515, VII);

(*iii*) o árbitro pode expedir *carta arbitral* "para que o órgão jurisdicional nacional pratique ou determine o cumprimento na área de sua competência territorial, de ato solicitado pelo árbitro" (Lei 9.307/1996, art. 22-C, acrescido pela Lei 13.129/2015), certo ainda que, uma vez instituída a arbitragem, é dado ao árbitro "manter, modificar ou revogar a medida cautelar ou de urgência concedida pelo Poder Judiciário", ou mesmo decidir sobre medida cautelar a ele requerida pelas partes convenentes (Lei 9.307/1996, art. 22-B e parágrafo único, acrescidos pela Lei 13.129/2015);

(*iv*) o processo judicial que versa sobre arbitragem preordena-se a tramitar em *segredo de justiça*, à condição de que a confidencialidade, que reveste essa modalidade privada de solução de controvérsia, "seja comprovada perante o juízo" (CPC, art. 189, IV). Tal normação reguladora da arbitragem permite reafirmá-la como um vero *equivalente jurisdicional*.

Ainda sob a égide dos meios auto e heterocompositivos, cabe citar o *acordo de leniência*, no âmbito do Cade – Conselho Administrativo de Defesa Econômica, autarquia do Ministério da Justiça (Lei 12.529/2011, art. 86), e no campo consumerista, a *convenção coletiva de consumo* (Lei 8.078/1990 – Código de Defesa do Consumidor, art. 107 e incisos).

No campo penal, uma aproximação entre a Justiça estatal e os meios auto e heterocompositivos se vislumbra no instituto da *delação ou colaboração premiada*, na medida em que agiliza os trâmites probatórios, pela postura proativa (e não defensiva) do investigado ou acusado, sob a égide do chamado processo de *estrutura cooperatória*, versando a Lei 12.850/2013, dentre outros tópicos, sobre a delação premiada. Especificamente no tocante às "infrações penais de menor potencial ofensivo", assim entendidas "as contravenções penais e os crimes a que a lei comine pena máxima não superior a 2 (dois) anos, cumulada ou não com multa" (Lei 9.099/1995, art. 61), de competência dos Juizados Especiais, dispõe o art. 73 dessa lei: "A conciliação será conduzida pelo juiz ou por conciliador sob a sua orientação. Parágrafo único. Os conciliadores são auxiliares da Justiça, recrutados, na forma da lei local, preferentemente entre bacharéis em Direito, excluídos os que exerçam funções na administração da Justiça Criminal".

Em matéria trabalhista, dispõe o § 1º do art. 114 da CF: "Frustrada a negociação coletiva, as partes poderão eleger árbitro", silenciando, porém, quanto à sua utilização nos dissídios individuais ("reclamações trabalhistas"). Quanto à CLT, o § 2º do art. 764 dispõe que, uma vez frustrada a tentativa de acordo, "o juízo conciliatório converter-se-á obrigatoriamente em arbitral", mas é razoável entender-se que aí não se trata, exatamente, da constituição de uma vera arbitragem (que pressupõe a existência de cláusula compromissória e subsequente convenção de arbitragem), mas, antes, por ali se está querendo aludir a um critério ou regra de julgamento. Sem embargo, Sérgio Pinto Martins, evocando o art. 769 da CLT, que, para os casos omissos admite como fonte subsidiária o "direito processual comum", afirma: "O trabalhador não está renunciando, alienando ou sancionando direitos quando submete o conflito à arbitragem, mas apenas escolhe um terceiro para solucionar o litígio. O árbitro irá dizer o direito do trabalhador".[11]

No campo das relações de consumo, dispõe a Lei 8.078/1990: "Art. 51. São nulas de pleno direito, entre outras, as cláusulas contratuais relativas ao fornecimento de produtos e serviços que: (...) VII – determinem a utilização compulsória de arbitragem".

Na esteira do ideário firmado na Res. CNJ 125/2010, que estabelece as bases da *Política Judiciária Nacional*, o CPC busca claramente *incentivar* o emprego dos meios consensuais de prevenção ou solução de conflitos, colocando tal objetivo como dever do Estado (§ 2º do art. 3º) "inclusive no curso do processo judicial" (§ 3º do art. 3º); já a arbitragem vem mencionada no § 1º do art. 3º daquela Resolução, cujo *caput* reproduz o disposto no inciso XXXV do art. 5º da CF (garantia do acesso à Justiça); a seu turno, o CPC igualmente reproduz aquele texto constitucional (art. 3º, *caput*), mas em seguida ressalva no § 1º: "É permitida a arbitragem, na forma da lei".

Sem embargo de todo esse contexto normativo que respalda a arbitragem, cabe registrar, em contraponto, as ponderações de Sérgio Pinto Martins ao alertar para o "problema cultural de sua admissibilidade"; na sequência, observa o autor: "O brasileiro prefere a solução pelo Poder Judiciário. A arbitragem acaba sendo onerosa, enquanto o pagamento das custas judiciais de modo geral, é de valor baixo, possibilitando o acesso das pessoas à Justiça. No processo do trabalho, o empregado, por exemplo, não paga custas para ajuizar a ação".[12] A esse cenário cumpre agregar o fato de que, embora a Lei 9.307/1996 não tenha recepcionado a exigência

---

[11] *Direito processual do trabalho*. 29. ed. São Paulo: Atlas, 2009, p. 64.
[12] *Teoria geral do processo*, cit., 2. ed., 2016, p. 89. (Ao propósito, vale atentar para o disposto no § 1º do art. 789 da CLT, redação da Lei 10.537/2002: "As custas serão

de *homologação judicial* da sentença arbitral, antes prevista nos arts. 584, III, 1.084 e 1.099 do CPC/1973 (que inclusive se referia ao *laudo arbitral*), fato é que se a condenação decorrente da sentença arbitral não vem a ser cumprida pelo destinatário ou apresenta vício que inquine sua validade, restará a via judicial, tanto para a execução forçada como para apurar os questionamentos que tenham sido feitos pelo interessado (CPC, art. 515, VII; Lei 9.307/1996, arts. 32, 33, com as alterações promovidas pela Lei 13.129/2015, nessa ordem).

De todo modo, não há negar, sob a óptica da interpretação sistemático-teleológica, que o *jus novum* labora para evidenciar que a concepção *monopolística* da Justiça estatal hoje se pode dizer superada, não mais se oferecendo como protagonista da cena judiciária, mas, antes, como *um dos meios* pelos quais um conflito pode ser prevenido ou resolvido. A par disso, nos chamados conflitos multiplexos, que depassam o campo propriamente jurídico, estendendo-se por tópicos sócio-político-econômicos, a intervenção judicial pode até mesmo não se oferecer como a opção mais indicada. Ao propósito, alerta Luís Roberto Barroso: "Temas envolvendo aspectos técnicos ou científicos de grande complexidade podem não ter no juiz de direito o árbitro mais qualificado, por falta de informação ou conhecimento específico. Formalmente, os membros do Poder Judiciário sempre conservarão a sua competência para o pronunciamento definitivo. Mas em situações como as descritas, normalmente deverão eles prestigiar as manifestações do Legislativo ou do Executivo, cedendo passo para juízos discricionários dotados de razoabilidade".[13]

Presentes as ponderações antes feitas, compreende-se que tenha o CPC incluído no conteúdo ocupacional do juiz o mister de "promover, a qualquer tempo, a autocomposição, preferencialmente com auxílio de conciliadores e mediadores judiciais" (inciso V do art. 139), tudo sob a égide de um renovado processo de estrutura cooperatória (art. 6º), com o que se busca superar o difundido (e contraproducente) *ambiente adversarial*, que acirra os ânimos das partes, dificulta a solução do conflito, prolonga os trâmites e, ao fim e ao cabo, converte as partes em vencedor e vencido.

O crescente prestígio dos meios auto e heterocompositivos, fora e além da estrutura judiciária estatal, segue em simetria com a contemporânea

---

pagas pelo vencido, após o trânsito em julgado da decisão. No caso de recurso, as custas serão pagas e comprovado o recolhimento dentro do prazo recursal".)

[13] Judicialização, ativismo judicial e legitimidade democrática. *Atualidades Jurídicas*: revista eletrônica do Conselho Federal da OAB, n. 4, jan./fev. 2009, p. 16 do texto impresso.

intelecção do que se contém no inciso XXV do art. 5º da CF (ubiquidade ou indeclinabilidade da jurisdição), dispositivo que não mais consente a leitura *ufanista e irrealista* de outrora, a qual, no limite, acaba por operar como um estímulo à judicialização, assim insuflando a contenciosidade social, em detrimento dos meios suasórios de solução de conflitos.

Com efeito, a *cultura demandista*, impulsionada por uma concepção *adversarial* do processo e por uma visão que se diria *disfuncional* da atividade jurisdicional, projeta deletérios efeitos colaterais:

(*i*) exacerba a litigiosidade ao interno da coletividade, insuflando a cultura demandista;

(*ii*) arrisca converter o direito de ação em dever de ação, assim desestimulando a busca pelos meios resolutórios consensuais, fora e além da estrutura judiciária estatal;

(*iii*) sobrecarrega a pauta do Judiciário com o desmesurado afluxo de processos, que não raro alcançam a instância jurisdicional antes do *ponto de maturação* da controvérsia, distendendo o trâmite processual;

(*iv*) provoca o *in put* excessivo de processos implicando a requisição incessante e crescente de verbas orçamentárias pelo Judiciário, com vistas a atender ao seu crescimento físico, dando azo à formação de zonas de tensão com o Executivo;

(*v*) engendra o *déficit* de qualidade da resposta jurisdicional, na medida em que a crise numérica de processos tende a ser respondida com a oferta de respostas massivas, calcadas em modelos formatados, propiciando a (enganosa) eficácia *quantitativa*.

A solução consensual da controvérsia pode ocorrer:

(*a*) *extrajudicialmente*, por exemplo, através de um Termo de Ajustamento de Conduta, firmado perante o Ministério Público ou outro órgão público credenciado, documento que, originalmente, forma título executivo extrajudicial (CPC, art. 784, IV), mas, uma vez sendo homologado em Juízo, converte-se em título executivo judicial (CPC, art. 515, III); ou

(*b*) *na pendência do processo judicial*, sendo que, neste caso, uma vez homologada a transação, esta constitui título executivo judicial (CPC, art. 515, II), como pode dar-se, por exemplo, no litígio coletivo pela posse de imóvel (CPC, § 4º do art. 565). Outrossim, havendo perspectiva de uma solução consensual na pendência do processo judicial, este poderá ser suspenso (CPC, art. 313, II).

Vale ter presente que os meios auto e heterocompositivos de solução de conflitos apresentam uma interface com a condição da ação dita *interesse de agir* (CPC, art. 17) porque, sendo este último caracterizado pela *necessidade e utilidade* da intervenção jurisdicional, e sendo a lide, no conceito *carneluttiano*, o conflito de interesses qualificado pela *pretensão resistida*, é bem de ver que, a rigor, não se configura uma vera *lide* se e enquanto não são tentados aqueles meios. Nesse sentido, o Plenário do STF, no RE 631.240, j. 28.08.2014, reconhecido com repercussão geral (CPC, art. 1.035 e § 1º), decidiu por maioria, acompanhando o voto do Ministro relator, Luís Roberto Barroso, que a exigência de prévia apresentação da pretensão previdenciária ao INSS, antes do ajuizamento da demanda, não infringe o art. 5º, XXXV da CF (garantia de acesso à Justiça), dado que, sem tal providência preliminar não resta caracterizada a resistência da contraparte, assim não se configurando o interesse de agir.

Bem por isso, nos Juizados Especiais, a audiência de instrução e julgamento ocorre como um *posterius*, após se mostrarem infrutíferas as etapas anteriores, tal a tentativa de conciliação e até mesmo o juízo arbitral oportunizado às partes – Lei 9.099/1995, arts. 21 a 26, *passim*.

10

PIRÂMIDE DE RESOLUÇÃO DE CONFLITOS

Ao contrário do que uma leitura rápida e descontextualizada do contido no art. 5º, XXXV, da CF (garantia de acesso à Justiça) pode sugerir, a atividade jurisdicional do Estado não se preordena a interferir de pronto e imediatamente ante todo e qualquer histórico de um afirmado direito ameaçado ou afrontado, em uma sorte de *ligação direta*, valendo ter presente que o interesse de agir (necessidade e utilidade da via judicial) pressupõe *resistência* da contraparte, de sorte que, antes de ser tentado algum meio suasório, não se pode, a rigor, falar em *lide*, que na concepção *carneluttiana* se configura na pretensão *resistida*.

O ora afirmado aplica-se à *tutela de urgência* – cautelar ou de evidência – porque esse campo reclama demonstração de certos pressupostos específicos, tais o *periculum in mora*, o *fumus boni iuris*, o risco para o resultado útil do processo (CPC, art. 300 e parágrafos; art. 311, incisos e parágrafo único), descartados, pois, os históricos de situações meramente supostas ou descabidas.

Com efeito, o interesse de agir – uma das condições da ação: CPC, art. 17 – não se traduz em um singelo voluntarismo do jurisdicionado, mas, para a exitosa judicialização do conflito, impende a consistente demonstração de que um dado direito, interesse, valor ou bem da vida está em crise de certeza (processo de conhecimento), de segurança (tutela de urgência) ou de satisfação (cumprimento do julgado/processo de execução), de modo que, tirante as ações ditas *necessárias*, que reclamam passagem judiciária, tal como, *v.g.*, a anulação de casamento ou a ação no controle direto de constitucionalidade – no mais, e de ordinário, impende que o sedizente prejudicado busque, primeiramente, os meios suasórios, podendo valer-se de algum agente facilitador, tal o conciliador ou o mediador.

Bem por isso, dentre outros exemplos, na locação por tempo indeterminado, pretendendo o proprietário retomar o imóvel, deverá "denunciar o contrato a qualquer tempo, concedido o prazo de trinta dias para desocupação" (Lei 8.245/1991, § 2º do art. 46), porque bem pode dar-se que nesse interregno o inquilino desocupe o imóvel, tornando desnecessária a ação de despejo – art. 61 da lei supra. Noutro exemplo, não raro ocorre que o *apontamento* ao protesto do título de crédito, no vencimento (*dies interpellat pro homine*), basta para que o devedor compareça ao cartório e proceda ao pagamento, com isso poupando-se à execução judicial e à penhora. Assim também as demais medidas preventivas (notificações, interpelações – CPC, arts. 726-729) podem bastar para que a contraparte atenda à pretensão do requerente, assim resolvendo a pendência e evitando a judicialização.

Note-se que mesmo a fase de *cumprimento do julgado*, quando vem fundada em título concernente à obrigação sujeita à condição ou termo, não pode ser iniciada sem a "demonstração de que se realizou a condição ou de que o ocorreu o termo" (CPC, art. 514), porque, ausentes tais ocorrências, a rigor não se configura o *prejuízo* que deflagra o legítimo interesse processual em instaurar a execução, até porque esta é sempre *forçada* (CPC, art. 778, *caput*, c/c parágrafo único do art. 771). O mesmo se diga do *habeas data*, cuja impetração depende da demonstração, na peça inicial, de que o órgão que detém os dados pretendidos pelo interessado, apesar de instado a fornecê-los, se recusou ou está retardando a entrega ou a certificação – Lei 9.507/1997, art. 8º, parágrafo único e incisos.

Portanto, ao contrário do que uma leitura simplista do inciso XXXV do art. 5º da CF pode sugerir, o acesso à Justiça não tem como operar eficazmente se vem consentida uma *ligação direta e açodada* entre a ocorrência historiada e a intervenção judicial. Antes e superiormente, a função jurisdicional é de ser provocada após uma criteriosa ponderação entre meios e fins, entre custo e benefício e, ainda, de cuidadosa pesquisa jurisprudencial, dada a virtualidade da existência de padrão decisório impositivo, em senso contrário ao da pretensão, engendrando risco de liminar improcedência do pedido (CPC, art. 332 e incisos).

Tal postura serena e responsável na fase pré-judicial em nada infirma ou compromete a prestação jurisdicional do Estado, senão que antes a valoriza, prestigia e potencializa, impedindo que ela se generalize e se ofereça em modo massivo, a par de evitar a banalização do direito de ação, que, exercido desmesuradamente, arrisca converter a instância judicial em um balcão genérico de reclamações, em detrimento da prévia e desejável aproximação entre os sujeitos concernentes à controvérsia, o que, dentre outros proveitos, propicia a *maturação* do dissídio, com o aclaramento de seus pontos relevantes, assim pavimentando o caminho para uma solução consensual.

Por meio desse ambiente de perfil cooperatório, alcança-se um de dois resultados: ou o afirmado dano temido/sofrido alcança solução adequada, assim se resolvendo a crise prenunciada ou já deflagrada, ou, quando menos, o conflito fica melhor delineado em seus contornos, o que agilizará o trâmite da eventual judicialização sequencial, certo ainda que desse modo se evita que a controvérsia alcance a instância forense antes do desejável *ponto de maturação*, ocorrência que hoje constitui importante concausa do retardamento do trâmite processual.

Até mesmo nas ocorrências envolvendo direitos indisponíveis ou interesse fazendário (*v.g.*, meio ambiente; patrimônio histórico-artístico-cultural; erário), é recomendável uma fase de prévio aclaramento dos fatos sindicados, com vistas à possível resolução ou equacionamento do conflito, o que é particularmente ocorrente no âmbito da ação civil pública, geralmente precedida do inquérito civil (Lei 7.347/1985, art. 9º e parágrafos), do qual pode resultar um Termo de Ajustamento de Conduta (Lei 7.347/1985, § 6º do art. 5º; CPC, art. 784, IV; art. 515, III); ou ainda, nos conflitos desportivos, cuja judicialização condiciona-se à prévia apreciação da causa por tribunal desportivo – CF, art. 217 e § 1º.

Outro aspecto desse renovado panorama está na Lei 13.140/2015, sobre a utilização da mediação nas causas envolvendo o Poder Público, ficando os respectivos órgãos advocatícios autorizados a "avaliar a admissibilidade dos pedidos de resolução de conflitos por meio de composição, no caso de controvérsia entre particular e pessoa jurídica de direito público" (inciso II do art. 32); ainda, dispõe o § 3º deste artigo: "Se houver consenso entre as partes, o acordo será reduzido a termo e constituirá título executivo extrajudicial". Com vistas a compatibilizar os textos vigentes sobre o tema, a citada Lei 13.140/2015 alterou dispositivos da Lei 9.469/1997, dando ao art. 1º, *caput*, desta última esta redação: "O Advogado-Geral da União, diretamente ou mediante delegação, e os dirigentes máximos das empresas públicas federais, em conjunto com o dirigente estatuário da área afeta ao assunto, poderão autorizar a realização de acordos ou transações para prevenir ou terminar litígios, inclusive os judiciais".

Com tal estratégia se pode prevenir a sobrecarga do serviço que hoje assola o Judiciário, como ressalta Antonio César Bochenek, alertando para a "litigância produzida ou não evitada pelos órgãos administrativos. A ausência do cumprimento espontâneo das obrigações estatais, pela via administrativa (Executivo), principalmente nos casos de decisões já pacificadas, obriga as partes a acionarem os tribunais. De outro lado, o desrespeito aos direitos por equívocos e os erros nos serviços prestados por agentes dos poderes públicos também contribuem para o aumento do número de demandas judicializadas".[1]

Os vários dispositivos, na legislação codificada ou extravagante, referindo os meios auto e heterocompositivos, atrelam-se a uma visão renovada e contemporânea da prevenção/resolução de conflitos, em consonância com as diretrizes firmadas na Res. CNJ 125/2010, que estabelece a *Política Judiciária Nacional*, tudo consentindo inferir a superação da concepção monopolística da distribuição da justiça, antes enfeixada em mãos do Estado (CF, art. 92 e incisos), por modo que a condição legitimante da prevenção/resolução de conflitos deslocou-se, do *fetiche* pela decisão judicial de mérito (*solução adjudicada*), para o critério da *solução justa e tempestiva dos* conflitos, com o concurso de agentes diversos, não necessariamente integrantes da Justiça estatal.

A *efetividade* das soluções alcançadas consensualmente, por meios auto ou heterocompositivos, decorre da simples constatação de que os sujeitos concernentes a uma dada controvérsia tendem a prestigiar e cumprir os termos da solução livremente concertada entre eles mesmos, assim contribuindo para prevenir a deflagração de conflitos que, de outro modo, se converteriam em lides judiciais. Note-se que a sentença de mérito advém, geralmente, em um momento em que as partes já estão impactadas negativamente por diversos fatores intercorrentes: o custo financeiro do processo pendente; o estresse do ambiente adversarial; a duração do processo; a incerteza quanto ao resultado final.

A tudo se agrega o fato de que o comando judicial, diversamente do que se passa no emprego dos meios consensuais, converte as partes em *vencedor e vencido*, dando margem a um ambiente que desfavorece o cumprimento do julgado ou do título exequendo extrajudicial, fazendo com que o sucumbente ou o devedor busquem esgotar os recursos e demais possibilidades impugnativas, em que pesem os riscos decorrentes dos excessos em tais condutas – CPC, arts. 77, *caput* e inciso IV; 80, *caput* e incisos VI e VII; 774 e incisos.

O CPC vigente se propõe a instaurar um renovado panorama no que concerne à admissão das ações (por exemplo, autorizando a *liminar improcedência* do pedido contrário a certos padrões decisórios impositivos – art. 332 e incisos), ao tempo em que busca incentivar o emprego de *outros meios* de solução de controvérsias, fora e além da decisão judicial de mérito. É o

---

[1] Limitar o acesso à Justiça para ampliar os direitos. Boletim eletrônico *Consultor Jurídico*. Disponível em: <http://www.conjur.com.br/2013-jan-27/segunda-leitura--limitar-ace>. Acesso em: 17 jun. 2017.

que se colhe dos parágrafos do art. 3º: "§ 1º É permitida a arbitragem, na forma da lei"; "§ 2º O Estado promoverá, sempre que possível, a solução consensual dos conflitos"; "§ 3º A conciliação, a mediação e outros métodos de solução de conflitos deverão ser estimulados por juízes, advogados, defensores públicos e membros do Ministério Público, inclusive no curso do processo judicial"; "Art. 139. O Juiz dirigirá o processo conforme as disposições deste Código, incumbindo-lhe: (...) V – promover, a qualquer tempo, a autocomposição, preferencialmente com auxílio de conciliadores e mediadores judiciais". A par disso, o art. 149 elenca os conciliadores e mediadores dentre os *auxiliares da Justiça*.

Uma vez obtida a transação, extingue-se o processo com julgamento do mérito (CPC, art. 487, III, *b*), dando azo à agregação da coisa julgada material (art. 502). Inclusive em situações bastante gravosas, como no litígio coletivo pela posse de imóvel, e em se tratando de posse velha, deve o juiz, antes de apreciar o pedido de liminar, "designar audiência de mediação" à qual comparecerão os vários atores concernentes ao *thema decidendum*, inclusive o Ministério Público e, sendo o caso, a Defensoria Pública (art. 565 e §§ 2º e 4º).

Por conta do tendencial entendimento de que a Justiça estatal não deve ser acessada em modo pronto e imediato ("ligação direta"), em face de todo e qualquer histórico de controvérsia prenunciada ou deflagrada, antes de esgotadas as possibilidades suasórias, a doutrina tem excogitado certas "pirâmides" de resolução de conflitos, nas quais a Justiça estatal aparece, de modo geral, postada ao meio de tais figuras geométricas, com isso buscando-se enfatizar que, primeiramente, devem ser tentados outros meios, seja com vistas à possível solução consensual, seja para ensejar a desejável *maturação* da pendência e definição de seus contornos. O recurso gráfico a tais pirâmides, segundo Boaventura de Souza Santos "tem vindo a ser utilizado para dar conta, por recurso a uma metáfora geométrica, do modo como são geridas socialmente as relações litigiosas em uma da sociedade. Sabendo-se que as que chegam aos tribunais, e, destas, as que chegam a julgamento, são a ponta da pirâmide, há que conhecer a trama social que intercede entre a ponta e a base da pirâmide".[2]

A ideia de formulação gráfica de uma pirâmide para expressar a ideia de uma gradação nos meios de resolução de conflitos acorreu a vários autores, como o antes citado Boaventura de Souza Santos[3] e, igualmente, a Roberto

---

[2] Os tribunais nas sociedades contemporâneas. *Revista Brasileira de Ciências Sociais*, n. 30, fev. 1996, p. 50.

[3] Os tribunais..., cit., p. 55.

Ferrari de Ulhôa Cintra.[4] Tais contributos buscam evidenciar que a Justiça estatal *não é o único caminho*, e sim *um dos meios* para resolução de controvérsias, e, não raro, nem é o mais indicado, como se dá nos chamados *conflitos multiplexos*, que abrangem questões transcendentes do campo estritamente jurídico, envolvendo temas que relevam da seara sócio-político-econômica, tendo já se recomendado, em tais casos, uma postura de *autocontenção* por parte do Judiciário.[5]

Eis nossa pirâmide de resolução de conflitos:

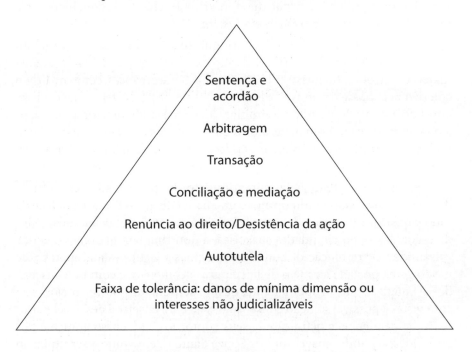

A respeito dessa figura geométrica, valem estas observações:

(*i*) na base da pirâmide estão ubicadas as situações de prejuízo pouco expressivas, em eventos ocorrentes nas relações interpessoais e negociais, não justificando a propositura de demanda judicial, presente o aviso romano: *de minimis non curat praetor*; em simetria com essa proposta hoje se vem criticando a chamada *judicialização do cotidiano*;

---

[4] *A pirâmide da solução de conflitos*. Brasília: Gráfica do Senado Federal, 2008, p. 74.
[5] Cf. Luís Roberto Barroso, Judicialização..., cit.; Atualidades Jurídicas... *Revista Eletrônica do Conselho Federal da OAB*, n. 4, fev. 2009, cit., p. 7 e 17 do texto impresso.

(*ii*) no degrau seguinte figuram modalidades de autotutela, representadas tanto por posturas comissivas ou assertivas, tais o ato de desforço pessoal em defesa da posse ou ainda a legítima defesa;

(*iii*) no patamar subsequente se encontra a renúncia ao pretenso direito ou ainda a desistência da ação porventura proposta, certo que este último alvitre, se exercido antes da citação do réu, dispensa a anuência deste (CPC, § 4º do art. 485);

(*iv*) na sequência têm lugar os meios alternativos de resolução de conflitos, sendo que a conciliação e a mediação, conquanto consintam a participação de um *tertio*, definem-se como meios autocompositivos, já que o agente facilitador opera de modo a *não fornecer* a fórmula resolutiva da pendência, limitando-se a informar e esclarecer os interessados acerca dos diversos aspectos do conflito, podendo apenas *induzir* a resolução consensual (CPC, §§ 2º e 3º do art. 165);

(*v*) na etapa subsequente tem lugar a arbitragem, esta já é um meio heterocompositivo, porque o árbitro é "juiz de fato e de direito" (Lei 9.307/1996, art. 18), sendo que sua sentença constitui título executivo judicial (CPC, art. 515, VII);

(*vi*) no degrau seguinte abre-se espaço à transação ou acordo, que tanto pode realizar-se (ou ser buscada) na fase pré-processual (*v.g.*, um termo de ajustamento de conduta celebrado com o Ministério Público – CPC, art. 784, IV), como no bojo do processo, já agora formando título executivo judicial (CPC, art. 487, III, *b*);

(*vii*) frustrados ou inaplicáveis tais alvitres, abre-se ensejo para o ajuizamento (ou a continuidade) do processo judicial, preordenado à prolação de sentença e acórdão, com ou sem julgamento do mérito (CPC, arts. 485, incisos e parágrafos; 487, incisos e alíneas), sendo que, neste último caso, oportunamente se agregará à decisão a coisa julgada material (CPC, art. 502).

Evidentemente, as técnicas de solução suasória dos conflitos não se aplicam às ocorrências que, por sua natureza ou pela qualidade dos sujeitos envolvidos, reclamam necessária passagem judiciária ou não comportam qualquer sorte de transação, tais as ações no controle direto de constitucionalidade, a ação de anulação de casamento, as ocorrências atinentes aos direitos da personalidade (CCi, art. 11), a tutela do interesse público primário, e dos interesses *substancialmente* indisponíveis.

Na pirâmide antes exposta o patamar em que se aloja o processo judicial abrange, naturalmente, todos os sujeitos que integram o contraditório, os quais praticam atos e assumem condutas, tanto comissivas (*v.g.*, um recurso) como omissivas (*v.g.*, a ausência de contestação, gerando revelia). Tais atos e condutas são praticados (ou podem sê-lo) pelos *sujeitos parciais*, isto é, as partes; pelo *sujeito imparcial* (juiz); pelo Ministério Público, Defensoria Pública, por eventuais terceiros intervenientes e ainda por *amicus curiae*, em que tenha sido admitido (CPC, art. 138 e § 3º). Os pronunciamentos do juiz abrangem: os *despachos de expediente* ou de mero impulso processual (como tal irrecorríveis: CPC, § 3º do art. 203 c/c art. 1.001), as *decisões interlocutórias* (agraváveis: CPC, § 2º do art. 203 c/c art. 1.015 e incisos) e as *sentenças* que decidem ou não o mérito da causa (CPC, arts. 485 e incisos; 487, incisos e alíneas), sendo em ambos os casos apeláveis: CPC, § 1º do art. 203 c/c art. 1.009. Já o pronunciamento dos tribunais, por seus órgãos superiores – Pleno, Órgão Especial – ou por suas frações (Turmas, Câmaras, Seções), denomina-se *acórdão*: CPC, art. 204.

11

PODER JUDICIÁRIO

Historicamente, ao tempo em que o Estado e suas instituições ainda não estavam bem delineados e assentados, os conflitos eram resolvidos diretamente pelos próprios interessados, no que se convencionou chamar *autotutela*, caracterizada pela força e subjugação da parte mais vulnerável. Alguns resquícios da justiça privada ainda podem ser hoje perscrutados em certas ocorrências recepcionadas pelo Direito, tais o estado de necessidade e a legítima defesa (CP, arts. 24, parágrafos, e 25) ou ainda o desforço pessoal em defesa da posse (CCi, § 1º do art. 1.210). Fora e além dessa ordem de circunstâncias, não mais se admite a justiça de mão própria, que, mesmo, é criminalizada – CP, art. 345.

Numa etapa subsequente da linha evolutiva que se estende até os dias atuais, consentiram-se meios diversos de autocomposição das controvérsias, inclusive mediante o auxílio de um agente facilitador, tal o conciliador, seja ainda através de meios heterocompositivos, com destaque para a arbitragem.

O vigente CPC estimula claramente o emprego desses meios alternativos ou parajurisdicionais: após reafirmar a garantia de acesso à Justiça estatal (art. 3º, *caput*), permite a arbitragem § (1º) e diz que o "Estado promoverá, sempre que possível, a solução consensual dos conflitos" (§ 2º), por meio da conciliação, mediação e outros meios suasórios, a serem "estimulados por juízes, advogados, defensores públicos e membros do Ministério Público, inclusive no curso do processo judicial" (§ 3º). Além disso, o CPC dedica toda uma seção aos "conciliadores e mediadores judiciais" (arts. 165-175 e parágrafo único), qualificando a transação celebrada nos autos, e bem assim a sentença arbitral, como títulos executivos judiciais (art. 515, II e VII). Fala-se mesmo, por conta disso, em verdadeiros *equivalentes jurisdicionais*, como afirma Cândido Rangel Dinamarco: "A crescente valorização e emprego dos meios não judiciais de pacificação e condução à ordem jurídica justa, ditos *meios alternativos*, reforça a ideia da equivalência entre eles e a atividade estatal chamada *jurisdição*".[1]

Seguindo esse ideário, o CPC recepciona a tendencial *desjudicialização dos conflitos*, ao permitir, *v.g.*, que consignações em pagamento sejam feitas em estabelecimento bancário (§ 1º do art. 539) e ao autorizar que inventários, partilhas, divórcios, entre partes capazes e havendo consenso, possam ser celebrados por escritura pública em tabelião (§ 1º do art. 610; art. 733 e parágrafos); na legislação extravagante, a Lei 11.101/2005 permite que o empresário devedor estabeleça com os credores um "plano de recuperação extrajudicial", a ser submetido à homologação pelo juiz (arts. 161-167).

Todo esse renovado ambiente, longe de desmerecer a Justiça estatal, antes a valoriza e prestigia, na medida em que a preserva para o exame e resolução de controvérsias não suscetíveis de solução por outros meios. Nesse sentido, afirma Cândido Rangel Dinamarco: "A sólida herança cultural transmitida pela obra dos cientistas do direito, mais a prática diuturna dos problemas da Justiça institucionalizada e exercida pelo Estado com exclusividade mediante julgamentos e constrições sobre pessoas e bens, são responsáveis pelo grande zelo votado à jurisdição como objeto de hermético *monopólio estatal*. Mas a exagerada valorização da tutela jurisdicional estatal, a ponto de afastar ou menosprezar o valor de outros meios de pacificar, constitui um desvio de perspectiva a ser evitado".[2]

O étimo latino *jurisdictio* remete, naturalmente, ao Direito romano, tendo a jurisdição estatal passado por sucessivas fases (das ações da lei; das fórmulas, da *extraordinaria cognitio*) que, gradualmente, foram encaminhando e definindo o ideário da Justiça estatal, aproximando-a dos moldes sob os quais hoje a conhecemos.

Ao longo do tempo a doutrina esforçou-se para alcançar o conceito de jurisdição. Enrico Tullio Liebman destaca duas dessas proposições: "A primeira define a jurisdição como *a atuação da lei por parte dos órgãos públicos destinados a esse fim* (Chiovenda). A segunda, em vez disso, prefere defini-la como a justa composição dos litígios (Carnelutti), entendendo por litígio todo conflito de interesses regulados pelo direito e por justa aquela composição que ocorre de acordo com o direito. As duas definições, embora anteriormente tenham sido objeto de vivas discussões, podem hoje ser consideradas complementares: a primeira representa uma visão puramente jurídica do conteúdo da jurisdição, enquanto estabelece a relação entre a lei

---

[1] *Instituições de direito processual civil.* 6. ed. São Paulo: Malheiros, 2009, t. I, p. 125.
[2] *Instituições...*, cit., 6. ed., t. I, p. 121.

e a jurisdição, enquanto a segunda considera a atuação do direito como *meio* para alcançar um propósito ulterior (a composição do conflito de interesses), tentando assim captar o conteúdo efetivo da matéria na qual a lei é aplicada e o resultado prático, numa chave sociológica, a que a operação conduz" (tradução livre).[3]

Em verdade, a jurisdição, tal como hoje a conhecemos, define-se como o *poder*, a *função* e *atividade estatal* de distribuição da justiça, com vistas à resolução justa e adequada dos conflitos não suscetíveis de superação por outros meios. Fernando Antônio Negreiros Lima assim conceitua a jurisdição: "função estatal encarregada de fazer atuar concretamente a vontade da lei, seja resolvendo de forma justa os litígios apresentados pelas partes em conflito, seja servindo na formação e aperfeiçoamento de atos jurídicos de particulares, mediante providências que não possam ser legitimamente obtidas senão pela intervenção estatal legalmente prevista".[4]

Na experiência jurídica brasileira, a palavra jurisdição acabou por se tornar polissêmica, tantas são as acepções, algumas atécnicas, em que ela veio sendo empregada (*v.g.*, *jurisdição* de um Distrito Policial; *jurisdição* de tal concessionária de rodovia; *jurisdição* de certa instância administrativa). Porém, em sentido próprio, a jurisdição é atrelada à Justiça estatal, enfeixada, em *numerus clausus*, nos órgãos indicados no art. 92 da CF. Verdade que outro poderia ser o contexto, se o *contencioso administrativo*, admitido em alguns países e projetado entre nós no art. 111 da EC 01/69, aqui tivesse prosperado; isso, contudo, não veio a se concretizar, porque o citado alvitre não veio recepcionado na CF de 1988. Por tais razões, nossa jurisdição segue sendo *unitária*, vindo ofertada a quem apresente um histórico de dano temido ou sofrido (CF, art. 5º, XXXV), no que se convencionou chamar garantia de acesso à Justiça ou ainda ubiquidade/universalidade da jurisdição.

---

[3] "La prima definisce la giurisdizione come l'attuazione della legge per parte degli organi pubblici a ciò destinati (Chiovenda). La seconda preferisce invece definirla come la giusta composizione delle liti (Carnelutti), intendendo per lite ogni conflitto d'interessi regolato dal diritto e per giusta quella composizione che avviene secondo il diritto. Le due definizioni, sebbene siano state in passato oggetto di vive discussioni, possono oggi considerarsi complementari: la prima rappresenta una visione puramente giuridica del contenuto dela giurisdizione, in quanto stabilisce il rapporto tra la legge e la giurisdizione, mentre la seconda considera l'attuazione del diritto como il mezzo per raggiungere uno scopo ulteriore (la composizione del conflitto d'interessi), cercando così di cogliere il contenuto effettivo della materia a cui la legge viene applicata e il resultatto pratico, in chiave sociologica, a cui conduce l'operazione" (*Manuale di Diritto Processuale Civile*, cit., 3. ed., v. 1, p. 5-6).

[4] *Teoria geral do processo judicial*, cit., 2013, p. 243.

Sérgio Pinto Martins, evocando a doutrina clássica (Ramalho, Saredo), anota cinco elementos caracterizadores da jurisdição: "*Notio* é a faculdade de conhecer certa causa ou a faculdade de ser investido da condição de decidir a lide, ordenando os atos respectivos. *Vocatio* é a possibilidade de fazer comparecer em juízo todas as pessoas que sejam úteis à justiça e ao conhecimento da verdade. *Coertio* ou *coertitio* é o direito de fazer respeitar e de reprimir as ofensas feitas ao juiz no exercício de suas funções: *jurisdicito sine coertitio nulla est*. *Iudicium* é o direito de julgar e de proferir a sentença. *Executio* é o direito exercido em nome do poder soberano para tornar obrigatória e coativa a obediência da decisão".[5]

O fato de nossa jurisdição ser unitária não significa, de modo algum, que ela seja a única modalidade de resolução de conflitos, mas muito ao contrário, há um expressivo rol de órgãos e instâncias igualmente habilitados a recepcionar, analisar e decidir históricos de riscos e danos a direitos, valores e interesses diversos, *v.g.*: *Cade* – Lei 12.529/2011, art. 4º; *Tribunais de Contas* – CF, § 3º do art. 71; *Juízo arbitral* – Lei 9.307/1996, art. 18 – podendo este último alvitre ser utilizado pelo Poder Público nas controvérsias envolvendo direitos patrimoniais disponíveis (§ 1º do art. 1º da Lei 9.307/1996, acrescido pela Lei 13.129/2015); *convenção coletiva de consumo* – Lei 8.078/1990, art. 107 e parágrafos; *Tabelionatos*, nos inventários e partilhas em que não há menores nem conflito – CPC, § 1º do art. 610; art. 733 e parágrafos; *bancos oficiais*, nas consignações em pagamento – CPC, § 1º do art. 539; *tribunais desportivos* – CF, art. 217 e § 1º; *Registro de Imóveis*, competente para o reconhecimento extrajudicial de usucapião – Lei 6.015/1973, art. 216-A, incisos e parágrafos, acrescidos; cf. art. 1.071 do vigente CPC. Não há, assim, exagero em se identificar um atual ambiente de *jurisdição compartilhada*.

De modo geral, aqueles órgãos e instâncias, que se podem dizer parajurisdicionais, emitem decisões que se revestem de força executiva, o que, além de reforçar sua eficácia prática, promove uma aproximação com a Justiça estatal. Assim se passa com os julgamentos: dos Tribunais de Contas, de natureza pecuniária (CF, art. 71, § 3º); do Cade (Lei 12.529/2009, art. 93); dos Tribunais Desportivos (CF, § 1º do art. 217), certo ainda que a sentença arbitral figura entre os títulos executivos judiciais (CPC, art. 515, VII), tendo o Fórum Permanente dos Processualistas Civis, ocorrido em 2015, editado Enunciados que reafirmam o caráter jurisdicional da arbitragem.

O fato de nossa jurisdição ser *unitária* não impede que a Justiça estatal consinta um certo desmembramento interno sob o prisma organizacional

---

[5] *Teoria geral do processo*. 2. ed. São Paulo: Saraiva, 2016, p. 92-93.

(distribuição da massa de processos), por critérios diversos: em razão de distintos critérios:

(*i*) o *ente federativo concernente* (União, Estados e Distrito Federal);

(*ii*) a *instância* (1º e 2º graus);

(*iii*) a *matéria* (cível, penal, trabalhista, tributária, previdenciária, eleitoral);

(*iv*) a *pessoa* (*v.g.*, causas de competência originária, por prerrogativa de função);

(*v*) o *critério de julgamento* (direito estrito ou, então, equidade).

Desse modo, pode-se falar em jurisdição:

(*i*) *de primeiro e segundo grau*, no primeiro caso desempenhada por Juízos monocráticos e singulares (Varas) e, no segundo, pelos tribunais, ou seja, órgãos colegiados, alocados ao meio e no cimo da pirâmide judiciária; aos tribunais é dado dispor sobre sua economia interna, elaborando seus Regimentos Internos (CF, art. 96, I, *a*), nos quais, dentre outros temas, vem regulada a competência das frações (Turmas, Câmaras, Seções, Pleno, Órgão Especial). Situação peculiar é a dos Juizados Especiais em matéria cível e criminal (CF, art. 98, I), que integram o primeiro grau, assim na Justiça federal como na estadual, consentindo recurso para um Colégio Recursal, formado de juízes de primeiro grau, vindo tais Juizados regulados, quanto à competência e organização, em leis federais: 9.099/1995 (JEC's estaduais); 10.259/2001 (JEC's federais); 12.153/2009 (JEC's da Fazenda Pública); 11.340/2006, art. 34 (JEC's para casos de violência contra a mulher);

(*ii*) *civil e penal*, tratando-se aí de uma classificação em razão do objeto ou da matéria (CPC, arts. 13, 16 e 515, VI), podendo entender-se que o conteúdo da jurisdição civil (*rectius*: cível) é extraído por exclusão, ou seja, o que constitui matéria *não penal*, *v.g.*, comercial, família, sucessões, registros públicos, ambiental;

(*iii*) *comum* (federal e estadual) e *federal especial* (trabalhista, militar, eleitoral), em decorrência da própria estrutura da Justiça estatal brasileira, fracionada nesses grandes ramos;

(*iv*) *nacional* (CPC, arts. 21-23) e *internacional* (esta última atuante em casos como extradição, homologação de sentença estrangeira, concessão de *exequatur* nas cartas rogatórias (CF, art. 105, I, *i*; CPC, arts. 25 e parágrafos; 35 e 36; Dec.-Lei 4.657/1942 – Lei de Introdução às normas do Direito Brasileiro; cf. Lei 12.376/2010, arts. 12 a 17), enfatizando o CPC a cooperação internacional (arts. 26 a 41 e parágrafo único);

(v) *contenciosa* (*inter nolentes*, envolvendo lides judicializadas) e *voluntária* (*inter volentes*, dita administração pública de interesses privados: CPC, arts. 719-770);

(vi) *de direito estrito ou critério de legalidade estrita* (CPC, art. 140, *caput*), ou, então, de *equidade*, esta última dependente de autorização legal (JEC's – Lei 9.099/1995, art. 25; CPC, parágrafo único do art. 140; ação de alimentos – Lei 5.478/1968, art. 15; CLT, arts. 8º e 852-I, § 1º);

(vii) *estatal*, a saber, a jurisdição exercida pelos órgãos listados no art. 92 da CF ou a *contratual ou convencional*, a saber, a *arbitragem*, certo que a sentença (*sic*) do árbitro (Lei 9.307/1996, art. 18) forma título executivo judicial (CPC, art. 515, VII), sendo permitida a arbitragem nos conflitos envolvendo a administração pública direta e indireta (§ 1º do art. 1º da Lei 9.307/96, acrescido pela Lei 13.129/2015).

Quanto à organização judiciária, vale ressaltar que a Justiça Estadual é alocada em *comarcas*, agrupadas em *entrâncias* (ex.: Constituição do Estado de São Paulo, art. 67), sendo que a criação, extinção e classificação das comarcas se dá em função de múltiplos fatores, tais a extensão territorial da cidade, número de habitantes, de eleitores, receita tributária, movimento forense (CF, art. 93, XIII; LOMN – LC 35/1979, art. 97 e incisos); no Estado de São Paulo, trata do tema a LC 1.274/2015, agrupando as comarcas em *entrâncias*: inicial, intermediária e final. Já a Justiça Federal comum é organizada em *seções judiciárias*, afetas a cada qual dos cinco TRF's, sendo que as seções dos Estados de São Paulo e Mato Grosso do Sul compõem a 3ª Região.

O critério de legalidade estrita, como base para as decisões judiciais remonta ao *princípio da legalidade* (CF, art. 5º e inciso II), porque, sendo as obrigações comissivas e omissivas avaliadas em função de sua conformidade a um dado texto de regência, compreende-se que caiba ao juiz interpretar a lei e aplicá-la aos casos concretos, inclusive como fator de segurança jurídica aos jurisdicionados; só excepcionalmente, pois, pode o juiz valer-se de equidade (por vezes referida como "a justiça do caso concreto") e, ainda assim, quando para tal venha autorizado por lei.

Sem embargo do critério de legalidade estrita, a que se agrega a persuasão racional do juiz, o CPC vigente empreende uma forte empreita contra a chamada *dispersão jurisprudencial excessiva*, como enfaticamente exposto na Exposição de Motivos: "(...) haver, indefinidamente, posicionamentos diferentes e incompatíveis, nos Tribunais, a respeito da mesma norma jurídica, leva a que jurisdicionados que estejam em situações idênticas, tenham de submeter-se a regras de conduta diferentes, ditadas por decisões judiciais emanadas de tribunais diversos. Esse fenômeno fragmenta o sistema, gera intranquilidade e, por vezes, verdadeira perplexidade na sociedade. (...) A dispersão excessiva da jurisprudência produz intranquilidade social e descrédito do Poder Judiciário".

De fato, muito pouco significaria, do ponto de vista prático, que pessoas físicas e jurídicas ficassem jungidas ao império da lei, segundo os princípios da legalidade e da igualdade (CF, art. 5º e inciso II), se a norma, ao ter sua passagem judiciária, vem a receber interpretações as mais díspares, senão já antagônicas, sem o compromisso de que num dado momento uma certa exegese possa firmar-se, constituindo um padrão decisório consistente e constante e duradouro. Por isso, o CPC, por um lado, atribui aos tribunais de todo o país o dever de "uniformizar sua jurisprudência e mantê-la estável, íntegra e coerente", incumbindo-lhes ainda do poder-dever de emitir "enunciados de súmulas correspondentes a sua jurisprudência dominante" (art. 926 e § 1º); de outro lado, o CPC apresenta um rol de parâmetros decisórios de eficácia expandida, revestidos de força obrigatória em face dos juízes e tribunais do país (art. 927 e incisos), permitindo assim se reconhecer uma vera *rota de aproximação* entre o Direito brasileiro (família *civil law*: critério de legalidade estrita) e o Direito anglo-saxão (família *common law*: o precedente vinculativo – *binding precedent* – respaldado na regra *stare decisis et non quieta movere*.

Evidência expressiva do antes afirmado, no tocante ao novo ambiente jurídico-político instaurado com o advento do vigente CPC, está na previsão da *improcedência liminar do pedido*, quando este contrarie algum dos produtos judiciários otimizados, indicados nos incisos do art. 332; outro exemplo está na possibilidade de ação rescisória com base em violação manifesta da norma jurídica (inciso V do art. 966), contra decisão transitada em julgado, "baseada em enunciado de súmula ou acórdão proferido em julgamento de casos repetitivos que não tenha considerado a existência de distinção [*distinguishing*] entre a questão discutida no processo e o padrão decisório que lhe deu fundamento" (§ 5º do art. 966, acrescido pela Lei 13.256/2016). Isso porque se considera *não fundamentada* – e, pois, nula: CF, art. 93, IX – a decisão judicial que se baseia em padrão decisório de força obrigatória, desacompanhada da demonstração da "existência de distinção no caso em julgamento ou a superação do entendimento" (CPC, inciso VI do § 1º do art. 489).

A antes referida tendência à desjudicialização dos conflitos se projeta na tendencial *jurisdição compartilhada*, como alvitre a ser oferecido e praticado, *a latere* do modelo monopolístico de distribuição da justiça pelo Estado. Essa tendência segue em paralelo à chamada *nomogênese difusa*, a saber, o tendencial credenciamento a muitos órgãos e instâncias para normatizarem em suas respectivas esferas de atuação: medidas provisórias e decretos do Poder Executivo; regulamentos, portarias, resoluções, emitidos por Ministérios, Secretarias, agências reguladoras, bancos oficiais, nos três níveis de governo.

Sensível a esse renovado panorama, o CPC incentiva a resolução dos conflitos mediante meios auto e heterocompositivos, fora e além da estrutura judiciária estatal (§ 3º do art. 3º; arts. 165-175; art. 515, II e III), em simetria, de resto, com o estabelecido pelo CNJ no bojo da Política Judiciária Nacional (Res. 125/2010), constando dentre os *consideranda* desse documento que "(...) o direito de acesso à Justiça, previsto no art. 5º, XXXV, da Constituição Federal além da vertente formal perante os órgãos judiciários, implica acesso à ordem jurídica justa (...) cabe ao Judiciário estabelecer política pública de tratamento adequado dos problemas jurídicos e dos conflitos de interesses, que ocorrem em larga e crescente escala na sociedade, de forma a organizar, em âmbito nacional, não somente os serviços prestados nos processos judiciais, como também os que possam sê-lo mediante outros mecanismos de solução de conflitos, em especial dos consensuais, como a mediação e a conciliação".

Afinada a esse ideário, a Lei 13.140/2015, a par de regular o instituto da mediação, autoriza seu emprego na "autocomposição de conflitos no âmbito da administração pública" (art. 1º, *caput*), inclusive quando envolvam "direitos indisponíveis que admitam transação" – art. 3º, *caput*. Sob análogo ideário, a Lei 13.467/2017, que alterou expressivamente a CLT veio regular o "processo de jurisdição voluntária para homologação de acordo extrajudicial" (arts. 855-B a 855-E, inseridos por essa lei).

Sem embargo dessa tendencial *desjudicialização dos conflitos*, é bem de ver que somente a jurisdição afetada ao Estado se beneficia de alguns atributos que lhe são exclusivos, concernentes às três dimensões sob as quais ela se apresenta: Poder, Função, Atividade.

Assim é que constituem atribuições ou características do Poder Judiciário, ou, se se quiser, da atividade judicante estatal:

(*i*) a *inércia inicial*, ligada ao princípio da demanda, levando a que a função jurisdicional dependa, em regra, de *provocação* da parte ou interessado (CPC, art. 2º), sendo, pois, excepcional a atuação de ofício, como se dá, *v.g.*, na arrecadação de bens de pessoa declarada ausente – CPC, art. 744;

(*ii*) o caráter *substitutivo*, por modo que, uma vez ajuizada a ação e formado o processo, o Estado-juiz se interpõe às partes, avocando o poder de recepcionar e analisar a pretensão e a defesa dos integrantes do contraditório, a par da prova apresentada, para, ao final, impor, coercitivamente, a solução prevista no texto de regência e estabelecida no julgado;

(*iii*) a *ubiquidade ou universalidade*, assegurando que nenhum histórico de dano temido ou sofrido possa ser subtraído à apreciação judicial (CF, art. 5º, XXXV), independentemente de a pretensão ser ou não fundada (aspecto pertinente ao mérito), já que o direito de ação é abstrato;

(*iv*) a *reserva de sentença*, levando a que uma decisão judicial, sob qualquer modalidade, só possa ser revista por outra do mesmo Poder (*v.g.*, o efeito substitutivo dos recursos – CPC, art. 1.008), mesmo que já tenha transitado em julgado (ação rescisória – CPC, art. 966 e incisos c/c art. 502), inclusive no plano penal (revisão criminal: CPP, art. 621 e incisos);

(*v*) a *definitividade* da decisão de mérito transitada em julgado, impondo estabilidade e indiscutibilidade ao seu conteúdo, e imunizando o quanto decidido até mesmo em face de eventual lei posterior (CF, art. 5º, XXXVI; CPC, art. 502);

(*vi*) a *tríplice garantia* da vitaliciedade, inamovibilidade e irredutibilidade de vencimentos aos magistrados (CF, art. 95 e incisos), inclusive como condição para a isenção e imparcialidade;

(*vii*) a *indelegabilidade*, levando a que seja juridicamente inexistente o ato praticado por quem não esteja investido de jurisdição, certo que apenas "atos de mero expediente sem caráter decisório" podem ser repassados aos servidores – CF, art. 93, XIV;

(*viii*) a garantia do *juiz natural*, a saber, aquele constituído antes dos fatos, o que se projeta no campo da *competência* (que é a medida da jurisdição) e no princípio da *aderência ao território*, atrelando a validade da atuação jurisdicional a um limite espacial, por exemplo, a um Estado, no caso dos Tribunais de Justiça ou a uma dada seção judiciária, no caso dos Tribunais Federais Regionais; por isso, quando um juiz estadual necessita da realização de um ato concernente a outra comarca, solicitará a esta a providência cabível por meio de carta precatória (CPC, art. 237, III);

(*ix*) o princípio *dispositivo*, pelo qual a resposta jurisdicional deve limitar-se ao quanto pleiteado e provado nos autos, vedado ao juiz "conhecer de questões não suscitadas a cujo respeito a lei exige a iniciativa da parte" (CPC, art. 141), levando a que não possa o juiz "proferir decisão de natureza diversa da pedida, bem como condenar a parte em quantidade superior ou em objeto diverso do que lhe foi demandado" – CPC, art. 492.

Com relação aos integrantes do Judiciário (juízes, desembargadores, ministros) podem ser destacados estes atributos inerentes aos respectivos cargos:

(i) *investidura* (LC 35/79, art. 78 e parágrafos): ao tomar posse, o magistrado alcança um especial *status*, qual seja o de decidir as controvérsias que lhe são submetidas, no limite de sua competência, recebendo também o *imperium*: o poder-dever de fazer cumprir, coercitivamente, o quanto decidido, inclusive valendo-se de medidas de apoio, sendo necessário (CPC, art. 139, IV); sucedendo o desligamento do cargo, por demissão, exoneração, ou aposentadoria, dá-se a perda da investidura, por modo que o ato processual praticado por quem não é mais juiz (e, por maioria de razão, por quem já não o era) é, em verdade, um *nada jurídico*, ou seja, um ato inexistente;

(ii) *competência*: é comum dizer-se que *todo juiz é juiz mas nem todo juiz é competente*, sendo pois a competência a *medida da jurisdição*; assim é que por razões de organização judiciária, aderente à distribuição da massa de processos entre os diversos órgãos jurisdicionais, cada um deles exerce suas atribuições em determinados processos, definidos a partir de critérios adrede definidos (*ratione materiae, loci, personae, muneris*) conduzindo ao *juiz natural*, constituído *antes dos fatos*, vedados os Juízos e Tribunais de exceção (CF, art. 5º, LIII), por exemplo: uma ação de cobrança será distribuída a um dos Juízos Cíveis instalados no foro do domicílio do devedor, visto tratar-se de ação pessoal (CPC, art. 46 e parágrafos);

(iii) *imparcialidade e isenção*, implicando a vedação ao juiz impedido ou suspeito (CPC, arts. 144, 145 e respectivos incisos e parágrafos), cabendo à parte suscitar tais questões em até quinze dias contados do conhecimento do fato (CPC, art. 146, incisos e parágrafos), valendo observar que a decisão de mérito, transitada em julgado, proferida por juiz impedido, desafia ação rescisória – art. 966, II.

Naturalmente, os magistrados em exercício em algumas Justiças especializadas contam com algumas regras específicas, por exemplo: o *princípio da periodicidade*, na jurisdição eleitoral (Código Eleitoral, Lei 4.737/1965, art. 32), levando a que a convocação de magistrados estaduais e federais se faça em contemplação do interregno em que irá se desenvolver o pleito eleitoral; já a escolha dos integrantes dos TRE's e do TSE se dá "por 2 (dois) anos, no mínimo, e nunca por mais de dois biênios consecutivos" (LC 35/1979, art. 10). Outras especificidades concernem à Justiça Militar, que, compreensivelmente, é regida pelos princípios da hierarquia e da disciplina (CF, art. 142, *caput*).

É bem de ver que a universalidade ou ubiquidade da jurisdição, (CF, art. 5º, XXXV) não pode consentir uma leitura exacerbada, incondicionada e generalizante ("ufanista e irrealista", conforme nos referimos em outra sede),[6] sob o risco de induzir a banalização da intervenção jurisdicional, a par de acirrar a animosidade ao interno da coletividade, fomentando a *cultura demandista*, a projetar, como externalidade negativa, o desestímulo à autocomposição.

Nesse sentido se diz que a função jurisdicional é substitutiva porque, uma vez instada, ela se interpõe às partes, para, ao final, lhes impor a decisão sobre a controvérsia. Por isso, dentre outros exemplos, no cumprimento de decisão que condena a fazer ou não fazer ou entregar coisa, o juiz está autorizado a "determinar, dentre outras medidas, a imposição de multa, a busca e apreensão, a remoção de pessoas e coisas, o desfazimento de obras e o impedimento de atividade nociva, podendo, caso necessário, requisitar o auxílio de força policial" (CPC, § 1º do art. 536).

O Judiciário, para além de ser um Poder independente dos outros dois, em certa medida sobrepaira a estes, na medida em que pode rever os atos do Executivo e, sendo o caso, aplicar severas sanções, como ocorre na ação popular (Lei 4.717/1965, art. 11) ou na ação por ato de improbidade administrativa (Lei 8.429/1992, art. 18); igualmente, pode o Judiciário rever o produto final do Legislativo, isto é, a própria norma legal, tanto no controle concentrado como no incidental de constitucionalidade (CF, § 2º do art. 102; CPC, art. 948, nessa ordem).

Além disso, o Judiciário dispõe de autonomia administrativa (organização judiciária – CF, § 1º do art. 125 e art. 96, incisos e alíneas), podendo apresentar projetos de lei concernentes à sua economia interna, tudo sob supervisão do CNJ no plano macro, interessando os aspectos funcional, censório, administrativo e de planejamento (CF, art. 103-B e § 4º). Nos planos estadual (TJ's) e regional (TRT's, TRF's, TRE's) atuam os respectivos órgãos diretivos, tais o Pleno, o Órgão Especial, os Conselhos e as Corregedorias.

Os órgãos do Poder Judiciário (CF, art. 92 e incisos) são sobrepostos sob competência de derrogação, como reflexo do efeito *devolutivo* dos recursos, por modo que a decisão do órgão *a quo* pode ser submetida à apreciação, de fundo e de forma, da instância colegiada *ad quem* (CPC, art. 1.013 e parágrafos), modelo que permeia todo o sistema judiciário. Tal não significa, porém, que o duplo grau seja um princípio ou uma imposição do sistema, porque, tirante os casos de *remessa necessária* (CPC, art. 496 e incisos) impera a *facultatividade* na interposição dos recursos, além do que nem sempre o

---

[6] *Acesso à Justiça*: condicionantes legítimas e ilegítimas. 2. ed. São Paulo: Thomson Reuters/Revista dos Tribunais, 2015, p. 205 e ss.

recurso é dirigido a um Tribunal (como se passa nos Juizados Especiais – Lei 9.099/1995, § 1º do art. 41); ademais, pode dar-se que o recurso seja dirigido ao próprio Juízo, como nas execuções fiscais de valor reduzido – Lei 6.830/1980, art. 34 e parágrafos; enfim, há decisões *irrecorríveis ex lege*, como os acórdãos do STF no controle direto de constitucionalidade – Lei 9.868/1999, art. 26.

Os órgãos judiciais são organizados em forma piramidal, com órgãos singulares ou monocráticos à base (Juízos de direito, Varas do Trabalho, Juntas Eleitorais, Auditorias Militares), colegiados locais e regionais ao meio (TJ's, TRF's, TRE's, TRT's, TJM's), e os tribunais superiores ao cimo, inclusive os chamados Tribunais da Federação (STF e STJ), conforme indicado na figura abaixo:

```
                    /\
                   /  \
                  /    \
                 /      \
                / STF STJ \
               / TSE STM TST \
              /              \
             / TJ's TRF's TRE's TJM's TRT's \
            /                                \
           /  Juízos de direito, na justiça comum  \
          /           (inclusive JEC's),            \
         / Varas do Trabalho, Auditorias Militares e Juntas Eleitorais \
        /_____\
```

A função judicial do Estado, restrita aos órgãos listados no art. 92 da CF e os árbitros, tribunais e câmaras de arbitragem, em verdade, compõem o gênero "meios heterocompositivos de prevenção e solução de conflitos", já que tanto o juiz como o árbitro são instados a intervir numa controvérsia não composta entre os próprios interessados, e, desse modo, aqueles agentes se interpõem entre os contraditores, certo ainda que o produto final de ambas as intervenções configura *sentença* (CPC, art. 489; Lei 9.307/1996, art. 18), constituindo, nos dois casos, título executivo judicial – CPC, art. 515, I e VII.

Os outros meios suasórios (conciliação, mediação, avaliação neutra de terceiro e figuras combinadas – ex.: *med/arb*) são de uso crescente no processo civil (CPC, §§ 2º e 3º do art. 3º; arts. 165-175), certo ainda que na Justiça do Trabalho, em cujo âmbito o processo civil é de aplicação supletiva e subsidiária (CLT, art. 769; CPC, art. 15), a tentativa de conciliação é de rigor, tanto ao início como ao final das audiências (CLT, arts. 764 e parágrafos; 846 e parágrafos; 850 e parágrafo único), a par de competir ainda às Varas do Trabalho "decidir quanto à homologação de acordo extrajudicial em matéria de competência da Justiça do Trabalho" (alínea *f* do art. 652 da CLT, alínea inserida pela Lei 13.467/2017). Já a mediação ainda encontra alguma resistência nesse campo, embora não se veja óbice intransponível para seu emprego eficaz nessa justiça especializada. Quanto à arbitragem nos conflitos trabalhistas, explica Sérgio Pinto Martins: "A arbitragem é, porém, facultativa, opcional e alternativa para solução de conflitos coletivos trabalhistas. É alternativa, pois a norma constitucional prevê como condição para o ajuizamento do dissídio coletivo a necessidade de negociação coletiva ou de arbitragem. A constituição não faz referência à arbitragem para solução de dissídios individuais. Entretanto, não a proíbe nos dissídios individuais".[7]

Em verdade, é mais relevante, tanto jurídica quanto socialmente, que um conflito venha solucionado em modo consistente, justo e num tempo razoável, ainda que por um órgão ou instância estranhos à estrutura judiciária estatal, do que a busca ferrenha e irredutível pela solução adjudicada estatal (sentença), a qual, por conta da crise numérica de processos, não raro se revela morosa e imprevisível, além de projetar, como externalidade negativa, o distanciamento entre os sujeitos envolvidos, convertendo os interessados em vencedor e vencido, em detrimento da pacificação. Dessa forma, afirma Mariana Alves Lara: "(...) o sistema judicial é adversarial e formal, uma vez que o Estado detém o monopólio da coerção e pode impor as decisões judiciais por meio da ameaça de uma sanção. Ou seja, uma forma de violência estaria sempre embutida. Em contrapartida, na mediação, por meio da construção conjunta da solução, é possível agradar aos interesses de ambas as partes, verificando-se um ganha-ganha, de modo que é considerada um meio não adversarial de solução de controvérsias".[8]

Daí registrar-se tendência a que a intervenção jurisdicional do Estado fique preservada para os casos incompossíveis por outros meios, ou quando estes tenham sido tentados sem sucesso, ou ainda no caso das ações ditas necessárias, que reclamam resolução por meio judicial, como, por exemplo, a rescisória, as ações no controle direto de inconstitucionalidade, a de anulação de casamento. A respeito do *acesso à Justiça*, afirmamos em outra sede: "(...) esse texto [CF, art. 5º, XXXV] não determina que todas as demandas devam ser encaminhadas à Justiça, mas sim que tal acesso deve operar como uma *cláusula de reserva*, de cunho residual, preordenada às controvérsias

---

[7] *Teoria geral do processo*, cit., 2. ed., 2017, p. 85.
[8] Os novos rumos da mediação no Brasil. *Revista da Faculdade de Direito da USP*, v. 111, p. 509, 2016.

porventura insolúveis por auto ou heterocomposição, ou aquelas que, em razão da pessoa ou da matéria, devem merecer passagem judiciária".[9]

De outra parte, dado que no Estado de direito não existem poderes absolutos, a atividade do Judiciário, e, por extensão, de seus integrantes, tem suas limitações, podendo ser lembradas as que se seguem:

(*i*) a jurisdição internacional é de ser desenvolvida segundo parâmetros de *cooperação e reciprocidade*, em respeito à soberania de cada país, com os meios disponibilizados no ordenamento jurídico, tais a extradição (CF, art. 102, I, *g*), a homologação de sentença estrangeira e o *exequatur* às cartas rogatórias (CF, art. 105, I, *i*); ressalte-se que o CPC enfatiza a cooperação internacional (arts. 26, incisos e parágrafos; 27 e incisos; 37-41 e parágrafo único); a par disso, o CPC exclui a jurisdição brasileira nas ações nas quais haja "cláusula de eleição de foro exclusivo estrangeiro em contrato internacional" (art. 25, *caput*);

(*ii*) a jurisdição nacional ou interna também tem suas limitações, determinadas pelas regras de competência, mormente as atinentes à competência absoluta (*ratione materiae, personae, muneris*), de tal arte que a decisão proferida por juiz absolutamente incompetente é nula, sujeitando-se à ação rescisória (CPC, art. 966, II); a par disso, há casos de impedimento da atuação do juiz (CPC, art. 144, incisos e parágrafos);

(*iii*) questões *exclusivamente políticas* excluem-se à apreciação jurisdicional (*v.g.*, alteração do padrão monetário; divisão do território de um Estado; exercício de sanção ou veto pelo Chefe do Executivo);

(*iv*) atos *meramente discricionários*, praticados pela autoridade competente com base em critérios de conveniência e oportunidade, assim como o próprio mérito do ato administrativo excluem-se ao crivo jurisdicional (*v.g.*, escolha de um nome, pela autoridade competente, constante de lista tríplice, para certo cargo público, tendo sido obedecidos os pressupostos), esclarecendo Celso Antônio Bandeira de Mello: "Discricionariedade, portanto, é a margem de liberdade que remanesça ao administrador para eleger, segundo critérios consistentes de razoabilidade, um, dentre pelo menos dois comportamentos cabíveis, perante cada caso concreto, a fim de cumprir o dever de adotar a solução mais adequada à satisfação da finalidade legal, quando, por força da fluidez das expressões da lei

---

[9] *A resolução dos conflitos e a função judicial no contemporâneo Estado brasileiro*. 2. ed. São Paulo: Thomson Reuters/Revista dos Tribunais, 2014, p. 169.

ou da liberdade conferida no mandamento, dela não se possa extrair, objetivamente, uma solução unívoca para a situação vertente".[10]

Ocorrências tais as indicadas nos tópicos (*iii*) e (*iv*) *supra* excluem-se ao contraste jurisdicional, em contemplação ao princípio constitucional da separação entre os Poderes (CF, art. 2º), consentindo falar-se em faixas ou searas de *insindicabilidade judicial*.

Do que até agora foi exposto pode-se assim conceituar, analiticamente: o Judiciário é o poder, a função e a atividade estatal consistente na estruturação e disponibilização de órgãos (CF, art. 92 e incisos) preordenados a recepcionar e processar, em modo justo, consistente e em tempo razoável, os históricos de danos temidos e sofridos, não dirimidos ou não passíveis de solução por outros meios auto e heterocompositivos, *em virtude de peculiaridades de matéria ou de pessoa, assim no setor público como no privado, com vistas à justa e definitiva solução do conflito (CPC, arts. 4º, 502), uma vez presentes as condições de admissibilidade da ação escolhida e os pressupostos de existência e validade do processo (CPC, arts. 485, IV e VI)*.

---

[10] *Discricionariedade e controle jurisdicional*. São Paulo: Malheiros, 2000, p. 48, itálicos no original.

12

OS TRIBUNAIS DA FEDERAÇÃO: STF E STJ

A expressão *tribunal de cúpula* sugere um órgão colocado no cimo da pirâmide judiciária, sobrepairando às demais instâncias judiciárias, mas é preciso não olvidar a existência de outros tribunais, igualmente *de cúpula*, atuantes nas suas específicas searas, como Cortes de revisão e de cassação – TST, TSE, STM – de sorte que a qualificação *Tribunais da Federação*, usualmente atribuída ao STF (o *guarda da Constituição* – CF, art. 102, *caput*) e ao STJ (ao qual compete a última *ratio* no direito federal comum) reclama algum aclaramento.

Impende ter presente que em matéria trabalhista, eleitoral e militar, o pronunciamento dos respectivos tribunais superiores – TST, TSE e STM –, seja na competência originária ou na recursal, preordena-se a ser derradeiro e definitivo, somente havendo espaço para ulterior acesso ao STF se o acórdão proferido naquelas instâncias especializadas abrigar uma clara questão constitucional, já que o recurso extraordinário pode ser manejado, dentre outras hipóteses, quando a decisão recorrida, proferida em única ou última instância "contrariar dispositivo desta Constituição" – CF, art. 102, III, *a*, e, ainda assim, desde que a questão constitucional tenha *repercussão geral* (CF, § 3º do art. 102; CPC, art. 1.035 e § 1º).

Já o acesso ao STJ, a partir de acórdãos emanados dos tribunais das justiças especializadas, situados ao meio da pirâmide judiciária (TRTs, TREs, TJMs), é de remota possibilidade, porque a competência do STJ se confina ao direito federal *comum*, ou seja, justamente o ramo do Direito Positivo não concernente às matérias trabalhista, eleitoral ou militar; bem por isso, o recurso especial é cabível nas causas decididas pelos TRFs ou TJs, vale dizer, no âmbito da Justiça federal comum e da Justiça estadual – CF, art. 105, III, *caput*.

O STJ, a par de expressiva competência *originária*, na qual se inclui a atribuição para processar e julgar "nos crimes comuns, os Governadores dos Estados e do Distrito Federal" e "a homologação de sentença estrangeira e a concessão de *exequatur* às cartas rogatórias" (CF, art. 105, I, *a* e *i*), dispõe ainda, já agora em sua *persona* recursal, de competência para processar e julgar:

(*i*) os *recursos ordinários*, tirados de acórdãos dos TRFs e TJs, tribunais dos Territórios e do Distrito Federal, denegatórios de *habeas corpus* e mandados de segurança e ainda as causas de interesse de estado estrangeiro e Município ou pessoa aqui residente ou domiciliada (CF, art. 105, II e alíneas);

(*ii*) os *recursos especiais* (CF, art. 105, III), tirados de causas decididas em única ou última instância pelos TRFs, TJs, ou Tribunais dos Territórios e do Distrito Federal, quando o acórdão recorrido: "(*a*) contrariar tratado ou lei federal, ou negar-lhes vigência; (*b*) julgar válido ato de governo local contestado em face de lei federal; (*c*) der à lei federal interpretação divergente da que lhe haja atribuído outro tribunal".

A Constituição imperial (1824) previa, no art. 163, "um Tribunal com a denominação de Supremo Tribunal de Justiça – composto de Juízes Letrados, tirados das Relações por suas antiguidades; e serão condecorados com o Título do Conselho. (...)". Já sob a denominação de Supremo Tribunal Federal, conforme o Decreto 510, de 1890, a Corte viria prevista na primeira Constituição republicana (1891), em seu art. 56, dispondo que a Corte seria composta de "quinze juízes, nomeados na forma do art. 48, n. 12, dentre os cidadãos de notável saber e reputação, elegíveis para o Senado". Dado que esse texto não exigia, ao menos expressamente, que o notável saber fosse *jurídico*, relata Fernando Antônio Negreiros Lima, que "disso valeu-se o presidente Floriano Peixoto para nomear um médico, Barata Ribeiro (que chegou a integrar a Corte por mais de um ano, antes de o Senado Federal recusar sua indicação) e os generais Galvão de Queiroz e Raimundo Ewerton Quadros, que não chegaram a assumir suas funções, porque recusados pelo Senado".[1]

O STF estende sua jurisdição por todo o território nacional, empolgando atribuições diversas:

(*i*) *jurídicas* (tal como disposto na Súmula 456: "O Supremo Tribunal Federal, conhecendo do recurso extraordinário, julgará a causa, aplicando o direito à espécie", texto repercutido no art. 1.034, *caput*, do CPC), a par da competência recursal ordinária (inciso II do art. 102);

---

[1] *Teoria geral do processo judicial*, cit., p. 332, rodapé nº 8.

(*ii*) *políticas*, inseridas no rol das matérias de sua competência originária (CF, inciso I do art. 102), podendo ser lembrada a incumbência de o Presidente do STF presidir a sessão do Congresso Nacional na qual se decide o *impeachment* do presidente de Republica (Lei 1.079/1950, art. 27, c/c CF, art. 86 e parágrafos);

(*iii*) *administrativas*, dada sua autonomia para gerir sua economia interna (administrativa e financeira – CF, art. 99, *caput*), podendo assim elaborar sua proposta orçamentária (CF, § 1º do art. 99), certo ainda que o presidente do STF é também presidente do CNJ, órgão com atribuições de planejamento, administração e correição do Judiciário no plano macro (CF, art. 103-B, §§ 1º e 4º e incisos);

(*iv*) *jurídico-políticas*, por exemplo, quando declara a inconstitucionalidade de lei, no controle direto ou difuso, neste último caso dando notícia ao Senado (CF, art. 102, § 2º; art. 52, X); quando acolhe ação de inconstitucionalidade por omissão, comunicando a decisão à origem "para a adoção das providências necessárias" (CF, § 2º do art. 103), ou ainda quando defere o mandado de injunção, reconhecendo "a falta de norma regulamentadora [que] torne inviável o exercício dos direitos e liberdades constitucionais e das prerrogativas inerentes à nacionalidade, à soberania e à cidadania" – CF, art. 5º, LXXI.

A competência do STF (CF, art. 102) compreende, em sua *persona* recursal, "II – julgar, em *recurso ordinário: a)* o *habeas corpus*, o mandado de segurança, o *habeas data* e o mandado de injunção decididos em única instância pelos Tribunais Superiores, se denegatória a decisão; *b*) o crime político; III – julgar, mediante *recurso extraordinário*, as causas decididas em única ou última instância, quando a decisão recorrida: *a*) contrariar dispositivo desta Constituição; *b*) declarar a inconstitucionalidade de tratado ou lei federal; *c*) julgar válida lei ou ato de governo local contestado em face desta Constituição; *d*) julgar válida lei local contestada em face de lei federal".

Esse contexto normativo de extração constitucional permite inferir que a referência ao STF e ao STJ como *Tribunais da Federação* deve ser entendida no sentido de que ao primeiro cabe o zelo pela higidez técnico-jurídica do texto básico e fundante da República, qual seja a Constituição Federal, ao passo que ao segundo cabe interpretar e aplicar a seara mais extensa do Direito Positivo, que é a do *Direito Federal comum*, como se colhe da larga competência legislativa da União – CF, art. 22 e incisos – a qual ultrapassa largamente as matérias trabalhista, eleitoral e militar.

Saliente-se que o labor, tanto do STF como STJ, compreende as funções:

(*a*) *nomofilácica*: defesa da higidez da ordem normativa, constitucional e do Direito Federal comum);

(*b*) *dikelógica*: preservação da Justiça nas decisões, embora os recursos extraordinário e especial sejam de direito estrito, não bastando para o seu acolhimento a singela alegação de sucumbência;

(*c*) *paradigmática*: atribuição, agora enfatizada pelo perfil precedentalista do vigente CPC, que inclui as decisões-quadro nos recursos excepcionais (RE e REsp) afetados como *representativos da controvérsia* sob o rito dos recursos repetitivos, e bem assim seu direito sumular, enquanto padrões hermenêuticos de caráter impositivo para todos os juízes e tribunais (CPC, art. 332, I e II; art. 496, § 1º, I e II; art. 927, II, III, IV, c/c art. 928 e incisos; 1.040, I e II).

A respeito da função *paradigmática* dos pronunciamentos do STF (alínea *c*, *supra*), vale destacar que a EC 45/2004 dotou o direito sumular da Corte de eficácia praticamente equiparada à da norma legal, ao autorizar o manejo de *reclamação* contra "ato administrativo ou decisão judicial que *contrariar* a súmula aplicável ou que indevidamente a aplicar", por modo que o STF, "julgando-a procedente, *anulará o ato administrativo* ou *cassará a decisão judicial* reclamada, e determinará que outra seja proferida com ou sem a aplicação da súmula, conforme o caso" – CF, § 3º do art. 102. (Sobre a reclamação, no âmbito do CPC, v. art. 988 e incisos; arts. 992 e 993).

Até a EC 1/1969, o STF tinha a seu cargo o mister de pronunciar a *ultima ratio* na interpretação e aplicação da matéria constitucional e de Direito Federal comum (art. 119, III e alíneas), zelando pela autoridade, validade e uniformidade interpretativa desses dois grandes ramos do Direito Positivo; todavia, com a criação, na CF de 1988, do STJ, ao qual ficou reservado o zelo pela Direito Federal comum (art. 105, III e alíneas), o STF passou por uma reengenharia em sua *persona* recursal, ficando reposicionado como Corte idônea a pronunciar a *ultima ratio* em questões de extração constitucional.

Verdade que, ante uma Constituição de perfil includente, abrangente e analítica, como é a de 1988, não raro apresentam-se questões que tangenciam, a um tempo, a seara constitucional e da lei federal. Justamente por isso, o CPC contempla a possibilidade – ou por vezes a necessidade – da interposição *conjunta* de RE e REsp, quando o acórdão recorrido apresenta capítulos que relevam daqueles dois campos, ou ainda quando a própria matéria prequestionada releva, a um tempo, dessas duas dimensões normativas.

Em casos que tais, para evitar a incidência das Súmulas 283 do STF e 126 do STJ, que autorizam o descarte do RE ou do REsp ao argumento do *fundamento inatacado*, o CPC autoriza a citada interposição conjunta desses apelos excepcionais, estabelecendo uma técnica de fungibilidade na competência dessas Cortes, no juízo de admissibilidade, isto é: se o relator, no STJ, entender que o REsp versa sobre questão constitucional, o remeterá ao STF, em cujo âmbito o relator, à sua vez, poderá entender que no caso a ofensa à Constituição é apenas reflexa ou indireta, caso em que restituirá os autos ao STJ; algo semelhante se passa quando o relator no STJ entender pela *prejudicialidade* do RE em face do REsp, caso em que remeterá os autos ao STF; neste último, o relator pode não reconhecer tal prejudicialidade, caso em que restituirá os autos ao STJ (CPC, arts. 1.031-1.033).

Essas ocorrências evidenciam que o STF e o STJ, conquanto Cortes superiores autônomas, por vezes se tangenciam em suas respectivas funções, o que, em boa medida, pode ser explicado pelo fato de o STJ, em sua *persona* recursal excepcional, ter recebido uma competência antes afeta ao STF, qual fosse o conhecimento e julgamento de questões de Direito Federal comum (EC 1/1969, art. 119, III, *c*, parte final). Ainda sob essa perspectiva histórica, tenha-se presente que as atribuições à época desempenhadas pelo Tribunal Federal de Recursos foram, com o advento da CF de 1988, atribuídas aos cinco Tribunais Federais Regionais então criados – ADCT, §§ 6º e 7º do art. 27).

A competência do STF e do STJ é fixada sob três critérios ou enfoques: *originária*, *recursal ordinária* e *excepcional*, abrangendo, nessa ordem, as matérias indicadas nos incisos I, II e III e respectivas alíneas, dos arts. 102 e 105 da CF, sendo que o inciso III de ambos esses artigos constituem, pela ordem, a sede do RE, dirigido ao STF e do REsp, endereçado ao STJ.

Justamente pelo fato de o recurso extraordinário e o especial serem de direito estrito, dirigidos aos Tribunais da Federação, podendo, como antes dito, ser interpostos conjuntamente, houve por bem o CPC tratá-los numa mesma seção (arts. 1.029 a 1.035, parágrafos e incisos), inclusive no caso de eles se configurarem *repetitivos* (arts. 1.036 a 1.041, parágrafos e incisos), tendo a Lei 13.256/2016 feito alterações em alguns desses dispositivos, especialmente no tocante ao juízo de admissibilidade, que restou reservado aos Tribunais *a quo* (TJs, TRFs) – art. 1.030, parágrafos, incisos e alíneas.

O acesso ao cargo de Ministro do STF se faz por critério jurídico-político: "notório saber jurídico e reputação ilibada", mediante indicação do Presidente da República, seguida, no Senado, de sabatina do candidato e deliberação da Casa, por modo que, em caso de avaliação positiva, dá-se a nomeação pelo Chefe do Executivo (CF, art. 101 e parágrafo único); igual rito é previsto para nomeação do cargo de Ministro do STJ: CF, parágrafo único do art. 104.

As especificidades atinentes à economia interna de ambas as Cortes (*v.g.*, distribuição da massa de processos; competências das frações e do Plenário; eleição dos Presidentes) são previstas nos respectivos Regimentos Internos, em decorrência do *autogoverno* reconhecido ao Judiciário.

Embora um quinto dos lugares nos tribunais judiciários seja reservado a membros da advocacia e do Ministério Público (CF, art. 94, *caput*), no caso do STF, composto de onze Ministros, as nomeações são feitas à medida em que se abrem as vagas, sem vinculação à origem funcional do Ministro precedente, isto é, se proveniente da advocacia, do Ministério Público ou da própria magistratura. Já no caso do STJ, composto de "no mínimo 33 Ministros" (art. 104, *caput*), observa-se, em verdade, o *terço* constitucional: onze vagas para desembargadores oriundos dos cinco TRFs, onze para desembargadores dos TJs e onze vagas, alternadamente, para advogados e membros do Ministério Público (CF, parágrafo único do art. 104 e incisos), observados os critérios e o *modus procedendi* indicados no art. 94 e parágrafo único da CF.

A EC 45/2004 – dita "Reforma do Judiciário" – promoveu importantes alterações no regime do RE e do REsp, podendo ser destacados estes tópicos:

(*i*) o acréscimo de uma hipótese de cabimento do RE, que antes desafiava REsp: quando a decisão recorrida "julgar válida lei local contestada em face de lei federal" (alínea *d*, acrescida ao inciso III do art. 102), por se entender que tal hipótese traz subjacente ou "embutida" uma questão constitucional, qual seja a coesão interna entre o ordenamento federal e o local (estadual/municipal);

(*ii*) a exigência adicional da "repercussão geral da questão constitucional" na admissão do RE no STF (CF, § 3º do art. 102; RISTF, arts. 322-329; CPC, art. 1.035 e § 1º), à semelhança da "transcendência da questão", exigida para admissão da revista trabalhista no TST (CLT, art. 896-A, ao qual a Lei 13.467/2017 acresceu, dentre outros, o § 1º e incisos, estabelecendo os "indicadores da transcendência");

(*iii*) a homologação da sentença estrangeira e a concessão de *exequatur* às cartas rogatórias, matérias antes afetas ao STF, foram repassadas à competência originária do STJ (art. 105, I, *i*);

(*iv*) a criação da *súmula vinculante* do STF, impositiva, assim aos órgãos judiciais como à Administração Pública (CF, art. 103-A e parágrafos; Lei 11.417/2006), sendo que tal súmula otimizada figura dentre os precedentes judiciários de eficácia expandida (CPC, art. 927, II), como igualmente se passa com as decisões de mérito do STF no controle direto de constitucionalidade (CF, § 2º do art. 102; CPC, art. 927, I).

A respeito da exigência adicional da "repercussão geral da questão constitucional", no juízo de admissibilidade do recurso extraordinário no STF (tópico *ii*, supra), escrevemos em outra sede: "Saliente-se ainda que a violação quanto à repercussão geral não se restringe à ótica *quantitativa*, como à primeira vista pode parecer – isto é, tomando-se o número de sujeitos afetados pela irradiação do tema – mas também, e até principalmente, pelo prisma *qualitativo*, a saber, a importância intrínseca da matéria, ligada a valores fundantes, tais os que relevam dos direitos humanos, da exigência digna, da cultura nacional e outros de extração constitucional".[2]

Um ponto sensível e deveras expressivo, no rol das competências do STF, consiste no controle direto da constitucionalidade de leis e atos normativos do Poder Público, por meio da ADIn, ADCOn, ADPF, ação de inconstitucionalidade por omissão (CF, art. 102, §§ 1º e 2º; art. 103, § 2º; Leis 9.868/1999 e 9.882/1999).

No Direito estrangeiro registram-se os controles:

(*i*) *difuso*, reportado à experiência norte-americana (cf. o marcante voto do *justice* John Marshall, da Suprema Corte, no caso Marbury vs. Madison, ao final do século XIX), controle esse também conhecido como *incidental*, do fato de vir arguido como questão prejudicial de defesa, no bojo de um caso concreto, sendo cognoscível por qualquer órgão judicial, ficando os efeitos da declaração restritos às partes, como se passa dentre nós (CPC, arts. 948-950 e parágrafos);

(*ii*) *concentrado*, reportado à experiência judiciária austríaca, caracterizando-se por realizar-se por meio de ação direta, dirigida a um tribunal constitucional, contra o ato sindicado em tese (ou seja, independentemente de um caso concreto), sendo que os efeitos da declaração se expandem *erga omnes*.

O Brasil, assim como outros países da América Latina, adota um *regime eclético*, consentindo ambos os tipos de controle, valendo observar que, no controle difuso, qualquer juiz pode *reconhecer* a inconstitucionalidade arguida nos autos, mas não a pode *declarar*, com eficácia extra-autos, tarefa que incumbe ao tribunal *ad quem*, por meio de seu Pleno ou Órgão Especial, no âmbito da chamada *reserva de plenário* (CF, art. 97; Súmula Vinculante 10 do STF).

---

[2] Comentário ao art. 1.035 e § 1º do CPC. In: SCARPINELLA BUENO, Cassio (Coord.). *Comentários ao Código de Processo Civil*. São Paulo: Saraiva, 2017, v. IV, p. 531.

Na avaliação de Fernando Antônio Negreiros Lima, a "natureza híbrida do sistema adotado em nosso país é até mesmo vantajosa em relação aos modelos puros, de controle concentrado ou de controle difuso: ao tempo em que alarga e agiliza o controle, estendendo-o a todo órgão judicial, preserva a unidade final da interpretação, deferida um órgão supremo, cuja palavra é definitiva. O que não convém ao STF é conhecer de matéria infraconstitucional, subjetiva, adequada a órgãos de jurisdição comum, mas não a uma Corte Constitucional".³

O acesso ao STF e ao STJ reclama ainda atendimento às disposições regulamentares e complementares constantes dos respectivos Regimentos Internos, os quais, dentre outros temas, dispõem sobre a competência do Pleno e dos órgãos fracionários.

---

³ *Teoria geral do processo judicial*, cit., p. 335.

13

AS JUSTIÇAS ESPECIAIS: TRABALHISTA, ELEITORAL, MILITAR

A expressão "Justiça especial" deve ser entendida em seus devidos termos, porque nossa jurisdição é *unitária*, enfeixada em *numerus clausus* nos órgãos indicados no art. 92 da CF. A especialidade de certas Justiças concerne, portanto, não a alguma particularidade que as distancie ou desconecte daquela unidade, mas apenas pelo fato de que as Justiças Trabalhista, Eleitoral e Militar estão afetas a textos específicos do Direito Positivo, a saber, a CLT, o Código Eleitoral e o Código Penal Militar.

Vale ainda ressaltar que, se é verdade que existem muitos órgãos, instâncias e agências que *decidem*, no âmbito das respectivas competências (por exemplo, Tribunais de Contas, CADE, Tribunais de Arbitragem), dado o contemporâneo ambiente de *jurisdição compartilhada*, fato é que tais julgamentos não são refratários a uma eventual passagem judiciária (como, *v.g.*, pode dar-se com a sentença arbitral: Lei 9.307/1996, art. 33), além do que a *execução* dos títulos formados nas instâncias parajurisdicionais é repassada à Justiça estatal, como se dá, por exemplo, com a decisão de cunho pecuniário proferida pelo Tribunal de Contas (CF, § 3º do art. 71), ou com a sentença arbitral (Lei 9.307/1996, art. 18), quando tais comandos não resultam atendidos pelo destinatário (CPC, arts. 784, XII; 515, VII). Tudo, ao fim e ao cabo, confluindo para roborar o sentido *unitário* de nossa Justiça.

Além disso, embora a muitos órgãos e instâncias seja dado decidir controvérsias nas esferas das respectivas competências, fato é que somente a decisão judicial de mérito é apta a resolver o conflito com *definitividade*, a partir do momento em que o julgado de mérito se estabiliza, em face do passado, e se torna imutável, em face do futuro, com a agregação da coisa julgada material (CF, art. 5º, XXXVI; CPC, art. 502).

Com isso tudo, a expressão "Justiça especial" presta-se a significar o plexo dos ramos do Poder Judiciário regidos por leis específicas (CLT: Justiça Trabalhista; Código Eleitoral (Lei 4.737/1965): Justiça Eleitoral; Código Penal Militar (Dec.-Lei 1.001/1969); Lei de Organização da Justiça Militar da União (Lei 8.475/1992): Justiça Militar. A esses ramos especiais a CF destina um conjunto de disposições específicas: "Dos Tribunais e Juízes do Trabalho: arts. 111, e incisos, a 116; "Dos Tribunais e Juízes Eleitorais": arts. 118 a 121, incisos e parágrafos; "Dos Tribunais e Juízes Militares": arts. 122, e incisos, a 124 e parágrafo único.

Por exclusão, as Justiças que não são regidas por textos legais especiais, tais os antes indicados, formam a chamada *Justiça Comum*, assim bifurcada:

(*i*) Estadual, com juízes lotados nas *comarcas* de 1ª instância ou 1º grau (Varas Cíveis, Criminais, da Fazenda Pública, de Registros Públicos), sendo que no Estado de São Paulo as comarcas se enquadram nas *entrâncias* inicial, intermediária e final (LC 1.274/2015); além disso, compõem essa dimensão local da Justiça estatal: os *JECs* (Lei 9.099/1995), os *Tribunais do Júri*, os *Tribunais de Justiça*, aplicando--se, nesse contexto, a par da legislação federal comum (CPC, CPP), o Direito local (estadual/municipal), sendo dado aos TJs sumular seus entendimentos assentados (CPC, art. 332, IV), cabendo-lhes observar, no tocante à sua economia interna, o disposto na Constituição Estadual e na lei de organização judiciária de sua própria iniciativa (CF, art. 125 e § 1º);

(*ii*) Federal, com juízes lotados, em primeiro grau, nas seções judiciárias correspondentes a cada unidade da federação (CF, art. 110, *caput*), as quais são agrupadas num dos cinco TRFs (*v.g.*, as seções dos Estados de São Paulo e Mato Grosso do Sul compõem a 3ª Região, com sede na capital paulista), sendo que a competência dessa Justiça se dá em função da matéria, da pessoa ou do cargo público (CF, art. 107, incisos e parágrafos; art. 108, incisos e alíneas; art. 109, incisos e parágrafos), sendo, pois, *absoluta*: CPC, arts. 62, 64 e § 1º.

Na linha das Justiças especiais, as Varas do Trabalho, as Juntas Eleitorais e os Conselhos e Auditorias de Justiça Militar se reportam, nessa ordem, aos respectivos TRTs, TREs e TJMs, sendo que estes últimos só são instalados nos Estados onde o efetivo militar supera vinte mil integrantes; caso contrário tal competência é exercida pelo TJ local (CF, § 3º do art. 125). Na parte superior da pirâmide judiciária esses tribunais se reportam, respectivamente, aos TST, TSE e STM.

A competência da Justiça do Trabalho e a composição de seus órgãos colegiados (TRTs, TST) são previstas nos arts. 111, e incisos, a 116 da CF; a Justiça Eleitoral e a Justiça Militar têm seu delineamento traçado nos arts. 118, e incisos, a 121, parágrafos e incisos; 122, e incisos, a 124, parágrafo único, da CF, nessa ordem. Tenha-se presente que a Lei 13.467/2017 inseriu importantes alterações na CLT, tais como: a regulação da indenização por dano extrapatrimonial (arts. 223-A a 223-G e incisos e parágrafos); a previsão de que a "convenção coletiva e o acordo coletivo de trabalho têm prevalência sobre a lei" no que tange aos tópicos listados nos incisos do art. 611-A; a inserção do "processo de jurisdição voluntária para homologação de acordo extrajudicial" (arts. 855-B a 855-E e parágrafo único); a indicação dos quesitos que tipificam a *transcendência* da questão trabalhista, para fim de admissibilidade do recurso de revista ao TST (§ 1º e incisos do art. 896-A).

Ainda no tocante à Justiça do Trabalho, vale ter presente que a EC 24/1999 trouxe importantes inovações, mormente a extinção das *Juntas de Conciliação e Julgamento*, que, à época, consentiam a participação de juízes leigos, ditos vogais, ficando aquelas Juntas substituídas pelas Varas do Trabalho (CF, art. 112, redação da EC 45/2004), titularizadas por um juiz singular (CF, art. 116, redação da EC 24/1999).

Quanto ao TST, sua competência ficou delegada à lei ordinária federal (CF, § 1º do art. 111-A, acrescido pela EC 45/2004), o que se concretizou com a Lei 7.701/1988, prevendo a competência originária da Corte (dissídios coletivos, mandados de segurança e ações rescisórias), a par da competência recursal, deflagrada com o recurso de revista, cuja admissibilidade reclama a demonstração da "transcendência com relação aos reflexos gerais de natureza econômica, política, social ou jurídica" (CLT, art. 896-A), transcendência essa agora mais bem definida pela Lei 13.467/2017 que acresceu àquele dispositivo o § 1º e incisos. Esse filtro ou elemento de contenção à admissão do recurso de revista assemelha-se à exigência da "repercussão geral da questão constitucional", no juízo de admissibilidade do recurso extraordinário no STF (CPC, art. 1.035 e § 1º).

Outra atribuição relevante conferida ao TST é a de emitir decisão normativa nos dissídios coletivos, quando as partes tenham recusado a negociação coletiva ou a arbitragem (CF, § 2º do art. 114, redação da EC 45/2004); quanto aos TRTs, sua competência recursal é deflagrada pelo recurso ordinário contra decisões das Varas do Trabalho (CLT, art. 895, *a*). Saliente-se que a EC 45/2004 acresceu o § 1º ao art. 115 da CF, autorizando a instalação, nos TRTs, da "justiça itinerante, com a realização de audiências e demais funções de atividade jurisdicional, nos limites territoriais da respectiva jurisdição, servindo-se de equipamentos públicos e comunitários".

Na linha da Justiça comum, locada ao meio da pirâmide judiciária, encontram-se os TJs (Justiça Estadual) e os TRFs (Justiça Federal comum), os quais à sua vez se reportam: ao STF, em matéria constitucional, e ao STJ, no que tange ao Direito Federal comum. Tenha-se presente que, sendo *una* a jurisdição brasileira, todas essas divisões prendem-se a finalidades operacionais, de distribuição da massa de processos em função de critérios de competência (matéria, pessoa, prerrogativa de função, território, local do dano, domicílio da pessoa física, sede da pessoa jurídica) adrede fixados, em contemplação à garantia do juiz natural (CF, art. 5º, LIII), ou seja: Juízos e Tribunais devem ser estabelecidos *anteriormente* aos fatos, vedados os Juízos e Tribunais de exceção.

Por exemplo, uma ação civil pública ambiental (Lei 7.347/1985, art. 1º, I) poderá, conforme a espécie, vir a ser distribuída: (*i*) a uma Vara Estadual (Cível ou da Fazenda Pública, onde haja), se o fato tiver ocorrido em um dado local do território do Estado – lei *supra*, art. 2º, *caput*, c/c Lei 8.078/1990, art. 93, I; (*ii*) a uma Vara da Justiça Federal comum, se, por exemplo, o dano degradou um rio interestadual, como tal considerado bem da União (CF, art. 20, III); ou até mesmo, (*iii*) a uma Vara do Trabalho, se o dano impactou o meio ambiente do trabalho (CF, art. 200, VIII).

Tenha-se ainda presente que o CPC, como lei de âmbito nacional, aplica-se, *precipuamente*, aos processos de natureza cível, e, *supletiva ou subsidiariamente*, aos demais processos, envolvendo matérias e/ou pessoas sujeitas às demais Justiças (exceto a penal), reportadas a outros ramos do Direito Positivo: constitucional, tributário, trabalhista, eleitoral, previdenciário, ambiental, consumerista, a teor dos arts. 15, e § 2º, e 1.046 do CPC.

Tirante a Justiça do Trabalho, que não exerce competência penal alguma, e a Justiça Militar, refratária à matéria cível, no mais, e de modo geral, as demais Justiças atuam, em maior ou menor dimensão ou intensidade, em lides que relevam dos campos cível ou penal, por exemplo: é título executivo judicial, exigível na Justiça cível, a sentença penal condenatória, transitada em julgado (CPC, art. 515, VI), assim como um processo cível pode ficar suspenso se a resolução de seu mérito depender da definição de questão prejudicial externa, suscitada em outro processo pendente (CPC, art. 313, V, *a*).

É sob essas luzes que se deve compreender estes dispositivos do CPC: "Art. 15. Na ausência de normas que regulem processos eleitorais, trabalhistas ou administrativos, as disposições deste Código lhes serão aplicadas supletiva e subsidiariamente"; § 2º do art. 1.046: "Permanecem em vigor as disposições especiais dos procedimentos regulados em outras leis, aos quais se aplicará supletivamente este Código". Essa integração do CPC, como texto processual básico e geral, com outras normações, se faz sob um ambiente de mão-dupla, porque as leis extravagantes, à sua vez, evocam a aplicação supletiva do CPC: assim a CLT, art. 769; a Lei 7.347/1985, sobre a ação civil pública, art. 19; a

Lei 4.717/1965, sobre a ação popular, art. 22; a Lei 8.245/1991, art. 79, sobre o inquilinato; a Lei 12.016/2009, art. 24, sobre o mandado de segurança.

Quanto à Justiça Eleitoral, seus órgãos são o TSE, os TREs, os Juízes Eleitorais e as Juntas Eleitorais (CF, art. 118 e incisos). O TSE compõe-se de, no mínimo, sete ministros, sendo três do STF, dois do STJ e dois advogados indicados pelo STF (CF, art. 119 e incisos), sendo irrecorríveis as decisões do TSE, "salvo as que contrariarem esta Constituição e as denegatórias de *habeas corpus* ou mandado de segurança" (CF, § 3º do art. 121). Os TREs, existentes nas capitais e no Distrito Federal, compõem-se cinco juízes e dois advogados, estes indicados pelo TJ (CF, art. 120, parágrafos e incisos), sendo que as decisões dos TREs só comportam recurso nas hipóteses indicadas no § 4º e incisos do art. 121 da CF. Os magistrados que atuam na Justiça eleitoral, "salvo motivo justificado, servirão por dois anos, no mínimo, e nunca por mais de dois biênios consecutivos" (CF, § 2º do art. 121). A Lei 4.737/1965 instituiu o Código Eleitoral, que dispõe amplamente sobre a funcionalidade dessa Justiça especializada, explicitando a competência dos órgãos jurisdicionais, regulando o processo eleitoral, tipificando os crimes eleitorais, valendo ressaltar o art. 257, dispondo que os "recursos eleitorais não terão efeito suspensivo".

Quanto à Justiça Militar, competente para "processar e julgar crimes militares definidos em lei" (CF, art. 124, *caput*), seus órgãos são o STM e os Tribunais e Juízes militares (CF, art. 122 e incisos). O STM é composto de quinze Ministros vitalícios, sendo dez militares da ativa e cinco civis, sendo que, dentre estes últimos, três são escolhidos dentre advogados e dois, paritariamente, entre juízes auditores e membros do MP da Justiça Militar (CF, incisos do art. 123). A competência dos órgãos da Justiça Militar, conforme autorizado pelo parágrafo único do art. 124 da CF, veio especificada na Lei 8.457/1992, cujo art. 6º elenca a competência originária e recursal do STM, valendo destacar a atribuição para "declarar a inconstitucionalidade de lei ou ato normativo do Poder Público, pelo voto da maioria absoluta de seus membros" – inciso III do art. 6º.

Saliente-se que, mediante proposta do Tribunal de Justiça, lei estadual poderá criar a Justiça Militar numa dada unidade da Federação, "constituída, em primeiro grau, pelos juízes de direito e pelos Conselhos de Justiça e, em segundo grau, pelo próprio Tribunal de Justiça, ou por Tribunal de Justiça Militar nos Estados em que o efetivo militar seja superior a vinte mil integrantes" (CF, § 3º do art. 125). A tal Justiça Militar Estadual cabe "processar e julgar os militares dos Estados, nos crimes militares definidos em lei e as ações judiciais contra atos disciplinares militares, ressalvada a competência do júri quando a vítima for civil, cabendo ao tribunal competente decidir sobre a perda do posto e da patente dos oficiais e da graduação das praças" (CF, § 4º do art. 125, redação da EC 45/2004).

14

A JUSTIÇA ESTADUAL, DO DISTRITO FEDERAL E TERRITÓRIOS

Expressiva parcela do serviço judiciário estatal é desempenhada pela Justiça Federal, em seus ramos comum e especial, este último compreensivo das Justiças Trabalhista, Eleitoral e Militar. Em boa medida, essa ocorrência é explicada pelo fato de que a maior extensão do Direito Positivo se compõe da legislação federal, como se constata do extenso rol da competência legislativa da União (CF, art. 22 e incisos), ficando os Estados com um competência que se diria *residual*, tanto a comum (CF, art. 23 e incisos) como a concorrente (CF, art. 24). Desse modo, excluem-se da Justiça Estadual as causas que, em função da matéria, da pessoa ou da prerrogativa de função, concernem à União, como se colhe da competência dos Juízos federais (CF, art. 109 e incisos).

Bem por isso, em vários casos a eficácia da decisão no âmbito da Justiça Federal se projeta ao longo do território nacional, *v.g.*: uma sentença em ação civil pública ambiental envolvendo rio interestadual, considerado bem da União; a decisão-quadro firmada pelo STJ no rito dos recursos especiais repetitivos (CPC, art. 927, III, c/c art. 928, II); a tese jurídica firmada pelo STF ou STJ no recurso extraordinário ou especial tirado de acórdão local em incidente de resolução de demandas repetitivas (CPC, § 2º do art. 987, c/c arts. 927, III, e 928, I). Já a Justiça Estadual, pelo princípio da *aderência ao território*, tem seu raio de atuação confinado aos limites espaciais de cada unidade da federação, como se dá, *v.g.*, quando um TJ declara inconstitucional uma lei do respectivo Estado ou de um de seus municípios.

Justamente por isso, a CF, após ter se dedicado expressivamente aos órgãos da Justiça Federal, comum e especial (arts. 101-124) e às suas competências, dispõe, singelamente, no art. 125, *caput*: "Os Estados organizarão sua Justiça, observados os princípios estabelecidos nesta Constituição", ficando a competência desses tribunais locais "definida na Constituição do Estado, sendo a lei de organização judiciária de inciativa do Tribunal de Justiça" (§ 1º do art. 125). Esse comando constitucional é completado pelo explicitado na LOM (LC 35/1979), art. 16, *caput*: "Os tribunais de Justiça dos Estados com sede nas respectivas Capitais e jurisdição no território estadual (...) têm a composição, a organização e a competência estabelecidas na Constituição, nesta Lei, na legislação estadual e nos seus Regimentos Internos".

Sem embargo da existência da Justiça Militar no plano federal, encimada pelo STM, a CF prevê que os Estados podem, por lei, criar, "mediante proposta do Tribunal de Justiça, a Justiça Militar Estadual, constituída, em primeiro grau, pelos juízes de direito e pelos Conselhos de Justiça e, em segundo grau, pelo próprio Tribunal de Justiça, ou por Tribunal de Justiça Militar nos estados em que o efetivo militar seja superior a vinte mil integrantes" (§ 3º do art. 125, redação da EC 45/2004). Tal Justiça destina-se a "processar e julgar os militares dos Estados, nos crimes militares definidos em lei e as ações judiciais contra atos disciplinares militares, ressalvada a competência do júri quando a vítima for civil, cabendo ao tribunal competente decidir sobre a perda do posto e da patente dos oficiais e da graduação das praças" (CF, § 4º do art. 125, redação da EC 45/2004).

Aos juízes militares estaduais compete "processar e julgar, singularmente, os crimes militares cometidos contra civis e as ações judiciais contra atos disciplinares militares, cabendo ao Conselho de Justiça, sob a presidência de juiz de direito, processar e julgar os demais crimes militares" (CF, § 5º do art. 125, acrescido pela EC 45/2004).

A CF autoriza que os TJs funcionem "descentralizadamente, constituindo Câmaras regionais, a fim de assegurar o pleno acesso do jurisdicionado à justiça em todas as fases do processo", devendo ainda ser instalada "a justiça itinerante, com a realização de audiências e demais funções da atividade jurisdicional nos limites territoriais da respectiva jurisdição, servindo-se de equipamentos públicos e comunitários", podendo ainda ser criadas "varas especializadas, com competência exclusiva para questões agrárias" (§§ 6º e 7º do art. 125, acrescidos pela EC 45/2004, e art. 126, *caput*, redação da EC 45/2004).

Cabe ainda observar que, sem embargo da competência da Justiça trabalhista para dirimir conflitos específicos nessa área (CF, art. 114, incisos e parágrafos), a CF prevê que "nas comarcas não abrangidas por sua jurisdição", tal atribuição poderá ser exercida pelos "juízes de direito, com recurso para o respectivo Tribunal Regional do Trabalho" (art. 112).

Forte na autonomia administrativa assegurada aos tribunais estaduais, a LOM (LC 35/1979) permite que nas Cortes com mais de 25 desembargadores, seja "constituído órgão especial, com o mínimo de onze e máximo de 25 membros, para o exercício das atribuições administrativas e jurisdicionais, da competência do tribunal pleno, bem como para uniformização da jurisprudência no caso de divergência entre suas seções" (parágrafo único do art. 16). Posteriormente, a CF de 1988 recepcionou, em boa medida, tal previsão, no inciso XI do art. 93. De observar-se que dentre os padrões decisórios obrigatórios listados nos incisos do art. 927 do CPC encontra-se "(...) V – a orientação do plenário ou do órgão especial aos quais estiverem [os juízes e tribunais] vinculados".

Relevante atribuição dos TJs é a que lhes permite processar e julgar a "representação de inconstitucionalidade de leis ou atos normativos estaduais ou municipais em face da Constituição Estadual, vedada a atribuição da legitimação para agir a um único órgão" (CF, § 2º do art. 125). Também é da competência do TJ, no âmbito de sua competência originária, o julgamento do Prefeito Municipal – CF, art. 29, X.

Assim é que, no Estado de São Paulo, a Constituição (1989) dispõe que dentre as atribuições do TJ, "órgão superior do Poder Judiciário do Estado, com jurisdição em todo seu território e sede na Capital" (art. 73, *caput*), está a de "processar e julgar originariamente "I – nas infrações penais comuns (...) os Prefeitos Municipais; III – os mandados de segurança e os '*habeas data*' contra atos (...) do Prefeito (...); VI – a representação de inconstitucionalidade de lei ou ato normativo estadual ou municipal, contestados em face desta Constituição, o pedido de intervenção em Município e ação de inconstitucionalidade por omissão em face de preceito desta Constituição". Ainda na Justiça paulista, vale ressaltar sua organização em *comarcas*, agrupadas em *entrâncias*: inicial, intermediária e final: LC 1.274/2015.

Relevante atribuição dos TJs consiste na emissão de súmulas de sua jurisprudência dominante ou assentada (em atendimento ao previsto no § 1º do art. 926 do CPC), certo que, em ocorrendo que o pedido formulado numa ação judicial contrarie um desses precedentes, o juiz fica autorizado a julgar *liminarmente improcedente* tal pretensão (CPC, art. 332, IV). Aos TJs é dado, ainda, exercer importante *função paradigmática*, ao fixar a *tese jurídica*, no âmbito do incidente de resolução de demandas repetitivas, a qual parametrizará o julgamento das demandas seriais envolvendo a mesma questão de direito (CPC, art. 976 e incisos, c/c art. 985 e incisos), certo que a inobservância desse padrão decisório autoriza o manejo de *reclamação* (CPC, § 1º do art. 985, c/c art. 988, IV, este com redação da Lei 13.256/2016).

Saliente-se ainda que os Juizados Especiais para causas cíveis de menor complexidade e infrações penais de menor potencial ofensivo, previstos no art. 98, I, da CF, operam também no âmbito das Justiças Estaduais, "para conciliação, processo, julgamento e execução, nas causas de sua competência" (Lei 9.099/1995, art. 1º), sendo que da sentença aí proferida cabe recurso dirigido a um Colégio formado por juízes de primeiro grau (lei *supra*, art. 41 e § 1º). Da decisão desse colegiado descabe recurso especial ao STJ, por força da Súmula 203 dessa Corte, embora se admita recurso extraordinário ao STF, mercê da Súmulas 640 e 727 deste último.

15

FUNÇÕES ESSENCIAIS À JUSTIÇA

Diversamente do que se passa com a administração pública (Poder Executivo), à qual é dado agir de ofício, já que a legitimidade do gestor público é de ordem política, derivada de escolha popular, já a Justiça Estatal (Poder Judiciário) apresenta uma legitimidade de caráter técnico, sendo seus membros aprovados em concurso público (CF, art. 93, I) ou, então, recrutados mediante o chamado *quinto constitucional* (CF, art. 94 e parágrafo único). Daí deriva que a função jurisdicional, disponibilizada aos históricos de dano temido ou sofrido (CF, art. 5º, XXXV), para ser exercida, depende de *provocação* do interessado (princípio da demanda: CPC, art. 2º) e só responde nos limites em que é posta: princípio dispositivo – CPC, art. 492, *caput*.

Assim, a iniciativa para deflagração do processo judicial é deferida a certos agentes, a saber:

(*i*) *os jurisdicionados* – pessoas físicas e jurídicas, de direito privado ou público, inclusive os terceiros interessados, todos devidamente representados (CPC, art. 75 e incisos), e assistidos por seus advogados, com vistas ao atendimento da chamada *capacidade postulatória* (CPC, art. 103 e parágrafo único), inclusive no que tange à advocacia pública (CPC, art. 182);

(*ii*) *o Ministério Público*, quando atua como parte ou *custos legis* (CPC, art. 178 e incisos);

(*iii*) *a Defensoria Pública*, quando se trata da representação de pessoa em situação de vulnerabilidade (CPC, art. 185). Justamente por isso, essas instituições vêm tratadas no texto constitucional sob a rubrica "Funções Essenciais à Justiça" (arts. 127-135), já que, sem elas, a Justiça Estatal não teria como operar, dada sua natureza *substitutiva*.

Essas instituições, apesar de atuarem nos processos judiciais, portanto sob o ambiente forense, não são integrantes do Poder Judiciário, dado que os órgãos que o compõem são apenas aqueles listados, em *numerus clausus*, no art. 92 da CF, assim não sendo considerados, por exemplo, o juiz de paz (CF, art. 98, II) e os juízes leigos (Lei 9.099/1995, art. 22, *caput*). De outra parte, enquanto a Administração Pública procede sob uma óptica *proativa*, atuando de ofício ao ofertar prestações primárias, já o Judiciário se pauta por uma postura *reativa*, intervindo se e quando provocado, e respondendo nos limites em que seja instado (CPC, arts. 141 e 492).

Tal provocação para movimentação da máquina judiciária pressupõe *conhecimento técnico-jurídico*, donde o *jus postulandi* ser atribuído:

(*i*) ao "*advogado* regularmente inscrito na Ordem dos Advogados do Brasil" (CPC, art. 103, *caput*; CF, art. 133), mediante instrumento de mandato firmado pela parte (CPC, art. 104, *caput*), salvo se esta última tiver habilitação legal (CPC, parágrafo único do art. 104) ou ainda para evitar perecimento do direito e também nos casos urgentes (CPC, art. 104 e parágrafos);

(*ii*) ao *advogado público* (Procuradorias Fazendárias, dos entes políticos, tal a AGU, e ainda os órgãos correspondentes na administração indireta), referindo-se o art. 182 do CPC aos "interesses públicos da União, dos Estados, do Distrito Federal e dos Municípios", enquanto o art. 131, *caput* da CF, refere-se à representação judicial e extrajudicial, bem como às "atividades de consultoria e assessoramento jurídico do Poder Executivo";

(*iii*) ao *defensor público*, no caso da representação dos *necessitados*, tomada a expressão em sentido largo, compreendendo os vulneráveis e despossuídos (CF, art. 5º, LXXIV; CPC, art. 185);

(*iv*) ao *Ministério Público*, que atua "na defesa da ordem jurídica, do regime democrático e dos interesses sociais e individuais indisponíveis" (CF, art. 127, *caput*); com diferença de pormenor o CPC recepciona tal previsão no art. 176).

15.1 Ministério Público

O Ministério Público (MP) é *uno e indivisível* (CF, § 1º do art. 127), mas, para efeitos funcionais e organizacionais, ele se estrutura segundo uma certa setorização:

(*i*) MP da União, composto pela Procuradoria-Geral da República e, ainda, pelos órgãos ministeriais que atuam junto às Justiças Federais especializadas (Trabalhista, Militar, Eleitoral), bem como no TCU, e ainda o MP do Distrito Federal, nos termos da LC 75/1993;

(*ii*) MP que atua junto às Justiças dos Estados, abrangendo, em 1º grau, os promotores de justiça e, em 2º grau, os procuradores de justiça. Dadas as *autonomias* funcional e administrativa de que se beneficia o MP, a instituição é regida pelas respectivas Leis Orgânicas, que são leis "complementares da União e dos Estados, cuja iniciativa é facultada aos respectivos Procuradores-Gerais"; tais textos "estabelecerão a organização, as atribuições e o estatuto de cada Ministério Público (...)" – CF, § 5º do art. 128.

De observar-se que os integrantes do MP podem vir a integrar o Judiciário, como desembargadores ou ministros, mediante acesso pelo chamado *quinto constitucional* – CF, art. 94 e parágrafo único.

Assim como os magistrados (CF, art. 95 e incisos), também os membros do MP se beneficiam da tríplice garantia de *vitaliciedade, inamovibilidade* e *irredutibilidade de vencimentos* (CF, art. 128, I e alíneas), e, tanto quanto se passa com o Judiciário (CF, art. 99 e § 1º), também o *parquet* goza de autonomia funcional, administrativa e financeira (CF, §§ 2º e 3º do art. 127). A expressão *parquet* remete ao *locus* (o espaço assoalhado) reservado ao órgão ministerial no recinto dos tribunais franceses, como explica Fernando Antônio Negreiros Lima: "os juízes sentavam-se diante das partes, dispostos ao longo de três quartos da sala; em tribuna lateral (*barre*) ficavam os advogados, reservando-se aos membros do MP o espaço central (o *petit parc* ou *parquet*)".[1]

Diversamente do que se passa na prática da advocacia privada, que se realiza a partir da outorga do *instrumento de mandato* (Lei 8.906/1994 – Estatuto da OAB, art. 5º e parágrafos; CPC, art. 105 e parágrafos), a atuação do MP é de natureza *institucional*, legitimando-o a atuar em mais de uma frente: como *parte* (por exemplo, ajuizando uma ação civil pública – CF, art. 129, III; Lei 7.347/1985, art. 5º, I); como *representante de parte* (por exemplo, zelando por interesse de incapaz – CPC, art. 178, II), ou ainda como *fiscal da lei* (por exemplo, quando oficia no mandado de segurança – Lei 12.016/2009, art. 12 e parágrafo único, c/c CPC, art. 178, *caput*).

Situação particular é a atuação do MP quando ajuíza penal pública nos crimes dolosos contra a vida: ele o faz enquanto titular do *jus puniendi* do Estado (*dominus litis*) e, em certa medida, em nome da sociedade, afrontada pelo gravidade do ilícito imputado ao acusado; já quando promove a ação civil *ex delicto* (CPP, art. 68), ele atua como *representante* dos prejudicados por danos decorrentes do crime, salientando-se que constitui título executivo judicial, na jurisdição cível, "a sentença penal condenatória transitada em

---

[1] *Teoria geral do processo judicial*, cit., p. 366.

julgado" – CPC, art. 515, VI. Esclarece José Eduardo Carreira Alvim: "No *âmbito penal*, a função do Ministério Público é geralmente de *parte*, tendo como principal atribuição tornar efetivo o poder punitivo do Estado, sendo o órgão de acusação dos violadores da lei penal; mas atua também na esfera penal como *fiscal da ordem jurídica*, quando zela pela indivisibilidade da lei penal, nos crimes de ação privada".[2]

Resumidamente, a atuação do MP se dá no âmbito deste contexto normativo:

(*i*) funções indicadas nos incisos I a VIII do art. 129 da CF, com destaque para o "inquérito civil e a ação civil pública para proteção do patrimônio público e social, do meio ambiente e de outros interesses difusos e coletivos" (CF, inciso III desse artigo), e para as ações no controle direto de constitucionalidade (ADin, ADCon, ADPF, inconstitucionalidade por omissão, ações interventivas: CF, art. 129, IV, c/c art. 103, VI; Lei 9.868/1999, art. 12-A; Lei 9.882/1999, art. 2º);

(*ii*) outras atribuições, desde que compatíveis com a finalidade precípua da instituição (CF, inciso IX do art. 129), é dizer, desde que a espécie esteja em sintonia com o plexo de atuação do MP, como parte, representante de parte ou fiscal da lei, tal como fixado na CF e nas leis complementares, como pode dar-se no âmbito da ação civil pública, cujo objeto abrange, além de certos valores nominados, também "qualquer outro interesse difuso ou coletivo" – Lei 7.347/1985, art. 1º, IV.

Como *parte*, o MP "exercerá o direito de ação em conformidade com suas atribuições constitucionais" (CPC, art. 177, *caput*); como *fiscal da lei* ou *custos legis*, ele intervém "nos processos que envolvam: (*I*) interesse público ou social; (*II*) interesse de incapaz; (*III*) litígios coletivos pela posse de terra rural ou urbana" (CPC, art. 178 e incisos), devendo o MP ser intimado para a audiência preliminar na ação envolvendo "litígio coletivo pela posse de imóvel" (CPC, art. 565, § 2º). Também na legislação extravagante encontram-se hipóteses de intervenção do M.P. em processos judiciais, por exemplo: naqueles em que há interesse de *idoso* (Lei 10.741/2003, art. 75; na *ação popular*, para a qual é legitimado o cidadão eleitor (CF, art. 5º, LXXIII; Lei 4.717/1965, art. 1º, *caput*), atuando o MP, em princípio, como *custos legis*, mas podendo eventualmente assumir a condução do processo em caso de desistência ou de abandono por parte do cidadão-autor (Lei 4.717/1965, art. 7º, I, *a*, c/c art. 9º). Outrossim, o art. 25 da Lei Orgânica Nacional da

---

[2] *Teoria geral do processo*, cit., p. 65.

instituição (Lei 8.625/1993) apresenta expressivo elenco de iniciativas a cargo do MP, tais como: ação no controle direto de constitucionalidade; ação penal pública; anulação ou declaração de nulidade atos lesivos ao patrimônio público ou à moralidade administrativa; fiscalização de estabelecimentos prisionais; responsabilização judicial de agentes públicos condenados por tribunais ou conselhos de contas; recursos ao STF e STJ. Além disso, os arts. 26 e 27 daquela Lei Orgânica indicam muitas outras atribuições, de caráter instrutório ou complementar, a par de diretrizes no que tange às relações da instituição com os Poderes constituídos.

Todo esse contexto exibe uma atuação multifacetada do M.P.:

(i) como *parte*: na desconsideração da personalidade jurídica: CCi, art. 50; ação de nulidade de casamento: CCi, art. 1.548; abertura de inventário: CPC, art. 616, VII; ação rescisória: CPC, art. 967, III; incidente de resolução de demandas repetitivas: CPC, art. 977, III; ação coletiva em caso de afluxo de demandas seriais: CPC, art. 139, X; reparação civil de dano *ex delicto*: CPP, art. 68; ação de investigação de paternidade: Lei 8.560/1992, art. 2º, § 4º; ação de alimentos: Lei 8.069/1990 (ECA) art. 201, III; ação coletiva por interesses individuais homogêneos: Lei 8.078/1990 (CDC), art. 82, I, c/c art. 81, parágrafo único, III; ação por improbidade administrativa: Lei 8.429/1992, art. 17, *caput*. Verdade que, como o MP não defende interesse próprio e sim o da coletividade (CF, art. 127, *caput*), já se registrou alguma resistência em vê-lo como uma *vera parte*, como esclarece José Eduardo Carreira Alvim: "Carnelutti também não via no Ministério Público a qualidade de parte, senão de uma parte artificial, enquanto Alcalá Zamora y Castillo o tinha como parte sui generis imparcial e desinteressada".[3]

(ii) como *fiscal da lei*, o MP intervém em ações e procedimentos diversos: *habeas data*: Lei 9.507/1997, art. 12; ação civil pública proposta por outro colegitimado: Lei 7.347/1985, art. 5º, § 1º; ação popular: Lei 4.717/1965, art. 7º, I, *a*; REs e RESps repetitivos: CPC, art. 1.038, III; incidente de resolução de demandas repetitivas, a cujo respeito nos pronunciamos em outra sede no sentido de que "tirante o caso de o MP já ser o próprio promovente do IRDR (inc. III do art. 977) – nos demais casos, em sobrevindo desistência ou abandono por parte do autor da ação onde fora gestado o IRDR, então o MP, enquanto fiscal da ordem jurídica, deve nele intervir, conduzindo-o até final".[4] Note-se

---

[3] *Teoria geral do processo*, cit., p. 65.
[4] *Incidente de resolução de demandas repetitivas...*, cit., p. 212.

que, quando se trata de interesse de incapaz, a atuação do M.P. como seu representante não deixa, também, de se caracterizar como *custos legis* (CPC, art. 178, *caput*, e inciso II).

(*iii*) como *representante de parte*, por exemplo, quando atua na defesa de interesse de incapaz (CPC, art. 178, II) ou quando impetra *habeas corpus* em nome do paciente (CPP, art. 654, *caput*) ou mandado de segurança em favor do prejudicado por ato ilegal e arbitrário de autoridade (LC 75/1993, art. 6º, VI).

Hipótese singular de atuação do MP ocorre quando ele é autorizado a propor ação civil pública para "a anulação ou declaração de nulidade de atos lesivos ao patrimônio público ou à moralidade administrativa do Estado ou de Municípios, de suas administrações indiretas ou fundacionais ou de entidades privadas de que participem" (Lei 8.625/1993, art. 25, IV, *b*), na medida em que esse objeto acaba por se identificar ou ao menos se justapor ao da ação popular (CF, art. 5º, LXXIII; Lei 4.717/1965, art. 1º e § 1º), cuja legitimação é deferida apenas ao cidadão eleitor.

De outra parte, ressalte-se que o STF, decidindo matéria bastante controvertida à época, reconheceu, com repercussão geral, que cabe ao M.P. "promover, por autoridade própria, e por prazo razoável, investigações de natureza penal, desde que respeitados os direitos e garantias que assistem a qualquer indiciado ou a qualquer pessoa sob investigação do Estado, observadas sempre por seus agentes as hipóteses de reserva constitucional de jurisdição e, também, as prerrogativas profissionais de que se acham investidos, em nosso País, os Advogados (Lei 8.906/1994, artigo 7º, notadamente os incisos I, II, III, XI, XIII, XIV e XIX), sem prejuízo da possibilidade – sempre presente no Estado democrático de Direito – do permanente controle jurisdicional dos atos, necessariamente documentados (Súmula Vinculante 14), praticados pelos membros dessa instituição" (RE 593.727-MG, rel. Min. Gilmar Mendes, j. 14.05.2015).

Pode-se, então, dizer que, basicamente, são estes os atributos institucionais do MP:

(*i*) *independência funcional*, significando que seus membros atuam sem ingerência externa e sem qualquer subserviência em face dos Poderes constituídos, tendo por parâmetro apenas a persuasão racional do órgão oficiante, à vista dos fatos provados nos autos e dos textos de regência;

(*ii*) *unidade*, significando que, apesar da distribuição funcional dos órgãos da instituição, inclusive em função das *Justiças* em face das quais atuam, o MP segue sendo um corpo unitário, como instituição necessária ao funcionamento da Justiça, a par de múltiplas outras atribuições extraprocessuais;

(*iii*) *indivisibilidade* nesse sentido de que a atuação do órgão ministerial não se pauta por individualismo ou personalismo de cada qual de seus agentes, mas sim enquanto uma *longa manus* da própria instituição, vedada, por isso mesmo, a prática, por qualquer pessoa física ou jurídica, do setor privado ou público, de ato privativo do MP.

Na identificação da condição legitimante para a atuação do MP é relevante a distinção entre:

(*i*) *interesse público e social*, afeiçoado aos valores e indisponíveis da coletividade; e

(*ii*) *interesse fazendário*, referenciado basicamente ao erário público, para o que se credencia a Advocacia Pública (CPC, art. 182) ou mesmo o cidadão-eleitor, na ação popular – CF, art. 5º, LXXIII.

Daí dispor o parágrafo único do art. 178 do CPC que a participação da Fazenda num dado processo "não configura por si só hipótese de intervenção do Ministério Público", dispositivo que se afina com a disposição constitucional que veda ao *parquet* "a representação judicial e a consultoria jurídica de entidades públicas" (inciso IX, parte final, do art. 129).

Sem embargo, é razoável entender-se que essa interface do interesse público com o interesse fazendário nem sempre se reveste da desejável nitidez, porque em certos casos os interesses público e fazendário se tangenciam ou mesmo se integram (Súmula 329 do STJ), e, nesse sentido, o inciso VIII do art. 1º da Lei 7.347/1985 (cf. Lei 13.004/2014) incluiu no âmbito da ação civil pública a tutela "ao patrimônio público e social", valendo lembrar que o *erário* configura a dimensão financeira do interesse fazendário, ou, caso se queira, o aspecto pecuniário do patrimônio público. Nem por outro motivo, para a ação por ato de improbidade administrativa – que não raro envolve a defesa do erário – são *colegitimados* o MP e a Fazenda lesada (Lei 8.429/1992, art. 17, *caput*). Cabe ainda ter presente que certas condutas comissivas ou omissivas do Prefeito, na gestão da ordem urbanística, são tipificadas como atos de improbidade administrativa – Lei 10.257/2001 (Estatuto da Cidade), art. 52 e incisos.

Quanto à tutela judicial dos interesses essencialmente metaindividuais (difusos; coletivos em sentido estrito: Lei 8.078/1990, art. 81, parágrafo único, I e II), pode-se dizer que a legitimação do MP está, por assim dizer, presumida ou pressuposta, já que nesse campo está subjacente o interesse social na prevenção da atomização dos conflitos de largo espectro e na obtenção de uma resposta jurisdicional de eficácia expandida e isonômica.

Já no tocante aos interesses *individuais homogêneos* (Lei 8.078/1990, art. 81, parágrafo único, III), que são *episodicamente* metaindividuais, é razoável entender-se que a atuação do MP fica a depender da chamada *pertinência temática*, não se justificando, por exemplo, que o *parquet* promova ação coletiva para ressarcimento dos prejuízos experimentados pelos importadores de veículos que apresentaram um certo defeito, porque, embora se trate de um histórico de origem comum, o interesse não se afigura indisponível. Bem por isso, dispõe a Súmula de Entendimento 7, do Conselho Superior do *parquet* paulista: "O Ministério Público está legitimado à defesa de interesses individuais homogêneos que tenham expressão para a coletividade, como: (*a*) os que digam respeito à saúde ou à segurança das pessoas ou ao acesso das crianças e adolescentes à educação; (*b*) aqueles em que haja extraordinária dispersão dos lesados; (*c*) quando convenha à coletividade o zelo pelo funcionamento de um sistema econômico, social ou jurídico".[5]

O MP beneficia de certos bônus processuais, tais como o de ter vista dos autos depois das partes; ser intimado pessoalmente dos atos do processo; ter prazo em dobro para manifestar-se (CPC, arts. 179 e incisos; 180 e parágrafos).

Já no tocante à responsabilização de seus integrantes, ela só se dá em caso de dolo ou fraude, e ainda assim em modo regressivo (CF, § 6º do art. 37), em consequência do acolhimento de ação proposta pelo prejudicado contra o ente público (CPC, art. 181). Sem embargo, Teresa Arruda Alvim Wambier *et al.* conferem interpretação mais elástica a tais dispositivos: "Com efeito, aquele que se sentir prejudicado por atuação dolosa ou fraudulenta do membro do MP poderá acionar o Poder Público, mas poderá também acionar diretamente o agente público causador do dano (o membro do MP)".[6]

A par disso, compete ao Conselho Nacional do MP "receber e conhecer das *reclamações* contra membros ou órgãos do Ministério Público da União ou dos Estados, inclusive contra seus serviços auxiliares, sem prejuízo da competência *disciplinar e correicional* da instituição, podendo avocar processos disciplinares em curso, determinar a remoção, a disponibilidade ou a aposentadoria com subsídios ou proventos proporcionais ao tempo de serviço e aplicar outras sanções administrativas, assegurada ampla defesa" (CF, art. 130-A, § 2º, III).

Portanto, assim como o Judiciário conta em sua estrutura com o Conselho Nacional de Justiça (CF, arts. 92, I-A; 103-B, incisos e parágrafos), também o

---

[5] Ver essa e outras súmulas de entendimento em *A defesa dos interesses difusos em juízo*. 22. ed. Saraiva: São Paulo, 2009, p. 753 e s.

[6] *Primeiros comentários ao novo Código de Processo Civil* – artigo por artigo. São Paulo: 2015, p. 181.

MP tem o seu Conselho Nacional (CF, art. 130-A, incisos e parágrafos), sendo que ambos os colegiados, de formação pluralista, operam funções de controle, planejamento e correição das respectivas instituições no plano macro.

No tocante aos ônus da sucumbência, dado que o MP não sustenta interesse próprio, e sim o de um valor transcendente, concernente à coletividade como um todo (interesse público ou social), o *parquet*, quando não tem o seu pleito acolhido, a rigor não é considerado um *perdedor* da causa, donde não se lhe aplicar a regra da condenação do vencido em honorários e despesas processuais (CPC, art. 85, *caput*), nem lhe cabendo adiantar o numerário para os atos que propuser no processo (CPC, § 1º do art. 82), certo que aqueles itens pecuniários são imputados ao *vencido* – CPC, art. 91, *caput*. Dessa forma, afirma Hugo Nigro Mazzilli: "O próprio Ministério Público não sucumbe, não adianta despesas nem paga custas ou honorários; em caso de improcedência, quem arcará com esses encargos será o Estado. Como órgão estatal, quando o Ministério Público oficia, é como se o próprio Estado o estivesse fazendo".[7] Bem por conta dessa particular condição, o MP é dispensado do preparo e porte de remessa e retorno dos autos do recurso que interponha (CPC, art. 996, *caput*, c/c art. 1.007, § 1º; Súmula 99 do STJ).

Tenha-se ainda presente que a não comunicação ao M.P. a respeito de processo ou de ato no qual lhe caberia intervir, em princípio gera *nulidade* – CPC, art. 279 e § 1º –, salvo se *parquet* entender que tal falha não redundou em prejuízo (§ 2º do art. 279: *pas de nullité sans grief*); tal ocorrência não se confunde com a hipótese em que o membro do MP, devidamente intimado acerca de um ato processual, deixa transcorrer *in albis* o prazo para manifestar-se; nesse caso, o juiz "requisitará os autos e dará andamento ao processo" (CPC, § 1º do art. 180). Comentando esse dispositivo, aduzem Nelson Nery Júnior e Rosa Maria de Andrade Nery: "O prazo concedido ao MP não pode ser estendido injustificadamente sob alegação, por exemplo, de excesso de trabalho. (...) Caso o órgão oficiante do MP requeira a extensão do prazo, justificando devidamente o pedido, o juiz poderá conceder essa extensão, se entender necessário".[8]

15.2 Advocacia, contratual e institucional

A palavra *advocacia* remete ao étimo *ad vocare*, ou seja, à ideia de falar por, em nome, em prol de outrem, pessoa física ou jurídica, de Direito Privado ou de Direito Público, assim no âmbito administrativo ou negocial (mediante

---

[7] *A defesa dos interesses difusos em juízo*. 22. ed. São Paulo: Saraiva, 2009, p. 588.
[8] *Comentários ao Código de Processo Civil*, cit., nota nº 4 ao art. 180, p. 683.

procuração *ad negotia et extra*), como no plano judicial (procuração *ad judicia*). Quando essa representação se faz no âmbito de um processo judicial, em nome das partes integrantes dos polos ativo e passivo, é tratada como *pressuposto processual* de existência e validade da própria relação processual, a saber: a *capacidade postulatória* (o *jus postulandi*), consistente no poder-dever do advogado de pleitear em Juízo em nome de quem o haja constituído, valendo lembrar que, nesse caso o advogado é representante judicial de um sujeito parcial (autor, réu, terceiro interveniente).

Sendo o representado uma pessoa física ou pessoa jurídica de Direito Privado, integrante de um processo judicial, trata-se da *advocacia particular ou privada*, ajustada por meio do instrumento de mandato (com a cláusula *ad judicia*), documento também dito *procuração*; ou então, sendo parte uma pessoa de Direito Público (administração direta ou indireta) sua representação é feita pelas respectivas Procuradorias Fazendárias – CPC, art. 75, I a IV. Neste último caso, a representação se diz *institucional*, por ser ínsita ou inerente à própria condição funcional do advogado do setor público.

A respeito da área de atuação reservada à Advocacia Pública (AGU, Procuradorias dos Estados, dos Municípios, do Distrito Federal, das autarquias, fundações, agências reguladoras, e demais órgãos da administração descentralizada), registrara-se, inicialmente, alguma zona cinzenta ou ambiguidade entre o espaço reservado a esses agentes representativos e aquele atribuído ao Ministério Público, mas a vigente CF dissipou a dúvida, vedando ao *parquet* a "representação judicial e a consultoria jurídica de entidades públicas" (inciso IX do art. 93), diretriz que repercute no disposto no parágrafo único do art. 178 do CPC: "A participação da Fazenda Pública não configura, por si só, hipótese de intervenção do Ministério Público", por aí se consagrando a distinção conceitual entre:

(*i*) interesse público, social ou individual indisponível (área de atuação do M.P: CF, art. 127, *caput*); e

(*ii*) interesse fazendário, também dito interesse público secundário, vindo geralmente assimilado ao erário público.

Ainda assim subsistem certas ocorrências nas quais as atuações dessas instituições se aproximam ou mesmo se tangenciam, como, por exemplo, se nota na ação por ato de improbidade administrativa, cuja legitimação (concorrente-disjuntiva) é deferida assim ao M.P. como à Fazenda lesada (Lei 8.429/1992, art. 17, *caput*), valendo lembrar que a Lei 10.257/2001 (Estatuto da Cidade) tipifica certas condutas comissivas ou omissivas do prefeito do município como atos de *improbidade administrativa* – art. 52 e incisos. De resto, não sendo o M.P. autor da ação por ato de improbidade administrativa, ele deve intervir como *fiscal da lei*, sob pena de nulidade (§ 4º do art. 17 da Lei 8.429/1992, c/c CPC, art. 279 e parágrafos).

No tocante à iniciativa processual da Fazenda lesada, por meio de seus procuradores, anota Marino Pazzaglini Filho que a entidade pública "tem o direito de ação civil de improbidade administrativa e a faculdade, caso não queira invocar diretamente a tutela jurisdicional, de representar ao Ministério Público, relatando, com fundamentos, a improbidade administrativa por ela sofrida, para que este examine a pertinência de apurá-la ou, de imediato, de ingressar com a ação civil de improbidade".[9]

A representação judicial por advogado ou por procurador fazendário reproduz, em certa medida, o que se passa nos atos da vida civil, os quais podem ser realizados por interposta pessoa, por meio do instrumento de mandato *ad negotia et extra* (CCi, art. 116), tratando-se aí de negócio jurídico bilateral, receptício, expresso ou tácito, verbal ou escrito (CCi, art. 656), oneroso ou gratuito (CCi, art. 658 e parágrafo único), específico ou geral (CCi, art. 660).

No âmbito do processo judicial, o desempenho de atividades técnicas em nome de uma das partes (originária ou superveniente; no polo ativo ou passivo; singular ou litisconsorciada) pressupõe a juntada aos autos de procuração com a cláusula *ad judicia* outorgada a um advogado, a saber, o bacharel em Direito regularmente inscrito na OAB (CPC, art. 103), assim considerado "indispensável à administração da justiça, sendo inviolável por seus atos e manifestações no exercício da profissão, nos limites da lei" (CF, art. 133), com vistas a atender o pressuposto processual dito *capacidade postulatória*.

O exercício da advocacia contratual desacompanhada da devida procuração só é permitida excepcionalmente, "para evitar preclusão, decadência ou prescrição, ou para praticar ato considerado urgente", sendo que em tais casos o instrumento de mandato deve ser acostado aos autos em até quinze dias, prorrogáveis pelo juiz por igual período; transcorrido *in albis* esse interregno, o "ato não ratificado será considerado ineficaz relativamente àquele em cujo nome foi praticado, respondendo o advogado pelas despesas e por perdas e danos" (CPC, §§ 1º e 2º do art. 104).

Dispõe o Estatuto da OAB (Lei 8.906/1994), em seu art. 1º: "São atividades privativas da advocacia: I – a postulação a qualquer órgão do Poder Judiciário e aos Juizados especiais;[10] II – as atividades de consultoria, assessoria

---

[9] *Lei de Improbidade Administrativa comentada*. 6. ed. São Paulo: Atlas, 2015, p. 220.

[10] No caso dos Juizados Especiais, a assistência da parte, por advogado, é facultativa nas causas de valor até vinte salários mínimos (Lei 9.099/1995, art. 9º, *caput*); sem

e direção jurídicas", o que se completa com o disposto no art. 4º, *caput*: "São nulos os atos privativos de advogado praticados por pessoa não inscrita na OAB, sem prejuízo das sanções civis, penais e administrativas". Observe-se que o grau acadêmico correspondente à profissão é o de *bacharel em Direito*, ao qual se agrega a condição de *advogado* com a aprovação no exame da OAB (Lei 8.906/1994, art. 8º, IV) e obtenção do correspondente número de inscrição; desse modo, embora seja usual o tratamento de *doutor*, esta titulação, a rigor, é de ser deferida a quem haja concluído exitosamente o curso de pós-graduação ao nível do *doutorado*, mediante a aprovação, pela banca julgadora, da respectiva tese, numa instituição de ensino devidamente credenciada. No ponto, Paulo Luiz Neto Lôbo chega mesmo a afirmar: "Embora não se possa evitar o tratamento social, o uso indevido do título de doutor em documentos profissionais e nos meios de publicidade configura infração ética".[11]

A advocacia compreende as modalidades

(*i*) *judicial* (representação da parte em processo perante a Justiça Estatal: capacidade postulatória, exercida singularmente ou pela *sociedade de advogados* (esta última regida pelos arts. 15 e parágrafos, 16 e parágrafos e 17 do EOAB, tendo alguns desses dispositivos sido alterados ou acrescidos pela Lei 13.247/2016); e

(*ii*) *extrajudicial*, perante as instâncias não jurisdicionais (*v.g.*, tribunais de contas ou de impostos e taxas; juntas ou conselhos recursais), abrangendo ainda a consultoria, assessoria e direção jurídicas.

Observe-se que o sentido de *representação* é mais bem afeiçoado à jurisdição civil porque, no plano penal, no dizer de Paulo Roberto de Gouvêa Medina, "o acusado, como parte, é o alvo da *persecutio criminis*"; daí, prossegue o autor, "não cabe falar, propriamente, em representante seu, mas, sim, na figura de um assistente. Tal é a posição que o advogado, defensor do acusado, assume na relação processual penal. O acusado apresenta-se – ou presenta-se –, não se representa. Mas, é assistido, do ponto de vista técnico-jurídico, pelo advogado por ele constituído ou que lhe seja designado, como defensor dativo".[12]

Já no plano da advocacia extrajudicial, a *consultoria* é, usualmente, exercida pelos pareceristas ou jurisconsultos, tratando-se, pois, de atividade desenvolvida no plano opinativo; a *assessoria* se exerce em situações diversas,

---

embargo, dispõe o § 2º desse artigo: "O juiz alertará as partes da conveniência do patrocínio por advogado, quando a causa o recomendar".
[11] *Comentários ao novo Estatuto da Advocacia e da OAB*. Brasília: Brasília Jurídica, p. 19.
[12] *Teoria geral do processo*, cit., p. 222.

tais a elaboração de contratos, assistência à parte na celebração de atos notariais, participação em meios auto e heterocompositivos de solução de conflitos (salientando-se que a Lei 13.140/2015 veio permitir a prática da mediação nos processos de interesse da Administração Pública, envolvendo "interesses indisponíveis que admitam transação" – art. 3º); a *direção jurídica* remete aos cargos de chefia dos Departamentos Jurídicos, assim no setor privado como no público. A qualquer dessas atividades aplica-se o disposto no § 1º do art. 2º do EOAB: "No seu ministério privado, o advogado presta serviço público e exerce função social".

Excetuam-se à exigência de apresentação do instrumento de mandato:

(*i*) os casos em que a própria parte ou o interveniente é advogado e, assim, haja por bem postular em causa própria (CPC, parágrafo único do art. 103);

(*ii*) a impetração de *habeas corpus* pelo próprio paciente (Lei 8.906/1994 – Estatuto da OAB – § 1º do art. 1º; CPP, art. 654, parágrafos e alíneas);

(*iii*) a postulação inicial pela própria parte no Juizado Especial, em causas de valor até vinte salários mínimos (Lei 9.099/1995, art. 9º, *caput*), embora deva o juiz alertar as partes "sobre a conveniência do patrocínio por advogado, quando a causa o recomendar" (Lei 9.099/1995, § 2º do art. 9º);

(*iv*) ajuizamento de reclamação trabalhista, na qual patrões e empregados podem postular pessoalmente (CLT, art. 791, *caput*), embora a Súmula 425 do TST tenha confinado o *jus postulandi* do próprio empregado "às Varas do Trabalho e aos Tribunais Regionais do Trabalho, não alcançando a ação rescisória, a ação cautelar, o mandado de segurança e os recursos de competência do Tribunal Superior do Trabalho"; saliente-se que o advogado pode atuar em causa própria, caso em que lhe "serão devidos honorários de sucumbência" (CLT, art. 791, *caput*, acrescido pela Lei 13.467/2017).

Ainda no âmbito trabalhista, saliente-se a possibilidade de ser instaurado "processo de jurisdição voluntária para homologação de acordo extrajudicial", o qual "terá início por petição conjunta, sendo obrigatória a representação das partes por advogado" (CLT, art. 855-B, acrescido pela Lei 13.467/2017).

A procuração *ad judicia*, em princípio, não abrange atos e condutas envolvendo interesses indisponíveis ou personalíssimos, *v.g.*, transigir, receber e dar quitação, para os quais se exige menção específica na procuração – CPC, art. 105, *caput*. Nesse sentido, dispõe o § 2º do art. 5º da Lei 8.906/1994: "A procuração para o foro em geral habilita o advogado a praticar todos os atos judiciais, em qualquer juízo ou instância, salvo os que exijam poderes especiais".

Os estagiários regularmente inscritos no quadro respectivo da OAB podem praticar atos de advocacia, desde que o façam juntamente com o advogado constituído e sob a responsabilidade deste (EOAB, § 2º do art. 3º).

Sendo, pois, o advogado o representante judicial da parte – pessoa física ou jurídica, de Direito Privado ou Público –, ele postula em prol de um dos *sujeitos parciais* do processo, dando forma e figura de Juízo aos históricos de dano temido ou sofrido que lhe são repassados, ou mesmo fora desse contexto, nos casos enquadrados na *jurisdição voluntária* (CPC, arts. 719-770 e parágrafo único), juntando as provas disponíveis, mais aquelas que serão produzidas na fase instrutória do processo.

A respeito da advocacia, afirmam Horácio Wanderlei Rodrigues e Eduardo Lamy: "Advogar não pode ser e não é uma atividade neutra, descomprometida e desinteressada. Ela surge sempre na intermediação de conflitos. A mera atividade técnica, desapaixonada, é insuficiente para defesa dos interesses em jogo. Advocacia é militância; é também instrumento de construção e efetivação da cidadania. Exige, portanto, paixão e cumplicidade axiológica e ideológica com os interesses a serem defendidos; exige também a consciência do comprometimento social que se impõe ao exercício dessa profissão no mundo contemporâneo".[13]

Naturalmente, dado inexistir direitos absolutos (*summum jus, summa injuria*) a conduta das partes e a capacidade postulatória, exercida pelo advogado, devem se pautar pela razoabilidade, boa-fé e ética processual, a teor das diretrizes estabelecidas no art. 77 e incisos do CPC, sob pena de advertência ou mesmo, em alguns casos, de enquadramento como "ato atentatório à dignidade da justiça" (§ 1º desse artigo), sem prejuízo de multa e demais sanções criminais, civis e processuais cabíveis, podendo chegar à proibição de falar nos autos, nos casos de *atentado* (CPC, inciso VI do art. 77, c/c §§ 2º a 7º). Saliente-se que, com relação aos advogados, públicos e privados (assim como aos membros do MP e Defensores Públicos), não se aplica o disposto nos §§ 2º a 5º do art. 77 do CPC, cabendo ao juiz, em caso de conduta reprovável desses agentes, oficiar aos órgãos de classe ou corregedorias das respectivas instituições (§ 6º do art. 77).

Tal seja a gravidade da conduta imputada à parte, ela pode ser considerada *litigante de má-fé* (CPC, art. 80 e incisos), sujeitando-se à multa (CPC, art. 81 e parágrafos) e ainda às perdas e danos (CPC, art. 79). É curial que algumas condutas tipificadas nos incisos desse art. 80 do CPC se endereçam ao representante processual – advogado, público ou privado; defensor público

---

[13] *Teoria geral do processo*, cit., p. 321.

– por exemplo a interposição de recurso com "intuito manifestamente protelatório" (CPC, inciso VII do art. 80), como pode dar-se na apresentação de embargos de declaração sob tal pecha (CPC, §§ 2º, 3º e 4º do art. 1.026) ou ainda na postulação "contra texto expresso de lei" (CPC, inciso I do art. 80), dispondo o art. 34 da Lei 8.906/1994: "Constitui infração disciplinar: (...) (vi) advogar contra literal disposição de lei, presumindo-se a boa-fé quando fundamentado na inconstitucionalidade, na injustiça da lei ou em pronunciamento judicial anterior".

Questão instigante se coloca quanto a saber se infringiria aquela disposição legal o ajuizamento de ação cuja pretensão seja contrária a súmula do STF ou do STJ, já que tal ocorrência autoriza a *liminar improcedência do pedido* (CPC, art. 332, I, c/c art. 927, IV); parece-nos que a espécie é de ser vista à luz das peculiaridades do caso concreto, não se podendo descartar que o advogado consiga demonstrar, na petição inicial, a inaplicabilidade do precedente judiciário à controvérsia judicializada, procedendo, assim, ao devido *distinguishing*, operação de uso corrente na família do *common law* e agora recepcionada no CPC: art. 489, § 1º, VI; §§ 5º e 6º do art. 966, acrescidos pela Lei 13.256/2016.

Exercida a advocacia nos limites da razoabilidade, da ética e do compromisso com a realização da justiça, ela se preserva como *obrigação de meio*, e não de resultado, porque este último não decorre necessariamente da conduta do advogado, mas não raro depende de circunstâncias alheias à sua atuação, mormente o fato de ser ou não fundada a pretensão – inicial ou recursal – da parte representada. Nesses termos se deve compreender o § 2º do art. 2º do EOAB, dispondo que o labor profissional do advogado é voltado a obter "decisão favorável ao seu constituinte, ao convencimento do julgador, e seus atos constituem múnus público". Fora desses lindes de razoabilidade, o descumprimento do dever de fidelidade e dedicação à causa pode, em casos extremos, configurar os crimes de "patrocínio infiel, simultâneo ou tergiversação" (CP, art. 355 e parágrafo único), ou ainda, tratando-se de atuação de pessoa sem a devida habilitação, a contravenção penal nominada "exercício ilegal de profissão ou atividade" (LCP, art. 47).

O fato de o labor do advogado ser uma *obrigação de meio* e não de resultado não o exonera de responder por eventual prejuízo causado ao representado em certos casos, como, por exemplo, a perda inescusável do prazo para a prática de um relevante ato processual, como o preparo de um recurso, levando à deserção (CPC, art. 1.007, *caput*); o abandono da causa (CPC, art. 485, III, c/c Lei 8.906/1994, art. 34, XI), sem prejuízo da pena de censura ou de suspensão, aplicável pela OAB (Lei 8.906/1994, arts. 36 e incisos; 37 e incisos); o erro grosseiro na escolha da ação, por exemplo uma ação real num caso de obrigação derivada de contrato; a não interposição de recurso de tipo ordinário, mormente a apelação, levando ao trânsito em julgado da ação cuja resolução em primeiro grau desfavorecera o representado. Neste último caso, descabe o argumento da imprevisibilidade do desfecho do recurso ao tempo em que ele é interposto, porque, quando menos, o dever de reparar o dano pode (também) fundar-se na teoria da *perda de uma chance*. De todo modo, a responsabilidade do advogado contratado não é de tipo objetivo e sim fundada em culpa, por conta de tratar-se de profissional liberal: Lei 8.078/1990, art. 14, § 4º.

A remuneração do advogado pode ter tríplice origem: contrato, sucumbência processual ou arbitramento, certo que os honorários "pertencem ao advogado, tendo este direito autônomo para executar a sentença nessa parte, podendo requerer que o precatório, quando necessário, seja expedido em seu favor" (EOAB, art. 23; v. CPC, §§ 14 e 15 do art. 85 e Súmula Vinculante 47 do STF), sendo que o CPC declara "devidos honorários advocatícios na reconvenção, no cumprimento de sentença, provisório ou definitivo, na execução, resistida ou não, e nos recursos interpostos, *cumulativamente*" (§ 1º do art. 85), vindo ainda prevista a virtualidade de uma *segunda condenação* na honorária sucumbencial, já agora na instância recursal – § 11 do art. 85.

Dentre os pressupostos de existência e validade da relação processual (petição inicial, partes capazes, citação, juiz competente e imparcial) inclui-se também a capacidade postulatória, ou seja, a *representação* por meio de advogado regularmente constituído (CPC, arts. 104 e 105), ressalvadas as poucas exceções antes lembradas. A petição inicial deve vir acompanhada da procuração (salvo nos casos urgentes, ou na advocacia de Estado ou ainda em se tratando da Defensoria Pública – CPC, arts. 104, 287), sem o que a petição inicial será indeferida, extinguindo-se o processo sem resolução do mérito – CPC, art. 76, § 1º, I, c/c art. 485, I e IV.

A advocacia pública configura-se na representação processual e defesa dos interesses dos entes políticos – União, Estados, Municípios e Distrito Federal – e seus entes descentralizados (CPC, art. 182), estando sujeita às diretrizes do EOAB (Lei 8.906/1994, § 1º do art. 1º), embora ostente natureza *institucional*, donde beneficiar de tratamento um tanto diferenciado, na comparação com aquela contratual, exercida mediante procuração outorgada pela parte. Assim é que:

(*i*) é concedido *prazo em dobro* para as manifestações processuais, contado da intimação pessoal para carga, remessa ou meio eletrônico (CPC, arts. 183, *caput* e 230) salvo quando haja prazo próprio para a prática de determinado ato, por exemplo para a ação rescisória, no biênio (CPC, § 2º do art. 183; art. 975 e parágrafos);

(*ii*) a responsabilidade do advogado público é confinada aos casos de dolo ou fraude, a ser aferida em procedimento interno da instituição, sendo que, em sendo reconhecida judicialmente a conduta ilícita, a responsabilização se dá por via de regresso (CPC, art. 184; CF, art. 37, § 6º), à semelhança do que se passa com o membro do MP e da Defensoria Pública (CPC, arts. 181 e 187);

(*iii*) o regime dos honorários do advogado público é deixado à regulação por lei própria (CPC, § 19 do art. 85), sendo que o EOAB (Lei 8.906/1994) estabelece direito autônomo dos advogados à verba honorária derivada de sucumbência ou fixada por arbitramento (art. 23), formando título executivo (art. 24, *caput*), o que enquadra a espécie no rol dos títulos executivos extrajudiciais (CPC, art. 784, XII).

Acerca da responsabilidade do advogado público, por atos praticados no exercício de sua função, por vezes se observa uma certa confusão – casual ou deliberada – entre esse representante fazendário e os agentes públicos ou governantes que deliberaram, empenharam recursos e determinaram a realização da obra ou a contratação do serviço. Impende, nessa seara, *não tomar a nuvem por* Juno, descabendo assimilar as figuras da *parte* – no caso o agente público ou governante – e de seu representante processual. Em outra sede, escrevemos, colacionando doutrina especializada, que descabe "exigir de um servidor que teve sua formação profissional fincada nos quadrantes do Direito, que exiba conhecimentos técnicos estranhos ao conteúdo ocupacional de seu cargo; dito de outro modo, o advogado do setor público não é, com licença da expressão, 'pau para toda obra', nem pode apresentar-se como um 'especialista em generalidades'. No ponto, afirma Rubens Approbato Machado: 'Como exigir que o advogado se manifeste sobre superfaturamento do preço contratado; pagamento adequado e prazo de parcela estabelecida no contrato, razão da medição da obra parcialmente edificada; fórmulas matemáticas para planilha de cálculos; caracterização analítica de uma floresta, na apuração de eventual indenização por limitação do uso do solo, dentre tantas outras hipóteses possíveis de serem aqui arroladas'?".[14]

O art. 131 da CF remete à lei complementar a regulação da Advocacia Geral da União (Procuradores da Fazenda Nacional, Procuradores Federais e autárquicos), valendo citar, no que concerne aos Procuradores federais e do Banco Central a Lei 10.910/2004; no tocante à AGU, a LC 73/1993 e as Leis 9.028/1995 e 9.469/1997, esta última alterada em alguns dispositivos

---

[14] Advocacia do setor público: riscos e obstáculos no limiar do novo milênio. *Advocacia do Setor Público* – estudos temáticos de Direito. São Paulo: Saraiva, 2013, p. 46.

pela Lei 13.140/2015. Já a Procuradoria-Geral da Fazenda Nacional é regida pela Lei 10.522/2002, alterada pelas Leis 11.033/2004 e 12.844/2013. A Procuradoria-Geral da Fazenda Nacional, dentre outras funções, representa a União na cobrança da dívida ativa tributária (CF, § 3º do art. 131). A diretriz constitucional de remeter a regulação da Advocacia Pública a leis específicas se estende às Procuradorias dos Estados, Municípios, Distrito Federal em suas administrações direta e indireta, como se dá na cidade de São Paulo, onde a Lei Orgânica do Município, de 04.04.1990, no parágrafo único do art. 87, remete a regulação da Procuradoria-Geral à lei própria, o que veio a suceder com a Lei 10.182/1986 e alterações posteriores.

Saliente-se que os Conselhos Nacionais da Justiça e do Ministério Público incluem em sua composição dois advogados indicados pelo Conselho Federal da OAB – CF, arts. 103-B, XII, e 130-A, V.

15.3 Defensoria Pública

Desde a primeira normação – Lei 1.060/1050 –, a tutela jurídica e judicial aos hipossuficientes foi passando por alterações, assim em seu conteúdo como em sua dimensão. Ao tempo daquela lei, quando ainda inexistia a Defensoria Pública, cabia ao Poder Público conceder "assistência judiciária aos necessitados" (lei supra, art. 1º, *caput*, redação da Lei 7.510/1986); uma vez concedido pelo juiz tal benefício, era desde logo nomeado o chamado "advogado dativo", que, desde então, se encarregava da representação processual da parte "até decisão final do litígio, em todas as instâncias" (art. 9º). Em alguns Estados esse múnus era desempenhado por advogados públicos, como se dava em São Paulo, por meio da Procuradoria de Assistência Judiciária (PAJ), inserida no quadro da Procuradoria Geral do Estado.

A partir desse desenho inicial, o sentido da expressão *necessitado* foi gradualmente se elastecendo e ganhando novas conotações, ultrapassando o perfil apenas econômico-financeiro (o sentido de pobreza), para alcançar a percepção atual de *hipossuficiente* ou *vulnerável*, por modo a assim abranger segmentos antes não cogitáveis, como, por exemplo, o dos *carentes organizacionais*, conceito que se aplica, dentre outros casos, aos moradores de rua: indivíduos de tal modo despossuídos e desinformados que não conseguem se agregar mutuamente com um mínimo de coesão, dificultando até mesmo sua identificação mais precisa como grupo social capaz de apresentar-se como tal e reivindicar o que seja de interesse para atender suas necessidades. Releva também ter presente que não só as pessoas físicas, mas também as jurídicas, desde que hipossuficientes, podem pleitear a gratuidade da Justiça – CPC, art. 98, *caput*.

No âmbito criminal dispõe o art. 32 do CPP: "Nos crimes de ação privada, o juiz, a requerimento da parte que comprovar a sua pobreza, nomeará advogado para promover a ação penal. § 1º Considerar-se-á pobre a pessoa que não puder prover as despesas do processo, sem privar-se dos recursos indispensáveis ao próprio sustento ou da família. § 2º Será prova suficiente de pobreza o atestado da autoridade policial em cuja circunscrição residir o ofendido". Art. 261. "Nenhum acusado, ainda que ausente ou foragido, será processado ou julgado sem defensor. parágrafo único [acrescido pela Lei 10.792/2003]. A defesa técnica, quando realizada por defensor público ou dativo, será sempre exercida através de manifestação fundamentada".

No âmbito trabalhista, a Lei 13.467/2017 alterou extensamente a CLT, acrescendo dispositivos e dando nova redação a outros, valendo destacar, no que tange ao tópico ora focado: § 3º do art. 790: "É facultado aos juízes, órgãos julgadores e presidentes dos tribunais do trabalho de qualquer instância conceder, a requerimento ou de ofício, o benefício da justiça gratuita, inclusive quanto a traslados e instrumentos, àqueles que perceberem salário igual ou inferior a 40% (quarenta por cento) do limite máximo dos benefícios do Regime Geral de Previdência Social. § 4º. O benefício da justiça gratuita será concedido à parte que comprovar insuficiência de recursos para o pagamento das custas do processo. Art. 790-B. A responsabilidade pelo pagamento dos honorários periciais é da *parte sucumbente* na pretensão objeto da perícia, *ainda que beneficiária da justiça gratuita*".

A linha evolutiva por que veio passando o sentido da expressão "necessitado" ganhou expressiva amplitude com o advento da CF de 1988, que previu, dentre as *funções essenciais à Justiça*, a Defensoria Pública, definida no art. 134, *caput* (redação da EC 45/2004) como "instituição permanente, essencial à função jurisdicional do Estado, incumbindo-lhe, como expressão e instrumento do regime democrático, fundamentalmente, a *orientação jurídica*, a promoção dos direitos humanos e a defesa, em todos os graus, *judicial e extrajudicial*, dos direitos *individuais e coletivos*, de forma *integral e gratuita, aos necessitados*, na forma do inciso LXXIV do art. 5º desta Constituição Federal". Esse inciso dispõe: "O Estado prestará assistência jurídica integral e gratuita aos que comprovarem insuficiência de recursos". Apesar de este último texto valer-se do verbo *comprovar*, em verdade basta que o interessado, pessoa física, *afirme* sua hipossuficiência (CPC, § 3º do art. 99), alegação que, naturalmente, pode ser resistida pela contraparte (CPC, art. 100 e parágrafo único), devendo a questão ser resolvida pelo juiz em decisão agravável (CPC, art. 101, *caput*).

Conceitualmente, não é muito nítida a distinção entre os vocábulos "carente", "vulnerável", "despossuído", "hipossuficiente", "necessitado", o que antes não ocorria porque a Lei 1.060/1951, datada, pois, de meados do século passado, referia-se singelamente à "assistência judiciária aos necessitados" – art. 1º, redação da Lei 7.510/1986. Já o vigente CPC, ao referir-se à Defensoria Pública, diz no art. 185 que ela "exercerá a orientação jurídica, a promoção dos direitos humanos e a defesa dos direitos individuais e coletivos dos necessitados, em todos os graus, de forma integral e gratuita". Comentando, Nelson Nery Júnior e Rosa Maria de Andrade Nery afirmam que tal dispositivo "não prevê de forma explícita a hipossuficiência, de forma que a dificuldade financeira aparece como critério para que uma parte seja representada pela Defensoria Pública, sem que, só por esse motivo, a mesma parte tenha algum privilégio processual".[15]

Bem por isso, a doutrina se empenha em buscar um aclaramento conceitual a respeito do que hoje se entende por "necessitado", afirmando Fernanda Tartuce: "Vulnerabilidade indica, assim, suscetibilidade em sentido amplo, sendo a hipossuficiência uma de suas espécies – vulnerabilidade econômica. (...) *Vulnerabilidade processual* é a suscetibilidade do litigante que o impede de praticar os atos processuais em razão de uma limitação pessoal involuntária ensejada por fatores de saúde e/ou de ordem econômica, informacional, técnica ou organizacional de caráter permanente ou provisório".[16]

Ainda a respeito da delimitação conceitual do que se entende por *necessitado*, o STF, no julgamento da ADIn 3.022/RS, decidiu que "são *inconstitucionais* as normas atacadas, que autorizam a defesa, pela Defensoria Pública do estado, de *servidores* processados civil ou criminalmente" (Pleno, j. 02.08.2004, rel. Min. Joaquim Barbosa, *DJ* 04.03.2005).

A CF de 1988 previu que a estrutura, organização e funcionalidade da Defensoria Pública nos Estados, Distrito Federal e Territórios fossem reguladas em lei complementar, a qual, em suas disposições, deveria prever o acesso à carreira mediante concurso, assegurada aos integrantes a inamovibilidade, ficando vedado o exercício da advocacia fora de suas atribuições funcionais (CF, § 1º do art. 134). Essa regulação adveio com a LC 80/1994, abrangendo a Defensoria da União, Distrito Federal e Territórios, além prever diretrizes para sua organização nos Estados (LC 80/1994, arts. 97 a 135 e parágrafo único, com as inserções advindas com a LC 132/2009), certo ainda que à Defensoria da União é dado atuar "nos Estados, Distrito Federal e Territórios, junto às Justiças Federal, do Trabalho, Eleitoral, Militar, Tribunais Superiores e instancias administrativas da União" (LC 80/1994, art. 14, *caput*) a par de poder

---

[15] *Comentários ao Código de Processo Civil*, cit., nota nº 6 ao art. 185, p. 691.
[16] *Igualdade e vulnerabilidade no processo civil*. Rio de Janeiro: Forense, 2012, p. 183-184.

celebrar convênios com as Defensorias locais (§ 1º do citado art. 14). Ainda no tocante às Defensorias Públicas estaduais, o art. 106-A da LC 80/1994, inserido pela LC 132/2009, dispõe que elas devem "primar pela descentralização, e sua atuação deve incluir atendimento interdisciplinar, bem como a tutela dos interesses individuais, difusos, coletivos e individuais homogêneos".

No ideário da Defensoria Pública estão fixados os seguintes objetivos, a teor do art. 3º-A da LC 80/1994, acrescido pela LC 132/2009: "(*i*) a primazia da dignidade da pessoa humana e a redução das desigualdades sociais; (*ii*) a afirmação do Estado Democrático de Direito; (*iii*) a prevalência e efetividade dos direitos humanos; (*iv*) a garantia dos princípios constitucionais da ampla defesa e do contraditório".

No extenso rol das *funções institucionais* da Defensoria constante do art. 4º e incisos da LC 80/1994, podem ser destacadas as seguintes: "I – prestar orientação jurídica e exercer a defesa dos necessitados em todos os graus; II – promover, prioritariamente, a solução extrajudicial dos litígios, visando à composição entre as pessoas em conflito de interesses, por meio de mediação, conciliação, arbitragem e demais técnicas de composição e administração de conflitos; (...) V – exercer, mediante o recebimento dos autos com vista, a ampla defesa e o contraditório em favor de pessoas naturais e jurídicas, em processos administrativos e judiciais, perante todos os órgãos e em todas as instâncias, ordinárias ou extraordinárias, utilizando todas as medidas capazes de propiciar a adequada e efetiva defesa de seus interesses; (...) VII – promover ação civil pública[17] e todas as espécies de ações capazes de propiciar a adequada tutela dos direitos difusos, coletivos, ou individuais homogêneos quando o resultado da demanda puder beneficiar grupo de pessoas hipossuficientes; (...)XV – patrocinar ação penal privada e a subsidiária da pública; (...) XXI – executar e receber as verbas sucumbenciais decorrentes de sua atuação, inclusive quando devidas por quaisquer entes públicos, destinando-as a fundos geridos pela Defensoria Pública e destinados, exclusivamente, ao aparelhamento da Defensoria Pública e à capacitação profissional de seus membros e servidores" (incisos I, II, V e VII com redação da LC 132/2009 e incisos XV e XXI acrescidos por essa lei).

Assim como se passa com o Judiciário e o Ministério Público, também a Defensoria Pública beneficia de autonomia funcional e administrativa, podendo ainda elaborar a sua proposta orçamentária (CF, § 2º do art. 134, acrescido pela EC 45/2004), sendo seus agentes remunerados por subsídio em parcela única (CF, art. 135, redação da EC 19/1998, c/c § 4º do art. 39).

---

[17] A Defensoria Pública figura dentre os colegitimados à propositura da ação civil pública regulada pela Lei 7.347/1985, art. 5º, II, inciso com redação da Lei 11.448/2007.

Na esteira da tendencial ampliação do conteúdo (extensão – compreensão) das expressões *assistência jurídica* e *necessitado*, prevê o art. 185 do CPC: "A Defensoria Pública exercerá a orientação jurídica, a promoção dos direitos humanos e a defesa dos direitos individuais e coletivos dos necessitados, em todos os graus, de forma integral e gratuita". Tal diretriz permite entender-se que:

(*i*) a assistência integral depassa a estrita representação processual, para alcançar a dimensão mais ampla da *orientação jurídica* (como, aliás, previsto no art. 4º, I, da LC 80/1980), inclusive no âmbito extrajudicial, mediante emprego de meios auto e heterocompositivos, o que guarda sintonia com o disposto no § 3º do art. 3º do CPC, ao estimular os operadores do Direito a se valerem dessas técnicas de solução consensual dos conflitos;

(*ii*) a gratuidade da justiça vai além das custas, despesas processuais e honorários, mas se estende por expressivo rol de outros itens, tais "as despesas com a realização de exame de código genético – DNA e de outros exames considerados essenciais" (CPC, inciso V do § 1º do art. 98).

Tal gratuidade, porém, não é ilimitada, nem incondicionada, estando excluídos itens como os ônus de sucumbência, multas processuais que porventura tenham sido impostas no decorrer do processo, e ainda, em certa medida, os emolumentos dos atos praticados por notário ou registrador, como previsto nos §§ 2º, 4º e 8º do art. 98 do CPC. Ainda no âmbito desse artigo, vale destacar o disposto no § 3º: "Vencido o beneficiário, as obrigações decorrentes de sua sucumbência ficarão sob *condição suspensiva de exigibilidade* e somente poderão ser executadas se, nos 5 (cinco) anos subsequentes ao trânsito em julgado da decisão que as certificou, o credor demonstrar que deixou de existir a situação de insuficiência de recursos que justificou a concessão de gratuidade, extinguindo-se, passado esse prazo, tais obrigações do beneficiário". Ainda no CPC, vale destacar o 4º do art. 99: "A assistência do requerente por advogado particular não impede a concessão de gratuidade da justiça".

No âmbito da Justiça Trabalhista, cabe atentar para o disposto no § 4º do art. 790 da CLT, acrescido pela Lei 13.467/2017: "O benefício da justiça gratuita será concedido à parte que comprovar insuficiência de recursos para o pagamento das custas do processo". No tocante aos honorários de sucumbência, dispõe o § 4º do art. 791-A da CLT, acrescidos pela Lei 13.467/2017: "Vencido o beneficiário da justiça gratuita, desde que não tenha obtido em juízo, ainda que em outro processo, créditos capazes de suportar a despesa, as obrigações decorrentes de sua sucumbência ficarão sob condição suspensiva de exigibilidade e somente poderão ser executadas se, nos dois anos subsequentes ao trânsito em julgado da decisão que as certificou, o credor demonstrar que deixou de existir a situação de insuficiência de recursos que justificou a concessão de gratuidade, extinguindo-se, passado esse prazo, tais obrigações do beneficiário". (Observe-se que essas disposições acerca da Defensoria, no âmbito da CLT, prevalecem sobre as do CPC, seja pelo aspecto da especialidade da normação trabalhista, seja porque a Lei 13.467/2017 é mais recente do que a Lei 13.105/2015, que instituiu o CPC, aplicando-se ao caso o disposto no § 2º do art. 1.046 e no art. 15 do CPC.)

Ressalte-se que, tendo o processo uma estrutura dialética, a pretensão à concessão da gratuidade a quem se afirma a condição de necessitado, sujeita-se ao contraditório (CF, art. 5º, LV), inclusive por conta do direito à não surpresa (CPC, art. 10), podendo o réu, na contestação, alegar em preliminar a "indevida concessão do benefício de gratuidade de justiça" (CPC, art. 337, XIII), ou mesmo em outras oportunidades (CPC, art. 100, *caput*). No ponto, esclarecem Horácio Wanderlei Rodrigues e Eduardo Lamy: "Uma vez aceito pela triagem da própria Defensoria Pública como necessitado, o indivíduo gozará dos benefícios da assistência pública gratuita em juízo por meio de simples afirmação, na própria petição inicial, de que não possui condições de pagar as custas do processo e os honorários de advogado sem prejuízo próprio ou de sua família. Trata-se de uma presunção relativa de pobreza em favor de quem a afirma. Como toda presunção relativa, de direito e de fato, *juris tantum*, admite prova em contrário pela parte adversa em juízo".[18]

Assim é que, ocorrendo de vir a ser *revogado* o benefício da justiça gratuita, "a parte arcará com as despesas processuais que tiver deixado de adiantar e pagará, em caso de má-fé, até o décuplo de seu valor a título de multa, que será revertida em benefício da Fazenda Pública estadual ou federal e poderá ser inscrita em dívida ativa" (CPC, parágrafo único do art. 100). Saliente-se que a decisão que rejeita o pedido de gratuidade da justiça ou que acolhe o pedido de sua revogação desafia agravo de instrumento – CPC, art. 1.015, V.

Importante atribuição, no âmbito da atuação da Defensoria Pública está na sua colegitimidade para propor ação civil pública em defesa de interesses metaindividuais (Lei 7.347/1985, art. 5º, II, cf. Lei 11.448/2007; LC 80/1994, inciso VII do art. 4º, redação da LC 132/2009), a par da atribuição, conferida ao juiz pelo inciso X do art. 139 do CPC, para, "quando se deparar com diversas ações individuais repetitivas, oficiar (...) a Defensoria Pública (...) para, se for o caso, promover a propositura da ação coletiva respectiva".

---

[18] *Teoria geral do processo*, cit., p. 309.

Em modo análogo ao previsto no CPC com relação ao Ministério Público (art. 180, *caput*) e à Advocacia Pública (art. 183, *caput*), o Defensor Público também beneficia de prazo em dobro para suas manifestações processuais (art. 186, *caput*) – salvo quando "a lei estabelecer, de forma expressa, prazo próprio para a Defensoria Pública" (CPC, § 4º do art. 186), regime que se estende aos "escritórios de prática jurídica das faculdades de Direito (...)" – § 3º do art. 186, de que é exemplo a assistência judiciária disponibilizada aos necessitados pelo Centro Acadêmico XI de Agosto, da Faculdade de Direito da USP.

Cabe ainda ressaltar que ao Defensor Público é "vedado o exercício da advocacia fora das atribuições institucionais" – CF, § 1º do art. 134 (primitivo parágrafo único, convertido em § 1º pela EC 45/2004), sendo a responsabilidade desse agente público em caso de dolo ou fraude, sindicável internamente, ou ainda judicialmente, neste último caso respondendo o defensor por via regressiva (CPC, art. 187, c/c § 6º do art. 37 da CF), diversamente, pois, do que se passa com os profissionais liberais, cuja responsabilidade é fundada em culpa (Lei 8.078/1990, art. 14, § 4º); ao passo que, no tocante ao advogado contratado, a responsabilidade é fundada em culpa ou dolo (EOAB, art. 32, *caput*). Vale lembrar que a imputação de "ato atentatório à dignidade da justiça" e consequente imposição de multa, pelo juiz (CPC, § 2º do art. 77), não se aplica de pronto aos advogados, públicos ou privados, aos Defensores Públicos e aos membros do MP, "devendo eventual responsabilidade disciplinar ser apurada pelo respectivo órgão de classe ou corregedoria, ao qual o juiz oficiará" (CPC, § 6º do art. 77).

16

CATEGORIAS FUNDAMENTAIS DO DIREITO PROCESSUAL: JURISDIÇÃO; AÇÃO E DEFESA; PROCESSO E PROCEDIMENTO

16.1 De ordem geral

O Direito Processual, como o indica a própria denominação, tem foco nos eventos ocorrentes ao longo do trâmite processual (atos e condutas das partes, terceiros intervenientes, auxiliares da justiça, Ministério Público, Defensoria Púbica, eventual *amicus curiae*; a massa probatória, decisões, recursos, coisa julgada, execução), mas é também impactado por certos fatos jurígenos extraprocessuais, oriundos das relações entre as pessoas físicas e jurídicas, ou delas em face do Poder Público, por exemplo: a revogação do decreto de utilidade pública, pelo Executivo, na pendência da ação de desapropriação; a emissão de certidão de quitação do débito fazendário, em face da execução fiscal; a revogação da lei sindicada por suspeita de inconstitucionalidade, em face da ADIn em andamento. Compreendem-se tais intercorrências por conta da integração entre fato e direito, permitindo afirmar: *ex facto oritur jus*.

Essas ocorrências passam a ter interesse para o Direito Processual, não em si mesmas, mas sim na medida em que repercutem na demanda judicializada, e, por isso mesmo, dispõe o art. 493, *caput*, do CPC: "Se, depois da propositura da ação, algum fato constitutivo, modificativo ou extintivo do direito influir no julgamento do mérito, caberá ao juiz tomá-lo em consideração, de ofício ou a requerimento da parte, no momento de proferir a decisão".

Os atos e fatos jurígenos se preordenam, em princípio, a atuar no plano de sua *fisiologia*, ou seja, em simetria com o modelo legal que os rege, por modo a assim produzir os esperados efeitos; já a instauração do processo judicial pressupõe a *patologia*, nesse sentido de que, por motivos diversos, a serem apurados nos autos, a norma de regência não foi atendida espontaneamente:

o imóvel não foi restituído ao proprietário ao término da locação; o título de crédito não foi pago em seu vencimento; a área de preservação ambiental foi degradada.

Verdade que algumas ocorrências têm passagem judiciária independentemente da existência de uma lide ou da infringência de uma norma: assim se passa com os chamados *processos objetivos*, tais as ações no controle direto de constitucionalidade ou com certos incidentes, tais o de resolução de demandas repetitivas ou ainda o de homologação de sentença estrangeira.

De acordo com a chamada *teoria dualista*, o direito *não é criado* pela sentença judicial, mas preexiste a esta, vindo assim postado, abstratamente, no ordenamento positivo; na maioria dos casos a judicialização se dá em virtude de uma contrariedade ao modelo legal, gerando situação de prejuízo ao titular do direito, com o que se deflagra o *interesse de agir*, que é uma das condições da ação, representado pela necessidade e utilidade da intervenção jurisdicional: CPC, art. 17 c/c art. 485, VI. Dessa forma, explicam Horácio Wanderlei Rodrigues e Eduardo Lamy: "O processo busca somente a atuação do direito em casos concretos, quando não foi ele espontaneamente seguido. Não contribui no entanto, segundo os defensores dessa posição, para a formação das normas concretas. Os direitos objetivo e subjetivo preexistem ao processo".[1]

Por outro lado, a norma que rege as situações jurígenas entra em vigor conforme determinado pelas regras sobre vigência das leis no tempo (Lei de Introdução às normas do Direito Brasileiro – Dec.-Lei 4.657/1942; cf. Lei 12.376/2010, art. 1º e parágrafos; art. 2º e parágrafos), independentemente, pois, de eventual ação judicial em que a norma de regência venha evocada, até porque a decisão a ser ali proferida em verdade irá declarar ou reconhecer o direito já antes positivado. Bem por isso, o juiz está adstrito a decidir conforme o Direito (princípio da legalidade estrita), só podendo, excepcionalmente, fazê-lo por equidade quando autorizado por uma *norma* – CPC, parágrafo único do art. 140; Lei 9.099/1995, art. 25 –, o que faz que, ao fim e ao cabo, tudo reflua para o *princípio da legalidade* – CF, art. 5º e inciso II.

É por isso que, apesar de estar pendente a ação judicial, nada impede, por exemplo, que o expropriado se componha com o Poder Público acerca do valor devido; que o contribuinte pactue com o fisco um parcelamento do débito; que o esbulhador delibere, espontaneamente, retirar-se da propriedade invadida. Tais eventos evidenciam a estreita correlação entre os fatos e o direito, ainda quando este penda de interpretação e aplicação no bojo de demanda judicializada.

---

[1] *Teoria geral do processo*, cit., 4. ed., 2016, p. 15.

O simples fato da *possibilidade* da judicialização de um afirmado direito ou interesse legítimo, afrontado ou ameaçado (CF, art. 5º, XXXV), não justifica, de per si, tal opção (como fora uma ligação direta entre o conflito e o ambiente forense), até porque o interesse de agir (CPC, art. 17), enquanto condição da ação, pressupõe a *necessidade* e a *utilidade* da intervenção jurisdicional *in concreto*, o que, em princípio, sugere a prévia tentativa de resolução do impasse por outros meios. Por isso, os *três pilares* do Direito Processual – ação, processo, jurisdição – devem ser vistos, antes e precipuamente, como uma *possibilidade* ofertada pelo Estado, a ser devidamente ponderada pelo interessado, inclusive quanto ao custo-benefício dessa opção, e, não, como uma genérica franquia aberta a todo e qualquer interesse afirmadamente contrariado ou insatisfeito.

A não se entender assim, transparece o risco de o direito de ação degenerar em *dever de ação*, com as externalidades negativas bastante conhecidas: fomento da contenciosidade social, insuflando a cultura demandista; desestímulo à resolução consensual dos conflitos por outros meios, auto e heterocompositivos; crescimento físico do Judiciário, reclamando empenhos orçamentários e aportes financeiros crescentes, gerando zonas de tensão com o Executivo; frustração do jurisdicionado – sobretudo o assistido pelo bom direito – ante a demora no trâmite processual e a incerteza quanto ao resultado final.

A leitura – atualizada e contextualizada – do acesso à Justiça (CF, art. 5º, XXXV) não mais consente uma *ligação direta* entre controvérsia e ação judicial, a começar pelo fato de que, ao contrário do que se passa no direito de petição, que é genérico e incondicionado (CF, art. 5º, XXXIV, *a*), o direito de ação é bastante contingenciado pelas chamadas *condições da ação* (interesse de agir, legitimação para a causa – CPC, art. 17; possibilidade jurídica ou fundamento jurídico do pedido – CPC, art. 319, III), ao passo que a existência e a validade do *processo* também reclamam atendimento a certos pressupostos, certo que a ausência de quaisquer desses pré-requisitos impede o exame do mérito da lide, levando à extinção do processo – CPC, arts. 330, II e III; 485, IV e VI.

Daí decorre que, a rigor, o interesse de agir não se tem por configurado se e enquanto não tentadas ou esgotadas certas etapas intermediárias ou exigências prévias, como se passa, por exemplo, no *habeas data* – Lei 9.507/1997, art. 8º e parágrafos; nos conflitos desportivos – CF, § 1º do art. 217; no litígio coletivo pela posse de imóvel – CPC, art. 565, *caput*; nas ações previdenciárias, tendo-se entendido que o INSS deve ser antes instado a pronunciar-se acerca da pretensão do interessado; nas reclamações trabalhistas, para as quais vem indicada prévia passagem pela Comissão de Conciliação Prévia (CLT, art. 625-D; cf. Lei 9.958/2000), a par da possibilidade de acordo extrajudicial (CLT, art. 855-B, e parágrafos, a 855-E e parágrafo único, inseridos pela Lei 13.467/2017.

Essa renovada – e realista – visão do acesso à Justiça guarda simetria com a tendencial desjudicialização dos conflitos e de certas ocorrências juridicamente relevantes na vida em sociedade; assim é que inventários, partilhas, divórcios, extinção de união estável, em não havendo dissenso nem existência de menores, são processáveis nos Tabelionatos – CPC, arts. 733 e parágrafos; 610 e parágrafos; consignações em pagamento de dívidas pecuniárias podem ser feitas em estabelecimentos bancários oficiais – CPC, art. 539 e § 1º; controvérsias envolvendo fusão de empresas, cartelização, concorrência, constituem campo de atuação do Cade, autarquia do Ministério da Justiça, considerado "entidade judicante" (Lei 12.529/2011, arts. 1º e 4º); conflitos ambientais são solucionáveis através de Termo de Ajustamento de Conduta com o Ministério Público ou com o órgão público competente na matéria (Lei 7.347/85, § 6º do art. 6º; CPC, art. 784, IV); conflitos consumeristas podem ser resolvidos mediante convenção coletiva de consumo (Lei 8.078/1990, art. 107 e parágrafos).

Numa clara indicação de que tal tendência não desmerece a Justiça estatal nem implica avanço indevido sobre sua precípua área de atuação, vários textos legais revestem de *força executiva* as decisões de instâncias parajurisdicionais, assim aparelhando tais títulos ao processo de execução, quando suceda de não virem cumpridos diretamente, desse modo compatibilizando a Justiça estatal com aquelas instâncias. Assim se passa, por exemplo, com as decisões do Cade (Lei 12.529/2011, arts. 93 e 94), com as decisões dos Tribunais de Contas de conteúdo pecuniário (CF, art. 71, § 3º), ou ainda com os compromissos de ajustamento de conduta celebrados perante os órgãos legitimados à ação civil pública (Lei 7.347/1985, § 6º do art. 5º c/c CPC, art. 784, IV).

Vale ainda mencionar que a Res. CNJ 125/2010, que estabelece as bases da *Política Judiciária Nacional*, prevê, entre seus *consideranda*, que "cabe ao Judiciário estabelecer política pública de tratamento adequado dos problemas jurídicos e dos conflitos de interesses, que ocorrem em larga e crescente escala na sociedade, de forma a organizar, em âmbito nacional, não somente os serviços prestados nos processos judiciais, como também os que possam sê-lo mediante outros mecanismos de solução de conflitos, em especial dos consensuais, como a mediação e a conciliação", ideário recepcionado pelo CPC – arts. 3º e parágrafos; 139, V; 165-175.

Assim, os *três pilares* do Direito Processual – Jurisdição; Ação e-Defesa; Processo e Procedimento – a seguir versados, devem ser vistos, não mais no contexto de um ambiente *adversarial* (Tício *versus* Caio), mas sob a perspectiva de um processo de estrutura cooperatória, no ambiente de uma justiça coexistencial, assim oferecendo um renovado panorama do qual se esperam benefícios que se irradiam em diversas direções: pacificação social, agilização dos trâmites processuais, segurança jurídica aos jurisdicionados, racionalização do serviço judiciário.

16.2 Jurisdição e competência

O vocábulo "jurisdição" apresentou sentidos diversos ao longo do tempo e, também, segundo a acepção de *tutela judicial* de cada país, podendo-se considerar, desde logo, as distintas experiências do *common law*, em que predomina o precedente judiciário (*stare decisis et non quieta movere*) e do *civil law*, como se passa no Brasil, um país legicêntrico – CF, art. 5º e inciso II. Mesmo no Direito Romano o sentido de jurisdição não foi unívoco, mas apresentou distintas nuances em cada uma das sequenciais etapas, como se deu nos períodos das *legis actiones, per formulas* e *extraordinaria cognitio*.

A respeito da linha evolutiva por que passou o sentido da *jurisdição*, afirmam Horácio Wanderlei Rodrigues e Eduardo Lamy: "A evolução havida no Direito romano levou à compreensão de que a jurisdição não consistia mais em um simples dizer o direito, mas principalmente em executá-lo. Em outras palavras: a essência da jurisdição não se encontra no *julgar*, como enganadoramente parece decorrer de seu étimo, mas nos poderes de coerção e de sub-rogação". No período medieval, prosseguem os autores, registrou-se "verdadeiro retrocesso, em decorrência de confusão criada por glosadores de obras oriundas do período da república romana, no sentido de que a jurisdição consistiria apenas no conhecimento e não na execução das decisões (*jurisdictio in sola notione consistit*) como se decidir fosse mais importante do que executar o que foi decidido".[2]

A questão conceitual envolvendo o sentido de *jurisdição* atravessou os séculos, alcançando até nossa experiência contemporânea: o art. 463, *caput*, do CPC/1973, em sua original redação, dispunha que: "Ao *publicar a decisão de mérito*, o juiz *cumpre e acaba* o ofício jurisdicional", na esteira, pois, da premissa romana pela qual *jurisdictio in sola notione consistit*; na sequência, porém, à luz de novas diretrizes, mormente a da *instrumentalidade* e a do *processo civil de resultados*, aquele dispositivo veio a ser alterado pela Lei 11.232/2005; presentemente, o CPC deixa claro que o conteúdo ocupacional do juiz inclui não só a atribuição de *dizer o direito*, assim eliminando a incerteza, mas *também* o zelo quanto ao efetivo cumprimento do quanto decidido (a "atividade satisfativa" – art. 4º), ficando o juiz autorizado a empregar os meios coercitivos, indutivos, mandamentais e sub-rogatórios necessários à consecução da prestação específica do objeto (arts. 139, IV; 536 e § 1º).

Em que pese essa evolução semântica, a palavra *jurisdição* segue apresentando uma conotação um tanto plurívoca, vindo não raro empregada em sentido atécnico (*v.g.*, "jurisdição" de determinada empresa concessionária de rodovia;

---

[2] *Teoria geral do processo*, cit., 4. ed., 2016, p. 164.

área sob "jurisdição" de tal Distrito Policial; o Cade, definido como "entidade judicante, com *jurisdição* em todo o território nacional" – Lei 12.529/2011, art. 4º); o árbitro, que, *ex lege*, é "*juiz* de fato e de direito, e a *sentença* que proferir não fica sujeita a recurso ou a homologação pelo Poder Judiciário" (Lei 9.307/1996, art. 18), podendo "manter, modificar ou revogar a medida cautelar ou de urgência concedida pelo Poder Judiciário", a par de poder expedir *carta arbitral* "para que o órgão jurisdicional nacional pratique ou determine o cumprimento, na área de sua competência territorial, de ato solicitado pelo árbitro" (Lei 9.307/1996, arts. 22-B, *caput*, e 22-C, *caput*, acrescidos pela Lei 13.129/2015).

Sem embargo dessa dispersão conceitual, vale ter presente que, em sentido próprio, ou estrito, o termo *jurisdição* deve ser entendido no sentido do *poder*, da *função* e da *atividade* do Estado na distribuição da prestação jurisdicional, no bojo de um processo, por intermédio dos órgãos indicados no art. 92 e incisos da CF (com algum discrímen no tocante ao CNJ, que, apesar de ali elencado, é uma instância de atuação no plano macro da organização, planejamento e correição do Judiciário – CF, art. 103-B, § 4º).

Nesse sentido estrito, pode-se afirmar que não é o fato de um agente, instância ou órgão estar credenciado a *decidir* uma dada controvérsia, mediante a aplicação da norma de regência, que basta para configurar a *jurisdição*, considerando-se que, por exemplo, muitos órgãos, instâncias e agências reguladoras *igualmente decidem*, no limite de suas atribuições, mediante a aplicação da norma de regência, como, por exemplo, o prefeito quando exonera um funcionário após sua conduta ter sido apurada pela comissão processante adrede constituída, ou uma banca acadêmica quando processa e julga um dado concurso. O diferencial que está à base da *jurisdição* e lhe confere identidade conceitual consiste, de um lado, no fato de a decisão ser proferida por órgão monocrático ou colegiado integrante do Judiciário (CF, art. 92 e incisos), e de outro lado, no fato de que a *ultima ratio* na interpretação e aplicação do direito é exercida pela Justiça estatal (dita *reserva de sentença*, ligada à garantia de acesso à Justiça), cuja decisão de mérito se preordena a se estabilizar e a se imunizar com a oportuna agregação da coisa julgada material (CF, art. 5º, XXXVI; CPC, art. 502).

A jurisdição, portanto, é um apanágio, uma atribuição ou um *munus* público imanente a certos agentes: o *juiz de direito*, como tal aprovado em concurso público de acesso à magistratura e empossado; *desembargadores* e *ministros* nos tribunais, assim os que alcançaram tal *status* por promoção na carreira como os que aí ingressaram por meio do chamado *quinto constitucional* – CF, arts. 93, I, e 94 e parágrafo único.

A jurisdição pode ser vista sob três dimensões ou perspectivas, a saber:

a) *poder* – acepção estática, ligado à ideia de soberania nacional e de separação entre os Poderes (CF, art. 2º), de que é expressão o *juízo de delibação* feito pelo STJ no procedimento de homologação de sentença estrangeira, com vistas ao *exequatur* (CF, art. 105, I, *i*); a jurisdição, exercida no território nacional em face de todas as pessoas físicas e jurídicas, do setor público e privado (CPC, art. 23 e incisos), incluída a jurisdição constitucional, a cargo do STF – CF, art. 102, *caput* e § 2º;

b) *função* – acepção dinâmica, informada pela finalidade que anima e legitima o exercício da jurisdição, qual seja a resolução de conflitos com justiça e em tempo razoável, exercida por um juiz competente e imparcial, precipuamente mediante decisão de mérito, proferida no bojo do devido processo legal (CF, art. 5º, LV), aí incluído o zelo pela satisfação do direito reconhecido no julgado, sob a égide da chamada jurisdição integral (CPC, art. 4º);

c) *atividade* – acepção operacional, ligada à auto-organização do Judiciário (CF, art. 96, incisos e alíneas; art. 125, *caput*), passando pelo funcionamento das serventias forenses e pelos auxiliares da justiça (CPC, art. 149), tudo sob a macrossupervisão do CNJ – CF, art. 103-B, parágrafos e incisos.

Em outra sede, afirmamos: "(...) nossa Justiça é *unitária* e *nacional*, não infirmando esse binômio o fato de termos uma organização judiciária complexa, espraiada pelos planos federal e dos Estados, estes autorizados a organizarem suas Justiças (CF, art. 125 e § 1º). Quanto aos Municípios e ao Distrito Federal, valem-se das estruturas judiciárias federal ou estadual, a depender do enquadramento da causa em função da regra de competência aplicável *in concreto*. A coesão interna desse intrincado sistema guarda simetria com nossa estrutura judiciária de desenho piramidal, com órgãos singulares ou monocráticos à base, Tribunais locais ou regionais de permeio e, no ápice, o STF como guarda da Constituição (art. 102, *caput*) e o STJ como exegeta final do direito federal comum, a par dos demais Tribunais Superiores na linha da Justiça Federal especial: TST, STM TSE".[3]

É certo dizer-se que todo juiz exerce a judicatura, mas o faz no limite de sua *competência*, donde se afirmar, no clássico conceito, que a competência é a "medida da jurisdição", vindo estabelecida mediante certos *critérios determinativos*, adrede estabelecidos, em respeito à garantia do juiz natural (aquele isento e imparcial, instituído *antes dos fatos*, vedados os juízos e tribunais de exceção – CF, art. 5º, XXXVII, LIII, LXI). Nesse sentido, a *regra geral* estabelecida no art. 42 do CPC: "As causas cíveis serão processadas e decididas pelo juiz *nos limites de sua competência*, ressalvado às partes o direito de instituir juízo arbitral, na forma da lei".

---

[3] *A resolução dos conflitos e a função judicial no contemporâneo Estado de direito.* 2. ed. São Paulo: Thomson Reuters/Revista dos Tribunais, 2014, p. 519.

A competência é um fator de tal modo relevante para o processo judicial que opera como um vero *pressuposto de sua existência e validade*, donde deriva que as irregularidades a esse respeito, quando digam respeito aos elementos *matéria* (ex.: relação de trabalho), *pessoa* (ex.: bem da União), *cargo público* (ex.: agentes públicos com o chamado foro privilegiado, *rectius*: por prerrogativa de função, *v.g.*, no STF – CF, art. 102, I, *a*), *posse e propriedade* (ações reais – CPC, art. 47 e §§) induzem a incompetência *absoluta*: insanável, inderrogável (CPC, art. 62), *decretável de ofício*, ou arguível a *qualquer tempo e grau de jurisdição* (CPC, § 1º do art. 64). De observar-se que nem mesmo a *eficácia preclusiva da coisa julgada* (CPC, art. 508) pode sanar a incompetência absoluta, donde ficar autorizado o manejo da ação rescisória, no biênio (CPC, arts. 966, II, 975 e parágrafos).

Diversamente se passa quando a competência é fixada por fatores que o legislador considerou releváveis ou supríveis, tais o *território* (domicílio do réu – CPC, art. 46 e parágrafos), o *local de cumprimento da obrigação* (CPC, art. 53, III, *d*), o *lugar do ato ou do fato* (CPC, art. 53, IV e alíneas), no campo das chamadas *ações pessoais*; ainda, o valor da causa, como se passa nos Juizados Especiais (Lei 9.099/1995, art. 3º, I, c/c CPC, arts. 291-293). Tais fatores induzem a chamada *competência relativa*, a qual, se não alegada em contestação (CPC, art. 64, *caput*; art. 337, II) enseja a chamada *prorrogação* da competência (CPC, art. 65, *caput*), ou seja: o Juízo que, em princípio não era competente, passa a sê-lo, doravante. Bem por isso, tratando-se de competência relativa, nas ações pessoais, é dado às partes *eleger o foro*, assim modificando a competência em razão do valor e do território (CPC, art. 63 e parágrafos).

A competência é determinada "no momento do registro ou da distribuição da petição inicial, sendo irrelevantes as modificações do estado de fato ou de direito ocorridas posteriormente, salvo quando suprimirem órgão judiciário ou alterarem a competência absoluta" (CPC, art. 43), configurando a chamada *perpetuatio jurisdictionis*. Tenha-se presente que no *processo de execução*, fundado num dos títulos extrajudiciais listados no art. 784 e incisos do CPC, a distribuição da ação é feita segundo critérios específicos, indicados no art. 781 e incisos do CPC.

Sem embargo de a distribuição dos processos ser, em regra, *alternada e aleatória* (CPC, art. 285, *caput*), podem incidir razões para que a distribuição se faça em modo direcionado a um dado Juízo, na chamada *distribuição por dependência*, dentre outros motivos quando as causas "se relacionarem, por conexão ou continência, com outra já ajuizada" (CPC, art. 286, I, c/c arts. 55-58). Outras exceções à aleatoriedade da distribuição ocorrem: nos casos de *tutela provisória*, dada a regra pela qual "o acessório segue o principal" (CPC, art. 299 e parágrafo único) e, ainda, na fase de cumprimento de sentença, em que a competência é fixada por "vinculação sucessiva", dada a diretriz pela qual "o juiz da ação é o mesmo da execução" (CPC, art. 516, II).

A aferição do foro, do Juízo, do Tribunal ou da Justiça competente obedece a esta ordem sequencial de aferição:

1) *Competência internacional* (CPC, arts. 24 e parágrafo único; 25 e parágrafos) ou *nacional/interna* (CPC, arts. 21, incisos e parágrafo único; 22, incisos e alíneas; 23 e incisos)?

2) *Justiça estatal* (CF, art. 5º, XXXV) ou *parajurisdicional/privada* (CPC, § 1º do art. 3º c/c art. 485, VII)?

3) *Justiça federal* (*i*) *comum* (CF, art. 109, incisos e §§) e (*ii*) *especial* (trabalhista, militar, eleitoral – CF, arts. 111-124); ou *Justiça estadual* (CF, art. 125 e § 1º)?

4) *De 1º grau* (Varas Cíveis, do Trabalho, Juntas Eleitorais, Auditorias Militares) ou *de 2ºgrau* (competência originária e recursal dos tribunais, *v.g.*, STF – CF, art. 102, I, II e III)?

5) *Qual a entrância* (Justiça estadual, distribuída em comarcas) ou *qual a seção judiciária e a região* (Justiça Federal – CF, arts. 106, 107, incisos e parágrafos)?

6) *Qual o Juízo ou a Vara* (Cível, Penal, Trabalhista, de Família e Sucessões, de Fazenda Pública, de Registros Públicos)?

A jurisdição se sujeita à *territorialidade*, ou seja, é exercida num dado *locus* espacial, e é por isso que um Juízo estadual, necessitando de um ato ou providência concernente a outra comarca, precisa oficiar ao Juízo desta última solicitando os préstimos (*v.g.*, a penhora de um imóvel), valendo-se da *carta precatória*, sob a égide da *cooperação nacional* (CPC, arts. 67-69, incisos e parágrafos, c/c art. 237, III). Já em se tratando de ato ou providência reportados a país estrangeiro, a matéria é tratada no âmbito da *cooperação internacional*, que compreende o *auxílio direto* e a *carta rogatória* (CPC, arts. 26-36 e parágrafos; 237, II).

Naturalmente, essa cooperação internacional é uma via de mão dupla, donde cabe ao Brasil exercer o chamado *juízo de delibação* acerca de deprecações oriundas do Judiciário de outros países, estando incluída na competência originária do STJ a "homologação de sentenças estrangeiras e a concessão de *exequatur* às cartas rogatórias" (CF, art. 105, I, *i*), tocando ainda a essa Corte, em recurso ordinário, conhecer e julgar "as causas em que forem partes Estado estrangeiro ou organismo internacional, de um lado, e, de outro, Município ou pessoa residente ou domiciliada no País" – CF, arts. 105, I, *i* e II, *c*.

Assim como a competência de um Juízo estadual limita-se aos lindes de sua *comarca*, e a de um juiz federal prende-se aos limites de sua *seção*, com relação aos tribunais situados ao meio da pirâmide judiciária a competência se amplia territorialmente: os TJ's irradiam competência ao longo do Estado onde se situam as *comarcas* (*v.g.*, o acórdão contendo a *tese jurídica* fixada no incidente de resolução de demandas repetitivas – CPC, art. 985 e incisos); os TRF's projetam sua competência em face das *seções* que agrupam (*v.g.*, o da 3ª região abrange São Paulo e Mato Grosso do Sul); os TRT's, os TRE's, os TJM's exercem sua competência em face das respectivas regiões que lhes são afetas.

Já as Cortes superiores, situadas no cimo da pirâmide judiciária, projetam competência em face de todo o território nacional, como se dá com o STF e o STJ, bem por isso chamados "tribunais da federação". Compreende-se que assim seja porque, *v.g.*, quando o STF declara a inconstitucionalidade de uma lei federal, tal comando só pode, mesmo, projetar "eficácia contra todos e efeito vinculante" – CF, § 2º do art. 102.

Em que pesem os *critérios determinativos* da competência, antes referidos, que constituem, por assim dizer, a *fisiologia* do sistema, ainda assim dúvidas e controvérsias podem ocorrer (mormente em se considerando a complexa organização judiciária nacional), a par do risco virtual de respostas jurisdicionais discrepantes ou contraditórias em face de ações de conteúdo aproximado, distribuídas a foros ou Juízos diversos. Daí que os textos de regência intentam regular:

(*i*) o *conflito de competência*, tanto o *positivo* (quando dois órgãos jurisdicionais se afirmam competentes) como o *negativo* (quando ambos os órgãos jurisdicionais se excluem da competência num dado caso concreto) ou quando controvertem sobre reunião/separação de processos (CPC, art. 66, incisos e parágrafo único), tratando-se tal conflito de causa de competência originária de tribunal, nos moldes do disciplinado nos arts. 951-959 do CPC; saliente-se que o conflito *entre tribunais* é solucionável pelo STJ (CF, art. 205, I, *d*), ao passo que o conflito entre o STJ e outros tribunais ou entre as Cortes superiores ou ainda entre qualquer destas e outro tribunal é de competência do STF – CF, art. 102, I, *o*;

(*ii*) o *conflito de atribuição*, que em verdade se instaura entre órgão judicial e autoridade administrativa, sobre matéria não jurisdicional (figure-se controvérsia entre o Juízo Federal de uma cidade portuária e a Inspetoria da Alfândega, acerca das condições de armazenamento de certo produto perecível), matéria deixada à regulação no Regimento Interno dos tribunais, a teor do art. 959 do CPC. Quando o conflito contrapõe autoridades judiciária e administrativa de entes políticos distintos (União, Estados, Distrito Federal), a competência repassa ao STJ (CF, art. 105, I, *g*);

(*iii*) *a modificação da competência*, que pode ocorrer no âmbito da competência relativa, quando constatada: *a*) a *conexão*, que ocorre entre "duas ou mais ações quando lhes for comum o pedido ou a causa de pedir" (*v.g.*, indenização em virtude de um mesmo ilícito contratual), caso em que tais processos são "reunidos para julgamento conjunto", valendo ressaltar que tal também se dá, mesmo sem conexão ou continência entre os processos, em havendo "risco de prolação de decisões conflitantes ou contraditórias caso decididos separadamente" (CPC, art. 55, §§ e incisos); b) a *continência*, que ocorre "entre 2 (duas) ou mais ações quando houver identidade quanto às partes e à causa de pedir, mas o pedido de uma, por ser mais amplo, abrange o das demais" (*v.g.*, uma ação popular e uma ação civil pública, acerca de um mesmo empreendimento governamental, sendo que o objeto da primeira cinge-se à desconstituição do ato, ao passo que o da segunda almeja *também* a recomposição do erário e a declaração de inidoneidade da empresa contratada). Tanto em havendo conexão como continência, os processos são *reunidos para julgamento conjunto no Juízo prevento* que é aquele que foi instado primeiramente – CPC, art. 59.

Nos tribunais, pode dar-se modificação de competência por força da chamada *assunção de competência*, "quando o julgamento do recurso, de remessa necessária ou de processo de competência originária envolver relevante questão de direito, com grande repercussão social, sem repetição em múltiplos processos", em havendo, pois, *interesse público* nessa delegação ao "órgão colegiado que o regimento indicar" (Pleno, Órgão Especial, Seção), certo que o acórdão ao final prolatado "*vinculará* todos os juízes e órgãos fracionários, exceto se houver revisão de tese" (CPC, art. 947 e parágrafos, c/c art. 927, III), por aí se reafirmando o empenho do vigente CPC contra a *dispersão jurisprudencial excessiva*.

Registre-se que a questão da competência não se esgota nos quadrantes do CPC, mas comporta ainda singularidades previstas em leis extravagantes, por exemplo, a *territorial-funcional*, que rege a ação civil pública (Lei 7.347/1985, art. 2º e parágrafo único)[4] e a competência segundo a *origem do ato impugnado*, como se dá na ação popular (Lei 4.717/1965, art. 5º e parágrafos).[5]

---

[4] Dessa forma, v. o nosso *Ação civil pública*. 14. ed. São Paulo: Thomson Reuters/Revista dos Tribunais, 2016, p. 83 e ss.

[5] Assim, v. o nosso *Ação popular*. 8. ed. São Paulo: Thomson Reuters/Revista dos Tribunais, 2015, p. 233-246.

Um quadro sinótico contribui para uma visualização geral sobre a competência:

COMPETÊNCIA E SEUS CRITÉRIOS

Internacional
- Homologação de sentença estrangeira e "exequatur" em cartas rogatórias: STJ – CF, arts. 109, X e 105, I, i; CPC, arts. 960-965 e 515, VIII.
- **Concorrente** (CPC, arts. 21, 22 e 24) ou **Excludente** (CPC, arts. 23 e 25)
- Cooperação internacional: CPC, arts. 26, 27 e 37-41
- Auxílio direto: CPC, arts. 28-34

Interna: CPC, arts. 42-66

1. Critérios determinativos de competência:
Absoluta ou funcional – CPC, art. 62
- Matéria: ex.: Varas Agrárias; de Registros Públicos; do Trabalho
- Pessoa: ex.: interesse da União: CF, art. 109, I; CPC, art. 45 e incisos
- Cargo público ou função ("ratione muneris"): ex.: CF, art. 102, I, b
- Ações reais imobiliárias: CPC, § 2º do art. 47

Relativa ou prorrogável
- Domicílio do réu (ações pessoais): CPC, art. 46 e parágrafos
- Valor da causa: Lei 9.099/1995 (JECs), art. 3º, I
- Território (ações reais mobiliárias): CPC, § 1º do art. 47
- Foro de eleição: CPC, art. 63 e parágrafos

2. Critérios modificativos
- Prevenção do Juízo: CPC, arts. 58, 59 e 60
- Distribuição por dependência: CPC, art. 286 e incisos
- Prorrogação de competência: CPC, art. 65, *caput*
- Conexão e continência: CPC, arts. 54; 55 e § 1º; 56
- Vinculação sucessiva: CPC, art. 299 e parágrafo único; § 8º do art. 4º da Lei 8.437/1992; CPC, art. 516, II
- Assunção de competência: art. 947 e parágrafos

3. Casos especiais
- Execução por título extrajudicial: CPC, art. 781 e incisos; por título judicial: art. 516 e incisos
- CPC, art. 53 e incisos
- Competência territorial – funcional: Lei 7.347/1985, art. 2º (Ação Civil Pública)
- Competência pela origem do ato impugnado: Lei 4.717/1965, art. 5º e parágrafos (Ação Popular)
- Inventário e partilha: CPC, art. 48 e incisos
- Nos tribunais: competência recursal (ex.: CF, art. 105, III); originária (ex.: CF, art. 102, I), do relator (ex.: CPC, art. 932 e incisos); de fração do tribunal (ex.: CPC, art. 981; parágrafo único do art. 973)

Portanto, a jurisdição, em sentido próprio, é um predicado de um dos Poderes do Estado – o Judiciário – sendo certo dizer-se que ela é *unitária*, seja porque enfeixada em *numerus clausus* nos órgãos listados no art. 92 da CF, seja porque entre nós não prosperou o chamado *contencioso administrativo* (apenas acenado no art. 111 da EC 1/1969),[6] existente em outros países, como a França e a Itália. Esclarece Fernando Antônio Negreiros Lima: "No Brasil, porém, prevalece o sistema de jurisdição única em que a Administração Pública demanda e é demandada perante a mesma jurisdição em que são demandadas as pessoas físicas e as pessoas jurídicas privadas embora se admita que o Distrito Federal, os Estados-membros e os Municípios litiguem perante varas especializadas – varas dos feitos da fazenda pública – onde instaladas e que, no que respeita à União, sua presença desloque a competência para a justiça comum federal".[7]

Todo esse contexto autoriza concluir que nenhum histórico de dano temido ou sofrido pode, *a priori*, ser excluído da apreciação do Judiciário (CF, art. 5º, XXXV; CPC, art. 3º, *caput*), valendo contudo ter presente que a jurisdição não é *imposta* em face de todo e qualquer interesse contrariado ou insatisfeito, e sim *ofertada* a quem dela efetivamente necessite, uma vez atendidas as condições da ação judicial e os pressupostos de existência e validade da relação processual, a par de certos requisitos adicionais, a depender da espécie, como se dá nos conflitos desportivos, que demandam prévia submissão da controvérsia à instância decisória competente nessa matéria – CF, art. 217 e § 1º. É justamente por isso que a opção pela *arbitragem* opera como um pressuposto processual *negativo* da jurisdição estatal – CPC, arts. 337, X; 485, VII.

Conquanto a jurisdição, como antes dito, seja *una*, não raro se fala, num sentido um tanto atécnico, em "espécies de jurisdição", quando, na verdade, tais discrimens têm mais a ver com a distribuição da massa de processos por critérios competenciais adrede estabelecidos (*ratione loci, materiae, personae, muneris*), inclusive a afetação de certas causas diretamente aos tribunais, no âmbito da chamada *competência originária* (*v.g.*, STF e STJ – CF, art. 102, I; 105, I).

---

[6] Verdade que talvez se possa identificar um sucedâneo de "contencioso administrativo" no labor das "câmaras de prevenção e resolução administrativa de conflitos, no âmbito dos respectivos órgãos da Advocacia Pública", como previsto na Lei 13.140/2015, art. 32, *caput*, certo que a adesão a tal procedimento "implicará renúncia ao direito sobre o qual se fundamenta a ação ou o recurso, eventualmente pendentes, de natureza administrativa ou judicial (...)" (Lei *supra*, § 4º do art. 35).

[7] *Teoria geral do processo judicial*, cit., 2013, p. 277.

Sem embargo do sentido *unitário* da jurisdição, pode-se, com vistas à melhor compreensão da matéria, visualizá-la sob mais de um viés:

(*i*) em razão da matéria, fala-se em jurisdição *penal* (CP, CPP e legislação extravagante) e *cível* (não penal, a saber, envolvendo as causas civis, comerciais, administrativas, tributárias, trabalhistas, previdenciárias, consumeristas);

(*ii*) em razão das diversas "Justiças", fala-se em jurisdição *comum* (federal: juízes federais e os cinco TRF's; juízes estaduais) e, por exclusão, *especial* (juízes e tribunais nas áreas trabalhista, militar e eleitoral);

(*iii*) em razão da instância ou do *locus* onde é desempenhada a magistratura, fala-se em jurisdição de *primeiro grau*, a cargo dos órgãos monocráticos situados na base da pirâmide judiciária (Varas Cíveis, Trabalhistas, Fazendárias, de Registros Públicos; Juntas Eleitorais; Auditorias Militares), assim nas *comarcas*, agrupadas em *entrâncias* no plano da Justiça estadual[8], como nas *seções*, reunidas em *regiões*, no âmbito da Justiça federal; já quando o órgão se encontra ao meio ou no ápice da estrutura judiciária, fala-se em jurisdição de *segundo grau*, abrangendo os colegiados locais ou regionais (TJ's, TRF's, TRE's, TRT's) e os superiores (STF, STJ, TST, TSE, STM);

(*iv*) em razão do parâmetro decisório utilizável, fala-se em jurisdição por critério de *legalidade estrita* (regra: CF, art. 5º, II; CPC, art. 140, *caput*), ou, excepcionalmente, em jurisdição por *equidade*, nos casos autorizados – Lei 9.099/1995, art. 25; CPC, parágrafo único do art. 140; parágrafo único do art. 723; Lei 9.307/1996, art. 2º, *caput*;

(*v*) em razão da existência ou não de uma *lide*, fala-se, em caso positivo, em jurisdição *contenciosa* (*inter nolentes*), e, no segundo, em jurisdição *voluntária* (*inter volentes*), esta última reconhecida como "administração pública do direito privado exercida por órgãos judiciários"[9], referindo-se o CPC aos *procedimentos especiais*: de jurisdição contenciosa (arts. 539-718) e de jurisdição voluntária (arts. 719-770).

Ainda no tocante à jurisdição, embora amiúde se faça referência à "garantia" do duplo grau, em verdade não se trata de um direito assegurado de acesso aos tribunais, porque, tirante os casos de *remessa necessária* (CPC, art. 496 e incisos), e os de competência originária, a reavaliação da sentença ou do acórdão pelo órgão colegiado *ad quem* só ocorre caso haja recurso do vencido, dado o caráter facultativo das impugnações e, ainda assim, nos limites em que venha postada impugnação – CPC, art. 1.008.

---

[8] No Estado de São Paulo: entrâncias inicial, intermediária e final: LC 1.274/2015.
[9] José Frederico Marques. *Ensaio sobre a jurisdição voluntária*. Campinas: Millenium, 2000, p. 64.

Justamente por não haver exigência legal ou constitucional estabelecendo a impositividade do duplo grau, o CPC permite que, sob certas condições, a apelação interposta contra sentença meramente terminativa (CPC, art. 485 e incisos) ou quando ela venha anulada por falta de fundamentação, possa o tribunal *ad quem* estender sua cognição para abranger o mérito (art. 1.013, § 3º, I e IV); além disso, há casos que, a rigor, não configuram exatamente o duplo grau, como os embargos infringentes ou de alçada nas execuções fiscais de baixo valor, dirigidos ao mesmo Juízo prolator da decisão recorrida (Lei 6.830/1980, art. 34 e § 2º), ou ainda o recurso contra sentença prolatada em Juizado Especial, que é dirigido ao Colégio Recursal, formado por juízes de primeiro grau – Lei 9.099/1995, art. 42 e § 1º.

Acerca da antes referida bifurcação da jurisdição em

(*i*) *contenciosa*, apropriada aos interesses divergentes que configuram uma *lide*, consentindo a oportuna agregação de coisa julgada material, e

(*ii*) *voluntária*, adequada aos interesses convergentes, cabe registrar que, em razão da tendencial *desjudicialização dos conflitos*, consentindo o gradual repasse do processamento e resolução de certas controvérsias a determinados órgãos parajurisdicionais (*v.g.*, consignação em pagamento feita em estabelecimento bancário oficial – CPC, § 1º do art. 610; conflitos desportivos, a serem primeiramente submetidos aos tribunais desse setor – CF, art. 217 e § 1º), é possível traçar um prognóstico de gradual diminuição do espaço reservado à jurisdição voluntária, em contraponto ao tendencial incremento das instâncias parajurisdicionais, tais os tabelionatos, o que contribuiria para aliviar, em certa medida, a sobrecarga da Justiça estatal, amenizando, outrossim, a arraigada *cultura demandista* que grassa ao interno da coletividade.

Dessa forma, considere-se este quadro comparativo:

Jurisdição (CPC, art. 1º)		
Contenciosa	Voluntária	
Iniciativa da parte: art. 2º	De ofício:	(i) Juiz: arts. 730, 735, 738 (ii) Defensoria Pública: art. 185 (iii) Ministério Público: arts. 178 e incisos; 720, 747, IV
Partes: arts. 77, 78	Interessados: art. 721	
Interesses divergentes (lide): art. 141	Interesses convergentes: art. 731 e incisos; § 1º do art. 610	

Jurisdição (CPC, art. 1º)	
Contenciosa	**Voluntária**
MP, por pertinência temática: CF, art. 127, *caput*	MP necessário: art. 721
Natureza Jurisdicional: arts. 490, 487, I	Natureza administrativa: arts. 730, 742 e incisos
Resistência, sob pena de revelia: arts. 335 e incisos; 344	Não há o efeito da revelia em se tratando de direito indisponível: art. 345, II
Acertamento definitivo: art. 494 e incisos	Decisão de natureza dispositiva (art. 505, I) ou homologatória: art. 515, III
Legalidade estrita e adstrição ao pedido: arts. 490, 492	Equidade + conveniência/oportunidade: parágrafo único do art. 140; parágrafo único do art. 723
Coisa julgada material (art. 502) e efeito preclusivo geral (art. 508)	Possibilidade de revisão: § 4º do art. 966; Lei 5.478/1968, art. 15
Ônus de sucumbência pelo vencido: § 2º do art. 82	Rateio entre os interessados: art. 88
Suspensão do Processo nas férias forenses e feriados: art. 214, *caput*	Tramitação nas férias forenses: art. 215, I

Outra distinção que merece destaque é a que bifurca a jurisdição em função da *amplitude objetiva e subjetiva do processo*, consentindo falar-se em jurisdição:

(*i*) *singular* (sujeitos determinados; interesses individuais; legitimação ativa calcada na titularidade do afirmado direito; coisa julgada de eficácia *inter partes*, tratando-se de modalidade de jurisdição basicamente regulada no CPC);

(*ii*) *coletiva* (sujeitos indeterminados; objeto indivisível, composto por interesses metaindividuais – difusos, coletivos em sentido estrito, individuais homogêneos: Lei 8.078/1990, art. 81, parágrafo único e incisos; legitimação concorrente-disjuntiva, aferida por critério de representação adequada – Lei 7.347/1985, art. 5º e incisos; coisa julgada de eficácia expandida, *erga omnes* ou *ultra partes* – Lei 8.078/1990, art. 103 e incisos).

Acerca da jurisdição coletiva, já afirmamos em outra sede que ela "apresenta peculiaridades e finalidades que a singularizam. Numa palavra, a Jurisdição coletiva possibilita a otimização dos comandos judiciais, mercê do tratamento *molecular* dos conflitos, na consagrada expressão de Kazuo Watanabe, assim ensejando o tratamento isonômico aos jurisdicionados e prevenindo a pulverização do conflito em múltiplas e repetitivas ações individuais".[10]

A polarização "jurisdição singular/jurisdição coletiva" consente, sem embargo, um espaço intermédio onde se alojaria a chamada *tutela pluri-individual*, a qual pressupõe que o macroconflito já se atomizou em multifárias ações repetitivas (demandas seriais ou isomórficas), restando aplicar à ocorrência alguma técnica de agregação ou de coesão. Tendo sido vetado (mensagem nº 56, *DOU* 17.03.2015, p. 51, 52) o art. 333 do projeto que viria a converter-se no vigente CPC, então prevendo a "conversão da ação individual em ação coletiva", o texto codificado, ao final promulgado, houve por bem prever que incumbe ao juiz, em se deparando com multiplicidade de demandas individuais repetitivas, comunicar tal ocorrência aos agentes colegitimados ao processo coletivo para verificação da viabilidade do ajuizamento da ação cabível (art. 139, X).

Outro alvitre pensável em tais circunstâncias é a instauração do *incidente de repetição de demandas repetitivas* (CPC, arts. 976-987), a cujo propósito já afirmamos: "(...) através do IRDR opera-se uma sorte de *aglutinação* das ações individualmente propostas, nas quais se apresenta replicada uma dada *questão jurídica* (por exemplo, saber se é lícito aos planos de saúde privados limitarem a permanência de paciente em UTI), certo que o livre trâmite dessas demandas isomórficas induziria o risco de respostas jurisdicionais discrepantes acerca de um mesmo tema jurídico. A par disso, tal ambiente errático congestionaria ainda mais a já sobrecarregada pauta da Justiça estatal, em detrimento da racionalidade da prestação jurisdicional, da segurança jurídica e do tratamento isonômico devido aos jurisdicionados".[11]

A respeito da antes referida dicotomia entre jurisdição *singular* e *coletiva*, considere-se o quadro abaixo:

Jurisdição	
Singular	**Coletiva**
Lides individuais	Lides metaindividuais
CPC e legislação processual extravagante	Ações coletivas: ADIN, ADCON, ADPF, MS coletivo, Ação Popular, Ação Civil Pública, Ações consumeristas coletivas
Legitimação ordinária, em regra	Legitimação extraordinária, concorrente – disjuntiva (Lei 7.347/1985, art. 5º)

---

[10] *Jurisdição coletiva e coisa julgada – teoria geral das ações coletivas*. 3. ed. São Paulo: Thomson Reuters/Revista dos Tribunais, 2012, p. 93.

[11] *Incidente de resolução de demandas repetitivas – a luta contra a dispersão jurisprudencial excessiva*. São Paulo: Thomson Reuters/Revista dos Tribunais, 2016, p. 162.

Jurisdição	
Singular	**Coletiva**
Interesses particulares	Interesses difusos, coletivos, individuais homogêneos (Lei 8.078/1990, art. 81; CPC, art. 139, X)
Coisa julgada *inter partes* (CPC, art. 502)	Coisa Julgada expandida (*erga omnes* ou *ultra partes*) – Lei 8.078/1990, art. 103; Lei 7.347/1985, art. 16

Presente a premissa de que o serviço judiciário estatal não é imposto à coletividade, mas na verdade ofertado ou disponibilizado a quem dele necessite, em face de afirmados danos temidos ou sofridos, compreende-se a existência de órgãos decisórios não previstos no rol dos órgãos componentes do Judiciário, indicados no art. 92 e incisos da CF, mas que com estes se conectam e se integram em mais de um ponto de atuação, permitindo identificar certas instâncias parajurisdicionais, cujo efetivo labor tem permitido sua continuidade e angariado prestígio crescente, levando a que suas decisões se qualifiquem como *equivalentes jurisdicionais*.

Nesse sentido, podem ser lembrados estes órgãos e instâncias: Tribunais de Contas (CF, arts. 70 e 71); Tribunais Desportivos (CF, § 1º do art. 217); Tribunais de Impostos e Taxas e Conselhos de Contribuintes; Conselho Administrativo de Defesa Econômica – Cade (Lei 12.529/2011, art. 4º); Conselhos Penitenciários; Juizados de Paz (CF, art. 98, II); Tribunais Arbitrais (Lei 9.307/1996, art. 18; CPC, art. 515, VII c/c § 1º do art. 3º); Tabelionatos (CPC, art. 610 e parágrafos; art. 384 e parágrafo único); Ministério Público (Lei 7.347/1985, § 6º do art. 5º; CPC, art. 784, IV); AGU (Lei 13.140/2015, art. 35, incisos e parágrafos). A atuação desses órgãos ou colegiados não gera conflito nem zonas de tensão com a justiça estatal, mas, ao contrário, o próprio CPC incentiva a busca por *outros meios* de solução de conflitos (art. 3º, § 3º), certo ainda que os julgados proferidos por algumas dessas instâncias formam título executivo extrajudicial (*v.g.*, Tribunais de Contas: CF, § 3º do art. 71; Cade: Lei 12.529/2011, art. 93; MP: Lei 7.347/1985, § 6º do art. 5º, c/c CPC, art. 515, III), ensejando, em caso de descumprimento, a sequencial judicialização (CPC, art. 784, XII), valendo ressaltar que, no caso da arbitragem, a sentença (*sic*) aí proferida forma título executivo judicial – Lei 9.307/1996, art. 18; CPC, art. 515, VII.

Já a *jurisdição*, em sentido técnico ou estrito, é aquela decorrente da função desempenhada pelos órgãos integrantes do Poder Judiciário, listados no art. 92 da CF, permitindo identificar estas características ou atributos:

(i) *substitutividade* – o órgão judicial se sobrepõe às partes, impedidas que estão de fazer justiça de mão própria (CP, art. 345), cabendo-lhe decidir o mérito, uma vez atendidos os requisitos formais da ação e do processo, sem prejuízo de eventual transação no curso do processo, em se tratando de direitos disponíveis (CPC, § 3º do art. 3º; art. 515, II); nisso se distinguem o juiz e o governante/administrador, já que a legitimidade destes últimos é de base política, credenciando o agente público a disponibilizar, de ofício, prestações primárias, tais as relativas à saúde, educação, mobilidade urbana, saneamento básico, segurança pública, ao passo que ao juiz cabe decidir segundo o alegado e provado;

(*ii*) *inércia inicial* – a prestação jurisdicional não é imposta (no sentido de ser obrigatória) e sim ofertada a quem dela necessite, em razão de um histórico de dano temido ou sofrido, por modo que a intervenção judicial fica a depender de *provocação* pela parte ou interessado, e só podendo responder nos limites dela – CPC, arts. 2º, 490, 492; nesse sentido, os brocardos *ne procedat iudex ex officio* e *nemo iudex sine actore* confirmam a regra, que só é excepcionada em poucos casos de atuação judicial de ofício, como se dá no *habeas corpus* (CPP, § 2º do art. 654) ou na convolação da recuperação judicial em falência (Lei 11.101/2005, § 4º do art. 56; art. 73, III);

(*iii*) *imparcialidade* – o juiz não pode estar impedido nem ser suspeito (CPC, arts. 144, 145, 966, II), isenções essas conectadas à garantia do *juiz natural* (aquele constituído antes dos fatos) e à vedação dos tribunais de exceção (CF, art. 5º, XXXVII e LIII), devendo o juiz, quando necessário, adotar postura *proativa*, por exemplo, ao determinar medidas de apoio, "indutivas, coercitivas, mandamentais ou sub-rogatórias", com vistas à prestação específica do julgado (CPC, art. 139, IV);

(*iv*) *definitividade* – embora o Judiciário e a Administração Pública decidam controvérsias, aplicando a lei à espécie, apenas a decisão judicial de mérito se estabiliza, em face do passado, e se imuniza, em face do futuro, com a oportuna agregação da coisa julgada material (CF, art. 5º, XXXVI; CPC, art. 502), tornando estável e imutável o julgamento, a par da eficácia preclusiva geral que recobre o deduzido e o deduzível (CPC, art. 508); esse contexto está em simetria com a garantia da inalterabilidade das decisões judiciais por qualquer dos outros dois Poderes, o que se costuma chamar *reserva de sentença*;

(*v*) *aderência ao território* – que se conecta não só à ideia de soberania nacional como à de competência *ratione loci*, havendo casos em que a jurisdição estrangeira é expressamente afastada (CPC, art. 23 e incisos); por força da territorialidade é que o STF e os demais tribunais superiores têm jurisdição em todo o território nacional, ao passo que o TRF da 3ª Região abrange os Estados de São Paulo e do Mato Grosso do Sul, e um juiz estadual exerce jurisdição em sua comarca; por conta disso é que um juiz expede carta precatória ao Juízo de outra comarca, para fim de citação do indigitado réu (CPC, arts. 260 e incisos; 268);

(*vi*) *ubiquidade, inafastabilidade ou indeclinabilidade do acesso à justiça, vedada a positivação de hipóteses a priori excluídas à cognição judicial* (CF, art. 5º, XXXV) – podendo, excepcionalmente, serem exigidos certos procedimentos prévios, perante instâncias concernentes ao tema controvertido, como nos conflitos desportivos (CF, § 1º do art. 217) ou no *habeas data* – Lei 9.507/1997, parágrafo único do art. 8º;

(*vii*) *legalidade estrita* – como regra (CPC, arts. 8º e 140, *caput*) ou, excepcionalmente, por equidade quando expressamente autorizada (CPC, parágrafo único do art. 140; Lei 9.099/1995, art. 25), o que não exclui o emprego dos *meios de integração* em caso de lacuna do direito: costumes, analogia, princípios gerais, regras da experiência comum, a par dos precedentes jurisprudenciais impositivos.

Dentre as três acepções em que pode ser tomado o termo jurisdição (poder, função, atividade), é a dimensão *funcional* que mais de perto concerne ao Processo, assim no plano acadêmico como na *praxis* forense, a saber: o compromisso do Judiciário com a resolução justa do conflito, num tempo razoável, através de uma decisão de mérito devidamente fundamentada (CF, art. 93, IX; CPC, parágrafo único e incisos do art. 489), emitida por um juiz isento e competente, numa ação corretamente proposta, veiculada num processo existente e válido.

A par da *prevenção* da eclosão ou do agravamento dos conflitos (situações de dano temido), que constitui objeto das tutelas de urgência (CPC, arts. 300-311), e da efetiva resolução da controvérsia já instalada (situações de dano sofrido), objeto do processo de conhecimento, incumbe ainda ao Judiciário o poder-dever de contribuir para a *segurança jurídica*, seja uniformizando a jurisprudência (CPC, art. 926, *caput*), seja emitindo padrões exegéticos duradouros e confiáveis, aptos a formatar em modo isonômico o deslinde dos litígios afins (demandas seriais) e das macrolides, mediante técnicas e instrumentos hábeis, tais o direito sumular (CPC, parágrafos do art. 926 c/c art. 332, I e IV); a emissão de decisão-quadro no RE ou REsp afetado como representativo da controvérsia, no rito dos recursos repetitivos (CPC, arts. 1.036-1.041 c/c art. 927, III); a tese jurídica alcançada ao final do incidente de resolução de demandas repetitivas (CPC, arts. 976 e incisos c/c art. 985, *caput*); o acórdão em incidente de assunção de competência (CPC, § 3º do art. 947).

Tenha-se ainda presente que a separação entre os Poderes (CF, art. 2º) não é absoluta ou radical, já eles devem atuar em modo harmônico; por isso, embora o Judiciário se encontre em posição sobranceira, por dizer o Direito em *ultima ratio*, e por julgar atos e condutas do Legislativo (*v.g.*, no controle direto de constitucionalidade das leis – CF, § 2º do art. 102) e do Executivo (*v.g.*, numa ação por improbidade administrativa – Lei 8.429/1992), ainda assim é inegável a virtualidade de certas *faixas tangenciais* na atuação desses três Poderes, dando azo a recorrentes questionamentos acerca de afirmado *excesso de ativismo* do Judiciário, ao prover (ou avançar) sobre o espaço reservado aos outros Poderes ou sobre temas sujeitos à reserva legal.

Alguns exemplos evidenciam essas faixas tangenciais entre os três Poderes:

– o processo de *impeachment* do Presidente da República (Executivo) tem curso perante o Senado (Legislativo), sob o comando do Presidente do STF (Judiciário) – CF, art. 86, *caput*; Lei 1.079/1950, art. 27;

– embora o Brasil seja um país legicêntrico (CF, art. 5º e inciso II), o CPC, em várias hipóteses, estabelece o precedente judiciário como parâmetro, *em paralelo*, de resolução judicial das controvérsias (arts. 332, e incisos; 927 e incisos; 1.040, I e II; art. 985 e incisos);

– a lei, uma vez entrada em vigor, irradia eficácia geral, abstrata e impessoal, mas ela pode vir a se tornar insubsistente por decisão do STF (CF, § 2º do art. 102), ou, mesmo no controle incidental, pode deixar de ser aplicada num dado caso concreto (CF, art. 97; CPC, parágrafo único do art. 949);

– as decisões de cunho pecuniário dos Tribunais de Contas, os quais constituem órgãos de auxílio técnico do Legislativo, na fiscalização do desempenho financeiro-orçamentário do Executivo, formam título executivo extrajudicial, aparelhando a cobrança judicial – CF, § 3º do art. 71; CPC, art. 784, XII.

Nessa correlação entre a jurisdição e as searas de atuação dos outros Poderes, considere-se ainda que os atos governamentais (decretos, medidas provisórias, regulamentos) podem ser sindicados judicialmente, podendo vir a se tornar insubsistentes; outrossim, a nomeação para cargos nos Tribunais Superiores é decidida pelo Presidente da República, por escolha em lista tríplice (o *quinto constitucional* – CF, art. 94 e parágrafo único); de outra parte, a súmula vinculante do STF se aplica, também, à Administração Pública (CF, art. 103-A, *caput*), o mesmo se passando com o acórdão em incidente de resolução de demandas repetitivas, especialmente na hipótese do § 2º do art. 985 do CPC; enfim, se é verdade que os tribunais se beneficiam de autonomia organizacional (CF, art. 96, incisos I e II e alíneas), fato é que os recursos orçamentários são disponibilizados pelo Executivo (CF, art. 168), sujeitando-se tais aportes e sua aplicação ao controle externo dos Tribunais de Contas.

Registre-se ainda que a garantia de acesso à Justiça (CF, art. 5º, XXXV) não pode ser superdimensionada ou interpretada em modo exacerbado, porque ali apenas se assegura a exposição do histórico de dano temido ou sofrido a uma autoridade judiciária competente e imparcial (direito genérico de demandar), o que não se confunde com o *direito de ação*, que é bastante condicionado (interesse de agir, legitimação, fundamento jurídico do pedido), a par da inexistência de pressupostos negativos, tais a litispendência, perempção, coisa julgada ou convenção de arbitragem (CPC, arts. 17; 319, III; 485, IV, V, VI, VII).

Além disso, como antes dito, a jurisdição não pode ser exercida fora e além de certos parâmetros definidores de sua validade e legitimidade, tais os diversos critérios (*ratione materiae, personae, muneris, loci*), que definem as competências: *absoluta*, nos três primeiros casos, e *relativa*, no último (CPC, arts. 64, *caput*; 46 e parágrafos, c/c art. 65 e parágrafos), valendo observar que o julgado proferido com infringência à competência absoluta é questionável a qualquer tempo ou grau de jurisdição, mesmo de ofício (CPC, § 1º do art. 64), certo ainda que a decisão de mérito proferida por juiz absolutamente incompetente desafia ação rescisória – CPC, art. 966, II.

As precedentes considerações ensejam estas derradeiras ponderações:

(*i*) o verbo *apreciar*, presente no inciso XXXV do art. 5º da CF, serve a indicar que resta assegurado o conhecimento do histórico de dano temido ou sofrido, mas não necessariamente a avaliação quanto ao mérito, porque este fica a depender do atendimento dos quesitos de admissibilidade da ação proposta, veiculada num processo existente e válido;

(*ii*) são reconhecidas certas faixas de insindicabilidade judicial, com relação aos atos administrativos *discricionários*[12] (*v.g.*, escolha de nome, pela autoridade competente, em lista tríplice, para titularizar certos

---

[12] Segundo o clássico conceito de Celso Antônio Bandeira de Mello, discricionariedade "é a margem de liberdade que remanesça ao administrador para eleger, segundo critérios consistentes de razoabilidade, um, dentre pelos menos dois comportamentos cabíveis, perante cada caso concreto, a fim de cumprir o dever de adotar a solução mais adequada à satisfação da finalidade legal, quando, por força da fluidez das expressões da lei ou da liberdade conferida no mandamento, dela não se possa extrair objetivamente, uma solução unívoca para a situação vertente" (*Discricionariedade e controle jurisdicional*. São Paulo: Malheiros, 2000, p. 48).

cargos públicos) ou *puramente políticos* (*v.g.*, deliberação governamental que altera o padrão monetário);[13]

(*iii*) as políticas públicas sujeitam-se a controle judicial, mas, sem embargo, a Administração pode arguir a eximente da *reserva do possível*, radicada no aforisma *ad impossibilia nemo tenetur* (ninguém está obrigado ao impossível), como pode dar-se quando o orçamento público de uma cidade não comporta o implemento de certo serviço ou obra. Sem embargo, afirma Kazuo Watanabe: "(...) em relação aos direitos fundamentais sociais que estejam referidos ao núcleo duro do princípio da dignidade humana e por isso integram o conceito de 'mínimo existencial', é inoponível a cláusula da 'reserva do possível'".[14]

16.3 Ação e defesa

A ação apresenta, em face do processo que lhe serve de instrumento, uma relação de estreita integração e complementaridade. Cabe desde logo reconhecer uma distinção entre o *direito de demandar*, que é genérico, veiculando o acesso à Justiça, assegurado no art. 5º, XXXV, da CF, e o *direito de ação*, propriamente dito, que se apresenta bastante condicionado (CPC, arts. 17 e 319, III) e reclama atendimento a específicos pressupostos, tais o da representação por advogado, a par da inocorrência de certas ocorrências obstativas, tais a existência de coisa julgada sobre o *thema decidendum* (CPC, art. 337, VII e § 4º; art. 485, V).

Além disso, certas ações, *in concreto*, impõem exigências adicionais (*v.g.*, a demonstração do esbulho, na ação de reintegração de posse; a existência de direito líquido e certo, ameaçado ou afrontado por ato ilegal ou arbitrário de autoridade, no mandado de segurança), especificidades chamadas *requisitos de procedência*.

---

[13] Dessa forma, afirma Fernando Antônio Negreiros Lima: "O juiz se converteria em administrador, usurpando a função para a qual este último foi eleito ou nomeado, se lhe fosse possível, por exemplo, determinar alterações no orçamento de um município, mandando retirar certa verba de uma rubrica para outra, ou estabelecendo prioridades administrativas (construir um hospital, não uma escola; construir o hospital em um bairro por ele – juiz – determinado, não em outro escolhido pela Administração)" (*Teoria geral do processo judicial*, cit., 2013, p. 274-275).

[14] V., a propósito, o estudo de Kazuo Watanabe: Controle jurisdicional das políticas públicas – "mínimo existencial" e demais direitos fundamentais imediatamente judicializáveis (In: _____; GRINOVER, Ada Pellegrini (Coord.). *O Controle jurisdicional de políticas públicas*. Rio de Janeiro: Forense, 2011, p. 223).

É sob essas luzes que se deve compreender o disposto no art. 189 do Código Civil – "Violado o direito, nasce para o titular a pretensão, a qual se extingue pela prescrição (...)": o que por aí se afirma é que a ação serve a instrumentar a *pretensão* de quem se declara necessitado da intervenção jurisdicional; daí não decorre, porém, qualquer garantia prévia quanto à efetiva *tutela* desse afirmado direito, porque tal resultado fica a depender, de um lado, da aferição do *meritum causae*, e, de outro, que tal avaliação resulte positiva.

No dizer de Cândido Rangel Dinamarco: "O direito à tutela jurisdicional é mais que a mera faculdade de ingresso em juízo, mais que a ação em sua feição estática e mais, também, que o poder de exigir o provimento de mérito. Não recebe tutela jurisdicional alguma aquele que, tendo o poder de ação, exerce-a adequadamente e recebe uma sentença negando seu alegado direito subjetivo; nem aquele que tiver exercido plenamente seu *jus exceptionis*, simetricamente contraposto à ação do adversário, mas vier a amargurar um julgado que lhe negue o bem ou situação objetivada. (...) Ser 'tutelado' por uma sentença que me nega o bem pretendido seria um *non sense* semelhante ao *diritto di aver torto* da famosa expressão com que Giuseppe Chiovenda ironizou as teorias abstratas da ação".[15]

De outra parte, impende certa cautela no exame da ação judicial, para que a abordagem não fique excessivamente focada no polo ativo, isto é, sob a perspectiva de quem tomou a iniciativa de acessar a Justiça; do contrário, corre-se o risco de incidir num "processo civil de autor", olvidando-se que o processo é essencialmente bilateral, donde deriva que todos os sujeitos que o compõem têm o mesmo direito a que ele se forme validamente, com atendimento a todos os elementos que compõem o sentido do *devido processo legal* (CF, art. 5º, LV): "contraditório e *ampla defesa*, com os meios e recursos a ela inerentes".

Essa *alteridade igualitária*, caracterizadora da relação processual, vem estampada em várias passagens do CPC: o autor deve atender os requisitos da petição inicial (art. 319 e incisos) e os pedidos acaso aí não formulados só noutra ação poderão sê-lo, ao passo que ao réu é dado explorar as possibilidades de resistência, inclusive a reconvenção (arts. 337 e incisos; 343 e §§), certo que, após a contestação, só excepcionalmente podem ser aduzidas novas alegações (CPC, art. 342 e incisos); no plano recursal, indica-se o mesmo prazo para a interposição das impugnações e para responder a elas (CPC, § 5º do art. 1.003); o autor pode desistir da ação, mas, se o réu já a contestou, exige-se a anuência deste (CPC, § 4º do art. 485); o "vencido" – seja autor

---

[15] *Fundamentos do processo civil moderno*. 3. ed. São Paulo: Malheiros, 2000, t. II, p. 822-823.

ou réu – é que responde pelos ônus da sucumbência (CPC, art. 85, *caput*), o que igualmente se aplica na Justiça trabalhista (CLT, arts. 790-B e parágrafos; 791-A e parágrafos, inseridos pela Lei 13.467/2017).

É por isso que, consideradas as fases do processo, a primeira delas, dita *postulatória*, engloba o contraditório inicial, composto da pretensão do autor (ação) e das faculdades impugnativas componentes da resistência do réu. Note-se que este último, mesmo não tendo contestado, nem sempre sofrerá os *efeitos* da revelia (CPC, art. 345 e incisos), a par de poder, a qualquer momento, intervir no processo, "recebendo-o no estado em que se encontrar" (parágrafo único do art. 346).

Assim, a lei processual busca tratar igualmente ambos os polos que compõem a ação (assim em face dos sujeitos originários do processo como dos que vieram a integrá-lo posteriormente), zelando para que essa isonomia seja *substancial* e não apenas formal, inclusive, sendo o caso, estabelecendo *desequiparações legítimas*, como se dá na distinta distribuição do ônus da prova entre autor e réu, e mesmo na *inversão dinâmica* desse ônus (CPC, art. 373 e parágrafos): busca então a lei processual conferir *trato desigual aos desiguais, na medida das desigualdades*.

A ação judicial veicula a pretensão do autor ou o eventual pedido reconvencional do réu (a par de exceções substanciais e eventual arguição incidental de questão prejudicial) podendo ainda conter pleitos de terceiros intervenientes, constituindo tal contexto o *conteúdo*, em face do processo – de conhecimento, execução, tutela de urgência (cautelar) – que lhe serve de *continente*, vindo a ação, geralmente, *nominada*, ora em função da finalidade almejada (*v.g.*, despejo, anulação de casamento, consignação em pagamento, declaratória de inconstitucionalidade), ora em razão da natureza do direito envolvido, tais as ações *reais*, como uma reintegração de posse, ou *pessoais*, como uma ação de cobrança.

A ação é um direito:

(*i*) *subjetivo público*, na medida em que é ofertado a todas as pessoas físicas e jurídicas, de direito privado ou público;

(*ii*) *abstrato*, porque independe de ser ou não fundado o afirmado direito nela veiculado;

(*iii*) *autônomo*, porque configura uma relação jurídica própria, que não se confunde e não se reduz à relação jurídica material deduzida no processo, embora a esta se conecte por uma relação de instrumentalidade;

(*iv*) vocacionado a pleitear, perante um órgão jurisdicional competente e imparcial, a tutela adequada em face de um histórico de dano temido ou sofrido. Isso, reafirme-se, independentemente de ser a ação, ao final, julgada procedente ou improcedente, porque esse julgamento de fundo concerne ao *mérito* da pretensão do autor e da resistência do réu, tratando-se, pois, de aspecto referenciado ao direito material invocado nos autos.

Verdade que nem sempre o conteúdo da ação é um direito material, reportado, *v.g.*, aos direitos civil, comercial, trabalhista, tributário, podendo, em alguns casos, relevar da seara do próprio direito processual, como, por exemplo, a *ação rescisória*, voltada a desconstituir a *coisa julgada material* (CPC, art. 966 e incisos); ou a *ação declaratória negativa*, voltada a obter a atestação de "(...) *inexistência* (...) de uma relação jurídica" (CPC, art. 19, I).

De todo modo, o direito afirmado na ação, seja ele fundado ou não, há que reportar-se a um histórico: *pessoal* (excetuados os casos de legitimação extraordinária – CPC, art. 18, *caput*); *real*, não podendo cuidar-se de pretensão meramente suposta, imaginária ou de uma singela expectativa; *atual*, nesse sentido de que deve prender-se a uma situação ocorrente, descartadas as pretensões que visam alterar fatos consumados e irreversíveis, em face dos quais seria inútil a intervenção judicial, o que afastaria o interesse processual. É sob esse prisma que a prescrição e a decadência ensejam a extinção do processo *com* julgamento do mérito (CPC, § 1º do art. 332; art. 487, II), justamente para que tais eximentes possam, depois, recobrir-se da coisa julgada material (CPC, art. 502), o que consulta à segurança jurídica e à estabilidade das relações da vida em sociedade.

Desse modo, não se concebe a utilização da ação para fim de mera *consulta* ao Judiciário (exceto no processo eleitoral – Lei 4.737/1965, art. 23, XII); outrossim, ainda quando a pretensão tenha caráter apenas declaratório, é preciso que a causa de pedir exiba a *necessidade* de um aclaramento quanto a uma relação jurídica ou um documento – CPC, arts. 19, incisos, e 20.

É sob essas luzes que melhor se pode compreender o disposto no art. 4º do CPC: "As partes têm o direito de obter em prazo razoável a solução integral do mérito, incluída a atividade satisfativa". Por aí se pretende afirmar o compromisso técnico-jurídico-social do processo de conduzir a demanda judicializada até o ponto desejável, que é o da decisão de mérito, não importando – sob a óptica exclusivamente processual – se a pretensão veiculada na ação era ou não fundada, questão esta já confinada ao direito material discutido nos autos e que, a depender dos argumentos e provas, levará à procedência ou improcedência da ação, inclusive quanto aos pleitos de eventuais terceiros que tenham integrado os autos. Esse o sentido do art. 490 do CPC:

"O juiz resolverá o mérito acolhendo ou rejeitando, no todo ou em parte, os pedidos formulados pelas partes".

Vale ainda ter presente que, enquanto o direito de petição (CF, art. XXXIV, *a*) é genérico e incondicionado, nesse sentido de ser disponibilizado a todos e endereçável a qualquer agente ou autoridade do setor público ou privado, sem maiores requisitos pré-estabelecidos, a ação é (muito) condicionada, não se identificando com o singelo *direito de demandar*, e é por isso que, por exemplo, uma ação judicial pode ser trancada *ab initio*, sem nem mesmo receber despacho de citação do réu, vindo a petição inicial *indeferida liminarmente*, uma vez constatada a ausência das condições da ação (CPC, arts. 17; 319, III; 321 e parágrafo único). A par disso, dado o evidente perfil *precedentalista* do vigente CPC (*v.g.*, arts. 927 e incisos; 985 e incisos; § 3º do art. 947; art. 1.040, I e II), e considerando-se que cabe ao autor indicar os "*fundamentos jurídicos* do pedido (CPC, art. 319, III), pode dar-se que este se mostre contrário a um produto judiciário de eficácia impositiva, tal o direito sumular, caso em que fica autorizada a *liminar improcedência do pedido* (CPC, art. 332, I e IV).

Vale lembrar que embora o CPC não se refira, *expressis verbis*, às *condições da ação*, nem faça referência, no antes citado art. 17, à *possibilidade jurídica do pedido* (como antes se dava no CPC/1973 – art. 295, parágrafo único, III), parece-nos que essa exigência segue de atualidade, até porque o interesse de agir há de ser... *jurídico*, não se concebendo que se reduza a uma mera expectativa, ou a um pleito imaginário, de todo desprovido de um mínimo de concretude e juridicidade, não se conectando, sequer em abstrato, a algum ponto do ordenamento positivo ou, mesmo, já vindo por este desde logo excluído. É o que se colhe da interpretação conjunta dos arts. 319, III, e 321 do CPC, à luz do binômio *necessidade-utilidade*, que permeia toda intervenção jurisdicional.

Com efeito, as condições da ação, no regime do CPC/1973, definiam-se como o *interesse de agir*, a *legitimação ad causam* e a *possibilidade jurídica do pedido*: art. 295, II, III e parágrafo único, III. O vigente CPC, numa primeira leitura, teria, no art. 17, recepcionado somente aquelas duas primeiras condições. Todavia, a interpretação sistemático-teleológica parece autorizar outra conclusão, presente no art. 319, que, dispondo sobre os requisitos da petição inicial, menciona os "fundamentos jurídicos do pedido" (inciso III), fórmula a nosso ver equivalente, no fundo e na forma, à "possibilidade jurídica do pedido", desvelando a exigência de que a pretensão judicializada radique, ao menos *in statu assertionis*, em algum ponto do ordenamento positivo, ou, quando menos, não seja por este desde logo descartada.

Assim, não é de ser admitida a ação que contém um pleito juridicamente impossível (= não previsto no ordenamento jurídico ou por este desde logo afastado), como se colhe destes exemplos: a singela expectativa de quem afirme o direito a receber, necessariamente, o prêmio da loteria, pelo só fato de ter comprado o bilhete; ou ainda, a pretensão a usucapir bem público, tal um viaduto, pelo fato de o interessado ocupar o espaço abaixo; a pretensão a receber pagamento devido pela Fazenda Pública, fora do sistema de precatório estabelecido no art. 100 e parágrafos da CF; o pleito a receber herança de pessoa viva; a cobrança de dívida de jogo (CCi, art. 814).

Nesse sentido, afirmam Horácio Wanderlei Rodrigues e Eduardo Lamy: "Considerando-se que a pretensão do autor consiste na *submissão do interesse alheio ao interesse próprio por meio do processo*, tal análise de conformidade dessa pretensão com o ordenamento jurídico consiste em um pré-julgamento superficial do mérito do processo, que visa rechaçar os pedidos que tenham fundamentos categoricamente contrários ao sistema legal, a fim de que não haja processos inúteis. (...) Seria juridicamente impossível um pedido que pleiteasse simultaneamente, por exemplo, proteção à posse e à propriedade na mesma ação, pois tal proteção é proibida pelo art. 923 do CPC de 1973" [CPC vigente, art. 557, *caput*].[16]

Por análoga razão, poder-se-ia excogitar que um pedido inicial que se apresenta contrário a uma súmula do STF ou do STJ seria *juridicamente impossível*, já que nesse caso o juiz o "julgará liminarmente improcedente" (CPC, art. 332 e inciso I), lembrando-se que o julgador está jungido à aplicação desse e de outros padrões decisórios listados nos incisos do art. 927 do CPC, valendo observar a fórmula verbal utilizada no *caput*: "Juízes e tribunais *observarão*". No campo penal, uma hipótese de impossibilidade jurídica do pedido estaria na denúncia do Ministério Público fundada em *conduta atípica*, porque a infração criminal deve, além de culpável e punível, ser também *típica*.

Registram-se, todavia, entendimentos contrários à sobrevivência da possibilidade jurídica do pedido no vigente CPC, tendo Fredie Didier Júnior afirmado, já ao tempo do PLC 8.046/2010, que "a impossibilidade jurídica do pedido é causa de decisão de mérito e não de inadmissibilidade. (...) Extingue-se essa categoria jurídica e já não era sem tempo".[17] Nesse sentido, Teresa Arruda Alvim Wambier *et al*. afirmam, em face do art. 17 do CPC: "Mantidas apenas duas das *condições da ação, interesse e legitimidade*, o legislador deixou

---

[16] *Teoria geral do processo*, cit., 4. ed., 2016, p. 145-146.
[17] Será o fim da categoria 'condição da ação'? Um elogio ao projeto do novo Código de Processo Civil. *Revista de Processo*, n. 197, p. 258, jul. 2011.

de lado a *possibilidade jurídica do pedido*, muito criticada pela doutrina. Na verdade, a sua classificação como condição da ação é que sempre foi criticada, porque de rigor, trata-se de um aspecto do próprio mérito".[18]

Outra vertente doutrinária insere a "possibilidade jurídica do pedido" no âmbito do próprio interesse de agir, o que, por essa proposta, tornaria supérflua aquela primeira categoria. Nesse sentido, Carlos Augusto de Assis, partindo da premissa da exclusão da "possibilidade jurídica do pedido" do âmbito do ordenamento processual, examina "como devem ser enquadradas as situações antes nele contempladas. Em outras palavras, se, por exemplo, o juiz, hoje em dia, se deparar com uma demanda em que se cobra uma dívida de jogo, o que deverá ele fazer? Entendemos que a solução será extinguir o processo sem resolução de mérito por falta de interesse processual".[19]

Podem-se identificar os "fundamentos jurídicos do pedido", requisito da petição inicial (CPC, art. 319, III, antes referido), com a *causa de pedir remota*, como afirmam Nelson Nery Júnior e Rosa Maria de Andrade Nery: "Fundamento jurídico é a autorização e a base que o ordenamento dá ao autor para que possa deduzir pretensão junto ao Poder Judiciário. É o *título* do pedido (a que 'título' você pede?) que tanto pode ser a *lei* como o *direito*, o *contrato* etc.".[20]

A concepção abstrata do direito de ação, que permite reconhecê-lo independentemente de ser ou não *fundada* a pretensão material, acabou repaginada pela contribuição de Liebman, de notável projeção, podendo-se dizer que a sua concepção da ação como *direito a uma sentença de mérito* situou-se num patamar equidistante de outras proposições doutrinárias, assim apresentando-se como o *medius virtus* nessa matéria. No ponto, afirmam Horácio Wanderlei Rodrigues e Eduardo Lamy: "As teorias da ação – concreta, material e privada de Calamandrei e abstrata, processual e pública de Carnelutti – resultaram na formulação da teoria eclética de Liebman, essencialmente descritiva. A Teoria Eclética, portanto, aquilatou, quantificou e esmiuçou as demais teorias para concluir merecerem, as denominadas *condições da ação*, uma análise separada do mérito e dos pressupostos processuais".[21]

---

[18] *Primeiros comentários ao novo Código de Processo Civil*. São Paulo: Thomson Reuters/Revista dos Tribunais, 2015, p. 80-81.
[19] "Ação", verbete desenvolvido na obra coletiva *Teoria Geral do Processo Contemporâneo*. Coord. André Pagani de Souza *et al.* 2. ed. São Paulo: Atlas, 2017, p. 242.
[20] *Comentários ao Código de Processo Civil*: novo CPC – Lei 13.105/2015. São Paulo: Thomson Reuters/Revista dos Tribunais, 2015, nota nº 11 ao art. 319, p. 886.
[21] *Teoria geral do processo*, cit., 4. ed., 2016, p. 136.

Ficava, assim, em certo modo superada a antiga concepção *civilista* ou *imanentista*, que atrelava a ação ao direito material (não há ação sem direito; todo direito se reporta a uma ação; a ação segue a natureza do direito), na esteira do antes previsto no art. 75 do CCi de 1916 ("A todo o direito corresponde uma ação que o assegura"), enunciado que remetia à clássica concepção romana: *nihil aliud est actio quam jus judicio persequendi quod sibi debetur* (Celso), ou seja, nada mais é a ação do que o direito de perseguir em Juízo o que nos é devido. A assertiva constante daquele dispositivo resultou parcialmente revista no art. 189 do CCi vigente: "Infringido o direito nasce para o titular a pretensão (...)".

Ao longo da evolução histórica do processo controverteu-se acerca da natureza da ação judicial: direito a uma sentença favorável (Wach); direito a uma sentença justa (Bülow); ação como direito totalmente abstrato (Degenkolb, Ploz); ação como direito secundário, direcionado à realização do interesse primário, de direito material (Alfredo Rocco).

O pensamento que prosperou dentre nós foi o de Enrico Tullio Liebman, em meados do século passado, ao conceber que ação "é um direito subjetivo diverso daqueles do direito substantivo, porque é direito contra o Estado, sem ser um direito a uma prestação sua: é antes um direito de iniciativa e impulso, com o qual o indivíduo põe em movimento o exercício de uma função pública, da qual espera obter a proteção de suas próprias razões, dispondo para esse fim os meios fornecidos pela lei para fazer valer (mesmo sabendo que o resultado também pode ser desfavorável) (...)".[22]

Alinhado a esse pensamento, Moacyr Amaral Santos concebe a ação como "um direito subjetivo público, distinto do direito subjetivo privado invocado, ao qual não pressupõe necessariamente, e, pois, neste sentido abstrato; genérico, porque não varia, é sempre o mesmo; tem por sujeito passivo o Estado, do qual visa a prestação jurisdicional num caso concreto. Ou, simplesmente, o direito de invocar o exercício da função jurisdicional".[23]

---

[22] "un diritto soggettivo diverso da quelli del diritto sostanziale, perchè rivolto verso lo Stato, senza essere diretto ad una sua prestazione: è piuttosto un diritto d'iniziativa e d'impulso, con cui il singolo pone in movimento l'esercizio di una funzione pubblica dalla quale spera di ottenere la protezione delle proprie ragioni, disponendo a questo scopo dei mezzi apprestati dalla legge per farle valere (pur sapendo che l'esito potrà anche esergli sfavorevole)" (*Manuale di Diritto Processuale Civile*. 3. ed. Milano: Giuffrè, 1973, v. I, p. 120).

[23] *Primeiras linhas de direito processual civil*. 27. ed. Obra atualizada por Maria Beatriz Amaral Santos Köhnen. São Paulo: Saraiva, 2010, v. 1, p. 169.

A concepção da ação como o direito a uma sentença de mérito, já antes recepcionada, no essencial, no CPC/1973 (arts. 267, IV, VI), transparece em vários dispositivos do vigente CPC: arts. 4º; 17; 337, XI; 485, IV e VI.

Desse modo, verifica-se que, diversamente do que se passa com o direito de petição, que é genérico e incondicionado (CF, art. 5º, XXXIV, *a*), o direito de ação é (muito) condicionado, revelando o zelo do legislador em prevenir a judicialização exacerbada ou leviana, não raro tisnada pelo espírito de emulação ou de algum objetivo escuso, com vistas a molestar a contraparte. É o que se infere, de um lado, do rol de circunstâncias que autorizam o juiz a indeferir liminarmente a petição inicial, levando à extinção do processo sem julgamento do mérito (CPC, art. 330, incisos e parágrafos, c/c art. 485, I) e, de outro lado, ressuma do poder-dever do juiz em prevenir o desvirtuamento da relação processual, seja nela identificando a litigância de má-fé (CPC, art. 80 e incisos), seja coartando a colusão entre as partes (CPC, art. 142), seja descartando *in limine* as demandas cujos pedidos contrariam frontalmente precedentes judiciários impositivos (CPC, art. 332 e incisos c/c art. 927 e incisos).

As chamadas *condições da ação* visam, pois, resguardar sua higidez técnico-jurídica, de modo que ela possa operar como *conteúdo*, em face do processo que lhe serve de continente. De outra parte, tais condições intentam preservar a credibilidade social e a utilidade prática da prestação jurisdicional, permitindo o descarte, desde logo, das demandas que não comportam a apreciação do mérito, por se ressentirem de atecnias graves e insupríveis.

Embora diga o art. 4º do CPC que as partes têm "direito à decisão integral do mérito", e em que pese o art. 5º, XXXV da CF assegurar o acesso à Justiça dos históricos de danos sofridos ou temidos, é preciso entender-se que a correspondente obrigação do Estado-juiz de enfrentamento do mérito só se verifica quando presentes as *condições de admissibilidade* da ação eleita, a par do atendimento aos pressupostos de existência e validade do processo (petição inicial, citação e Juízo competente), e, ainda, desde que ausentes os chamados *pressupostos negativos*, tais a coisa julgada, litispendência, perempção e convenção de arbitragem (CPC, art. 337, V, VI, VII, c/c art. 485, V e VII).

Desde logo, incumbe ter presente que a aferição judicial desses pré-requisitos se faz *in statu assertionis*, ou seja, sob uma cognição preliminar, à luz do quanto vem exposto pelas partes, e, justamente por isso, para o juiz *não preclui* o exame dessas condições e pressupostos (CPC, § 3º do art. 485), podendo dar-se que, num momento ulterior, se constate a ausência de qualquer desses itens, levando à extinção do processo sem julgamento do mérito. Sem embargo, essa *teoria da asserção* enfrenta alguma resistência doutrinária, afirmando Cândido Rangel Dinamarco e Bruno Vasconcelos Carrilho Lopes: "Na realidade, não basta que o demandante descreva formalmente uma situação em que aparentemente estejam presentes as condições da ação. Por falta de uma delas em qualquer momento o processo deve ser extinto sem julgamento do mérito, quer o autor já haja descrito uma situação em que ela falte, quer dissimule a situação e só mais tarde a prova revele ao juiz a realidade".[24]

À luz das precedentes considerações, são estas as condições da ação:

(i) *Interesse de agir*, ligado à *causa de pedir próxima*, ou seja, ao ato ou fato que deflagrou a afirmada situação de perigo ou de prejuízo (*v.g.*, o dano iminente; o inadimplemento), podendo-se dizer que o interesse de agir se configura na cumulação de três quesitos: a *necessidade* da prestação jurisdicional (inclusive dada a vedação da justiça de mão própria – CP, art. 345); a *utilidade* da resposta jurisdicional no caso concreto, a saber, a aptidão do comando pretendido para realizar plenamente o objetivo almejado na ação; a que tudo se agrega a *adequação* da via eleita, por não se vislumbrar interesse legítimo na propositura de uma ação cuja natureza não se afeiçoa à pretensão apresentada na peça inicial. Por exemplo, ações previdenciárias têm sido descartadas por falta de interesse de agir quando se verifica que o autor não apresentou, antes, seu pleito junto ao INSS, porque, sem tal providência prévia, a rigor não resta caracterizada a lide, no sentido *carneluttiano* de *pretensão resistida*.

De notar-se ainda que, sendo a prestação jurisdicional *ofertada* a quem dela pretenda valer-se (não sendo, pois imposta!), cabe a quem toma tal iniciativa indicar a extensão-compreensão da resposta judicial pretendida, e é por isso que se admitem ações puramente declaratórias, assim desprovidas de conteúdo prestacional – CPC, art. 19 e incisos; art. 20. O Judiciário, a seu turno, está jungido a se pronunciar nos limites em que foi provocado, vedada a decisão *ultra*, *infra* ou *extrapetita* – CPC, art. 492.

O interesse de agir, na maioria dos casos, reporta-se a uma pretensão de caráter individual, mas pode, igualmente, concernir a interesses metaindividuais (difusos, coletivos, individuais homogêneos – Lei 8.078/1990, art. 81, parágrafo único e incisos), como se passa nas ações coletivas consumeristas e na ação civil pública regulada pela Lei 7.347/1985, nas quais o interesse se reporta a uma dada coletividade, por exemplo, os usuários de determinado medicamento cujo fabrico está sendo descontinuado ou os moradores de certa localidade, prejudicados pela poluição produzida por certa indústria; tratando-se de interesses relativos a sujeitos indeterminados, e sendo o interesse

---

[24] Cf. Cândido Rangel Dinamarco e Bruno Vasconcellos Carrilho Lopes. *Teoria geral do novo processo civil*, cit., 2016, p. 119.

indivisível, a decisão de mérito projetará eficácia expandida, projetando a coisa julgada eficácia *erga omnes* ou *ultra partes*, conforme o caso – Lei 8.078/1990, art. 103 e incisos; Lei 7.347/1985, art. 16.

O ora afirmado aplica-se a certas técnicas de tutela pluri-individual, tal o incidente de resolução de demandas repetitivas, cujo *interesse de agir* radica na judicialização massiva de ações envolvendo a mesma questão jurídica, pondo em risco o tratamento isonômico aos jurisdicionados (CPC, art. 976 e incisos); sem a cumulação desses requisitos não se configura o interesse na instauração desse incidente.[25]

> (*ii*) *Legitimação para agir*: trata-se, no clássico conceito, da *pertinência subjetiva do interesse*, ou seja, incumbe ainda ao autor da ação qualificar-se como a pessoa física ou jurídica, de direito privado ou público, à qual concerne o direito ou o interesse ameaçado ou contrariado (técnica da *correspondência*) o que permitirá identificá-lo como *legitimado ativo*, assim como incumbe ao réu, se entender que a *res in iudicio deducta* não lhe diz respeito, arguir essa eximente em preliminar de contestação (CPC, art. 337, XI), então indicando quem seja o vero sujeito passivo (CPC, art. 339 e parágrafos), assim *nomeando-o à autoria*, na terminologia antes utilizada ao tempo do CPC/1973.

Havendo *correspondência* entre o sujeito que titulariza um direito, segundo a norma de regência, e a parte indigitada ao polo ativo da ação, tem-se o *legitimado* ativo, assim como, constando no polo passivo o sujeito a quem, segundo a norma de regência, é imputável uma certa obrigação ou situação de sujeição, tem-se o *legitimado passivo*. Assim, por exemplo: os índios são parte legítima para pleitear em Juízo tudo que concerne aos seus interesses (CF, art. 232); ao credor da nota promissória cabe, no vencimento, pleitear o pagamento do valor ali indicado; ao proprietário do imóvel cabe, segundo as condições da lei do inquilinato, pleitear a retomada do imóvel; o afirmado titular de direito líquido e certo, ameaçado ou afrontado por ato ilegal ou arbitrário de autoridade, é legitimado a impetrar mandado de segurança (CF, art. 5º, LXIX; Lei 12.016/2009, art. 1º, *caput*). Considerando-se que tal relação entre o fato jurígeno e um determinado sujeito corresponde ao que usualmente acontece, tal legitimação se diz, por isso mesmo, *ordinária*.

Em alguns casos, não se configura uma perfeita *correspondência* entre o histórico do direito posto em risco ou contrariado e os sujeitos indigitados

---

[25] Dessa forma, v. o nosso *Incidente de resolução de demandas repetitivas...*, cit., 2016, p. 201-209, comentários ao art. 976 e incisos do CPC.

aos polos ativo e passivo da ação, como, por exemplo, se dá quando uma parte é titular do direito, mas, em razão de certas circunstâncias, o poder de agir em Juízo é deferido a outrem, como se passa na impetração de mandado de segurança ou de *habeas corpus* em favor de terceiro (Lei 12.016/2009, art. 3º, *caput* CPP, art. 654, *caput*); ou ainda na ação penal privada, em que o ofendido é autorizado a deflagrar a persecução penal, assim exercendo, em nome próprio, o *jus puniendi* do Estado (CP, §§ 2º e 3º do art. 100); ou mesmo nas ações no controle direto de constitucionalidade (ADIn, ADCOn) em que o direito *subjetivo público* (porque atinente a toda a sociedade) a que leis e atos do Poder Público sejam conformes ao texto constitucional vem a ser judicializado por certos agentes públicos para tal credenciados (CF, art. 103 e incisos). Justamente por serem excepcionais tais ocorrências, o seu exercício deve vir expressamente autorizado, a teor do art. 18 do CPC: "Ninguém poderá pleitear direito alheio em nome próprio, salvo quando autorizado pelo ordenamento jurídico". Em tais casos fala-se, *pour cause*, em *legitimação extraordinária*, ou, num sentido menos técnico, *substituição processual*.

Verdade que, em certos casos, não fica estreme de dúvida a qualificação processual da legitimação, como, por exemplo, se passa na *ação popular*: o titular do direito à proba administração é, em verdade, o povo, mas a defesa judicial do erário é deferida ao cidadão-eleitor (CF, art. 5º, LXXIII); ainda assim, em outra sede sustentamos que a legitimação do autor popular remanesce *ordinária*: "Primeiro, o autor popular não atua, propriamente, numa 'substituição' das posições jurídicas dos demais cidadãos integrantes da coletividade, já que seu móvel precípuo é a tutela judicial do direito público subjetivo à administração proba e eficaz; naturalmente, em sendo bem sucedido nessa empreita, os *demais cidadãos* disso se beneficiarão por via reflexa, o que aliás é bem típico dos interesses difusos, onde se dá uma espécie de *solidariedade*, em que a vantagem de um se desdobra em proveito de muitos. Em segundo lugar, ao contrário do que usualmente ocorre na substituição processual, não há vínculo jurídico entre o autor e os demais cidadãos, o que permite que estes venham a juízo como litisconsortes (Lei 4.717/65, art. 6º, § 5º), numa demonstração, portanto, de que o autor popular não 'substituía' aos demais outros cidadãos".[26]

De outra parte, pode dar-se que a legitimação a um dado sujeito para pleitear um dado provimento jurisdicional ou vir a integrar um feito pendente *inter alios* não se reporte à correspondência entre o interesse de agir e a afirmada titularidade de um direito subjetivo, mas, simplesmente, tal intervenção pode decorrer de uma escolha procedida pelo legislador, em face

---

[26] *Ação popular*. 8. ed. São Paulo: Thomson Reuters/Revista dos Tribunais, 2015, p. 192.

de certas singularidades da espécie, como por exemplo: a legitimação do juiz, das partes, do Ministério Público e da Defensoria Pública para a instauração do incidente de resolução de demandas repetitivas (CPC, art. 976 e incisos, c/c art. 977 e incisos);[27] a colegitimação de vários agentes para a propositura de ADIn ou ADCOn (CF, art. 103 e incisos); a admissão de *amicus curiae* (CPC, art. 138 e parágrafos; art. 983, § 1º; art. 1.035, § 4º).

O esquema de *correspondência* entre um dado direito e o sujeito que dele é titular (ou assim se afirma), que basta a caracterizar a legitimação ativa, segue afeiçoado ao campo da jurisdição *singular*, propícia às ações individuais, mas já não assim na jurisdição *coletiva*, voltada aos interesses metaindividuais (difusos, coletivos em sentido estrito, individuais homogêneos), porque, neste ambiente expandido, os sujeitos são *indeterminados* (*v.g.*, usuários de um dado medicamento) e o objeto é *indivisível* (*v.g.*, saúde pública), razão pela qual nas ações coletivas a condição legitimante se desloca para outro critério, qual seja o da *representação adequada*, que dentre nós é fixado *ex lege* (por exemplo, a legitimação do Ministério Público – CF, art. 127, *caput*; CPC, arts. 176, 178 e incisos), diversamente do que se passa na experiência norte-americana, na qual a *adequacy of representation* é deferida ao juiz, que, em caso de avaliação positiva, expede a *certification order*.

Dessa forma, escrevemos em outra sede: "Sob essa diretriz – pluralista e democrática – veio forjada a legitimação ativa prevista no art. 5º da Lei 7.347/1985, disponibilizada para o Ministério Público; a Defensoria Pública; os entes políticos seus órgãos descentralizados; as associações velhas de um ano, cujos estatutos prevejam a tutela do interesse cogitado *in concreto*. Portanto, trata-se de uma legitimação 'concorrente-disjuntiva' na precisa expressão de José Carlos Barbosa Moreira".[28]

Em certos casos pontuais, exige-se atendimento ao quesito suplementar chamado *pertinência temática*, como se passa nas ações coletivas, por exemplo: as associações são colegitimadas ativas para a ação civil pública, mas uma entidade *ambientalista* não preenche aquele requisito para propor demanda que tem por objeto um conflito *consumerista*, por falta de congruência entre o objetivo estatutário e o objeto litigioso (Lei 7.347/1985, art. 5º, V e alínea

---

[27] Assim, v. o nosso *Incidente de resolução de demandas repetitivas*. São Paulo: Thomson Reuters/Revista dos Tribunais, 2016, p. 217-219.

[28] *Ação Civil Pública*: em defesa do meio ambiente, do patrimônio cultural e dos consumidores – Lei 7.347/85 e legislação complementar. 14. ed. São Paulo: Thomson Reuters/Revista dos Tribunais, 2016, p. 141.

b); por análoga razão, a fundação Procon não detém legitimação ativa para uma ação civil pública ambiental.

Um exemplo ilustrativo é o do Ministério Público: ele é legitimado para a ação civil pública em defesa de interesses metaindividuais (Lei 7.347/1985, art. 5º, I, c/c Lei 8.078/1990, art. 81, parágrafo único e incisos; art. 82, I); mas, como sua atuação deve pautar-se pela defesa dos "interesses sociais e individuais indisponíveis" (CF, art. 127, *caput*), falece legitimação ativa ao *parquet* para propor ação coletiva em nome de um grupo de importadores de automóveis que aqui chegaram apresentando um mesmo vício de fabricação, embora a espécie configure um interesse individual homogêneo; tal vedação já não ocorreria em se tratando de uma associação consumerista que ajuizasse tal demanda. Essa é a *ratio* subjacente à súmula de entendimento nº 7 do Conselho Superior do Ministério Público paulista: "O Ministério Público está legitimado à defesa de interesses individuais homogêneos *que tenham expressão para a coletividade*, como: *a)* os que digam respeito à saúde ou à segurança das pessoas, ou ao acesso das crianças e adolescentes à educação; *b)* aqueles em que haja extraordinária dispersão dos lesados; *c)* quando convenha à coletividade o zelo pelo funcionamento de um sistema econômico, social ou jurídico".[29]

> (*iii*) *Fundamento jurídico do pedido* (nomenclatura correspondente, a nosso ver, à "possibilidade jurídica do pedido", antes prevista no CPC/1973, art. 295, parágrafo único, III): esse requisito é extraído a partir da *causa de pedir remota*, interessando saber: (*a*) se o ordenamento jurídico contempla, em abstrato, a pretensão (*v.g.*, se se trata de responsabilidade contratual ou então, *aquiliana*, fundada em ato ilícito): (*b*) se o pedido, embora não previsto exatamente num dado *locus* do ordenamento positivo, todavia se mostra com este compatível ou, (*c*) se, em último caso, o ordenamento positivo não repele *a priori* a pretensão (por exemplo, não é possível sindicar judicialmente ato puramente discricionário da Administração; não é possível um Município desapropriar bem imóvel da União; não é possível pleitear herança de pessoa viva. No campo penal, é inadmissível a denúncia historiando conduta não prevista expressamente em lei anterior: *nullum crimen, nulla poena sine praevia lege*).

Figure-se, por exemplo, uma ação em que uma associação de defesa dos moradores de rua pleiteia que seja concedido a esse segmento o direito de habitar os baixos dos viadutos ou ainda os terrenos baldios cuja propriedade

---

[29] V. essa e demais súmulas de entendimento in: Hugo Nigro Mazzilli. *A defesa dos interesses difusos em Juízo.* 22. ed. São Paulo: Saraiva, 2009, p. 755.

é desconhecida: se, de um lado, não há previsão legal que recepcione tal pretensão, de outro lado, não se pode afirmar que ela é total e prontamente excluída pelo ordenamento, sendo antes pensável que ela se afina com o ideário dos direitos humanos, da proteção aos hipossuficientes e do direito à moradia, ou seja, o chamado *mínimo existencial*.

Dessa forma, afirma José Eduardo Carreira Alvim: "Se a ordem jurídica *não vedar* de forma expressa a pretensão material, haverá possibilidade jurídica do pedido, ainda que, para aferi-la e julgá-la, tenha o juiz de se socorrer de regras de integração do ordenamento jurídico; mas se vedar, não haverá possibilidade jurídica".[30] Com efeito, dispõe a Lei de Introdução às normas do Direito Brasileiro (denominação dada pela Lei 12.376/2010 à Lei de Introdução ao Código Civil – Dec.-Lei 4.657/42): "Art. 4º. Quando a lei for omissa, o juiz decidirá o caso de acordo com a analogia, os costumes e os princípios gerais de direito"; "Art. 5º. Na aplicação da lei, o juiz atenderá aos fins sociais a que ela se dirige e às exigências do bem comum".

Naturalmente, o enquadramento jurídico feito pelo autor, na peça inicial (assim como pelo réu, na reconvenção), não vincula o juiz, que segue livre para fazer a subsunção da controvérsia ao texto de regência, segundo sua persuasão racional (*da mihi factum, dabo tibi jus*), cabendo-lhe, todavia, sob pena de nulidade, fundamentar devidamente sua decisão – CF, art. 93, IX; CPC, § 1º e incisos do art. 489.

Uma finalidade prática da exigência do fundamento jurídico (ou possibilidade jurídica) da pretensão consiste na prevenção do ajuizamento de ações levianas, destituídas de qualquer respaldo no ordenamento, não raro movidas por espírito de emulação, engendradas apenas para molestar a contraparte, assim agravando a já sobrecarregada pauta judiciária. Sem embargo, à luz do art. 17 do vigente CPC – que se refere apenas ao interesse de agir e à legitimação – registra-se certa resistência doutrinária quanto à subsistência da possibilidade jurídica do pedido sob o vigente CPC, afirmando Fredie Didier: "Consagra-se o entendimento, praticamente unânime até então, de que a impossibilidade jurídica do pedido é causa de decisão de mérito e não de inadmissibilidade".[31]

Fernando Antônio Negreiros Lima, escrevendo ao tempo do CPC/1973, traz exemplos elucidativos de impossibilidade jurídica do pedido, que seguem de atualidade: "(*a*) na jurisdição civil, as cobranças de dívida de

---

[30] *Teoria geral do processo*, cit., 19. ed., 2016, p. 143.
[31] Será o fim da categoria 'condição da ação'? Um elogio ao projeto de novo Código de Processo Civil. *Revista de Processo*, n. 197, p. 258.

agiotagem e de dívida de jogo, em relação à qual Pontes de Miranda falava de *direito mutilado*; mas igualmente podem ser mencionados o pedido de eutanásia e o usucapião de bens imóveis públicos; (*b*) na jurisdição penal, a imposição de pena de morte, ressalvada a hipótese de crime militar em tempo de guerra; e ainda, a imposição das penas de prisão perpétua ou de banimento, ou de trabalhos forçados ou cruéis, ou que aviltem a dignidade da pessoa humana; (*c*) na jurisdição trabalhista, o pedido de aviso prévio proporcional e o pedido de adicional de penosidade; (*d*) na jurisdição eleitoral, o pedido de registro de candidatura a cargo eletivo, formulado por quem não seja filiado a partido político ou não satisfaça requisito de idade mínima, assim como o pedido de cassação dos direitos políticos; e (*e*) no âmbito da jurisdição constitucional, o pedido de controle direto de constitucionalidade de leis municipais pelo Supremo Tribunal Federal, bem como a extradição de brasileiro nato".[32]

Ausente qualquer das três condições antes indicadas, a ação será descontinuada (CPC, art. 330, incisos e parágrafos), abortando-se o processo sem julgamento do mérito – CPC, art. 485, VI. Sem embargo, dado caber ao juiz o "suprimento de pressupostos processuais e o saneamento dos vícios processuais" (CPC, art. 139, IX), inclusive ao ensejo da análise da petição inicial (CPC, art. 321 e parágrafo único), deverá ele conceder prazo para o autor diligenciar a providência cabível, antes de decidir pelo trancamento da ação por ausência de alguma de suas condições de admissibilidade.

O CPC, como a própria denominação o indica, preordena-se, precipuamente, a regular o ingresso e o desenvolvimento em Juízo das ações *cíveis*, assim entendidas, por exclusão, as não penais, trabalhistas, eleitorais ou militares, que são objeto de leis específicas: CPP, CLT, Código Eleitoral, Código Penal Militar. Em face dessas leis extravagantes, o CPC tem aplicação subsidiária ou supletiva, conforme disposto no art. 15 e no § 2º do art. 1.046, valendo, como critério interpretativo, a parêmia *specialia derogat generalia*, ou seja: onde a legislação extravagante preveja em modo diverso do CPC, é aquela que se aplica. Assim, a CLT trata diversamente as ausências do reclamante e do reclamado na audiência (art. 844 e parágrafos, estes inseridos pela Lei 13.467/2017), regime que prevalece sobre o previsto no CPC, que, em tal caso, aplica a ambas as partes a pena de confesso – § 1º do art. 385.

---

[32] *Teoria Geral do Processo Judicial*, cit., 2013, p. 440, 441. (Nota: o aviso prévio proporcional, mencionado no excerto colacionado, segue vedado, nos termos do estabelecido no inciso XVI do art. 611-B da CLT; cf. Lei 13.467/2017.)

Por *ação cível*, de que se ocupam as Varas Cíveis (a par daquelas de Fazenda Pública, Família e Sucessões, Registros Públicos, Ambiental, Agrária), entende-se aquela que veicula pretensão radicada:

(*i*) no *Direito Público* (Constitucional, Administrativo, Ambiental, Previdenciário, Consumidor, Tributário ou mesmo no próprio Direito Processual, por exemplo, a ação rescisória, voltada a desconstituir a coisa julgada material – CPC, art. 966 e incisos);

(*ii*) no *Direito Privado*, vale dizer, na legislação cível (obrigações, família, sucessões, posse, domínio, inquilinato) e comercial (falência, recuperação de empresa, sociedades, franquias, títulos cambiais).

Algumas ações radicam na CF, como aquelas no controle direto de constitucionalidade (ADIn, ADCON, ADPF – CF, arts. 102, §§ 1º e 2º); o mandado de segurança (art. 5º, LXIX e LXX), a ação popular (CF, art. 5º, LXXIII); a ação civil pública (CF, art. 129, III), embora venham regulamentadas em leis especiais, naquela ordem: 9.868/1989; 9.882/1989, 12.016/2009, 4.717/1965, 7.347/1985. Mesmo com o advento do novo CPC, essas ações seguem perfilhando os ritos e as peculiaridades constantes dos respectivos textos que as regulamentam, a teor do disposto no § 2º do art. 1.046 do CPC, valendo lembrar que compete ao legislador ordinário federal dispor sobre matéria processual (CF, art. 22, I).

A ação judicial constitui o *conteúdo*, em face do processo que lhe serve de *continente*, por exemplo: uma ação condenatória (pretensão de pagar, fazer, não fazer, entregar) se desenvolve no bojo de um processo de *conhecimento*, dada a necessidade de uma decisão de mérito para resolver a lide. Essa estreita correlação faz que ação e processo se impactem e se integrem mutuamente. Assim, por exemplo: se se trata de cobrança de dívida ativa do Poder Público, fundada em título líquido, certo e exigível, o processo adequado será o de *execução* de título extrajudicial (CPC, art. 784, IX; Lei 6.830/1980); se ao cabo do processo de conhecimento se alcançou um título exequendo, então se seguirá a fase de cumprimento do julgado, sob a égide do processo *sincrético*, que acopla o conhecimento à satisfação (CPC, art. 513 e ss.); se o histórico reportado na ação sinaliza para a ocorrência de um justo temor de dano, de difícil ou incerta reparação futura, pondo em risco o resultado útil do processo, então há que se pleitear a *tutela de urgência* (CPC, art. 300, *caput*); se o afirmado direito se afigura com alto grau de plausibilidade, então se pode buscar a tutela da evidência (CPC, art. 311 e incisos).

Esquematicamente, tem-se o seguinte quadro sobre a ação judicial:

Elementos definidores:	– Partes	– *polos ativo e passivo*, em configuração simples ou litisconsorcial, em legitimação ordinária ou extraordinária
	– Pedido	– *imediato*: a natureza da prestação jurisdicional pretendida – *mediato*: o valor, o bem da vida, o interesse, a situação de vantagem
	– Causa	– *remota*: o fundamento jurídico (ex.: ações reais ou pessoais) – *próxima*: o fato que deflagra o interesse de agir (ex.: o inadimplemento)

Processos que recepcionam as ações:	– De execução, em sentido largo	– "Cumprimento da sentença" – arts. 513-538; "processo de execução" – arts. 711-925: satisfação do direito reconhecido no título
	– Conhecimento	– arts. 318-512; decisão de mérito
	– Tutela provisória	– arts. 294-311: danos temidos, de difícil ou incerta reparação (cautelar) ou tutela da evidência

Condições de admissibilidade:	– Legitimação (poder de agir) – CPC, art. 17
	– Interesse de agir (necessidade e utilidade da ação) – CPC, art. 17
	– Possibilidade jurídica – "fundamentos jurídicos do pedido" – CPC, art. 319, III

No tocante à "nomenclatura" das ações, vale observar que sendo a ação um direito abstrato, nesse sentido de ser ofertado a quem tenha ou não razão perante o direito material (ou seja, quer a pretensão seja ou não fundada), a rigor as ações não têm nome, mas sim as pretensões que as informam, por exemplo: despejo, desapropriação, reintegração de posse. Verdade que, não raro, a ação se diz "real" ou "pessoal", mas ainda aí não se trata da ação em si mesma, como meio de acesso à Justiça, e sim da natureza do direito posto em questão ou, então, da própria resposta jurisdicional pretendida: naquela ordem, o que realmente se pretende é a proteção do domínio ou da posse ou a cobrança de uma obrigação pecuniária. Dito de outro modo, quando se diz ação *real* ou *pessoal*, a rigor se faz referência à causa de pedir remota, ou seja: a que título se deve? Tal pergunta remete ao *locus* do ordenamento positivo onde radica o fundamento do direito afirmado na peça inicial.

Assim se passa porque a ação enquanto *direito a uma decisão de mérito* (Liebman) é disponibilizada contanto que presentes certas condições de admissibilidade (CPC, arts. 17, 319, III), nos termos do historiado na petição inicial, sem maiores perquirições ou indagações quanto a ser ou não fundada a pretensão, avaliação que será feita oportunamente, quando do exame do mérito. Vale dizer: a sentença que julga improcedente uma ação, em verdade está a repelir, não a ação em si mesma, mas a pretensão judicializada, já que o *direito de ação*, até pelo fato de ter ensejado a prolação de uma decisão de mérito, terá sido regularmente exercido.

Ante as precedentes considerações, é mais apropriado classificar as ações de acordo com a *natureza* da pretensão jurisdicional pretendida, critério que leva às ações:

(*i*) *declaratórias* (negativas ou positivas), que buscam definir a natureza de uma relação jurídica ou certificar a autenticidade ou falsidade de um documento – CPC, arts. 19, 20 e incisos;

(*ii*) *condenatórias ou prestacionais*, preordenadas a alcançar comandos de pagar, entregar coisa móvel ou imóvel, fazer, não fazer – CPC, arts. 520-538;

(*iii*) *constitutivas/desconstitutivas*, cuja resolução do mérito já de per si altera a situação preexistente, como se dá quando um contrato é rescindido ou um casamento é anulado, ou quando se converte posse em domínio;

(*iv*) *mandamentais*, tendentes à emissão de uma *ordem coercitiva* ou *injuncional* a ser cumprida pelo destinatário, como no mandado de segurança individual ou coletivo (CF, art. 5º, LXIX c/c Lei 12.016/2009, art. 26); no *habeas data* (CF, art. 5º, LXXII, c/c Lei 9.507/1997, art. 13 e incisos); no *habeas corpus* (CF, art. 5º, LXVIII; CPP, art. 649); na *ação inibitória consumerista* (Lei 8.078/1990, art. 102),[33] certo que a resistência a tais comandos induz o crime de desobediência (CP, art. 330).

Sob um registro peculiar se encontram as ações ou medidas de caráter cautelar, fundadas no binômio *fumus boni iuris/periculum in mora* (CPC, art. 300, *caput*), em face das quais o CPC optou por indicar, a título de tutelas de urgência, um rol não exaustivo (art. 301), notando-se, por exemplo, que a produção antecipada de prova, de nítido caráter cautelar ou preventivo, se encontra deslocada para o capítulo da instrução probatória (CPC, art. 381,

---

[33] V., a propósito, nossas considerações em *Manual do consumidor em juízo*. 5. ed. São Paulo: Saraiva, 2013, p. 196-197.

incisos e parágrafos), assim como as notificações, interpelações e protestos, igualmente de perfil cautelar ou preventivo, encontram-se na parte reservada à *jurisdição voluntária*, nos arts. 726-729.

Desse contexto decorre que a "satisfação", propriamente dita, ou seja, o cumprimento coercitivo de um julgado, só tem lugar em face dos comandos condenatórios ou prestacionais (CPC, art. 515, I, *v.g.*,: obrigação pecuniária – CPC, art. 523 e § 1º; entrega de coisa – CPC, art. 538, *caput*), porque tais casos é que reclamam providência exigível da parte vencida, certo que nos demais comandos – declaratórios, constitutivos/desconstitutivos – a realização prática do direito reconhecido no julgado já opera de per si, alterando a situação preexistente, por força da própria decisão de mérito transitada em julgado, como se verifica, por exemplo, quando um documento vem a ser declarado falso, ou quando um contrato é rescindido.

Note-se que o CPC insere, dentre os direitos das partes, a *satisfação* do direito reconhecido em Juízo (art. 4º), o que inclui no conteúdo ocupacional do julgador o zelo pelo *cumprimento específico do julgado*, podendo para tal valer-se de meios indutivos, coercitivos, mandamentais e sub-rogatórios que se façam necessários (CPC, art. 139, IV; art. 536 e § 1º), tais as *astreintes*, a multa diária.

Tenha-se ainda presente que algumas ações pertinem a mais de uma classificação ou nomenclatura, como, por exemplo, a reintegração de posse (CPC, art. 560), que, a despeito de ser uma ação real, condena a um *facere*, no caso, a desocupação, em cumprimento de ordem judicial; a ADIn (CF, § 2º do art. 102), ao tempo em que *declara*, também *desconstitui*, tornando insubsistente o texto sindicado; a consignação em pagamento, a um tempo resolve a obrigação e condena o réu nos ônus da sucumbência – CPC, art. 546, *caput*.

O CPC vigente optou por uma exposição sistemática da matéria, e por isso não se estendeu em regular muitas *ações* (ex.: as de família – arts. 693-699; de prestação de contas – arts. 550-553; de consignação em pagamento – arts. 539-549), em comparação com o número mais expressivo daquelas que vêm tratadas na legislação extravagante (ex.: locações – Lei 8.245/1991; mandado de segurança – Lei 12.016/2009; *habeas data* – Lei 9.507/1997; desapropriação – Dec.-Lei 3.365/1941; alimentos – Lei 5.478/1968; cobrança da dívida ativa do Poder Público – Lei 6.830/1980; ação civil pública – Lei 7.347/1985; ação popular – Lei 4.717/1965; ação por improbidade administrativa – Lei 8.429/1992; falência e recuperação de empresa – Lei 11.101/2005; mandado de injunção – Lei 13.300/2016). Em face de tais ações reguladas em leis especiais o CPC se aplica *subsidiariamente* (art. 15; § 2º do art. 1.046), inclusive quanto ao seu enquadramento num dos três tipos de processo antes indicados: *conhecimento* (ex.: a ação civil pública); *execução* (ex.: a cobrança da dívida ativa fazendária); *tutela provisória* (ex.: a concessão de liminares e medida preventivas).

Tenha-se presente que o desenvolvimento, geralmente extenso e abrangente, que se faz em torno da *ação*, enquanto elemento deflagrador da intervenção jurisdicional, não pode induzir o risco de se resvalar para um *processo civil de autor*, porque o processo é uma relação trilateral (*actum trium personarum*), integrado por um sujeito imparcial (o juiz) e dois parciais (autor e réu). Sob a óptica da Teoria Geral do Processo, presentes os princípios da igualdade das partes e do devido processo legal, o autor é considerado, simplesmente, como a parte que tomou a iniciativa do ajuizamento, sem qualquer tratamento especial ou mais benéfico do que o dispensado ao réu ou aos demais sujeitos intervenientes ao longo do processo, até porque se está sob a égide de um ramo do Direito Público.

Assim é que, a partir do momento em que a relação processual se triangulariza com a citação do réu, abre-se a este um largo plexo de faculdades que podem ser exercidas no âmbito de sua resistência, assim quanto ao direito material discutido nos autos como em face do próprio processo enquanto relação jurídica:

> (*i*) *defesa direta de mérito*, dita contestação consiste na negação direta e frontal do quanto alegado na peça inicial, concernente ao fulcro da demanda, *v.g.*, a pretensão ao pagamento é enfrentada com a alegação de que o adimplemento já ocorreu ou então que ele não é devido por não guardar relação com o fato jurígeno ou a relação negocial;
>
> (*ii*) *exceções substanciais*, ou *defesa indireta de mérito*: *v.g.*, o réu não nega, diretamente, a pretensão do autor, por exemplo, a pretensão ao pagamento, mas suscita circunstância ou contra-argumento idôneo a tornar inexigível o adimplemento, podendo tratar-se de *fato impeditivo*, *v.g.*, por tratar-se de relação sinalagmática, o autor não pode exigir a contraprestação, sem antes oferecer a sua (CCi, art. 476); *fato modificativo*, *v.g.*, a dívida exigida não alcança o montante pretendido, porque a mercadoria foi entregue com certo defeito, consertado às expensas do comprador, donde se impor a dedução do valor correspondente a tal despesa; *fato extintivo*, mormente a prescrição (a perda do direito de ação) ou a decadência (o perecimento do próprio direito material), certo que o CPC alinha tais eximentes dentre os fatores que levam à extinção do processo com julgamento do mérito (art. 487, II);
>
> (*iii*) *questão prejudicial de mérito* (CPC, §§ 1º e 2º do art. 503), *v.g.*, negativa da relação de parentesco, em ação de alimentos, tratando-se aí

de uma prejudicial *interna*, distinta das prejudiciais *externas*, tais, *v.g.*, as arguíveis com base no art. 313, V e alíneas;

(*iv*) *preliminares ou exceções processuais*, tais a alegação de inépcia da petição inicial (CPC, arts. 330, incisos e parágrafos, c/c arts. 337, I, e 485, I); impugnação do valor da causa (CPC, arts. 291-293 c/c art. 337, III); inexistência ou nulidade da citação (CPC, arts. 239 e 240, parágrafos e incisos, c/c arts. 337, I e 485, IV); falta de alguma das condições da ação (CPC, arts. 17 e 319, III, c/c arts. 337, XI e 485, VI); falta de algum pressuposto de existência e validade do processo, tal a incompetência do Juízo, mormente a absoluta, que pode, também, ser declarada de ofício (CPC, art. 64 e § 1º, c/c arts. 337, II e 485, IV); recusa da legitimação passiva, vindo indicado terceiro para integrar a causa em substituição ao réu original (CPC, art. 339 e parágrafos), antes dita *nomeação à autoria*; incapacidade da parte, falta ou defeito de representação ou de autorização (CPC, art. 75 e parágrafos; art. 76, incisos e parágrafos, c/c arts. 337, IV e 485, IX); abandono da causa pelo autor, dito *contumácia* (CPC, art. 485, II e III); litispendência, perempção e coisa julgada (art. 337, V, VI, VII e §§ 1º a 4º, c/c art. 485, IV e V); conexão e continência (CPC, arts. 54-57 c/c art. 337, VIII); intransmissibilidade, *ex lege*, da ação (*v.g.*, casos de direitos personalíssimos), em caso de morte do autor original (CPC, art. 485, IX); falta de caução ou de outra prestação que a lei exige como preliminar, *v.g.*, o depósito inicial exigido na ação rescisória (CPC, arts. 337, XII, 485, X, 968, II); indevida concessão de gratuidade de justiça (CPC, arts. 100-102 e parágrafo único, c/c art. 337, XIII);

(*v*) *reconvenção*, ou seja, ação do réu contra o autor nas condições estabelecidas no art. 343 e parágrafos do CPC;

(*vi*) *denunciação da lide* e *chamamento ao processo* (CPC, arts. 125 e incisos e 130 e incisos, nessa ordem).

Tendo o réu suscitado, em sua resposta, qualquer das alegações elencadas nos incisos do art. 337 do CPC – e justamente porque o acolhimento dessas alegações levaria à extinção do processo sem julgamento do mérito (CPC, art. 485 e incisos) – o juiz deve oportunizar ao autor a réplica em quinze dias (CPC, art. 350). A depender do que venha alegado pelo autor nessa oportunidade, poderá ter lugar a *tréplica* do réu, tudo em atendimento ao contraditório, em seu pleno significado.

A par desse extenso rol, é dado ainda ao réu alegar um *pressuposto processual negativo*, qual seja a existência de convenção de arbitragem, que opera como excludente da jurisdição estatal (CPC, arts. 337, X e § 6º), valendo notar que a *comunicação* ao juiz, pelo réu, da *existência* de tal convenção é causa de extinção do processo *sem* julgamento do mérito (CPC, 485, VII), ao passo que, uma vez instaurada e levada a termo a arbitragem, com a prolação da *sentença* (Lei 9.307/1996, art. 18), esta vale como título executivo *judicial* – CPC, art. 515, VII.

O rol das matérias que é dado ao réu suscitar na sua resposta "antes de discutir o mérito" (CPC, incisos do art. 337), apesar de bastante extenso, não se apresenta em *numerus clausus*, para guardar simetria com a *ampla defesa*, integrante do devido processo legal (CF, art. 5º, LV), de sorte que, por exemplo, pode ainda o réu alegar a *cumulação indevida de pedidos* feita pelo autor na inicial (CPC, art. 326 e parágrafo único; art. 327, incisos e parágrafos), assim se desincumbindo do *ônus da impugnação especificada* (CPC, parágrafo único do art. 341).

No campo da tutela aos interesses metaindividuais, tem-se admitido a chamada *ação coletiva passiva*, na hipótese de vir indigitado como réu algum dos que seriam legitimados à propositura de ação civil pública, tal uma associação, como no exemplo que figuramos em outra sede: "Figure-se o dano moral infligido a uma determinada coletividade de aderentes de uma agremiação desportiva, em virtude da divulgação, pela imprensa e outras mídias, de fatos inverídicos e injuriosos, desabonadores da história e das tradições do clube, conduta imputada a certa 'torcida organizada', valendo lembrar o disposto no art. 39-B do Estatuto do Torcedor (Lei 10.671/2003), incluído pela Lei 12.299/2010: 'A torcida organizada responde civilmente, de forma objetiva e solidária, pelos danos causados por qualquer dos seus associados ou membros no local do evento desportivo, em suas imediações ou no trajeto de ida e volta para o evento'".[34]

Ainda sob a perspectiva da defesa, vale ressaltar que, na distribuição do ônus da prova, cabe ao autor – como aquele que tomou a iniciativa da judicialização – a prova mais fundante, qual seja a do "fato constitutivo de seu direito" (CPC, art. 373, I), por exemplo, a comprovação do inadimplemento (*onus probandi incumbit ei qui agit*), ao passo que ao réu, enquanto sujeito *demandado*, incumbe a prova de natureza excludente, obstativa ou modificativa, qual seja a do fato "impeditivo, modificativo ou extintivo do direito do autor" (CPC, art. 337, II), salvo eventual inversão dessa ordem, no caso de o juiz autorizar a *distribuição dinâmica* do ônus da prova – § 1º do art. 373. Esta última hipótese sói ocorrer nas ações consumeristas, dada a presunção de vulnerabilidade ou hipossuficiência do consumidor em face do fabricante do produto ou do prestador do serviço – Lei 8.078/1990, art. 6º, VIII.

---

[34] *Ação civil pública*, cit., 14. ed., 2016, p. 247.

Note-se que, sob pena de presunção de veracidade dos pontos não impugnados, cabe ao réu (excetuados os casos indicados nos incisos do art. 341 do CPC) alegar em contestação toda a matéria de fundo e de forma em prol de sua posição processual (CPC, art. 336), certo que, a partir desse momento, só se admitem novas alegações nos estritos casos do art. 342 e incisos do CPC, sendo que, ao cabo do processo, sobrevindo a coisa julgada material, opera-se o chamado *efeito preclusivo geral*, que imuniza de futuros questionamentos o *deduzido e o deduzível*, ou seja: o que foi alegado e provado e, bem assim, o que poderia tê-lo sido (CPC, arts. 507, 508).

O antes exposto quanto à defesa do réu se reporta ao processo de conhecimento, preordenado à decisão de mérito, mas tenha-se presente que na fase *satisfativa* ("cumprimento do julgado", a partir de um título judicial exequendo – CPC, art. 515 e incisos) e no *processo de execução*, fundado em título executivo extrajudicial (CPC, art. 784, e incisos) também é oportunizada a defesa do réu, embora em dimensão menos extensa: no primeiro caso, a impugnação é arguível "nos próprios autos" (CPC, art. 518), porque se cuida do chamado *processo sincrético*, que acopla cognição e satisfação; no segundo caso, a resistência do executado se faz na forma dos *embargos* (CPC, arts. 914-920). Tenha-se presente que o disposto no "Processo de Execução" se aplica à fase satisfativa do processo de conhecimento, ou seja, ao "cumprimento de sentença" (CPC, parágrafo único do art. 771).

No caso da execução fiscal, a defesa do contribuinte também é feita por embargos, nos moldes dos arts. 16 e 17 da Lei 6.830/1980. Já no processo trabalhista, por conta da presumida vulnerabilidade do empregado, o processo é informado por um ideal conciliatório (CLT, § 1º do art. 764), por modo que a sentença só advém "depois de rejeitada pelas partes a proposta de conciliação" (CLT, art. 831, *caput*).

16.4 Processo e procedimento

Os termos *processo* e procedimento, por conta de radicarem na mesma etimologia (*pro caedere*: cair para frente), não raro aparecem confundidos, levando a que por vezes o próprio legislador acabe por *tomar a nuvem por Juno*, por exemplo, no art. 2º da Lei 9.099/1995, sobre os Juizados Especiais: "O *processo* orientar-se-á pelos critérios de oralidade, simplicidade, informalidade, economia processual e celeridade (...)", quando, em verdade, tais notas remetem ao *modo de ser* da relação processual que tramita nessa instância, e, portanto, ao *procedimento*.

Em verdade, *processo* é a *relação jurídica trilateral* (autor, réu, juiz), de natureza instrumental em face do direito material, mas autônoma em seus pressupostos e dotada de finalidades próprias, servindo de continente à ação (demanda), que a seu turno lhe fornece o conteúdo. Tal relação jurídica é informada por princípios cogentes, o que se explica pelo fato de o Direito Processual ser um ramo do Direito Público; é *autônoma*, porque dotada de requisitos próprios de existência e validade (petição inicial, citação válida, juiz competente), distintos daqueles concernentes à relação de direito material, cuja validade, à sua vez, reclama sujeitos capazes, objeto lícito, forma prevista ou não defesa em lei: CCi, art. 104.

Os objetivos da relação processual se amoldam à natureza da demanda e ao quanto pretendido da resposta jurisdicional, trifurcando-se em:

(*a*) *eliminação da incerteza*, mediante decisão de mérito, preordenada a se estabilizar pela agregação da coisa julgada material: *processo de conhecimento*;

(*b*) *outorga de segurança* a pessoas, coisas ou situações jurígenas em casos de direito provável, havendo risco para o resultado útil do processo (medidas cautelares) ou ainda quando cabível a proteção liminar a situações de fato ou de direito suficientemente comprovadas (tutela da evidência), no âmbito geral da *tutela provisória* (CPC, art. 294 e parágrafo único);

(*c*) *realização prática ou satisfação do direito reconhecido*, assim no título judicial (CPC, art. 515 e incisos) – "cumprimento de sentença" – como no título extrajudicial (CPC, art. 784 e incisos) – "execução".

O processo é um *actum trium personarum*: *partes*, a saber, os sujeitos indigitados aos polos ativo e passivo, assim os que compõem o processo originalmente, como os aderentes ulteriores, tais os terceiros intervenientes; o *juiz*, o sujeito imparcial, isto é, não impedido nem suspeito (CPC, arts. 144, 145 e respectivos incisos), dotado de competência *in concreto*.

Observe-se, porém, que, em nome da celeridade dos trâmites e da efetividade da resposta jurisdicional, hoje se concebem hipóteses em que uma decisão de mérito vem a ser proferida quando ainda não triangularizada a relação processual, como pode dar-se na improcedência liminar do pedido (CPC, art. 332 e incisos). Pode também ocorrer de um acórdão ser proferido no bojo de uma ação, de um incidente processual ou de um procedimento, sem que aí se identifique, propriamente, a figura de um réu, como se dá nos chamados *processos objetivos* (ADIn, ADCon – CF, § 2º do art. 102) ou no incidente de resolução de demandas repetitivas (CPC, arts. 976-987) ou, ainda, na homologação de sentença estrangeira – CF, art. 105, I, *i*; CPC, art. 960 e parágrafos.

Ao longo de sua evolução histórica, o processo passou por fases e conceitos diversos, podendo ser lembrados: no Direito romano, os processos, inicialmente, apresentavam um perfil contratual, que foi gradualmente se alterando nos sequenciais períodos das *ações da lei*, *das fórmulas* e da *extraordinária cognitio*, vindo a firmar-se como um instrumento para viabilização da Justiça estatal; no período medieval vigorou o chamado *processo inquisitório*, no qual se concentravam num mesmo tribunal a acusação, a avaliação das provas, a decisão e a execução, como se deu com os "julgamentos" proferidos durante a Santa Inquisição, com base em provas de valoração preestabelecida (ordálias, juízos de Deus).

A essas antigas concepções veio se contrapor o chamado *processo acusatório*, modelado pelo ideário do *devido processo legal* (*due process of law*), caracterizado pelo contraditório e ampla defesa com os meios e recursos inerentes (CF, art. 5º, LV), estabelecido perante um Juízo competente e imparcial, constituído antes dos fatos (CF, art. 5º, LIII), tudo configurando uma relação trilateral entre dois sujeitos parciais (autor e réu, singulares ou litisconsorciados) e um sujeito imparcial, o juiz.

Horácio Wanderlei Rodrigues e Eduardo Lamy assim conceituam o processo em sua acepção contemporânea: "instrumento de que se serve o Estado para, tanto no exercício da sua função jurisdicional quanto fora dela, com a participação das partes e obedecendo ao procedimento estabelecido na legislação específica, eliminar os conflitos de interesses, solucionando-os; um ato jurídico complexo constituído pela operação de um núcleo de direitos fundamentais sobre uma base procedimental, não somente no âmbito da jurisdição e não apenas para declarar os direitos, mas principalmente para satisfazê-los no mundo dos fatos, na vida dos litigantes".[35]

O processo se caracteriza por uma sequência lógica de *atos* concatenados, praticados pelos sujeitos que o integram:

> (*i*) o *autor*, desde a petição inicial, eventual réplica, provas apresentadas, depoimento pessoal em audiência, recursos, iniciativa da execução em caso de procedência da demanda;

> (*ii*) o *réu*, ao apresentar sua resposta num largo plexo de possibilidades; eventual confissão ou reconhecimento do pedido; eventual tréplica; provas apresentadas, depoimento pessoal em audiência; recursos; impugnação ao cumprimento do título executivo judicial ou embargos do executado, no caso de título executivo extrajudicial;

---

[35] *Teoria geral do processo*, cit., 4. ed., 2016, p. 187.

(*iii*) os *terceiros intervenientes* (opoente, denunciado à lide, chamado ao processo, nomeado à autoria), com suas respectivas manifestações;

(*iv*) os agentes do *Ministério Público, Defensoria Pública*, os *advogados*, no desempenho de suas respectivas funções;

(*v*) as *testemunhas*, os *peritos*, eventuais *amici curiae*, com suas respectivas participações;

(*vi*) o *juiz* (desembargador ou ministro, nos tribunais), com os atos inerentes ao poder-dever de condução responsável do processo (CPC, arts. 139 e incisos; 932 e incisos, alíneas e parágrafo único), no plexo dos pronunciamentos indicados no art. 203 e parágrafos (despachos, decisões interlocutórias, sentenças, acórdãos), a par de deliberações monocráticas diversas, incluindo liminares e medidas de apoio necessárias à prestação específica do quanto decidido (CPC, arts. 4º; 139, IV; 536 e § 1º).

Embora não haja uma específica disposição legal a respeito das etapas no desenvolvimento do processo, é possível identificar quatro fases:

(*a*) *postulatória* (petição inicial até o saneamento – CPC, art. 357, incisos e parágrafos);

(*b*) *instrutória* ou *probatória*, que, a rigor, se estende desde a petição inicial e a resposta (já que autor e réu devem apresentar os elementos de convicção de que já dispõem, não bastando a oferta de meras alegações), fase essa que se intensifica a partir do saneamento e se completa com as provas orais em audiência;

(*c*) *decisória*, incluindo as decisões interlocutórias, proferidas incidentemente, e as sentenças (CPC, art. 203, §§ 1º e 2º), assim as lançadas ao final da fase instrutória, como liminar ou antecipadamente (CPC, parágrafo único do art. 321; arts. 332 e incisos; arts. 354-356) e, bem assim, os acórdãos (CPC, art. 204) a par das decisões monocráticas do relator nos tribunais (CPC, art. 932, IV e V e respectivas alíneas);

(*d*) *recursal*, a saber, as impugnações possíveis, listadas, em *numerus clausus*, no art. 994 e incisos, valendo lembrar que o chamado *duplo grau* não é uma garantia (tirante os casos de remessa necessária – CPC, art. 496 e incisos), até porque o acesso aos tribunais superiores depende do atendimento a específicas exigências adicionais (a relevância da questão constitucional, no recurso extraordinário ao STF; a transcendência da questão trabalhista, no recurso de revista ao TST), sendo que, em certos casos, tal acesso é desde logo afastado, como se dá com a Súmula 203 do STJ, negando recurso especial de decisão do Colégio ou Turma Recursal nos Juizados Especiais;

(*e*) *satisfativa*, compreendendo o cumprimento de sentença, no caso de decisões prestacionais (pagar, fazer, não fazer, entregar coisa) e a execução, no caso de título exequendo extrajudicial.

Assim como a ação exige o atendimento a certas condições de admissibilidade (CPC, arts. 17 e 485, VI), também a existência e validade da relação processual sujeita-se a específicos *pressupostos*:

(*i*) *positivos*, nesse sentido de que *devem* ser atendidos, assim os atinentes ao juiz (competência, imparcialidade), às partes (capacidade de estar no processo; representação adequada) e mesmo ao próprio processo (petição inicial; citação válida);

(*ii*) *negativos*, ou seja, que *não podem* ocorrer, tais a coisa julgada, a litispendência, a perempção, a convenção de arbitragem (CPC, art. 337, V, VI, VII, X e parágrafos).

Se desatendido esse contexto, a relação processual não se apresenta tecnicamente hígida, levando à extinção do processo sem julgamento do mérito (CPC, art. 485 e incisos). Destarte, apesar de o art. 4º do CPC dizer que as partes têm "o *direito* de obter em prazo razoável a resolução integral do *mérito*", essa afirmação deve ser contextualizada em face do sistema processual como um todo, cabendo entender-se que aquele afirmado direito é condicionado, nos moldes antes expostos. Releva ainda considerar que o exame dos pressupostos processuais *não preclui para o julgador*, podendo ser (re)avaliados em qualquer tempo e grau de jurisdição (CPC, § 3º do art. 485), justamente porque o processo é uma relação jurídica de direito público, que sobrepaira o interesse individual das partes.

Dessa forma, o CPC, além de constituir o texto básico para instrumentar judicialmente direitos e interesses previstos em vários ramos do Direito Positivo, opera, também, como fonte *subsidiária e supletiva* em casos de lacuna, assim dos textos codificados como da legislação extravagante, como se colhe do disposto no art. 15 e no § 2º do art. 1.046 do CPC, valendo observar que o previsto na legislação especial prevalece sobre a legislação processual geral (*specialia derogat generalia*) como se dá com certas especificidades do processo do trabalho e do eleitoral.

O processo, no sentido de uma distinta e específica relação jurídica, apresenta estrutura *dialética, relacional* e *interativa*, contrapondo os polos ativo e passivo, sob a égide do devido processo legal – CF, art. 5º, LV. Com isso se previne o chamado *processo civil de autor* (que se caracteriza pelo excessivo protagonismo deste, por conta de ter provocado a intervenção judicial), cabendo, antes e superiormente, vir assegurada a paridade de tratamento às partes e a alteridade entre elas, devendo o juiz zelar por tal igualdade e isonomia – CPC, art. 139, I.

Essa postura induz a que o *objeto litigioso* – que delimita o perímetro de atuação jurisdicional (CPC, art. 490) – só venha a se configurar integralmente com as potencialidades abertas ao réu na oportunidade da resposta (CPC, art. 336), como explicitado no item 16.3, *supra*: defesa direta de mérito, ou "contestação"; exceções substanciais (art. 350); preliminares processuais (art. 337 e incisos); questões prejudiciais (§ 1º do art. 503); reconvenção (art. 343 e parágrafos); eventual denunciação da lide (art. 125 e incisos), chamamento ao processo (art. 130 e incisos) ou nomeação à autoria (art. 339 e parágrafos); impugnação ao valor da causa (arts. 337, II; 296).

Desse modo, é somente ao final da *fase postulatória* (interregno entre a petição inicial e a decisão de saneamento) que se alcançará a definição dos contornos do objeto litigioso e sua estabilização, levando a que eventuais fatos outros ou questões, antes não suscitadas, só possam vir a ser alegados nas hipóteses excepcionais indicadas no art. 342 e incisos ou, então, em outro processo, e, neste último caso, se as alegações, fatos e questões antes não apresentados, já não estiverem recobertos pelo chamado *efeito preclusivo da coisa julgada* (art. 508), que recobre o *deduzido e o deduzível*.

O *objeto litigioso*, que constitui o núcleo duro do processo, pode, ainda, ser impactado por intercorrências que induzem a compactação ou abreviação do rito, isto é, do *procedimento*:

(*i*) se houver revelia (CPC, art. 344 c/c art. 374, III) e seus efeitos (art. 345), levando ao julgamento antecipado do mérito (art. 355, II);

(*ii*) se um dos pedidos se mostrar incontroverso, levando ao julgamento antecipado parcial do mérito (art. 356, I);

(*iii*) se forem aplicáveis certos padrões decisórios impositivos, levando à liminar improcedência da petição inicial (art. 332 e incisos);

(*iv*) se for indeferida a petição inicial (parágrafo único do art. 321; art. 330 e incisos c/c art. 485, I);

(*v*) se houver delimitação consensual acerca das questões de fato e de direito a serem objeto de avaliação e decisão (art. 357, II, IV e § 2º).

A existência de específicos pressupostos de existência e validade do processo, como antes exposto, justifica-se por conta da autonomia do processo em face da relação de direito material que ele instrumentaliza, lembrando-se que também as demais relações jurídicas, tais as negociais, também dependem de certos pressupostos para sua constituição válida: partes capazes, objeto lícito, forma prevista ou não vedada em lei – CCi, art. 104.

A pertinência ou a adequação entre o processo e o histórico de dano temido ou sofrido historiado nos autos é aferida a partir do tipo de *crise* historiada nos autos, a saber:

(*i*) se é de *incerteza*, o processo indicado é o de *conhecimento*, porque permite uma cognição de profundidade (extensão-compreensão da lide), ensejando decisão sobre o mérito (sentença declaratória, condenatória, constitutiva, mandamental), que oportunamente se estabilizará com a agregação da coisa julgada material (CPC, art. 502);

(*ii*) se é de *satisfação* quanto a um direito já reconhecido (num título judicial ou extrajudicial), então o processo se desenvolve, no primeiro caso, sob o regime dito "cumprimento da sentença" (CPC, arts. 513-538), sob a perspectiva do chamado *processo sincrético* (cognição-satisfação) e, no segundo caso, no âmbito do processo de execução (CPC, arts. 771-925), lembrando-se que o CPC considera que as partes têm direito não só à cognição integral da lide, mas também à "atividade satisfativa" – art. 4º;

(*iii*) enfim, se a crise é de *segurança*, acerca de um afirmado direito posto em risco, envolvendo pessoa, coisa ou situação (dano temido, de difícil ou incerta reparação, sob o prisma do *periculum in mora* e do *fumus boni iuris* (CPC, art. 300, *caput*), ou ainda, se se trata de direito ou de fato já suficientemente comprovados, mesmo ausente circunstância emergencial, então adequada é a *tutela provisória* (CPC, art. 294 e parágrafo único).

O *direito de ação* é unívoco e imutável, enquanto garantia constitucional (art. 5º, XXXV), ao passo que são numerosas e diversificadas as *ações* disponibilizadas; em modo análogo, *o processo*, enquanto relação jurídica de direito público é um só, mas, a depender da ação escolhida, ele se acomodará a ela sob a modalidade *mais adequada* ao caso concreto: conhecimento; cumprimento de sentença/execução; tutela provisória. Assim se passa como forma de garantir a devida *racionalidade* e *adequação* entre o histórico relatado nos autos (mais complexo ou mais simples; com ou sem urgência) e a resposta jurisdicional cabível na espécie, inclusive com vistas a preservar a razoável duração do processo (CF, art. 5º, LXXVIII). Por exemplo, um histórico de direito líquido e certo, evidenciado em prova documental pré-constituída, ameaçado ou afrontado por ato ilegal e arbitrário de autoridade, não poderia ser recepcionado num processo de contraditório amplo e extensa instrução probatória, donde tal tipo de demanda encaminhar-se ao rito sumarizado do mandado de segurança (Lei 12.016/2009).

Enquanto o processo, na acepção clássica, se apresenta como uma *direção no movimento*, o seu *modo de ser* (mais célere ou, então, cadenciado; mais documental ou, então, oral; cognição ampla e exauriente ou, então, sumária), constitui o *rito* ou *procedimento*, tratando-se, em suma, de duas dimensões de uma mesma realidade. O processo, já por sua raiz etimológica (*pro caedere*: cair para frente) preordena-se a uma continuidade evolutiva, não errática ou dispersiva, mas finalística e constante, orientada e animada pelo objetivo adrede determinado: eliminar incerteza; acautelar situações de risco ou tutelar prontamente situações de fato ou de direito evidentes; satisfazer o direito reconhecido no título.

Em razão desses diversos conteúdos, compreende-se que os processos não possam, todos, perfilhar um mesmo rito, donde dizer-se, como antes referido, que o processo é uma *direção no movimento*, enquanto o procedimento é o *modo de ser* desse movimento. Daí distinguir o CPC os diversos procedimentos:

(a) *comum* – arts. 318-512;

(b) *especiais*, bifurcados em:

(b.1.) de *jurisdição contenciosa* (arts. 539-718) e

(b.2.) de *jurisdição voluntária* (arts. 719-770).

Também os processos previstos na legislação extravagante apresentam peculiaridades de rito, por exemplo, os que são afetos aos Juizados Especiais, como resulta do art. 2º da Lei 9.099/1995: "O processo [*rectius*: o procedimento] orientar-se-á pelos critérios da oralidade, simplicidade, informalidade, economia processual e celeridade, buscando sempre que possível, a conciliação ou a transação". Já o processo de mandado de segurança (Lei 12.016/2009) é de *conhecimento*, porque comporta decisão de mérito, mas, como pressupõe um direito afirmadamente líquido e certo, evidenciado em prova documental pré-constituída, no âmbito do controle objetivo de legalidade, então o seu rito é *sumarizado*, limitado a quatro peças: petição inicial, informações da autoridade dita coatora, parecer do Ministério Público e sentença. Noutro exemplo, a ação reintegratória de posse, sendo preordenada à decisão de mérito, enquadra-se no processo de *conhecimento*, mas se o seu objeto envolver "litígio coletivo pela posse do imóvel", então o rito se expandirá, consentindo um contraditório ampliado, como previsto no art. 565 e parágrafos do CPC.

As precedentes considerações permitem que assim se trifurquem os processos:

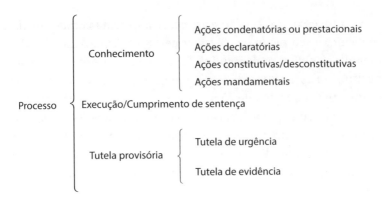

(*i*) *Conhecimento* (*cog+noscere*: apreensão do objeto litigioso em seu integral conteúdo: extensão e compreensão), permitindo falar-se em *jurisdição integral*, vindo tal processo regulado no Livro I, Parte Especial do CPC, arts. 318-770, mediante os ritos antes referidos. Caracteriza-se pela possibilidade de decisão sobre o mérito da causa (arts. 4º; 487, I) e pela oportuna agregação da coisa julgada material (art. 502), podendo, na maioria dos casos, tramitar desde o primeiro grau até o tribunal competente, como também pode já se iniciar neste último, nos casos ditos de *competência originária* (*v.g.*, o STF – art. 102, I e incisos). Registre-se que a nomenclatura "processo de conhecimento" não se atrela, necessariamente, à amplitude da massa probatória, dado que também processos de cognição sumária, de base documental, igualmente se enquadram naquela categoria, desde que comportem decisão sobre o *meritum causae*, preordenando-se à oportuna agregação da coisa julgada material, como se dá no caso antes lembrado do mandado de segurança ou ainda numa ação de despejo em que o inquilino aquiesça com a desocupação, abreviando o rito (Lei 8.245/1991, art. 61).

Dado esse desenho, confluem ao *processo de conhecimento* as ações: (*a*) *condenatórias* ou *prestacionais*, objetivando pagamento, entrega de coisa móvel ou imóvel, prestações de fazer ou não fazer – CPC, art. 515, I; (*b*) *declaratórias*, positivas ou negativas, objetivando qualificar juridicamente uma dada relação jurídica ou definir a autenticidade ou falsidade de um documento – CPC, art. 19 e incisos; art. 20; (*c*) *constitutivas/desconstitutivas*, cuja decisão já altera, de per si, a situação preexistente, como as de usucapião, de rescisão contratual, de anulação de casamento; (*d*) *mandamentais*, a saber, aquelas que almejam uma ordem ou injunção judicial, como se dá no mandado de segurança, no *habeas data*, no *habeas corpus*.

Doutrinariamente, cogita-se de uma classificação *quinária* das ações, agregando as chamadas *executivas lato sensu*, que no dizer de Horácio Wanderlei Rodrigues e Eduardo Lamy determinam "o cumprimento de uma ordem judicial sob pena de sub-rogação do Estado no cumprimento da obrigação, que o fará à força"[36]; todavia, parece-nos que essa modalidade já está, em boa medida, subsumida nas ações mandamentais.

(*ii*) *Execução* (CPC, Parte Especial, L. II): ao tempo do CPC/1973, a Lei 11.232/2005, objetivando alcançar certos benefícios, mormente a agilização dos trâmites, viera instituir o chamado *processo sincrético*, pelo qual a satisfação do direito reconhecido no título judicial não mais demandava a instauração de um processo autônomo, com citação do executado, mas se realizava em modo de uma *fase*, ou uma etapa, agregada ao final do processo de conhecimento, nominada "cumprimento da sentença"; *aliter*, porém, se se tratasse de obrigação de pagar quantia certa, cuja realização continuava a fazer-se pelo rito executório (art. 475-I do CPC/1973, redação da lei antes mencionada).

O vigente CPC recepcionou, em linhas gerais, esse tratamento diferenciado, prevendo, para os títulos executivos judiciais (art. 515 e incisos) uma fase de "cumprimento da sentença" (arts. 513-538), ao passo que destinou um Processo de Execução (arts. 771-925), para os títulos executivos extrajudiciais nominados no art. 784 e incisos, ficando o juiz, em qualquer caso, autorizado a empregar meios coercitivos, injuncionais, sub-rogatórios e medidas de apoio, voltados à consecução da *prestação específica do objeto* (CPC, art. 139, IV), tais a multa diária (CPC, parágrafo único do art. 774; § 1º do art. 536), a penhora (CPC, art. 835 e incisos), o protesto (CPC, art. 517 e parágrafos), a apreensão de documentos e dados (CPC, art. 773 e parágrafo único).

Note-se que a realização coercitiva do título judicial restringe-se aos comandos *condenatórios* ou *prestacionais* (pagar, fazer, não fazer, entregar coisa), porque os meramente declaratórios já de per si eliminam a incerteza preexistente (*v.g.*, quando a sentença define a modalidade contratual controvertida nos autos), assim como os comandos desconstitutivos já promovem, por sua intrínseca eficácia, a alteração no *statu quo ante* (*v.g.*, anulação do casamento). Os comandos mandamentais, a rigor, não se sujeitam à execução propriamente dita, que comporta resistência via embargos, mas antes se vocacionam a ser estritamente cumpridos pelo destinatário, como se dá com a autoridade impetrada, no mandado de segurança, podendo tipificar-se o crime de desobediência, em caso de "não cumprimento das decisões

---

[36] *Teoria Geral do Processo*, cit., 4. ed., 2016, p. 142.

proferidas em mandado de segurança" (Lei 12.016/2009, art. 26), ou quando se dá a reintegração de posse *manu militari*, em caso de resistência à ordem de desocupação (CPC, parágrafo único e inciso II do art. 555).

Vale lembrar que o vigente CPC, superando antigo dissenso, inclui no conteúdo eficacial da decisão de mérito a *atividade satisfativa*, ou seja, não só a *cognitio*, mas também o *imperium*, cabendo ao juiz zelar pela *efetividade prática* do comando, ficando para tal autorizado a determinar (e fiscalizar a consecução) das medidas indutivas, coercitivas ou sub-rogatórias tendentes ao cumprimento específico do objeto, ou, quando menos, ao resultado prático equivalente (CPC, arts. 139, IV, 536 e § 1º).

(*iii*) *Tutela provisória*. No regime do CPC/1973, a proteção aos danos temidos, às situações de risco iminente, de difícil ou incerta reparação, era afetada ao Processo Cautelar, que contemplava as medidas cautelares nominadas e inominadas, estas últimas entregues ao prudente arbítrio do julgador, no plano do *poder geral de cautela* – CPC/73, arts. 798; 813-888. Já o vigente CPC denomina *Tutela Provisória* o Livro V da Parte Geral (arts. 294-311), sendo que a tutela de urgência (*sic*) "será concedida quando houver elementos que evidenciem a probabilidade do direito [*fumus boni iuris*] e o perigo de dano ou o risco ao resultado útil do processo" [*periculum in mora*] – art. 300, *caput*.

Fora e além desses pressupostos, o vigente CPC prevê ainda a "tutela de evidência", cabível quando "independentemente de perigo de dano ou de risco ao resultado útil do processo", estiverem caracterizadas as situações descritas nos incisos do art. 311. Algumas medidas cautelares em caráter de urgência vêm referidas no art. 301, mas em *numerus apertus*, porque, por exemplo, a produção antecipada de prova, de nítido caráter cautelar, está deslocada para o Livro I da Parte Especial, no capítulo XII, concernente à instrução probatória; igualmente, as notificações, interpelações e protestos, de análoga finalidade preventiva ou assecuratória de direitos, vêm previstos no bojo dos Procedimentos de Jurisdição Voluntária – arts. 726-729.

Dado que as medidas cautelares concedidas em caráter antecedente se resolvem no plano da Tutela Provisória, as decisões ali proferidas não se afeiçoam à agregação da coisa julgada material, e, justamente por isso, têm sua eficácia descontinuada em ocorrendo quaisquer das circunstâncias indicadas no corpo do art. 309, dentre elas se "o juiz julgar improcedente o pedido principal formulado pelo autor ou extinguir o processo sem resolução do mérito" (inciso III).

Descabe confundir os pressupostos de existência e validade do processo com os chamados *requisitos de procedência*, os quais são exigências específicas tendentes a viabilizar o acolhimento de certas ações, p. ex., no mandado de segurança, a comprovação de um direito líquido e certo ameaçado ou afrontado por ato ilegal ou arbitrário de autoridade; na reintegração de posse, a caracterização do esbulho, afrontando uma situação de posse mansa e pacífica; na ação expropriatória, a existência do decreto de utilidade pública, em vigor, afetado a um dado imóvel; na ação de alimentos, o vínculo de parentesco agregado à situação de carência do alimentando.

Tenha-se ainda presente que os pressupostos de existência e validade do processo se reapresentam, sob nova configuração, quando ele se alça à instância recursal, para tramitar no tribunal, podendo tais requisitos ser assim bifurcados:

(*a*) *objetivos*: prazo (CPC, § 5º do art. 1.003); preparo (art. 1007, *caput*); adequação (*v.g.*, art. 1.009);

(*b*) *subjetivos*: interesse em recorrer e legitimação (art. 996 e parágrafo único; art. 1.000);

(*c*) *exigências adicionais*, tais a repercussão geral da questão constitucional, no recurso extraordinário (CF, § 3º do art. 102; CPC, art. 1.035 e parágrafo único); a transcendência da questão, no recurso de revista (CLT, art. 896-A); o prequestionamento, nesses recursos excepcionais (Súmulas 356 do STF e 98 do STJ; Enunciados 296 e 337 do TST; CPC, art. 1.025).

Em suma, os pressupostos de existência e validade do processo concernem:

(*i*) *aos sujeitos parciais* (partes, originárias ou supervenientes, singulares ou litisconsorciadas, por intermédio de seus adequados representantes processuais);

(*ii*) *ao sujeito imparcial* (juiz, em primeiro grau; desembargador ou ministro, nos tribunais);

(*iii*) *ao próprio processo*, enquanto relação jurídica, conforme o seguinte quadro esquemático:

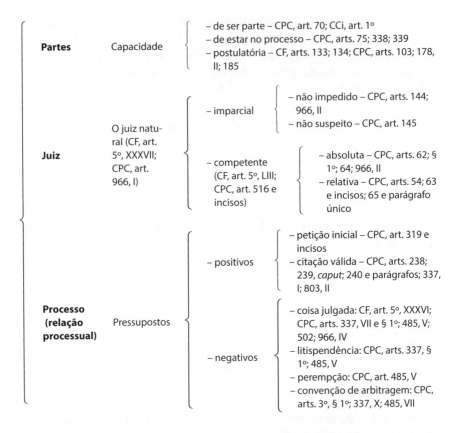

Ainda com relação à instância recursal, vale mencionar que os recursos estão indicados em *numerus clausus* no art. 994 e incisos do CPC, lembrando-se que em nome da *instrumentalidade do processo* e do *aproveitamento dos atos processuais*, ao relator é dado conceder "prazo de 5 (cinco) dias ao recorrente para que seja sanado vício ou completada a documentação exigível" (CPC, parágrafo único do art. 932).

17

ATOS DO PROCESSO E OS SUJEITOS QUE OS REALIZAM

Para uma melhor percepção da vasta categoria dos atos do processo, é conveniente um aclaramento premonitório acerca dos sentidos em que o *processo* pode ser tomado:

(*i*) *ramo do Direito Público*, recebendo a denominação correspondente ao Direito Material que vem instrumentalizar: Direito Processual Civil, Penal, Trabalhista, Administrativo, Eleitoral, Previdenciário, Tributário;

(*ii*) *ciência* preordenada a viabilizar o acesso à Justiça de históricos de danos sofridos ou temidos (jurisdição contenciosa) e, ainda, de outros valores e interesses relevantes, sem lide ou fora dela (jurisdição voluntária);

(*iii*) *autos do processo*, consubstanciado em base física papel ou meio eletrônico;

(*iv*) *relação jurídica processual*: sentido mais técnico e precípuo, qualificado pela sucessão de atos realizados com o objetivo de resolução justa e tempestiva dos conflitos judicializados, compreendendo os processos (*a*) de conhecimento, caracterizado pela decisão de mérito, com oportuna agregação de coisa julgada material; (*b*) de execução (ou cumprimento do julgado), definido pela satisfação do direito já reconhecido no título judicial ou extrajudicial; (*c*) tutela provisória (processo cautelar, na nomenclatura do CPC/1973), voltado à prevenção do dano iminente, de difícil ou incerta reparação, e, bem assim, sob condições específicas, à tutela da evidência.

A normação sobre os atos processuais, assim como sua eficácia e a legitimação para realizá-los, segue este regramento:

(*i*) a matéria estritamente processual é de competência exclusiva da União, por meio de lei ordinária federal, sendo que, no tocante aos procedimentos, a competência é concorrente com os Estados e Distrito Federal (CF, arts. 22, I; 24, XI; 125, § 1º);

(*ii*) certos atos de caráter cartorário, de impulso oficial, ou de preservação da ordem legal do processo podem igualmente vir previstos nos regimentos internos dos tribunais (*v.g.*, condução coercitiva: RISTF, art. 119; correição parcial: RITJSP, art. 211).

O étimo latino *factum* significa aquilo que acontece, determina, produz. Há fatos da natureza que, *em si mesmos*, para o Direito, são indiferentes, por não serem imputáveis a um sujeito determinado, por exemplo, a queda de um raio, uma aluvião (embora a ocorrência possa ter efeitos reflexos, por exemplo, no âmbito de um contrato de seguro contra danos causados por intempéries); outros fatos, conquanto também naturais, são juridicamente relevantes, por exemplo, o evento morte, idôneo a deflagrar a abertura da sucessão, caso haja patrimônio a ser inventariado. Enfim, certos fatos são juridicamente irrelevantes, por serem insuscetíveis, por si só, de produzir efeito jurídico (direitos e obrigações), por exemplo, o fato de uma pessoa tocar um instrumento, ou ser versada em várias línguas, ou pretender reconhecimento social.

Esse contexto se reflete na própria *nomogênese*, isto é, no processo de formação do Direito que, segundo Miguel Reale,[1] se explica pela equação *fato + valor = norma*, permitindo inferir, *contrario sensu*, que um dado fato, não sendo considerado *relevante*, isto é, não sendo positivamente valorado pelo Direito, não se traduzirá, ao final, em uma norma. Assim é que um dado fato político, social ou econômico, a depender de como tenha sido manejado no bojo de um processo, pode repercutir em algum ponto do texto constitucional, e, se o STF reconhecê-lo com *repercussão* geral, poderá dar ensejo à interposição de recurso extraordinário (CF, § 3º do art. 102), cuja decisão parametrizará a solução de outros recursos sobre o mesmo *thema decidendum*.

Algo semelhante se passa com os atos humanos: enquanto alguns se situam no plano da mera liberdade individual, sem nenhum reflexo jurídico (por exemplo, o dízimo dado a certa igreja), já outros, apesar de igualmente volitivos, tal uma disposição de última vontade, já são valorados e recepcionados pelo Direito, como, por exemplo, se passa com o testamento (CPC, art. 610, *caput*).

Os *atos jurídicos* podem ser assim bifurcados, no tocante à sua *natureza e finalidade*:

---

[1] *Filosofia do Direito*, cit., p. 485-486.

(i) de *Direito Material*, a saber, aqueles que produzem efeitos regrados pelos *ramos criativos ou constitutivos* do ordenamento, tais o Tributário (o pagamento de um imposto), Civil (uma doação simples ou com encargo), Comercial (a emissão de um título cambial), Previdenciário (a concessão de um benefício), Trabalhista (a demissão de um empregado);

(ii) *processuais*, isto é, aqueles praticados à luz do ramo *instrumental* do Direito, isto é, o Processual, assim entendidas as condutas – comissivas ou omissivas – dos integrantes da relação jurídica dita *processo* judicial, compreendendo os *sujeitos parciais* (partes, originais ou agregadas, singulares ou litisconsorciadas) e o *sujeito imparcial* (juiz), a par dos atos dos *demais atores*, no âmbito das respectivas atribuições: advogado, promotor de justiça, defensor público, testemunhas, peritos, serventuários e mesmo eventual *amicus curiae*.

Note-se que também as condutas *omissivas* consideram-se, para efeitos processuais, *atos das partes* que, como tal, projetam os devidos efeitos, por exemplo: a ausência de contestação induz a revelia, podendo se verificar os seus efeitos (CPC, arts. 344, 345 e incisos); a não interposição de recurso da parte vencida contra a sentença, induzirá o trânsito em julgado (CPC, art. 223 e parágrafos; art. 1.006); o não comparecimento da parte intimada para depoimento pessoal leva à aplicação da pena de confesso (CPC, § 1º do art. 385); as alegações ou defesas acaso não apresentadas nos autos ficam alcançadas pelo efeito preclusivo geral da coisa julgada (CPC, art. 508), que cobre o deduzido e o deduzível.

Vale ter presente que o *princípio preclusivo*, radicado no fato de os prazos processuais serem contínuos e peremptórios, não alcança apenas os atos que não foram praticados a seu tempo (preclusão *temporal*), mas também aqueles que já o foram de determinada forma, segundo a opção feita à época (preclusão *consumativa*, por exemplo: interposto apenas o recurso extraordinário ao STF, que na espécie poderia ter sido cumulado com o especial ao STJ (CPC, art. 1.031 e parágrafos), torna precluso este último; ainda, tem-se por precluso o ato que se mostra incompatível com outro antes praticado (preclusão *lógica*), por exemplo: a disposição de desocupar o imóvel, manifestada expressamente pelo inquilino na ação de despejo, não se coaduna, logicamente, com a interposição de apelação por essa mesma parte. Diversamente se passa, por óbvio, no plano penal, em que se assegura ao acusado o direito de permanecer calado, sem que daí se possa extrair qualquer presunção de culpabilidade (CF, art. 5º, LXIII): *nemo tenetur se detegere*.

Os atos processuais, em regra, são independentes entre si, praticados pelo sujeito a quem aproveitem (petição inicial, contestação, recurso), mas, igualmente, se consentem certos atos bilaterais, como, por exemplo, a desistência da ação, a qual, se o réu já contestara, passa a depender da anuência deste (CPC, § 4º do art. 485), a par de certos atos consensuais, como, por exemplo, a transação ou a delimitação consensual das questões de fato e de direito ou ainda a suspensão do processo (CPC, art. 487, III, *b*; § 2º do art. 357; art. 313, II, nessa ordem). Nesse sentido, fala-se em *negócio jurídico processual*, conquanto, no plano doutrinário, essa figura encontre alguma resistência, argumentando Cândido Rangel Dinamarco que "o processo em si mesmo não é um contrato ou negócio jurídico e em seu âmbito inexiste o primado da *autonomia da vontade*: a lei permite a alteração de certos comandos jurídicos por ato voluntário das partes, mas não lhes deixa margem para o autorregramento que é inerente aos negócios jurídicos".[2]

Cabe sempre ter presente que os atos de disposição processual não são praticados no contexto de uma total liberdade (até porque não há direitos absolutos; isso, com maior razão no plano do processo, que é uma relação jurídica de Direito Público), mas devem sujeitar-se a limites e condições impostos pela lei de regência, por exemplo: a suspensão convencional do processo não pode exceder os prazos para tal fixados (CPC, §§ 4º e 5º do art. 313); a desistência da ação, se esta já foi contestada pelo réu, depende da aquiescência deste (CPC, § 4º do art. 485); a validade da opção pelo juízo arbitral depende, naturalmente, de que esse alvitre tenha sido estipulado entre os interessados (Lei 9.307/1996, art. 1º).

A par disso, o vigente CPC enfatiza o ideário do processo de *estrutura cooperatória* (art. 6º), como meio para se alcançar um resultado justo, tempestivo e juridicamente consistente, como pode dar-se, por exemplo, quando uma ação civil pública ambiental vem a se encerrar, com decisão do mérito, quando o juiz homologa um Termo de Ajustamento de Conduta celebrado nos autos entre o Ministério Público, e o réu (Lei 7.347/1985, § 6º do art. 5º; CPC, art. 487, III, *b*, c/c art. 515, II).

Saliente-se que, por vezes, um dado ato se expande para além da esfera de interesse de quem o praticou, como se dá com o recurso interposto por um dos litisconsortes, que "a todos aproveita, salvo se distintos ou opostos os seus interesses" (CPC, art. 1.005, *caput*). Algo semelhante se passa com os atos probatórios, que, embora praticados em prol de cada integrante do processo, todavia, para fim de avaliação pelo juiz, vêm a se somar aos demais elementos de convicção, constituindo a chamada *massa probatória*.

---

[2] *Instituições de direito processual civil*. 6. ed. São Paulo: Malheiros, 2009, t. II, p. 484.

É comum referir-se à relação processual como um *actum trium personarum*, com isso se querendo significar, de um lado, que o processo é uma sucessão lógica e finalística de atos concatenados, e, de outro, que tais atos são praticados pelos integrantes do contraditório, isto é, pelo *sujeitos*:

(*i*) *parciais*, integrantes dos polos ativo e passivo e ainda os terceiros intervenientes;

(*ii*) *imparcial*, a saber, o juiz, em primeiro grau; os desembargadores e ministros nos tribunais.

Sem embargo, registre-se que por vezes fala-se em processo *sem partes*, ou processo *objetivo*, por aí se querendo referir os casos em que a finalidade perseguida transcende a esfera do interesse puramente individual, para se fixar em um dado interesse público ou social, impossibilitando que, ao final, se possa identificar um vencedor ou um vencido. Pense-se, por exemplo, no incidente de resolução de demandas repetitivas, voltado à fixação de uma *tese jurídica* capaz de parametrizar a resolução de demandas isomórficas ou seriais (CPC, art. 985 e incisos); ou ainda, o chamado *processo objetivo*, tais as ações no controle direto de constitucionalidade (ADIn, ADCon, ADPF), em que sobrepaira o interesse na resolução do contraste entre a lei ou o ato normativo do Poder Público sindicados e o texto constitucional; pode-se ainda figurar o processo de inventário, voltado à regularização sucessória do patrimônio deixado pelo *de cujus*, levando à partilha dos bens; ou ainda, em certa medida, o *processo coletivo*, quando envolva *interesse difuso* (Lei 8.078/1990, art. 81, parágrafo único, I), ou seja, um direito, valor ou interesse concernente à coletividade como um todo.[3]

No tocante aos sujeitos parciais, os atos do processo não se reduzem àqueles que autor e réu praticam em prol de seus respectivos interesses (*v.g.*, petição inicial, contestação, depoimento em audiência), mas ainda abrangem as condutas dos demais atores que vêm a integrar a relação processual ao longo de seu curso, por exemplo, o *oponente* (CPC, art. 682), o "nomeado à autoria" (CPC, art. 339 e parágrafos), o *denunciado à lide* (CPC, art. 125 e parágrafos); o *chamado ao processo* (CPC, art. 130 e incisos); os *assistentes* simples e litisconsorciais (CPC, arts. 121, parágrafo único, e 124); eventualmente, o *amicus curiae*, por exemplo, quando interpõe recurso – CPC, § 3º do art. 138; ainda, os terceiros porventura admitidos sob a égide do contraditório ampliado, como pode dar-se nas ações envolvendo litígio coletivo pela posse ou propriedade de imóvel (CPC, art. 565 e §§ 4º e 5º).

---

[3] No tema, de modo geral, ver *Interesses difusos* – conceito e legitimação para agir. 8. ed. São Paulo: Thomson Reuters/Revista dos Tribunais, 2013, especialmente p. 87 e s.

Afora os atos das *partes*, no sentido amplo antes exposto, cabe considerar os atos dos *auxiliares da justiça* (CPC, art. 149), a saber: os *assessores* dos gabinetes, nos tribunais; os *analistas judiciários*, a saber, os funcionários das serventias judiciárias de primeiro grau, que praticam atos ordinatórios (CPC, § 4º do art. 203) e de documentação, tais a ata de audiência, a tomada de depoimentos, valendo lembrar que apenas se admite a delegação, aos servidores da Justiça, de "atos de administração e atos de mero expediente, sem caráter decisório" (CF, art. 93, XIV); o *oficial de justiça*, ao certificar a citação pessoal (CPC, art. 249); o *perito*, ao apresentar seu laudo e explicitá-lo em audiência (CPC, art. 477 e § 3º); as *testemunhas*, ao deporem em audiência (CPC, art. 453, incisos e parágrafos).

Em um plano à parte considere-se a *convenção de arbitragem* firmada entre os interessados, a qual, embora não seja ato produzido ao interno de um processo judicial, todavia opera como um pressuposto processual *negativo* (CPC, art. 485, VII), e, uma vez emitida a *sentença arbitral*, esta constitui *título executivo judicial*, a par de poder o árbitro emitir carta arbitral que igualmente repercute no processo judicial (CPC, art. 515, VII; Lei 9.307/1996, arts. 23, *caput*, e 22-C e parágrafo único, estes últimos dispositivos acrescidos pela Lei 13.129/2015).

Os atos processuais se praticam, em regra, no recinto do fórum, em primeiro grau, e nos tribunais, em segundo grau, embora alguns atos sejam realizados alhures, como a citação pessoal ou pelo correio (CPC, art. 243 e parágrafo único); a inspeção judicial (CPC, arts. 481-484 e parágrafo único), certo ainda que algumas testemunhas, *ratione numeris*, depõem em sua residência ou no local de trabalho (CPC, art. 454, incisos e parágrafos). Tais atos, uma vez realizados e reduzidos a termo, vêm a integrar os autos judiciais.

No tocante ao sujeito imparcial – juiz, desembargador, ministro – são bastante diversificados os atos que podem praticar, tais os *pronunciamentos* (despachos,[4] decisões interlocutórias, agraváveis, e sentenças, apeláveis – CPC, art. 203 e §§ 1º, 2º e 3º; art. 1.015 e incisos; art. 1.009 e parágrafos) ou ainda os atos de *gerenciamento do processo*, por exemplo, quando o juiz comunica aos legitimados ao processo coletivo a existência, no Juízo, de demandas seriais (CPC, art. 139, X), ou quando aplica penalidade por litigância de má-fé

---

[4] Tenha-se, porém, presente o aviso de Nelson Nery Júnior e Rosa Maria de Andrade Nery: "Se o ato judicial tem, aparentemente, características formais de despacho, mas em virtude de sua finalidade puder causar gravame, não é despacho, mas sim *decisão interlocutória* (CPC, 203 §2º), sendo impugnável pelo recurso de agravo (...)" (*Comentários ao Código de Processo Civil*. São Paulo: Thomson Reuters/Revista dos Tribunais, 2015, nota nº 3 ao art. 1.001, p. 2026).

(CPC, arts. 80 e incisos; 81 e parágrafos; 142), ou, ainda, quando impede a *colusão* entre as partes (CPC, art. 142).

Nos tribunais em geral, podem ser lembrados o ato do relator que resolve sobre pedido de tutela provisória incidental (CPC, art. 932, II) ou a deliberação coletiva do órgão fracionário ou do Pleno ao julgarem recurso ou causa de competência originária, levando à elaboração do *acórdão* (CPC, art. 204); nos tribunais superiores, considere-se o ato do ministro do STJ, que, perscrutando tema constitucional no bojo do acórdão local ou regional impugnado por recurso especial, oportuniza ao recorrente manifestação sobre a questão constitucional e respectiva repercussão geral (CPC, art. 1.032, *caput*); ou, no STF, o ato do ministro relator que, no procedimento de edição, revisão ou cancelamento de súmula vinculante, permite a manifestação de terceiros (Lei 11.417/2006, § 2º do art. 3º).

O sistema processual não se afeiçoa, propriamente, ao ambiente de direitos e obrigações, como se passa nos ramos do direito material, mas, antes, a lei processual disponibiliza *faculdades*, que, bem aproveitadas engendram situações de vantagem (por exemplo, prova oral convincente, realizada em audiência; laudo pericial confirmatório do dano historiado na petição inicial), e, não aproveitadas ou transcorridas *in albis*, engendram situações de ônus ou sujeição (por exemplo, a revelia e seus efeitos).

Apesar da dicção do art. 200, *caput*, do CPC – "Os atos das *partes* consistentes em declarações unilaterais ou bilaterais de vontade produzem imediatamente a constituição, modificação ou extinção de direitos processuais" – é preciso ter presente que também certos fatos ocorrentes extra-autos podem igualmente repercutir no processo, como se passa, por exemplo, com a supressão, *ex lege*, de recurso anteriormente previsto; morte da parte (CPC, art. 313, I, c/c art. 75, VII); alienação da coisa litigiosa (CPC, arts. 790, I; 792, incisos e § 1º); desocupação espontânea do imóvel, pelo inquilino, na pendência da ação de despejo, configurando a chamada *perda ulterior do interesse de agir*.

Os atos processuais podem ainda ser assim visualizados:

(*i*) sob o critério *subjetivo*, são os praticados por todos que, de algum modo, integram o processo, assim o sujeito *imparcial* (juiz de direito, desembargador, ministro – CPC, arts. 203 e parágrafos; 481, 932 e incisos), como os sujeitos *parciais*, tais os praticados pelas partes, originais ou intervenientes (CPC, art. 361, II), por meio de seus advogados (CPC, arts. 103, *caput*, e 182); ainda, os atos do promotor de justiça (CPC, art. 178 e incisos) e do Defensor Público (CPC, art. 185);

(*ii*) sob o critério *objetivo*, os atos assim se tipificam: (*a*) *postulatórios*, tal o pedido constante da peça inicial (CPC, art. 319, IV, ou da reconvenção do réu – CPC, art. 343 e parágrafos) e os recursos (CPC, art. 994 e incisos); (*b*) *negociais*, tal o ajuste entre as partes no tocante a aspectos procedimentais (CPC, art. 190, *caput*) ou a autocomposição judicial (CPC, art. 515, II); (*c*) *probatórios*, tais a confissão judicial (CPC, art. 390, *caput*) ou a contradita de testemunha (CPC, § 1º do art. 457); (*d*) *decisórios*, tais os pronunciamentos judiciais que incidem sobre o conteúdo do processo, resolvendo ou não o seu mérito, a saber, sentenças, decisões interlocutórias e acórdãos (CPC, arts. 203 e §§ 1º e 2º; e 204); (*e*) *executórios*, tais o arresto e a penhora dos bens do devedor (CPC, arts. 830 e parágrafos; 831) ou a cobrança de multa por atraso no cumprimento da obrigação exequenda (CPC, art. 814 e parágrafo único);

(*iii*) sob o aspecto *correicional ou disciplinar*, os atos consideram-se *censórios* ou *repressivos*, tais a imposição de multa por conduta considerada protelatória, como pode dar-se nos embargos de declaração (CPC, §§ 2º e 3º do art. 1.026) ou a pecha de litigância de má-fé em caso de colusão entre as partes (CPC, art. 142) ou ainda o *poder de polícia* assegurado ao juiz, podendo "ordenar que se retirem da sala de audiência os que se comportarem inconvenientemente" – CPC, art. 360, II.

Os atos do processo são regidos por *princípios específicos*, podendo ser lembrados:

(*i*) *adequação ou pertinência*, somente se admitindo os subsídios e elementos de convicção que guardem relação com o objeto litigioso e sejam relevantes para a solução da controvérsia (CPC, arts. 369 e 370 e parágrafo único), levando a que, por exemplo, a prova testemunhal não possa ser aceita em face de certo fato só demonstrável por documento ou perícia (CPC, art. 443, II), princípio esse, todavia, moderado pela instrumentalidade das formas (CPC, arts. 277 e 283);

(*ii*) *publicidade*, dispondo o § 3º do art. 205 do CPC: "Os despachos, as decisões interlocutórias, o dispositivo das sentenças e a ementa dos acórdãos serão publicados no *Diário Oficial Eletrônico*", publicidade essa, todavia, moderada nos casos de sigilo (CF, art. 93, IX, e art. 5º, LX; CPC, arts. 11 e parágrafo único e 189 e incisos);

(*iii*) *aproveitamento* ou *convalidação*, por modo que, em não havendo interesse escuso ou dolo, os atos processuais porventura distanciados do estrito modelo legal, possam ser corrigidos ou aproveitados, em atenção ao caráter instrumental do processo, expresso em aforismas consagrados, tais o *utile per inutile non vitiatur* (CPC, art. 281), e o *pas de nullité sans grief*, (CPC, § 1º do art. 282), oportunizando-se a correção ou suprimento da falha formal constatada (CPC, art. 282, *caput*; parágrafo único do art. 932), sendo claro exemplo o suprimento da falta ou nulidade da citação pelo comparecimento espontâneo do réu ou do executado (CPC, § 1º do art. 239);

(*iv*) *comunhão dos atos probatórios*, levando a que, independentemente do agente que os tenham produzido, eles passem a formar a chamada *massa probatória*, com vistas à final persuasão racional do juiz (CPC, art. 371);

(*v*) *vedação da prova contra si mesmo* (CPC, art. 379, *caput*).

O que se espera, pois, dos atos do processo é que eles sejam praticados com lisura e boa-fé, com o empenho e colaboração de todos os atores do processo na busca da verdade dos fatos, sob a égide do processo de estrutura cooperatória (CPC, arts. 6º, 378, 379, II, 380 e incisos).

Presente esse contexto, os atos processuais devem obedecer a certas exigências formais no tocante:

(*i*) *ao modo de ser*, como, por exemplo, se dá na inspeção judicial, que pode consentir a presença das partes (CPC, parágrafo único do art. 483), ou ainda, a concessão de liminar em reintegração de posse envolvendo litígio coletivo, cuja deliberação deve ser precedida de audiência de mediação (CPC, art. 565, *caput*); ressalte-se que nos Juizados Especiais o modo de ser da relação processual (*rectius*, o procedimento) é predominantemente oral e informal, como se colhe do art. 2º da Lei 9.099/1995; ainda, os atos processuais devem, obrigatoriamente, ser expressos em língua portuguesa (CPC, art. 192 e parágrafo único);

(*ii*) ao *lugar* da prática dos atos processuais, devendo os atos, em regra, ser efetivados na sede do Juízo (CPC, art. 217), salvo os que dependem de diligência externa, tal a penhora, a ser realizada onde se encontram os bens (CPC, art. 845 e parágrafos);

(*iii*) à sua apresentação, sendo que em muitos foros ainda se utiliza a base física papel, embora a tendência sinalize que, gradualmente, os atos sejam realizados por meio eletrônico (CPC, arts. 193-199; 213 e parágrafo único; 270 e parágrafo único; Lei 11.419/2006).

No tocante aos lapsos temporais em que os atos processuais devem ser praticados, os prazos se dizem: *legais* (CPC, arts. 218 e § 3º; art. 219 e parágrafo único) e *judiciais* (CPC, § 1º do art. 218) e *convencionais* (CPC, art. 313, II). Em regra, os prazos são contínuos e peremptórios (CPC, art. 223 e parágrafos; art. 507), e só excepcionalmente, dilatórios (CPC, art. 476); a contagem dos prazos é feita em dias úteis (art. 219 e parágrafo único), excluído o dia inicial e incluído o do vencimento (art. 224, *caput*), entendendo-se como dia do começo os elementos temporais indicados no art. 231, incisos e parágrafos do CPC; sem embargo, vêm previstos casos de suspensão dos prazos (art. 220 e parágrafos; art. 221 e parágrafo único); de sobrestamento do trabalho forense durante os recessos (CPC, art. 214, *caput*, c/c CF, art. 93, XII) e de interrupção dos prazos (CPC, art. 1.026, *caput*). Há também prazos para os atos do juiz (art. 226 e incisos), embora se trate de prazos ditos *impróprios*, já que podem ser excedidos em havendo motivo justificado (art. 227). A contagem dos prazos, em regra, é igualitária, salvo os casos de contagem em dobro, como no caso do Ministério Público (CPC, art. 180 e parágrafos), da Defensoria Pública (CPC, art. 186 e parágrafos), da Fazenda Pública (CPC, art. 183 e parágrafos) e quando os litisconsortes tiverem procuradores distintos (CPC, art. 229 e parágrafos).

Os atos do processo, como antes dito, não se reduzem à tríade autor-réu-juiz (*actum trium personarum*), mas em verdade são praticados por todos os atores que intervêm ao longo da relação processual, a mais de um título, projetando distintos efeitos. Justamente por isso, há interesse na visualização global dessas participações, como exposto no quadro a seguir:

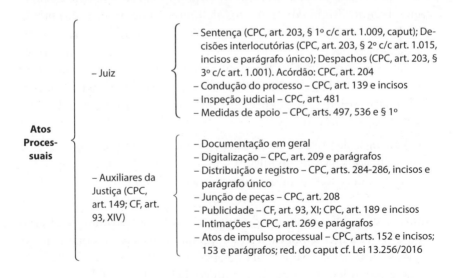

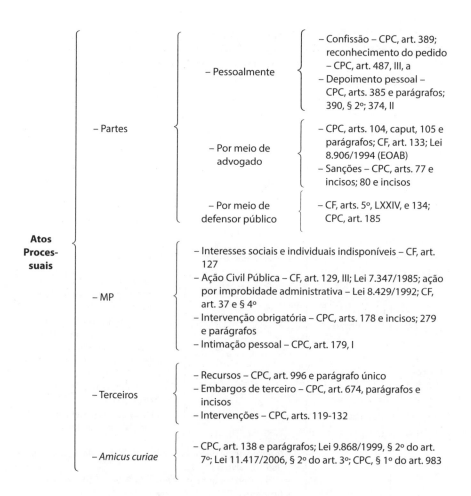

A comunicação dos atos processuais não se faz de modo único, mas, bem ao contrário, comporta especificidades, tanto em função do tipo de ato a ser transmitido às partes ou a terceiros, como de seu conteúdo, ou ainda em função da maior ou menor irradiação de seus efeitos. Por exemplo, o julgamento tomado ao final do incidente de resolução de demandas repetitivas "será comunicado ao órgão, ao ente ou à agência reguladora competente para fiscalização da efetiva aplicação, por parte dos entes sujeitos a regulação, da tese adotada" (CPC, § 2º do art. 985).

A *comunicação* dos atos processuais, ou seja, aqueles que ocorrem no seu intercurso, refere-se às ordens judiciais, à citação e à intimação, sendo de utilidade, para a compreensão global do tema, a visualização do quadro a seguir:

Comunicação dos Atos Processuais

- **Ordens Judiciais**
  - Carta arbitral (CPC, art. 237, IV); Lei 9307/1996, art. 22, c e parágrafo único, cf. Lei 13.129/2015
  - Carta de ordem (CPC, arts. 236, § 2º, e 237, I)
  - Carta rogatória (CF, art. 105, I, i (STJ); CPC, art. 237, II)
  - Carta precatória (CPC, art. 237, III)
  - Radiograma, telegrama, meios eletrônicos (CPC, art. 236, § 3º)
  - Notificação (Lei 12.016/2009, art. 7º, I; CF, art. 52, X)
  - Requisição (CF, art. 100, caput; CPC, art. 910, § 1º; "exequatur" – CF, arts. 105, I, i; 109, X)
  - Cooperação entre órgãos jurisdicionais (CPC, arts. 67-69)
  - Ordens para: exibir documento (CPC, art. 396); depoimento de testemunha (CPC, art. 455 e § 4º)

- **Citação**
  - Ato inicial (CPC, art. 238) e formal (CPC, art. 239 e parágrafos): triangularização da relação processual
  - Efeitos – CPC, art. 240 e parágrafos
  - Pode induzir a revelia – CPC, arts. 344, 345 e incisos, 525, § 1º, I
  - Tipos ou meios:
    - Real ou pessoal, ao representante ou procurador (CPC, arts. 242 e § 1º; 231, VII)
    - Correio (CPC, arts. 247 e incisos; 248 e parágrafos; 231, I)
    - Oficial de justiça (CPC, arts. 249-253 e § 1º) ou com hora certa (CPC, art. 253, §§ 2º e 3º)
    - Edital (CPC, arts. 256-259 e incisos; 231, IV)
    - Meio eletrônico (CPC, arts. 231, V; 246, V e parágrafos)

- **Intimação**
  - Inobservância da forma anula o ato (CPC, arts. 525, § 1º, I; 966, V), salvo § 1º do 239
  - Pode ocorrer nas férias forenses (CPC, art. 214 e incisos)
  - Conceito – CPC, art. 269, *caput*
  - Tipos ou meios:
    - Diário Oficial (CPC, art. 272 e parágrafos)
    - Na própria audiência (CPC, art. 1.003, § 1º)
    - Ao MP, Advocacia Pública e Defensoria é sempre pessoal (CPC, arts. 180 e parágrafos; 183, caput; 186, § 1º)
    - Carta com AR (CPC, art. 273, II)
    - Meio eletrônico (CPC, art. 270, caput; Lei 11.419/2006, art. 4º e parágrafos)

No tocante à *validade* dos atos e ocorrências processuais (*v., infra*, cap. XIX), o CPC prevê casos de *nulidade cominada* (*v.g.*, a não intimação do

MP no processo no qual sua presença é necessária – CPC, art. 279, *caput*), a par de outras ocorrências passíveis de convalidação, como a incompetência relativa não suscitada oportunamente (CPC, art. 65, *caput*).

Neste passo, cabe uma referência à tese da chamada *coisa julgada inconstitucional*, pela qual se consente a denúncia, a qualquer tempo – *querela nullitatis insanabilis* – da inexigibilidade do título executivo judicial quando fundado em lei ou ato normativo considerado inconstitucional pelo STF ou fundado em aplicação ou interpretação da lei ou do ato normativo tido pelo STF como incompatível com a CF, em controle direto ou difuso, tendo o CPC, em certa medida, recepcionado essa eximente – art. 525, III e §§ 12 a 15; art. 535, III e §§ 5º e 8º). Cogita-se, também, em sede doutrinária, da possibilidade de *relativização* da coisa julgada, como expõem Cândido Rangel Dinamarco e Bruno Vasconcelos Carrilho Lopes: "Em casos de extrema gravidade, tendo a sentença ou acórdão sido o resultado de uma *fraude* muito grave ou transgredido direitos ou valores de elevado nível político, social ou humano, parte da doutrina e da jurisprudência aceita que a autoridade da coisa julgada seja desconsiderada, com a possibilidade de propositura de uma demanda destinada a obter um resultado diferente do resultado ditado nessa sentença ou acórdão (*relativização da coisa julgada*)".[5]

Sem embargo das severas sanções que cercam o regime das invalidades no ambiente processual, deve-se dar o devido peso a certas diretrizes que, de algum modo, buscam relativizar aquele regime, em nome de princípios relevantes, tais o da instrumentalidade e o da prevalência do conteúdo sobre a forma. Assim se passa com o princípio da *economia processual*, sinalizando a importância do custo-benefício na avaliação dos atos e condutas processuais, permitindo, por exemplo, que o comparecimento espontâneo do réu ou do executado supra a falta ou a nulidade da citação (CPC, § 1º do art. 239); o princípio da *preclusão* (ou da eficácia preclusiva da coisa julgada material) ao estabilizar e tornar indiscutíveis assim as questões suscitadas e resolvidas no processo como aquelas que poderiam tê-lo sido (CPC, arts. 507 e 508), assim imunizando de discussões futuras o deduzido e o deduzível; o princípio do *aproveitamento*, da *conservação* ou *convalidação* dos atos, permitindo que aqueles porventura praticados com alguma desconformidade em face do modelo legal possam, inobstante, ser aproveitados, se tal não redundar em prejuízo a outros sujeitos do processo ou se, de qualquer forma, tiver sido alcançada a finalidade almejada (CPC, arts. 283, parágrafo único, e 277).

Todo esse contexto autoriza uma postura reducionista no plexo geral das invalidades, por modo que a anulação de um ato só contamine aqueles outros que lhe sejam diretamente dependentes (CPC, art. 281): *utile per inutile non vitiatur*.

---

[5] *Teoria geral do processo civil*. São Paulo: Malheiros, 2016, p. 225, rodapé nº 170.

18

IDENTIFICAÇÃO DAS AÇÕES

Embora na *praxis* forense seja recorrente a menção a ações nominadas (*v.g.*, cobrança, despejo, desapropriação, consignação em pagamento), a rigor elas não se definem por sua nomenclatura, já que o Direito de Ação é *abstrato*, nesse sentido de ser ofertado a quem tenha ou não o Direito Material afirmado, avaliação esta que já concerne ao mérito.

Além disso, o Direito de Ação é também *autônomo*, nesse sentido de situar-se em plano distinto daquele do Direito Material, por exemplo: pelo contrato de locação é cedido o uso de um imóvel, mediante o pagamento do aluguel, no bojo de uma relação jurídica material dita contrato de locação, regida pelo direito das obrigações e, mais especificamente, pela legislação do inquilinato; todavia, havendo infringência de alguma cláusula, ou mesmo se o locador resolver retomar o imóvel, então se configurará *outra relação jurídica*, no caso a processual, nos termos da ação de despejo, na qual o proprietário-locador passa a figurar como *autor* e o inquilino como *réu*.

Enquanto a validade da relação jurídica material exige o atendimento a certos pressupostos (CCi, art. 104: partes capazes, objeto lícito, forma prescrita ou não defesa e lei), a ação judicial, para ser admitida em Juízo, exige a presença de certas *condições* (interesse de agir; legitimação; ainda, a nosso ver, o fundamento jurídico da pretensão), certo que a consecução do *objetivo* perseguido na ação (a desocupação do imóvel locado, no exemplo antes dado), já concerne ao mérito, ficando a depender do acolhimento da pretensão material, uma vez presentes os seus requisitos de procedência. É nesse sentido que se compreende o disposto no art. 490 do CPC: "O juiz resolverá o mérito acolhendo ou rejeitando, no todo ou em parte, os pedidos formulados pelas partes".

Esses planos do Direito Material e do Direito Processual, conquanto distintos, todavia interagem, tendo em vista a natureza *instrumental* do processo, que o vocaciona a viabilizar, no plano judicial, a realização de ocorrências positivadas nos ramos do Direito Material (Tributário, Trabalhista, Civil, Penal, Previdenciário, Eleitoral), assim se fechando o *arco nomogenético*, que, iniciado com a emissão da norma legal, se integra com sua interpretação e consequente aplicação às lides judicializadas.

Dada essa inter-relação dos planos do Direito Material e do Processual, compreende-se o interesse na *identificação* das ações, com vistas à consecução de relevantes finalidades, a saber:

(*i*) presentes duas ações em andamento envolvendo uma dada situação fático-jurídica, impende saber se porventura a segunda não configura mera repetição da primeira, ou se uma delas já teve seu mérito resolvido definitivamente; tais ocorrências possibilitam ao réu arguir, respectivamente, as preliminares de *litispendência* ou de coisa julgada (CPC, art. 337, VI e VII e §§ 1º e 4º), levando à extinção do processo sem julgamento do mérito (CPC, art. 485, V);

(*ii*) considerando-se ações concomitantes, mesmo não sendo idênticas, impende saber se porventura elas não apresentam um desenho aproximado, tangenciando-se no tocante ao pedido ou à causa de pedir, como tal configurando a *conexão* (CPC, art. 55, *caput*), ou se o pedido em uma delas, por sua extensão, abrange o da outra, tipificando a *continência* (CPC, art. 56), com as devidas repercussões na competência do Juízo (CPC, arts. 54 e 58);

(*iii*) pode ainda dar-se que entre duas ações em trâmite uma delas contenha uma questão prejudicial, idônea a condicionar o julgamento da outra, configurando a chamada *prejudicialidade externa*, levando à suspensão do processo relativo à ação assim tida como prejudicada – CPC, art. 313, V, *a*;

(*iv*) pode também ocorrer que em um determinado foro se verifique a afluência massiva de ações isomórficas, justificando a instauração do incidente de resolução de demandas *repetitivas*, com vistas a se alcançar uma tese jurídica capaz de propiciar o tratamento isonômico a tal ocorrência (CPC, art. 976, I e incisos; art. 985 e incisos).[1]

Essas técnicas de *agregação* ou de fixação de um *padrão decisório* justificam-se a mais de um título: otimizar o tempo e o trabalho dos órgãos

---

[1] Ver nossos comentários a esses dispositivos na obra *Incidente de resolução de demandas repetitivas* – a luta contra a dispersão jurisprudencial excessiva. São Paulo: Thomson Reuters/Revista dos Tribunais, 2016, p. 201 e s.; 268 e s.

jurisdicionais, possibilitando priorizar as causas realmente singulares; prevenir os julgamentos discrepantes entre si (contradição lógica ou prática), virtualidade sempre presente quando causas afins são julgadas separadamente, observando-se que o CPC determina a reunião de processos para julgamento conjunto, quando haja "risco de prolação de decisões conflitantes ou contraditórias caso decididos separadamente, mesmo sem conexão entre eles" (§ 3º do art. 55).

A exata caracterização de uma ação como sendo *idêntica/igual* ou, então, *análoga/semelhante* a outra se faz por estritos critérios técnicos, a partir do exame acurado dos *elementos* de cada qual, a saber: *partes, pedido* e *causa de pedir*. Sem embargo, registra-se, doutrinariamente, distinção entre *igualdade* e *identidade*, como explicam Horácio Wanderlei Rodrigues e Eduardo Lamy: "(...) as ações *iguais* não podem ser confundidas com as ações idênticas. (...) Enquanto a *igualdade* gera a *extinção* dos feitos, a *identidade* provoca o *enquadramento* das causas repetitivas na jurisprudência. Versa, normalmente, sobre matéria preponderante de direito, visando aperfeiçoar o Poder Judiciário no julgamento de feitos idênticos; feitos de massas que possam se multiplicar por versarem sobre questão jurídica de interesse coletivo".[2]

Inobstante, o CPC, ao referir-se conjuntamente à litispendência e à coisa julgada diz que elas têm lugar "quando se *reproduz* ação anteriormente ajuizada" (§ 1º do art. 337), assim fixando no elemento *replicação* o núcleo comum a ambas essas categorias; na sequência, ao conceituar já agora especificamente a *litispendência*, diz que ela ocorre "quando se *repete* ação que está em curso" (§ 3º do art. 337); essa repetição, na opção vernacular do CPC dá-se pelo critério da *identidade*, a teor do § 2º do art. 337: "Uma ação é *idêntica* à outra quando possui as mesmas partes, a mesma causa de pedir e o mesmo pedido"; já ao conceituar especificamente a coisa julgada, o CPC vale-se novamente do termo *repetição*: "Há coisa julgada quando se repete ação que já foi decidida por decisão transitada em julgado" (§ 4º do art. 337), o que se completa com o disposto o art. 502: "Denomina-se coisa julgada material a *autoridade* que torna *imutável e indiscutível* a decisão de mérito não mais sujeita a recurso".

Em suma, ao tratar de categorias processuais voltadas à prevenção da contrariedade entre julgados sobre um mesmo *thema decidendum*, o CPC vale-se de palavras que gravitam em torno da ideia básica da *replicação* de demandas: reprodução, identidade, repetição.

A aproximação semântica entre essas palavras se evidencia no âmbito do incidente de resolução de demandas repetitivas, no qual se busca a fixação

---

[2] *Teoria geral do processo*, cit., p. 149.

de uma *tese jurídica* a ser aplicada às ações que envolvem "*idêntica* questão de direito", como meio de preservar a *isonomia* e a *segurança jurídica*, valores que ficariam ameaçados ou mesmo afrontados caso demandas isomórficas fossem julgadas sem um padrão decisório unificador (CPC, art. 976 e incisos; art. 985 e incisos).

Já no plano da jurisdição coletiva, o critério pelo qual se pode alcançar o desejável elemento coalizador prende-se à *origem comum* dos direitos e interesses judicializados, ensejando a propositura de ação coletiva por interesses ou direitos *individuais homogêneos* (Lei 8.078/1990, art. 81,parágrafo único, III), levando a uma sentença de *condenação* genérica (lei *supra*, art. 95), que á parametrizará a solução das demandas seriais enquadradas naquele padrão decisório (lei *supra*, art. 98, parágrafos e incisos; § 3º do art. 103).

A identificação das ações tem foco na ideia-forte dos *tria eadem* (igualdade entre partes, pedido e causa de pedir), podendo-se, desde logo, traçar as considerações que se seguem.

(*i*) No tocante às *partes* impende saber se os sujeitos das ações confrontadas sãos os *mesmos*, isto é, se eles se apresentam sob igual *título jurídico*, ou seja, se a legitimação, nos casos comparados, é ordinária ou extraordinária, podendo dar-se que duas causas tenham no polo ativo a mesma pessoa física, mas em uma delas o sujeito se apresenta como o titular do direito controvertido, enquanto que na outra ele postula, em nome próprio, direito alheio (CPC, art. 18, *caput*), descaracterizando, assim, a aparente igualdade, no sentido processual do termo.

(*ii*) Quanto ao *pedido*, impende distinguir o *imediato*, isto é, o tipo de resposta jurisdicional pretendido (condenatório, declaratório, constitutivo/desconstitutivo, mandamental), do pedido *mediato*, que vem a ser o bem da vida, a vantagem, a utilidade prática perseguida em Juízo, donde o CPC exigir que na petição inicial se decline "o pedido com suas especificações" (art. 319, IV).

(*iii*) Quanto à *causa de pedir*, impende distinguir a *remota*, ligada ao enquadramento jurídico da controvérsia judicializada (direito real ou pessoal; responsabilidade objetiva ou fundada em culpa; relação funcional estatutária ou contratual), e a causa de pedir *próxima*, que vem a ser o fato, o evento, a conduta, comissiva ou omissiva, que deflagrou a situação de risco ou de dano a um afirmado direito, assim tipificando o interesse de agir (CPC, art. 17), por exemplo: o inadimplemento, a injúria, o dano ambiental, que levam à necessidade do ajuizamento, dada a vedação da justiça de mão própria.

O pedido e a causa de pedir, pela diretriz da *substanciação* (CPC, art. 319, III), compõem o *objeto litigioso*, a cujo desenho está adstrito o juiz, pelo chamado princípio da *congruência* (CPC, arts. 141, 492, *caput*), certo que aquele desenho se tem por formatado e estabilizado ao final da fase postulatória, que tem seu termo na decisão de saneamento (CPC, art. 357, incisos e parágrafos), com as exceções indicadas no art. 342 e incisos do CPC, por exemplo, a intercorrência de fato ou circunstância superveniente, como pode dar-se com a desocupação voluntária do imóvel, pelo inquilino, na pendência da ação de despejo, ou a revogação do ato normativo, no curso da ADIn onde ele vem sindicado.

Somente após esse exame global e meticuloso se poderá afirmar que duas ações são *iguais* (*tria eadem*: mesmas partes, pedido e causa de pedir), ou apenas conexas ou ainda continentes; afora esses casos, as ações se têm por independentes, podendo cada qual ser distribuída livremente a qualquer das Varas competentes (por exemplo, uma petição inicial de desapropriação será encaminhada, aleatoriamente, a uma das Varas de Fazenda Pública), seguindo livre curso até final.

Observe-se que o risco de contradição entre julgados envolvendo análoga controvérsia não é aquele que pode dar-se no plano meramente *lógico*, virtualidade esta com a qual o processo *convive*, como pode dar-se, por exemplo, quando duas execuções propostas pelo mesmo credor, ambas com base em títulos de mesma natureza (*v.g.*, duplicatas), dirigidas a diferentes sacados, alcançam resultados diversos; ou quando duas ações de despejo, propostas pelo mesmo proprietário, envolvendo imóveis contíguos, reportadas a distintos contratos de locação, vêm a ser decididas diferentemente.

No plano da identificação das ações, busca-se impedir que o risco de respostas antitéticas extravase para o *plano prático*, como pode ocorrer quando, acerca de um só *thema decidendum*, regido pela mesma norma, envolvendo os mesmos sujeitos, um comando judicial *afirma* e outro *nega*; um determina um *fazer* e outro, uma *omissão*; um afirma o *inadimplemento* e outro considera *quitada* a obrigação; ou seja: quando um comando judicial compromete ou esvazia a eficácia prática de outro sobre uma mesma *fattispecie*.

Deve-se ter presente que em cada um dos processos considerados podem ocorrer peculiaridades e incidir circunstâncias diversas, inclusive quanto às condutas processuais adotadas em um caso ou noutro, levando a que cada qual receba um comando judicial a ser obedecido, sem que um imbrique sobre o outro ou impeça a produção de seus efeitos, ou seja, não haverá contradição *prática*, porque nos processos cotejados cada parte terá *uma* coisa julgada a ser cumprida.

A preservação da segurança jurídica, com a prevenção à emissão de comandos judiciais antinômicos ou contraditórios, respalda-se em antigos avisos romanos: *bis de eadem re ne sit actio*; *bis de eadem re agere non licet*, brocardos que evidenciam a inadmissibilidade de dupla ou repetida judicialização de controvérsia sobre um mesmo objeto litigioso, concernindo aos mesmos sujeitos, almejando a mesma finalidade.

O cotejo entre duas ações tanto pode resultar em uma identificação ou coincidência *total e absoluta* dos três elementos – partes, pedido e causa – dando azo às exceções de litispendência ou coisa julgada, conforme o caso (CPC, art. 337, §§ 1º a 4º), assim como tal identificação ou coincidência pode ser *parcial e aproximada*, caracterizando a *conexão* (mesmo pedido *ou* causa de pedir – CPC, art. 55, *caput*) ou a *continência* (mesmas partes e causa de pedir, sendo que o *pedido* em uma delas, "por ser mais amplo, abrange o das demais)" (CPC, art. 56).

Uma e outra dessas ocorrências projetam reflexos na competência do Juízo, operando como *critérios modificativos*, já que em tais casos a competência se desloca para o Juízo que conheceu da primeira das causas replicadas, o qual passa a se considerar *prevento* (CPC, arts. 54 e 58). Aliás, mesmo fora da hipótese de conexão entre processos, pode dar-se tal reunião em sendo palpável o "risco de prolação de decisões conflitantes ou contraditórias caso [fossem] decididos separadamente, mesmo sem conexão entre eles" (CPC, § 3º do art. 55).

Exemplo de conexão: uma ação de reintegração de posse proposta contra um afirmado esbulhador, em face de outra, demarcatória, acerca da mesma área, proposta pelo réu daquela ação, contra o seu autor: embora tais ações não sejam idênticas, ambas reportam-se a direito real (causa de pedir remota), envolvem os mesmos sujeitos, de modo que o seu trâmite separado engendraria risco de decisões discrepantes. Exemplo de continência: duas ações populares, propostas por cidadãos diversos, em face de uma mesma afirmada lesão ao patrimônio de um Município, reportando-se a uma licitação fraudulenta acerca de uma mesma obra pública, sendo que em uma delas é pedido o ressarcimento do erário, e, noutra, além desse pedido, pleiteia-se a descontinuidade do empreendimento, notando-se que o pedido nesta última excede e empolga o formulado na outra.

No processo penal, pode-se registrar conexão (ou mesmo continência, conforme a espécie), entre uma ação por tentativa de homicídio, e outra reportada ao fato de que o tiro disparado pelo autor daquele delito, após atingir a vítima, desviou e acabou atingindo reflexamente terceiro ("bala perdida"), configurando a chamada *aberractio ictus*. No processo eleitoral, pode ocorrer conexão entre ações propostas por partidos políticos envolvendo um mesmo histórico de fraude na apuração dos votos, versando o art. 22, I, da Lei 4.737/1965 (Código Eleitoral) acerca de crimes eleitorais e comuns a eles conexos.

Um caso singular de prevenção às ações repetidas, buscando coartar o risco de decisões discrepantes, pode dar-se no julgamento de ADIn no STF, quando, a depender da espécie, a Corte pode valer-se da técnica do *arrastamento*, por modo que o acórdão de mérito proferido no *leading case* possa se *estender* a outros textos legais decorrentes daquele que foi antes analisado ou que apresente igual teor. Esclarece Pedro Lenza que "na própria decisão a Corte define quais normas são atingidas, e no dispositivo, por *arrastamento*, também reconhece a *invalidade* das normas que estão *contaminadas*, mesmo na hipótese de não haver pedido expresso na petição inicial. Essa contaminação, ou, mais tecnicamente, perda de validade, pode ser reconhecida, também, em relação ao decreto que se fundava em lei declarada inconstitucional".[3] Cuida-se aí de uma aplicação da teoria, de uso corrente na experiência norte-americana, dos "frutos da árvore envenenada" (*fruits of poisoned tree*), significando que os frutos da árvore venenosa ficam também contaminados.

O capítulo da identificação das ações deve ser examinado no tocante às partes, ao pedido e à causa de pedir, com as especificidades atinentes a cada um desses itens, remetendo, nessa ordem, às indagações: *quem?* (quais sujeitos litigam e a que título estão no processo); *o quê?* (qual o objeto da lide – a *res in iudicio deducta*; o *thema decidendum*); *por quê?* (qual a causa – remota e próxima – da judicialização).

A identificação das ações se justifica, ainda, para que o Juízo possa aferir se demandas replicadas estão afluindo massivamente, em tal intensidade que justifique a comunicação de tal ocorrência aos colegitimados à ação coletiva, para os fins indicados no art. 139, X, do CPC, buscando-se com isso racionalizar e otimizar a prestação jurisdicional, antes que a macro lide se pulverize em multifárias demandas seriais. Outro alvitre para o manejo desse tipo de ocorrência consiste na instauração do *incidente de resolução de demandas repetitivas*, por meio do qual pode-se instar o tribunal para fixar a *tese jurídica* que parametrizará a resolução das demandas seriais subsumidas a tal enunciado (CPC, art. 985 e incisos).

18.1 Partes

Na clássica definição de Giuseppe Chiovenda, "parte é aquele que demanda em seu próprio nome (ou em cujo nome é demandada) a atuação duma vontade da lei, e aquele em face de quem essa atuação é demandada".[4]

---

[3] *Direito constitucional esquematizado*. 18. ed. Saraiva: São Paulo, 2014, p. 352.
[4] *Instituições de direito processual civil*. Campinas: Bookseller, 2002, t. II, p. 278.

As partes, no processo judicial, podem ser vistas sob tríplice enfoque:

(*i*) *capacidade de ser parte*, reportada, basicamente, à *personalidade*, assim da pessoa física como jurídica (CCi, arts. 1º e 40), embora o CPC reconheça, por uma sorte de ficção ou de presunção, tal capacidade a certas entidades a rigor despidas de personalidade propriamente dita, tais a massa falida, a herança jacente ou vacante, o espólio, o condomínio (CPC, art. 75 e incisos);

(*ii*) *capacidade de estar em Juízo ou capacidade processual*, reconhecida às pessoas físicas que estão no pleno exercício de suas faculdades (CCi, art. 1º; CPC, art. 70) e às pessoas jurídicas de direito privado e público (CCi, arts. 40 e 47), no primeiro caso por meio dos representantes para tal credenciados nos atos constitutivos da sociedade (*v.g.*, o titular da empresa), ou, no segundo caso, pelo titular do órgão público, por exemplo, o presidente da autarquia ou da fundação; bem por isso, os menores de 16 anos, e outros sujeitos em situação de vulnerabilidade são absolutamente incapazes (CCi, art. 3º e incisos), devendo ser *representados* pelos pais, tutor ou curador, ao passo que os maiores de 16 e menores de 21 anos, dentre outros relativamente incapazes, devem ser *assistidos* (CCi, art. 4º; CPC, arts. 71 e 72);

(*iii*) *capacidade postulatória*, levando a que as partes devam *falar nos autos* por meio de seus advogados (CPC, art. 103), salvo casos especiais, como no *habeas corpus*, que pode ser impetrado pelo próprio paciente (CPP, art. 654, *caput*), ou no Juizado Especial, em que a ação pode ser intentada pelo próprio interessado (Lei 9.099/1995, art. 9º e § 1º), ou ainda na Justiça Trabalhista, em que é dado às partes postular pessoalmente (CLT, art. 791, *caput*). Observe-se que na advocacia pública a capacidade postulatória não se exerce por meio de mandato (procuração), como na advocacia particular, mas aí se trata de uma representação institucional, como, por exemplo, a exercida pelo Procurador da Fazenda Nacional quando atua em prol da União Federal.

O processo é formado pelos sujeitos parciais (as *partes*, originais ou supervenientes, singulares ou litisconsorciadas, ubicadas nos polos ativo e passivo) e um sujeito imparcial, o juiz, ou, nos tribunais, o desembargador ou ministro. O sujeito indigitado como réu, em verdade, só merece tal denominação a partir do momento em que se dá a citação válida (CPC, arts. 238, 240, *caput*, e 312), porque nesse momento é que se triangulariza a relação processual, que até então era linear, polarizada entre autor e juiz. De modo análogo, a qualificação de um sujeito como *parte* depende de sua regular admissão enquanto autor ou réu, o que acaba por refletir-se nos chamados limites subjetivos da coisa julgada, dado que, na jurisdição singular, ela se aplica "às partes entre as quais é dada, não prejudicando terceiros" (CPC, art. 506).

De observar-se que o vigente CPC não recepcionou integralmente o que vinha disposto no art. 572 do CPC/1973, pelo qual a coisa julgada *não beneficiava* tampouco prejudicava terceiros; na atual redação do texto correspondente, a coisa julgada material pode se expandir extra-autos, para *beneficiar*, indireta ou reflexamente, terceiros, apenas não podendo prejudicá-los (CPC, art. 506), o que bem se compreende, porque os que não integraram o contraditório – que é um dos elementos do devido processo legal: CF, art. 5º, LV – não podem ser negativamente impactados pela coisa julgada formada em um processo de que não participaram.

Técnica um tanto aproximada vem utilizada no processo coletivo com a chamada coisa julgada formada *in utilibus* e *secundum eventum probationem* (Lei 8.078/1990, § 3º do art. 103; art. 104), por modo que o particular, embora não possa ser alcançado pela coisa julgada "negativa" formada na ação coletiva por interesses individuais homogêneos, pode, contudo, na hipótese de ela ter sido acolhida, valer-se desse julgado como título para pleitear seu ressarcimento individual. Em outra sede afirmamos que a coisa julgada, "por não ter natureza substantiva – como têm os efeitos do julgado –, permite que nela preponderem os fundamentos de caráter político, o que explica a eventualidade de sua incidência em alguns casos e não em outros, a par do largo espectro de modalidades e de graus diversos de carga eficacial, como na antes lembrada técnica *secundum eventum litis vel probationis*, passando por singularidades como o transporte *in utilibus* da coisa julgada coletiva em prol das demandas individuais (CDC, arts. 103, § 3º, e 104); o contingenciamento da eficácia a certo limite territorial (!) (art. 16 da Lei 7.347/1985); a fixação de mais de um termo inicial para a eficácia da declaração emitida, como nas ADIns, ADCons (art. 27 da Lei 9.868/1999) e ADPFs (art. 11 da Lei 9.882/1999)".[5]

Aliter, porém, na jurisdição singular: se o terceiro é juridicamente interessado, ele tanto pode ingressar espontaneamente no processo *inter alios*, como se dá com o *opoente* ou com o *assistente litisconsorcial* (CPC, arts. 682 e 124, nessa ordem) como pode vir a ser chamado a compor a lide como se dá nos casos de *denunciação da lide* (CPC, art. 125, incisos e parágrafos) ou de *chamamento ao processo* (CPC, art. 130 e incisos). Bem por isso, dispõe o art. 115 do CPC: "A sentença de mérito, quando proferida sem a integração

---

[5] *Jurisdição coletiva e coisa julgada* – teoria geral das ações coletivas. 3. ed. São Paulo: Thomson Reuters/Revista dos Tribunais, 2012, p. 327.

do contraditório, será: I – nula, se a decisão deveria ser uniforme em relação a todos que deveriam ter integrado o processo; II – ineficaz, nos outros casos, apenas para os que não foram citados" (*omissis*).

Cabe desde logo observar que se a citação é ato necessário à formação válida do processo, daí não se extrai que ao citado se imponha a *obrigação* ou o *dever* de esgotar todas as possibilidades de resistência, porque o ambiente processual não se caracteriza por polarizar direitos e obrigações, como se dá nos ramos do Direito Material, mas antes disponibiliza *faculdades*, que bem aproveitadas levam a situações de vantagem (como, *v.g.*, a prova convincente e oportunamente apresentada sobre um fato relevante da causa) e, mal aproveitadas ou passadas *in albis*, engendram situações de ônus ou de sujeição, de que é expressivo exemplo a não apresentação de contestação pelo réu, gerando revelia e, eventualmente seus efeitos – CPC, arts. 344; 345 e incisos.

No tocante ao *momento* em que os sujeitos ingressam em um processo, tornando-se partes, estas se dizem *originárias*, quando integram o contraditório desde o início, ou, então, *supervenientes*, quando se agregam ulteriormente ao processo, como se dá, por exemplo, com um litisconsorte necessário antes ausente dos autos (CPC, parágrafo único do art. 115). Note-se que as figuras de intervenção de terceiro (CPC, arts. 119-132) também constituem técnicas de (re)agrupamento e regularização ulterior das partes, como se dá, dentre outros casos, na convocação de um *tertio*, mediante "nomeação à autoria" feita pelo réu (CPC, art. 338 e parágrafo único; art. 339 e parágrafos).

Saliente-se que pode dar-se o ingresso de um *amicus curiae* na lide *inter alios* (CPC, art. 138 e parágrafos), o qual não se identifica exatamente aos demais casos de "intervenção de terceiro", mas, no dizer de Cassio Scarpinella Bueno, o móvel de sua atuação está no *interesse* institucional, e isso é que "o distingue de todos os demais intervenientes a qualquer título".[6] Outra situação peculiar de integração ulterior de um sujeito em um processo pendente pode decorrer do *incidente de desconsideração da personalidade jurídica*, atendidos os pressupostos indicados nos arts. 133-137 do CPC, certo que já anteriormente esse instituto vinha previsto no Código de Defesa do Consumidor (Lei 8.078/1990, art. 28 e parágrafos).

No tocante ao modo de apresentação das partes no processo, elas podem se apresentar *singularmente* ("Tício *versus* Caio"), ou então *litisconsorciadas*, neste último caso podendo o cúmulo subjetivo configurar-se desde o início

---

[6] Amicus curiae *no processo civil brasileiro* – um terceiro enigmático. São Paulo: Saraiva, 2006, p. 664.

(por exemplo, ação popular proposta contra todos os responsáveis pela lesão ao erário), ou então ulteriormente, ao longo do processo, como, por exemplo, se o outro fiador, atendendo ao chamamento do réu, vem a integrar o polo passivo (CPC, art. 130, II); noutro exemplo, figure-se uma ação real imobiliária na qual vem determinada a citação do cônjuge, até então ausente (CPC, art. 73, § 1º, I).

O cúmulo subjetivo de sujeitos, dito *litisconsórcio*, pode ser considerado sob quatro critérios:

(*i*) quanto ao *posicionamento* das partes, ele é *ativo*, *passivo* ou *misto*, configurando-se este último quando o cúmulo ocorre nos dois polos da ação;

(*ii*) quanto ao *momento* da formação, o litisconsórcio é *inicial* ou *ulterior*, podendo dar-se este último, por exemplo, quando o juiz, constatando que o polo passivo se ressente da ausência de algum sujeito que deveria integrá-lo, determina ao autor que promova a citação do ausente, sob pena de extinção do processo (CPC, parágrafo único do art. 115);

(*iii*) quanto à *obrigatoriedade* de sua formação, o litisconsórcio é (*a*) *necessário*, quando sua constituição é imperiosa, sob pena de ineficácia do julgado em face de quem não foi citado (CPC, art. 114; art. 115, II; Súmula 631 do STF) ou, então, (*b*) *facultativo*, quando sua formação é deixada ao prudente aviso das partes, valendo registrar, inobstante, que o CPC autoriza o juiz a coartar a formação de litisconsórcio facultativo muito numeroso, dito multitudinário (art. 113 e § 1º);

(*iv*) quanto à *uniformidade* ou não da decisão em face dos sujeitos agrupados, tem-se, no primeiro caso, o litisconsórcio *unitário* (CPC, art. 115, I; art. 116), quando todos os sujeitos concernentes ao objeto litigioso participarem em alguma medida do resultado final, a ação, ou, então, *simples*, quando a decisão pode se apresentar diferenciada em face de alguma das partes, como, por exemplo, pode ocorrer em uma ação popular na qual se verifica que o perito avaliador, corréu, em verdade não concorreu para o resultado danoso sindicado nos autos, levando a que a ação seja, com relação a ele, julgada improcedente.

Caso singular de litisconsórcio pode dar-se na ação coletiva em nome de interesses individuais homogêneos (Lei 8.078/1990, art. 81, parágrafo único, III), a teor do art. 94 dessa lei: "Proposta a ação, será publicado edital no órgão oficial, a fim de que os interessados possam *intervir no processo como litisconsortes*, sem prejuízo de ampla divulgação pelos meios de comunicação social por parte dos órgãos de defesa do consumidor".

Ainda no tocante ao litisconsórcio, vale dizer que uma das modalidades de intervenção de terceiros – a assistência – pode-se apresentar em modo *litisconsorcial*, dispondo o art. 124 do CPC, que, como tal, se considera "o assistente sempre que a sentença influir na relação jurídica entre ele e o adversário do assistido"; em verdade, pode-se dizer que o assistente litisconsorcial é aquele que, já antes, reunia condição ou titulação jurídica para figurar como parte – ativa ou passiva – desde o início da ação.

O elemento *partes*, na identificação das ações, está diretamente ligado à condição da ação dita *legitimação para agir* (CPC, art. 17), entendida, no clássico conceito, como a "pertinência subjetiva do interesse", ou seja: cuida-se de saber a qual sujeito concerne – *in statu assertionis* – o direito questionado no processo, levando a que a legitimação se diga *ordinária*, quando existe correspondência entre um dado sujeito e a titularidade do direito afirmadamente lesado ou ameaçado (*v.g.*, legitimado ativo ordinário para a ação de despejo, ação pessoal calcada em contrato, é o locador); excepcionalmente, tal legitimação pode fundar-se não nessa correspondência, mas no fato de uma dada previsão legal credenciar alguém a pleitear em Juízo em nome ou em prol de outrem, como se dá no mandado de segurança impetrado a favor de terceiro (Lei 12.016/2009, art. 3º, *caput*), quando então a legitimação se diz *extraordinária* (ou, de modo um tanto atécnico, *substituição processual*), dispondo o art. 18 do CPC: "Ninguém poderá pleitear direito alheio em nome próprio, salvo quando autorizado pelo ordenamento jurídico".

A legitimação ordinária, por ser vinculada à afirmada titularidade de um direito, é, como regra, *exclusiva* (por exemplo, a legitimação do cônjuge para a divórcio), ao passo que a legitimação extraordinária, por decorrer de uma dada autorização *ex lege*, não raro se apresenta em modo concorrente-disjuntivo, credenciada a vários agentes, como se dá na ação civil pública em defesa de interesse metaindividual (Lei 7.347/1985, art. 5º e incisos), ou então, nos processos de natureza objetiva, como a Adin e ADCon processadas no STF, as quais apresentam um rol de colegitimados ativos (CF, arts. 102, § 2º; 103 e incisos).

No processo coletivo o *critério legitimante* das partes se desloca, da titularidade do direito (incidente na jurisdição singular) para o da *representação adequada*, como, por exemplo, se passa em face de uma associação que, para promover ação coletiva em nome de interesses individuais homogêneos, deve demonstrar a *pertinência temática*, ou seja: que o direito em lide é compatível com o objetivo estatutário da entidade – Lei 7.347/1985, art. 5º, V, *b*, com redação da Lei 13.004/2014.

Vale ainda registrar que no processo penal, tratando-se de ação penal pública, as partes são o Estado, representado pelo Ministério Público, e o acusado, defendido por seu advogado, ou, na ação penal privada, o querelante, isto é, o ofendido, e o acusado, igualmente representados por seus advogados. Na Justiça Trabalhista, nos dissídios individuais, as partes são o empregado (reclamante) e o empregador (reclamado); nos dissídios coletivos, a legitimação ativa e passiva é deferida aos sindicatos patronal e laboral (CF, art. 8º, III), inclusive na ação civil pública trabalhista (CF, art. 129, III, c/c art. 200, VIII), para a qual é colegitimado o *parquet* com atuação nessa área – Lei 7.347/1985, art. 5º, I. Na Justiça Eleitoral, figuram, no polo ativo das ações, os partidos políticos, coligações partidárias, candidatos, Ministério Público com atuação nessa área; no polo passivo esses atores, com exceção do *parquet* e do cidadão eleitor.

18.2 Pedido

Enquanto a causa de pedir *próxima* – *v.g.*, o inadimplemento, o dano ao patrimônio, o ato lesivo à honra pessoal – deflagra a condição da ação dita *interesse de agir* (necessidade + utilidade de uma dada prestação jurisdicional – CPC, art. 17), já o *pedido*, em sua dupla dimensão – *imediato* (o tipo de resposta judicial pretendida); *mediato* (o bem da vida, a utilidade prática objetivada na ação) – conecta-se a outros e específicos efeitos:

(*i*) delimita o alcance da intervenção jurisdicional (princípio da *adstrição* ou *congruência* entre pedido e resposta jurisdicional: vedação da decisão *ultra*, *citra*, *extra petita* : CPC, arts. 490, 492, *caput*), assim demarcando o perímetro decisional (CPC, § 2º do art. 322) e formatando o capítulo dispositivo da decisão – CPC, inciso III do art. 489;

(*ii*) condiciona o resultado da lide: procedência, improcedência, procedência em parte – CPC, art. 490;

(*iii*) configura, juntamente com a causa de pedir (remota e próxima), a *substanciação* do objeto litigioso, que é determinante para a delimitação da coisa julgada material – CPC, art. 503 e parágrafos.

O pedido está ligado ao princípio *dispositivo*, que à sua vez formata a extensão-compreensão da resposta jurisdicional, e, bem assim, conecta-se ao princípio da *demanda*, pelo qual a Justiça Estatal não se preordena, em regra, a atuar de ofício, devendo ser instada pela parte ou interessado para intervir em uma lide não antes composta suasoriamente, isso, tanto na jurisdição singular, envolvendo sujeitos determinados, como na coletiva, concernindo a certos segmentos ou mesmo à coletividade como um todo. Dispõe o art. 2º do CPC: "O processo começa por *iniciativa da parte* e se desenvolve por impulso oficial, salvo as exceções previstas em lei". Dentre as raras exceções ao princípio da demanda está a instauração, por iniciativa do Juízo, do incidente de resolução de demandas repetitivas (CPC, art. 977, I) e do conflito de competência (CPC, art. 951, *caput*).

Em regra, o pedido é sempre *certo e determinado*, por exemplo, o despejo do imóvel, para uso próprio; o ressarcimento pelo dano causado (CPC, arts. 322, 324, *caput*) e, apenas excepcionalmente, pode ser *genérico* nas estritas hipóteses dos incisos do § 1º do art. 324 do CPC, valendo observar que tais disposições aplicam-se igualmente ao pedido reconvencional formulado pelo réu (CPC, art. 343 e parágrafos; § 2º do art. 324). Pode ainda o pedido apresentar-se em modo *cumulativo* (CPC, art. 327, *caput*), podendo ser de tipo simples, observadas as exigências indicadas nos parágrafos do art. 327 do CPC, ou configurar modalidades diferenciadas, levando à cumulação:

(*i*) *alternativa*, quando se consente ao réu atender à pretensão do autor em mais de um modo, à sua escolha, por exemplo, pagamento ou oferta de prestação equivalente (CPC, art. 325 e parágrafo único; CCi, art. 252);

(*ii*) *sucessiva* ou *subsidiária*, quando for dado ao juiz acolher o pedido posterior, em não podendo recepcionar o anterior (CPC, art. 326, *caput*), por exemplo: condenação ao replantio de espécies nativas em outro sítio degradado (compensação ambiental), em caso de não acolhimento do pedido de cessação de atividade da empresa infratora.

Ante essa diversidade de pedidos, é relevante o disposto no § 2º do art. 327: "Quando, para cada pedido, corresponder tipo diverso de procedimento, será admitida a cumulação se o autor empregar o procedimento comum, sem prejuízo do emprego das técnicas processuais diferenciadas previstas nos procedimentos especiais a que se sujeitam um ou mais pedidos cumulados, que não forem incompatíveis com as disposições sobre procedimento comum".

Pode-se ainda admitir os chamados *pedidos implícitos*, a saber aqueles que são considerados e eventualmente concedidos independentemente de específica postulação, seja por estarem, de certo modo *embutidos* nos pedidos explícitos, seja por beneficiarem de previsão legal: os juros de mora, na dívida de dinheiro (CPC, art. 524, III); a correção monetária, na dívida de valor; a multa diária, como meio indutivo para a prestação específica da obrigação (CPC, § 1º do art. 536); a verba honorária sucumbencial (CPC, art. 85, *caput*); a correção do valor da causa – CPC, § 3º do art. 292. Exemplo expressivo do ponto ora versado está no art. 13 da Lei 4.717/1965, sobre a ação popular: "A sentença que, apreciando o fundamento de direito do pedido, julgar a lide manifestamente temerária *condenará o autor ao pagamento do décuplo das custas*".

É possível, igualmente, dar-se o aditamento ou alteração do pedido ou da causa de pedir (o que também se aplica à reconvenção (CPC, parágrafo único do art. 329 c/c art. 343 e parágrafos), nas seguintes oportunidades:

(*i*) antes da citação, em modo unilateral pelo autor – CPC, art. 329, I;

(*ii*) até o saneamento, já agora mediante consentimento do réu, já que este tem, igualmente, direito ao processo – CPC, art. 329, II.

O pedido, na maior parte dos casos, é prestacional (pagar, entregar, fazer, não fazer), podendo ser ainda (des)constitutivo (*v.g.*, rescisão do contrato), ou mesmo mandamental (ordem dirigida à autoridade, como no mandado de segurança), mas nada impede que o pedido seja apenas declaratório, assim limitado à eliminação da incerteza, quando se pleiteia a definição da natureza jurídica de uma dada relação ou a declaração de autenticidade/falsidade de documento (CPC, arts. 19, 20 e incisos). Nestes últimos casos fala-se em ação declaratória *pura*, já que todas as demais, em um primeiro momento, apresentam algum conteúdo declaratório, em modo de um pedido implícito, por exemplo: a sentença que condena o réu a pagar a dívida, parte da premissa de que a relação jurídica correspondente é existente e válida, caso contrário não poderia ser exigível o adimplemento; a sentença em ação civil pública que condena o responsável à recuperação do sítio degradado, implicitamente reconhece a prática de ilícito ambiental.

Assim, fala-se em pedido

(*i*) *imediato*, representado pelo tipo de resposta jurisdicional pretendido, levando às ações declaratórias, constitutivas, condenatórias, mandamentais, e bem assim aos pedidos de tutela provisória, fundados em urgência ou evidência; e,

(*ii*) *mediato*, representado pelo benefício, situação de vantagem, utilidade prática ou bem da vida almejado, tal a reintegração do servidor ao cargo do qual fora irregularmente exonerado; a negativação do nome da pessoa prejudicada pela inserção indevida de seu nome em certo banco de dados; a efetiva fruição do regime progressivo de cumprimento de pena; a publicação em jornal de grande circulação de desmentido acerca de certo fato imputado à vítima de notícia injuriosa.

Tenha-se presente que a resolução de um dado pedido, a depender de sua natureza, pode condicionar o julgamento final, em modo de uma *prejudicialidade interna*, por exemplo: em uma ação de alimentos, o acolhimento da negativa de paternidade (exceção substancial), formulada pelo réu, induzirá a improcedência da ação, que fora fundada naquele pressuposto (CPC, § 1º do art. 503), lembrando-se que a coisa julgada material se estenderá à decisão sobre tal questão incidental, por aí se configurar ampliação do objeto litigioso, observadas as exigências e condicionantes indicadas nos parágrafos do art. 503 do CPC. A prejudicialidade pode, também, ser externa, por exemplo, a que se estabelece entre as jurisdições civil e penal (CCi, art. 935, c/c CPC, art. 515, VI) ou a que se estabelece entre ação coletiva e ações individuais, por exemplo: reconhecido na ação coletiva que a propaganda de certo produto é enganosa, os lesados pelo seu uso poderão valer-se dessa premissa para fundamentar seus pedidos indenizatórios em suas ações individuais, a teor dos arts. 103, § 3º, e 104 da Lei 8.078/1990.

Saliente-se que independem de pedido explícito as *questões de ordem pública* (materiais e processuais), as quais podem ser conhecidas de ofício, a qualquer tempo ou grau de jurisdição, tais aquelas atinentes à competência absoluta (CPC, art. 64 e § 1º); na instância recursal, fala-se no *efeito translativo* das questões de ordem pública, afirmando Nelson Nery Júnior e Rosa Maria de Andrade Nery: "A *translação* dessas questões ao juízo *ad quem* está autorizada pelo CPC 1013 §§ 1º a 3º. O exame das questões de ordem pública, ainda que não decididas pelo juízo *a quo*, fica transferido ao tribunal destinatário do recurso por força do efeito translativo autorizado pelo CPC 1013".[7]

18.3 Causa de pedir

Os requisitos da petição inicial (CPC, art. 319) mencionam às expressas o "pedido com as suas especificações" (inciso IV desse artigo), silenciando, todavia, quanto à *causa de pedir*. Ainda assim, é razoável entender-se que a indicação desse elemento é necessário, porque ele é que confere *substanciação* ao pedido, isto é, o insere no contexto jurídico, conforme a lição de José Carlos Barbosa Moreira: "Constitui-se a *causa petendi* do fato ou do conjunto dos fatos a que o autor atribui a produção do efeito jurídico por ele visado (...) Não integram a *causa petendi*: (*a*) a qualificação jurídica dada pelo autor ao fato em que apoia sua pretensão (*v.g.*, a referência a 'erro' ou a 'dolo', na petição inicial, para designar o vício do consentimento invocado como causa da pretendida anulação do ato jurídico); (b) a norma jurídica aplicável à espécie".[8]

Em sentido um tanto distinto, coloca-se a teoria da *individuação*, para a qual bastaria a indicação da fonte jurídica de onde promana a pretensão,

---

[7] *Comentários ao Código de Processo Civil*. São Paulo: Thomson Reuters/Revista dos Tribunais, 2015, nota nº 32 ao art. 993, p. 1.995.

[8] *O novo processo civil brasileiro*. 27. ed. Rio de Janeiro: Forense, 2008, p. 17.

v.g., o contrato, a declaração de vontade. Oportunamente, afirmam Nery & Nery: "O nosso sistema processual adotou a *teoria da substanciação* do pedido (...). Hoje a teoria da individuação se encontra superada e não guarda mais nenhuma importância jurídica".[9] De fato, o art. 319 do CPC exige que, dentre os requisitos da petição inicial, venham indicados "iii – o fato e os fundamentos jurídicos do pedido".

Pela teoria da *substanciação*, acolhida pelo CPC, são os fatos, seguidos de seu enquadramento em algum ponto do ordenamento positivo que formatam a causa de pedir, por exemplo: o fato do inadimplemento do título cambial em seu vencimento caracteriza a impontualidade, legitimando o protesto e consequente cobrança executiva (CPC, art. 784, I), como consequências jurídicas daquele fato; já pela teoria da *individuação*, bastaria a indicação da relação jurídica subjacente à espécie historiada nos autos, por exemplo: em uma ação movida por servidor público, a afirmação de que se trata de uma relação estatutária (decorrente de concurso público).

A causa de pedir coloca-se em dupla dimensão:

(*i*) causa de pedir *remota*, atrelada aos "fundamentos jurídicos" da pretensão (CPC, inciso III do art. 319), assim imputando ao autor o ônus de explicitar em qual seara do Direito Positivo radica a pretensão exposta na ação, por exemplo: se é no direito real ou no obrigacional (até porque essa distinção tem reflexos na competência do Juízo: CPC, arts. 47 e parágrafos; 53, III, *d*); se a prestação atribuída ao réu é de índole contratual ou advém de ato ilícito; se a responsabilidade é subjetiva, fundada em culpa (*v.g.*, Lei 8.078/1990, art. 14, § 4º) ou é objetiva, como se passa em matéria ambiental (CF, § 3º do art. 225);

(*ii*) causa de pedir *próxima*, identificada na indicação do "fato", como exigido no inciso III do art. 319, porque é essa ocorrência – *v.g.*, o inadimplemento, a injúria, o esbulho – que deflagra a situação de dano temido ou sofrido e consequente judicialização, configurando a condição da ação dita *interesse de agir* (CPC, art. 17), por exemplo: o dano causado pelo inquilino ao imóvel deflagra o interesse (necessidade + utilidade) na prestação jurisdicional que, a um tempo, é *mandatória* (o despejo) e *condenatória* (o ressarcimento).

Não há confundir, porém, a indicação do *fundamento jurídico* da pretensão com o singelo *fundamento legal*, porque este enquadramento, conquanto factível, não vincula o juiz, aí incidindo os aforismas *iura novit*

---

[9] *Comentários...*, cit., nota nº 9 ao art. 319, p. 886.

cúria e *da mihi factum, dabo tibi jus*, ou seja, o juiz formará sua *persuasão racional* mediante a avaliação dos fatos narrados, das provas apresentadas, à luz da norma de regência, subsídios que informam a motivação do julgado (CPC, art. 489, II e § 1º).

É razoável entender-se que a causa de pedir, em suas dimensões remota e próxima, corresponde à exigência da indicação dos "fatos e os fundamentos jurídicos do pedido", na petição inicial, assim compondo o *objeto litigioso*, isto é, a *res in iudicio deducta*, que, à sua vez, demarcará os contornos da lide e, em consequência, definirá os lindes da cognição judicial, que não pode operar *infra, ultra* ou *extra petita* – CPC, arts. 490 e 492.

Verdade que nos chamados *processos objetivos*, como se dá nas ações no controle direto de constitucionalidade (ADIn, ADCon, ADPF), nas quais é aferido um valor transcendente, qual seja a conformidade de certa lei ou ato normativo com o texto constitucional, pode ocorrer de o STF vir a tipificar a inconstitucionalidade em fundamento diverso daquele indicado pelo autor da ação (CF, art. 103 e incisos), por exemplo: sustentou-se uma inconstitucionalidade substancial (*v.g.*, violação de cláusula pétrea – CF, art. 60, § 4º e incisos), mas a Corte apenas vislumbrou inconstitucionalidade formal, tal um vício de iniciativa na lei sindicada nos autos. Em casos que tais, fala-se em causa de pedir *aberta*.

Dadas a *alteridade* que informa a relação processual e a *igualdade de tratamento* devida às partes, a indicação da causa de pedir pode também, concernir ao réu, se este vier a *reconvir* (CPC, art. 343, *caput*) ou suscitar defesas indiretas de mérito (fatos impeditivos, modificativos ou extintivos – CPC, art. 350), ou mesmo, formular pedido declaratório incidental (CPC, § 1º e incisos do art. 503), aí se aplicando o aforisma *reo in exceptio fit actor*.

Conquanto esteja o autor, na ação, ou mesmo o réu, na reconvenção, jungidos a indicar os fatos e os fundamentos jurídicos de seus pedidos (teoria da *substanciação*), assim definindo o objeto litigioso, deve-se ter presente que esse desenho não condiciona nem compromete a liberdade na formação da persuasão racional do julgador, que tanto pode entender que certos fatos arrolados são irrelevantes para o deslinde da controvérsia, como pode perscrutar outro embasamento jurídico frente ao histórico descrito na ação ou na reconvenção, aí se aplicando o aforisma *da mihi factum, dabo tibi jus* (CPC, art. 141), devendo o julgador, sob pena de nulidade, alinhar as razões que o levaram a tal convencimento (dever de fundamentação) – CF, art. 93, IX; CPC, § 1º do art. 489.

Justamente por isso, entre a descrição dos *fatos* narrados nos autos e a indicação dos *fundamentos jurídicos* que ao ver das partes defluem daqueles primeiros são aqueles que primeiro assomam à cognição do julgador, porque é a perfeita apreensão da matéria fática que permitirá identificar, no ordenamento positivo, a norma de regência da espécie: *ex facto oritur jus*.

No tocante ao processo penal, esclarece Fernando Antônio Negreiros Lima, "(...) não é absolutamente estranha a possibilidade de o julgador, à vista dos fatos narrados pelas partes, atribuir qualificação distinta daquela contida na denúncia".[10]

A causa de pedir apresenta certas nuances, conforme se trate de ação individual ou, então, de ação coletiva, porque nesta última a causa de pedir se reporta a uma ocorrência que impacta toda a coletividade ou um segmento dela (indeterminação dos sujeitos e indivisibilidade do objeto), como, por exemplo, se verifica na ação que tem por base a divulgação de propaganda enganosa acerca de certo produto ou serviço oferecido no mercado.

Evidentemente, certas causas de pedir mostram-se singelas, tais a demonstração da relação locatícia e do inadimplemento do aluguel, que alicerçam o pedido de despejo, ao passo que outras são complexas, como pode ocorrer em uma ação civil pública ambiental, abrangendo mais de um tópico: a irregularidade da licença concedida para o desmatamento; o dano à flora e à fauna locais; a conduta dos funcionários envolvidos e dos responsáveis pelo resultado danoso; a possibilidade de compensação ambiental.

---

[10] *Teoria geral do processo judicial*, cit., p. 457.

19

TUTELA PROVISÓRIA: O DIREITO PROVÁVEL, COM OU SEM CARÁTER ACAUTELATÓRIO OU DE URGÊNCIA

O CPC/1973 dedicava todo um livro (III – "Do processo cautelar": arts. 796-889) para regular a judicialização de situações carentes de *segurança* para pessoas, coisas, situações ou mesmo do próprio processo, apresentando uma parte inicial, em que se previa o *poder cautelar geral* do juiz, a quem era dado "determinar as medidas provisórias que julgar adequadas, quando houver fundado receio de que uma parte, antes do julgamento da lide, cause ao direito da outra lesão grave e de difícil reparação" (art. 798); é dizer: quando estivesse presente o binômio *fumus boni iuris* e *periculum in mora*.

Já agora em face do vigente CPC, alterou-se a estrutura do anterior processo cautelar ("tutela provisória", na atual nomenclatura), avaliando Luiz Fux que o legislador, "ao instituir um livro próprio para a tutela provisória e regular os procedimentos específicos, deixou clara a natureza instrumental-processual desse *tertium genus*, tanto que dispôs textualmente sobre a dependência do processo cautelar em relação ao processo principal".[1]

É sempre útil um contraponto com o regime constante do CPC/1973, valendo lembrar que, a par de um capítulo inicial, contendo as disposições gerais, dispunha-se, no capítulo II, sobre os "procedimentos cautelares específicos" (arresto, sequestro, caução, busca e apreensão, exibição, produção antecipada de prova, alimentos provisionais, arrolamento de bens, justificação, protestos, notificações e interpelações, homologação de penhor legal, posse em nome de nascituro, atentado, protesto e apreensão

---

[1] *Teoria geral do processo civil.*, cit., p. 348-349.

de títulos). O livro III – "Do Processo Cautelar" se encerrava com uma seção que elencava "outras medidas provisionais", passíveis de realização "na pendência da ação principal ou antes de sua propositura", como, por exemplo, "a interdição ou a demolição de prédio para resguardar a saúde, a segurança ou outro interesse público" (inciso VIII do art. 888).

No vigente CPC, cabe ressaltar que é por conta da provisoriedade que caracteriza a tutela cautelar (induzindo uma sorte de *adiantamento* da pretensão jurisdicional de fundo) que a efetivação da medida cautelar corre à conta de quem a requeira, podendo, nos casos listados nos incisos do art. 302, responder "pelo prejuízo que a efetivação da tutela de urgência causar à parte adversa"; nesse sentido, pode o juiz impor certas *contracautelas*, como, por exemplo, o depósito, à ordem do Juízo, do valor do título cambial, como condição para a pleiteada sustação do protesto.

O CPC vigente houve por bem dar nova roupagem à *tutela provisória*, dando essa denominação ao Livro V, a qual compreende:

(*i*) a *tutela de urgência* (arts. 300-310), voltada às situações de risco iminente;

(*ii*) *tutela da evidência* (CPC, art. 311 e parágrafos), cabível nos casos em que o histórico fático-jurídico se apresenta claro e inequívoco. A tutela de urgência, à sua vez, se bifurca em *antecipada*, podendo concernir a todo o mérito ou parte dele, assim em caráter *antecedente*, quando "a urgência for contemporânea à propositura da ação" (CPC, art. 303, *caput*), como em caráter *incidental*, requerida na pendência da lide.

Pode dar-se, também, que venha demonstrada a necessidade de um provimento de urgência, ante situação de risco ao resultado útil do processo, vindo então indicada a tutela *cautelar*, assim em modo *antecedente* como *incidental* (CPC, parágrafo único do art. 294 c/c art. 305 e parágrafo único), consentindo medidas *nominadas* (CPC, art. 301), a par daquelas *atípicas*, que podem ser concedidas segundo o prudente arbítrio do juiz, sob a égide de seu *poder cautelar geral* ("qualquer outra medida idônea para asseguração do direito"), por exemplo: a determinação para que uma parte mantenha certa distância da outra, como por vezes sucede em situações em que haja risco à integridade física de um dos cônjuges.

Vale ter presente que a tutela cautelar está constitucionalizada, na medida em que o acesso à Justiça é disponibilizado não só aos históricos de lesão, mas também aos de *ameaça*, ou seja, de risco a um afirmado direito ou ao resultado útil do processo, como se colhe da dicção do art. 5º, XXXV: "lesão *ou ameaça* a direito".

A depender da singularidade da situação fática, pode dar-se que uma cautelar, fundada no *fumus boni iuris* e no *periculum in mora*, não tenha como se considerar *provisória* se a efetivação da medida bastar para conjurar a situação de urgência que envolvia o direito em risco, por exemplo: concedida cautelar para que o hospital promova certo transplante de órgão, e realizado o procedimento, não mais haverá como reverter a situação de fato ao *statu quo ante*, ainda que a ação principal venha depois julgada improcedente; o mesmo se diga de uma cautelar que autoriza uma pessoa a se ausentar do país e, efetivamente, vem a ocorrer tal deslocamento; em outro exemplo, concedida cautelar autorizando obra de reforço na fundação de um prédio que ameaça ruína, e realizada o serviço, a nova situação fica irreversível, independentemente do resultado da ação principal.

Por isso mesmo, não fora a antinomia conceitual entre *tutela provisória* e *provimento satisfativo*, não seria demasiado cogitar-se, em certos casos, de cautelares *satisfativas*. Nelson Nery Júnior e Rosa Maria de Andrade Nery admitem que o vigente CPC não recepciona expressamente tal possibilidade, mas, ponderam: "ao que parece, a possibilidade de se exigir medidas exaurientes ainda persiste na tutela antecipada, por suas próprias características e por dedução, *a contrario sensu*, do que consta no CPC 303".[2]

De outra parte, não há negar que as *liminares* judiciais revestem-se de cautelaridade, na medida em que, a partir do histórico de urgência e da aparência do bom direito, são concedidas medidas preventivas ou assecuratórias, que perdurarão até o final desfecho da ação principal. Assim, por exemplo, se o interessado em participar de certo concurso público está impedido de fazê-lo por ato da autoridade, avaliado pelo interessado como arbitrário e ilegal, não lhe aproveitaria ganhar ao final o mandado de segurança, porque o citado exame já teria ocorrido e o episódio estaria encerrado; daí poder o juiz, já ao despachar a inicial, ordenar "que se suspenda o ato que deu motivo ao pedido, quando houver fundamento relevante e do ato impugnado puder resultar a ineficácia da medida caso seja finalmente deferida, sendo facultado exigir do impetrante caução, fiança ou depósito, com o objetivo de assegurar o ressarcimento à pessoa jurídica" (Lei 12.016/2009, art. 7º, III), tratando-se, nesta última referência, da chamada *contracautela*. Algo semelhante se passa com as liminares em ação de reintegração de posse (CPC, art. 555, parágrafo único e incisos) ou ainda com as liminares para desocupação do imóvel, na ação de despejo fundada em um dos casos listados no art. 59, § 1º e incisos da Lei 8.245/1991.

---

[2] *Comentários ao Código de Processo Civil*, cit., nota nº 5 ao art. 294, p. 842.

O vigente CPC dispôs sobre a tutela provisória em modo diverso do que o fizera o CPC/1973, valendo salientar esta pontuação:

(*i*) a denominação *Processo Cautelar*, que intitulava o Livro III do anterior CPC, aparece agora substituída pela expressão *Tutela Provisória*, de conotação mais larga; justamente por conta da provisoriedade, tal tutela pode, "a qualquer tempo, ser revogada ou modificada" – CPC, art. 296, *caput*;

(*ii*) enquanto o CPC/1973 regulava o rito de algumas medidas cautelares em espécie, sob a denominação "procedimentos cautelares específicos", já o CPC vigente optou por dispor em modo sintético a esse respeito, indicando no art. 301 algumas medidas cautelares e concluindo o dispositivo com uma cláusula de encerramento: "(...) qualquer outra medida idônea para asseguração do direito";

(*iii*) o rol de medidas cautelares constante do art. 301 do CPC não é exaustivo, dado o *poder cautelar geral* do juiz, que o autoriza a "determinar as medidas que considerar adequadas para a efetivação da tutela provisória" (CPC, art. 297, *caput*);

(*iv*) algumas medidas antes inseridas no gênero Processo Cautelar, aparecem realocadas no CPC vigente, tal a *produção antecipada de prova*, que passou para o capítulo XII – "Das Provas" – no Livro I da Parte Especial (arts. 381-383); a *notificação* e a *interpelação*, que passaram para o capítulo XV – "Dos Procedimentos de Jurisdição Voluntária" do título III do Livro I da Parte Especial (arts. 726-729);

(*v*) certas *medidas de apoio*, necessárias a induzir o cumprimento específico do julgado, podem também revestir-se de caráter cautelar, na medida em que visam assegurar o resultado útil do processo ou da execução (CPC, arts. 139, IV; 536 e § 1º);

(*vi*) consente-se o pleito de medida cautelar *em caráter antecedente*, independentemente da probabilidade do direito (*fumus boni iuris*), desde que presentes "o perigo de dano [*periculum in mora*] ou o risco para o resultado útil do processo" (CPC, art. 305, *caput*), aferição essa que passa pela avaliação quanto à *congruência* e *adequação* entre a cautelar e a ação principal indicada pelo requerente.

No caso da tutela antecipada requerida em caráter antecedente (CPC, art. 303 e parágrafos), ainda que tal provimento não se estabilize pela agregação da coisa julgada propriamente dita (dada a sumariedade da cognição), pode dar-se, em contrapartida, que tal provimento fique *estabilizado*, se a decisão que a concedeu não for objeto de recurso (agravo de instrumento: CPC, art. 1.015, I), caso em que o processo será extinto (CPC, art. 304 e § 1º).

Enquanto o processo de conhecimento (*cog* + *noscere*: resolução da lide em sua integral dimensão) se preordena a *eliminar a incerteza* com a oferta de comandos prestacionais, declaratórios e mandamentais enquanto o processo de execução ou a fase de cumprimento do julgado se prestam à satisfação do direito reconhecido no título exequendo, judicial ou extrajudicial, já o processo cautelar (redenominado *tutela provisória*, no vigente CPC) intenta outra finalidade básica, qual seja a tutela de um afirmado direito posto em situação de perigo ou em modo que possa comprometer o resultado útil do processo, de tal arte que, em não sendo de pronto tutelado, se configuraria uma situação futura de difícil ou incerta reparação – CPC, art. 300, *caput*.

Vale ainda uma vez salientar que nem sempre vem exigido o requisito da urgência para a tutela provisória, dado que o CPC prevê que para a tutela cautelar requerida em caráter antecedente basta o "perigo de dano ou o risco para o resultado útil do processo" – art. 305, *caput*, circunstâncias que são avaliadas em uma cognição por *verossimilhança* (o direito provável) e não de certeza. Assim, *v.g.*, o arresto visa proteger a efetividade da futura execução; o protesto contra alienação de bens objetiva alertar terceiros quanto à possível dissipação do patrimônio do devedor.

A par disso, o CPC contempla ocorrências que, posto não se enquadrem no histórico de perigo iminente, tampouco denotem risco para o resultado útil do processo, todavia exibem características que, de *per si*, ensejam ou recomendam uma antecipação do provimento judicial cabível, ocorrências essas agrupadas sob a denominação *tutela da evidência*; nesse sentido, dispõe o art. 294, *caput*, do CPC: "A tutela provisória pode fundamentar-se em urgência ou evidência".

A tutela da evidência, a teor do art. 311 e incisos do CPC, é de ser concedida na presença de um destes históricos:

(*i*) a resistência do réu se mostra abusiva ou de sorte a exprimir propósito apenas protelatório;

(*ii*) os fatos alegados pelo autor estão comprovados documentalmente, vindo ainda a pretensão respaldada em tese firmada em julgamento de casos repetitivos (CPC, art. 928, incisos e parágrafo único) ou súmula vinculante do STF (CPC, art. 927, II);

(*iii*) o pedido inicial é de natureza reipersecutória, fundado em prova documental de contrato de depósito, caso em que será determinada desde logo a entrega do objeto custodiado, sob cominação de multa;

(*iv*) a prova documental acostada pelo autor à inicial se mostra consistente o bastante e o réu não apresenta contraprova capaz de gerar dúvida razoável.

Saliente-se que nos casos (*ii*) e (*iii*), é dado ao juiz decidir *liminarmente* – CPC, parágrafo único do art. 311.

A *evidência* tangencia o sentido de *certeza*, entendida esta última, na acepção clássica, como a *plena clareza com que a verdade se impõe à adesão da inteligência*, valendo lembrar que na língua inglesa a palavra *evidence* (prova), indica aquilo que é idôneo e bastante a demonstrar um dado fato. Dessa forma, afirmam Cândido Rangel Dinamarco e Bruno Vasconcelos Carrilho Lopes: "*Evidência* na linguagem comum significa clareza, visibilidade ou *certeza manifesta*. Na teoria do conhecimento evidência é um 'caráter de objeto de conhecimento que não comporta nenhuma dúvida quanto à sua verdade ou falsidade'. Mas a 'evidência' com base na qual o juiz pode conceder essa espécie de tutela é menos que isso. Não passa de uma grande *probabilidade* com fundamento na qual o juiz poderá conceder essa espécie de tutela – a qual, justamente por não traduzir uma *certeza*, é suscetível de revogação ou modificação a qualquer tempo, sendo por isso *provisória* (CPC, art. 296). No fundo, é um *fumus boni juris* qualificado, ao qual o legislador, em disposição discricionária, entendeu de atribuir o efeito de autorizar a antecipação do julgamento da causa, independente da concreta presença de uma urgência".[3]

Registre-se, outrossim, uma certa aproximação entre as situações ensejadoras da *tutela da evidência* e aquelas que autorizam o manejo da *ação monitória* (CPC, art. 700, incisos e parágrafos), porque também neste último caso o autor pode obter desde logo o bem da vida (pagamento, entrega de coisa, prestação de fazer ou não fazer), desde que demonstrada a *plausibilidade* de seu direito, com base em prova escrita ou prova oral documentada produzida antecipadamente, valendo ressaltar que o legislador emprega a expressão "Sendo *evidente* o direito do autor (...)" (art. 701, *caput*), tornando ainda mais palpável a aproximação entre esses meios processuais.

Para melhor compreensão do espaço reservado à *tutela provisória*, fundada em urgência ou evidência, é útil figurar-se uma escala crescente dos graus de convencimento do espírito ante a verdade dos fatos: *ignorância*, isto é, o total desconhecimento da realidade; *dúvida*, a saber, existência de razões para afirmar e para negar; *possibilidade*, quando um dos alvitres cogitáveis reveste-se de uma certa consistência favorável (valendo, no caso, lembrar a *possibilidade jurídica do pedido*: CPC/1973, art. 295, parágrafo único, III); *probabilidade*, quando uma das possibilidades, mercê de certas circunstâncias

---

3 *Teoria geral do novo processo civil*, cit., p. 29-30.

qualificadoras, prevalece sobre as outras, consentindo falar-se no direito provável; *certeza*, quando a avaliação sobre uma dada realidade induz convicção suficiente acerca de sua existência, atualidade e validade, notando-se que o processo de conhecimento se preordena à *eliminar a incerteza*, mediante a decisão de mérito. Note-se, que, uma vez constatada a *existência* de um certo fato probando (*v.g.*, mercê de um documento idôneo), ainda assim sobra espaço para indagações sob outros prismas e para outros efeitos, a saber, os campos da *validade* e da *eficácia*.

Quanto ao Juízo competente, no caso da tutela provisória, tanto pode ser o da causa principal em curso, se aquela tutela for requerida incidentalmente (o acessório segue o principal, *v.g.*, uma busca e apreensão de documento determinada no bojo de uma ação de dissolução de sociedade), ou então aquele que *seria* o competente (o juiz natural) para conhecer da ação principal, em sendo a tutela requerida em caráter antecedente (CPC, art. 299, *caput*); por exemplo, a produção antecipada de prova, com que se pretende embasar sequencial ação de despejo por alegados danos ao imóvel causados pelo inquilino, deve ser distribuída no foro que é o competente para conhecer da ação principal. Em se tratando de ação de competência originária de tribunal ou estando a causa na instância recursal, a tutela provisória "será requerida ao órgão jurisdicional competente para apreciar o mérito" (CPC, parágrafo único do art. 299). Assim é que cabe ao relator "apreciar o pedido de *tutela provisória* nos recursos e nos processos de competência originária do tribunal" – CPC, art. 932, II.

No caso de tutela provisória reportada à situação de urgência, é bastante o requerimento de tutela antecipada, que, inclusive, deverá indicar o pedido a ser formulado na lide principal, com a demonstração do perigo de dano ou do risco ao resultado útil do processo; uma vez concedida essa tutela antecipada, caberá ao autor aditar a petição inicial, roborando-a com argumentação complementar, junção de novos documentos e reafirmação do pedido de tutela final, tudo sob pena de extinção do processo sem resolução do mérito (CPC, art. 303 e parágrafos, *passim*). Essa exigência reafirma o caráter *instrumental* desse tipo de tutela, que visa, assim, evitar que o processo dito *principal* tenha sua eficácia comprometida ou esvaziada.

A esse propósito, em conhecida passagem, afirma Piero Calamandrei: "Se todos os procedimentos jurisdicionais são um instrumento do direito substancial que, através destes se cumpre, nos procedimentos cautelares verifica-se uma instrumentalidade qualificada, ou seja, elevada, por assim dizer, ao quadrado: estes são, de fato, infalivelmente, um meio predisposto para o melhor resultado do procedimento definitivo, que por sua vez é um meio para aplicação do direito; são, portanto, em relação à finalidade última da função jurisdicional, *instrumento do instrumento*".[4]

Aspecto relevante, na tutela *antecipada*, pleiteada em caráter *antecedente*, é que não sobrevindo recurso – a saber, agravo de instrumento: CPC, art. 1.015 – contra a decisão concessiva, tal tutela *se estabiliza*, extinguindo-se o processo. Todavia, esse provimento não se reveste da definitividade própria da coisa julgada, podendo vir a ser questionado por qualquer das partes em até dois anos (mesmo prazo previsto para a ação rescisória: CPC, art. 975, *caput*), com vistas à sua revisão, reforma ou invalidação, ficando, para tal, prevento o juízo – CPC, art. 304 e parágrafos, *passim*.

Também a tutela *cautelar* pode ser requerida em caráter *antecedente*, cabendo ao autor historiar sumariamente o afirmado direito que está em crise de segurança, demonstrando o perigo de dano ou o risco ao resultado útil do processo, cabendo ao juiz avaliar se o histórico é compatível com tal caráter antecipatório, sendo que, em caso positivo, observará o disposto no art. 303 do CPC. Importante ressaltar, no tocante ao rito previsto nos arts. 303 e 304, que, uma vez efetivada a tutela cautelar em caráter antecedente, caberá ao autor formular, nos mesmo autos, o *pedido principal* em até trinta dias, feito o que será designada audiência de conciliação ou mediação, nos moldes do previsto no art. 334 e parágrafos do CPC, dispensada nova citação do réu (CPC, art. 308 e parágrafos), *passim*.

Dado o caráter provisório da tutela cautelar, segue-se que o seu eventual *indeferimento*:

(*i*) não impede a formulação do pedido principal, nem influi no julgamento deste, a menos que a *causa* daquele indeferimento tenha sido a decadência ou a prescrição, porque, no sistema do CPC essas ocorrências levam à extinção do processo com julgamento do mérito – art. 487, II;

(*ii*) não obsta a renovação do pedido cautelar, desde que reportado a outro fundamento – parágrafo único do art. 309; art. 310.

Cessa a eficácia da tutela provisória concedida em caráter antecedente em sucedendo qualquer destas ocorrências: se no prazo indicado não for apresentado o pedido principal; se a tutela concedida provisoriamente não for efetivada em até trinta dias; se o pedido principal for julgado improcedente; ou se, de qualquer modo, for extinto o processo sem julgamento do mérito – CPC, art. 309 e incisos.

---

4   *Introdução ao estudo sistemático dos procedimentos cautelares*. Campinas: Servanda, 2000, p. 42.

Outrossim, dadas a provisoriedade da tutela à situação de urgência e a sumariedade da cognição, a concessão da medida corre por conta e risco do requerente (donde em certos casos se justificar a imposição de contracautela), de sorte que é cabível o ressarcimento dos eventuais danos causados à contraparte pela efetivação da medida, em ocorrendo qualquer das hipóteses listadas nos incisos do art. 302 do CPC, dentre elas se vier acolhida preliminar de prescrição ou de decadência, porque, no primeiro caso, a ação não era mais disponível e, no segundo, o próprio direito material já estava extinto.

Impende não confundir a tutela antecipada ou a cautelar, concedidas antecipadamente, com os casos que autorizam *julgamento antecipado*, total ou parcial do processo, porque nessa hipótese é o *próprio mérito* da causa que é julgado sob um rito compactado e abreviado (CPC, art. 355 e incisos; art. 356, incisos e parágrafos), levando à extinção do processo com julgamento do mérito (CPC, art. 487, I). Com efeito, o próprio *fulcro da demanda* poderá ser apreciado sob tal rito sumarizado:

(*i*) *integralmente*, em não havendo necessidade de outras provas além daquelas já constantes dos autos, ou, então, ocorrendo revelia e seus efeitos, nem tampouco requerimento de prova – CPC, art. 355 e incisos c/c arts. 344-349;

(*ii*) *parcialmente*, quando um ou mais dos pedidos formulados se mostrar *incontroverso* (CPC, art. 356, I, c/c art. 374, III) ou estiver em condições de imediato julgamento (CPC, art. 356, II, c/c art. 355 e incisos), sendo que a decisão assim proferida desafia agravo de instrumento – § 5º do art. 356.

Registre-se que, na esteira da tendencial *desjudicialização dos conflitos* e da crescente valorização dos chamados *equivalentes jurisdicionais*, uma vez instituída *arbitragem*, eventual pedido de medida cautelar ou de urgência é dirigido diretamente ao árbitro, o qual, inclusive, poderá "manter, modificar ou revogar a medida cautelar ou de urgência concedida pelo Poder Judiciário" (Lei 9307/1996, art. 22-B e parágrafo único, acrescidos pela Lei 13.129/2015).

No âmbito penal, dada a exigência da *tipicidade* do delito investigado na instrução criminal, em princípio não há espaço para as cautelares atípicas ou inominadas, como se dá na jurisdição civil; bem por isso, são disponibilizados procedimentos cautelares nominados, tais a prisão preventiva (CPP, arts. 311-316); o sequestro de bens móveis e imóveis, inclusive dos adquiridos com o produto do crime (CPP, arts. 125-133 e parágrafo único); a hipoteca legal (CPP, arts. 134-135 e parágrafos; 136-144).

Nas jurisdições trabalhista e eleitoral aplicam-se, subsidiariamente, as disposições atinentes à tutela provisória regulada no CPC, dada a irradiação supletiva deste último, autorizada nos art. 15 e § 2º do art. 1.046. Na jurisdição constitucional têm natureza cautelar as *liminares* que podem ser concedidas nas ações no controle direto (ADIN, ADCON, ADPF, ação direta de inconstitucionalidade por omissão), nos termos e sob as condições indicadas nos arts. 10, 11 e respectivos parágrafos, 12, 12-F e parágrafos, 12-G da Lei 9.868/1999 (os dois últimos dispositivos acrescidos pela Lei 12.063/2009); art. 5º e § 1º da Lei 9.882/1999.

20

SISTEMA PROBATÓRIO

A palavra prova, do latim *probatio*, foi gradualmente ganhando uma conotação expandida, podendo-se referir-se a mais de uma ocorrência:

(*i*) o ato ou o elemento probatório em si mesmo, tal uma escritura pública de compra e venda, matriculada no Registro competente, que evidencia o domínio;

(*ii*) o *meio* utilizado para provar um fato, tais o depoimento pessoal, o documento, a testemunha, a perícia, a prova emprestada, e mesmo as presunções, os indícios e as regras de experiência comum; sob essa rubrica, distinguem-se os meios probatórios *admitidos* e os *ilícitos*, estes últimos vedados pelo art. 5º, LVI, da CF;

(*iii*) o *resultado* final almejado pela produção da prova, qual seja a demonstração da efetiva ocorrência de certo fato relevante;

(*iv*) a *prova judiciária*, qual seja aquela admitida e produzida no âmbito de um processo, com vistas a evidenciar os fatos que compõem o objeto litigioso, visando influenciar o convencimento ou a persuasão racional do julgador; a *prova judiciária* conecta-se à expressão *massa probatória*, significando que os elementos de convicção acostados aos autos acabam por formar um todo unitário, a ser globalmente avaliado pelo julgador, independentemente da parte que tenha produzido cada qual daqueles subsídios (CPC, art. 371).

Historicamente, a prova veio passando por fases e projetando diversos graus de eficácia desde as priscas eras, em que vinham sendo utilizados meios cruéis para obtenção da verdade dos fatos, passando pelos duelos, ordálias e juízos de Deus, na Idade Média, mormente durante o período da Inquisição; dentre nós, vale relembrar os tipos de juramento, previstos no Dec.-Lei 737, de 1850, arts. 166-170. Considere-se ainda que, desde os primórdios, já se consentiam certas provas que remanescem ainda hoje, tais a confissão (*confessio in iure pro iudicatis habere placet*), a prova testemunhal e a documental, esta última prevalecendo sobre a oral – *verba volant, scripta manent* – aforisma em certo modo recepcionado no CPC, ao não admitir prova testemunhal acerca de fato que só por documento ou perícia pode ser provado – art. 443, II.

A relação processual é *dinâmica* – nesse sentido de configurar uma sequência de atos concatenados, animados por uma definida finalidade (eliminar incerteza; preservar a segurança de pessoas, coisas, situações e do próprio processo; realizar, no plano prático, o direito reconhecido no título judicial ou extrajudicial) – e, além disso é *dialética*, nisso que contrapõe, alternadamente, alegações e condutas dos integrantes do contraditório (*v.g.*, petição inicial e resposta; razões e contrarrazões de recurso; realização da prova e possibilidade de impugnação). Justamente por conta dessa alteridade, as alegações, de *per si*, não bastam para assegurar uma posição de vantagem à parte, mas necessitam vir roboradas pela demonstração ou comprovação convincente do fato alegado (*v.g.*, a impontualidade, o inadimplemento, o prejuízo, a injúria), donde dizer-se: *allegatio et non probatio quasi non allegatio*.

Hoje se reconhece que o sentido *substancial* do devido processo legal (CF, art. 5º, LV) inclui, para além do direito ao contraditório e à ampla defesa, também o *direito à não surpresa* (CPC, art. 10) e o *direito a influenciar*, em limite razoável, a convicção do juiz, referindo o art. 369 do CPC que os meios de prova intentam "influir eficazmente na convicção do juiz".

Sendo o processo uma relação jurídica de Direito Público, a produção das provas não pode fazer-se de modo errático, mas, antes, deve seguir uma ordem lógica e preestabelecida, inclusive para atender o tratamento isonômico devido às partes. Dessa forma, dispõe o art. 434, *caput*, do CPC: "Incumbe à parte instruir a petição inicial ou a contestação com os documentos destinados a provar suas alegações"; sem prejuízo, naturalmente, da junção posterior de outros elementos de convicção, assim aqueles relacionados a fatos supervenientes (CPC, art. 435 e parágrafo único), como eventual junção de laudo pericial, a par da prova oral em audiência, tudo, ao fim e ao cabo, configurando a chamada *massa probatória*.

Esse contexto justifica falar-se em *sistema probatório* – descabendo redução a uma "fase probatória" apartada e estanque – porque em verdade a prova judiciária se desenvolve desde a petição inicial, na qual, até mesmo para fim de caracterização do interesse de agir, o autor já deve acostar os documentos básicos que roboram sua pretensão; a instrução probatória estende-se à resposta do réu, que pode ir além da defesa direta de mérito ("contestação"), para abranger exceções substanciais, de cunho impeditivo, modificativo, extintivo do afirmado direito do autor (CPC, art. 350), devendo umas e outras dessas alegações vir embasadas em prova documental de que já disponha o réu; o mesmo se passa por ocasião da réplica e da tréplica. Na sequência, caso o processo não venha julgado precocemente (CPC, art. 332 e incisos; arts. 354-356), nem tenha sido extinto sem julgamento do mérito (CPC, parágrafo único do art. 321; art. 485 e incisos), será designada audiência de instrução e julgamento (CPC, art. 357, V) em que será colhida a prova oral: depoimentos pessoais das partes; oitiva de testemunhas, esclarecimentos de peritos; e mesmo, a depender da espécie, poderá haver participação de *amicus curiae* – CPC, art. 138 e parágrafos.

No processo penal, especialmente no tocante aos crimes dolosos contra a vida, avulta a importância do Tribunal do Júri, presidido por juiz togado, e do Conselho de Sentença, formado pelos jurados, oportunidade em que sobreleva a realização da prova oral, com a participação do Ministério Público, da defesa do acusado, oitiva de testemunhas, esclarecimentos de peritos (CPP, arts. 406-497).

No processo trabalhista, tendo em vista a presumida hipossuficiência do empregado, avulta a importância da audiência inaugural, na qual desde logo o juiz tentará a conciliação; não havendo êxito, abre-se a instrução, em cujo término o juiz renovará a proposta conciliatória e, em caso de nova recusa, proferirá a sentença (CLT, arts. 843-852, *passim*).

A prova judiciária se realiza sob a supervisão do juiz, a quem incumbe avaliá-la, assim no tocante à sua pertinência, no momento em que é requerida, quanto à sua avaliação depois de produzida. Assim, a prova judiciária consente quatro etapas: *propositura, admissão, realização* e *valoração*. O juiz, enquanto condutor do processo (CPC, art. 139 e incisos) deve zelar para que o processo tramite regularmente, com vistas a alcançar a solução justa da controvérsia, em um lapso de tempo razoável; por isso, não são *quaisquer provas*, apresentadas em *qualquer tempo*, que podem ser admitidas, mas sim as que atendam estas exigências:

(*a*) serem legalmente previstas ou moralmente legítimas;

(*b*) concernentes a fato determinado;

(*c*) pertinentes ao objeto litigioso;

(*d*) relevantes para o julgamento da causa.

De outra parte, não devem as provas ser inquinadas de vícios ou inadequações, que as tornem inidôneas para provar os fatos a que se preordenam; assim também não são admissíveis as provas inúteis ou de caráter meramente protelatório (*v.g.*, oitiva de testemunha sobre fato já suficientemente comprovado nos autos) e ainda as requeridas a destempo.

O CPC adota a diretriz da *liberdade probatória* (art. 369), mas, como não há direitos absolutos, cabe ao juiz indeferir, fundamentadamente, "as diligências inúteis ou meramente protelatórias" – parágrafo único do art. 370. A prova utilizável em um dado processo judicial pode ser constituída antecipadamente (arts. 381-383 e parágrafo único), abrangendo ainda a *ata notarial* (art. 384 e parágrafo único); as *notificações, interpelações* e *protestos* com vistas a evidenciar fatos ou preservar direitos (arts. 726-729); a elaboração dos *instrumentos* públicos (*v.g.*, uma escritura lavrada em tabelião) e particulares (*v.g.*, um recibo de quitação), dispondo o art. 104 do CCi: "A *validade* do negócio jurídico requer: I – agente capaz; II – objeto lícito, possível, determinado ou determinável; III – *forma prescrita ou não defesa em lei*".

O CPC regula, precipuamente, *a prova judiciária*, para tal credenciando estes meios:

(*i*) *confissão*, espontânea ou provocada, judicial ou extrajudicial – arts. 389-395, c/c art. 374, II e § 1º do art. 385 (observe-se que a confissão confina-se aos *fatos*, diversamente do que se passa com o *reconhecimento jurídico do pedido*, que implica, além da admissão dos fatos, ainda a aceitação da consequência jurídica que a contraparte extrai do fato – CPC, art. 487, III, *a*);

(*ii*) *depoimentos pessoais*, ressaltando-se que, em caso de recusa injustificada da parte em responder à arguição, o juiz, "apreciando as demais circunstâncias e os elementos de prova, declarará, na sentença, se houve recusa de depor" (CPC, art. 386); tenha-se ainda presente que a *confissão*, ou seja, a admissão de fato contrário ao confitente e favorável à contraparte, pode ocorrer ao ensejo do depoimento pessoal – CPC, arts. 389-391 e parágrafo único;

(*iii*) *documentos* públicos e particulares, originais ou reproduzidos, autógrafos ou heterógrafos, incluídos os livros empresariais, uns e outros exibidos espontaneamente pelas partes (arts. 405-426), ou por determinação judicial (arts. 396, 401, 438, incisos e parágrafos), cabendo a junção dos documentos já na petição inicial e na contestação (CPC, art. 434, *caput*) ou ainda em momento posterior (art. 435 e parágrafo único), sempre respeitado o contraditório (art. 436 e parágrafo único), dispondo ainda o CPC sobre os documentos eletrônicos (arts. 439-441) e sobre a *arguição de falsidade* documental (arts. 430-433, c/c arts. 427-429 e incisos);

(*iv*) *testemunhas*, pessoas físicas estranhas ao feito, presenciais ou referidas (ou ainda informantes, na Justiça do Trabalho – CLT, art.

829), com conhecimento do fato sindicado nos autos, que depõem em audiência (art. 453, incisos e parágrafos), sobre fatos da causa (arts. 442-449 e parágrafo único), salvo as que depõem em outro *locus*, por prerrogativa de função (art. 454, incisos e parágrafos), sendo lícito à parte contrária *contraditar* a testemunha arrolada pela outra (art. 457 e parágrafos), certo ainda que não se admite prova testemunhal sobre fato que só por documento ou perícia pode ser provado (art. 443, II). No âmbito penal, tanto o juiz como o conselho de sentença, este no júri popular, constatando que alguma testemunha faltou com a verdade, a encaminharão à autoridade policial (CPP, art. 211 e parágrafo único);

(*v*) *perícia*, consistente em *exame* (envolvendo pessoa, semovente ou coisa móvel), *vistoria* (em se tratando de bem imóvel) e *avaliação*, antes dita arbitramento, quando se trata de valorar bens ou direitos (art. 464, *caput*), devendo o juiz indeferir a perícia quando não for praticável, inclusive quando for "desnecessária em vista de outras provas produzidas" (art. 464, § 1º, II), sendo dado às partes arguir impedimento ou suspeição do *expert*, indicar assistentes técnicos e formular quesitos (art. 465, § 1º e incisos); podem o perito e os assistentes ser intimados a prestar esclarecimentos em audiência sobre seus laudos (art. 477 e parágrafos), embora as conclusões alcançadas nesses trabalhos não vinculem necessariamente o juiz (*iudex peritus peritorum*), ao qual é dado, sendo o caso, determinar nova perícia (arts. 478-480 e parágrafos). Em algumas ações a prova pericial produz efeito preponderante, como se dá com o laudo do engenheiro avaliador, quanto ao valor do imóvel, na desapropriação, ou o exame do DNA, em uma investigação de paternidade.

Saliente-se, ainda, a possibilidade de o juiz promover *acareação* entre quaisquer dos sujeitos do processo – partes, testemunhas, peritos, vítimas – assim no cível, como no penal ou no trabalhista, como forma de superar inconsistências ou divergências entre os depoimentos e demais elementos de prova constantes dos autos.

Característica relevante da prova judiciária é que ela consente uma interface com as regras sobre prova constantes do Direito Material, podendo afirmar-se que estas últimas são aquelas previstas em normas substantivas, que regulam a constituição de certos direitos (por exemplo, o domínio do imóvel é provado com a escritura pública de compra e venda, seguida da matrícula no Registro de Imóveis – CCi, art. 1245, *caput*) ou a caracterização de certos fatos jurígenos, por exemplo, a posse – CCi, art. 1.196. Já as provas no sentido processual – dita *prova judiciária* – são aquelas reguladas em textos que disciplinam a forma, o meio de obtenção, o momento de sua realização e documentação para juntada aos autos e, bem assim, sua idoneidade para demonstração do fato probando.

Assim, no exemplo antes lembrado da confissão, extrajudicial ou judicial, neste último caso colhida por ocasião do depoimento pessoal, tornando incontroverso o fato confessado (CPC, art. 374, II; art. 390, § 2º); a testemunha arrolada por uma parte pode ser contraditada, sob alegação de incapacidade, suspeição ou impedimento – CPC, art. 457, § 1º; o juiz pode valer-se de *prova emprestada* de outro processo (CPC, art. 372) e pode ainda, sendo o caso, deslocar-se ao local dos fatos, promovendo a *inspeção judicial* – CPC, art. 481.

Em consequência da distinção entre prova de Direito Material e de Direito Processual, chega-se a outra relevante categorização, informada por valores éticos, aderentes ao devido processo legal, qual seja a distinção entre provas:

(*i*) ilícitas;

(*ii*) obtidas por meio ilícito; e

(*iii*) ilegítimas.

A prova ilícita, como o próprio nome indica, é aquela afrontosa ao ordenamento jurídico do país, especialmente as normas de Direito Material, tal a confissão obtida por meio insidioso ou cruel; a revelação de segredo profissional, mormente na área médica; a violação de correspondência. Já a prova obtida por meio ilícito, distingue-se daquela primeira, nisso que ela, em si mesma, não é antijurídica, mas resta inquinada e se invalida pelo *modo* pelo qual foi acessada, como, por exemplo, a gravação clandestina de conversação telefônica ou a divulgação do teor de delação premiada feita sob sigilo, dispondo o inciso LVI do art. 5º da CF serem "inadmissíveis no processo, as provas obtidas por meios ilícitos". Enfim, a prova *ilegítima* é aquela obtida em afronta às normas de Direito Processual, tal aquela atinente a fato sobre o qual não se oportunizou manifestação da parte contrária, violando o direito à não surpresa (CPC, art. 10), ou o depoimento de testemunha suspeita ou impedida (CPC, §§ 2º e 3º do art. 447), ou ainda a prova produzida fora da ordem processual, como, por exemplo, a oitiva de testemunha que não fora antes arrolada – CPC, §§ 4º e 5º do art. 357.

Consentem-se, por vezes, por influência da experiência norte-americana, as chamadas provas ilícitas *por derivação* ou por *arrastamento*, reportadas à chamada teoria da árvore venenosa, cujos frutos também ficam contaminados (*fruits of the poisonous tree*); exemplo expressivo é o da escuta pela autoridade, sem autorização judicial, da conversação entre suspeitos de organização criminosa: conquanto possível quando autorizada judicialmente para efeito de instrução criminal, ela todavia se invalida quando feita clandestinamente. Essa diretriz é atenuada por duas circunstâncias, acolhidas no art. 157 do CPP:

(i) quando não evidenciado o nexo de causalidade entre a prova original e a derivada (*independent source*);

(ii) quando o fato questionado já seria, de todo modo, demonstrável por outra fonte (*inevitable discovery*).

É possível falar-se, ainda, em prova *inconstitucional*, nesse sentido de ter sido obtida com base em dispositivo legal declarado inconstitucional pelo STF, configurando uma *querela nullitatis insanabilis*, passível de impugnação pelo executado, com base no § 12 do art. 525 do CPC, que considera "inexigível a obrigação reconhecida em título executivo judicial fundado em lei ou ato normativo considerado inconstitucional pelo Supremo Tribunal Federal, ou fundado em aplicação ou interpretação da lei ou do ato normativo tido pelo Supremo Tribunal Federal como incompatível com Constituição Federal, em controle de constitucionalidade concentrado ou difuso". Esse dispositivo recepciona o quanto era previsto no § 1º do art. 475-L do CPC/1973, com a diferença de que agora se acresceu a expressão "em controle concentrado ou difuso".

Sendo o processo uma relação de Direito Público, *não é todo e qualquer fato* que interessa à instrução probatória, mas sim aquele que reúne estes predicados:

(i) *atual*, ou seja, ainda ocorrente, ou, mesmo se reportado ao passado, desde que ainda projete efeitos contemporâneos;

(ii) *determinado*, permitindo assim descartar os fatos vagos ou indefinidos;

(iii) *razoavelmente identificável* quanto à autoria direta ou indireta;

(iv) *concernente ao objeto da lide*; e

(v) *relevante* para influenciar, em alguma medida, o julgamento final.

A respeito da corrente afirmação de que somente os fatos afirmativos ou positivos são suscetíveis de prova (*negativa non sunt probanda*), cabe desde logo observar que o argumento parece provar demais, porque, bem vistas as coisas, um fato negativo (*v.g.*, o de que a pessoa não tem parentesco com outra, comporta uma correspondente formulação positiva: pode-se provar que o parentesco é com outrem; em outro exemplo, se não é possível provar que a pessoa não residiu em dado lugar, pode-se, em contraponto, evidenciar que na época ela residia em outro; se não é possível provar que em um dado período a pessoa exerceu certo cargo, pode-se demonstrar que exercera outro).

Portanto, ainda que algum proveito se possa extrair do aforisma antes lembrado, tal fica restrito às negações *absolutas* (por exemplo, o fato de alguém nunca ter integrado as forças armadas em toda a sua vida), mas não assim com relação às negações *relativas*, porque estas bem comportam uma corolária afirmação positiva, por exemplo: o fato de alguém ser deficiente visual não significa, necessariamente, que não tenha determinada informação, se esta poderia ser obtida pelo método *braille*.

A simples constatação de que os fatos pertencem ao mundo fenomenológico leva a que sua recepção, no ambiente processual, fica a depender de sua apreensão cognitiva, entendendo-se que os estados de espírito em face da verdade[1] se expressam em cinco estágios graduais: o de *ignorância*, no qual o fato não é sabido nem minimamente apreendido; o de *dúvida*, em que há razões tanto para afirmar como para negar uma dada ocorrência, levando, em um primeiro momento, ao plano das *possibilidades* e, na sequência, ao das *probabilidades*, tanto no sentido positivo como negativo; enfim, o estado de *certeza*, definido, classicamente, como "a plena clareza com que a verdade se impõe à adesão da inteligência", valendo observar que a busca da certeza (ou, caso se queira, a eliminação da incerteza) constitui a finalidade do processo de conhecimento, preordenado à decisão de mérito, passível de imunizar-se com a agregação da coisa julgada material.

Note-se que a tutela da *evidência*, apesar do nome, refere-se a situações de *forte probabilidade*, fora de qualquer dúvida razoável, como se colhe dos incisos do art. 311 do CPC, até porque no plano da tutela provisória a cognição é sumária, fundada em verossimilhança, e não de profundidade, como se passa no processo de conhecimento.

No tocante à *fonte* de que promana, a prova se diz *real* quando radica em um objeto ou coisa móvel ou imóvel, por exemplo, a prova do esbulho, para fim de reintegração de posse; a prova se diz *pessoal* quando deriva da conduta de um dado sujeito, como, por exemplo, um laudo médico que evidencia uma incapacidade física ou mental para fim previdenciário ou de interdição.

No tocante à *eficácia* da apreensão cognitiva, a prova se diz *direta* quando resulta imediatamente do fato investigado, por exemplo, a confissão feita pela parte, tornando o fato incontroverso (CPC, art. 374, II), ou então *indireta*,

---

[1] Ver *A lógica das provas em matéria criminal*. São Paulo: Saraiva, 1960, p. 19-20.

quando resulta de ilações, presunções ou máximas de experiência, valendo observar que as presunções se bifurcam em:

(i) *absolutas* ou *iuris et de iure*, quando a consequência jurídica é fixada *ex lege*, não admitindo prova em contrário, por exemplo, a nulidade de contrato firmado por pessoa absolutamente incapaz;

(ii) relativas, *iuris tantum* ou *hominis*, por exemplo, a veracidade de um instrumento particular, que comporta arguição incidental de falsidade – CPC, arts. 430-433.

A rigor, as presunções não são exatamente um meio de prova (como as testemunhas, os documentos) e sim um método de raciocínio que, preenchidas certas condições, autoriza a dispensa da prova, como se colhe do art. 374 do CPC: "Não dependem de prova os fatos: (...) IV – em cujo favor milita presunção legal de existência ou de veracidade". Sem embargo, o Código Civil mantém a presunção dentre os meios de prova do fato jurídico (art. 212, IV), servindo como exemplo o disposto no art. 574 desse Código: "Se, findo o prazo, o locatário continuar na posse da coisa alugada, sem oposição do locador, *presumir-se-á prorrogada* a locação pelo mesmo aluguel, mas sem prazo determinado".

Já as *máximas de experiência*, fundadas na observação do que ordinariamente acontece – *id quod plerumque fit* – (CPC, art. 375), partem da pressuposição de que o ordenamento jurídico não consegue apreender, valorar e positivar todas as ocorrências, o que relativiza a chamada *completude* da ordem jurídica e abre espaço para certas inferências baseadas no senso comum, por exemplo: se, em uma tríplice colisão de veículos o condutor de um deles estava embriagado, essa circunstância opera como indício de que, provavelmente, o veículo por ele dirigido deu origem ao sinistro; o vazamento verificado no teto de um apartamento provavelmente provém daquele situado no andar logo acima; considerando-se a linha divisória entre duas propriedades rurais, o fato de os cravos do arame farpado estarem batidos nos mourões fincados do lado de uma das propriedades é indicativo de que foi o proprietário desta quem construiu a cerca.

De outra parte, a verdade pode apresentar certas nuances, de acordo com o ramo do conhecimento a que ela se aplica (hoje se falando, no ambiente sociopolítico, na chamada *pós-verdade!*), podendo ser lembrado que nas ciências exatas, tais a física ou a matemática, a verdade é tida como a *relação necessária que resulta da natureza das coisas*, permitindo afirmar, por exemplo, que duas coisas iguais a uma terceira são iguais entre si; em contraponto, considere-se a verdade pregada nas diversas religiões ou mesmo aquela laborada na filosofia.

Para fins processuais, todavia, não sendo o Direito uma ciência exata, tampouco meramente especulativa interessa a *verdade lógica* ou *racional* tal como apreendida pelos sentidos e avaliada pelo juiz, notando-se que em alguns casos a verdade do fato é presumida, como se passa com o fato notório – CPC, art. 374, I. Essa *logicidade* ou *racionalidade* se espraia por muitas disposições sobre a instrução processual, por exemplo, a dispensa de prova sobre fatos "admitidos no processo como incontroversos" (CPC, art. 374, III): se a finalidade da prova é extrair a verdade do fato questionado nos autos, e, se no caso concreto essa veracidade já está evidente, não faria sentido admitir-se prova a respeito, o que mesmo atentaria contra a economia processual.

Costuma-se, ainda, distinguir entre verdade *real* e *formal*, vindo a primeira geralmente afeiçoada ao processo penal, ao fim do qual pode resultar a supressão da liberdade do acusado, e, a segunda, geralmente atinente ao processo civil, no qual predominam as controvérsias envolvendo direitos disponíveis. É bem de ver, todavia, que tal distinção parece se ressentir de uma petição de princípio, ao tomar como certa uma premissa que no mínimo é questionável, já que em ambos os ramos do Direito Processual *predominam* as normas cogentes; isso, a par do risco de por aí se dar ensejo a situações de dúvida no tocante à *avaliação* da prova, donde parecer mais adequado entender-se que é comum aos dois ramos do Direito Processual a *persecução objetiva e imparcial* dos fatos relevantes para o julgamento da causa.

No conceito do devido processo legal aninha-se a ampla defesa com os meios e recursos inerentes (CF, art. 5º, LV); porém, como não há direitos absolutos, é de se entender que tal resistência não pode depassar os lindes da razoabilidade, da utilidade e da proporcionalidade, donde ser dado ao juiz coartar os excessos e superfetações pretendidos pelas partes, seja inadmitindo condutas com finalidade protelatória, afrontando a diretriz da duração razoável dos processos (CF, art. 5º, LV; CPC, art. 80, VII), seja ao delimitar o número de testemunhas (CPC, § 7º do art. 357), seja ao inadmitir produção de prova acerca de fato já evidenciado nos autos – CPC, art. 443, I.

Um reflexo dos parâmetros que regem o sistema probatório se faz sentir na instância recursal excepcional: dado que o recurso especial ao STJ é de estrito direito, como tal não afeiçoado à matéria de fato (CF, art. 105, III e alíneas), compreende-se o disposto na Súmula 7 dessa Corte: "A pretensão de simples reexame de prova não enseja recurso especial".

Com vistas a atender ao princípio do contraditório, integrante do devido processo legal (CF, art. 5º, LV) impende que a cada apresentação de prova (ou predisposição a realizá-la) seja ouvida a contraparte, como se dá, dentre outros casos, na juntada de documentos por uma parte, sobre os quais deve ser dado conhecimento à outra (CPC, art. 437 e § 1º), inclusive para se desincumbir-se do ônus de impugnação especificada, podendo ser presumidos verdadeiros os fatos não resistidos (CPC, art. 341 e incisos). Isso, tanto ao longo da fase probatória, como mesmo antes, na fase postulatória, na qual deve o réu, na contestação, manifestar-se acerca das alegações e documentos constantes da inicial (CPC, art. 336), ao passo que cabe ao autor manifestar-se, na réplica, sobre os documentos carreados à contestação do réu – CPC, art. 437, *caput*.

Esse contexto se insere no conteúdo *substancial* do devido processo legal (CF, art. 5º, LV), a que se amolda o disposto no art. 7º do CPC: "É assegurada às partes paridade de tratamento em relação ao exercício de direitos e faculdades processuais, aos meios de defesa, aos ônus, aos deveres e à aplicação de sanções processuais, competindo ao juiz zelar pelo efetivo contraditório".

Consistindo o contraditório na *oitiva bilateral sobre os atos e termos do processo, com possibilidade de impugnação*, as provas apresentadas por uma parte podem ser contrastadas pela outra, por motivos diversos:

(*i*) *quanto à sua origem*, *v.g.*, a vedação de prova obtida por meio ilícito (CF, art. 5º, LVI; CPC, art. 80, III);

(*ii*) *quanto à oportunidade de sua produção*, salientando-se, *v.g.*, que na instância recursal excepcional (RE ao STF e RESP ao STJ) não se admite reexame de prova – Súmulas 7 do STJ e 279 do STF;

(*iii*) *quanto à adequação do meio probatório*, assim em face do tipo de demanda ajuizada (*v.g.*, no mandado de segurança só se admite prova documental pré-constituída, relativa a direito líquido e certo – Lei 12.016/2009, art. 6º e § 1º), como em face da natureza do ato ou fato probando, por exemplo: quando a lei exige documento público, nenhuma outra prova pode supri-lo (CPC, art. 406);

(*iv*) *quanto à veracidade do documento* carreado aos autos, podendo, em certos casos, ser suscitada *arguição de falsidade* (CPC, art. 430 e parágrafo único), a par da *impugnação*, tanto que juntado aos autos o documento – CPC, art. 436 e incisos.

Se é verdade que a prova é absolutamente necessária para extrair a verdade inserida no fato controvertido, não é menos verdade que a instrução probatória não pode depassar os lindes da razoabilidade, utilidade e proporcionalidade, sob pena de pôr em risco a boa marcha processual e atritar a diretriz da duração razoável do processo – CF, art. 5º, LXXVIII. Bem por isso, o CPC considera litigância de má-fé a conduta consistente em "alterar a verdade dos fatos" (art. 80, II), sendo dever das partes e procuradores "não produzir provas e não praticar atos inúteis ou desnecessários à declaração ou à defesa do direito" (art. 77, III); a própria audiência de instrução e julgamento, preordenada à colheita da prova oral, nem sempre será indispensável, donde dizer o CPC que o juiz a designará "se necessário" – art. 357, V.

Opera, também, como fator de prevenção dos excessos na produção da prova o sistema de *preclusões*, ensejando que as oportunidades probatórias sejam abertas e, na sequência, fechadas (*praecludere*: fechar para trás), pela intercorrência de fatores diversos: passagem *in albis* do tempo disponibilizado à contradita, levando à preclusão *temporal*, por exemplo, quando não é requerido o depoimento pessoal da parte, em cujo bojo poderia dar-se a confissão (CPC, art. 390, § 2º); adoção de conduta processual que se mostra incompatível com outra, ensejando a preclusão *lógica*, por exemplo, a interposição de apelação e, em paralelo, formulação de proposta para cumprimento do julgado (CPC, art. 1.000 e parágrafo único); opção por uma dentre duas alternativas possíveis no caso, por exemplo, quando o histórico da demanda autorizaria a cumulação de pedidos (como reintegração de posse e indenização), mas só um deles é apresentado, ficando o pedido não exercido alcançado pela preclusão *consumativa*, só podendo ser formulado em ação futura.

Em consonância com a diretriz da utilidade-oportunidade que permeia o ambiente processual, o CPC busca imprimir um desenvolvimento racional na realização da prova judiciária: assim, dispensa a realização de perícia quando for "desnecessária em vista de outras provas produzidas" (art. 464, II) e, de modo geral, descarta provas inúteis ou redundantes (art. 77, III); admite, a par do documento público (indispensável quando assim o exige a lei de regência), também os documentos particulares, os quais em princípio provam contra seu autor (art. 412, *caput*); consente as reproduções mecânicas dos documentos, nos moldes do previsto no art. 422 e parágrafos, inclusive as cópias dos documentos particulares, devidamente conferidos (art. 424); equipara a força probante do documento original e de suas derivações, tais as certidões, traslados, reproduções autenticadas, cópias reprográficas do processo judicial declaradas autênticas, extratos digitais de bancos de dados, reproduções digitalizadas de documentos públicos e particulares, nos moldes e com as cautelas indicadas no art. 425, incisos e parágrafos.

O documento produzido por meio eletrônico, é considerado válido, devendo, todavia, os originais dos documentos que foram digitalizados ser preservados por seu detentor até o trânsito em julgado ou mesmo até o final do biênio do prazo para eventual ação rescisória – Lei 11.419/2006, art. 11 e

§ 3º; CPC, art. 441. Além disso, os documentos obtidos por meio eletrônico, quando se destinem a ser entranhados em processo convencional (base física papel), requerem prévia conversão à forma impressa e verificação quanto à autenticidade – CPC, art. 439. Vale ainda destacar que a ata notarial (art. 384 e parágrafo único) e outros atos registrários, oriundos do foro extrajudicial, podem ser gerados por meio eletrônico (parágrafo único do art. 193). Enfim, cuidando-se de reprodução cinematográfica ou fonográfica, sua exibição se fará em audiência, para a qual serão intimadas as partes – CPC, parágrafo único do art. 434.

Tomada, pois, como regra a força probante dos documentos constantes da prova judiciária, sua eventual invalidade é tratada sob registro excepcional, cessando tal presunção de veracidade: por decisão em ação rescisória (CPC, art. 966, VI) ou em arguição de falsidade (CPC, arts. 19, II; 430, parágrafo único; 433); quando sua autenticidade vem questionada, nos moldes do estabelecido no parágrafo único do art. 427, art. 428, incisos e parágrafo único, e art. 429 e incisos do CPC.

O conhecido aforismo da *mihi factum dabo tibi jus*, indicativo de que os fatos e suas provas constituem ônus das partes, ficando a cargo do julgador avaliá-las, enquanto *destinatário da prova*, é de ser entendido no sentido de que, dada a imparcialidade do juiz, sua convicção só pode formar-se a partir da avaliação isenta e serena das alegações das partes, roboradas por demonstração convincente quanto à sua pertinência com a lide e desde que acompanhadas de prova consistente. É sob tais diretrizes que se compreendem certos dispositivos do CPC alusivos ao convencimento do julgador: art. 141: vinculação aos limites do objeto litigioso traçados pelas partes, vedada a justiça de ofício; art. 490: resolução do mérito segundo os pedidos formulados pelas partes; art. 492: vedação da decisão *ultra* ou *extra petita*; art. 369: direito das partes a "influir eficazmente na convicção do juiz", mediante a apresentação das provas cabíveis, seja aquelas de que já disponham, tais os documentos, seja as que venham a formar-se no bojo do próprio processo, tal a prova testemunhal.

Sem embargo do ambiente adversarial que, de ordinário, se instala nas lides judiciais, o CPC intenta estimular as partes a colaborar com a autoridade judicial, em simetria com a higidez da relação processual e com o ideário da busca da verdade, em um ambiente participativo, sob a égide de um processo de *estrutura cooperatória* e de uma *justiça coexistencial*, a teor do disposto no art. 6º: "Todos os sujeitos do processo devem cooperar entre si para que se obtenha, em tempo razoável, decisão de mérito justa e efetiva", diretriz que alcança todos os sujeitos do processo: *as partes*, originárias e as que a se agregaram ulteriormente, tal o *nomeado à autoria* (CPC, art. 339 e parágrafos); *os terceiros intervenientes*; eventual *amicus curiae*; e até mesmo aquele que detenha algum documento de interesse para a lide, certo que, ocorrendo recusa injustificada em exibi-lo, o juiz poderá mandar apreender o documento, inclusive mediante medidas coercitivas e punitivas – CPC, arts. 401-403 e parágrafo único.

O ideário do processo cooperatório tem lugar desde a fase postulatória, com a possibilidade de *transação* no curso da preliminar audiência de conciliação ou de mediação (CPC, art. 334 e parágrafos), passando pelo momento do saneamento e organização do processo, notando-se que é dado ao juiz, nas causas que apresentam "complexidade em matéria de fato ou de direito, designar audiência para que o saneamento seja feito em cooperação com as partes, oportunidade em que o juiz, se for o caso, convidará as partes a integrar ou esclarecer suas alegações" (§ 3º do art. 357), até alcançar a própria audiência de instrução e julgamento, em cujo início "o juiz tentará conciliar as partes, independentemente do emprego anterior de outros métodos de solução consensual de conflitos, como a mediação e a arbitragem" – CPC, art. 359.

Constitui, também, aplicação do desejável *processo cooperatório* a possibilidade assegurada às partes, em se tratando de controvérsia sobre direitos que admitam autocomposição, de "estipular mudanças no procedimento para ajustá-lo às especificidades da causa e convencionar sobre os seus ônus, poderes, faculdades e deveres processuais, antes ou durante o processo" (art. 190, *caput*), a par de, em comum acordo com o juiz, poderem as partes "fixar calendário para a prática dos atos processuais, quando for o caso" (art. 191, *caput*).

Com vistas a viabilizar a marcha regular e contínua do processo, notadamente no que toca à massa probatória, o CPC elenca um rol de condutas de conteúdo omissivo: "não produzir provas e não praticar atos inúteis ou desnecessários à declaração ou à defesa do direito"; "não praticar inovação ilegal no estado de fato de bem ou direito litigioso"; não "alterar a verdade dos fatos" (incisos III e VI do art. 77; inciso II do art. 80, nessa ordem); não faltar com a verdade nos depoimentos, assim as partes (CPC, arts. 385-388 e parágrafo único), como as testemunhas (CPC, art. 458 e parágrafo único).

A transgressão do dever de *veracidade e autenticidade*, quando se trate de prova documental, pode ser reconhecida judicialmente, tanto em ação declaratória proposta com esse fim (CPC, art. 19, II, c/c art. 427 e parágrafo único e incisos), como por meio do incidente de falsidade, suscitado pelo réu, na contestação ou pelo autor, na réplica (CPC, arts. 430-433), ou, posteriormente, em ação rescisória (CPC, art. 966, VI), sem prejuízo, naturalmente, da apuração, na Justiça Criminal, da imputação do crime de falsidade documental – CP, arts. 297 e 298. Vale ressaltar que, tanto quanto se passa com a "questão prejudicial decidida expressa e incidentemente no processo" (CPC, § 1º do art. 503), também a "declaração sobre a falsidade do documento, quanto suscitada como questão principal" integram os limites objetivos da coisa julgada material (CPC, arts. 433 e 502).

Sob o ideário da *transparência e lealdade* no âmbito processual, vêm indicadas no CPC certas condutas comissivas imputadas às partes e demais integrantes do processo: "comparecer em juízo, respondendo ao que lhe for interrogado"; "colaborar com o juízo na realização de inspeção judicial que for considerada necessária"; "praticar o ato que lhe for determinado" (incisos do art. 379), prevendo-se, igualmente, condutas comissivas aos terceiros: "informar ao juiz os fatos e as circunstâncias de que tenha conhecimento"; "exibir coisa ou documento que esteja em seu poder" (incisos do art. 380). A esse rol se alinha o poder-dever do juiz de coibir a *colusão* entre as partes, ou seja, o uso indevido do processo para fins escusos – CPC, art. 142.

Do fato de ser o juiz o *destinatário da prova* não se extrai que ele esteja jungido a recepcionar todo e qualquer subsídio ou elemento trazido ou requerido pelas partes, encartando-o de pronto nos autos ou mesmo autorizando sua produção; antes e superiormente, como diretor do processo (CPC, art. 139 e incisos), incumbe-lhe zelar por sua regular tramitação, mormente pela higidez da instrução probatória, a fim de que se alcance, em um tempo razoável, o objetivo final, qual seja a resolução do mérito e a satisfação do direito reconhecido (CPC, art. 4º), aí incluído o zelo pela efetividade do processo, ou seja, pela realização prática do bem da vida reconhecido no julgado, podendo o juiz, sendo o caso, lançar mão de medidas indutivas, coercitivas, sub-rogatórias e mandamentais, a par da multa diária e outras medidas de apoio – CPC, arts. 139, IV e VII; 536 e § 1º.

Tendo-se ainda presente a postura do juiz como *destinatário da prova*, assim aquela trazida pelas próprias partes, como aquelas produzidas ao longo do processo, é preciso entender-se que esse contexto não autoriza a ilação de que ele possa adotar postura de distanciamento ou de passividade (confundindo-se neutralidade com inação) em face das condutas dos integrantes do contraditório, cabendo-lhe, antes e superiormente, adotar postura proativa, podendo:

(*i*) "inspecionar pessoas ou coisas, a fim de se esclarecer sobre fato que interesse à decisão da causa" (CPC, art. 481, c/c art. 379, II);

(*ii*) designar nova perícia, se aquela constante dos autos não lhe parecer satisfatória (CPC, art. 480 e parágrafos);

(*iii*) advertir a testemunha quanto à sanção penal na qual incorre "quem faz afirmação falsa, cala ou oculta verdade" (CPC, parágrafo único do art. 458);

(*iv*) exercer o poder de polícia na audiência de instrução e julgamento, nos termos do art. 360 e incisos do CPC;

(*v*) ordenar à parte que exiba "documento ou coisa que se encontre em seu poder", inclusive, sendo o caso, mediante medidas de apoio, tais as "indutivas, coercitivas, mandamentais ou sub-rogatórias" (CPC, art. 396, c/c parágrafo único do art. 380), presumindo-se, no silêncio da parte ou em caso de recusa ilegítima, verdadeiro o fato que, por meio do documento se queria provar (CPC, art. 400 e incisos).

Análogo dever de colaboração alcança o terceiro que venha a ter alguma participação no processo, a teor do art. 380 e incisos do CPC, o que se estende à participação de eventual *amicus curiae*, a teor do art. 138 e parágrafos do CPC. Assim se passa, *v.g.*, com os sujeitos chamados a participar da audiência de mediação na ação envolvendo litígio coletivo pela posse ou propriedade de imóvel – CPC, art. 565 e § 4º.

Essa interação do juiz, como sujeito imparcial, em face dos sujeitos parciais e demais integrantes do contraditório, está em simetria com a atribuição ao juiz do *gerenciamento* do processo, dispondo o art. 139, *caput*, do CPC, que ele "dirigirá o processo", devendo, dentre outras funções, "indeferir postulações meramente protelatórias" (inciso III do art. 139, c/c parágrafo único do art. 370), o que se aplica às provas pretendidas pelas partes, as quais hão de ser:

(*i*) *determinadas*, sendo vedadas demonstrações e perquirições acerca de fatos vagos, genéricos ou indefinidos;

(*ii*) *demonstráveis* pelos meios legais ou moralmente legítimos – CPC, art. 369;

(*iii*) *relevantes* para a elucidação da controvérsia, dispensados os fatos que, mesmo verdadeiros, seriam inócuos ou supérfluos para o deslinde da controvérsia;

(*iv*) *adequadas* em face da natureza da matéria, não se admitindo, por exemplo, prova apenas testemunhal acerca de fato só comprovável documentalmente – CPC, art. 443, II, c/c parágrafo único do art. 227 do CCi;

(*v*) *pertinentes a fatos controvertidos*, dado que a finalidade da prova é extrair a verdade internalizada nos fatos, donde ser dispensável a prova quando o fato já está evidenciado ou mesmo vem presumido, como se dá com o fato notório ou com aquele que beneficia de presunção legal – CPC, art. 374, I e IV;

(vi) *produzidas oportuno tempore*, não se admitindo, por exemplo, reabertura da instrução na instância recursal, ressalvada a notícia de questões de fato, na apelação, antes não mencionadas por motivo de força maior – CPC, art. 1.014.

A exigência de que a prova judiciária deva ser relevante para o julgamento da causa e que, além disso, incida sobre fatos controvertidos, radica na premissa de que o processo deve ser objetivo e conclusivo, sendo refratário aos atos inúteis ou inócuos, cabendo ao juiz zelar não só pela duração razoável do processo (CF, art. 5º, LXXVIII; CPC, art. 139, II), mas também para "prevenir ou reprimir (...) postulações meramente protelatórias" (CPC, art. 139, III), cabendo-lhe, outrossim, coibir a *colusão* entre as partes, caracterizada quando elas, conluiadas, se valem do processo "para praticar ato simulado ou conseguir fim vedado por lei" (CPC, art. 142).

É em simetria com todo esse contexto que, a teor do art. 374 do CPC, *independem de prova* os fatos: "I notórios; II – afirmados por uma parte e confessados pela parte contrária; III – admitidos no processo como incontroversos; IV – em cujo favor milita presunção legal de existência ou de veracidade".

É com base na diretriz da utilidade-oportunidade dos atos processuais que, uma vez já provado um fato jurígeno, documentalmente ou por confissão da parte, deve o juiz indeferir a prova pericial (exame, vistoria ou avaliação) quando ela se mostrar "desnecessária em vista de outras provas produzidas" (CPC, art. 464, II). Mesmo a audiência de instrução e julgamento, prevista no âmbito do procedimento comum, não é de ser designada em todos os casos, mas apenas "se necessário" (CPC, art. 357, V), ou seja, quando se haja de colher prova oral (CPC, art. 361 e incisos), tais os depoimentos de autor e réu (CPC, art. 385 e parágrafos), de testemunhas (CPC, art. 453, incisos e parágrafos), a par dos esclarecimentos de perito (CPC, art. 469 e parágrafo único; art. 470 e incisos). Ausente a necessidade dessas provas, dar-se-á o julgamento *conforme o estado do processo*, com ou sem decisão de mérito, nos moldes dos arts. 354 e parágrafo único a 356, incisos e parágrafos do CPC; isso, se já antes não tiver ocorrido a liminar improcedência do pedido – CPC, art. 332 e incisos.

Embora haja referências à prova no texto constitucional (proibição daquelas obtidas por meio ilícito – art. 5º, LVI; ampla defesa com os "meios (...) inerentes" – art. 5º, LV), já no âmbito da relação processual, em virtude da competência exclusiva do legislador ordinário federal nesse campo (CF, art. 22, I), a regulação do sistema probatório é deixada, basicamente, para a legislação codificada processual (CPC, CPP, parte processual da CLT), permitindo falar-se, por isso mesmo, em *prova judiciária*: tanto aquela realizada ao longo da instrução, tal a prova oral colhida em audiência de instrução e julgamento (CPC, art. 361 e incisos), como aquela entranhada nos autos pelas próprias partes (CPC, art. 434 e parágrafo único; art. 435 e parágrafo único).

Quanto à audiência de instrução e julgamento, prevista no âmbito do procedimento comum, impende desde logo ter presente que ela não é uma ocorrência necessária, donde não ter lugar em algumas circunstâncias: no *julgamento conforme o estado do processo* (CPC, art. 354 e parágrafo único e art. 356, incisos e parágrafos); quando a matéria controvertida não se afeiçoa à prova oral, como se dá no *mandado de segurança*, em que a prova é documental e pré-constituída (Lei 12.016/2009, art. 6º, *caput*) ou nas *ações no controle direto de constitucionalidade* – ADIn, ADCon, ADPF, inconstitucionalidade por omissão – informadas pela cognição objetiva acerca de leis ou atos normativos do Poder Público (CF, § 2º do art. 102); ou ainda na *ação monitória* (CPC, arts. 700-702 e parágrafos), já que ela pressupõe documento preexistente, embora sem eficácia de título executivo (CPC, arts. 700-702 e parágrafos).

Em mais de um aspecto a prova judiciária guarda conexão com os dispositivos sobre matéria probatória constantes do Direito Material (*v.g.*, CCi, art. 228 e incisos, indicando os sujeitos que não podem ser testemunhas; CCi, art. 217, tratando da força probante dos traslados e certidões), mas não há como negar que a regulação precípua e abrangente da prova judiciária encontra-se nos textos processuais codificados, como se passa com o CPC, onde o capítulo "Das Provas" se estende do art. 369 ao 484 e parágrafo único, compreendendo, nas Disposições Gerais, as seções relativas à produção antecipada da prova, a ata notarial, o depoimento pessoal, a confissão, a exibição de documento ou coisa; na sequência, o CPC regula as provas judiciárias em espécie, a saber, a prova documental e corolária arguição de falsidade; a prova testemunhal e a pericial; fechando o capítulo, o CPC trata da inspeção judicial.

Tenha-se presente que certas ações demandam provas específicas, adequadas à singularidade da matéria, por exemplo: o decreto de utilidade pública, na ação de desapropriação (Dec.-Lei 3.365/1941, art. 13, *caput*); as certificações passadas pelo banco de dados, no caso do *habeas data* (Lei 9.507/1997, art. 8º); a prova da turbação ou do esbulho, nas ações de manutenção e de reintegração de posse – CPC, art. 561, II; a prova da necessidade do imóvel, na ação de despejo para uso próprio (Lei 8.245/1991, art. 47, III); a prova da condição de servidor público, na ação por ato de improbidade administrativa (Lei 8.429/1992, arts. 1º, *caput*, e 2º).

O ambiente processual, diversamente do que se passa no Direito Material, não se afeiçoa exatamente à correlação entre direitos e obrigações (CCi, art. 189: *jus et obligatio correlata sunt*), mas em verdade a lei processual disponibiliza *faculdades* que, bem aproveitadas, levam a situações de vantagem, e, mal aproveitadas ou ignoradas induzem situações de ônus ou de sujeição, sendo "assegurada às partes paridade de tratamento em relação ao exercício de direitos e faculdades processuais, aos meios de defesa, aos ônus, aos deveres e à aplicação de sanções processuais, competindo ao juiz zelar pelo efetivo contraditório" (CPC, art. 7º).

Assim é que a ausência de contestação induz a revelia do réu, podendo seguir-se a presunção de veracidade dos fatos não resistidos (CPC, arts. 344, 345 e incisos; 374, IV); a apelação que intenta a revisão de apenas um dos dois capítulos da sentença faz com que aquele não impugnado transite em julgado, não sendo alcançado pelo efeito devolutivo do recurso (CPC, arts. 1.008, 1.013, *caput*); se a petição inicial não indica as "provas com que o autor pretende demonstrar a verdade dos fatos alegados" (CPC, art. 319, VI), ou se o autor não se desincumbe do ônus da prova do fato constitutivo do seu pedido (CPC, art. 373, I), pavimenta-se o caminho para a rejeição da demanda: *onus probandi incumbit ei qui agit*.

O tema do ônus da prova passou por longa evolução desde as fontes romanas, em que ao juiz era dado decidir *secundum conscientiam*, e, mesmo quando não estivesse convicto, poderia declinar do múnus de julgar, pronunciando a eximente do *non liquet* (para mim não está claro). Na sequência, imperou na avaliação da prova o chamado *sistema das provas legais*, no qual o valor dos elementos probatórios já era previamente tarifado, não restando espaço ao juiz para considerar as circunstâncias da espécie *in concreto*, devendo limitar-se a aplicar os padrões preestabelecidos, por exemplo, quando se tratasse de depoimento de uma só testemunha: *testis unus, testis nullus*. Esse sistema de provas adrede *tarifadas* vinha previsto, dentre nós, na Consolidação das Leis do Processo Civil, do Conselheiro Antônio Joaquim Ribas (1876), e não dava margem de liberdade para a avaliação das provas pelo juiz. Tal critério foi, depois, sendo gradualmente abandonado, vindo sendo superado pelo da *livre convicção* do juiz, a este se reconhecendo atribuição para valorar as provas segundo sua própria percepção, fundada nas alegações e provas dos autos.

Presentemente, tem prevalecido um sistema que pode ser considerado uma releitura, atualizada e contextualizada, da livre convicção, a que se vem chamando a *persuasão racional* do juiz, ou, ainda, o *livre convencimento motivado*, que assim representa a virtude do meio-termo em face dos sistemas antes citados, consentindo a *coexistência* entre normas balizadoras de certos meios de prova (por exemplo, a que descarta prova testemunhal em face de um fato que só comporta prova documental ou pericial – CPC, art. 443, II), e a preservação do convencimento do juiz, respeitados os meios de prova permitidos pelo sistema e a eficácia de cada qual, conforme estabelecido *ex lege*, por exemplo: a necessidade de perícia quando se trata de demonstrar autenticidade ou falsidade de documento (CPC, art. 478, *caput*) e a possibilidade de o juiz determinar nova perícia quando a precedente não se tenha revelado satisfatória – CPC, art. 480 e parágrafo único.

Em suma, cabe ao juiz decidir segundo o alegado e provado, respeitados os meios de prova admitidos e respectivos balizamentos legais, inclusive as presunções, as regras de julgamento e de distribuição do ônus da prova (CPC, art. 373 e incisos), inclusive quando já tenham as partes se posicionado a respeito, a teor do art. 357, III do CPC. Dessa forma, afirma Moacyr Amaral Santos: "A liberdade que se concede ao juiz na apreciação da prova não é um mero arbítrio, senão um critério de atuação ajustado aos deveres profissionais. Há liberdade no sentido de que o juiz aprecie as provas livremente, uma vez que na apreciação não se afaste dos fatos estabelecidos, das provas colhidas, das regras científicas – regras jurídicas, regras da lógica, regras da experiência".[2]

Presente a premissa *actore non probando, reus absolvitur*, pode dar-se, no processo penal, a impronúncia do réu, à míngua de prova convincente de materialidade e autoria; no processo coletivo, pode dar-se que a coisa julgada material não opere plenamente, mas *secundum eventum probationis*, por modo que, julgada improcedente a ação coletiva por insuficiência de prova, o processo se extingue, mas sem prejuízo de eventual reproposição da demanda, em sobrevindo novas provas – Lei 8.078/1990, art. 103, I e II.

Já no plano da jurisdição singular, a *ausência* ou *insuficiência* da prova labora contra a parte a quem cabia se desincumbir do ônus probatório (o autor, quanto aos fatos constitutivos; o réu no tocante aos fatos extintivos, modificativos, impeditivos do direito do autor, e bem assim no tocante ao pedido reconvencional: *reus in exceptio fit actor*). Assim, uma vez ultrapassada a fase de admissibilidade da ação, ou seja, presentes as suas condições e os pressupostos de existência e validade do processo, cabe ao juiz adentrar o mérito, julgando-o segundo as regras que direcionam a instrução; caso contrário, poderá configurar-se a negativa de jurisdição, lembrando-se que pelo art. 4º do CPC as partes "têm o direito de obter em prazo razoável a *solução integral do mérito*, incluída a atividade satisfativa".

---

[2] *Prova judiciária no cível e no comercial*. São Paulo: Max Limonad, 1970, p. 347.

Ainda acerca da valoração da prova judiciária, vale dizer que o CPC, perfilhando a trilha anteriormente seguida pelo CDC (Lei 8.078/1990, art. 6º, VIII), consente a chamada *distribuição dinâmica do ônus da prova*, por modo que o critério clássico – a divisão estática: ao autor, a prova do fato constitutivo; ao réu a prova do fato impeditivo, modificativo, extintivo (CPC, art. 373 e incisos) – pode em alguns casos ser amenizado ou relativizado, quando se verifiquem, a teor do parágrafo único desse artigo, "peculiaridades da causa relacionadas à impossibilidade ou à excessiva dificuldade de cumprir o encargo nos termos do *caput* ou à maior facilidade de obtenção da prova do fato contrário", caso em que as próprias partes poderão convencionar a distribuição do ônus probatório em modo diverso (CPC, § 3º e incisos do art. 373), ou, mesmo, poderá o juiz fazê-lo, "desde que o faça por decisão fundamentada, caso em que deverá dar à parte a oportunidade de se desincumbir do ônus que lhe foi atribuído" (§ 1º do art. 373).

À base da permissão (excepcional) para a distribuição *dinâmica* do ônus da prova está a prevenção da chamada *prova diabólica*, a saber, aquela de difícil ou mesmo impossível demonstração ou realização, que ocorreria se a um dos sujeitos do processo viesse atribuído o ônus de provar fato que escapa à sua capacidade ou possibilidade material. Sendo a distribuição dinâmica do ônus da prova um alvitre de caráter excepcional, é de ser interpretada e aplicada com o devido temperamento, não podendo tal inversão do *onus probandi* implicar em extrema dificuldade à parte a quem ficou repassado o encargo de apresentar certa prova, até por conta da eximente *impossibilia nemo tenetur*, recepcionada no § 2º do art. 373 do CPC, ao alertar que a inversão, de ofício, do ônus da prova "não pode gerar situação em que a desincumbência do encargo pela parte seja impossível ou excessivamente difícil". É dizer: deve o juiz atentar para que, ao inverter o ônus da prova não acabe por "mudar a desigualdade de lugar", engendrando uma sorte de *desigualdade reversa*.

Assim se passa porque o processo é uma relação jurídica de Direito Público, na qual prevalecem as normas cogentes e impositivas e, de outro lado, porque a distribuição do ônus da prova – e sua eventual inversão – constitui *regra de julgamento*, a ser devidamente observada pelo juiz.

De ordinário, porém, prevalece a regra geral da distribuição *estática* do ônus da prova – *onus probandi incumbit ei qui agit*; *ei incumbit probatio qui dicit, non qui negat* – como se dá, por exemplo, nas ações declaratórias de falsidade ou autenticidade de documento (CPC, art. 19, II), nas quais o ônus de provar o fato controvertido recai, quando "se tratar de falsidade de documento ou de preenchimento abusivo, à parte que a arguir"; e, quando "se tratar de impugnação de autenticidade, à parte que produziu o documento"

(CPC, art. 429 e incisos), notando-se que tal diretriz não se restringe, exclusivamente, ao autor da ação, e sim à parte que toma a iniciativa de formular certa pretensão, assim se aplicando, pois, ao réu reconvinte (*reus in exceptio fit actor*), e, por análoga razão, àquele que alega fato extintivo, modificativo ou impeditivo do direito do autor – CPC, art. 350.

Registre-se que, embora o juiz seja o *sujeito imparcial* na relação processual, ele é o *destinatário* e o *avaliador* da prova, donde não se poder excluí-lo, *a priori*, de participação no ambiente probatório, até porque ele terá que formar sua convicção para poder decidir em modo consistente e fundamentado (CPC, arts. 489, II e § 1º; 490). Daí que a ele é dado "de ofício ou a requerimento da parte, determinar as provas necessárias ao julgamento do mérito" (CPC, art. 370, *caput*), inclusive podendo valer-se da inspeção judicial (CPC, art. 481); no processo trabalhista, dispõe o art. 765 da CLT: "Os Juízos e Tribunais do Trabalho terão ampla liberdade na direção do processo (...) podendo determinar qualquer diligência necessária ao esclarecimento delas".

Em consonância com tais diretrizes, os conteúdos dos documentos laboram, em princípio, contra quem os produziu, seja no tocante às cartas e registros domésticos (CPC, art. 415 e incisos), seja nas notas lançadas pelo credor em qualquer tópico do título representativo da obrigação (CPC, art. 416 e parágrafo único), seja, enfim, no tocante aos lançamentos constantes dos livros comerciais que, em princípio, laboram contra quem os escreveu, regra que comporta algumas refrações especiais, como indicado nos arts. 418 e 419.

Além disso, presente a *alteridade* que caracteriza a relação processual, a inversão do ônus da prova há que ser precedida de prévia comunicação às partes, em cumprimento ao *direito à não surpresa*, recepcionado pelo art. 10 do CPC: "O juiz não pode decidir, em grau algum de jurisdição, com base em fundamento a respeito do qual não se tenha dado às partes oportunidade de se manifestar, ainda que se trate de matéria sobre a qual deva decidir de ofício".

No processo trabalhista, prevalece a distribuição *estática* do ônus da prova, nos termos do art. 818 e incisos da CLT, redação da Lei 13.467/2017; mas, tendo em vista o desequilíbrio econômico entre as partes (presumida hipossuficiência do empregado), admite-se, em certos casos, a inversão desse ônus, a teor do § 1º daquele artigo, inserido pela Lei 13.467/2017: Nos casos previstos em lei ou diante de peculiaridades da causa relacionadas à impossibilidade ou à excessiva dificuldade de cumprir o encargo nos termos deste artigo ou à maior facilidade de obtenção da prova do fato contrário, poderá o juízo atribuir o ônus da prova de modo diverso, desde que o faça por decisão fundamentada, caso em que deverá dar à parte a oportunidade de se desincumbir do ônus que lhe foi atribuído". De interesse, outrossim, o §

3º daquele art. 818, nos termos da citada Lei 13.467/2017: "A decisão referida no § 1º deste artigo não pode gerar situação em que a desincumbência do encargo pela parte seja impossível ou excessivamente difícil".

Nos conflitos consumeristas, a inversão do ônus da prova em desfavor do fabricante, comerciante ou prestador do serviço (Lei 8.078/1990, art. 6º, VIII), encontra aplicação no art. 38 dessa lei, ao imputar o ônus da prova da veracidade e correção da nota publicitária a quem seja o seu patrocinador; outrossim, o art. 51 dessa lei considera "nulas de pleno direito, entre outras, as cláusulas contratuais relativas ao fornecimento de produtos e serviços que: (...) VI – estabeleçam inversão do ônus da prova em prejuízo do consumidor".

Já no processo penal a matéria em questão assume nuances particulares, a começar pelo fato de estar em jogo o direito fundamental da *liberdade*, donde deriva a presunção de inocência do acusado (CF, art. 5º, LVII), por modo a recair sobre a acusação o ônus de provar a materialidade, a autoria do delito e eventuais circunstâncias qualificadoras ou agravantes, ao passo que ao acusado assiste o direito de defesa em sua plenitude, desenvolvendo argumentos, acostando subsídios e realizando provas tendentes a excluir a antijuridicidade da conduta e a imputada culpabilidade, ou até mesmo a extinção da punibilidade, pela intercorrência da prescrição. Ao acusado, assim na ação penal pública, a cargo do Ministério Público, como na ação privada, proposta pelo querelante, cabe, naturalmente, desincumbir-se da defesa, deduzindo suas alegações e apresentando as provas, assim aquelas de que já disponha, mais aquelas que serão acostadas ao longo do processo.

A prova judiciária não se realiza em um ambiente de direitos e obrigações, mas antes disponibiliza *faculdades*, as quais podem ou não ser aproveitadas pelas partes, com as respectivas consequências, conforme a conduta adotada. No dizer de Cândido Rangel Dinamarco e Bruno Vasconcelos Carrilho Lopes, a prova, no sistema processual, pode ser definida como "o *conjunto de oportunidades* oferecidas às partes pela Constituição e pela lei para que possam demonstrar no processo a veracidade do que afirmam em relação aos fatos relevantes para o julgamento".[3]

Assim é que as meras alegações são infrutuosas se não roboradas por consistentes elementos de prova: *allegatio et non probatio quasi non allegatio*. Diversamente, se a pretensão é bem respaldada em prova idônea (*v.g.*, a demonstração do esbulho e da perda da posse mansa e pacífica do

---

[3] *Teoria geral do processo civil*, cit., p. 181.

imóvel, na ação de reintegração de posse – CPC, art. 561 e incisos), fica pavimentado o caminho para o acolhimento da demanda, permitindo falar-se, por vezes, em veros *requisitos de procedência*; se o depoimento de uma testemunha não vem oportunamente contraditado (CPC, § 1º do art. 457), pode dar-se que tal prova venha a ter peso importante no conjunto instrutório e na final avaliação do juiz; se a parte instada a comparecer em Juízo para prestar depoimento pessoal não comparece ou se recusa a responder, tem contra si aplicada a pena de confesso, presumindo-se verdadeiros os fatos contra ela imputados (CPC, arts. 385-388, c/c art. 374, II, IV); na ação de desapropriação, se o valor alcançado pelo perito judicial não vem contrastado em laudo do assistente técnico do expropriado, provavelmente acabará por prevalecer a indenização alvitrada na perícia única, ressalvada hipótese de o juiz indicar na sentença "os motivos que o levaram a (...) deixar de considerar as conclusões do laudo, levando em conta o método utilizado pelo perito" – CPC, art. 479.

Cada tipo de prova é realizado de per si, mas, para efeito da formação da convicção do julgador, tem lugar o princípio da *comunhão da prova*, por modo que, embora cada elemento probatório venha produzido separadamente, fato é que, ao fim e ao cabo, a prova constante dos autos é avaliada *em sua globalidade*, "independentemente do sujeito que a tiver promovido" (CPC, art. 371), observadas, naturalmente, as regras de julgamento, por exemplo, as que definem a distribuição do ônus probatório. Por conta disso, pode ocorrer que uma prova repercuta, em maior ou menor dimensão, sobre outra, a exemplo do que se passa com o requerimento para produção de prova testemunhal, o qual será indeferido pelo juiz se o fato objetivado já está provado por documento ou confissão ou só poderia sê-lo por via documental ou pericial (CPC, art. 443 e incisos).

O CPC, ao tratar da matéria probatória não o faz, de regra, em contemplação de cada ação em especial, mas é intuitivo que certas demandas são mais afeiçoadas a determinada espécie probatória. Por exemplo, a ação envolvendo um evento desportivo deve ser instruída com a prova de que a controvérsia fora, antes, submetida ao colegiado que tem competência nessa área (CF, art. 217 e § 1º); a ação de desapropriação exige, de um lado, a juntada do decreto de utilidade pública (prova documental do interesse da Administração no imóvel objetivado) e, salvo a hipótese de acordo entre as partes, deve constar dos autos a prova pericial, que indicará o valor da indenização devida ao expropriado; uma petição de *habeas data* deve ser acompanhada da prova de que a instância faltosa ou leniente foi, antes, instada a fornecer os dados reclamados pela parte (Lei 9.507/1997, art. 8º e parágrafo único).

Dentre os meios legítimos para provar os fatos relacionados à lide encontram-se aqueles que derivam da observação do que ordinariamente acontece (*id quod plerumque fit*): trata-se de inferências intuitivas acerca de certas ocorrências, aproximando-se, por vezes, dos fatos notórios, ou de sabença geral ao interno da comunidade, por exemplo: nas glebas rurais, presume-se que a cerca divisória foi erguida pelo proprietário da área em face da qual estão voltados os *cravos* que fixam os arames nos mourões; é presumível que o vazamento existente no teto do apartamento de nº 22 deva provir daquele de nº 32, situado logo acima; ainda é do senso comum que o veículo que transita imediatamente atrás daquele que foi danificado na traseira há de ser o responsável pelo dano, permitindo intuir-se que não guardou distância segura. Nesse sentido, o art. 375 do CPC autoriza o juiz a valer-se das "regras de experiência comum, subministradas pela observação do que ordinariamente acontece (...)".

Naturalmente, sendo o juiz o condutor do processo, cabe-lhe zelar para que a instrução probatória decorra regularmente, sem excessos, abusos ou desvirtuamentos, devendo indeferir, "em decisão fundamentada, as diligências inúteis ou meramente protelatórias" (CPC, parágrafo único do art. 370), inclusive por ocasião da audiência de instrução e julgamento, quando, dentre outras providências, deverá dispensar a testemunha contraditada, quando provada a incapacidade, o impedimento ou a suspeição, ou ouvi-la apenas como *informante* – CPC, art. 457 e § 2º.

Embora deva o juiz decidir segundo o alegado e provado pelas partes (CPC, art. 141), não há negar que, cabendo-lhe dirigir o processo em modo imparcial e eficiente (CPC, art. 139 e incisos), a ele é dado, "de ofício ou a requerimento da parte, determinar as provas necessárias ao julgamento do mérito" (CPC, art. 370, *caput*), certo que já na decisão de saneamento lhe incumbe "delimitar as questões de fato sobre as quais recairá a atividade probatória, especificando os meios de prova admitidos" e mesmo "definir a distribuição do ônus da prova" (CPC, art. 357, II e III). E, apesar de caber às partes as provas de suas respectivas alegações, em certos casos excepcionais é dado ao juiz deslocar-se ao local dos fatos ou onde se encontre a pessoa "a fim de se esclarecer sobre fato que interesse à decisão da causa", na chamada *inspeção judicial* – CPC, art. 481.

Assim como certos processos são mais afeiçoados à instrução probatória mais extensa do que outros (*v.g.*, um processo voltado ao ressarcimento por ato ilícito, objeto de ação ordinária de cobrança, na comparação com um processo de execução, fundado em uma cambial, que é título líquido, certo e exigível – CPC, arts. 783, 784, I), também se verifica que certos procedimentos (o modo de ser dos processos) sinalizam para maior ou menor vocação probatória, por exemplo: na tutela provisória, calcada em histórico de evidência (CPC, art. 311 e incisos), é intuitivo que o rito é sumarizado, reclamando prova documental pré-constituída, ensejando que a tutela seja até mesmo deferida liminarmente (CPC, parágrafo único do art. 311); já as ações de família, que geralmente envolvem situações complexas, reclamam o procedimento comum, afeiçoado à ampla dilação probatória, podendo, no exemplo citado, ser realizadas sucessivas sessões de mediação e conciliação – CPC, arts. 696 e 697.

Embora o sistema probatório venha estruturado em contemplação da *prova judiciária*, isto é, aquela que se realiza ao longo da relação processual, com vistas a atingir um escopo adrede estabelecido – eliminação da incerteza; satisfação do direito reconhecido; segurança de pessoa, coisa ou situação – é possível que a prova venha constituída *antes* da judicialização, e, não raro, pode dar-se que por esse alvitre se evite a deflagração do conflito. Assim, considerem-se estas ocorrências:

(*i*) a *notificação* dirigida pelo locatário ao locador do imóvel, cientificando-o da intenção do locador de não prosseguir na locação de tempo indeterminado, ao tempo em que serve como prova de denúncia do contrato, pode tornar desnecessária a ação de despejo, caso o inquilino, notificado, desocupe o imóvel (CPC, art. 726 e parágrafos, c/c art. 6º, *caput*, da Lei 8.245/1991);

(*ii*) a *produção antecipada de prova* (que no CPC/1973 vinha prevista no âmbito dos procedimentos cautelares específicos – arts. 846-851) pode ensejar que, uma vez esclarecida a situação fática, venham os interessados a se compor, assim evitando a lide judicial (CPC, arts. 381-383 e parágrafo único);

(*iii*) o *protesto contra alienação de bem* (CPC, art. 301) serve como elemento de comunicação à comunidade em face de suspeita de dissipação de patrimônio pelo devedor, assim alertando terceiros, que de outro modo poderiam adquirir algum imóvel, correndo risco de tal operação vir a tipificar fraude à execução (CPC, art. 792 e incisos).

Algo semelhante se passa com a celebração de *ata notarial* nos tabelionatos (CPC, art. 384 e parágrafo único), que igualmente serve como atestação ou prova documental de certo fato, a ser, eventualmente, objeto de lide judicial; a *confissão*, que pode dar-se (também) extrajudicialmente, leva a que o confitente admita a verdade de fato contrário ao seu interesse e favorável à contraparte (CPC, arts. 389 e 394), inclusive dispensando nova diligência probatória a respeito (CPC, art. 374, II); a utilização da chamada *prova emprestada* (CPC, art. 372) labora a favor da racionalidade e da agilização da instrução, ao dispensar a prova de fato que em outro processo já resultou demonstrado cumpridamente.

Tenha-se presente que a instrução probatória conecta-se ao *dever de fundamentação* de toda decisão judicial, sob pena de nulidade (CF, art. 93, IX), na medida em que no capítulo da motivação do julgado (CPC, art. 489, II), deve o julgador analisar "as questões de fato e de direito", certo que os fatos devem ser sopesados a partir das provas apresentadas com vistas a evidenciá-los, assim permitindo ao juiz proceder à subsunção do texto de regência aos fatos e respectivas provas, por modo a alcançar a solução jurídica adequada: *ex facto oritur jus*.

Embora a instrução probatória seja aderente aos *fatos* da lide, por vezes, há necessidade de provar o Direito. A afirmação pode causar espécie, dada a premissa de que o juiz conhece o Direito (*iura novit cúria*) aforisma que se completa com outro – *da mihi factum, dabo tibi jus* –, significando que as partes devem submeter os fatos ao juiz, cabendo a este dizer o direito no preciso sentido da *jurisdictio*. Sem embargo, desde as Ordenações Filipinas (Livro 3º, Título 53, §§ 8º e 9º) já se estabelecia a necessidade de provar o direito estrangeiro, o costumeiro e o local, este último hoje concernente aos ordenamentos estaduais e municipais.

A prova do direito se restringe à demonstração destes tópicos:

(*i*) existência da norma;

(*ii*) seu inteiro teor;

(*iii*) sua atualidade, ou seja, sua vigência.

A existência da norma e o seu conteúdo são provados pela publicação do texto no órgão oficial ou ainda por sua inserção em sítio eletrônico idôneo; já a vigência pode ser provada, por exemplo, por menções contemporâneas da lei em acórdãos recentes, artigos doutrinários atuais, e mesmo por referências em outros textos legais, de atualidade. Já no tocante aos decretos federais, a prova de seu teor e vigência, não é de ser exigível, em princípio, porque eles não têm função nomogenética, e sim de regulamentação da lei federal à qual se reportam, a qual se presume conhecida (*ignorantia legis neminem excusat*), o que é particularmente verdadeiro em face do agente público que a deve aplicar: *iura novit curia*.

Vale observar que os tratados internacionais de que o Brasil seja signatário não se consideram Direito estrangeiro, porque já estão incorporados à ordem jurídica nacional, de modo que, igualmente, se presumem conhecidos pelo juiz; assim se passa com Pacto de São José da Costa Rica, derivado da

Convenção Americana de Direitos Humanos (1978), aqui internalizado pelo Decreto 678, de 06.11.1992, cujas diretrizes encontram-se recepcionadas em alguns incisos do art. 5º da CF. Dessa forma, dispõe o § 3º do art. 5º da CF: "Os tratados e convenções internacionais sobre direitos humanos que forem aprovados, em cada Casa do Congresso Nacional, em dois turnos, por três quintos dos votos do respectivos membros, serão equivalentes às emendas constitucionais".

Diversamente se passa no tocante ao direito local, estrangeiro ou costumeiro, a teor do art. 376 do CPC: "A parte que alegar direito municipal, estadual, estrangeiro ou consuetudinário provar-lhe-á o teor e a vigência, se assim o juiz determinar", sendo curial que o direito local – municipal e estadual – *do foro onde atua o juiz* da causa não pode ser por este desconhecido; assim, a prova do direito local só é exigível quando este venha invocado em processo em curso em comarca ou seção judiciária *distinta* ou em trâmite em outro Estado. Ainda a respeito do Direito estrangeiro, dispõe a Lei de Introdução às normas do Direito brasileiro (Dec.-Lei 4.657/1942, cf. Lei 12.376/2010, art. 14: "Não conhecendo a lei estrangeira, poderá o juiz exigir de quem a invoca prova do texto e da vigência".

O costume ("norma consuetudinária") como meio de prova judiciária pode ser definido como a prática reiterada de certa conduta, ao interno de uma coletividade, sob a percepção de sua juridicidade, sendo razoável entender-se que possa ser provado de várias formas, inclusive pelos assentos porventura existentes em Juntas Comerciais e órgãos congêneres, vindo a exercer no convencimento do juiz a influência que possa merecer, em modo análogo ao que se passa com as regras da experiência comum, subministradas pela simples observação das ocorrências da vida em sociedade.

21

FASES DO PROCESSO

É comum referir-se às *fases do processo*, mas é conveniente ter presente desde logo que essa nominação vem se mantendo mais à força de seu emprego reiterado do que por uma vera consistência técnico-jurídica; a rigor, o *processo judicial*, a saber, a *relação processual* que se desenvolve perante a Justiça estatal, apresenta um sentido que se diria *unitário*, enquanto sucessão ordenada de atos dos integrantes do contraditório, animada por uma determinada finalidade: *eliminar incerteza*, mediante decisão de mérito, no *processo de conhecimento*; *outorgar segurança* a pessoas, coisas e situações em situação de perigo ou com risco para o resultado útil do processo, na *tutela provisória*, que igualmente abrange a tutela da evidência; assegurar *efetividade prática ou satisfativa* ao título exequendo, no *cumprimento de sentença* ou no *processo de execução*.

É dizer: pode-se falar em *tipos de processo*, segundo a finalidade perseguida em cada qual, ao passo que cada um deles se desenvolverá conforme o *procedimento* adequado, cada qual com seus atos sequenciais, permitindo falar-se em procedimento *comum* e *especiais*, estes últimos bifurcados em *jurisdição contenciosa* e *voluntária*; isso, não só no bojo do CPC, mas também na legislação processual extravagante, por exemplo, a Lei 9.868/1999, que fixa o *rito* das ações no controle direto de constitucionalidade (Adin, ADCon) ou a Lei 8.245/1991 que regula o *rito* das ações do inquilinato, ou, ainda, a Lei 12.016/2009 que fixa os trâmites do mandado de segurança.

De sorte que a palavra *fase*, em verdade, é de se aplicar, não propriamente ao processo em si mesmo, mas ao seu *modo de ser*, isto é, ao seu trâmite, rito ou procedimento, o qual deve guardar simetria com as ações que fornecem os diversos conteúdos. Por vezes, o legislador baralha as noções de processo e procedimento, como parece ter ocorrido na Lei 9.099/1995, reguladora dos Juizados Especiais, cujo art. 2º diz que o processo (*sic*) "orientar-se-á pelos critérios de oralidade, simplicidade, informalidade, economia processual e celeridade (...)", quando, a rigor, tais atributos ou características concernem ao *procedimento*, isto é, ao *modo de ser* das demandas que têm curso nessa instância judiciária.

Esse realinhamento metodológico permite entender-se, por exemplo, que a ação de mandado de segurança, fundada num afirmado direito líquido e certo, roborado em prova documental pré-constituída, é, enquanto processo, de *conhecimento*, porque se preordena a uma decisão de mérito; mas, enquanto rito ou procedimento, apresenta um evolver compactado, com uma *fase postulatória* reduzida à petição inicial, informações da autoridade dita coatora, a que se segue o parecer do MP enquanto *custos legis*, e, após, a sentença (portanto, sem as *fases* ordinatória e instrutória); outro exemplo: a consignação em pagamento, enquanto processo, é de *conhecimento*, por dar ensejo à decisão de mérito, mas, enquanto rito ou procedimento, distancia-se do padrão geral estabelecido no procedimento comum (CPC, art. 318, *caput*), perfilhando um evolver diferenciado, enquanto procedimento especial de jurisdição contenciosa (CPC, arts. 539-549), prevendo-se uma fase postulatória que mesmo pode se encerrar precocemente, se o autor, após se predispor, na petição inicial, ao depósito da quantia ou coisa litigiosa, não o fizer em cinco dias contados do deferimento, então encerrando-se o processo sem resolução do mérito (CPC, art. 542, I e parágrafo único).

Esse sentido de *continuidade* (com exceções pontuais nos casos de abandono e de suspensão do processo – CPC, arts. 313 e incisos; 485, II e III), radica na etimologia da palavra *procedimento*, derivada da junção dos vocábulos latinos *pro* (para frente) e *caedere* (cair), significando, literalmente, *cair para frente*, por aí se indicando a *continuidade* dos atos e termos da movimentação processual. Bem se compreende a necessidade desse fluxo sequencial, dadas as exigências de utilidade e tempestividade da intervenção jurisdicional, a par do compromisso com a satisfação do direito, do valor ou do bem da vida reconhecidos no julgado (CPC, art. 4º).

Assim, pode-se dizer que, enquanto o processo é uma *direção no movimento*, o procedimento ou rito é a forma, o modo de ser desse trâmite: mais oral ou, então, precipuamente documental; rígido ou, então, informal; sumário ou, então, distendido.

Tendo sempre presentes as peculiaridades das diversas ações e de seu *encaixe* num dos três tipos de processo antes referidos, é possível e útil identificar-se o plexo das *fases* sequenciais da movimentação processual, assim nominadas:

(i) *postulatória*, composta pelos atos iniciais do processo: pedido do autor; audiência preliminar de conciliação ou medição que, não resultando proveitosa (CPC, art. 334 e parágrafos), dará ensejo ao réu para atendimento aos itens da resposta: contestação e eventual reconvenção; impugnação ao valor da causa; exceções substanciais na réplica e na tréplica; eventual arguição de questão prejudicial (CPC, arts. 335, *caput*; 343 e parágrafos; 293; 350; 503 e § 1º, nessa ordem);

(*ii*) *ordinatória*, ou *de saneamento*, na qual o juiz, como condutor do processo (CPC, art. 139 e incisos) posiciona o processo, direcionando-o para que ele prossiga de modo hígido e eficiente, para tal deliberando acerca dos itens listados nos incisos do art. 357 do CPC, podendo, *sendo o caso*, designar audiência de instrução e julgamento;

(*iii*) *probatória* ou *instrutória*, valendo, contudo, ressalvar que, a rigor, a instrução já se inicia na fase postulatória, a teor dos arts. 320 e 336 do CPC; de outro lado, pode ocorrer hipótese de compactação do rito, com extinção precoce do processo, se houver improcedência liminar do pedido (CPC, art. 332 e incisos), indeferimento liminar da petição inicial (CPC, parágrafo único do art. 321 c/c art. 485, I) ou julgamento antecipado, total ou parcial do mérito (CPC, arts. 354-356 e parágrafos); de outra sorte, tem seguimento a instrução, vindo as provas em espécie reguladas nos arts. 405-480, e a audiência de instrução e julgamento (CPC, arts. 358-368 c/c art. 357, V);

(*iv*) *decisória*, com a prolação da sentença com ou sem resolução do mérito (CPC, § 1º do art. 203 c/c arts. 485 e 487 e respectivos incisos), podendo o julgamento ocorrer ao final da audiência de instrução e julgamento ou em até trinta dias (CPC, art. 366); vale ter presente que a atividade decisória do juiz não se limita à sentença, mas também se estende à resolução de questões incidentes, por meio de decisões interlocutórias (CPC, § 2º do art. 203), a par de decisões de caráter correicional, como, *v.g.*, no caso de ocorrer colusão entre as partes (CPC, art. 142);

(*v*) *recursal*, que não se limita à apelação contra a sentença (CPC, art. 1.009), mas inclui os agravos de instrumento contra decisões interlocutórias (CPC, art. 1.015, incisos e parágrafo único) a par de outras impugnações no âmbito dos tribunais; em verdade, recursos são disponibilizados desde o início do processo, podendo o autor apelar do indeferimento da petição inicial ou da liminar improcedência do pedido (CPC, art. 331 e parágrafos; art. 332, § 2º), presente a *facultatividade* que sobrepaira toda a matéria recursal, à exceção dos casos de remessa necessária (CPC, art. 496, incisos e parágrafos);

(*vi*) *executória* ou de *cumprimento do julgado*, conforme se trate, nessa ordem, de título *judicial* (CPC, art. 515 e incisos) ou *extrajudicial* (CPC, art. 784 e incisos), lembrando-se que o CPC inclui no conteúdo da função judicante o zelo pela *atividade satisfativa* (arts. 4º, 139, IV), donde deve o juiz valer-se das medidas indutivas, coercitivas, mandamentais ou sub-rogatórias e demais medidas de apoio para o efetivo *cumprimento* do título exequendo (CPC, arts. 139, IV; 536 e § 1º).

O vigente CPC optou pela terminologia *Procedimento Comum* (título I do livro I da Parte Especial, arts. 318 a 512) e *Procedimentos Especiais* (título III do livro I da Parte Especial, arts. 539 a 770), podendo-se identificar, no procedimento mais distendido, que é o comum, as fases postulatória, probatória, ordinatória, decisória, recursal e executória ou de cumprimento do julgado, antes referidas.

Vale ter presente que a repartição do procedimento em etapas não é necessariamente ocorrente em todos os casos, como se observa nestas intercorrências: a *fase postulatória* pode ser abortada desde logo, não chegando o processo a se triangularizar, no caso de *indeferimento liminar da petição inicial* ou da *liminar improcedência do pedido*, ainda antes da citação do indigitado réu (CPC, arts. 321 e parágrafo único; 332, *caput*); a *fase ordinatória* pode não se configurar, caso ocorra alguma das hipóteses de julgamento antecipado (CPC, arts. 355-356 e parágrafos), ou em casos de rito compactado, como se dá no *habeas data* (Lei 9.507/1999, arts. 1º a 14); a *fase instrutória* é de ser vista em termos, já que algumas ações não a comportam, como aquelas no controle direto de (in)constitucionalidade, ao passo que em outras ela se confina à prova documental, como no mandado de segurança; a *fase decisória* por vezes não chega a se viabilizar como tal, se, por exemplo, houver o indeferimento liminar da petição inicial (CPC, parágrafo único do art. 320); a *fase recursal* também comporta algumas refrações, porque o indeferimento liminar da petição inicial já desafia apelação (CPC, art. 331, *caput*), a par das decisões interlocutórias proferidas ao longo do processo, que desafiam agravo de instrumento (CPC, art. 1.015 e incisos); a *fase satisfativa* nem sempre chega a ser instaurada, seja porque depende de iniciativa da parte ou do interessado (CPC, § 1º do art. 513; art. 778 e § 1º), seja porque pode dar-se o cumprimento espontâneo do quanto decidido ou da obrigação constante do título extrajudicial, como ainda pode ocorrer frustração no cumprimento do título, inviabilizando os atos expropriatórios, por exemplo, no caso de o patrimônio da parte vencida não bastar ao atendimento do julgado ou da obrigação assumida (CPC, art. 921, III e §§ 1º e 2º).

Desse modo, assiste razão à José Carlos Barbosa Moreira ao observar que "se, em geral se podem distinguir no itinerário processual diversas etapas, correspondentes aos tipos de atividade (...), a caracterização de cada uma delas antes se liga à *predominância* que à *exclusividade* do respectivo exercício. Ter-se-ão, assim, uma etapa predominantemente postulatória, uma etapa predominantemente instrutória e uma etapa predominantemente decisória. Mas, de um lado, as fronteiras entre elas nem sempre são muito nítidas; e, de outro, aqui tampouco se trata de compartimentos estanques: a produção de provas, por exemplo, começa a realizar-se desde a etapa postulatória, e mesmo após o encerramento desta podem, eventualmente, praticar-se atos por natureza assemelhados à demanda ou à defesa".[1]

Sem embargo do acerto dessa ponderação, remanesce o interesse, quando menos para melhor compreensão da matéria, em se identificar as fases do processo (*rectius*: do procedimento), podendo-se reparti-las – com as refrações e particularidades antes ressalvadas – em *postulatória*; de *saneamento* ou *ordinatória*; *instrutória* ou *probatória*; *decisória*; *recursal*; *executória* ou de *cumprimento do julgado*.

21.1 Fase postulatória

As funções do juiz e do administrador público se distinguem pelo fato de que este último, legitimado pelo voto popular, está autorizado a aplicar a lei de ofício, fazendo escolhas primárias e opções políticas em nome dos administrados, ao passo que o juiz, tendo sua legitimidade radicada em critério técnico (aprovação em concurso público; nomeação pelo *quinto constitucional* aos tribunais), não pode, como regra, aplicar de ofício a lei ao caso concreto, carecendo, para tal, ser instado pelas partes (o autor, na petição inicial ou até mesmo na réplica; o réu, na contestação, tréplica ou reconvenção: princípio da demanda – CPC, art. 2º) e só podendo responder no limite dessas provocações (CPC, arts. 490 e 492).

Verdade que, em casos pontuais, é dado ao juiz proceder de ofício, por exemplo, no caso dos chamados *pedidos implícitos*: condenação da parte vencida na verba honorária (CPC, art. 85, *caput*); aplicação dos juros de mora nas dívidas de dinheiro e da correção monetária nas dívidas de valor; imposição das chamadas medidas de apoio, necessárias à prestação específica do quanto decidido (CPC, arts. 139, IV; 536 e § 1º); na arrecadação dos bens do *de cujus*, no caso de herança jacente (CPC, art. 738); correção do valor da causa (CPC, § 3º do art. 292). Trata-se aí, contudo, de exceções que confirmam a regra geral pela qual a intervenção judicial depende de provocação da parte ou interessado e se confina nesses lindes.

---

[1] *O novo processo civil brasileiro*. 27. ed. Rio de Janeiro: Forense, 2008, p. 5.

A fase postulatória é composta dos pleitos:

(*i*) do autor, na inicial ("o pedido com as suas especificações" – CPC, art. 319, IV);

(*ii*) do réu, quando reconvém ou mesmo quando suscita exceção substancial, a par de eventual arguição de questão prejudicial (CPC, art. 503 e § 1º);

(*iii*) de eventual pretensão de algum terceiro interveniente, tal o assistente litisconsorcial (CPC, art. 124), ou o opoente (CPC, art. 682), com o que se acaba definindo o *objeto litigioso do processo*, assim delimitando e estabilizando o perímetro da controvérsia. A par disso, a fase postulatória parametriza o alcance da resposta jurisdicional, dada a vedação da decisão *ultra* ou *extra petita* (CPC, art. 492, *caput*), vedada também a decisão *infra petita*, que configura omissão ou até negativa de jurisdição.

A estabilização do objeto litigioso, ao final da fase postulatória, com os pleitos e posições firmados pelos integrantes dos polos ativo e passivo, nem por isso induz ou justifica uma postura passiva do juiz em face das alterações que a matéria de fato ou mesmo de direito venha a sofrer ao longo do processo – *ex facto oritur jus* – cabendo-lhe, antes, levá-las em consideração, e imprimir-lhes os efeitos pertinentes, por exemplo: a desocupação do imóvel, por parte do inquilino, antes de proferida a decisão de despejo; a revogação do decreto de utilidade pública, na pendência da ação de desapropriação; a revogação da lei sindicada na ADIn, enquanto não decidida esta; em casos que tais, dá-se a perda de objeto da ação, ou, se se quiser, a *perda ulterior do interesse de agir* (= necessidade e utilidade da intervenção jurisdicional). Em casos que tais, impõe-se a extinção do processo sem julgamento do mérito.

De resto, alguns eventos posteriores podem, também, ensejar a extinção do processo *com* resolução do mérito, a teor do art. 493 do CPC: "Se, depois da propositura da ação, algum fato constitutivo, modificativo ou extintivo do direito influir no julgamento do mérito, caberá ao juiz tomá-lo em consideração, de ofício ou a requerimento da parte, no momento de proferir a decisão".

Dada a *alteridade* que caracteriza a relação processual, a fase postulatória, iniciada com o(s) pleito(s) do autor na petição inicial para ter-se como completada, há que se aguardar o prazo para a contestação do réu, eventuais réplica, tréplica e reconvenção (ou, nos Juizados Especiais, o *pedido contrário* – Lei 9.099/1995, art. 31, *caput*), já que essas oportunidades abrangem, para além da resistência direta de mérito, outros alvitres: *exceções substanciais* (*v.g.*, a onerosidade excessiva do contrato ou outros fatos impeditivos, modificativos ou extintivos do direito do autor – CPC, art. 350 – por exemplo, inexigibilidade da obrigação ou ainda prescrição ou decadência); alegação de *convenção de arbitragem* (CPC, art. 337, X; art. 485, VII); *questões prejudiciais*, tanto externas como internas (CPC, art. 313, IV, *a*; art. 313, IV, c/c art. 982, I; § 1º do art. 503); impugnação ao valor causa (CPC, art. 293); arguição de falsidade (CPC, art. 430 e parágrafo único); arguição incidental de inconstitucionalidade (CPC, art. 948).

A questão do *objeto litigioso do processo* torna à berlinda na instância recursal, por conta do efeito devolutivo dos recursos – *tantum devolutum quantum appellatum* (CPC, art. 1.013 *caput*) – por modo que os capítulos ou as questões decididas no julgado recorrido, acaso não abrangidas no recurso, nesse caso dito *parcial* (CPC, art. 1.002) transitarão em julgado ou ficarão preclusas, ficando doravante o conhecimento da lide pelo tribunal *ad quem* confinado às questões e aos capítulos impugnados no recurso, à exceção das questões de ordem pública, cognoscíveis de ofício, a qualquer tempo e grau de jurisdição. Assim se passa porque a substituição da sentença, pelo acórdão, se restringe ao "que tiver sido objeto de recurso" – CPC, art. 1.008.

Pode-se, também, entrever uma "fase postulatória", no âmbito do cumprimento do julgado ou do título extrajudicial, formada, de um lado, pela pretensão do exequente (*v.g.*, cobrança de quantia certa estipulada no título judicial ou extrajudicial) e, de outro lado, por eventual impugnação (CPC, art. 525 e parágrafos) ou embargos do executado (CPC, art. 914 e parágrafos), já que estes formam um incidente de conhecimento, voltado à desconstituição do título exequendo, matéria a ser dirimida por sentença (CPC, art. 203, § 1º, parte final; art. 920, III).

Encerrada a fase postulatória, nos moldes antes indicados, e não tendo havido revelia do réu, nem indeferimento liminar da petição inicial, tampouco julgamento conforme o estado do processo ou liminar improcedência do pedido, ou ainda resolução consensual na preambular audiência de conciliação ou mediação, abre-se ensejo para o saneamento e organização do processo (CPC, art. 357 e incisos), com a designação, "se necessário" (inciso V do art. 357) de audiência de instrução e julgamento, para colheita de prova oral (depoimentos das partes, das testemunhas, esclarecimentos do perito ou assistentes – CPC, art. 361 e incisos).

Saliente-se que, segundo o ideário do processo cooperatório, o juiz, nas causas que se afiguram complexas, poderá, por ocasião da decisão de saneamento, oportunizar às partes a delimitação das "questões de fato e de direito relevantes para a decisão do mérito", bem como "para integrar ou esclarecer suas alegações" – CPC, art. 357, IV e § 3º.

21.2 Fase de saneamento ou ordinatória

Ao tempo do CPC/1973 vinha previsto o "despacho saneador", ocorrente quando o processo não tivesse sido resolvido precocemente, seja por conta da revelia e de seus efeitos, seja pelo "julgamento antecipado da lide", seja ainda pela transação entre as partes, na audiência preliminar (arts. 330 e incisos; 331, *caput*); inocorrentes tais hipóteses de abreviação do rito, ou ainda se o direito em litígio fosse indisponível, podia então o juiz desde logo "sanear o processo", por modo que, fixando os "pontos controvertidos, decidirá as questões processuais pendentes e determinará as provas a serem produzidas, designando audiência de instrução e julgamento, se necessário" (§§ 2º e 3º daquele art. 331, *passim*).

Já nos termos do vigente CPC, inocorrendo a revelia e seus efeitos, (arts. 344, 345 e incisos), nem o julgamento antecipado do mérito, total ou parcial (art. 355 e incisos; art. 356, incisos e parágrafos), tampouco a improcedência liminar do pedido (art. 332 e incisos) ou ainda resultando frustrada a conciliação por ocasião da audiência preliminar (seja por prévia manifestação das partes ou porque a matéria não comporta autocomposição – art. 334 e parágrafos), então abre-se ensejo para que o juiz, examinando o processo *no estado da arte*, profira "decisão de saneamento e de organização do processo" (art. 357, *caput*).

O que fica palpável, na comparação com o que se passava no CPC/1973, é que o vigente CPC melhor explicitou as atribuições do juiz nesse importante momento processual (incisos e parágrafos do art. 357), por modo que, em vez do antigo "despacho saneador", agora se pode identificar uma vera etapa ou *fase ordinatória* ou de *saneamento*, a operar como uma sorte de divisor de águas, a meio-caminho entre as fases postulatória e probatória, cabendo ao juiz: "resolver as questões processuais pendentes, se houver; delimitar as questões de fato sobre as quais recairá a atividade probatória, especificando os meios de prova admitidos; definir a distribuição do ônus da prova, observado o art. 373; delimitar as questões de direito relevantes para a decisão do mérito; designar, *se necessário*, audiência de instrução e julgamento" (incisos do art. 357).

Uma palpável diferença entre a fase postulatória e a de saneamento ou ordinatória está em que naquela primeira prevalecem os atos das partes – originárias e intervenientes –, ao passo que na fase de saneamento ou ordinatória destaca-se a atuação do juiz, a quem cabe *dirigir o processo*, a teor do art. 139, *caput*, do CPC.

Importante ainda ressaltar que a fase de saneamento é, também, momento adequado para a aplicação do processo de *estrutura cooperatória* almejado pelo CPC (art. 6º), na medida em que, nessa oportunidade as partes podem:

(*i*) "pedir esclarecimentos ou solicitar ajustes";

(*ii*) apresentar, para homologação, a "delimitação consensual das questões de fato e de direito" (CPC, §§ 1º e 2º do art. 357).

Bem por isso, Nelson Nery Júnior e Rosa Maria de Andrade Nery reconhecem nesse momento processual um vero "saneamento cooperativo, pois as partes podem pedir esclarecimentos e ajustes e mesmo entabular acordo para fixar os pontos controvertidos".[2]

De observar-se que, embora no âmbito dos tribunais não caiba falar-se numa *fase de saneamento ou ordinatória*, não há negar que ao relator é dado examinar a higidez técnico-formal do recurso, aparelhando-o para sequencial apreciação pela fração competente, dispondo o art. 932 do CPC: "Incumbe ao relator: I – dirigir e ordenar o processo no tribunal, inclusive em relação à produção de prova, bem como, quando for o caso, homologar autocomposição das partes"; outrossim, à vista da diretriz do aproveitamento e da convalidação dos atos processuais, deve o relator, antes de dar pela inadmissibilidade do recurso, conceder "prazo de 5 (cinco) dias ao recorrente para que seja sanado vício ou complementada a documentação exigível" (parágrafo único do art. 932).

No corpo do art. 357, incisos e parágrafos do CPC, não há menção para o recurso cabível contra o pronunciamento do juiz proferido ao cabo da fase de saneamento, o que, possivelmente, se deve ao fato de o CPC ter atribuído um perfil *cooperatório e dialético* a esse momento processual; todavia, presente a trilogia dos *pronunciamentos do juiz* (art. 203, *caput* e §§ 1º, 2º e 3º), não há negar que se trata de *decisão interlocutória*, já que resolve questões incidentes relativas à higidez técnico-jurídica da relação processual, inclusive quanto à delimitação do objeto litigioso e aos meios de prova. Desse modo, apesar de tal decisão não vir listada dentre as que desafiam agravo de instrumento (CPC, art. 1.015 e incisos), não se pode afastar a interposição de tal recurso, inclusive porque o posicionamento adotado pelo juiz sobre algum dos tópicos constantes do art. 357, incisos e parágrafos, poderá desatender o interesse de alguma das partes, que, nesse caso, se considerará "parte vencida" – CPC, art. 996, *caput*.

21.3 Fase instrutória ou probatória

Impende desde logo reconhecer que, apesar do destaque que a prova oral apresenta no bojo da *massa probatória* (depoimento pessoal das partes, que, no caso do réu, pode dar ensejo à confissão – CPC, § 2º do art. 390; oitiva de

---

[2] *Comentários ao Código de Processo Civil*, cit., 2015, nota nº 12 ao art. 357, p. 973.

testemunhas; esclarecimentos de peritos; depoimentos de *amici curiae* em alguns casos), nem sempre se abre oportunidade para a audiência de instrução e julgamento, preordenada à colheita da prova oral; bem por isso o CPC diz que o juiz a designará "se necessário" (CPC, art. 357, V).

A par disso, tenha-se presente que pode dar-se o encerramento precoce da lide: indeferimento liminar da petição inicial (CPC, parágrafo único do art. 321 c/c arts. 485, I); julgamento conforme o estado do processo (CPC, arts. 354-356); liminar improcedência do pedido (CPC, art. 332 e incisos); autocomposição ao ensejo da audiência preliminar (CPC, art. 334, § 11); extinção do processo ao final da fase postulatória, por razões diversas alegáveis na resposta do réu (CPC, art. 337 e incisos), tais a ausência das condições da ação ou dos pressupostos processuais; a existência de convenção de arbitragem (CPC, art. 485 e incisos); ou, mesmo, a prescrição ou decadência – CPC, art. 487, II e parágrafo único.

Impende ainda ter presente que, apesar de falar-se, usualmente, em *fase instrutória ou probatória*, a rigor, a instrução já se inicia na petição inicial, com a junção dos documentos de que já disponha o autor – CPC, art. 320; análogo ônus se estende à contestação do réu e mesmo às eventuais réplica e tréplica (CPC, arts. 336, 434 e parágrafo único; art. 435), assim como às postulações de eventuais terceiros intervenientes, tais o opoente (CPC, art. 683, *caput*). Daí dizer-se que nada alegar ou alegar sem provar são posturas que acabam se equiparando.

O CPC, em várias passagens, revela preocupação com a *seriedade* nas iniciativas das partes no processo judicial, o que bem se compreende, porque, de outro modo, se abriria espaço para postulações levianas, desprovidas de respaldo comprobatório, podendo ainda prestar-se a algum interesse escuso ou imbuir-se de espírito de emulação; bem por isso cabe ao juiz ficar atento a tais condutas, por exemplo, coartando a *colusão* entre as partes (CPC, art. 142). Além disso, a exigência de que as alegações das partes venham roboradas pelos subsídios probatórios de que disponham, mais aqueles que se produzirão no curso do processo, consulta à condição da ação dita *interesse de agir* (CPC, art. 17), caracterizada pela *necessidade e utilidade* da intervenção jurisdicional.

Nesse sentido, por vezes, fala-se em *requisitos de procedência*, que seriam exigências probatórias específicas de certas ações, por exemplo: a prova documental pré-constituída da liquidez e certeza do direito (*rectius*: do fato subjacente a este), no mandado de segurança (Lei 12.016/2009, art. 1º, *caput*); o esbulho ou a turbação da posse mansa e pacífica, nas ações de reintegração ou de manutenção de posse (CPC, art. 560); o título exequendo, líquido, certo e exigível, no cumprimento do julgado ou no processo executório (CPC, art. 523, *caput*; art. 798, I e alíneas); a prova da recusa ou do retardo no fornecimento dos dados por parte do órgão ou da agência competentes, para a concessão do *habeas data* – Lei 9.507/1999, art. 8º, parágrafo único e incisos.

Todavia, bem vistas as coisas, aqueles *requisitos de procedência* não mais se alinham ao entendimento hoje predominante, que identifica o exercício da ação judicial como um direito *abstrato e autônomo* e, como tal, independente de ser a pretensão *fundada ou não*, aspecto este já concernente ao *mérito* da causa (CPC, art. 487, incisos e parágrafo único). Aliás, o juízo de admissibilidade, por imperativo lógico, é um *prius* em face do exame do fulcro da pretensão, podendo inclusive obstaculizar este último, quando verificada a ausência de qualquer dos requisitos de existência e validade da ação ou do processo (CPC, art. 485 e incisos).

Constitui ônus das partes e mesmo de eventuais terceiros intervenientes diligenciar quanto à *prova* das respectivas alegações, mediante "todos os meios legais, bem como os moralmente legítimos", a teor do princípio da liberdade probatória – CPC, art. 369.

Apesar da *alteridade* que caracteriza o processo, levando a que cada um dos sujeitos parciais procure fazer prova de suas respectivas alegações, com vistas a sobrepujar a posição da contraparte, operando o juiz como destinatário da prova (*da mihi factum, dabo tibi jus*), ainda assim não deve o juiz acomodar-se numa postura passiva ou burocrática, mas, antes e superiormente, deve adotar uma conduta *proativa*, por exemplo: quando promove *inspeção judicial* (CPC, art. 481); admite prova emprestada (CPC, art. 372); inverte o ônus da prova (CPC, § 1º do art. 373); exerce o poder de polícia nas audiências (CPC, art. 360, I e II); ordena à parte ou ao terceiro que exiba certo documento (CPC, arts. 396; 401-403 e parágrafo único); determina a realização de nova perícia (CPC, art. 480 e parágrafos); formula quesitos a serem respondidos pelo perito – CPC, art. 470, II; determina "medidas indutivas, coercitivas, mandamentais ou sub-rogatórias necessárias para assegurar o cumprimento de ordem judicial" (CPC, inciso IV do art. 139), com vistas à obtenção do cumprimento específico do título exequendo – CPC, art. 536 e § 1º.

A chamada *fase* instrutória em verdade se deflagra desde a petição inicial, inclusive, passando pela contestação, eventual reconvenção, réplica e tréplica, eventual intervenção de terceiro ou mesmo de *amicus curiae*, até alcançar a audiência de instrução e julgamento, em havendo requerimento para produção de prova oral – CPC, § 4º do art. 357; art. 361 e incisos. Até mesmo o terceiro, "nomeado à autoria" pelo réu, deverá fazer prova de seu *status jurídico* em face da demanda em curso, a fim de que o juiz delibere a respeito – CPC, art. 339 e parágrafos.

Em que pese o princípio da liberdade probatória (CPC, art. 369), não há negar que, pontualmente, registram-se certos fatos ou circunstâncias que só comportam prova por um dado meio, por exemplo: o instrumento público, quando seja da substância do ato, não pode ser suprido por nenhum outro meio de prova – CPC, art. 406; o valor da indenização devida ao expropriado, não havendo composição a respeito, há que ser apurado em perícia – Dec.-Lei 3.365/1941, art. 23 e § 1º; a petição inicial do mandado de segurança deve ser instruída com prova documental, pré-constituída – Lei 12.016/2009, art. 6º e § 1º; a petição do *habeas data* deve vir instruída com demonstração do retardo ou recusa no fornecimento dos dados por parte do órgão ou instância para tal instado previamente (Lei 9.507/1997, art. 8º, parágrafo único e incisos); a "prova escrita, sem eficácia de título executivo", na ação monitória" – CPC, art. 700, *caput*.

A *prova judiciária* é de ser entendida no sentido abrangente e não estanque ou compartimentado, permitindo falar-se em *massa probatória* (CPC, art. 371), vindo dirigida ao juiz, com vistas a influenciar seu convencimento, cabendo ao julgador orientá-la na ordem lógico-sequencial: *apresentação, admissibilidade, realização, avaliação*.

Apresentadas as provas pretendidas, na fase postulatória, elas passarão pelo crivo do juiz quanto à sua admissibilidade, mormente por ocasião da decisão de saneamento (CPC, art. 357, e incisos), somente sendo deferidas as que venham autorizadas pelo sistema jurídico ou ainda as moralmente legítimas (CPC, art. 369), e desde que relevantes, pertinentes ao objeto litigioso e idôneas para demonstração dos fatos a que se preordenam, certo ainda que sua realização, tratando-se de documentos, em verdade se desenvolve ao longo do processo, sempre respeitado o contraditório, ao passo que a realização da prova oral tem seu momento por ocasião da audiência de instrução e julgamento.

O juízo de admissibilidade quanto às provas pretendidas pelas partes ocorre por ocasião da decisão de "saneamento e organização do processo" (CPC, art. 357, incisos e parágrafos), ao passo que a avaliação das provas que foram apresentadas se dá, precipuamente, na sentença, dado que o juiz decide segundo o alegado e provado nos autos, ressalvando-se, todavia, que a decisão judicial acerca da inversão do ônus da prova (CPC, art. 373 e § 1º) é de natureza interlocutória (CPC, § 2º do art. 203), e, assim, desafia agravo de instrumento – CPC, art. 1.015, XI.

Quanto aos fatos sobre os quais incide a prova judiciária, eles devem ser idôneos a esclarecer pontos sensíveis do objeto litigioso, e, assim, devem se apresentar:

(*i*) *determinados*, a saber, definidos em seus contornos, não podendo referir-se a ocorrências vagas ou meramente supostas;

(*ii*) *atinentes ao objeto litigioso*, delineado ao cabo da fase postulatória, observado, sendo o caso, o disposto no art. 342 e incisos do CPC;

(*iii*) *relevantes* para o julgamento da causa, devendo ser descartados os fatos inócuos, isto é, aqueles que, ainda que provados, não repercutiriam na solução da controvérsia;

(*iv*) *controversos*, isto é, sobre os quais não haja consenso, descartada, pois, a perquirição sobre fato que já se beneficia da presunção de veracidade (CPC, art. 374 e incisos);

(*v*) *de atualidade*, ou seja, que não estejam superados em seu conteúdo ou efeitos.

A avaliação quanto à prova constante dos autos constitui, naturalmente, atribuição indeclinável do julgador, no âmbito da persuasão racional, não lhe sendo dado escusar-se com o *non liquet* ("para mim não está claro"), como se dava nas priscas eras do Direito romano, tampouco negar a prestação jurisdicional ao argumento de "lacuna ou obscuridade do ordenamento jurídico" (CPC, art. 140, *caput*); daí que os eventuais vazios da legislação devem ser preenchidos pelo juiz, com o manejo dos *meios de integração* atinentes à espécie: costumes, analogia, equidade, princípios gerais, e, mesmo, com os escólios doutrinários e os subsídios jurisprudenciais.

A profícua ponderação do juiz sobre o alegado e provado deve ser devidamente exposta na fundamentação da decisão (CPC, art. 489, II), sob pena de nulidade – CF, art. 93, IX; CPC, § 1º e incisos do art. 489.

Assim, não é aceitável, na decisão, argumentação autorreferente ou *ex propria auctoritate*, nem invocação de premissa ou de regra de julgamento sem demonstração de seu exato sentido e de sua aplicação ao caso concreto; até mesmo a motivação fundada em precedente judiciário vinculativo necessita vir devidamente exposta, sob pena de comprometer a validade do julgado – CPC, art. 489, § 1º, V e VI, c/c art. 966, V e §§ 4º e 5º, estes últimos acrescidos pela Lei 13.256/2016.

A importância da fundamentação, para além de conferir legitimidade à decisão, reside em que ela expõe, atendendo à necessária transparência, os elementos com base nos quais o julgador alcançou a conclusão exposta no dispositivo do julgado, com isso possibilitando à parte vencida elaborar o seu recurso; ou seja, a situação de *sucumbência* advém do dispositivo do julgado (procedência, parcial ou total / improcedência); mas as *razões* que fundamentaram tal conclusão precisam vir detidamente expostas no capítulo da motivação do julgado – CPC, art. 489, II.

Em certos casos, a fase probatória é impactada pela natureza e finalidade do tipo de processo instaurado e pela natureza da matéria nele versada, por exemplo: no mandado de segurança, o rito é compactado, dado que o afirmado direito líquido e certo deve ser roborado por prova documental pré-constituída; nos processos objetivos, nomeadamente as ações no controle direto de constitucionalidade (Adin, ADCOn, ADPF), o objeto litigioso é estritamente jurídico, limitando-se ao contraste entre a lei ou ato normativo sindicados e o texto constitucional; já outros processos consentem um contraditório expandido, com reflexo na instrução probatória, como se dá na ação pela posse ou propriedade coletiva do imóvel, em que vários atores são chamados à cena processual (CPC, art. 565 e parágrafos), ou, ainda, nas ações de família – CPC, arts. 693-699.

A fase probatória é, em princípio, confinada ao primeiro grau de jurisdição, certo que os fatos, devidamente provados e avaliados na sentença, poderão ser *revistos* no tribunal *ad quem*, ao ensejo do recurso de apelação, cujo efeito devolutivo amplo submete à Corte as questões de fato e de direito debatidas em primeiro grau (*tantum devolutum quantum appellatum*), a par das questões de ordem pública, apreciáveis em qualquer tempo e grau de jurisdição, mesmo de ofício (CPC, art. 1.013 e §§ 1º e 2º), por exemplo, a incompetência absoluta (§ 1º do art. 64) ou a prescrição (CPC, art. 487, II e parágrafo único), por força do efeito *translativo* da apelação.

Quanto à apresentação de *novas* questões de fato no bojo da apelação, ou seja, daquelas não deduzidas e resolvidas em primeiro grau, o CPC somente o permite excepcionalmente, "se a parte provar que deixou de fazê-lo por motivo de força maior" (CPC, art. 1.014), o que também se estende ao terceiro interveniente (CPC, parágrafo único do art. 996). Isso porque o TJ ou o TRF são Cortes de *revisão*, donde não lhes competir, *em regra*, conhecer de matéria de fato não deduzida em primeiro grau, ressalvadas as situações excepcionais antes indicadas. Comentando aquele art. 1.014 do CPC, aduzem Nelson Nery Júnior e Rosa Maria de Andrade Nery: "Não se pode inovar no juízo de apelação, sendo defeso às partes modificar a causa de pedir ou o pedido (nova demanda). (...) Pela proibição do *ius novorum* prestigia-se a atividade do juízo de primeiro grau. (...) O sistema contrário ou seja, o da permissão de inovar no procedimento da apelação, estimularia a deslealdade processual, porque propiciaria à parte que guardasse suas melhores provas e seus melhores argumentos para apresentá-los somente ao juízo recursal de segundo grau (...)".[3]

---

[3] *Comentários ao Código de Processo Civil*, cit., 2015, nota nº 3 ao art. 1.014, p. 2.073.

21.4 "Fase" decisória

Ao tratar das decisões prolatáveis no âmbito dos processos, o CPC afirma o gênero "pronunciamentos do juiz", aí abrangendo os *despachos, decisões interlocutórias* e *sentenças* (acórdãos, nos tribunais) como se colhe dos arts. 203, *caput*; 204, valendo ressaltar estes tópicos:

(*i*) *despachos* são atos de mero impulso processual ou de expediente, geralmente elaborados pela serventia (*v.g.*, "Junte-se o laudo pericial"; "Diga o réu"; "Intime-se o advogado para devolver os autos"); justamente por não terem conteúdo decisório, os despachos são irrecorríveis (CPC, art. 1.001). Atente-se que, se sob a aparência de *despacho*, em verdade se aninha uma decisão interlocutória, haverá ensejo para o agravo de instrumento (CPC, art. 1.015 e incisos);

(*ii*) *decisões interlocutórias* caracterizam-se por resolver *questão incidente* (*v.g.*, pretensão à realização de certa prova, sobre a qual controvertem as partes), sem que tal implique extinguir o processo, com ou sem julgamento do mérito (§ 2º do art. 203), embora certas decisões interlocutórias (*v.g.*, a que resolve sobre requerimento de tutela antecipada – CPC, art. 303, *caput*) possam eventualmente *se estabilizar*, levando à extinção do processo – CPC, art. 304 e § 1º;

(*iii*) *sentença* é o ato que extingue a relação processual, com ou sem julgamento do mérito (CPC, § 1º do art. 203 c/c arts. 485 e 487), devendo-se entender com alguma cautela o disposto no art. 4º do CPC, dispondo que as partes "tem direito à resolução integral do mérito", porque, sendo a judicialização de uma pretensão um direito condicionado a certos requisitos de admissibilidade (condições da ação; pressupostos processuais), então a decisão do mérito fica a depender do atendimento a esses quesitos formais; além disso, a sentença não se confina ao processo de conhecimento, mas pode ter lugar, igualmente, na tutela provisória (CPC, art. 298) e na execução (CPC, arts. 920, III; 925);

(*iv*) *acórdão* "é o julgamento colegiado proferido pelos tribunais" (CPC, art. 204), a saber, as decisões dos tribunais, seja de seus órgãos fracionários (Turma, Câmara, Seção), do Pleno ou do Órgão Especial, nos diversos ramos e graus da estrutura judiciária: TJ's, TRF's, TRT's, TST, TJM's, STM, TRE's, TSE, STJ, STF. Dessa forma, dispõe o art. 941, *caput*, do CPC: "Proferidos os votos, o presidente anunciará o resultado do julgamento, designando para redigir o acórdão o relator ou, se vencido este, o autor do primeiro voto vencedor".

Saliente-se que embora se costume situar a "fase decisória" após o encerramento da fase instrutória ou probatória, é preciso atentar que *decisões* são proferidas desde o início do processo, e até mesmo antes da *triangularização* deste, como se dá na *improcedência liminar do pedido*, que pode ocorrer ainda antes da citação do réu (CPC, art. 332, *caput*); além disso, sempre que, *em qualquer momento* ou grau do processo um ponto controvertido configure uma questão incidente, sobre a qual incida uma decisão, esta desafiará, em primeiro grau, *agravo de instrumento* (CPC, art. 1.015 e incisos), ou, em se tratando de ato do relator, no tribunal, *agravo interno* (CPC, art. 1.021 e parágrafos).

Um elemento comum a todas as decisões proferidas no processo é a exigência da devida fundamentação, sob pena de nulidade (CF, art. 93, IX, c/c CPC, art. 489, § 1º e incisos), o que bem se compreende, seja em nome da transparência, seja porque é a motivação que previne as decisões arbitrárias, expondo os elementos de convicção do julgador, os quais, depois, poderão ser contrastados no recurso da parte sucumbente.

Tirante os acórdãos, que se definem pelo *locus* em que são proferidos – os tribunais: órgãos colegiados de 2º grau – as decisões interlocutórias e as sentenças definem-se pelo *conteúdo*, a saber: as primeiras decidem sobre *questões*, que são pontos tornados controversos no curso do processo, desafiando o recurso de agravo de instrumento (CPC, art. 1.015 e incisos), podendo as decisões interlocutórias ocorrer tanto em primeiro como em segundo grau, ao passo que as *sentenças* são decisões próprias do primeiro grau, que encerram o processo, *com ou sem* resolução do mérito – CPC, arts. 485 e incisos; 487 e incisos, nessa ordem. É relevante, dessa forma, o disposto no art. 488 do CPC, em simetria com o ideário da *jurisdição integral*: "Desde que possível, o juiz resolverá o mérito sempre que a decisão for favorável à parte a quem aproveitaria eventual pronunciamento nos termos do art. 485".

Apesar de o art. 4º do CPC dispor que é direito das partes "obter a solução integral do mérito, incluída a *atividade satisfativa*", cabe ter presente que a realização deste último objetivo, isto é, a realização prática do direito reconhecido no julgado (*v.g.*, a efetiva entrega do numerário ao credor, vencedor da ação de cobrança; o desfazimento da obra alteada irregularmente) depende, ou do cumprimento espontâneo da obrigação por parte do vencido (CPC, art. 924, II), ou da existência de ativo suficiente em seu patrimônio que comporte os atos expropriatórios inerentes à execução, dada a inviabilidade da prisão por dívida, salvo a de alimentos; nesse sentido, suspende-se a execução "quando o executado não possuir bens penhoráveis" – CPC, art. 921, III.

Apesar de falar-se em *fase decisória*, a rigor não há como delimitar, precisamente, o momento em que poderão ter lugar as decisões interlocutórias ou em que será proferida a sentença: as primeiras, virtualmente, terão lugar, como antes dito, sempre que uma *questão incidente* venha resolvida, sem prejuízo para a continuidade do processo (*v.g.*, a decisão que dispensa a testemunha tida como suspeita – CPC, § 2º do art. 457); já as *sentenças*, não necessariamente são proferidas ao final da instrução (embora seja esse o evento mais ocorrente – CPC, art. 366), mas podem incidir já na fase postulatória, em vindo indeferida a petição inicial (CPC, art. 331 e parágrafos, c/c art. 485, I) ou quando se afigure possível o julgamento conforme o estado do processo (CPC, arts. 354-356). Outrossim, mesmo no processo de execução, por título extrajudicial (CPC, art. 784 e incisos), podem sobrevir embargos do executado, a serem decididos por sentença – CPC, art. 920, III.

Vale ainda ter presente que em casos severos de *colusão* (conluio entre as partes para alcançar algum fim escuso – CPC, art. 142), em resultando inócua a advertência preliminar e/ou a imposição de multa por litigância de má-fé, o juiz poderá proferir sentença extinguindo o processo sem resolver o mérito.

A circunstância de ser o recurso de apelação cabível das *sentenças* (CPC, art. 1.009), não é um dado seguro para se delimitar o momento processual em que a sentença deve ser proferida, porque tanto é sentença aquela proferida ao final de extensa instrução probatória, inclusive após as provas colhidas na audiência de instrução e julgamento (CPC, art. 366), quanto aquela que julgou a lide prematuramente, no estado dos autos – CPC, arts. 354-356.

Ainda a respeito da sentença, vale considerar que embora sua caracterização independa de o mérito ter sido ou não julgado, não há negar que a sentença de improcedência – aquela que rejeitou a pretensão afirmada pelo autor na inicial ou pelo réu na reconvenção – acaba por operar, *do ponto de vista prático*, em modo de uma *ação declaratória negativa* que porventura tivesse sido acolhida: por exemplo, ao julgar improcedente a ação de rescisão contratual, fundada em afirmado descumprimento obrigacional por parte do réu, tem-se que a sentença, implicitamente, reconhece, *contrario sensu*, que o réu *não praticou* a indigitada conduta contra ele imputada. Algo semelhante se passa na ação penal pública na qual a denúncia do Ministério Público, imputando certa conduta delitiva ao acusado, vem a ser rejeitada, com a sentença de absolvição (CPP, art. 386 e incisos), significando, pois, que o acusado *não* praticou a referida conduta.

Diferença fundante entre a sentença que resolve e a que não resolve o mérito, é que somente neste último caso se agrega, oportunamente, a *coisa julgada material* (CF, art. 5º, XXXVI; CPC, art. 502), a qual se apresenta bifronte:

(*i*) estabiliza o julgado em face do passado, ao incorporar definitivamente o direito ou o bem da vida na pessoa ou no patrimônio do vencedor da causa;

(*ii*) torna indiscutível o seu comando em face do futuro, ensejando a arguição da *exceptio rei iudicatae* (CPC, art. 337, VII, c/c art. 485, V) caso a lide venha novamente judicializada.

21.5 Fase recursal

Em modo análogo ao que antes se alertou acerca das *fases* probatória e decisória, vale ter presente que a *fase recursal* é de ser entendida em seus devidos termos, porque, tirante os despachos que, por não terem conteúdo decisório, são irrecorríveis (CPC, art. 1.001), os outros *pronunciamentos* do julgador – decisões interlocutórias, sentenças, acórdãos – justamente porque preordenados a atribuir alguma vantagem, material ou processual, em prol de uma das partes, comportam algum tipo de impugnação da outra parte, certo que esse ambiente de postulação e resolução permeia todo o processo, desde o seu início até o seu término, com a agregação da coisa julgada.

Os *recursos*, listados em *numerus clausus* no art. 994 e incisos do CPC, e as ações *autônomas de impugnação* (*v.g.*, ação rescisória, reclamação, mandado de segurança contra ato judicial – Súmula 376 do STJ), compõem o gênero das *impugnações judiciais* em sentido largo. Todavia, distinguem-se essas duas espécies: enquanto o recurso é manejado no bojo do mesmo processo no qual foi proferida a decisão guerreada, buscando sua integração, reforma, invalidação ou cassação, as *ações autônomas de impugnação* formam processo apartado, como se dá naqueles casos antes indicados.

Num espaço intermédio entre esses dois polos encontram-se figuras que a rigor não se encaixam exatamente no modelo dos recursos tampouco no das ações autônomas, configurando ocorrências que se prestam a certos fins específicos, por exemplo: a *remessa necessária*, antes dita (em modo atécnico) recurso de ofício (CPC, art. 496, incisos e parágrafos); o *incidente de arguição de inconstitucionalidade* (CPC, arts. 948-950 e parágrafos; o *conflito de competência* (CPC, arts. 951-959); a manifestação de terceiro, enquanto *amicus curiae*, no procedimento de emissão, revisão ou cancelamento de súmula vinculante do STF (Lei 11.419/2006, § 2º do art. 3º) ou mesmo o recurso interposto no incidente de resolução de demandas repetitivas (CPC, § 3º do art. 138); a *correição parcial*, prevista em alguns Regimentos Internos de tribunais, tais o TJ paulista (arts. 211-215); o *pedido de reconsideração*; a *reclamação* (CPC, arts. 988-993); o *pedido de suspensão de decisão judicial contra o Poder Público* (Lei 8.437/1992, art. 4º e parágrafos; Lei 7.347/1985, § 1º do art. 12); a *revisão criminal* – CPP, art. 621 e incisos.

Saliente-se ainda que os *embargos de declaração*, conquanto listados dentre os recursos (CPC, art. 994, IV), todavia, não se revestem de caráter infringente da decisão judicial, e sim integratório, em caso de obscuridade, contradição, omissão ou ainda para corrigir erro material – CPC, art. 1.022 e incisos; podem ainda tais embargos ser manejados para o fim de *prequestionamento* da questão federal ou constitucional no bojo de um dado acórdão – CPC, art. 1.025.

Acerca do significado de *recurso*, no Direito Processual, é clássica a conceituação proposta por José Carlos Barbosa Moreira: "o remédio voluntário idôneo a ensejar, dentro do mesmo processo, a reforma, a invalidação, o esclarecimento ou a integração da decisão judicial que se impugna".[4] Observe-se que não basta à configuração do recurso que ele venha dirigido a um órgão judicial hierarquicamente superior, porque, por exemplo, as sentenças proferidas nos Juizados Especiais comportam recurso para um Colégio ou Turma Recursal formado de juízes de primeiro grau (Lei 9.099/1995, § 1º do art. 41); na execução fiscal, a sentença desafia recurso – "embargos infringentes" – dirigido ao próprio Juízo prolator (Lei 6.830/1980, art. 34). Note-se que as decisões do Juizado Especial Federal, conquanto não desafiem recurso especial ao STJ (Súmula 203 do STJ), todavia comportam um *pedido de uniformização de intepretação de lei federal* dirigido a essa Corte (Lei 10.259/2001, art. 14 e parágrafos).

Os recursos podem ter lugar ao longo de todo o processo, desde a apelação contra o indeferimento liminar da petição inicial (CPC, art. 331, *caput*), passando pelos agravos de instrumento contra as diversas decisões interlocutórias que vão resolvendo questões incidentes (CPC, arts. 203, § 2º; 1.015 e incisos), até a interposição dos recursos excepcionais (RE ao STF; REsp ao STJ – CPC, art. 1.029, *caput*) o que bem se compreende, porque o *prejuízo*, que deflagra o interesse e a necessidade de recorrer, pode derivar de circunstâncias ou de decisões incidentes em momentos diversos do trâmite processo, até mesmo na fase satisfativa.

De observar-se que no tocante aos recursos excepcionais (RE, REsp, revista trabalhista) não basta a situação de sucumbência para sua admissão, mas impende a agregação de um *plus*: a *repercussão geral da questão constitucional*, no recurso extraordinário (CF, § 3º do art. 102; CPC, art. 1.035 e § 1º); a *ofensa direta ao direito federal comum*, no recurso especial (CF, art. 105, III e alíneas); a *transcendência da questão*, na revista trabalhista – CLT, art. 896-A.

Tanto o encerramento precoce do processo (*v.g.*, em sucedendo a improcedência liminar do pedido – CPC, art. 332 e incisos) quanto a sentença proferida ao final da audiência de instrução e julgamento desafiam apelação (CPC, § 3º do art. 332; art. 366, nessa ordem), dizendo o art. 1.009 do CPC, singelamente, que "da sentença cabe apelação". Também as decisões interlocutórias não se confinam a um determinado balizamento temporal ou a um dado *locus* do processo, mas podem incidir a qualquer momento, por exemplo, quando o juiz decide sobre a contradita de testemunha (CPC, art.

---

[4] *Comentários ao Código de Processo Civil*. Rio de Janeiro: Forense, 2012, v. V, p. 233.

457 e parágrafos), ou resolve acerca da admissão de *amicus curiae* (CPC, § 2º do art. 138), ou ainda quando delibera sobre as provas pretendidas pelas partes – CPC, art. 357, II.

Bem por isso, o CPC não define o sistema recursal sob critério topológico ou cronológico, e sim pela *natureza* do pronunciamento judicial, cuidando, outrossim, de listar os recursos em *numerus clausus* (princípio da *taxatividade* – CPC, art. 994 e incisos). Ainda, busca o processo prevenir superfetações ou sobreposições entre os recursos (princípio da *unirrecorribilidade*), assim evitando um ambiente dispersivo na instância recursal, o que desorientaria os operadores do Direito e tumultuaria a marcha regular do processo.

A fase recursal – com as precisões antes indicadas – conecta-se ao sentido *substancial* do devido processo legal, que abrange não só o contraditório e a ampla defesa, mas também a oferta dos "recursos a ela inerentes" (CF, art. 5º, LV). Verdade que, como não há direitos absolutos, é razoável proceder-se a uma interpretação harmônica entre a disponibilidade recursal e a diretriz da razoável duração do processo (CF, art. 5º, LXXVIII), cabendo aí uma *ponderação* entre princípios, por modo que a interposição do recurso, que é um legítimo direito da parte sucumbente, não venha a se degenerar numa protelação desmedida do andamento do processo, comprometendo a eficácia prática do comando judicial.

Justamente por isso, o CPC intenta desestimular e reprimir tais condutas reprováveis, seja considerando litigância de má-fé a interposição de "recursos com intuito manifestamente protelatório" (art. 80, VII), seja autorizando o relator, no tribunal, a "não conhecer de recurso inadmissível, prejudicado ou que não tenha impugnado especificamente os fundamentos da decisão recorrida" (CPC, art. 932, III), seja, enfim, impondo multa no caso dos embargos de declaração manifestamente protelatórios, a qual terá seu valor elevado em caso de reiteração dessa conduta – CPC, art. 1.026, §§ 2º e 3º.

Cumpre, assim, ter presente que a "fase recursal" não se restringe às impugnações que se seguem à *decisão* do processo (CPC, arts. 485 e incisos; art. 487 e incisos), já que a faculdade de recorrer permeia toda a relação processual, sempre que se apresente uma situação sucumbencial decorrente de algum pronunciamento do juiz, desde a apelação oferecida contra o indeferimento da petição inicial (art. 331, *caput*), ou aquela interposta contra a sentença proferida na audiência de instrução e julgamento (CPC, art. 366 c/c art. 1.009), passando pelos agravos de instrumento contra as diversas decisões interlocutórias acerca de questões incidentes, em primeiro grau (CPC, art. 203, § 2º, c/c art. 1.015 e incisos), e pelos agravos internos contra decisões do relator, nos tribunais (CPC, art. 1.021 e parágrafos), valendo ainda observar que a falta de clareza ou de completude dos julgados desafia os embargos de declaração – CPC, art. 1.022, incisos e parágrafo único.

Embora o vigente CPC não tenha recepcionado os embargos infringentes, que na vigência do Código anterior desafiavam o acórdão em que houvesse voto vencido (CPC/1973, art. 530), de algum modo essa supressão ficou relativizada pela adoção de uma técnica de julgamento que permite a convocação, de ofício, de outros julgadores, em caso de julgamento não unânime da apelação – CPC, art. 942, parágrafos e incisos.

A par disso vêm previstos, além dos recursos *ordinários*, endereçados ao STF ou ao STJ nos casos indicados no art. 1.027, incisos e alíneas do CPC (correspondentes aos arts. 102, II, e 105, II, da CF), também os chamados recursos excepcionais, em matéria de direito estrito devidamente prequestionada, dirigidos a esses Tribunais:

(*i*) recurso extraordinário ao STF, cuja admissão se condiciona ainda ao pré-requisito genérico da repercussão geral da questão constitucional (CF, art. 102, III e § 3º; CPC, art. 1.035 e § 1º);

(*ii*) recurso especial ao STJ, em matéria de direito federal comum (= não trabalhista, militar ou eleitoral), tendo o CPC tratado ambos os recursos numa mesma sede (arts. 1.029-1.041 e parágrafos), sendo que tais apelos, quando interpostos sob o rito dos processos repetitivos (CPC, art. 928, II), vêm regulados nos arts. 1.036 a 1.041 e parágrafos.

Saliente-se que, quando o acórdão recorrido, do TJ ou TRF, contenha capítulos que, a um tempo, relevam do campo constitucional e do direito federal comum, pode ser impugnado conjuntamente por recurso extraordinário e especial (CPC, art. 1.031 e parágrafos), prevendo-se um específico agravo em caso de inadmissão (CPC, art. 1.042, *caput*, redação da Lei 13.256/2016).

Acerca dos recursos extraordinário e especial escrevemos em outra sede: "Sem embargo de que as várias questões a serem ventiladas em sede de recurso especial terão muita vez um aspecto constitucional subjacente, a desafiar o recurso extraordinário ao STF, não há negar que, com a criação do STJ, em grande parte nossa Corte Suprema liberou-se da carga representada pelas lides envolvendo matéria infraconstitucional. Entre os recursos extraordinário (STF) e especial (STJ) há um núcleo comum: ambos tutelam o direito federal, *lato sensu*; e uma diferença específica: o extraordinário leva ao STF o conhecimento do direito federal *contido na Constituição*; o especial leva ao STJ o conhecimento do direito federal *comum*, nesse sentido mesmo de *não especial*, porquanto as controvérsias que relevam da legislação federal *diferenciada* (CLT, Código Eleitoral, Código Penal Militar) deflagram, respectivamente, as competências dos órgãos judiciários especializados, igualmente postados na cúpula do Poder Judiciário – TST, TSE e STM".[5]

Fechando o sistema, no âmbito do STF e STJ, vêm previstos os *embargos de divergência*, em caso de dissídio interpretativo entre suas turmas (CPC, art. 1.043, incisos e parágrafos), tendo os incisos II, IV e o § 5º sido revogados pela Lei 13.256/2016.

21.6 Fase satisfativa (cumprimento de sentença) ou processo de execução

Durante largo tempo perdurou o entendimento de que a função jurisdicional se justificava (e se bastava) com a prolação do julgado que levava à *eliminação da incerteza*, no âmbito do processo de conhecimento (ou com a prevenção do dano iminente, de difícil ou incerta reparação, no caso do processo cautelar – "Tutela Provisória", na terminologia do vigente CPC), sem outro compromisso com a realização prática do comando, o que era reflexo do aforisma *jurisdictio in sola notio consistit*. Por tal concepção, a *efetivação* do direito reconhecido no título judicial condenatório (a conduta comissiva ou omissiva, o pagamento, a entrega da coisa), ficava relegada a um outro plano, passando a depender, ora do cumprimento voluntário por parte do obrigado, ora da existência de ativo suficiente em seu patrimônio, circunstâncias essas que se entendiam não imputáveis à Justiça estatal.

Era sob tal ideário que a redação original do art. 463 do CPC/1973 dispunha: "Ao publicar a sentença de mérito o juiz cumpre e acaba o ofício jurisdicional (...)"; era também sob tal orientação que nas obrigações de fazer, em havendo recusa ou retardamento da prestação específica do objeto se convertia – para frustração do credor e desprestígio da Justiça estatal – em singelas perdas e danos – CPC/1973, parágrafo único do art. 638.

Hoje, porém, entende-se que o conteúdo ocupacional do juiz não se esgota nas incumbências de prevenir dano iminente ou de resolver o *meritum causae*, com isso se relegando a um plano secundário a efetividade prática do quanto decidido, valendo observar que o elemento definidor e determinante da função judicante não se reduz à subsunção dos fatos à norma de regência, mas há que vir acompanhada e completada por uma postura proativa, na busca da realização prática do direito reconhecido; nem por outra razão o símbolo do Direito é uma balança (representando a ponderação sobre as

---

[5] *Recurso extraordinário e recurso especial*. 13. ed. São Paulo: Thomson Reuters/Revista dos Tribunais, 2015, p. 123-124.

posições das partes no processo), a qual tem ao meio uma espada, indicando a força coercitiva do Estado para fazer cumprir o quanto decidido e, assim, dar, efetivamente, "a cada um o que é seu": *quod sibi debetur*.

O que ora se afirma pode se trasladar, em boa medida, ao ambiente da arbitragem, na qual é dado ao árbitro decidir enquanto "juiz de fato e de direito" (art. 18 da Lei 9.307/1996 c/c art. 31 da Lei 9.307/1996); todavia, o *cumprimento* da sentença arbitral, se porventura não ocorrer espontaneamente, formará título cuja execução se fará judicialmente (CPC, art. 515, VII), justamente porque a autoridade judiciária é que detém o *imperium*, necessário ao exato cumprimento da sentença arbitral, o mesmo se passando com relação à *carta arbitral* (Lei 9.307/1996, art. 22-C e parágrafo único, acrescidos pela Lei 13.129/2015; CPC, art. 237, IV).

Algo semelhante se passa com o administrador público, que igualmente decide, na sua esfera de competência; todavia, sua decisão pode ser questionada judicialmente e, em alguns casos, pode necessitar de uma medida de força judicial para ser efetivada na ordem prática, como se dá com a penhora, na execução fiscal – Lei 6.830/1980, art. 10. Também os tribunais de contas, em seu papel de auxílio técnico ao Legislativo, emitem decisões sobre assuntos diversos – funcionalismo, contratos, licitações, balanços – mas suas decisões, quando têm caráter pecuniário, formam título executivo, a ser exigido na esfera judicial – CF, art. 71, § 3º; CPC, art. 784, XII.

É nesse contexto que o vigente CPC estabelece no art. 4º: "As partes têm o direito de obter em prazo razoável a solução integral do mérito, incluída a atividade satisfativa", cabendo ao juiz "determinar todas as medidas indutivas, coercitivas, mandamentais ou sub-rogatórias necessárias para assegurar o cumprimento de ordem judicial, inclusive nas ações que tenham por objeto prestação pecuniária" (art. 139, IV), o mesmo se passando no cumprimento de sentença para fazer, não fazer ou entregar coisa – CPC, art. 536 e § 1º; § 3º do art. 538.

Assim é que, com vistas ao *cumprimento específico* da obrigação de fazer ou não fazer, "o juiz poderá determinar, entre outras medidas, a imposição de multa, a busca e apreensão, a remoção de pessoas e coisas, o desfazimento de obras e o impedimento de atividade nociva, podendo, caso necessário, requisitar o auxílio de força policial" (§ 1º do art. 536); em se tratando de obrigação de entregar coisa, será expedido "mandado de busca e apreensão ou de imissão na posse em favor do credor, conforme se tratar de coisa móvel ou imóvel" (art. 538, *caput*).

Perfilhando a opção antes feita no CPC/1973, a partir da lei 11.232/2005, o vigente CPC bifurca a fase satisfativa, conforme se trate (*i*) de título exequendo *judicial* (art. 515 e incisos) ou (*ii*) *extrajudicial* (art. 784 e incisos), por modo que, no primeiro caso, não há formação de processo autônomo, sucedendo que após a liquidação da sentença (arts. 509-512), inaugura-se uma fase ou etapa, dita *cumprimento de sentença* (*processo sincrético*, justapondo conhecimento e execução), a qual vem regulada nos arts. 513 a 538, segundo as especificidades do título, a saber: condenações a pagar quantia, inclusive relativa a alimentos, e também quando o adimplemento couber à Fazenda Pública; prestações de fazer, não fazer, entregar coisa.

Já os créditos representados por títulos extrajudiciais (CPC, art. 784 e incisos), habilitam o *processo de execução*, propriamente dito, valendo ter presente que as disposições que o regulam "aplicam-se também, no que couber, aos procedimentos especiais de execução, aos atos executivos realizados no procedimento de cumprimento de sentença, bem como aos efeitos de atos ou fatos processuais a que a lei atribuir força executiva" – CPC, art. 771, *caput*. Sem embargo, o credor dotado de título extrajudicial, não está impedido de "optar pelo processo de conhecimento, a fim de obter título executivo judicial" – CPC, art. 785.

A resistência do devedor se faz, no caso do cumprimento de sentença, por meio de *impugnação* nos próprios autos (CPC, art. 518 c/c art. 525, incisos e parágrafos; art. 535, incisos e parágrafos), com certas especificidades em se tratando de obrigação de fazer, não fazer e entregar coisa (CPC, arts. 536-538 e parágrafos); já no caso do processo de execução, propriamente dito, a resistência se faz por meio dos *embargos do devedor* (CPC, arts. 914-920). Esses embargos configuram um incidente de conhecimento instaurado no bojo do processo executório, restrita tal resistência aos tópicos indicados no art. 917 e incisos, vindo ditos embargos decididos por sentença (CPC, art. 920, III), à semelhança do previsto na legislação extravagante, na execução fiscal (Lei 6.830/1980, art. 16, incisos e parágrafos), com a diferença de que nesta última os embargos só são admitidos após garantido o Juízo.

De observar-se, ainda, que o cumprimento de sentença, assim como o processo de execução, só se aplica em face de títulos *prestacionais* (pagar, fazer, não fazer, entregar) em que o cumprimento depende de conduta do devedor, porque, no tocante à *sentença (des)constitutiva*, a alteração no *statu quo ante* opera por força do próprio título (*v.g.*, a anulação do casamento; a rescisão do contrato, a inconstitucionalidade da lei sindicada nos autos), e, no tocante à *sentença declaratória*, de per si ela já elimina a dúvida quanto à existência, inexistência ou modo de ser da relação jurídica controvertida ou sobre a autenticidade /falsidade de documento – CPC, art. 19 e incisos.

A fase satisfativa pressupõe título exequendo líquido, certo e exigível (CPC, arts. 783, 786), valendo observar que, havendo necessidade, deve-se proceder à prévia liquidação, por arbitramento ou pelo procedimento comum, certo que, quando "a apuração do valor depender apenas de cálculo aritmético, o credor poderá promover, desde logo, o cumprimento da sentença" (CPC, § 2º do art. 509). Sinteticamente, pode-se dizer que uma obrigação é *certa* quando não há dúvida quanto à sua existência e quanto aos sujeitos ativo e passivo; *líquida*, quando determinada quanto ao conteúdo; *exigível*, quando não esteja sujeita a condição ou termo.

22

SISTEMA RECURSAL

A possibilidade de impugnação às decisões judiciais tem atravessado os séculos e, exceto nos períodos de obscurantismo, como nos "julgamentos" ocorrentes na Idade Média, sob a chamada Santa Inquisição ou na pendência de governos autoritários e antidemocráticos, no mais, e de ordinário, os diversos ordenamentos jurídicos têm previsto a possibilidade de interposição de recursos, variando a terminologia, os efeitos e a sua maior ou menor oferta no sistema processual. Bem se compreende que assim se passe, por ser natural que o prejudicado por uma dada decisão queira se insurgir contra ela, buscando reformá-la ou desconstituí-la, donde se afirmar, com espírito, que "o vencido nunca é convencido".

Dessa forma, escrevemos em outra sede: "(...) o caráter de *infringência* ao julgado, típico dos recursos propriamente ditos (e que serve ao argumento que nega o caráter de recurso aos embargos declaratórios, por isso que estes não infringem mas antes servem à integração do decisório), revela o objetivo de atacar a decisão guerreada (por nulidade, por *error in judicando* ou *in procedendo*), de molde a ensejar a recondução da situação processual ao seu estágio anterior, vale dizer: como ela estava *antes* do julgado que veio contrariar o interesse da parte, a qual, assim tornada *sucumbente*, fica autorizada a manejar o recurso cabível".[1]

Sob o prisma histórico, esclarece Fernando Antônio Negreiros Lima: "Entre os hebreus, os egípcios e os gregos antigos já eram conhecidas diversas formas de recurso contra os atos judiciais, mas foi no Direito Romano, sobretudo, que o sistema recursal começou a ganhar contornos assemelhados aos que hoje apresentam nos ordenamentos jurídicos nacionais". O autor lembra

---

[1] *Recurso extraordinário e recurso especial*. 13. ed. São Paulo: Thomson Reuters/Revista dos Tribunais, 2015, p. 21.

que da fusão das figuras da *intercessio* e da *provocatio ad populum*, "surgiu a *appellatio*, interposta das decisões dos juízes comuns para o *praefectus urbis* e, deste, para o próprio *Caesar*".[2]

No direito medieval, por influência da revisitação por que passou o Direito Romano, repristinou-se a *appellatio*, a par de outras modalidades impugnativas, tais a *querela nullitatis insanabilis*, podendo-se, ainda hoje, identificar-se uma remota aplicação desta última dentre nós, na impugnação ao título judicial exequendo, ao argumento de que se fundara "em lei ou ato normativo considerado inconstitucional pelo Supremo Tribunal Federal ou fundado em aplicação ou interpretação da lei ou do ato normativo tido pelo Supremo Tribunal Federal como incompatível com a Constituição, em controle de constitucionalidade concentrado ou difuso" (CPC, § 12 do art. 525).[3]

O sistema recursal brasileiro foi, ao menos de início, inspirado nas fontes portuguesas, das Ordenações do Reino, por exemplo, as *querimas* ou *querimonias* (que depois dariam ensejo aos agravos), a par da *suplicação*, a que remotamente se reporta a apelação. Das três Ordenações – Afonsinas, Manuelinas e Filipinas – esta última (1603) foi a que projetou maior influência no Brasil colonial, mesmo com a instalação, sob D. João VI, da Casa da Suplicação, no Rio de Janeiro.

Mesmo com a proclamação da independência, a influência portuguesa ainda aqui se fazia sentir, tendo a Lei de 20.10.1823 autorizado que ainda se observasse a normação portuguesa, no que não contrariasse a soberania nacional. Tal situação perduraria até a Constituição Imperial (1824) que lançou as bases da estrutura judiciária no país, seguida pelo Código de Processo Criminal (1832), pelo Regulamento 737 (1850) que regulou o processo civil e comercial e pela Consolidação Ribas (1871), tendo estas duas últimas normações vigorado até o início do século XX, quando começaram a ser promulgados os Códigos Estaduais de Processo. Pode-se dizer que o Processo Civil brasileiro, com seus princípios, metodologia e objetivos bem delineados, ganhou estrutura e autonomia com a tríplice codificação: CPC de 1939, CPC de 1973 e CPP de 1941, este último ainda em vigor, com várias alterações.

No CPC/1973 os recursos vinham listados, em *numerus clausus*, no art. 496 e incisos, notando-se, na comparação com o vigente CPC, a supressão dos embargos infringentes (inciso III daquele artigo c/c art. 530), embora se

---

[2] *Teoria geral do processo judicial*, cit., 2013, p. 680.
[3] V.: Coisa julgada inconstitucional, por Carlos Valder do Nascimento, in: _____ (Coord.). *Coisa julgada inconstitucional*. Rio de Janeiro: América Jurídica, 2003, p. 22-29.

possa reconhecer um sucedâneo daquele recurso, sob uma modalidade *de ofício*, regulada no art. 942, parágrafos e incisos.

Os recursos (CPC, art. 994 e incisos) integram, juntamente com as ações autônomas (*v.g.*, reclamação, mandado de segurança contra ato judicial, rescisória), o largo campo do gênero *impugnações*, notando-se que os recursos compõem o sentido *substancial* do devido processo legal, na medida em que o texto constitucional alude à "ampla defesa com os meios e *recursos* a ela inerentes" – art. 5º, LV.

Sem embargo dessa garantia constitucional, impende ter presente que o recurso não é imposto às partes, mas sim um remédio *voluntário*, como tal disponibilizado ao sucumbente, por modo que, como as demais faculdades processuais, pode ser exercido ou não; assim, tirante a hipótese de *remessa necessária* (CPC, art. 496 e incisos), não interposto o recurso, ou sendo intempestivo, segue-se a *preclusão* temporal da decisão interlocutória ou, então, o trânsito em julgado da sentença ou do acórdão, em caso de ter sido decidido o mérito (CPC, art. 502).

Efetivamente, não havendo direitos absolutos, o direito a recorrer também não o é, devendo-se atentar para estas precisões:

(*i*) os recursos em espécie não ficam à livre escolha das partes ou interessados, mas – inclusive com vistas a preservar a segurança jurídica e a isonomia entre as partes – vêm indicados em *numerus clausus* (CPC, art. 994 e incisos);

(*ii*) assim como sucede no interesse de agir (CPC, art. 17), também no *interesse em recorrer* incide a exigência da *adequação* da via eleita, de sorte que, tirante raras exceções (ex.: uma certa *fungibilidade* entre os recursos extraordinário e especial – CPC, art. 1.032 e parágrafo único; art. 1.033), cada ocorrência processual de cunho decisório desafia um determinado recurso (princípio da *unirrecorribilidade*), como se passa com as decisões interlocutórias, que são agraváveis (CPC, art. 1.015 e incisos) ou com as sentenças, que são apeláveis (CPC, art. 1.009);

(*iii*) diversamente do que se passa no direito de petição, que é genérico e incondicionado (CF, art. 5º, XXXIV, *a*), o direito de recorrer (à semelhança do que se passa com o direito de ação) é específico e condicionado, de sorte que, para o conhecimento do recurso pelo órgão *ad quem*, é preciso, além da adequação da via eleita, ainda o *interesse em recorrer* (fundado no prejuízo acarretado pela derrota processual, parcial ou total) e, ainda, a *legitimação* para tal, podendo o recurso vir manejado "pela parte vencida, pelo terceiro prejudicado e pelo Ministério Púbico – CPC, art. 996 e parágrafo único;

(*iv*) o direito de recorrer não pode ser exercido de forma irrazoável ou como estratégia para protelar o trâmite processual ou alcançar algum outro interesse escuso, cabendo ao juiz coartar esses excessos que laboram contra a ordem regular e sequencial do processo (CPC, art. 139, II e III), podendo mesmo impor sanção por litigância de má-fé (CPC, art. 80, VII), tudo em ordem a preservar a razoável duração do processo (CF, art. 5º, LXXVIII); assim, os embargos declaratórios interpostos com fito protelatório sujeitam-se à multa – CPC, §§ 2º e 3º do art. 1.026.

No tocante à antes referida *remessa necessária* (CPC, art. 496 e incisos), cabe desde logo ressalvar que não se trata de *recurso*, propriamente dito, por lhe faltar o quesito básico da voluntariedade ou facultatividade, que permeia todo o sistema recursal. Em verdade, esse reexame necessário prende-se à finalidade de preservar o interesse fazendário (erário público), ao pressuposto de que a estabilização do julgado, pelo decurso *in albis* do recurso cabível, poderia eventualmente implicar prejuízo ao interesse público, caso a decisão inatacada se mostrasse inconsistente ou mesmo errônea, sem que o tribunal *ad quem* pudesse revê-la, à míngua do recurso de apelação.

Assim é que o CPC exclui da incidência da coisa julgada material (art. 502) as sentenças proferidas contra os entes políticos, suas autarquias e fundações de direito público, ou que acolherem total ou parcialmente os embargos à execução fiscal (art. 496 e incisos), se e enquanto a sentença não venha revista pelo tribunal *ad quem* (que para tanto poderá avocar os autos – § 1º do art. 496), à exceção dos casos em que o valor pecuniário envolvido é pouco expressivo, segundo detalhado nos incisos do § 3º desse artigo, ou, ainda, quando a sentença estiver respaldada em precedentes judiciários de eficácia impositiva e expandida (CPC, art. 927 e incisos) ou ainda em entendimento do próprio órgão da administração pública interessada (§ 4º e incisos do art. 496).

De outra parte, cabe ressaltar que a instância recursal não se identifica, necessariamente, com o *duplo grau de jurisdição* (de resto não assegurado na CF enquanto princípio ou direito subjetivo público), como se colhe desta argumentação: tirante os casos de remessa necessária, a parte sucumbente não é obrigada a recorrer, dada a facultatividade que preside a matéria recursal; a sentença pode vir a ser revista por um colégio formado de juízes de primeiro grau, como se passa nos Juizados Especiais (Lei 9.099/1995, art. 41 e § 1º; Súmula 376 do STJ); pode o recurso ser dirigido ao próprio Juízo prolator da decisão, como se dá nos "embargos de alçada", no processo de execução fiscal (Lei 6.830/1980, art. 34); pode dar-se que a apelação interposta contra sentença terminativa (CPC, art. 485 e incisos) seja conhecida, assim franqueando ao tribunal o acesso ao mérito, "se o processo estiver em condições de imediato julgamento" (causa madura) – CPC, art. 1.013, § 3º, I – sem que aí se perscrute a supressão de um grau de jurisdição.

Também não serve como critério seguro para tipificar uma impugnação como *recurso* a posição hierárquica do órgão ao qual ele é dirigido, já que tanto recebe tal denominação o apelo extremo tirado de acórdão de TJ ou TRF e dirigido ao STF (CF, art. 102, III e alíneas), como a irresignação tirada de uma sentença do Juizado Especial e dirigida a uma Turma ou Colégio Recursal, formado por juízes de primeiro grau. A diferença que se pode traçar está na *abrangência* (extensão/compreensão) da matéria impugnada, permitindo falar-se em

(*i*) recursos *de tipo comum*, a saber aqueles fundados na situação de *sucumbência*, consentindo matéria de direito e de fato, tal como se dá na apelação;

(*ii*) recursos *de tipo excepcional*, que exigem a sucumbência e um *plus*, já que são *de estrito direito*, de *fundamentação vinculada* (*v.g.*, o recurso especial ao STJ – CF, art. 105, III e alíneas), exigem *prequestionamento* (Súmula 282 do STF; Súmula 211 do STJ) e, no caso de recurso extraordinário, é ainda exigida a demonstração da *repercussão geral da questão constitucional* (CF, § 3º do art. 102 c/c CPC, art. 1.035 e § 1º), assim como a revista trabalhista, dirigida ao TST reclama a *transcendência da questão* – CLT, art. 896-A.

Assim como a admissibilidade da ação depende de certas condições (interesse de agir, legitimação, fundamento jurídico do pedido – CPC, arts. 17 e 319, III), também a válida interposição de recurso depende de certos pressupostos:

(*i*) objetivos: *previsão legal* (CPC, art. 994 e incisos: *taxatividade* dos recursos); *preparo* (CPC, art. 1.007 e parágrafos); *adequação da via eleita* (*v.g.*, a sentença desafia apelação – CPC, art. 1.009); *tempestividade* (CPC, § 4º do art. 1.003); *atendimento a alguma exigência adicional*, tal a repercussão geral da questão constitucional, para admissão do recurso extraordinário;

(*ii*) subjetivos: *interesse em recorrer*, deflagrado pela situação de sucumbência causada por uma dada decisão (CPC, art. 996 e parágrafo único), a par da *legitimação*, a saber, a pertinência subjetiva do interesse em recorrer (CPC, art. 996).

Bem por isso, os despachos, atos de mero impulso processual, por não terem conteúdo decisório, não têm o condão de acarretar prejuízo, donde serem irrecorríveis (CPC, art. 1.001). São também irrecorríveis certas decisões ditas de instância única ou de competência originária, como os acórdãos do STF em ação penal por crime comum, movida contra certas altas autoridades (CF, art. 102, I, *b*). Igualmente, quando o texto de regência prevê recurso *de mão única* – como se dá com o recurso ordinário contra decisão que denega *habeas corpus* (CF, art. 102, II, *a*) – é de se entender que a outra hipótese (recurso contra decisão *concessiva*) está afastada: *inclusio unius est exclusio alterius*.

Como antes referido, o plexo dos recursos cabíveis é ofertado em *numerus clausus* (CPC, art. 994 e incisos) compondo, ao lado das ações autônomas, o amplo gênero das "impugnações", o qual ainda abrange um *tertium genus*, a saber, os chamados *sucedâneos recursais* ou *medidas atípicas*, tais: *pedido de reconsideração, correição parcial, pedido de uniformização de interpretação de lei*, manifestado no âmbito dos Juizados Especiais da Fazenda Pública e nos Juizados Especiais Federais, podendo ambos alcançar o STJ – Lei 12.153/2009, arts. 18 e parágrafos e 19 e parágrafos; Lei 10.259/2001, art. 14 e parágrafos, nessa ordem; *pedido de suspensão de segurança* – Lei 12.016/2009, art. 15 e parágrafos; *reclamação*, voltada a preservar a autoridade das decisões do tribunal (CPC, art. 988 e incisos); o *pedido de suspensão de tutela judicial* contra o Poder Público, previsto em algumas leis: 7.347/1985, art. 12 e parágrafos; Lei 8.437/1992, art. 4º e parágrafos; Lei 9.507/1997, art. 16.

Já as *ações de impugnação* formam relação processual autônoma, voltada à desconstituição da decisão judicial atacada, contra a qual não cabem mais recursos ou então foram eles esgotados. Sob essa rubrica se contam a *ação rescisória* (CPC, art. 966 e incisos), os *embargos de terceiro* (CPC, art. 674), a *revisão criminal* (CPP, art. 621 e incisos), nisso mesmo se diferenciando tais ações dos *recursos*, porque estes últimos são interpostos *no mesmo processo* em que fora proferida a decisão atacada, acarretando seu prolongamento e assim protraindo o momento de formação da coisa julgada ou da preclusão.

Na jurisdição civil, são *recursos* aqueles listados, taxativamente, no art. 994 do CPC: apelação, agravo de instrumento, agravo interno, embargos de declaração, recurso ordinário (constitucional), recurso especial, recurso extraordinário, agravo em recurso especial ou extraordinário, embargos de divergência, impugnações essas reguladas nos arts. 1.009 a 1.044 e parágrafos do CPC, valendo observar que os recursos excepcionais (RE ao STF; REsp ao STJ) têm a admissibilidade radicada na CF – § 3º do art. 102 c/c art. 102, III e alíneas; art. 105, III e alíneas, nessa ordem. Na *jurisdição penal*, os recursos vêm previstos nos arts. 574-638 do CPP, tendo os arts. 632 a 636 sido revogados pela Lei 3.396/1958 (ao rol dos recursos na área penal cabe acrescentar o recurso especial ao STJ, tribunal inexistente à época da edição do CPP).

Na Justiça trabalhista, os recursos vêm arrolados no art. 893 e incisos da CLT, valendo destacar que o *recurso de revista*, dirigido ao TST, exige para sua admissibilidade a demonstração da *transcendência* da questão trabalhista (CLT, art. 896-A), tendo a Lei 13.467/2017 acrescido parágrafos a esse artigo, trazendo o § 1º os "indicadores da transcendência". No processo eleitoral, os recursos estão previstos nos arts. 265-281 da Lei 4.737/1965 – Código Eleitoral. No Juizado Especial, prevê-se recurso dirigido ao Colégio ou Turma Recursal – Lei 9.099/1995, art. 42 e parágrafos.

Os recursos podem ser classificados:

(*i*) quanto à sua abrangência;

(*i*) quanto à autonomia em sua interposição;

(*iii*) quanto ao embasamento;

(*iv*) quanto aos efeitos;

(*v*) quanto à possibilidade de retratação por parte do órgão prolator.

(*i*) Quanto à *abrangência*, o recurso é *total* ou *parcial* (CPC, art. 1.002), conforme impugne por inteiro a decisão atacada ou apenas um ou alguns de seus capítulos ou tópicos, valendo observar que se o recorrente não limita a abrangência do recurso, devolve-se ao tribunal *ad quem* o conhecimento da integralidade da decisão, como se dá, por exemplo, com a apelação, que não vindo delimitada em seu objeto, leva ao tribunal o conhecimento de toda a matéria de fato e de direito; aliás, mesmo no caso de apelação parcial, configura-se, em certa medida, uma certa projeção expansiva, já que se devolve ao tribunal o conhecimento de "todas as questões suscitadas e discutidas no processo, ainda que não tenham sido solucionadas, desde que relativas ao capítulo impugnado" (CPC, § 1º do art. 1.013).

Análoga expansão devolutiva ocorre quando nos autos as partes tiverem agitado mais de um fundamento, e a sentença tiver considerado só um deles (CPC, § 2º do art. 1.013), ou ainda quando o tribunal *ad quem* considere tratar-se de *causa madura*, a saber, aquela que, embora não tenha seu mérito resolvido pela sentença, todavia encontra-se em condições de imediato julgamento pelo tribunal, nas hipóteses listadas nos incisos do § 3º do art. 1.013, dispensando-se assim o retorno ao primeiro grau – sem que por aí se configure supressão de instância ou atrito ao duplo grau – como também fica dispensado tal retorno na hipótese de apelação contra sentença que reconhecera prescrição ou decadência, caso em que o tribunal, ao reformar a sentença, examinará, sendo possível, as demais questões (§ 4º do art. 1.013).

Naturalmente, certos recursos têm sua extensão delimitada pela própria finalidade a que se destinam, caso dos embargos de declaração, restritos ao objetivo de *integração* do julgado (CPC, art. 1.021 e incisos) ou dos recursos excepcionais, dado que o recurso extraordinário e o recurso especial são de direito estrito, confinando-se, nessa ordem, ao capítulo constitucional ou de direito federal comum, devidamente prequestionados no acórdão recorrido – CF, art. 102, III e alíneas; 105, III e alíneas.

(*ii*) Quanto à *autonomia em sua interposição*, os recursos se distinguem conforme haja ou não *sucumbência recíproca* decorrente da decisão atacada, falando-se então em recursos: (*a*) *independentes* (em caso de procedência parcial da ação), caso em que ambas as partes podem recorrer, sem qualquer vinculação entre os recursos, podendo um ser conhecido e provido, e, outro, não; (*b*) se só uma das partes sucumbentes recorre, a posição da outra que ficou inerte torna-se preclusa (*dormientibus non succurrit jus*), ao passo que a posição da parte recorrente poderá, ou manter-se igual, ou então se avantajar. No plano cível, se o recurso for de apelação, recurso extraordinário ou especial, a parte que deixou transcorrer *in albis* o prazo tem uma nova oportunidade, podendo aderir ao recurso da contraparte, ficando o conhecimento de seu apelo subordinado à admissão deste último, falando-se então no *recurso adesivo* (*rectius*: recurso em modalidade adesiva), na forma exposta no art. 997 do CPC, parágrafos e incisos.

No processo eleitoral, o STF tem admitido o recurso na modalidade adesiva (RE 29.984 – TRE/SP; RE 62.005/08 – TRE/RS); no processo trabalhista, admite-o a Súmula 283 do TST. No processo penal, conquanto não haja previsão expressa a respeito (até porque o CPP remonta à primeira metade do século passado), é pensável o recurso na modalidade adesiva em prol do acusado, como sustenta Fernando Antônio Negreiros Lima: "(...) não se pode excluir, *a priori*, o recurso adesivo em sede penal, ainda que a possibilidade de sua interposição seja restrita à defesa, por fundamentos análogos aos que vedam a ação de revisão criminal contra o réu".[4]

(*iii*) Quanto ao *embasamento*, os recursos são de fundamentação livre ou, então, vinculada, sendo mais ocorrentes os do primeiro tipo (justamente por isso ditos recursos *de tipo comum*), notadamente a apelação, cível e criminal, o recurso ordinário trabalhista, o recurso contra decisão de primeira instância na Justiça eleitoral, o recurso contra sentença no Juizado Especial: a apresentação de tais apelos consente quaisquer argumentos – de estrito direito ou de equidade, envolvendo toda a matéria de fato e de direito – com vistas à reforma, integração ou invalidade da decisão atacada, evidentemente sem desbordar os limites da razoabilidade e da utilidade, visto ser considerada litigância de má-fé a recorribilidade com fito meramente protelatório

---

[4] *Teoria geral do processo judicial*, cit., 2013, p. 693.

(CPC, art. 80, VII). Já os recursos de *fundamentação vinculada* são aqueles de estrito direito, cujo conhecimento reclama atendimento a específicos requisitos, como se dá com o *recurso extraordinário* ao STF (demonstração da questão constitucional reconhecida com repercussão geral – CF, art. 102, III e alíneas; § 3º do art. 102; CPC, art. 1.035 e § 1º), com o *recurso especial* ao STJ (CF, art. 105, III e alíneas), ou com a *revista trabalhista*, esta última a exigir a *transcendência da questão* (CLT, art. 896-A e parágrafos acrescidos pela Lei 13.467/2017), ou ainda com os *embargos de divergência* no STF e no STJ, a reclamar a devida *demonstração analítica* do dissídio exegético entre frações do tribunal – CPC, art. 1.043 e incisos.

Enquanto os recursos de tipo comum são informados pelo objetivo de tutela ao interesse individual do recorrente, já os de fundamentação vinculada objetivam, num primeiro momento, a proteção de valores transcendentes, tais a segurança jurídica e o tratamento isonômico aos jurisdicionados, assim permitindo às Cortes superiores desempenhar a chamada função *nomofilácica*, voltada a preservar a higidez do direito positivo e de sua autoridade (como se dá com o recurso especial, reportado ao direito federal comum, cuja definição exegética final fica a cargo do STJ), por modo que só num segundo momento, se oportuniza o exame do interesse individual da parte recorrente.

Isso explica por que a *desistência* do recurso, que em regra é tratada como um direito potestativo do recorrente (CPC, art. 998, *caput*), sofre refração especial quando se trata de RE cuja questão constitucional já foi reconhecida com repercussão geral (CPC, art. 1.035 e § 1º) ou com RE ou REsp já afetados como representativos da controvérsia, sob o rito dos recursos repetitivos (CPC, art. 1.036 e parágrafos): em tais casos, dada a prevalência do interesse público na fixação de um marco interpretativo acerca de uma dada questão de direito, capaz de parametrizar a solução dos demais casos ali enquadrados, agilizando os trâmites e propiciando tratamento isonômico aos jurisdicionados, a homologação da desistência se faz de molde a não impedir o prosseguimento do rito preordenado a alcançar aqueles padrões decisórios – CPC, parágrafo único do art. 998.

(*iv*) Quanto aos *efeitos*, os recursos são *suspensivos* ou (apenas) *devolutivos*, ou seja: alguns suspendem a eficácia do julgado recorrido, assim protraindo a formação da coisa julgada ou da preclusão a um ponto futuro, até que seja decidido o apelo, ao passo que outros recursos não impedem a execução imediata – conquanto provisória – do julgado atacado (CPC, arts. 520-522 e parágrafo único), como se dá com a apelação ofertada nas matérias listadas no § 1º e incisos do art. 1.012 do CPC, sujeitando-se o recorrido às condições estabelecidas no art. 520, incisos e parágrafos do CPC, dada a virtualidade de vir a ser provido o apelo da contraparte, acarretando a reforma ou mesmo a invalidação da decisão atacada. Assim é que, por intuitivas razões, se excepciona à regra da suspensividade da apelação a decisão que "condena a pagar alimentos" e ainda aquela que "julga procedente o pedido de instituição de arbitragem" – CPC, art. 1.012, § 1º, II e IV.

O CPC prevê, como regra – portanto, salvo disposição legal ou decisão judicial em contrário – que os "recursos não impedem a eficácia da decisão" (art. 995, *caput*), o que, inobstante, pode ser afastado *in concreto*, se o relator, no tribunal, entender que "da imediata produção dos seus efeitos houver risco de dano grave, de difícil ou impossível reparação, e ficar demonstrada a probabilidade de provimento do recurso" (parágrafo único do art. 995). Outra situação excepcionada pode dar-se nos embargos do devedor, no bojo do processo de execução: conquanto eles não se enquadrem, propriamente, na categoria "recurso" (por não constarem do rol do art. 994 do CPC), tais embargos podem, excepcionalmente, ser recebidos pelo juiz com efeito suspensivo "quando verificados os requisitos para a concessão da tutela provisória e desde que a execução já esteja garantida por penhora, depósito ou caução suficientes" – CPC, § 1º do art. 919.

Na legislação extravagante, vale mencionar que a apelação contra a sentença em ação civil pública pode, a critério do juiz, ser recebida com efeito suspensivo, "para evitar dano irreparável à parte" (Lei 7.347/1985, art. 14), certo que, pelo princípio da especialidade (*specialia derogat generalia*), tais disposições predominam sobre a normação codificada geral (CPC, § 2º do art. 1.046). No processo eleitoral, os recursos não têm efeito suspensivo (Lei 4.737/1965, art. 257 e parágrafo único); o mesmo se passa no processo trabalhista (CLT, art. 899 e § 1º); já no processo penal, em vários casos, o recurso é recebido com efeito suspensivo (CPP, art. 584 e parágrafos), ressalvadas as hipóteses dos arts. 596 e parágrafo único e 598 e parágrafo único, tendo o legislador ordinário procurado guardar simetria com as garantias constitucionais da "ampla defesa com os meios e *recursos* inerentes" e da *presunção de inocência* até o trânsito em julgado da decisão condenatória – CF, art. 5º, LV e LVII.

Os recursos extraordinário (STF) e especial (STJ), em regra, não têm efeito suspensivo, embora este possa ser pleiteado tanto ao relator, se já distribuído o recurso, como ao tribunal *ad quem* (CPC, § 5º e incisos do art. 1.029, tendo os incisos I e III recebido nova redação; cf. Lei 13.256/2016).

Os efeitos suspensivo e devolutivo tangenciam, embora não se identifiquem exatamente, com três outros efeitos que lhes são subjacentes:

(a) o expansivo;
(b) o translativo;
(c) o substitutivo.

(*a*) O efeito *expansivo* ocorre quando, a despeito da vedação da decisão *ultra petita* (que também se aplica à instância recursal: *tantum devolutum quantum appellatum* – CPC, art. 1.013, *caput*), o tribunal *ad quem* fica autorizado a ir além dos lindes demarcados no recurso, conhecendo de questões que, posto não tenham sido especificamente agitadas na irresignação, todavia são "relativas ao capítulo impugnado" (§ 1º do art. 1.013); ainda, manifesta-se o efeito expansivo quando o pedido inicial ou a defesa exibiram mais de um fundamento e a sentença recepcionou só um deles, o que enseja ao tribunal "o conhecimento dos demais" (§ 2º do art. 1.013). Análoga possibilidade se verifica nos recursos excepcionais, quando, admitido o RE ou o REsp "por um fundamento, devolve-se ao tribunal superior o conhecimento dos demais fundamentos para solução do capítulo impugnado" (CPC, parágrafo único do art. 1.034). Pode ainda se verificar o efeito expansivo nos casos em que o tribunal está autorizado a estender a sua cognição até alcançar o mérito da causa, ao verificar que a causa se mostra *madura*, "em condições de imediato julgamento" (§§ 3º e 4º do art. 1.013), sem a pecha de supressão de instância ou de atrito ao duplo grau de jurisdição.

Em todos esses casos, o efeito expansivo se diz *objetivo* – porque amplia o perímetro original do recurso interposto, que passa a se irradiar em maior dimensão – assim se distinguindo do efeito expansivo *subjetivo*, quando o resultado do recurso interposto por um dos copartícipes do processo acaba por se comunicar aos demais: no litisconsórcio unitário, pela boa razão de que nesse caso a decisão há que ser igual para todos (CPC, art. 116); quando se trate de assistência litisconsorcial (CPC, art. 124), dada a estreita ligação entre as posições dos sujeitos envolvidos; ainda, nos casos de solidariedade no polo passivo, em sendo comum a linha de defesa.

No que tange ao processo penal, esclarece Fernando Antônio Negreiros Lima: "o corréu que não apelou pode ser beneficiado pelo efeito suspensivo (a) se for alegada a inexistência material do fato; (b) se for alegada a atipicidade do fato; (c) se for alegada a extinção da punibilidade; e (d) se a defesa for comum e não disser respeito somente à pessoa do recorrente, como ocorre, no caso de concurso de agentes, quando a decisão do recurso interposto por um dos réus aproveita aos demais, salvo se fundada em motivo de índole exclusivamente pessoal"[5].

(*b*) O efeito *translativo* ocorre quando, a despeito de a decisão recorrida não ter apreciado uma dada questão, o conhecimento desta fica franqueado ao tribunal *ad quem*, por tratar-se de questão de ordem pública, que é

---

[5] *Teoria geral do processo judicial*, cit., 2013, p. 708-709.

cognoscível de ofício, em qualquer tempo ou grau de jurisdição, como se dá, por exemplo, com a incompetência absoluta (CPC, § 1º do art. 64) ou ainda com as condições da ação e os pressupostos processuais – CPC, art. 485, IV e VI, c/c § 3º desse artigo, cujo exame não preclui para o julgador.

Em casos que tais não terá o tribunal *ad quem* decidido *ultra ou extra petita*, nem se configura hipótese de *reformatio in pejus*, porque o Processo é ramo do Direito Público e o tribunal terá agido conforme autorização legal. De observar-se que o efeito translativo igualmente opera no âmbito da *remessa necessária* da decisão proferida contra o Poder Público (CPC, art. 496 e incisos), a teor da Súmula 325 do STJ: "A remessa oficial devolve ao Tribunal o reexame de todas as parcelas da condenação suportadas pela Fazenda Pública, inclusive dos honorários de advogado".

(*c*) O efeito *substitutivo* do recurso ocorre quando o tribunal *ad quem*, tendo dele conhecido (juízo de admissibilidade positivo), apresentando-se alguma destas ocorrências: (*i*) em caso de alegado *error in procedendo* ou *in iudicando*, a Corte tenha negado provimento ao recurso; (*ii*) em caso de alegado *error in iudicando* a Corte tenha dado provimento ao recurso. Assim se passa porque em tais casos o acórdão do tribunal revisor *fica no lugar* da decisão recorrida, inclusive para efeito de constituir título para oportuna execução; nesse sentido, diz o art. 1.008 do CPC que o "julgamento proferido pelo tribunal substituirá a decisão impugnada no que tiver sido objeto do recurso".

Embora comumente se diga que o tribunal, ao negar provimento ao recurso, "confirma" a decisão recorrida, a rigor aí se opera o efeito substitutivo, por modo que o *acórdão* (CPC, art. 204) é que, para todos os efeitos – nos limites das questões e capítulos que lhe foram devolvidos, mais os que ele conheceu de ofício – passará a ser o pronunciamento final, configurando o título que embasará o cumprimento do julgado (CPC, art. 515, I).

Naturalmente, se o recurso se fundar em *error in procedendo* e o tribunal lhe der provimento, aí não se opera o efeito substitutivo, porque então a decisão recorrida ficará anulada/cassada e outra terá que ser proferida pelo órgão que antes a prolatara. Obviamente, o efeito substitutivo opera nos limites do quanto pleiteado no recurso – *tantum devolutum quantum appellatum* – respeitada, ainda, a finalidade de cada recurso, por exemplo: tratando-se de agravo de instrumento, o que fica sob apreciação do tribunal é a decisão interlocutória atacada, ou seja, aquela que resolvera a questão incidente – CPC, § 2º do art. 203 c/c art. 1.015 e incisos.

(*v*) Quanto à *possibilidade de retratação* por parte do órgão prolator da decisão cabe desde logo ressaltar que, em regra, uma vez publicada a decisão, o julgador como que se desliga da matéria, somente voltando a ter ingerência sobre ela "para corrigir-lhe, de ofício ou a requerimento da parte, inexatidões materiais ou erros de cálculo", ou "por meio de embargos de declaração" (CPC, art. 494 e incisos). Além desses casos, alguns recursos revelam um efeito que se pode chamar *regressivo*, na medida em que possibilitam ao juiz a revisão do que ele mesmo houvera decidido, por exemplo: quando acolhe a apelação interposta contra a decisão que indeferira a petição inicial (CPC, art. 331 e parágrafos); quando acolhe a apelação contra a decisão que dera pela improcedência liminar do pedido (CPC, § 3º do art. 332); quando haja por bem reformar decisão interlocutória agravada de instrumento (CPC, § 1º do art. 1018); na execução fiscal, quando entenda rever a decisão que foi objeto dos embargos de alçada (Lei 6.830/1980, § 3º do art. 34). O mesmo efeito regressivo vem previsto no processo eleitoral (Lei 4.737/1965, § 7º do art. 267) e no processo penal, com o recurso em sentido estrito – CPP, art. 589 e parágrafo único.

Assim como o juízo de admissibilidade da ação depende do atendimento a certas condições (interesse de agir, legitimidade, fundamento jurídico do pedido – CPC, art. 17 e 319, III; art. 485, VI) e, igualmente, de certos pressupostos de existência e validade do processo (petição inicial, citação, juiz competente), a par da inocorrência de certos pressupostos processuais ditos *negativos* (convenção de arbitragem, peremção, coisa julgada, litispendência – CPC, art. 337, V, VI, VII, X e §§; art. 485, IV, VII), também o juízo de admissibilidade dos recursos sujeita-se a específicos requisitos, chamados pressupostos:

(*a*) intrínsecos ou subjetivos;

(*b*) extrínsecos ou objetivos.

(*a*) Pressupostos *intrínsecos ou subjetivos* de admissibilidade dos recursos são aqueles estritamente ligados à disposição da parte sucumbente em impugnar, total ou parcialmente uma dada decisão proferida nos autos, exigindo atendimento a estes quesitos: (*i*) *cabimento*, dado que a adequação da via eleita integra o interesse em recorrer, em modo análogo ao que se passa no interesse de agir; (*ii*) *legitimidade*, dado que os recursos são manifestados pela parte vencida, Ministério Público ou terceiro interessado – CPC, art. 996 e parágrafo único; (*iii*) *interesse em recorrer*, precipuamente fundado numa situação de sucumbência, total ou parcial, ou mesmo de risco para o resultado útil do processo ou para situação jurídica de terceiro; (*iv*) inexistência de fato impeditivo ou extintivo do direito de recorrer, como se dá na preclusão lógica, quando certa conduta adotada nos autos (por exemplo, o consenso em liquidar por arbitramento o julgado condenatório – CPC, art. 509, I) mostra-se incompatível com a disposição de recorrer (CPC, art. 1.000 e parágrafo único), já que o recurso tem caráter infringente.

O *cabimento do recurso* se configura pela correlação entre a decisão e o recurso eleito para impugná-la, por exemplo: decisões interlocutórias desafiam agravo de instrumento (CPC, art. 1.015, *caput*); de observar-se que a atribuição ao relator, no tribunal, para conceder prazo ao recorrente "para que seja sanado vício" (CPC, parágrafo único do art. 932) não significa que o relator, ao constatar que fora interposto recurso equivocado, possa oportunizar o manejo do recurso cabível, seja porque o recurso então interposto já fez operar a preclusão consumativa, seja porque a própria preclusão temporal alcança também a pretendida *emenda* do ato processual – CPC, art. 223, *caput*.

A *legitimidade* está ligada à pessoa – física ou jurídica, de direito privado ou público – vinculada, direta ou reflexamente, à sucumbência decorrente da decisão atacada (permitindo falar-se que a legitimação é a "pertinência subjetiva do interesse"), donde dispor o art. 996, *caput*, do CPC: "O recurso pode ser interposto pela parte vencida, pelo terceiro prejudicado e pelo Ministério Público, como parte ou como fiscal da ordem jurídica" (valendo observar que também a Defensoria Pública detém legitimidade para recorrer nos processos em que atua – CF, art. 134, *caput*; CPC, art. 185). No processo penal, a legitimidade do *parquet* para recorrer se dá, precipuamente, nos crimes de ação pública, assim como igual direito assiste ao querelante, nos crimes de ação privada. Situação peculiar é a do *amicus curiae*, que, embora não seja parte (já que não deduz pretensão própria), nem propriamente um terceiro interessado (porque não está juridicamente vinculado ao objeto litigioso), está, todavia, legitimado a recorrer do acórdão proferido em incidente de resolução de demandas repetitivas (CPC art. 138, § 3º, c/c art. 983 e parágrafos).

O *interesse em recorrer* liga-se, na generalidade dos casos, à situação de sucumbência, provocada, em alguma medida (= quantitativa ou qualitativa), pela decisão questionada, inclusive o advogado, no tocante à verba honorária, sem prejuízo do acesso desse profissional à "ação autônoma para sua definição e cobrança" (CPC, § 18 do art. 85 c/c § 14 desse artigo). A correlação entre legitimação e interesse é evidenciada na clássica afirmação de que a legitimidade é a *pertinência subjetiva do interesse*. A inexistência de fato impeditivo ou extintivo do direito de recorrer está ligada, tanto a certas condutas voluntaristas (*v.g.*, desistência do recurso antes interposto; renúncia ao recurso cujo prazo está fluindo – CPC, art. 998 e parágrafo único; art. 999; cumprimento espontâneo do comando judicial) como a situações indicativas de preclusão lógica, que se configura quando se intenta a prática de ato incompatível com a vontade de recorrer (CPC, art. 1.000 e parágrafo único), por exemplo: na fase de cumprimento do julgado, o réu sucumbente anui à proposta do exequente para que a liquidação se faça por arbitramento (CPC, art. 509, I), e, ao mesmo tempo, pretende apelar da sentença.

(b) Os pressupostos extrínsecos ou objetivos são assim chamados porque abstraem, em certo modo, os sujeitos do processo, para focar na relação processual em si mesma, em sua passagem pela instância recursal, a saber: (i) a tempestividade; (ii) o preparo; (iii) a regularidade formal.

(i) *Tempestividade*: o fator tempo é muito valorizado no Direito, tanto para efeito de aquisição de situação de vantagem (*v.g.*, a conversão da posse em domínio, pela usucapião; o servidor efetivo que, após o biênio do estágio probatório torna-se estável), como também para determinar o perecimento de certos direitos – materiais e processuais – por conta de seu não exercício tempestivo, por força da prescrição ou da decadência. Assim também se passa com os recursos, que devem ser interpostos no prazo (CPC, art. 1.003 e parágrafos), sob pena de preclusão da decisão interlocutória ou, então, da configuração da coisa julgada formal ou material da sentença ou do acórdão (CPC, art. 1.006), quando o prazo recursal transcorra *in albis*, a teor do art. 223, *caput*, do CPC: "Decorrido o prazo, extingue-se o direito de praticar ou de emendar o ato processual, independentemente de declaração judicial, ficando assegurado, porém, à parte provar que não o realizou por justa causa".

O prazo dos recursos, no CPC, é unificado em quinze dias (à exceção dos embargos de declaração – CPC, § 5º do art. 1.003), o que não se confunde com a sua *contagem*, esta última estando sujeita a parâmetros específicos, a depender do termo *a quo*, por exemplo: se a sentença foi dada em audiência, ou se a decisão ocorreu em data anterior à citação, ou ainda se o recurso foi postado via correio, conforme especificado nos parágrafos do citado art. 1.003 do CPC c/c art. 231, VII e VIII. Saliente-se que em alguns casos os prazos recursais são contados em dobro: "litisconsortes que tiverem diferentes procuradores, de escritórios de advocacia distintos" (CPC, art. 229, *caput*); Ministério Público; Advocacia Pública; Defensoria Pública (CPC, arts. 180, *caput*; 183, *caput* e 186, *caput* nessa ordem), salvo, no tocante a estas três instituições, quando lei estabeleça prazo próprio na espécie – CPC, § 2º do art. 180; § 2º do art. 183; § 4º do art. 186.

Vale salientar que na contagem dos prazos "computar-se-ão somente os dias úteis" (CPC, art. 219 e parágrafo único), "excluindo o dia do começo e incluindo o dia do vencimento" (art. 224, *caput*), com as especificidades indicadas nos parágrafos deste último artigo, certo que o termo inicial do prazo recursal será o da "publicação, quando a intimação se der pelo Diário Oficial da Justiça impresso ou eletrônico" (art. 231 e inciso VII, c/c art. 272 e parágrafos e art. 269 e parágrafos). Embora os prazos se preordenem a ser contínuos e peremptórios, sujeitam-se a suspensões, por intercorrências diversas, tais os períodos de recesso forense ("dias compreendidos entre 20 de dezembro e 20 de janeiro, inclusive" – CPC, art. 220, *caput*); em virtude de "obstáculo criado em detrimento da parte ou ocorrendo qualquer das hipóteses do art. 313" (CPC, art. 221, *caput*); ainda, "durante a execução de programa instituído pelo Poder Judiciário para promover a autocomposição" (CPC, arts. 220 e parágrafos; 221 e parágrafo único).

(*ii*) *O preparo*: trata-se da remuneração pelo acesso da causa ao segundo grau de jurisdição, configurando-se nas *custas* devidas por ocasião da interposição dos recursos, tanto em primeiro grau, como nos tribunais, vindo a integrar o gênero *despesas processuais*, a serem adiantadas pelo autor da ação, preordenando-se a serem oportunamente incluídas, juntamente com a verba honorária da parte vencedora (CPC, art. 85 e parágrafos), no ônus da sucumbência, a cargo do vencido (CPC, art. 82 e § 2º). A regra do preparo dos recursos é excepcionada no caso do Ministério Público, dos entes políticos e suas autarquias e ainda pelos que gozam de isenção legal (CPC, § 1º do art. 1.007), em consonância com as demais disposições do CPC a respeito (arts. 91 e parágrafos; 98, incisos e parágrafos). Na Justiça estadual as custas processuais vêm, ordinariamente, fixadas em decreto, dito Regimento de Custas, cujos valores passam por atualização periódica.

Não preparado o recurso, este fica *deserto*, operando-se, conforme a natureza da decisão atacada, a preclusão ou a coisa julgada formal ou material; todavia, presente o princípio do *aproveitamento* dos atos processuais, agregado à prevenção da chamada *jurisprudência defensiva*, como proclamado na Exposição de Motivos do vigente CPC, deve ser oportunizado o preparo à parte que não o fizera integralmente, sem prejuízo da sanção do recolhimento em dobro, inclusive do porte de remessa e retorno (CPC, §§ 4º, 5º e 6º do art. 1.007), esta última exigência incidente nos recursos dirigidos aos tribunais superiores. No tocante a eventual falha no preenchimento da guia de custas, a parte será intimada para sanar o vício em cinco dias, sob pena de deserção (CPC, § 7º do art. 1.007 c/c parágrafo único do art. 932).

(*iii*) *A regularidade formal dos recursos* aparece temperada, no vigente CPC, de um lado, pela diretriz da *instrumentalidade das formas* (CPC, art. 277) e, de outro, pelo declarado propósito de se prevenir a antes referida *jurisprudência defensiva*, por modo que, no limite do que for razoável e não havendo dolo ou malícia na conduta da parte, deve-se oportunizar o suprimento/ saneamento da falha, com vistas ao aproveitamento do ato processual, como, por exemplo, o podem fazer os tribunais superiores através da fungibilidade entre os recursos extraordinário e especial (CPC, arts. 1.032 e parágrafo único; 1.033). Nesse sentido, é dado ao relator, no tribunal, conceder "prazo de cinco dias ao recorrente, para que seja sanado vício ou complementada a documentação exigível" (CPC, parágrafo único do art. 932). De observar-se que a regularidade formal, em certos casos, passa pelo atendimento a certos requisitos que são específicos de certos recursos, por exemplo: nos recursos excepcionais, o *prequestionamento* (CPC, art. 1.025; Súmulas 282 e 356 do STF; 98 e 211 do STJ); na revista trabalhista, a demonstração de que "a causa oferece transcendência com relação aos reflexos gerais de natureza econômica, política, social ou jurídica" (CLT, art. 896-A, incisos e parágrafos acrescidos pela Lei 13.467/2017); ainda, no recurso extraordinário ao STF, a exigência adicional da repercussão geral da questão constitucional – CF, § 3º do art. 102; CPC, art. 1.035 e § 1º.

A salutar diretriz do aproveitamento dos atos processuais não pode, porém, operar desmesuradamente, em modo de uma franquia ou tolerância para toda sorte de falhas ou omissões na interposição dos recursos: de um lado, porque o Processo é um ramo do Direito Público, e, de outro, porque a relação processual se rege pela alteridade, de modo que a excessiva leniência para com o comportamento negligente ou desatento do recorrente implicaria injusto prejuízo ao recorrido. Daí que incumbe ao recorrente zelar atentamente pela regularidade formal, por exemplo: o agravo de instrumento é de ser tirado de decisão interlocutória (CPC, art. 1.015 incisos e parágrafo único), e, exceto a hipótese de ser interposto por meio eletrônico (§ 5º do art. 1.017), deve ser instruído com as peças indicadas nos inciso I e III do art. 1.017; o recurso especial fundado em divergência jurisprudencial (CF, art. 105, III, *c*) deve ser instruído com os subsídios indicados no § 1º do art. 1.029 do CPC, exigindo-se ainda a *demonstração analítica* da afirmada divergência; além disso, a admissibilidade dos recursos extraordinário e especial reclamam a sucumbência e um *plus*, este último consistente no atendimento a certos pressupostos específicos: esgotamento das vias recursais ordinárias; prequestionamento da questão constitucional ou de direito federal comum, conforme o caso, o que também se aplica a outros recursos excepcionais, tais o recurso especial eleitoral e a revista trabalhista; ainda na Justiça trabalhista, o recurso do empregador contra decisão que lhe impõe prestação pecuniária deve ser acompanhado do *depósito recursal*, "feito em conta vinculada ao juízo e corrigido com os mesmos índices da poupança" (CLT, art. 899 e § 4º, este último com a redação da Lei 13.467/2017).

Não atendidos os pressupostos de admissibilidade do recurso, assim os subjetivos como os objetivos, este não é conhecido (juízo negativo de admissibilidade), desonerando o órgão *ad quem* de apreciar o seu mérito; do contrário, conhecido o recurso, dá-se o juízo de admissibilidade positivo, deflagrando a aferição do mérito recursal; nesse sentido, em enunciado que se aplica aos demais recursos, dispõe o art. 1.034, *caput*, do CPC que, uma vez admitido o RE ou o REsp, o STF ou o STJ "julgará o processo, aplicando o direito" (dicção já constante, no essencial, na Súmula 456 do STF), permitindo inferir que esses Tribunais da Federação atuam, em princípio, como Cortes de revisão, e não apenas como Cortes de cassação como ocorre alhures (*Cour de Cassation*, francesa; *Cassazione Civile*, italiana) onde, uma vez cassada a decisão recorrida, dá-se o *reenvio* do processo ao órgão jurisdicional de origem.

Entre nós, se o tribunal *ad quem* constatar na decisão recorrida alguma falha grave, insuprível (*error in procedendo*), a tornará insubsistente (cassação), fazendo retornar os autos à instância de origem para rejulgamento; já em caso de apelação contra sentença apenas *terminativa* (CPC, art. 485 e incisos), ou quando o tribunal declare a nulidade da sentença ou constate que ela é omissa com relação a algum dos pedidos, em constatando a Corte que a causa está *madura*, fica autorizado a ampliar o âmbito de sua cognição, podendo adentrar o mérito da causa – CPC, art. 1.013, §§ 3º, e incisos, e 4º.

23

CUMPRIMENTO DO JULGADO E PROCESSO DE EXECUÇÃO

Uma breve notícia histórica é útil para melhor compreensão da evolução por que passou o capítulo da execução na ação judicial. Inicialmente, identificavam-se ou confundiam-se o devedor e a própria obrigação por ele assumida, donde o direito reconhecido ao credor de, à falta de outros recursos, lançar mão da própria pessoa do devedor para se ressarcir (como se dava, no Direito romano, com a *manus injectio*), diversamente do que hoje se passa, em que o *patrimônio* do devedor é que garante a obrigação, donde poder ser expropriado, com vistas ao cumprimento do *quantum debeatur*, sendo vedada a prisão por dívida (CF, art. 5º, LXII).

A desvinculação entre a *pessoa* do devedor e a obrigação inadimplida fica evidenciada no caso de ele "não possuir bens penhoráveis", caso em que o juiz determinará a suspensão do processo por até um ano, findo o qual, inalterada a situação, começa a fluir a prescrição intercorrente – CPC, art. 921, III e parágrafos.

Ainda sob a perspectiva histórica, esclarece Luiz Fux: "Na Roma antiga, após a condenação que gerava uma *obligatio judicati*, conferia-se, primeiramente, um *tempus judicati* para que o devedor cumprisse a obrigação (de regra, trinta dias), para somente após iniciar-se a ação conducente à realização daquela *obligatio* e que se denominava *actio judicati*. Essas concepções foram transmitidas ao pioneiro Direito francês, que na prática costumeira equiparou os títulos influenciando o Direito europeu em geral, e, como consequência, Portugal, em cujas fontes o nosso legislador se abeberou para instituir na reforma de 1973 a unificação da execução com base em título extrajudicial (ação executiva) e a execução de sentença condenatória (ação executória)".[1]

---

[1] *Teoria geral do processo civil*, cit., p. 319, rodapé nº 4.

O vigente CPC adota o ideário de que o conteúdo ocupacional do juiz não se esgota na prolação da decisão de mérito, que elimina a incerteza, mas inclui também o zelo pela *efetividade prática* do que tenha sido determinado nos comandos prestacionais: pagar, fazer, não fazer, entregar coisa certa ou incerta. Afinal, se, desde as fontes romanas, o Direito se legitima na medida em que "dá a cada um o que é seu" (*jus suum cuique tribuere*), então o *munus publico* de quem está credenciado a aplicá-lo não pode reduzir-se apenas à eliminação da incerteza (processo de conhecimento), mas deve também incluir o zelo pela *efetiva realização* do quanto tenha sido decidido. Nesse sentido, o CPC dispõe no art. 4º: "As partes têm o direito de obter em prazo razoável a solução integral do mérito, *incluída a atividade satisfativa*", sentido completado pelo disposto no inciso IV do art. 139 ao incumbir o juiz de "determinar todas as medidas indutivas, coercitivas, mandamentais ou sub-rogatórias necessárias para *assegurar o cumprimento de ordem judicial*, inclusive nas ações que tenham por objeto prestação pecuniária".

No CPC/1973, a primitiva redação do art. 463 do CPC/1973 (depois alterado pela Lei 11.232/2005) enunciava que o juiz "ao publicar a decisão de mérito cumpre e acaba o ofício jurisdicional", com isso recepcionando entendimento pelo qual *jurisdictio in sola notio consistit*, ou seja: a intervenção judicial tinha-se por cumprida quando eliminava a incerteza acerca do objeto litigioso, emitindo comandos declaratórios, desconstitutivos, condenatórios, mandamentais. Com isso, a questão da efetiva realização prática dos comandos prestacionais – fazer, não fazer, entregar coisa certa ou incerta, pagar – não constituía, propriamente, um encargo do Estado--juiz, mas ficava a depender de circunstâncias externas, tais a disposição do próprio credor em fazer valer o julgado que o beneficiava, ou a disposição do devedor em cumprir o julgado ou o título exequendo extrajudicial, ou ainda a existência de bens suficientes no patrimônio do devedor.

Dessa forma, esclarece Luiz Fux: "A distinção entre as atividades de 'definir' e 'realizar direitos' fez que parte ponderável da doutrina não considerasse jurisdicional a tutela de execução, porquanto nesta sobejam atos materiais, ao contrário dos atos intelectivos que singularizam o processo de conhecimento. (...) Impregnados dessa ideia de que a jurisdição manifestava-se apenas na declaração do direito incidente no caso concreto, a doutrina superada, antes citada, não enquadrava os atos de satisfação do processo executivo como 'jurisdicionais' e, *a fortiori*, desconsiderava a tutela executiva. Entretanto, a substitutividade que se enxerga no processo de cognição, em que o Estado-juiz, para evitar a supremacia de uma parte sobre a outra, define o direito com autoridade, também se verifica na execução, em que o magistrado realiza o direito do credor com ou sem a colaboração do devedor".[2]

O vigente CPC mostra-se sensível a esse renovado ideário, hoje se entendendo que o conteúdo ocupacional da função judicial não se exaure ao eliminar a incerteza, mediante a decisão de mérito, mas ainda lhe incumbe zelar para que o direito reconhecido, o bem da vida, a situação de vantagem venham ao final desfrutados pelo vencedor da causa. Comentam Nelson Nery Júnior e Rosa Maria de Andrade Nery que o citado art. 4º do CPC "fala em satisfatividade, de modo que a abrangência da duração razoável vai além do trânsito em julgado da sentença proferida no processo de conhecimento, pois abrange, também, o processo de execução, seja implementado pelo instituto do cumprimento da sentença (CPC 513; CPC/1973 475-I), seja pelo processo de execução fundado em título executivo extrajudicial (CPC 771; CPC/1973 598)".[3]

A *crise de efetividade* hoje assombra os comandos prestacionais (pagar, fazer, não fazer, entregar coisa certa ou incerta), na medida em que sua realização depende, ou de conduta volitiva do devedor ou da existência de patrimônio. Essa *crise*, porém, não afeta os comandos que, *de per si*, já produzem o efeito que deles se espera:

(*i*) os *(des)constitutivos*, que já alteram o *statu quo* ante (a decisão que anula o casamento ou que rescinde o contrato);

(*ii*) os *declaratórios* (restritos à afirmação de existência, inexistência ou modo de ser de uma relação jurídica, ou ainda autenticidade ou falsidade de documento – CPC, art. 19 e incisos);

(*iii*) os *mandamentais*, que, por radicarem em ordem judicial, preordenam-se ao *cumprimento* e não à resistência, por exemplo, o comando endereçado à autoridade coatora, no mandado de segurança (Lei 12.016/2009, art. 26). Caso particular é o do acórdão do STF, que, no controle direto, declara inconstitucional uma dada lei, descabendo falar-se, em tais casos, em *execução*, propriamente dita, até porque esta é sempre *forçada* (CPC, art. 778, *caput*), e, no caso, o texto sindicado nos autos e ao final julgado inconstitucional, em verdade fica de pronto excluído do ordenamento positivo ao ensejo da publicação do acórdão do STF, o qual se reveste de "eficácia contra todos e efeito vinculante" (CF, § 2º do art. 102); assim, restará ao Senado Federal apenas dar curso aos efeitos daquela decisão, a saber: "suspender a execução,

---

[2] *Teoria geral do processo civil*, cit., p. 318.
[3] *Código de Processo Civil comentado*, cit., nota nº 3, p. 198.

no todo ou em parte, de lei declarada inconstitucional por decisão definitiva do Supremo Tribunal Federal".

Tenha-se desde logo presente que o *princípio da demanda*, que reclama iniciativa da parte ou do interessado para a deflagração do processo judicial (CPC, art. 2º), se reapresenta em momentos posteriores, seja na instância recursal (o interesse em recorrer e a adequação da via eleita) e também na fase satisfativa, como se colhe do § 1º do art. 513 do CPC, cuja *ratio* se estende aos demais ritos executivos: "O cumprimento da sentença que reconhece o dever de pagar quantia, provisório ou definitivo, far-se-á *a requerimento do exequente*". Assim, *v.g.*, o cumprimento da sentença que reconhece a obrigação de pagar quantia certa se inicia "a requerimento do exequente, sendo o executado intimado para pagar o débito, no prazo de 15 (quinze) dias, acrescido de custas, se houver" – CPC, art. 523, *caput*.

Interessante observar que em alguns casos o cumprimento do julgado é *incentivado* por conta da chamada *sanção premial*, como se passa na ação de despejo de imóvel para uso próprio, na qual o inquilino, concordando, no prazo da contestação, com a desocupação, terá prazo de seis meses para realizá-la, sendo que, cumprida essa disposição, ele fica dispensado do pagamento da verba honorária sucumbencial e das despesas processuais – Lei 8.245/1991, art. 61, *caput*.

Com vistas à *prestação específica* do objeto, é dado ao juiz "determinar, entre outras medidas, a imposição de multa, a busca e apreensão, a remoção de pessoas e coisas, o desfazimento de obras e o impedimento de atividade nociva, podendo, caso necessário, requisitar o auxílio de força policial" (CPC, § 1º do art. 536); este último alvitre não raro se faz necessário no cumprimento de ordem judicial decorrente de ação reintegratória de posse, quando haja resistência do(s) autor(es) do esbulho. Já no mandado de segurança, o desatendimento do quanto determinado na sentença configura crime – Lei 12.016/2009, art. 26; é também possível pleitear o *interdito proibitório*, com imposição de *multa diária*, em ordem a coartar a turbação ou o esbulho – CPC, arts. 567 e 568.

O emprego de meios indutivos, coercitivos ou sub-rogatórios, com vistas à prestação específica do objeto, está também presente em ações previstas na legislação extravagante, por exemplo, na *ação civil pública*, a teor do art. 11, *caput*, da Lei 7.347/1985: "Na ação que tenha por objeto o cumprimento de obrigação de fazer ou não fazer, o juiz determinará o cumprimento da prestação da atividade devida ou a cessação da atividade nociva, sob pena de execução específica, ou de cominação de multa diária, se esta for suficiente ou compatível, independentemente de requerimento do autor". Assim também se passa nas ações consumeristas, a teor do § 5º do art. 84 da Lei 8.078/1990:

"Para a tutela específica ou para a obtenção do resultado prático equivalente, poderá o juiz determinar as medidas necessárias, tais como busca e apreensão, remoção de coisas e pessoas, desfazimento de obra, impedimento de atividade nociva, além de requisição de força policial".

Assim é que, superando antigo entendimento pelo qual o descumprimento de obrigação de fazer/não fazer ou entregar coisa se resolvia desde logo em perdas e danos, já ao tempo do CPC/1973 o art. 461 e § 1º, cf. Lei 8.952/1994 e o art. 461-A, *caput*, acrescido pela Lei 10.444/2002, previam medidas voltadas à consecução da *prestação específica*, ou, quando menos, de resultado prático equivalente. Esse contemporâneo ideário foi recepcionado pelo vigente CPC, por modo que a conversão em perdas e danos se apresenta como o derradeiro alvitre, na inviabilidade absoluta de obter-se o cumprimento específico da obrigação, ou quando as medidas de apoio, inclusive a multa diária, tenham sido empregadas sem êxito – CPC, art. 537, § 1º e incisos. É o que se colhe da interpretação conjunta dos arts. 497, *caput*; 499, 500; 536 e § 1º, alusivos às prestações de fazer, não fazer e entregar coisa, dispondo o citado art. 499: "A obrigação somente será convertida em perdas e danos se o autor o requerer ou se impossível a tutela específica ou a obtenção de tutela pelo resultado prático equivalente".

Essa normação alinha-se à tendência contemporânea pela qual, antes e superiormente à clássica "conversão em perdas e danos" (que nem sempre "equivale" à prestação específica desatendida), se envidem todos os esforços e se implementem as medidas indutivas, coercitivas, sub-rogatórias e injuncionais necessárias ao cumprimento específico do objeto, por modo que, somente em caso de negativa insuperável ou impossibilidade física por parte do obrigado, mormente nas obrigações infungíveis, é que se franqueia a sub-rogação por outros alvitres:

(*i*) realização por terceiro ou mesmo pelo exequente às custas do devedor, no caso de obrigação fungível;

(*ii*) conversão em perdas e danos, por opção do exequente (CPC, arts. 816, *caput*; parágrafo único do art. 821).

Nos últimos anos de vigência do CPC/1973, o legislador revelou empenho na busca de maior efetividade na fase satisfativa dos julgados, a qual se mostrava claramente insatisfatória, tantos eram os meios e alvitres utilizados, em nome da "ampla defesa", para postergar o cumprimento das obrigações, frustrando quem teve seu direito reconhecido, assim desprestigiando a função jurisdicional, e, no limite, tolhendo a finalidade última da ação judicial que, desde os romanos, deve servir para dar a cada um o que é seu (*jus suum cuique tribuere*).

Assim é que, com o advento da Lei 11.232/2005, positivou-se o ideário do chamado *processo sincrético*, no qual a satisfação do comando judicial de fazer/não fazer ou entregar coisa era deflagrada numa fase imediatamente sequencial à prolação da decisão condenatória (dispensando-se a formação de processo executório autônomo, *ex intervallo*), buscando-se com isso agilizar os trâmites, com vistas a se alcançar a desejável *efetividade* do quanto decidido. Com isso, a formação de uma vera *actio iudicati*, isto é, de um processo de execução, propriamente dito, ficou restrita ao cumprimento de condenação a pagar quantia certa ou adimplemento de título executivo extrajudicial, iniciando-se com citação e possibilidade de embargos, em autos apartados, que deflagravam um incidente de conhecimento a ser decidido por sentença (CPC/1973, arts. 475-I; 585 e incisos; 736 e parágrafo único; 740 e parágrafo único).

É sempre útil relembrar o afirmado na Exposição de Motivos do projeto que depois se converteria na Lei 11.232/2005, na passagem em que a D. Comissão que elaborou o texto (Min. Athos Gusmão Carneiro, Min. Sálvio de Figueiredo Teixeira, ambos do STJ, e o Procurador Petrônio Calmon Filho) reconhecia: "A execução permanece o 'calcanhar de Aquiles' do processo. Nada mais difícil, com frequência, do que impor no mundo dos fatos os preceitos abstratamente formulados no mundo do direito".

O vigente CPC recepcionou o ideário do *processo sincrético*, no qual a realização prática do direito reconhecido no julgado apresenta-se como uma *fase* ou *etapa* sequencial ao processo de conhecimento, em consonância com a principiologia exposta no art. 4º, ao dizer que as partes têm direito não só à solução integral do mérito em tempo razoável, mas também à *atividade satisfativa*, ou seja: não basta para legitimar a resposta jurisdicional que ela se restrinja a eliminar a incerteza, mas impende que o direito reconhecido no julgado seja efetivamente realizado no plano prático, com a entrega, ao vencedor da causa, do bem da vida a que faz jus: o dinheiro, a coisa, a conduta comissiva ou omissiva, o cumprimento da ordem. Para tanto, está o juiz autorizado a "determinar todas as medidas indutivas, coercitivas, mandamentais ou sub-rogatórias necessárias para assegurar o cumprimento de ordem judicial, inclusive nas ações que tenham por objeto prestação pecuniária" (CPC, art. 139, IV).

Assim, a eventual resistência da parte vencida ao cumprimento do julgado, em vez de ser feita pela ação incidental de embargos (reservada para a execução por título extrajudicial – CPC, arts. 914-920), se faz por meio de *impugnação* nos próprios autos (CPC, art. 525, *caput*), a qual, em princípio, "não impede a prática dos atos executivos, inclusive os de expropriação" (CPC, § 6º do art. 525, c/c art. 527; § 4º do art. 536; § 3º do art. 538). Dentre as eximentes que podem ser deduzidas nessa impugnação, destaca-se a chamada *exceção de pré-executividade*, arguível quando o título não é exequível ou a obrigação seja inexigível, por conta de vir fundado em lei ou ato normativo considerado inconstitucional pelo STF ou se tenha baseado em aplicação ou interpretação que o STF já antes considerara incompatível com a CF, em controle concentrado ou difuso (CPC, art. 525, III e § 12). Embora não o diga expressamente o CPC, essa exceção de pré-executividade condiciona-se à inconstitucionalidade declarada pelo STF no controle direto ou concentrado, porque nesse caso a eficácia da decisão é *erga omnes* (CF, § 2º do art. 102); já no controle difuso ou incidental, a eficácia da declaração se confina *inter partes* (CPC, art. 949, II e parágrafo único, c/c art. 97 da CF e Súmula Vinculante 10 do STF), de sorte que a carga expansiva só se irradia após a intervenção do Senado, que deve baixar resolução suspendendo a execução do texto inquinado de inconstitucionalidade (CF, art. 52, X).

Neste passo, vale observar a nítida diferença entre a *ação* (que, ao ser ajuizada, não permite saber se o direito afirmado é ou não existente e fundado), e a *satisfação* do título exequendo(fase de cumprimento da sentença ou processo de execução):

(*i*) no primeiro caso, o *réu* é citado para "integrar a relação processual" (CPC, art. 238), podendo oferecer *contestação* em larga amplitude (art. 336, 337 e incisos, 350) em atendimento à ampla defesa assegurada constitucionalmente;

(*ii*) no segundo caso, o executado é "intimado para *pagar* o débito, no prazo de 15 (quinze) dias" (art. 523, *caput*), certo que, transcorrido *in albis* esse prazo é que lhe é dado apresentar impugnação nos próprios autos, a qual, todavia, "não impede a prática dos atos executivos, inclusive os de expropriação" (arts. 525, §§ 1º, e incisos, e 6º).

Algo semelhante se passa no processo de execução (título extrajudicial: CPC, art. 784 e incisos), por exemplo, para entrega de coisa, em que o devedor é "citado para, em 15 (quinze) dias, *satisfazer a obrigação*" (CPC, art. 806, *caput*), certo que a resistência eventual, via embargos, é restrita às matérias indicadas no art. 917 e incisos, não tendo tais embargos, em regra, efeito suspensivo, podendo ainda ser rejeitados liminarmente – arts. 918, incisos e parágrafo único; 919 e § 1º.

Desse, modo, os títulos judiciais revestidos de força executiva, envolvendo conteúdo prestacional (CPC, art. 515, I) são resolvidos pelo modo regulado no título II da Parte Especial do CPC (Livro I: Do Processo de Conhecimento e do Cumprimento de Sentença), assim operando como uma *fase satisfativa*, sequencial e acoplada à formação do título exequendo, limitada a resistência à oferta de impugnação nos próprios autos (art. 525, parágrafos e incisos), ao passo que os títulos exequendos extrajudiciais (CPC, art. 487 e incisos) dão ensejo ao Processo de Execução (Parte Especial do CPC, Livro II), com petição inicial (CPC, art. 798 e parágrafo único), seguindo-se a citação do executado (CPC, art. 802 e parágrafo único), e consentindo resistência por meio da ação incidental de embargos, a ser dirimida por sentença (CPC, art. 920, III).

Podem ser identificados alguns pontos comuns entre os regimes de cumprimento de sentença e do processo de execução, pela boa razão de que ambos os modelos objetivam, em última análise, a realização prática do direito reconhecido no título exequendo, judicial ou extrajudicial. Com vistas a evitar superfetações ou sobreposições de dispositivos ou de capítulos, o CPC regula no Processo de Execução (Livro II da Parte Especial) os ritos relativos às etapas voltadas à expropriação de bens e satisfação do credor (penhora, depósito, alienação, leilão, adjudicação), dispondo, ademais, no art. 771, *caput*, que as disposições constantes do Processo de Execução (arts. 771-925), aplicam-se, "no que couber aos procedimentos especiais de execução, aos atos executivos realizados no procedimento de cumprimento de sentença (...)", com isso estabelecendo um ambiente de integração e complementaridade entre as normas de um e outro regime processual.

O cumprimento do julgado, assim como a execução do título extrajudicial não se preordenam à (re)discussão do objeto litigioso, e sim, no primeiro caso, à satisfação do comando judicial e, no segundo, ao cumprimento do título formado entre as pessoas físicas e jurídicas, mas esse direcionamento há que se harmonizar com o conceito de devido processo legal, que inclui "a defesa com os meios e recursos inerentes" (CF, art. 5º, LV). Buscando atender essa diretriz, mas de modo a não comprometer o objetivo de um *processo civil de resultados*, o CPC prevê que a impugnação do devedor ao título judicial, em regra, "não impede a prática dos atos executivos, inclusive os de expropriação" (art. 525, § 6º) e, quanto aos embargos do executado em face de título extrajudicial, vem autorizada sua rejeição liminar, dentre outros motivos, quando se apresentarem "manifestamente protelatórios", conduta considerada "atentatória à dignidade da justiça" – CPC, art. 918, III e parágrafo único.

A fase satisfativa dos títulos judiciais condenatório-prestacionais, bem como a execução dos títulos extrajudiciais em princípio não se vocacionam à contraposição dialética, como se dá entre petição inicial e contestação, no bojo do processo de conhecimento, pela boa razão de que os títulos executivos extrajudiciais (CPC, art. 784 e incisos) já são revestidos de *liquidez, certeza e exigibilidade* (CPC, art. 783, *caput*), enquanto os títulos executivos judiciais (CPC, art. 515 e incisos) consentem, sendo necessário, um prévio incidente de liquidação: por *arbitramento* (CPC, arts. 509, I, e 510) ou pelo *procedimento comum*, neste último caso quando haja necessidade de alegar e provar fato novo – CPC, arts. 509, II, e 511. Ao fim e ao cabo, o que se almeja, precipuamente, é o cumprimento da obrigação estampada no título exequendo.

É por isso que no processo de execução o mandado de citação do executado já inclui "a ordem de penhora e avaliação" (CPC, art. 829, § 1º), naturalmente excluídos os bens legalmente impenhoráveis ou inalienáveis (CPC, art. 832; art. 833 e incisos), o que também se aplica à impugnação do devedor, no rito de cumprimento do julgado, mercê do disposto no art. 771, *caput*. Saliente-se que o *bem de família* (CCi, arts. 1.711-1.722), "é isento de execução por dívidas posteriores à sua instituição, salvo as que provierem de tributos relativos ao prédio, ou de despesas de condomínio" (CCi, art. 1.715, *caput*).

Em que pese o perfil pragmático e unitário da execução, em sentido largo – a qual se realiza "no interesse do exequente" (CPC, art. 797, *caput*) – não é possível estabelecer um rito único para o cumprimento de todas as obrigações, já que elas apresentam conteúdo diferenciado. É por isso que, tanto na fase de cumprimento de sentença como no processo de execução, vêm previstos *ritos distintos*, conforme se trate de:

(*i*) cumprimento provisório ou definitivo de sentença que condena a pagar quantia certa (arts. 523-527); cumprimento de sentença que condena a fazer, não fazer, ou entregar coisa (arts. 536-538 e parágrafos);

(*ii*) execução de título que determina entrega de coisa certa ou incerta (arts. 806-813 e parágrafo único); execução de título que comina obrigação de fazer ou não fazer (arts. 814-823 e parágrafo único); execução de título que autoriza cobrança de quantia certa – arts. 824-903 e parágrafos.

Além disso, certas obrigações, derivadas de condenação judicial ou de título extrajudicial, podem envolver prestações ou situações singularizadas pela natureza da matéria ou pela qualidade da pessoa envolvida, donde o CPC prever *ritos específicos* para: *satisfação de dívida de alimentos* (CPC, arts. 528-533 e parágrafos; 911-913; Lei 5.478/1968); *pagamento de quantia certa por parte da Fazenda Pública* (CPC, arts. 534-535 e parágrafos; 910 e parágrafos; CF, art. 100 e parágrafos, cf. EC 62/2009). Tratando-se de devedor insolvente, cujo patrimônio se sujeita ao concurso universal (CPC, art. 797, *caput*), a matéria é regulada pela Lei 11.101/2005 que dispõe sobre "a recuperação judicial, a extrajudicial e a falência do empresário e da sociedade empresária", com aplicação subsidiária do CPC (art. 189 da Lei 11.101/2005, c/c § 2º do art. 1.046 do vigente CPC).

A exigibilidade dos títulos revestidos de força executiva, judicial ou extrajudicial, não se esgota nas disposições processuais codificadas, já que as ações reguladas em leis extravagantes também contemplam suas respectivas fases satisfativas, com as peculiaridades exigidas na espécie. Assim é que os títulos representativos da *dívida ativa fazendária* são cobrados segundo o disposto na Lei 6.830/1980; a *execução trabalhista* segue os trâmites previstos na CLT (arts. 876-892, com alterações e inserções cf. Lei 13.467/2017); o *cumprimento do julgado em mandado de segurança*, por tratar-se de ação mandamental, segue as indicações do art. 7º e parágrafos da Lei 12.016/2009; a *decisão em ação expropriatória* não é, propriamente, *executada*, já que a transferência da propriedade particular para o domínio público se faz em cumprimento de ordem judicial (Dec.-Lei 3.365/1941, art. 29), tratando-se, pois, de comando mandamental; o cumprimento do julgado em *ação de improbidade administrativa* se faz conforme indicado no art. 18 da Lei 8.429/1992; a decisão de mérito do STF, no *controle concentrado de constitucionalidade* (CF, § 2º do art. 102), no caso de procedência, simplesmente invalida o texto legal sindicado, que, assim, perde vigência e impositividade (Lei 9.868/1999 art. 28 e parágrafo único); as decisões judiciais que *anulam casamento*, estabelecem *divórcio* ou *restabelecem a sociedade conjugal* são simplesmente averbadas no Registro Civil das Pessoas Naturais (Lei 6.015/1973, art. 29, 1º, *a*), não se tratando, pois, de *execução*, propriamente dita; também o *divórcio consensual*, a *separação consensual* e a *extinção consensual de união estável* não se preordenam à execução, quando venham realizados por escritura pública (CPC, art. 733 e parágrafos). Com relação aos ritos estabelecidos em legislação extravagante, vale lembrar que os dispositivos do CPC têm aplicação supletiva ou subsidiária, a teor do § 2º do art. 1.046: *specialia derogat generalia*.

Embora a *definitividade* do comando judicial de natureza prestacional (pagar, fazer, não fazer, entregar coisa) dependa da formação de coisa julgada material, a partir do esgotamento dos recursos cabíveis (CPC, art. 502), ainda assim é consentida a *execução provisória* do julgado na pendência de "recurso desprovido de efeito suspensivo" (CPC, art. 520, *caput*). Evidentemente, tratando-se de iniciativa do credor, que inclui o risco de eventual reforma do título judicial no tribunal *ad quem*, compreende-se que tal execução se dê sob registro excepcional, por conta e risco do exequente, ficando tal cumprimento provisório "sem efeito, sobrevindo decisão que modifique ou anule a sentença objeto da execução, restituindo-se as partes ao estado anterior e liquidando-se eventuais prejuízos nos mesmos autos" (CPC, art. 520, II), salvo no tocante aos direitos reais porventura já aperfeiçoados (§ 4º do art. 520).

Quando a pretensão executória envolva levantamento de dinheiro ou transferência de direito real, de que possa resultar "grave dano ao executado", então a execução provisória dependerá de "caução suficiente e idônea" (art. 520, IV), a menos que, dentre outras hipóteses listadas no art. 521 e incisos, a sentença a ser executada provisoriamente estiver respaldada em precedente judiciário de caráter impositivo e eficácia expandida (inciso IV do art. 521, c/c art. 927, II e IV e art. 928 e incisos), porque, em tal caso, a eventualidade de reforma do julgado é bastante remota, senão quase nula, dado que (também) o tribunal *ad quem* está jungido à observância de tais preceitos, na esteira da índole claramente precedentalista do vigente CPC. Nesse sentido, o art. 927 do CPC, ao listar em seus incisos os precedentes judiciários impositivos diz que "juízes e tribunais [os] *observarão*" (e, não, que *poderão* observá-los).

No processo de execução, que é fundado em título extrajudicial (CPC, art. 784 e incisos), em ocorrendo de "a sentença, transitada em julgado, declarar inexistente, no todo ou em parte, a obrigação que ensejou a execução" (por exemplo, a compra e venda que esteve à base da emissão da duplicata), então "o exequente ressarcirá ao executado os danos que este sofreu" (CPC, art. 776); isso pela boa razão de que, diversamente do que se passa no rito de *cumprimento do julgado*, já o processo de execução deflagra-se a partir de um documento que não foi formado perante a Justiça estatal, nem passou pelo crivo desta, donde a virtualidade desse título exequendo estar inquinado de algum vício que comprometa sua higidez, validade ou exigibilidade.

Enquanto o processo de conhecimento se extingue com prolação de sentença (CPC, art. 203, § 1º, c/c art. 515, I), que se estabiliza com a oportuna agregação da coisa julgada material, quando tenha sido resolvido o mérito (CPC, art. 502), já a *satisfação* do quanto declarado no título exequendo, tanto no rito do cumprimento de sentença, como daquele que serve ao processo de execução, encerra-se com a realização concreta da prestação, seja pelo atendimento do julgado condenatório, seja pelo adimplemento da obrigação constante do título extrajudicial, certo que em ambos os casos esse acertamento pode dar-se por conduta voluntária do sucumbente/obrigado, ou então por indução à prestação específica, mediante medidas coercitivas, injuncionais ou sub-rogatórias.

O processo de execução, em caso de o executado não possuir bens penhoráveis, ficará suspenso por um ano, sendo que, transcorrido esse prazo sem alteração nesse quadro, o juiz arquivará os autos, passando a fluir o prazo da prescrição intercorrente, findo o qual o juiz, mesmo de ofício, extinguirá o processo (CPC, art. 921, III e §§ 1º a 5º), valendo lembrar que as disposições que regem o processo de execução aplicam-se, subsidiariamente ao rito de cumprimento de sentença – CPC, art. 771, *caput*.

Aliás, no rito de *cumprimento de sentença*, a fase satisfativa pode mesmo nem mesmo vir a se instaurar, se, por exemplo, tratando-se de obrigação de pagar quantia certa, o réu, mesmo sem ser intimado, apresenta memória discriminada do cálculo do *quantum debeatur*, o qual vem a ser aceito pelo credor: em tal caso, "o juiz declarará satisfeita a obrigação e extinguirá o processo" (CPC, § 3º do art. 526); observe-se que, em tal caso, opera-se a *preclusão lógica* de virtual apelação da parte sucumbente contra o julgado, nos termos do art. 1.000 e parágrafo único do CPC.

Já no *processo de execução* por quantia, se o devedor, no prazo dos embargos, reconhece o débito e deposita trinta por cento do valor constante do título, acrescido das custas e da honorária, então poderá pleitear que o restante seja pago em "até seis parcelas mensais, acrescidas de correção monetária e juros de um por cento ao mês" (CPC, art. 916, *caput*); uma vez adimplido tal compromisso, o juiz extinguirá, por sentença, o processo de execução – CPC, arts. 924, II; e 925.

No tocante à competência do Juízo, tratando-se de cumprimento da sentença, observa-se o critério de *conexão sucessiva*, por modo que o Juízo que proferiu a decisão segue sendo o mesmo para a fase satisfativa (CPC, art. 516, II), a menos que o exequente haja por bem indicar outro foro, nos moldes do facultado no parágrafo único do art. 516. Já a execução de título extrajudicial será, de ordinário, instaurada no "foro do domicílio do executado, de eleição constante do título ou ainda, de situação dos bens a ela sujeitos" (CPC, art. 781, I), aplicando-se, sendo o caso, as particularidades indicadas nos demais incisos desse dispositivo.

Saliente-se que o vigente CPC, superando antigas digressões, determina que a fase de cumprimento de sentença, assim como o processo de execução, comportam incidência de verba honorária, dispondo o § 1º do art. 85: "São devidos honorários advocatícios (...) no *cumprimento de sentença*, provisório ou definitivo, na *execução resistida ou não*, e nos recursos interpostos, *cumulativamente*", dispositivo que se completa com o § 13 do artigo *supra*: "As verbas de sucumbência arbitradas em embargos à execução rejeitados ou julgados improcedentes e em fase de cumprimento da sentença serão acrescidas no valor do débito principal para todos os efeitos legais".

24

NULIDADES PROCESSUAIS

Uma questão premonitória a ser considerada quando se adentra o campo das invalidades dos atos jurídicos leva a se ter presente que esse sistema não opera do mesmo modo no Direito Material e no Direito Processual, porque o primeiro lida com situações que dizem respeito à própria *substância* do ato (*v.g.*, a exigência de registro para a transmissão do bem imóvel – CCi, art. 1.245), donde estabelecer o art. 104 do CCi: "A *validade* do negócio jurídico requer: I – agente capaz; II – objeto lícito, possível, determinado ou determinável; III – forma prescrita ou não defesa em lei"; ao passo que o Direito Processual é um ramo *instrumental*, voltado a viabilizar, através da ação judicial, as ocorrências positivadas nos demais ramos do Direito Positivo, donde, em regra, predominar no campo processual a tendência ao *aproveitamento* ou *convalidação* dos atos que de algum modo se distanciam do modelo legal, salvo casos graves ou insupríveis, como, por exemplo, o não preparo do recurso, levando à sua *deserção* – CPC, art. 1.007, *caput*.

É preciso, outrossim, ter presente que o capítulo das *invalidades processuais* comporta uma gradação:

(*i*) meras *impropriedades*, em princípio toleráveis (por exemplo, um excerto doutrinário em língua estrangeira, colacionado em certa peça processual, desatendendo o art. 192 do CPC, dispondo sobre uso obrigatório da língua portuguesa; ou, ainda, a não leitura do mandado de citação pelo oficial de justiça, desatendendo o disposto no art. 251, I, do CPC);

(*ii*) *nulidades em sentido largo*, bifurcadas em (*a*) *relativas*, ou *anulabilidades*, ocorrentes quando o modelo legal não é observado, mas sem ofensa a valores maiores, como se dá com a incompetência relativa, infringindo o critério territorial (*v.g.*, domicílio do réu, nas ações pessoais), levando a que, não sendo oportunamente arguida, dá-se a *prorrogação* da competência (CPC, arts. 63, *caput*, e 65); (*b*) *nulidades em sentido estrito*, tais aquelas como tal nominadas, por exemplo a que acomete a sentença não fundamentada (CF, art. 93, IX; CPC, art. 489, § 1º e incisos) ou quando não é feita a intimação do Ministério Público em processo no qual deva intervir (CPC, art. 178 e incisos, c/c art. 279, *caput*) ou ainda, as falhas cuja gravidade as tornam refratárias à preclusão, sendo decretáveis de ofício, em qualquer tempo e grau de jurisdição, como se dá com a incompetência absoluta (CPC, art. 64 e § 1º), a qual pode autorizar o manejo de ação rescisória (CPC, art. 966, II);

(*iii*) *ineficácia*, quando, a despeito de o ato processual *existir*, no sentido de ter sido praticado de alguma forma, todavia, a falha que o inquina é de tal monta que lhe tolhe os *efeitos*, como dá, por exemplo, com a sentença proferida em processo em que não fora diligenciada a citação de um litisconsorte necessário (CPC, art. 115, II e parágrafo único), tratando-se, no caso, de sentença *inutiliter data*;

(*iv*) *inexistência*, plano que se atinge quando o ato praticado, mais do que inválido, sequer se pode considerar ocorrente no plano ontológico, remanescendo numa sorte de *limbo jurídico*, ou de um *nada jurídico*, sem forma nem figura de juízo, como pode dar-se em casos extremos, tal o de uma "sentença" assinada por quem não seja juiz ou já esteja aposentado.

No tocante a este último plano – das inexistências – cogita-se que aí podem ser enquadrados os casos de *ausência de jurisdição*, como propõe Fernando Antônio Negreiros Lima, figurando o caso de um juiz trabalhista que julga ação de divórcio ou ação de impugnação de mandato eletivo, entendendo o autor que aí "o vício é mais grave: não se trata de incompetência, sequer absoluta, mas, em verdade, de *não investidura do julgador nas funções jurisdicionais de um juiz da jurisdição comum civil ou da jurisdição especial eleitoral*, respectivamente. Falta-lhe jurisdição e, portanto, a sentença que vier a proferir, apenas aparenta ser sentença. É, pois, típico caso de inexistência do ato processual".[1]

Como se percebe, no largo campo das invalidades processuais, procede-se numa escala cognitiva em função da atecnia constatada, sendo que a caracterização da falha mais grave dispensa a aferição de possíveis outras: se o ato é inexistente, não há necessidade de indagar se é nulo ou anulável. Nesse sentido, afirma Fernando Antônio Negreiros Lima: "A leitura mais atenta do *quod nullum est, nullum producit effectum* não é de que *aquilo que é nulo não*

---

[1] *Teoria geral do processo judicial*, cit., p. 587.

produz efeito, mas, sim, de que *aquilo que não existe* – vale dizer, aquilo que não é, aquilo que é *coisa nenhuma* – *não produz efeito*".[2]

Sob outra mirada, se o ato é *existente* e *válido* (por exemplo, a sentença de mérito prolatada por juiz competente, num processo tecnicamente hígido), então cabe aferir acerca da *eficácia* desse julgado, ou seja, da projeção de seus efeitos, que tanto podem confinar-se *inter partes*, como se dá na jurisdição singular (CPC, art. 506) ou então podem irradiar-se *erga omnes*, como se dá na jurisdição coletiva (*v.g.*, na ação civil pública: Lei 7.347/1985, art. 16), ou na irradiação da decisão de mérito do STF em ADIn ou ADCon (CF, § 2º do art. 102).

Sem embargo, tendo em vista a natureza *instrumental* do processo (que, portanto, é um meio, e não um fim em si mesmo), consente-se, em certos casos, que, antes de decretar-se a invalidade ou o perecimento do Direito Processual, deva-se oportunizar a correção do equívoco ou o suprimento da falta, como pode ocorrer no preenchimento da guia das custas do recurso (CPC, § 7º do art. 1.007), ou com a insuficiência do preparo (CPC, § 2º do art. 1.007), ou mesmo quando verificada a incapacidade processual ou a irregularidade da representação (CPC, art. 76, parágrafos e incisos). O mesmo se passa em segundo grau, onde é dado ao relator conceder prazo ao recorrente para sanar o vício ou complementar a documentação, antes de dar o apelo por inadmissível (CPC, parágrafo único do art. 932).

Na Justiça Trabalhista a questão da invalidade é versada sob o título "Das nulidades", nos arts. 794-798 da CLT. Na Justiça Eleitoral, as infrações podem referir-se ao processo eleitoral, caracterizando ilícitos civis ou criminais, e, bem assim, no tocante às regras sobre apuração do resultado das urnas e à proclamação dos resultados (Código Eleitoral – Lei 4.737/1965 – arts. 175, *caput* e §§ 1º e 2º; 220-224 e parágrafos), inclusive no que concerne ao manejo das urnas eletrônicas, conforme disposto no arts. 73-78, 82, 88 e incisos; 90 e parágrafos da Lei 9.504/1997. Na Justiça Criminal, o CPP trata das nulidades nos arts. 563-573 e parágrafos, valendo destacar o disposto no art. 563: "Nenhum ato será declarado nulo, se da nulidade não resultar prejuízo para a acusação ou para a defesa", recepcionando, assim, o aforisma *pas de nullité sans grief*; igualmente, vale destacar o art. 565: "Nenhuma das partes poderá arguir nulidade a que haja dado causa, ou para que tenha concorrido, ou referente a formalidade cuja observância só à parte contrária interesse", assim acolhendo o brocardo *nemo auditur propriam turpitudinem allegans*: ninguém será ouvido ao alegar a própria torpeza.

---

[2] Idem, ibidem.

O processo civil – que é subsidiário e supletivo em face dos demais processos: CPC, art. 15; § 2º do art. 1.046 – trata do tema nos arts. 276-283 e parágrafo único, verificando-se que alguns desses dispositivos acolhem, claramente, consagrados princípios que regem a matéria das invalidades:

(*i*) o art. 276 dispõe que nos casos de nulidade cominada a "decretação desta não pode ser requerida pela parte que lhe deu causa", assim prestigiando a diretriz da boa-fé processual (CPC, arts. 5º e 80, V), e recepcionando o antes referido brocardo *nemo auditur propriam turpitudinem allegans*; figure-se que o autor, maliciosamente, consegue a citação do réu por edital e, depois, no curso da ação, ao se convencer de que ela será julgada improcedente, resolve arguir a nulidade da citação, alegando que não estavam presentes os seus pressupostos;[3]

(*ii*) o art. 277 do CPC prevê que o ato praticado em desconformidade ao modelo legal pode, contudo, ser considerado válido "se, realizado de outro modo, lhe alcançar a finalidade", aí recepcionando diretriz de economia processual e prestigiando a instrumentalidade das formas;

(*iii*) o art. 278, *caput*, diz que a nulidade deve ser arguida tempestivamente, sob pena de preclusão, o que, todavia, deve se entender com relação às anulabilidades, porque as nulidades absolutas são arguíveis a qualquer tempo e grau de jurisdição, inclusive de ofício, como, aliás, se colhe do parágrafo único desse artigo e, bem assim, do disposto nos arts. 279, e parágrafos, e 280;

(*iv*) os arts. 281 e 282 e parágrafos preveem que, decretada a nulidade de um ato, só aqueles que dele derivam diretamente tornam-se igualmente nulos, cabendo ao juiz proceder tal *discrímen*, indicando quais atos devam ser repetidos ou retificados (dispensados tais ajustes quando a falha não prejudicar a parte ou quando a decisão da causa favorecer a parte que aproveitaria a decretação da nulidade), aí se recepcionando os princípios da economia processual e do aproveitamento dos atos processuais: *utile per inutile non vitiatur*; *pas de nullité sans grief*;

(*v*) o art. 283 e parágrafo único consagram a distinção entre erro de forma e de conteúdo, dispondo que no primeiro caso a anulação alcançará apenas aqueles atos que não comportarem aproveitamento, por modo que os demais devem ser *convalidados*, em não resultando prejuízo à parte, o que está em consonância com as diretrizes antes referidas.

---

[3] Hipótese figurada por Fernando Antônio Negreiros Lima in *Teoria geral do processo judicial*, cit., p. 594.

A propósito da convalidação ou do aproveitamento dos atos, vale ter presente o ressalvado por Antonio Carlos Araújo Cintra, Ada Pellegrini Grinover e Cândido Rangel Dinamarco: "Os atos inexistentes não podem convalescer, pelo simples motivo de que não têm absolutamente, eles próprios, condição de produzir efeito algum: não tendo sido a lei quem lhes negou eficácia, não tem a lei meios para lhes devolver a eficácia em situação alguma".[4]

Por conta disso, o *efeito sanatório geral*, ou *eficácia preclusiva geral*, reconhecidos à coisa julgada material, em nome da segurança jurídica (CPC, arts. 507 e 508) devem ser entendidos em termos, não podendo aplicar-se aos casos de *inexistência* do ato. Já com relação às nulidades absolutas cominadas (*v.g.*, sentença prolatada por juiz absolutamente incompetente), o grave vício desafia ação rescisória no biênio contado do trânsito em julgado (CPC, art. 966, II; art. 975, *caput*).

Já no processo administrativo vale destacar a Súmula 473 do STF: "A administração pode anular seus próprios atos quando eivados de vício que os tornam ilegais, porque deles não se originam direitos; ou revogá-los por motivo de conveniência ou oportunidade, respeitados os direitos adquiridos e ressalvada, em todos os casos, a apreciação judicial", precedente esse recepcionado no art. 53 da Lei 9.784/1999, que rege o processo administrativo federal. De interesse, também, o disposto no art. 55 dessa lei: "Em decisão na qual se evidencie não acarretarem lesão ao interesse público nem prejuízo a terceiros, os atos que apresentarem defeitos sanáveis poderão ser *convalidados* pela própria Administração".

---

[4] *Teoria geral do processo*, cit., p. 146.

25

PRECLUSÃO E COISA JULGADA

As palavras "processo" e "procedimento" remetem, etimologicamente, à junção dos vocábulos *pro* (para frente) e *caedere* (cair), evidenciando o sentido de atos concatenados, animados pela unidade de um certo fim adrede estabelecido. Esse percurso, portanto, não é errático ou dispersivo, mas, antes, é orientado por objetivos bem definidos, quais sejam: (*i*) a *eliminação da incerteza*, no caso do processo de conhecimento, preordenado à decisão de mérito e oportuna agregação da coisa julgada material – CPC, arts. 490 e 502; (*ii*) *segurança* de pessoas, coisas, situações jurígenas, em face de situação de urgência ou de risco para o resultado útil do processo, nos casos de *tutela provisória*, na nomenclatura do vigente CPC, a qual inclui a tutela da evidência – CPC, arts. 300, *caput*, e 311 e parágrafos; (*iii*) a *satisfação* do direito já reconhecido no título exequendo, seja este de origem: (*a*) *judicial* (CPC, art. 515 e incisos), ensejando o rito de "cumprimento de sentença", ou (*b*) *extrajudicial*, dando ensejo ao "processo de execução", em sentido estrito, fundado nos títulos listados no art. 784 e incisos do CPC.

Esse contexto é regido pela própria dinâmica da relação processual, podendo-se, em linguagem simples, dizer que o processo evolui por meio de atos que, literalmente, "caem para frente" (*procaedere*), em um ritmo tendencialmente contínuo, e "travam para trás" (*praecludere*), neste último caso fechando as faculdades processuais que vão se apresentando, assim as que foram aproveitadas (*preclusão consumativa*) como as que não o foram (*preclusão temporal*), a par de certas condutas que se autoexcluem, por incompatibilidade recíproca, configurando a *preclusão lógica*, como, por exemplo, se daria se, no prazo assinado para a resposta na ação de despejo, o inquilino se comprometesse a desocupar o imóvel e, ao mesmo tempo, contestasse a ação – Lei 8.245/1991, art. 61.

A relação processual é de índole sequencial, constituída de atos contínuos, regidos por prazos peremptórios, donde se segue que a eventual suspensão ou interrupção da marcha processual se afigura excepcional, cabendo ser retomado o curso processual assim que superado o incidente ou o motivo que ensejou a temporária descontinuidade (CPC, art. 313 e incisos); isso, quando já antes não ocorra a extinção do processo sem julgamento do mérito, como no caso de abandono da causa (CPC, art. 485, III). Exemplo do ora afirmado está na suspensão do processo de execução, na hipótese de "o executado não possuir bens penhoráveis" (CPC, art. 921, III): esse sobrestamento se dá "pelo prazo de 1 (um) ano, durante o qual se suspenderá a prescrição"; mas, tanto que decorrido esse lapso "sem que seja localizado o executado ou que sejam encontrados bens penhoráveis, o juiz orenará o arquivamento dos autos" (§§ 1º e 2º do artigo *supra*).

O fator *tempo* apresenta uma ligação bem estreita com os atos do processo, assim em face das partes, cujos atos porventura não realizados tempestivamente, tirante a hipótese de justa causa, *precluem* (CPC, art. 223, *caput*), como em face do juiz, que também deve emitir seus pronunciamentos nos prazos indicados no art. 226 e incisos, só podendo excedê-los havendo motivo justificado (CPC, art. 227), tendo ainda o vigente CPC estabelecido, preferencialmente, a "ordem cronológica de conclusão para proferir sentença ou acórdão" (art. 12, *caput*, redação da Lei 13.256/2016). Por tudo disso, incumbe ao juiz não só o zelo pela higidez técnico-jurídica do processo, mas, igualmente, lhe cabe "velar pela duração razoável" (CPC, art. 139, III), em simetria com o disposto no art. 5º, LXXVIII, da CF.

Sem embargo, os prazos direcionados ao juiz são chamados impróprios, porque sua ultrapassagem não induz preclusão, ressalvada, naturalmente, a adequada apuração do retardo sob o aspecto correicional ou disciplinar, inclusive pelo CNJ (CF, art. 103-B, § 4º, III), valendo lembrar que, na ação popular, a inobservância do prazo de 15 (quinze) dias para sentenciar, salvo motivo justo e comprovado, "privará o juiz da inclusão em lista de merecimento para promoção, durante 2 (dois) anos, e acarretará a perda, para efeito de promoção por antiguidade, de tantos dias, quantos forem os do retardamento" – Lei 4.717/1965, art. 7º, VI e parágrafo único.

Essa estreita ligação do processo com sua *duração razoável* bem se compreende, na medida em que uma justiça prestada tardiamente perde muito da efetividade prática que dela se espera, além de configurar, em si mesma, uma deletéria forma de injustiça em face da parte que está tutelada pelo bom direito, mas que, ainda assim, tivera que judicializar sua pretensão ante a resistência da contraparte e a vedação da justiça de mão própria, certo que também a parte indigitada ao polo passivo tem legítimo *direito ao processo*, por aí se entendendo o direito subjetivo público a que as lides judicializadas sejam resolvidas em modo justo e em um tempo razoável. Bem por isso, uma vez triangularizada a relação processual, com a citação do réu, a desistência da ação, pleiteada pelo autor, passa a depender da anuência do réu – CPC, § 4º do art. 485.

A vinculação entre tempo e processo fica especialmente evidenciada na ação rescisória: é um direito da parte obter a "solução integral do mérito" (CPC, art. 4º), certo que tal decisão, uma vez tornada definitiva, se imuniza com a agregação da coisa julgada material (CPC, art. 502); mas, se no caso houve vício grave e insuprível pela eficácia preclusiva da coisa julgada (CPC, art. 508), então o prejudicado pode manejar ação rescisória; porém, como não se trata de ação imprescritível (como o é a revisão criminal – CPP, art. 622, *caput*), deve ela ser proposta em até dois anos ou até cinco anos, conforme o caso (CPC, art. 975 e § 2º), tudo em nome da segurança jurídica e do interesse social no encerramento definitivo dos litígios.

Justamente por isso, incumbe ao juiz coibir os excessos ou abusos na prática dos atos processuais, tipificados como condutas protelatórias, podendo até configurar litigância de má-fé, ou mesmo ensejar condenação em perdas e danos, como se colhe, com alguma variação redacional, em várias passagens do CPC: art. 80, IV e VII (atos das partes e demais integrantes do contraditório); §§ 2º, 3º e 4º do art. 1.026 (embargos de declaração); 918, III e parágrafo único (embargos do executado). Também a utilização do processo para fins escusos labora contra sua higidez técnico-jurídica, donde caber ao juiz reprimir a *colusão*: CPC, art. 142.

No Direito Material o tempo tanto serve para *constituir* situações jurídicas (por exemplo, a posse, que, exercida pacificamente por um certo tempo se converte em domínio por meio da usucapião (CCi, art. 1.238 e parágrafo único) como pode levar à *perda de um direito*, por força da prescrição ou da decadência – CCi, arts. 205; 207-211. Também a seara processual (embora não afeiçoada à dicotomia "direitos e obrigações") é sensível ao fator *tempo*.

Desse modo, pode-se dizer que, no âmbito processual, o fator *tempo*:

(*a*) *bem aproveitado*, pelo manejo correto das faculdades que se abrem às partes, enseja situações de vantagem (como o arrolamento tempestivo de testemunha presencial, relevante à definição dos fatos, para depoimento em audiência – CPC, art. 357, V e § 5º, c/c art. 361, III); ou

(*b*) *não aproveitado*, ou mesmo *mal aplicado*, induz situações de prejuízo ou de sujeição, como, por exemplo, se dá na passagem *in albis* do prazo para a resposta do réu, que induz a revelia, com possível incidência dos seus efeitos (CPC, arts. 344, 345 e incisos): *dormientibus non succurrit jus*. Em outro exemplo, a solerte interposição *conjunta* dos recursos extraordinário e especial sinaliza que a parte atentara para a existência, no acórdão recorrido, de capítulos que relevam, a um tempo, do campo constitucional e do Direito Federal comum (CPC, art. 1.031 e parágrafos; art. 1.032 e parágrafo único), com isso precatando-se o recorrente do risco de um juízo negativo de inadmissibilidade, ao argumento do chamado *fundamento inatacado* – Súmulas 283 do STF e 126 do STJ.

Justamente por conta da estreita relação entre o tempo e o processo, a CF insere dentre as garantias individuais o direito à *razoável duração do processo* (art. 5º, LXXVIII), no que é secundada pelo CPC, a teor do art. 4º. É também por isso que os interregnos de descontinuidade do processo (suspensão, interrupção) são consentidos somente em casos específicos e confinados em períodos expressamente estabelecidos, como se colhe em várias passagens do CPC: arts. 313, §§ 1º, I, 3º, 4º e 5º; 315 e parágrafos; 980 e parágrafo único.

A estrutura da relação processual não se afeiçoa, precipuamente, ao contraponto entre direitos e obrigações, como se dá nos ramos de Direito Material, mas antes se traduz em *faculdades*, que, a depender da conduta da parte, podem melhorar ou piorar sua posição processual, fazendo que o fator tempo labore *a favor* da parte diligente e *contra* aquela que se mostra negligente.

Assim é que a correta indicação do polo passivo evita dilações posteriores, tal a arguição de ilegitimidade passiva (CPC, art. 338 e parágrafo único); a acertada cumulação de pedidos (CPC, art. 327 e parágrafos) evita que, posteriormente, outra ação tenha que ser proposta, veiculando a pretensão que antes não fora apresentada; a diligência do autor pela continuidade do processo previne a caracterização de contumácia ou abandono (CPC, art. 485, III) ou mesmo de prescrição intercorrente (CPC, § 4º do art. 921); a tempestiva interposição de agravo de instrumento evita a preclusão sobre a decisão interlocutória que decidiu sobre questão incidente, por exemplo, acerca de intervenção de terceiro – CPC, art. 1.015, IX.

Já sobre o réu incide o ônus da *impugnação especificada e tempestiva* acerca das alegações de fato historiadas na petição inicial, sob pena de se presumirem verdadeiras, salvo as exceções indicadas nos incisos do art. 341 do CPC; em outro exemplo, o efeito devolutivo do recurso submete ao tribunal *ad quem* o conhecimento dos capítulos da decisão que foram impugnados – *tantum devolutum quantum appellatum* – de modo que o acórdão "substituirá a decisão impugnada *no que tiver sido objeto de recurso*" (CPC, art. 1.008), tudo implicando em que o capítulo ou a questão controvertida decididos na decisão recorrida, porventura não impugnados, precluirá ou transitará em julgado, ressalvadas as questões de ordem pública, cognoscíveis a qualquer tempo e grau de jurisdição, mesmo de ofício, a par das hipóteses indicadas nos §§ 1º e 2º do art. 1.013 do CPC.

O pedido acaso não formulado em uma dada ação (*v.g.*, o de indenização por danos, cumulado ao de rescisão de contrato), dada a estabilização do objeto litigioso, somente em outra demanda poderá ser apresentado, o mesmo se passando com o pedido reconvencional (CPC, art. 343 e parágrafos) não formulado ou com a questão prejudicial não suscitada (CPC, art. 503, § 1º e incisos), tratando-se, em última análise, de aplicações ou derivações do *princípio preclusivo* que permeia todo o ambiente processual, seja quando se trata do processo em curso, seja ao se projetar externamente, irradiando-se em face de outros processos, contemporâneos ou futuros.

Assim é que a *eficácia preclusiva geral* recobre o *deduzido e o deduzível*, isto é, abrange o que foi questionado nos autos e também o que poderia tê-lo sido, a teor do art. 508 do CPC, cautela que o legislador considera pertinente, não só para preservar a segurança jurídica mercê da estabilidade do que foi decidido, mas também para evitar *contradição prática* entre julgados sequenciais. Cândido Rangel Dinamarco e Bruno Vasconcelos Carrilho Lopes explicam que tal eficácia preclusiva "atua no sistema como um autêntico *escudo protetivo* da própria coisa julgada e reforça a estabilidade jurídica proporcionada por essa autoridade, impedindo a propositura pelo réu de demandas que venham a contornar ou minimizar sua derrota – demandas portadoras de alegações que foram ou poderiam ter sido deduzidas no processo anterior e pedido incompatível com a situação substancial imunizada pela coisa julgada".[1]

O gênero *preclusão* abriga espécies, identificadas com base na *natureza* e *eficácia* do ato processual ou ainda na *conduta da parte*:

(*i*) *preclusão lógica*, ocorrente em face de ato processual considerado incompatível com outro, como, por exemplo, se passa na instância recursal, em que opera a presunção de "aceitação tácita a prática, sem nenhuma reserva, de ato incompatível com a vontade de recorrer" (CPC, parágrafo único do art. 1.000), podendo figurar-se a conduta do réu sucumbente que, em consonância com o autor anui, sem reserva, em que a liquidação do julgado seja feita por arbitramento (CPC, art. 509, I), mas, ao mesmo tempo, intenta apelar da sentença;

(*ii*) *preclusão temporal*, ocorrente quando configurado o transcurso *in albis* do prazo para a prática de certo ato ou adoção de certa conduta, por exemplo, o momento azado para contraditar testemunha (CPC, § 1º do art. 457), ou o prazo quinzenal para a apelação (CPC, § 5º do art. 1.003, c/c art. 1009), valendo ter presente a regra geral estabelecida

---

[1] *Teoria geral do novo processo civil*, cit., p. 203.

no art. 218, *caput*, do CPC: "Os atos processuais serão realizados nos prazos prescritos em lei";

(*iii*) *preclusão consumativa*, operante quando uma dada faculdade ou possibilidade processual é efetivamente implementada, levando a que outra conduta ou opção, em princípio possível, se tenha por superada ou mesmo inviabilizada, por exemplo: se a parte opta pela "delimitação consensual das questões de fato e de direito" (CPC, § 2º do art. 357), não pode, depois, voltar-se contra o assim avençado, pretendendo repassar ao juiz tal atribuição; em outro exemplo, se o acórdão local ou regional contém capítulo que releva da seara constitucional e outro que radica no Direito Federal comum, e apenas o recurso especial ao STJ é interposto (CF, art. 105, III), então se preclui, consumativamente, a *chance* de oferta *conjunta* desse recurso juntamente com o extraordinário ao STF (CF, art. 102, III), ressalvada a hipótese de aproveitamento do recurso manejado, na hipótese contemplada nos arts. 1.032, parágrafo único, e 1.033.

O sistema de preclusões acompanha a natureza e a carga eficacial dos diversos atos processuais, por exemplo: a decisão interlocutória, acaso não agravada, faz precluir o decidido sobre uma dada questão incidente controvertida entre as partes (CPC, § 2º do art. 203, c/c art. 1.015, *caput*); a questão prejudicial de mérito poderá ou não ser incluída no limite objetivo da coisa julgada, a depender de sua tempestiva alegação pelo réu, na contestação, ou pelo autor, na réplica (CPC, art. 503 e parágrafos); a não correção, tempestiva, do endereçamento da ação (CPC, art. 339 e parágrafos), ensejará, oportunamente, a extinção do processo sem julgamento do mérito, por ilegitimidade passiva – CPC, art. 485, VI.

Embora as preclusões alcancem, pois, as condutas comissivas e omissivas das partes, não há como negar que as preclusões mais ocorrentes e expressivas recaem sobre os atos culminantes do processo, ou seja, as *sentenças* (CPC, § 1º do art. 203) e os *acórdãos* (CPC, art. 204), justamente porque esses pronunciamentos é que, presentes certas condições, se preordenam a resolver, a um tempo, o processo e a lide.

Ainda assim, é preciso distinguir entre:

(*i*) sentenças e acórdãos de natureza *terminativa*, isto é, que apenas encerram o processo, sem resolver o seu mérito (CPC, art. 485 e incisos); e

(*ii*) sentenças e acórdãos *finais*, isto é, aqueles que, além de encerrarem a relação processual, também decidem o seu fulcro (CPC, art. 487 e incisos), certo que o juiz "resolverá o mérito acolhendo ou rejeitando, no todo ou em parte, os pedidos formulados pelas partes" (CPC, art. 490), a saber: as pretensões do autor, na inicial; do réu na reconvenção e/ou no pedido declaratório incidental; pleitos de terceiros intervenientes, como por exemplo, o do oponente – CPC, art. 682.

Daí se dizer, com relação às sentenças terminativas (CPC, art. 485 e incisos) que nelas opera a chamada preclusão máxima, ou *coisa julgada formal*, a estabilizar a sentença que encerra o processo sem decidir o seu mérito, sem prejuízo de que em um momento futuro venha reproposta a ação (já agora expungida da atecnia anterior), à condição de não se ter operado a *perempção*, que é a perda definitiva do direito de ação decorrente do terceiro abandono de uma causa (CPC, art. 337, V, c/c art. 485, V e § 3º do art. 486).

Embora, em princípio, a extinção do processo sem julgamento do mérito não impeça a rejudicialização da controvérsia, não há como negar que, a depender da intensidade da falha que motivou o trancamento anterior (por exemplo, pretensão juridicamente impossível, inexigível ou contrária a precedente de eficácia vinculativa), a repropositura da ação se mostrará inócua, como se daria, por exemplo, na replicação de uma ação cujo pedido é contrário a enunciado sumular do STF ou do STJ – CPC, art. 332, I. Nesse sentido, dispõe o § 1º do art. 486: "No caso de extinção em razão de litispendência e nos casos dos incisos I, IV, VI e VII do art. 485 [indeferimento da petição inicial; falta de pressupostos processuais ou das condições da ação; convenção de arbitragem], a propositura da nova ação *depende da correção do vício* que levou à sentença sem resolução do mérito". Compreende-se que assim seja porque, do contrário, ter-se-ia a judicialização interminável de uma controvérsia, em detrimento da contraparte, da segurança jurídica, implicando, ademais, em desprestígio da função judicial.

Em que pese o inciso XXXVI do art. 5º da CF, ao blindar a *coisa julgada* da incidência de eventual lei posterior, não especifique se aí se trata da coisa julgada *formal* ou *material*, não é difícil intuir que o constituinte teve em vista esta última, porque apenas ela é que se reveste de dupla eficácia:

(*i*) *positiva*, ao agregar, definitivamente, à pessoa ou ao patrimônio do vencedor da causa o direito, o bem da vida ou a situação de vantagem; nesse sentido, nem mesmo *lei* pode desconhecer, negar ou reduzir eficácia de coisa julgada antes aperfeiçoada: CF, art. 5º, XXXVI;

(*ii*) *negativa*, ao imunizar tal julgado aos efeitos do tempo, *não permitindo* virtuais questionamentos futuros. Assim, a coisa julgada apresenta-se bifronte, com uma face voltada ao passado, *estabilizando* o que ficou decidido, e outra face voltada ao futuro, tornando indiscutível a decisão, por modo que o vencedor da causa, em vindo a ser instado futuramente acerca do *mesmo* litígio *(tria eadem*: mesmas partes, pedido e causa de pedir), pode, proveitosamente, arguir a *exceptio rei iudicatae*, respaldada no princípio *non bis in idem*: CPC, art. 337, VII e § 4º, c/c art. 485, V.

Já a chamada coisa julgada *formal*, em verdade configura uma modalidade otimizada de preclusão (por isso mesmo também referida como preclusão máxima): em tal caso, a decisão se diz (apenas) *terminativa*, porque o que se encerrou foi tão somente a relação processual, ficando em aberto a controvérsia, que, por isso mesmo, poderá ser reaberta em processo futuro, uma vez "corrigido o vício que levou à sentença sem resolução do mérito" (CPC, § 1º do art. 486). Dado que o sentido precípuo da expressão *coisa julgada* remete à ideia de definitividade, é lícito inferir que a coisa julgada mencionada no inciso XXXVI do art. 5º, XXXVI da CF, só pode ser a *material*, ou seja, aquela que imuniza a decisão de mérito, o que se confirma na dicção do art. 502 do CPC, dispondo que a coisa julgada material "é a autoridade que torna *imutável e indiscutível a decisão de mérito* não mais sujeita a recurso".

O sentido do citado art. 502 do CPC completa-se com o disposto (em modo um tanto tautológico) no § 4º do art. 337: "Há coisa julgada quando se repete ação que já foi decidida por decisão transitada em julgado". A opção conceitual do vigente CPC distancia-se, assim, do critério sufragado no CPC/1973, cujo art. 467 se referia à coisa julgada material como a *"eficácia, que torna imutável e indiscutível a sentença, não mais sujeita a recurso ordinário ou extraordinário".* Essas acepções representam algum desenvolvimento conceitual, na comparação com o que vem expresso na Lei de Introdução às normas do Direito Brasileiro (Dec.-Lei 4.657/1942, § 3º do art. 6º, redação da Lei 3.238/1957, c/c Lei 12.376/2010): "Chama-se coisa julgada ou caso julgado a decisão judicial de que já não caiba recurso".

Ao longo do tempo, a coisa julgada material experimentou várias acepções, podendo ser lembrado que os romanos não a identificavam com a *verdade*, e sim com uma *presunção* dela (*"res iudicata pro veritate accipitur"* – Ulpiano, Digesto, 1.5.25), qualificação que, passando pelo Código Civil de Napoleão, na França (1807), acabou em certa medida repercutida dentre nós no Regulamento 737, de 1850, art. 185: "São presunções legais absolutas os fatos ou atos que a lei expressamente estabelece como verdade, ainda que haja prova em contrário, como a *coisa julgada*".

No período medieval, a coisa julgada adquirira foros de sacralidade, tomando uma dimensão quase absoluta, como se colhe em Giuseppe Chiovenda, registrando que ela fazia *de albo nigrum, originem creat, aequat quadrata rotundis, naturalia sanguinis vincula et falsum in verum mutat*,[2] ou seja, em tradução livre: a coisa julgada transforma o branco em preto, cria a origem, iguala o quadrado e o redondo, altera a estrutura do sangue e converte o falso em verdadeiro.

Outros alvitres foram ainda excogitados com vistas à identificação do fundamento jurídico da coisa julgada: *ficção da verdade* (Savigny); *vontade do Estado* ou *força obrigatória* (Chiovenda); *imperatividade do comando judicial* (Carnelutti).[3] Dentre todas as proposições destaca-se, inclusive pela repercussão que teve entre nós, a de Enrico Tullio Liebman, que, afastando-se do entendimento pelo qual a coisa julgada seria um efeito da decisão judicial, começa por reconhecer nesse julgado uma *eficácia natural* (como, aliás, se passa com todos os atos jurídicos), qual seja sua aptidão para produzir seus esperados efeitos; tal eficácia depois se potencializa com a preclusão dos prazos recursais, assim configurando a *coisa julgada formal*; na sequência imediata, em se verificando tratar-se de decisão que resolveu o mérito, então se opera a *coisa julgada material*, a tornar imutáveis os efeitos – declaratório, condenatório, constitutitivo, mandamental – da decisão. No dizer do mestre milanês: "A eficácia natural da sentença, com a aquisição dessa ulterior qualidade, acha-se, então, intensificada e potencializada, porque se afirma como única e imutável formulação da vontade do Estado de regular concretamente o caso decidido".[4]

Dessa forma, anotara Moacyr Amaral Santos: "Enfileiramo-nos entre os seguidores de Liebman na sua justificação de coisa julgada. Sente-se, aliás, que sua doutrina foi perfilhada pelo legislador ao conceituar coisa julgada material no Código de Processo Civil [1973], art. 467: "Denomina-se coisa julgada material a eficácia, que torna imutável e indiscutível a sentença (...)".[5] Registre-se, todavia, que parte considerável da doutrina não identifica, nesse dispositivo, a adoção da teoria de Liebman, como expõem Nelson Nery Júnior e Rosa Maria de Andrade Nery: "O que é imutável e indiscutível em virtude da coisa julgada não são os efeitos da sentença, como pretende Liebman, mas a *própria sentença/decisão de mérito*".[6]

---

[2] *Saggi di diritto processual civile*. Milão: Giuffrè, 1993, t. II, p. 403.
[3] Ver, a respeito dessas várias acepções, *Primeiras linhas de direito processual civil*. 24. ed. atual. por Maria Beatriz Amaral Santos Köhnen. São Paulo: Saraiva, 2010, v. 3, p. 50-54.
[4] *Eficácia e autoridade da sentença e outros escritos sobre a coisa julgada*. Trad. Alfredo Buzaid e Benvindo Aires, notas Ada Pellegrini Griinover. Rio de Janeiro: Forense, 2006, p. 51.
[5] *Primeiras linhas...*, cit., p. 56.
[6] *Comentários...*, cit., nota nº 3 ao art. 502, p. 1.192.

De fato, os *efeitos* da decisão de mérito – declaratório, condenatório, constitutivo, mandamental – a rigor não se preordenam à imutabilidade, como se colhe destas ponderações: a coisa julgada pode se tornar insubsistente pelo acolhimento de ação rescisória; no campo penal, é prevista a revisão criminal a qualquer tempo; situações estabelecidas em virtude da decisão de mérito, por exemplo, a desocupação do imóvel objeto da ação de despejo, podem ser restabelecidas sobre novas bases, como ocorreria, neste caso, se as partes resolvessem celebrar novo contrato envolvendo o mesmo imóvel; assim, também, o autor da ação de cobrança, julgada procedente e transitada em julgado, pode não efetivar o comando que o favorece, deixando de executar o título condenatório; um precatório formado contra o Poder Público, derivado de condenação pecuniária transitada em julgado, pode, inobstante, ser objeto de negociação entre as partes, com vistas a alguma redução ou parcelamento do valor envolvido.

Outrossim, há que se ter presente que a eficácia da decisão de mérito subordina-se, implicitamente, à cláusula *rebus sic stantibus*, porque, como se diz, "a vida é mais rica do que o Direito", e, assim, a coisa julgada não tem como paralisar ou estancar o desenvolvimento natural das diversas ocorrências historiadas nos autos. Isso se evidencia, dentre outros casos, nas decisões que incidem sobre relações jurídicas *continuativas* ou de *trato sucessivo*, tal a de prestar alimentos, que, a depender do binômio "necessidade de quem recebe/possibilidade de quem dá", consente modificações ulteriores, seja no tocante à equação financeira, seja até para fim de extinção da própria obrigação; nesse sentido, dispõe o art. 15 da Lei 5.478/1968: "A decisão judicial sobre alimentos não transita em julgado e pode a qualquer tempo ser revista em face da modificação da situação financeira dos interessados". Em outro exemplo, um acórdão do STF que declara inconstitucional uma lei (CF, § 2º do art. 102), sendo irrecorrível (tirante embargos declaratórios) e insuscetível de ação rescisória (Lei 9.868/1999, art. 26), pode, sem embargo, vir a perder objeto, caso a citada lei venha, na sequência, a ser revogada.

Já a questão da justiça ou injustiça da decisão não pode, isoladamente, servir para infirmar a coisa julgada material (e, bem por isso, tal argumento não vem listado dentre as hipóteses de ação rescisória: CPC, art. 966 e incisos). Isso porque o compromisso da coisa julgada material é com a *segurança jurídica*, ao passo que o aspecto do acerto ou erro do julgado abre campo para outra seara processual, qual seja a do *recurso cabível* na espécie. No ponto, é clara a lição de José Carlos Barbosa Moreira: "(...) os litígios não devem perpetuar-se. Entre os dois riscos que se deparam – o de comprometer a segurança da vida social e o de consentir na eventual cristalização de injustiças – prefere o ordenamento assumir o segundo. (...) Se o resultado é injusto, paciência: o que passou, passou".[7]

Verdade que, há algum tempo cogitara-se, doutrinariamente, da chamada *relativização da coisa julgada*, tendo Cândido Rangel Dinamarco ressaltado que "o valor da segurança das relações jurídicas não é absoluto no sistema, nem o é, portanto, a garantia da coisa julgada, porque ambos devem conviver com outro valor de primeiríssima grandeza, que é o da *justiça das decisões judiciárias*, constitucionalmente prometido mediante a garantia do acesso à justiça (Const., art. 5º, inc. XXXV). (...) Essa preocupação não é apenas minha: a doutrina e os tribunais começam a despertar para necessidade de repensar a garantia constitucional e o instituto técnico-processual da coisa julgada, na consciência de que *não é legítimo eternizar injustiças a pretexto de evitar a eternização de incertezas*".[8]

A excogitada *relativização* da coisa julgada veio examinada por José Carlos Barbosa Moreira, que assinalou em estudo a respeito: "Ressalvadas as hipóteses legalmente contempladas, com a coisa julgada material chegou-se a um *point of no return*. Cortaram-se as pontes, queimaram-se as naves; é impraticável o regresso. Não se vai ao extremo bíblico de ameaçar com a transformação em estátua de sal quem pretender olhar para trás: mas adverte-se que nada do que se puder avistar, nessa mirada retrospectiva, será eficazmente utilizável como aríete contra a muralha arguida. Foi com tal objetivo que se inventou a coisa julgada material; e, se ela não servir para isso, a rigor nenhuma serventia terá. Subordinar a prevalência da *res iudicata* em termos que extravasem do álveo do direito positivo, à justiça da decisão, a ser aferida depois do término do processo é esvaziar o instituto do seu sentido essencial".[9]

Em verdade, a coisa julgada material reveste-se de uma natureza e de uma finalidade eminentemente *práticas*: tornar estável e indiscutível a decisão de mérito que resolveu a lide, assim incorporando em definitivo o direito, valor ou bem da vida ao vencedor da causa ou ao seu patrimônio, e imunizando a *res in iudicio deducta* a questionamentos futuros. Pode-se afirmar que, antes e além do controverso *fundamento jurídico* da coisa julgada, com os vários alvitres antes indicados, prepondera o *fundamento sociopolítico* da

---

[7] A eficácia preclusiva da coisa julgada material no sistema do processo civil brasileiro. *Temas de direito processual*. 2. ed. São Paulo: Saraiva, 1988, p. 99.

[8] Relativizar a coisa julgada material. In: Carlos Valder do Nascimento (Coord.). *Coisa julgada inconstitucional*. 2. ed. Rio de Janeiro: América Jurídica, 2003, p. 39.

[9] Considerações sobre a chamada "relativização" da coisa julgada material, cit., p. 243-244.

coisa julgada, sobrelevando o valor *segurança*, assim das partes do processo como da própria coletividade. No ponto, afirma Moacyr Amaral Santos: "Há, pois, motivos de ordem prática, de exigência social, a impor que a partir de dado momento – que se verifica com a preclusão dos prazos para recursos – a sentença se torne imutável, adquirindo *autoridade de coisa julgada*. E aí se tem o fundamento político da coisa julgada".[10]

Conquanto o inciso XXVI do art. 5º da CF, ao blindar a *coisa julgada* aos efeitos da lei posterior, não acople àquela expressão o qualificativo *material*, é de entender que o constituinte quer referir-se a esta última, já que a coisa julgada *formal* apenas encerra a *relação processual*, deixando em aberto o seu fulcro, a saber, o *meritum causae*. É sob essas luzes que se deve apreender o contido no art. 502 do vigente CPC: "Denomina-se coisa julgada material a *autoridade* que torna imutável e indiscutível a decisão de mérito não mais sujeita a recurso".

A coisa julgada material apresenta uma face bifronte, irradiando sua eficácia estabilizadora e imunizadora em dupla direção:

(*i*) *em face do passado*, agrega firmeza e estabilidade à decisão de mérito (*stare decisis et non quieta movere*, na expressão de uso corrente na família do *common law*), assim incorporando à pessoa ou ao patrimônio do vencedor da causa o direito, valor ou bem da vida pleiteados, valendo observar que nem mesmo lei posterior pode recusar efeitos ou infirmar a situação jurídica assim constituída (CF, art. 5º, XXXVI);

(*ii*) *em face do futuro*, a coisa julgada material agrega imutabilidade, blindando a decisão de mérito quanto a questionamentos ulteriores, levando a que a coisa julgada material opere como um vero *pressuposto processual negativo* (a exemplo da litispendência, da perempção e da convenção de arbitragem), autorizando o réu a arguir em sua defesa a exceção de coisa julgada (CPC, art. 337, VII e § 3º, c/c art. 485, V).

É tão grave a infringência, por uma decisão de mérito em um processo, de outra decisão de mérito, trânsita em julgado, proferida em outro processo, entre as mesmas partes, com o mesmo pedido e causa de pedir (*tria eadem*), que tal hipótese desafia a *ação rescisória*: CPC, art. 966, IV; assim se passa porque o Estado-juiz, ao dirimir o fulcro de uma controvérsia em decisão não mais sujeita a recurso, em verdade *esgota o espaço cognitivo* antes aberto pela deflagração da lide, de sorte que não tem mais como exercer, no caso, o ofício judicante.

---

10 *Primeiras linhas de direito processual civil*, cit., p. 49.

Por conta da referida bipolaridade temporal da coisa julgada material, assim projetada em face do passado e do futuro, identificam-se suas funções *positiva* e *negativa*, reportadas ao binômio estabilidade-indiscutibilidade da decisão de mérito:

(i) a *função positiva* consiste nisso que a coisa julgada formata definitivamente o julgamento de mérito e define os seus efeitos, por modo que tal decisão passa a operar como um padrão decisório a ser cumprido no caso concreto e respeitado em qualquer outro processo, assim estabelecendo sobre o objeto antes litigioso uma *zona de certeza positiva*;

(ii) a *função negativa* da coisa julgada material opera de modo a impedir que, em outro processo, o quanto decidido anteriormente venha requestionado ou, mais grave, contrariado ou ignorado, ocorrência que implicaria o risco de decisões discrepantes sobre uma *mesma* lide, presentes os *tria eadem*: mesmas partes, pedido e causa de pedir.

Bem por isso, o elemento determinante para identificação de eventual afronta à coisa julgada material reside na *identidade* da relação jurídica (a *res in iudicio deducta*), tomada sob o prisma substancial: eventualmente, o pedido na segunda ação pode não ser exatamente idêntico ao da primeira; mas, ainda assim, caberá a exceção de coisa julgada se o acolhimento ao segundo pedido comprometer ou infirmar, em certa medida, o resultado prático alcançado com a primeira decisão. Por exemplo, se em uma ação declaratória (CPC, art. 19 e incisos) decidiu-se, definitivamente, que a conduta sindicada nos autos não configurou erro médico e que o resultado não pode ser imputado ao cirurgião indigitado ao polo passivo, então viria a infringir a coisa julgada, *por derivação*, a propositura de outra ação, agora condenatória, pleiteando ressarcimento em decorrência daquela mesma situação fática e da conduta do mesmo profissional, cabendo ao réu alertar o juiz acerca de tal circunstância – CPC, art. 337, VII e § 4º.

É tal a precaução adotada pelo CPC em face do risco de decisões discrepantes acerca de um dado objeto litigioso que vem determinada a reunião de processos para julgamento conjunto, quando se afigure o "risco de prolação de decisões conflitantes ou contraditórias caso decididos separadamente, *mesmo sem conexão entre eles*" – § 3º do art. 55.

No tocante à relação entre a coisa julgada material e os três tipos de processo – conhecimento, execução, cautelar ("tutela provisória") –, é intuitivo que o primeiro, sendo preordenado à decisão de mérito, constitui o campo precípuo de agregação da coisa julgada material (CPC, art. 502); já o processo de execução, não sendo vocacionado a um julgamento, por já radicar em um título líquido, certo e exigível (CPC, art. 783; art. 784 e incisos) não se afeiçoa à agregação da coisa julgada material, que, todavia, poderá recobrir a sentença que venha a julgar os embargos do devedor, os quais configuram um incidente de conhecimento (CPC, art. 917 e incisos; art. 920, III); em se tratando da fase de cumprimento de sentença, que pressupõe título judicial de caráter prestacional (CPC, art. 515, I), é intuitivo que esse rito se afeiçoa mais à satisfação do julgado do que à resistência, embora esta possa ser oferecida nos próprios autos (CPC, arts. 518 e 525, parágrafos e incisos), consentindo-se, ainda, o cumprimento provisório do julgado (CPC, art. 520, incisos e parágrafos); enfim, a tutela provisória, sendo vocacionada a situações de urgência ou de risco para o resultado útil do processo (CPC, art. 300, *caput*), podendo mesmo ficar dependente do resultado do processo dito principal (CPC, art. 309, III), torna questionável o reconhecimento de um *vero mérito cautelar*, dificultando, em consequência, a identificação de uma coisa julgada material.

No que tange à relação entre a coisa julgada material e os *tipos de jurisdição* (contenciosa: *inter nolentes*; voluntária: *inter volentes*), pode-se excluir sua incidência nesta última, pela boa razão de que na jurisdição voluntária não há lide (ou a questão judicializada está fora da lide), podendo mesmo o juiz atuar de ofício, valendo também incluir nesse contexto a decisão que incide sobre relações de trato sucessivo, tal a prestação de alimentos (Lei 5.478/1968, art. 15, c/c CPC, parágrafo único do art. 693); ainda no campo da jurisdição voluntária, o que se pode, no limite, é cogitar a eximente do *non bis in idem*, para o caso em que uma *mesma* ação já antes ajuizada e decidida venha a ser reproposta, sem qualquer elemento diferencial, de fato ou de direito, em relação à anterior. Com relação às justiças especiais – Trabalhista, Eleitoral, Militar – aplicam-se, subsidiariamente, as disposições da legislação processual civil codificada, inclusive no que tange à disciplina da coisa julgada, a teor do disposto no § 2º do art. 1.046 e art. 15 do CPC.

Quanto à chamada coisa julgada *administrativa* impende tomar com cautela essa expressão, dado que a Justiça estatal no Brasil é *unitária*, enfeixada nos órgãos elencados no art. 92 da CF, inexistindo a jurisdição administrativa, propriamente dita, como se passa em outros países, sendo assegurado dentre nós o acesso à Justiça dos históricos de direitos ameaçados ou afrontados (CF, art. 5º, XXXV). Daí que, esgotados os recursos na instância administrativa (Lei 9.784/1999, art. 56 e parágrafos; art. 57), não há como impedir que a parte insatisfeita ou que se entenda prejudicada pela decisão ou por vícios do processo haja por bem judicializar a questão. No ponto, afirma Fernando Antônio Negreiros Lima: "Nada obsta, com efeito, a que lei disponha que, esgotados os meios administrativos de impugnação, não mais possa a autoridade rever o ato ou de qualquer forma modificá-lo. Mas isso vale somente no âmbito da Administração, porque à parte interessada sempre restará a possibilidade de questionar judicialmente a decisão administrativa".[11] Nesse sentido, dispõe a Súmula 473 do STF: "A administração pública pode anular seus próprios atos quando eivados de vícios que os tornam ilegais, porque deles não se originam diretos; ou revogá-los, por motivo de conveniência ou oportunidade, respeitados os direitos adquiridos e ressalvada, em todos os casos, a apreciação judicial".

No campo da jurisdição civil, é autorizada, no biênio, a propositura de ação rescisória por infringência à coisa julgada material (CPC, art. 966, IV), ao passo que no campo penal, por estar em questão o valor fundamental da liberdade, consente-se a *ação revisional* a qualquer tempo (CPP, art. 622 e parágrafo único), presentes os pressupostos indicados no art. 621 e incisos do CPP; neste caso, o tribunal, acolhendo a revisão, "poderá alterar a classificação da infração, absolver o réu, modificar a pena ou anular o processo", vedado o agravamento da pena (CPP, art. 626 e parágrafo único). Trata-se, pois, de uma coisa julgada *secundum eventum litis*, já que só comporta alteração ou desconstituição quando o réu tenha antes sido condenado, não quando fora absolvido.

Não apenas as sentenças e os acórdãos se imunizam com o trânsito em julgado, mas, igualmente, certas questões decididas incidentemente no processo (pontos controvertidos, relevantes para solução da causa), as quais ficam atingidas pelo chamado *efeito preclusivo geral* ou *eficácia preclusiva da coisa julgada*, que recobre o *deduzido e o deduzível*, assim alcançando tanto as questões efetivamente suscitadas e resolvidas como as que poderiam tê-lo sido e porventura não o foram, cautela que se explica pelo zelo de evitar que tais questões, acaso deixadas em aberto, pudessem vir ser novamente agitadas em processo futuro, pondo em risco a estabilidade da decisão proferida no processo precedente e da própria segurança jurídica dos jurisdicionados. Nesse sentido, dispõe o art. 508 do CPC: "Transitada em julgado a decisão de mérito, considerar-se-ão deduzidas e repelidas todas as alegações e as defesas que a parte poderia opor tanto ao acolhimento quanto à rejeição do pedido".

A insindicabilidade que resguarda as questões controvertidas já decididas no processo direciona-se não só às partes, mas, igualmente, ao juiz do processo pendente ou futuro, por modo que, tirante as questões sujeitas à cláusula *rebus sic stantibus* (*v.g.*, a equação financeira da obrigação de pagar alimentos) e dos casos expressamente excepcionados em lei (*v.g.*, correção de erros materiais: CPC, art. 494, I; incisos do art. 505 do CPC

---

[11] *Teoria geral do processo judicial*, cit., p. 738.

– no mais, e de ordinário, prevalece a regra do art. 505, *caput*: "Nenhum juiz decidirá novamente as questões já decididas relativas à mesma lide", diretriz que se completa com o disposto no art. 507: "É vedado à parte discutir no curso do processo as questões já decididas a cujo respeito se operou a preclusão".

No tocante aos *limites subjetivos*, ou seja, a questão de saber *quais sujeitos* ficam sob a irradiação da coisa julgada, verifica-se que, no caso da coisa julgada *formal*, dado que ela incide em processo extinto sem resolução do mérito, é compreensível que o seu alcance se confine àquele processo e aos sujeitos que o integraram – assim os componentes originais como os que se agregaram ulteriormente, tal um terceiro interessado – por modo a não mais poderem ali continuar litigando, embora possam fazê-lo em processo ulterior. Bem por isso, não há equívoco em dizer que a coisa julgada formal, em verdade configura um tipo especial e otimizado de preclusão ou, como se diz, a *preclusão máxima*.

Já outra realidade totalmente diversa se apresenta em face da coisa julgada *material*, porque, embora sua eficácia, em regra, se confine *inter partes*, portanto no plano endoprocessual (como se dá nos conflitos puramente interssubjetivos, tal como em uma ação de cobrança), compreende-se que, dada a complexidade das relações ao interno da coletividade, por vezes a coisa julgada material projeta efeitos reflexos ou mesmo irradia eficácia expandida extra-autos (*erga omnes* ou *ultra partes*), a depender da natureza e da expansão da espécie decidida.

Dessa forma, considerem-se estes exemplos: a decisão desconstitutiva que anulou o casamento, uma vez trânsita em julgado, não tem como restringir efeitos apenas em face do ex- casal, mas há que projetar efeitos reflexos em face dos filhos, além de repercutir no âmbito do Registro Civil de Pessoas Naturais, no qual a decisão deverá ser averbada à margem do assento de casamento; em outro exemplo, a decisão que, atendendo ao pleito de morador de certa localidade, determinou a instalação de filtros e outros equipamentos na indústria poluidora, ao transitar em julgado, não tem como limitar seus efeitos somente às partes do processo, mas acabará por projetar efeitos (positivamente) em face dos moradores do entorno, favorecidos com a melhoria do ar atmosférico. Em um exemplo ainda mais expressivo, a decisão de mérito do STF que julgou procedente uma ADIn não tem como limitar seus efeitos só às partes que integraram tal processo, porque o texto normativo declarado inconstitucional fica suprimido do ordenamento positivo, o que faz com que todos os sujeitos antes submetidos ao seu alcance, fiquem desonerados; bem por isso, o § 2º do art. 102 da CF diz que tal decisão projeta "eficácia contra todos e efeito vinculante".

É bem por isso que o secular aforisma – *res iudicata inter alios alliis nec prodest nec nocet*, que vinha reproduzido no art. 572 do CPC/1973, teve sua redação um tanto alterada no art. 506 do vigente CPC: "A sentença faz coisa julgada às partes entre as quais é dada, não prejudicando terceiros", tendo sido, pois, suprimida a expressão "não beneficiando". Justifica-se tal opção legislativa porque, embora se compreenda que a coisa julgada material formada *inter alios* não possa *prejudicar* terceiros (pela boa razão de que não integraram o contraditório), nada impede que ela possa, reflexa ou indiretamente, *beneficiá-los*, assim no plano fático como no jurídico, dada a estreita implicação e mútua repercussão das relações pessoais e negociais ao interno da sociedade, que não raro operam como vasos comunicantes.

É justamente esse entrelaçamento das relações pessoais e negociais, assim no setor privado como no público, que explica e justifica certas ocorrências processuais, tais: a impetração de mandado de segurança a favor de terceiro (Lei 12.016/2009, art. 3º, *caput*); o ingresso de um sujeito na ação coletiva em defesa de interesse individual homogêneo, cuja decisão se expande extra autos quando for favorável (coisa julgada *in utilibus*: Lei 8.078/1990, § 2º do art. 103); a eficácia expandida de um precedente firmado em um dado processo, parametrizando a solução de outras demandas envolvendo questão análoga (CPC, arts. 332 e incisos; art. 927 e incisos); o ingresso de assistente simples, *ad coadjuvandum*, em processo alheio (CPC, art. 123 e incisos); o ingresso de *amicus curiae* em certas ações (CPC, art. 138, *caput*), inclusive no incidente de resolução de demandas repetitivas, com possibilidade, nesse caso, de interpor recurso contra a tese jurídica aí alcançada (CPC, art. 138 e § 3º); a ampliação do contraditório no litígio coletivo pela posse de imóvel – CPC, art. 565 e parágrafos.

Ainda no tocante aos limites subjetivos da coisa julgada material, considere-se que no *processo coletivo*, caracterizado pela indivisibilidade do objeto, indeterminação dos sujeitos e legitimação concorrente-disjuntiva (v. arts. 1º e 5º da Lei 7.347/1985 e respectivos incisos), envolvendo interesses metaindividuais (difusos, coletivos em sentido estrito, individuais homogêneos: Lei 8.078/1990, art. 81, parágrafo único e incisos), a coisa julgada material tem sua irradiação proporcionalmente potencializada, em simetria com o raio de abrangência do interesse judicializado, como se colhe do art. 103 e incisos da Lei 8.078/1990.

Assim é que, no caso de *interesse difuso*, a coisa julgada se expande *erga omnes*, como se dá na ação civil pública (Lei 7.347/1985, art. 16, c/c Lei 8.078/1990, art. 81, parágrafo único, I, c/c art. 103, I), já que, por exemplo, o meio ambiente é um "bem de uso comum de todos" – CF, art. 225, *caput*; já no caso do interesse coletivo em sentido estrito, concernente a grupo, categoria ou classe (por exemplo, os consumidores de certo produto ou serviço), a coisa julgada se expandirá *ultra partes*, em face dos sujeitos integrantes da coletividade concernente (Lei 8.078/1990, art. 81, parágrafo único, II, c/c art. 103, II); enfim, no caso dos interesses individuais homogêneos, que são apenas episodicamente coletivos, procura-se evitar sua dispersão em múltiplas demandas seriais, donde a coisa julgada se expandir *erga omnes* (é dizer, em face de todos os sujeitos concernentes ao tema judicializado), mas, mesmo julgada improcedente tal ação coletiva, é possível o ajuizamento de ação individual por parte dos que antes não aderiram àquela ação coletiva, cuidando-se, pois, de coisa julgada *secundum eventum litis* – Lei 8.078/1990, art. 81, parágrafo único, III, c/c art. 103, III e § 2º.

Essa *plasticidade* da coisa julgada explica-se, de um lado, por conta de sua natureza *adjetiva* (agregando estabilidade e imutabilidade aos efeitos substantivos do julgado), e, de outro lado, porque, se a lide judicial concerne direta e imediatamente às partes, daí não se exclui que, em razão de peculiaridades da matéria, a coisa julgada possa projetar efeitos indiretos e reflexos em face de terceiros, tais aqueles ligados às situações jurídicas subordinadas ou decorrentes, donde se compreender, por exemplo, que o co-fiador seja chamado ao processo onde se discute a dívida entre credor e devedor (CPC, art. 130, II), ou que alguém possa ingressar com *oposição*, em processo *inter alios*, buscando afastar as partes originárias para que seu afirmado direito prevaleça – CPC, art. 682.

Tais considerações autorizam inferir que, ao contrário do que à primeira vista possa parecer, a coisa julgada material não é um conceito fechado ou unitário, mas, antes, comporta nuances e graus diversos de eficácia, a depender da natureza da lide e da dimensão, maior ou menor, do interesse judicializado. É dizer, a coisa julgada não é um valor em si mesma, mas antes uma técnica processual, justificada por um imperativo de *segurança jurídica*, seja dos sujeitos que integraram o processo judicial em que o mérito veio a ser resolvido, seja da própria coletividade, a quem interessa que os conflitos judicializados sejam resolvidos definitivamente.

Em certos casos, a depender da complexidade ou da abrangência do objeto litigioso, a coisa julgada pode projetar eficácia expandida – *ultra partes* ou mesmo *erga omnes* – como, por exemplo, se verifica no acolhimento de uma ação coletiva proposta pela Fundação Procon, objetivando a supressão de publicidade enganosa de certo produto ou serviço: em tal caso a coisa julgada não tem como confinar-se às partes do processo, mas seus efeitos se irradiarão, uniformemente, em face de todos os consumidores, efetivos ou potenciais do produto ou serviço objetivado na ação. Portanto, a coisa julgada apresenta uma conotação *adjetiva*, nesse sentido de agregar *qualidades* – estabilidade e imutabilidade – aos efeitos substantivos do julgado de mérito: declaração, condenação, (des)constituição, injunção.

Quanto aos limites *objetivos* da coisa julgada – isto é, quais capítulos da decisão de mérito se tornam imutáveis e indiscutíveis –, o CPC adota uma diretriz que se pode dizer prudente, senão já reducionista, porque confina tal delimitação ao *dispositivo* do julgado, ou seja, à parte conclusiva na qual, efetivamente, se concentra o resultado útil da intervenção jurisdicional: o comando declaratório, condenatório, (des)constitutivo ou mandamental. A tal conclusão se chega à leitura do art. 504, interpretado por exclusão: aí se diz que "*não fazem* coisa julgada: I – os *motivos*, ainda que importantes para determinar o alcance da parte dispositiva da sentença; II – a *verdade dos fatos*, estabelecida como fundamento da sentença". Desse modo, a decisão de mérito, assim decotada desses capítulos, predispõe-se a ser imunizada apenas no que tange ao seu comando, encerrado na parte dispositiva do julgado. Esta, à sua vez, é referida no inciso III do art. 489 como aquele tópico "em que o juiz resolverá as questões principais que as partes lhe submeterem".

Assim se dá porque:

(*i*) a motivação do julgado é pressuposto de *validade* da decisão (CF, art. 93, IX; CPC, art. 489, parágrafo único e incisos), e por isso não se insere nos limites objetivos da coisa julgada, porque esta se destina a estabilizar e imunizar o provimento jurisdicional, o comando propriamente dito, ubicado na parte dispositiva, ou seja, no capítulo derradeiro da decisão de mérito, onde é concedido (total ou parcialmente), ou é negado o quanto pleiteado pelas partes, referindo-se o art. 503, *caput*, do CPC à "questão principal expressamente decidida";

(*ii*) a verdade dos fatos sindicados constitui-se no objeto da massa probatória (fatos determinados, relevantes, controvertidos, atinentes ao objeto litigioso), base fática que não tem como ser estabilizada perenemente, até porque poderá, eventualmente, ser novamente agitada em processo futuro, já agora para outros fins, por exemplo: o dano material causado pelo inquilino ao imóvel, que antes embasara o despejo, poderá, futuramente, fundamentar pretensão indenizatória.

Já a *questão prejudicial de mérito* (por exemplo, a paternidade, em face da pretensão a alimentos; a condição de servidor público para a configuração de certas irregularidades funcionais), se expressamente arguida e decidida, e presentes os demais requisitos previstos nos parágrafos do art. 503 do CPC, passa a compor os limites objetivos da coisa julgada, justamente por *integrar a lide*.

Quanto aos *limites objetivos* da coisa julgada, esclarecem Nelson Nery Júnior e Rosa Maria de Andrade Nery: "Fazendo-se a correlação entre petição inicial e sentença, poder-se-ia dizer que a parte final da petição inicial, isto é, o pedido, corresponde à parte final da sentença, vale dizer, o dispositivo.

Assim, o conjunto formado pelo *pedido* e o *dispositivo* é alcançado pela coisa julgada material".[12]

Em suma, a coisa julgada é uma técnica ou categoria com múltipla finalidade, justificada a mais de um título: estabiliza a decisão definitiva da lide, que não mais poderá ser judicializada para a mesma finalidade antes buscada; confere segurança às relações interpessoais e negociais, assim no setor público como no privado; previne a exacerbação das controvérsias, contribuindo para evitar o acirramento da animosidade ao interno da coletividade; incorpora, definitivamente, certo direito, valor ou bem da vida ao vencedor da causa ou ao seu patrimônio, imunizando o decidido até mesmo em face de eventual alteração legislativa que venha a incidir sobre a controvérsia antes judicializada – CF, art. 5º, XXXVI.

---

[12] *Comentários...*, cit., nota nº 1 ao art. 504, p. 1.230.

26

ÉPOCAS DO TRABALHO FORENSE

Assim como os prazos processuais se preordenam a ser contínuos e peremptórios, assim também se passa com o trabalho nas serventias judiciárias, até porque se trata de um serviço estatal – a prestação jurisdicional – disponibilizada a todas as pessoas físicas e jurídicas do país, de direito privado e público, em sintonia, de resto, com a garantia de acesso à Justiça – CF, art. 5º, XXXV.

Para tornar mais claro esse ideário, a EC 45/2004 acresceu o inciso XII ao art. 93 da CF, fixando a regra pela qual a "atividade jurisdicional será ininterrupta", daí decorrendo que os interregnos de descontinuidade da atividade forense (feriados e recesso de final do ano), apresentam-se excepcionais, levando a que os dispositivos que os regulam sejam interpretados restritivamente. Nesses períodos excetuados ao trabalho não se praticam atos processuais, salvo, nos termos do art. 214 e incisos do CPC:

(*i*) os atinentes à "tutela de urgência" (arts. 300-310);

(*ii*) os atos de comunicação processual (citações, intimações);

(*iii*) as penhoras.

Igualmente, nos recessos do trabalho forense não se realizam audiências em primeiro grau, nem sessões de julgamento nos tribunais (CPC, § 2º do art. 220).

Tenha-se desde logo presente que as dicções dos arts. 214, *caput*, e 215, *caput*, do CPC, ao se referirem-se às "férias forenses" estão em descompasso com o inciso XII do art. 93 da CF, que estabelece: "a atividade jurisdicional será ininterrupta, sendo *vedado férias coletivas* nos juízos e tribunais de segundo grau (...)". De sorte que, desde então, a expressão "férias forenses" perdeu conteúdo e significado, a menos que, num esforço exegético, se tome a expressão "férias forenses" no sentido de "suspensão do curso do processo", numa aproximação semântica com a redação empregada nos arts. 220 e incisos e 313, *caput*, do CPC. Nesse sentido, afirmam Nelson Nery Júnior e Rosa Maria de Andrade Nery: "Assim, a expressão 'férias' do CPC 214 tem-se como não escrita, por inconstitucional, e poderia ter sido evitada na elaboração do atual CPC".[1]

Verdade que o art. 215, *caput*, do CPC, ao referir-se às "férias forenses" acrescenta "onde as houver"; essa dicção, aliada ao fato de que o inciso XII do art. 93 da CF (EC 45/2004) não se referiu (ao menos *expressis verbis*) aos *tribunais superiores* (STF, STJ, TST, TSE, STM), talvez consinta a leitura de que, com relação a estes órgãos superiores, os respectivos Regimentos Internos possam prever períodos de "férias forenses". Assim, dispõe o art. 78, *caput*, do RISTF: "O ano judiciário no Tribunal divide-se em dois períodos, recaindo as férias em janeiro e julho"; já o art. 81, *caput* do RISTJ estabelece: "O ano judiciário no Tribunal divide-se em dois períodos, recaindo as férias dos Ministros nos períodos de 2 a 31 de janeiro e de 2 a 31 de julho".

Estão excluídos do sobrestamento da marcha processual os processos indicados nos incisos do art. 215 do CPC: de jurisdição voluntária (arts. 719-770), alimentos (Lei 5.478/1968); nomeação de tutor e curador; outras ocorrências, previstas na legislação extravagante (ex.: inquilinato – Lei 8.245/1991, art. 58, I; desapropriação – Dec.-Lei 3.365/1941, art. 39). Outrossim, em atenção ao contido no art. 93, XII da CF, o CPC busca conter as situações de suspensão do curso dos processos no limite do que seja razoável (*v.g.*, o que se passa no incidente de habilitação dos herdeiros, em caso de falecimento da parte – CPC, art. 313, I, c/c arts. 689 e 692), ou mesmo busca prever que os interregnos excetuados ao trâmite contínuo dos processos se limitem a certo prazo, como se dá com os RE's e REsp's repetitivos sobrestados na origem, no aguardo da fixação da decisão-quadro no STF ou STJ, a qual deve ocorrer em um ano – CPC, art. 1.037, II e § 4º.

As "férias forenses" (*rectius*: períodos excetuados ao trabalho) compreendem: as *coletivas*, nos tribunais superiores – 02 a 31.01 e 02 a 31.07, vedadas tais férias em primeiro grau (Juízos, Varas) e tribunais de 2º grau (TJ's, TRF's, TRT's, TRE's, TJM's). Outrossim, não há expediente forense no período reservado ao recesso de fim de ano (20.12 a 20.01, inclusive – CPC, art. 220, *caput*), ressalvado o trâmite dos casos urgentes, nos termos da Res. CNJ 08/2005.

Os *feriados* – de cuja natureza participa o recesso de fim de ano – são os dias excepcionados por lei ao trabalho forense, especialmente os *feriados*

---

[1] *Comentários ao Código de Processo Civil*, cit., 2015, nota nº 2 ao art. 214, p. 733.

nacionais (Lei 662/1949, redação da Lei 10.607/2002): 01.01 (Confraternização Mundial); 21.04 (Tiradentes); 01.05 (Dia do Trabalho); 07.09 (Independência do Brasil); 02.11 (Finados); 15.11 (Proclamação da República); 08.12 (Dia da Justiça); 25.12 (Natal), e ainda, 12.10 (Nossa Senhora Aparecida, padroeira do Brasil; cf. Lei 6.802/1980). Além dessas efemérides pontuais, "são feriados, para efeito forense, os sábados, os domingos e os dias em que não haja expediente forense" (CPC, art. 216), podendo, ainda, haver feriados religiosos regulados por lei municipal (Lei 9.093/1995, art. 2º), não excedentes a quatro, incluída a Sexta-Feira da Paixão (Lei 9.093/1995, art. 2º). Ainda, a Lei 5.010/1966, que organiza a Justiça Federal, declara feriados: o interregno de quarta-feira da semana santa até o domingo de Páscoa; a segunda e terça-feira de Carnaval; o 11.08; os dias 01 e 2.11 e 08.12. Nas Justiças estaduais, os feriados são aqueles indicados na lei de organização judiciária local (cf. Leis 1.408/1951 e 9.093/1995).

Saliente-se que são *inválidos* os atos praticados nos períodos de suspensão dos processos, o que inclui os feriados e os recessos, podendo, todavia, o juiz "determinar a realização de atos urgentes a fim de evitar dano irreparável, salvo no caso de arguição de impedimento e de suspeição" – CPC, art. 314.

Nas épocas excepcionadas ao trabalho forense (recessos, feriados), suspendem-se os prazos processuais, visto que o art. 219, *caput*, do CPC vigente (contrariamente ao que dispunha o art. 178 do CPC/1973) manda computar na contagem somente os *dias úteis*, regra completada pelo art. 224, *caput*: "Salvo disposição em contrário, os prazos serão contados excluindo o dia do começo e incluindo o dia do vencimento". Igualmente, na Justiça do Trabalho, o art. 775 da CLT determina que os prazos "serão contados em dias úteis, com exclusão do dia do começo e inclusão do dia do vencimento" (redação da Lei 13.467/2017).

Outrossim, a teor do art. 221, *caput*, do CPC, suspendem-se ainda os prazos: em caso de "obstáculo criado em detrimento da parte" e ainda nas hipóteses de suspensão do processo indicadas no art. 313 e incisos do CPC; também, a teor do parágrafo único desse artigo, suspendem-se os prazos "durante o interregno em que se desenvolve programa instituído pelo Poder Judiciário para promover a autocomposição, incumbindo aos tribunais especificar, com antecedência, a duração dos trabalhos".

Ressalte-se que, quando utilizado meio eletrônico, os atos processuais consideram-se tempestivos quando efetivados até as 24 horas do último dia do prazo (Lei 11.419/2006, § 1º do art. 10; CPC, art. 213, *caput*); já no tocante ao processo de base física papel, a petição que formaliza o ato "deverá ser protocolada no horário de funcionamento do fórum ou tribunal, conforme o disposto na lei de organização judiciária local" – CPC, § 3º do art. 212. Ainda no tocante à dilação temporal, o CPC, recepcionando o ideário do processo de estrutura cooperatória (art. 6º), prevê que as partes podem ajustar, em conformidade com o Juízo, "calendário para a prática dos atos processuais" – art. 191, *caput*.

Vale lembrar que os prazos processuais não se destinam apenas às partes – originárias ou supervenientes – mas igualmente *ao juiz*, a teor do art. 226 e incisos do CPC, cabendo-lhe proferir: os despachos (§ 3º do art. 203) em cinco dias; as decisões interlocutórias (§ 2º do art. 203) em dez dias; as sentenças (§ 1º do art. 203) em trinta dias. No âmbito do STF, dispõe o art. 111 do Regimento Interno: "Os prazos para os Ministros, salvo acúmulo de serviço, são os seguintes: I – dez dias para atos administrativos e despachos em geral; II – vinte dias para o visto do Revisor: III – trinta dias para o visto do Relator".

Sem embargo, os prazos estabelecidos para o magistrado são chamados *impróprios*, porque podem ser excedidos "havendo motivo justificado" (CPC, art. 227), o que está em sintonia com o estabelecido na Lei Orgânica da Magistratura Nacional (LC 35/1979), art. 35: "São deveres do magistrado: (...) II – não exceder injustificadamente os prazos para sentenciar ou despachar". Outrossim, prevê o art. 235, *caput*, do CPC: "Qualquer parte, o Ministério Público ou a Defensoria Pública poderá representar ao corregedor do tribunal ou ao Conselho Nacional de Justiça contra juiz ou relator que injustificadamente exceder os prazos previstos em lei, regulamento ou regimento interno". Análoga representação, por partes desses mesmos agentes, mas já agora dirigida ao juiz, é cabível "contra o serventuário que injustificadamente exceder os prazos previstos em lei" – CPC, § 2º do art. 233.

Acerca da distinção entre prazos próprios e impróprios, aduz Fernando Antônio Negreiros Lima: "São próprios os prazos assinalados para as partes, que têm o ônus de praticar o ato processual durante o seu curso, sob pena de perderem a faculdade de fazê-lo (preclusão temporal). E são impróprios os prazos assinalados para o juiz, de vez que o magistrado não perde o poder de praticar o ato em face do simples decurso do prazo que a lei lhe assinale".[2]

Vale ressaltar que, em sintonia com o princípio da continuidade da prestação jurisdicional, são previstos sistemas de *plantões judiciários*, para atendimento aos casos urgentes ou excepcionais; além disso, pode haver convocação extraordinária nos lapsos temporais excetuados ao trabalho forense, como disposto no § 3º do art. 78 do RISTF: "Os Ministros indicarão seu endereço para eventual convocação durante as férias ou recesso". No âmbito

---

[2] *Teoria geral do processo judicial*, cit., 2013, p. 577.

do STJ, dispõe o art. 83 do Regimento Interno: "Suspendem-se as atividades judicantes do Tribunal nos feriados, nas férias coletivas e nos dias em que o Tribunal determinar. § 1º. Nas hipóteses previstas neste artigo, poderá o Presidente ou seu substituto legal decidir pedidos de liminar em mandado de segurança e *habeas corpus*, determinar liberdade provisória ou sustação de ordem de prisão, e demais medidas que reclamem urgência".

Saliente-se ainda que, buscando otimizar o tempo incorrido na prestação jurisdicional, evitando retardamentos desnecessários, o CPC estabelece que, excetuados os casos listados nos incisos do § 2º do art. 12, "juízes e tribunais atenderão, preferencialmente, à *ordem cronológica de conclusão* para proferir sentença ou acórdão" (art. 12, *caput*, redação da Lei 13.256/2016). Ainda, em ordem à desejável transparência da atividade judicante, prevê o art. 1º desse artigo: "A lista de processos aptos a julgamento deverá estar permanentemente à disposição para consulta pública em cartório e na rede mundial de computadores".

27

O CONSELHO NACIONAL DE JUSTIÇA

Os tribunais judiciários (STF, STJ, TSE, TST, STM, TRFs, TJs, TJMs, TRTs), a par de sua precípua função propriamente judicante, de resolver as lides mediante a aplicação da norma de regência, ainda, por força de sua autonomia e de seu autogoverno, desempenham atividades administrativas, a saber, de planejamento, controle e correicionais, através de órgãos adrede estabelecidos, tais o Pleno, o Órgão Especial, os Conselhos Superiores, as Corregedorias.

A Lei Orgânica da Magistratura (LC 35/1979) prevê no art. 21 que aos tribunais é dado: "(...) II – organizar seus serviços auxiliares, provendo-lhes os cargos, na forma da lei; propor ao Poder Legislativo a criação ou a extinção de cargos e a fixação dos respectivos vencimentos; (...) V – exercer a direção e a disciplina dos órgãos e serviços que lhes forem subordinados; VI – julgar, originariamente, os mandados de segurança contra seus atos, os dos respectivos presidentes e os de suas câmaras, turmas ou seções".

Anteriormente à criação do atual Conselho Nacional de Justiça, a citada Lei Orgânica da Magistratura contemplava no art. 3º, *caput*, o *Conselho Nacional da Magistratura*: "com sede na Capital da União e jurisdição em todo o território nacional, compõe-se de 7 (sete) ministros do Supremo Tribunal Federal, por este escolhidos, mediante votação nominal para um período de 2 (dois) anos, inadmitida a recusa do encargo".

Dentre os princípios basilares da República Federativa brasileira está o da independência entre os Poderes (CF, art. 2º), elevada à condição de cláusula pétrea (CF, art. 60, § 4º, III); sem embargo, esse princípio é em certo modo temperado pela diretriz da harmonização entre os Poderes, consentindo um mútuo controle (*checks and ballance*), sob o ideário de uma integração recíproca entre as instâncias políticas (Executivo e Legislativo), e aquela encarregada da distribuição da justiça (Judiciário). Tal sintonia resta comprometida quando um dos Poderes avança sobre as prerrogativas do outro:

quando o Executivo adota ou determina condutas que reclamam *reserva legal* ou quando o Judiciário avança em searas próprias do Executivo (escolhas primárias, opções politicas), ou mesmo do Legislativo (a nomogênese), assim incidindo em *excesso de ativismo*.

De fato, não raro ocorre de o Judiciário exceder os limites de sua atuação, que é o de interpretar a lei e aplicá-la aos casos concretos, passando a prover sobre temas multiplexos, que depassam a esfera jurídica, avançando sobre questões sociopolítico-econômicas. Assim, também, pode dar-se que o Executivo extrapole sua legítima área de atuação, por exemplo, quando edita Medidas Provisórias fora dos parâmetros estabelecidos no art. 62, incisos e parágrafos, da CF.

Verdade que, sob certas condições, ao Judiciário é dado prover sobre situações de "norma necessitada", ou seja, quando "a falta de norma regulamentadora torne inviável o exercício dos direitos e liberdades constitucionais e das prerrogativas inerentes à nacionalidade, à soberania e à cidadania" (CF, art. 5º, LXXI), a que se acrescenta o disposto no parágrafo único do art. 2º da Lei 13.300/2016: "Considera-se parcial a regulamentação quando forem insuficientes as normas editadas pelo órgão legislador competente", pressupostos que autorizam o manejo do *mandado de injunção*. Outrossim, ao STF é dado declarar a "inconstitucionalidade por omissão de medida para tornar efetiva norma constitucional" (CF, § 2º do art. 103), caso em que "será dada ciência ao Poder competente para a adoção das providências necessárias" (Lei 9.868/1989, art. 12-H, *caput*, acrescido pela Lei 12.063/2009).

É bem de ver que a separação entre os Poderes hoje não se reveste da rigidez de outrora, o que se constata da leitura atenta das atribuições de cada uma das instâncias estatais:

(*i*) o Judiciário (também) *administra*, quando provê acerca do que constitui sua economia interna (autogoverno da magistratura) e, se não chega propriamente a legislar, pode emitir súmulas de sua jurisprudência dominante ou pacífica, as quais figuram dentre os precedentes judiciários de eficácia expandida e impositiva (CPC, art. 927, IV; art. 332, I e IV), especialmente as súmulas vinculantes do STF (CF, art. 103-A e § 3º; CPC, art. 927, II), a par de exercer o múnus de *legislador negativo*, quando acolhe uma ação direta de inconstitucionalidade; o Judiciário (também) *normatiza*, quando, de um lado, aprova os Regimentos Internos dos tribunais (CF, art. 96, I, *a*) e, de outro, quando, constatada a *mora legislativa*, acolhe o *mandado de injunção* para "estabelecer as condições em que se dará o exercício dos direitos, das liberdades ou das prerrogativas reclamadas (...)" – Lei 13.300/2016, inciso II do art. 8º;

(*ii*) o Executivo, em certa medida, *legisla*, quando emite "medidas provisórias com força de lei" (CF, art. 84, XXVI), e, também *julga*, quando decide os processos de licitação ou os inquéritos administrativos envolvendo seus funcionários;

(*iii*) o Legislativo (também) *julga*, quando decide sobre o processo de *impeachment* do presidente da República (CF, art. 52, I, II e parágrafo único), e, além disso, (também) *administra*, quando provê sobre o que concerne à sua economia interna e ao seu corpo de servidores (CF, art. 51, IV; art. 52, XIII).

No tocante ao Judiciário, sua independência se revela sob mais de uma perspectiva:

(*i*) a *persuasão racional* assegurada aos magistrados, observada a devida motivação/fundamentação das decisões, sob pena de nulidade (CF, art. 93, IX; CPC, art. 11, *caput*; art. 489, § 1º);

(*ii*) a *reserva de sentença*, pela qual uma decisão judicial só por outra do mesmo Poder pode ser revista ou tornada insubsistente (pela interposição de recursos ou mesmo ajuizamento de ação rescisória: CPC, arts. 994, 966 e incisos);

(*iii*) a *autonomia administrativa e financeira* (CF, art. 99, *caput*), ensejando ao STF a iniciativa de projeto de lei complementar dispondo sobre o Estatuto da Magistratura (CF, art. 93, *caput*), assim como podem os demais tribunais superiores e os TJs, tomar a iniciativa de projeto de lei dispondo sobre sua estrutura e economia interna (CF, art. 96, II e alíneas; art. 125, § 1º);

(*iv*) a *tríplice garantia da inamovibilidade, vitaliciedade, irredutibilidade de vencimentos* aos magistrados (CF, art. 95 e incisos);

(*v*) *foro especial, por prerrogativa de função* (LC 35/1979, § 1º do art. 22).

Esse autogoverno da magistratura, em sentido largo, abrange o manejo de tudo que concerne à sua economia interna, tais o planejamento, controle e supervisão dos serviços e, bem assim, a avaliação de desempenho dos magistrados e dos funcionários das serventias judiciais. Nesse sentido, a CF prevê que "as decisões administrativas dos tribunais serão motivadas e em sessão pública, sendo as disciplinares tomadas pelo voto da maioria absoluta de seus membros" (inciso X do art. 93, redação da EC 45/2004). No tocante às Justiças Estaduais, sua estrutura e funcionalidade ficam atribuídas à lei local de organização judiciária, de iniciativa do Tribunal de Justiça (art. 125 e § 1º).

Em que pese todo esse arcabouço normativo assegurando autonomia, independência e autogoverno ao Judiciário, impende ter presente que nos Estados democráticos não há direitos absolutos, nem poderes incontrastáveis, e, por isso, as atribuições, direitos e vantagens que constituem apanágio da Justiça estatal e de seus integrantes não podem restar sem controle, inclusive com vistas à correção de rumos, contenção dos excessos e imposição de sanções às condutas infracionais devidamente apuradas.

Até o advento da EC 45/2004, as atividades administrativas e censórias, ao interno dos tribunais, eram centradas, como antes dito, no Conselho Superior da Magistratura, e, ao interno dos tribunais, nos Conselhos, Corregedorias e ainda no Plenário ou Órgão Especial, este último nos tribunais "com número superior a vinte e cinco julgadores" (CF, art. 93, XI).

Por ocasião dos trabalhos e debates que acabaram por culminar na EC 45/2004 ressoavam crescentes reclamos no tocante a uma afirmada baixa efetividade na atuação dos órgãos censórios ao interno dos órgãos jurisdicionais, o que viria pavimentar o caminho para a criação de um órgão de planejamento, supervisão e controle do Judiciário, no plano macro e de âmbito nacional, estruturado de modo a que não se lhe aplicasse a previsível crítica de que por aí se estaria cogitando de um *controle externo*, capaz de comprometer em alguma medida a autonomia e a independência da Justiça estatal.

Ao fim e ao cabo, prevaleceu a curial argumentação de que no Estado de direito não se consente atividade pública que pretenda se excluir à fiscalização e controle por uma instância específica, para tal credenciada, como se dá, *v.g.*, com os Tribunais de Contas, órgãos de auxílio técnico do Legislativo, no controle dos atos do Executivo, fora e além, portanto, dos próprios *órgãos internos* de fiscalização e controle. Ao propósito, Mauro Cappelletti já advertira que a "monopolização da responsabilidade disciplinar em mãos da própria magistratura [pode importar] sua degeneração em instrumento de controle puramente corporativo, isolado da sociedade".[1]

É sob esse ideário que se foi forjando e acabou instituído o Conselho Nacional do Ministério Público (CF, art. 103-B, incisos e parágrafos, no bojo da EC 45/2004, salientando-se que essa Emenda alocou junto do STJ o *Conselho da Justiça Federal* (CF, art. 105, parágrafo único, II), assim como alocou junto do TST o Conselho Superior da Justiça do Trabalho (CF, art. 111-A, § 2º, II).

Depois de acirrados debates, adveio, no corpo da EC 45/2004 – dita *Reforma do Judiciário* –, a criação do *Conselho Nacional da Magistratura*,

---

[1] *Juízes irresponsáveis?* Trad. Carlos Alberto Alvaro de Oliveira. Porto Alegre: Sérgio Antonio Fabris Editor, 1989, p. 73.

posicionado no altiplano das atividades de planejamento, controle, supervisão e correição do Poder Judiciário, a teor do art. 103-B (*caput* com redação da EC 61/2009), incisos e parágrafos da CF.

Conquanto o CNJ venha previsto no rol dos órgãos componentes do Judiciário (CF, art. 92, I-A), ele não é, propriamente, dotado de *jurisdição* no sentido técnico e restrito da palavra, não podendo, assim, decidir com definitividade (isto é, com força de coisa julgada) os conflitos que lhe são submetidos, tampouco rever decisão judicial, monocrática ou colegiada, ficando seus atos sujeitos a eventual revisão pelo STF (CF, art. 102, I, *r*, alínea acrescida pela EC 45/2004).

Ao propósito, esclarece Luiz Fux: "O CNJ foi um órgão criado para o controle do Poder Judiciário, zelando pela sua autonomia. A composição do CNJ é muito eclética, denotando-lhe um caráter extremamente democrático, pois a ele integram magistrados, advogados e membros do Ministério Público. Um dos grandes desafios do CNJ é atuar de forma a não afrontar a autonomia de cada órgão jurisdicional. Nesse sentido, é importante ressaltar que, uma vez proferida sua decisão, como órgão administrativo, a revisão de seu ato somente se dará quando verificada alguma ilegalidade ou inconstitucionalidade, a ser analisada pelo Supremo Tribunal Federal".[2]

O CNJ é um colegiado de formação *pluralista* (magistrados, membros do Ministério Público, advogados, cidadãos CF, art. 103-B, incisos I a XIII), vindo chefiado pelo Presidente do STF (§ 1º do art. 103-B, redação da EC 61/2009) sendo que seus integrantes se sujeitam a processo e julgamento pelo Senado, nos crimes de responsabilidade (CF, art. 52, II). Saliente-se que no CNJ têm assento o Presidente do Conselho Federal da OAB e o Procurador Geral da República (CF, art. 103-B, § 6º).

À época da EC 45/2004, a constitucionalidade do CNJ chegou a ser questionada no STF (ADIn 3.367-DF, rel. Min. Cezar Peluso, j. 13.04.2005, *DJU* 17.03.2016), ao argumento básico de ingerência indevida na seara da economia interna das Cortes, ao risco de comprometer a independência do Judiciário; todavia, o STF, por maioria, desproveio a ação, fixando entendimento de que o CNJ se vocaciona a desempenhar "atribuições de controle da atividade administrativa, financeira e disciplinar da magistratura" e que esse Conselho "não tem nenhuma competência sobre o STF e seus Ministros, sendo esse o órgão máximo do Poder Judiciário nacional, a que aquele está sujeito". De interesse, ainda a Súmula 649 do STF: "É inconstitucional a criação,

---

[2] *Teoria geral do processo civil*. 2. ed. Rio de Janeiro: Forense, 2016, p. 102-103.

por Constituição estadual, de órgão de controle administrativo do Poder Judiciário do qual participem representantes de outros poderes ou entidades".

Ao propósito da natureza do CNJ esclarecem Nelson Nery Júnior e Rosa Maria de Andrade Nery: "O CNJ é órgão do Poder Judiciário (CF 92 I-A), mas *sem jurisdição*, vale dizer, é órgão judicial mas não jurisdicional. Órgão administrativo de controle externo do Poder Judiciário e da atividade da Magistratura (CF 103-B § 4º), o CNJ não tem função jurisdicional, cabendo-lhe fiscalizar a gestão financeira e administrativa do Poder Judiciário e o cumprimento do dever funcional dos juízes. Os conselheiros não são investidos de jurisdição e, portanto, as decisões do CNJ não têm autoridade de coisa julgada (...) Não há previsão constitucional de recurso administrativo, para o STF, das decisões do CNJ. Nos crimes de responsabilidade, os membros do CNJ são julgados pelo Senado Federal (CF 52 II). O CNJ tem editado verbetes que denomina *enunciados administrativos*, que formam a súmula de sua jurisprudência predominante".[3]

Dentre as competências do CNJ, listadas no § 4º do art. 103-B da CF, destacam-se: "I – zelar pela autonomia do Poder Judiciário e pelo cumprimento do Estatuto da Magistratura, podendo expedir atos regulamentares, no âmbito de sua competência, ou recomendar providências; (...) III – receber e conhecer das reclamações contra membros ou órgãos do Poder Judiciário, inclusive contra seus serviços auxiliares, serventias e órgãos prestadores de serviços notariais e de registro que atuem por delegação do poder público ou oficializados, sem prejuízo da competência disciplinar e correicional dos tribunais, podendo avocar processos disciplinares em curso e determinar a remoção, a disponibilidade ou a aposentadoria com subsídios ou proventos proporcionais ao tempo de serviço e aplicar outras sanções administrativas, assegurada ampla defesa; (...) VII – elaborar relatório anual, propondo as providências que julgar necessárias, sobre a situação do Poder Judiciário no País e as atividades do Conselho, o qual deve integrar mensagem do Presidente do Supremo Tribunal Federal a ser remetida ao Congresso Nacional, por ocasião da abertura da sessão legislativa".

Saliente-se que o cargo de Corregedor, no âmbito do CNJ, é exercido pelo Ministro do STJ que integra aquele Conselho (CF, § 5º do art. 103-B, c/c art. 103-B, II).

Dentre os órgãos do CNJ destaca-se o Departamento de Pesquisas Judiciárias que, dentre outras atribuições (Lei 11.364/2006, art. 5º, § 1º)

---

[3] *Constituição Federal comentada*. 3. ed. São Paulo: Revista dos Tribunais, 2012, nota nº 2 ao art. 103-B, p. 671.

desempenha a missão referida no inciso VII do art. 103-B da CF, a saber, apresentação de "relatório anual, propondo as providências que julgar necessárias, sobre a situação do Poder Judiciário no País e as atividades do Conselho (...)", com destaque para a edição do boletim *Justiça em Números*, contendo um diagnóstico abrangente e detalhado das atividades jurisdicionais em cada ano judiciário, mormente no que tange à estrutura, investimentos, custeio e resultados.

Dentre as Resoluções já emitidas pelo CNJ destaca-se a de 125/2010, que estabelece as bases da *Política Judiciária Nacional*, pondo ênfase nos meios auto e heterocompositivos de solução de controvérsias, ideário reafirmado no vigente CPC (§ 3º do art. 3º). Podem ainda ser lembradas estas Resoluções do CNJ: 7/2005, alterada pelas Resoluções 9, 21 e 181, proibindo o chamado nepotismo direto e cruzado; 135/2011, fixando regras para o trâmite de processos disciplinares contra juízes, a serem observadas pelos tribunais; 13/2006, alterada pelas de nº 27 e 42, definindo regras sobre o teto remuneratório e subsídios dos magistrados.

Prevê, ainda, o CPC que os tribunais "criarão centros judiciários de solução consensual de conflitos, responsáveis pela realização de sessões e audiências de conciliação e mediação e pelo desenvolvimento de programas destinados a auxiliar, orientar e estimular a autocomposição", tudo nos moldes das diretrizes fixadas pelo Conselho Nacional de Justiça (art. 165 e § 1º). Saliente-se ainda que a CF autoriza a União a criar "ouvidorias de justiça, competentes para receber reclamações e denúncias de qualquer interessado contra membros ou órgãos do Poder Judiciário, ou contra seus serviços auxiliares, representando diretamente ao Conselho Nacional de Justiça" (§ 7º do art. 103-B).

BIBLIOGRAFIA

ABBAGNANO, Nicola. *Dicionário de Filosofia*. São Paulo: Martins Fontes, 2000.

ALEXY, Robert. *Teoria de los derechos fundamentales*. Madrid: Centro de Estudios Políticos e Constitucionales, 2002.

AMARAL SANTOS, Moacyr. *Primeiras linhas de direito processual civil*. Atualização de Maria Beatriz Amaral Santos Köhnen. São Paulo: Saraiva, 2010. v. 1.

_____. *Prova judiciária no cível e no comercial*. São Paulo: Max Limonad, 1970.

ANDOLINA, Ítalo. *'Cognizione' ed 'esecuzione forzata' nel sistema della tutela giurisdizionale*. Milano: Giuffrè, 1983.

ANDRADE NERY, Rosa Maria de; NERY JÚNIOR, Nelson. *Comentários ao Código de Processo Civil*. São Paulo: Thomson Reuters-Revista dos Tribunais, 2015.

_____; NERY JÚNIOR, Nelson. *Constituição Federal comentada*. 3. ed. São Paulo: Revista dos Tribunais, 2012.

ARAÚJO CINTRA, Antonio Carlos; GRINOVER, Ada Pellegrini; DINAMARCO, Cândido Rangel. *Teoria Geral do Processo*. 14. ed. São Paulo: Malheiros, 1998.

ASSIS, Carlos Augusto de. Ação. In: PAGANI DE SOUZA, André *et al*. (Coord.). *Teoria Geral do Processo contemporâneo*. 2. ed. São Paulo: Gen-Atlas, 2017.

BANDEIRA DE MELLO, Celso Antônio. *Discricionariedade e controle jurisdicional*. São Paulo: Malheiros, 2000.

BARBOSA MOREIRA, José Carlos. Os poderes do juiz na direção e na instrução do processo. In: _____. *Temas de Direito Processual*. São Paulo: Saraiva, 1989. (Quarta série.)

_____. *Comentários ao Código de Processo Civil*. Rio de Janeiro: Gen-Forense, 2012. v. V.

_____. *O novo processo civil brasileiro*. 27. ed. Rio de Janeiro: Gen-Forense, 2008.

_____. A eficácia preclusiva da coisa julgada material no sistema do processo civil brasileiro. In: _____. *Temas de Direito Processual*. 2. ed. São Paulo: Saraiva, 1988.

_____. Considerações sobre a chamada 'relativização' da coisa julgada. In: _____. *Temas de Direito Processsual*. São Paulo: Saraiva, 2007. (Nona série.)

BARROSO, Luís Roberto. Judicialização, ativismo judicial e legitimidade democrática. *Atualidades Jurídicas:* revista eletrônica do Conselho Federal da OAB, n. 4, fev. 2009.

BOCHENEK, Antonio César. Limitar o acesso à Justiça para ampliar os direitos. *Consultor Jurídico*. Disponível em: http://www. conjur.com.br/2013-jan-27/segunda-leitura-limitar-ace.

BUARQUE DE HOLANDA FERREIRA, Aurélio. *Novo Dicionário da Língua Portuguesa*. 15. ed. Rio de Janeiro: Nova Fronteira. s.d.

CALAMANDREI, Piero. *Introdução ao estudo sistemático dos procedimentos cautelares*. Campinas, SP: Servanda, 2000.

CAPPELLETTI, Mauro. *Juízes irresponsáveis?* Trad. Carlos Alberto Alvaro de Oliveira. Porto Alegre: Sergio Antonio Fabris Editor, 1989.

CARMONA, Carlos Alberto. *Arbitragem e Processo*: um comentário à Lei nº 9.307/96. 3. ed. São Paulo: Atlas, 2009.

CARNELUTTI, Francesco. *Instituições de Direito Processual Civil*. São Paulo: Classic Book, 2000. t. I.

_____. *Sistema de Direito Processual Civil*. Franca, SP: Lemos e Cruz, 2004. v. 1.

CARREIRA ALVIM, José Eduardo. *Teoria Geral do Processo*. 19. ed. São Paulo: Gen-Forense, 2016.

CARRILHO Lopes, Bruno Vasconcelos; DINAMARCO, Cândido Rangel. *Teoria Geral do Novo Processo Civil*. São Paulo: Malheiros, 2016.

CHIOVENDA, Giuseppe. *Instituições de Direito Processual Civil*. Campinas, SP: Bookseller, 2002. .

_____. *Saggi di diritto processuale civile*. Milano: Giuffrè, 1993. t. II.

CRUZ E TUCCI, José Rogério. Parâmetros de eficácia e critérios de interpretação do precedente judicial. In: WAMBIER, Teresa Arruda Alvim (Coord.). *Direito Jurisprudencial*. São Paulo: Revista dos Tribunais, 2012.

DIDIER JÚNIOR, Fredie. *Sobre a Teoria Geral do Processo*: essa desconhecida. 3. ed. Salvador: Juspodivm, 2016.

_____. Será o fim da categoria 'condição da ação'? Um elogio ao projeto de novo Código de Processo Civil. *Revista de Processo*, n. 197, jul. 2011.

DINAMARCO, Cândido Rangel. *A instrumentalidade do processo*. 6. ed. São Paulo: Malheiros, 1998.

_____. *Fundamentos do Processo Civil Moderno*. 3. ed. São Paulo: Malheiros, 2000. t. 1 e 2.

_____. *Instituições de Direito Processual Civil*. 6. ed. São Paulo: Malheiros, 2009. t. II.

_____. Relativizar a coisa julgada material. In: NASCIMENTO, Carlos Valder (Coord.). *Coisa julgada inconstitucional*. 2. ed. Rio de Janeiro: América Jurídica, 2003.

_____; CARRILHO Lopes, Bruno Vasconcelos. *Teoria Geral do Novo Processo Civil*. São Paulo: Malheiros, 2016.

_____; GRINOVER, Ada Pellegrini; ARAÚJO CINTRA, Antonio Carlos. *Teoria Geral do Processo*. 14. ed. São Paulo: Malheiros, 1998.

DWORKIN, Ronald. *Levando os direitos a sério*. São Paulo: Martins Fontes, 2002.

FUX, Luiz. *Teoria Geral do Processo*. 2. ed. Salvador: Juspodivm, 2016.

GAIUS. *Institutas*. Trad. J. Cretella Júnior; Agnes Cretella. São Paulo: Revista dos Tribunais, 2004. (IV, 11-12).

GOUVÊA MEDINA, Paulo Roberto. *Teoria Geral do Processo*. 2. ed. Salvador: Juspodivm, 2016.

GRINOVER, Ada Pellegrini; ARAÚJO CINTRA, Antonio Carlos; DINAMARCO, Cândido Rangel. *Teoria Geral do Processo*. 14. ed. São Paulo: Malheiros, 1998.

HOFFMAN, Paulo. O direito à razoável duração do processo e a experiência italiana. In: ARRUDA ALVIM WAMBIER, Teresa *et al.* (Coord.). *Reforma do Judiciário*: primeiras reflexões sobre a EC n. 45/2004. São Paulo: Revista dos Tribunais, 2005.

LACERDA, Galeno. *O novo direito processual civil e os feitos pendentes*. Rio de Janeiro: Forense, 1974.

LAMY, Eduardo; RODRIGUES, Horácio Wanderlei. *Teoria Geral do Processo*. 4. ed. São Paulo: Gen-Atlas, 2016.

LARA, Mariana Alves. Os novos rumos da mediação no Brasil. *Revista da Faculdade de Direito da USP*, v. 11, 2016.

LAURIA TUCCI, Rogério. Considerações acerca da inadmissibilidade de uma Teoria Geral do Processo. *Revista Jurídica*, Porto Alegre, n. 281, 2001.

LENZA, Pedro. *Direito Constitucional Esquematizado*. 18. ed. São Paulo: Saraiva, 2014.

LIEBMAN, Enrico Tullio. *Manuale di Diritto Processuale Civile*. 3. ed. Milano: Giuffrè, 1973.

_____. *Eficácia e autoridade da sentença e outros escritos sobre a coisa julgada*. Rio de Janeiro: Forense, 2006.

LÔBO NETO, Paulo Luís. *Comentários ao novo Estatuto da Advocacia e da OAB*. Brasília: Brasília Jurídica, 1994.

MALATESTA, Nicola Framarino dei. *A lógica das provas em matéria criminal*. São Paulo: Saraiva, 1960.

MANCUSO, Rodolfo de Camargo. *Ação Civil Pública*: em defesa do meio ambiente, do patrimônio cultural e dos consumidores – Lei 7.347/85 e legislação complementar. 14. ed. São Paulo: Thomson Reuters-Revista dos Tribunais, 2016.

_____. *A resolução dos conflitos e a função judicial no contemporâneo Estado de direito*. 2. ed. São Paulo: Thomson Reuters-Revista dos Tribunais, 2014.

_____. *Incidente de resolução de demandas repetitivas*: a luta contra a dispersão jurisprudencial excessiva. São Paulo: Thomson Reuters-Revista dos Tribunais, 2016.

_____. *Manual do Consumidor em Juízo*. 5. ed. São Paulo: Saraiva, 2013.

_____. *Jurisdição coletiva e coisa julgada*: teoria geral das ações coletivas. 3. ed. São Paulo: Thomson Reuters-Revista dos Tribunais, 2012.

_____. *Ação popular*. 8. ed. São Paulo: Thomson Reuters-Revista dos Tribunais, 2015.

_____. *Interesses difusos*: conceito e legitimação para agir. 8. ed. São Paulo: Thomson Reuters-Revista dos Tribunais, 2013.

_____. *Recurso extraordinário e recurso especial*. 13. ed. São Paulo: Thomson Reuters - Revista dos Tribunais, 2015.

_____. A necessária eficácia expandida – objetiva e subjetiva – das decisões no âmbito da jurisdição coletiva: especialmente o acórdão do TJSP na ADIn 0121480-62.2011.8.26.0000 (j. 01.10.2014), proposta em face da Lei paulistana 15.374/2011, sobre o uso de sacolas plásticas. *Revista de Processo*, n. 241, mar. 2015.

_____. O plano piloto de conciliação em segundo grau de jurisdição, do Egrégio Tribunal de Justiça de São Paulo, e sua possível aplicação aos feitos de interesse da Fazenda Pública. *Revista dos Tribunais*, n. 820, fev. 2004. (Também publicado [revisto e atualizado] em: *Revista Autônoma de Processo*: revista da Faculdade Autônoma de Direito – FADISP, n. 1, out./dez. 2006; MARINONI, Luiz Guilherme [Coord.]. *Estudos de Direito Processual Civil*: estudos em homenagem ao Professor Egas Dirceu Moniz de Aragão. São Paulo: Revista dos Tribunais, 2006.)

_____. Advocacia do setor público: riscos e obstáculos no limiar do novo milênio. In: _____. *Advocacia do setor público*: estudos temáticos de direito. São Paulo: Saraiva, 2013.

MARQUES, Cláudia Lima. *Contratos no Código de Defesa do Consumidor*. 5. ed. São Paulo: Revista dos Tribunais, 2006.

MARQUES, José Frederico. *Ensaio sobre a jurisdição voluntária*, Campinas, SP: Millenium, 2000.

MARTINS, Sérgio Pinto. *Direito Processual do Trabalho*. 29. ed. São Paulo: Atlas, 2009.

_____. *Teoria Geral do Processo*. 2. ed. São Paulo: Saraiva, 2017.

MAZZILLI, Hugo Nigro. O ativismo judicial. *Tribuna do Direito*, São Paulo, n. 289, maio 2017.

_____. *A defesa dos interesses difusos em Juízo*. 22. ed. São Paulo: Saraiva, 2009.

MIRABETE, Júlio Fabrini. *Código de Processo Penal interpretado*. São Paulo: Atlas, 2000.

NASCIMENTO, Carlos Valder do. Coisa julgada inconstitucional. In: _____ (Coord.). *Coisa julgada inconstitucional*. Rio de Janeiro: América Jurídica, 2003.

NEGREIROS LIMA, Fernando Antônio. *Teoria Geral do Processo Judicial*. São Paulo: Atlas, 2013.

NERY JÚNIOR, Nelson. *Princípios do Processo Civil na Constituição Federal*. São Paulo: Revista dos Tribunais, 2000.

_____; ANDRADE NERY, Rosa Maria de. *Comentários ao Código de Processo Civil*. São Paulo: Thomson Reuters-Revista dos Tribunais, 2015.

_____; ANDRADE NERY, Rosa Maria de. *Constituição Federal comentada*. 3. ed. São Paulo: Revista dos Tribunais, 2012.

PAZZAGLINI FILHO, Marino. *Lei de improbidade administrativa comentada*. 6. ed. São Paulo: Atlas, 2015.

PONTES DE MIRANDA, Francisco Cavalcanti. *Comentários ao Código de Processo Civil*. Rio de Janeiro: Forense, 1974-1978. .

REALE, Miguel. *Filosofia do Direito*. 5. ed. São Paulo: Saraiva, 1969. v. 2.

ROCHA LIMA, Tiago Asfor. *Precedentes judiciais civis no Brasil*. São Paulo: Saraiva, 2013.

RODRIGUES, Horácio Wanderlei; LAMY, Eduardo. *Teoria Geral do Processo*. 4. ed. São Paulo: Gen-Atlas, 2016.

SANTOS, Boaventura de Souza. Os tribunais nas sociedades contemporâneas. *Revista Brasileira de Ciências Sociais*, n. 30, fev. 1996.

SCARPINELLA BUENO, Cassio. *Curso Sistematizado de Processo Civil*. 8. ed. São Paulo: Saraiva, 2014. v. I.

_____. *Amicus curiae no processo civil brasileiro*: um terceiro enigmático. São Paulo: Saraiva, 2006.

SICHES, Luís Recasens. *Filosofia del Derecho*. México: Porrúa, 2010.

TARTUCE, Fernanda. *Mediação nos conflitos civis*. 2. ed. São Paulo: Forense, 2015.

_____. *Igualdade e vulnerabilidade no processo civil*. Rio de Janeiro: Gen-Forense, 2012.

TARUFFO, Michele. Observações sobre os modelos processuais de *civil law* e de *common law*. Trad. José Carlos Barbosa Moreira. *Revista de Processo*, n. 110, abr./jun. 2003.

TESHEINER, José Maria Rosa; THAMAY, Rennan Faria Krüger. *Teoria Geral do Processo*. 2. ed. Rio de Janeiro: Gen-Forense, 2016.

THAMAY, Rennan Faria Krüger; TESHEINER, José Maria Rosa. *Teoria Geral do Processo*. 2. ed. Rio de Janeiro: Gen-Forense, 2016.

THEODORO JÚNIOR, Humberto. Processo justo e boa-fé objetiva: repulsa aos atos contraditórios e desleais – *venire contra factum proprium, suppressio, surrectio* e *tu quoque*. In: ZUFELATO, Camilo; YARSHELL, Flávio (Org.). *40 anos da Teoria Geral do Processo no Brasil*: passado, presente e futuro. São Paulo: Malheiros, 2013.

ULHOA CINTRA, Roberto Ferrari de. *A pirâmide de solução de conflitos*. Brasília: Gráfica do Senado Federal, 2008.

WAMBIER, Teresa Arruda Alvim. Estabilidade e adaptabilidade como objetivos do direito: *civil law* e *common law*. *Revista de Processo*, n. 172, jun. 2009.

_____ et al. *Primeiros comentários ao novo Código de Processo Civil*. São Paulo: Thomson Reuters-Revista dos Tribunais, 2015.

WATANABE, Kazuo. Controle jurisdicional das políticas públicas – "mínimo existencial" e demais direitos fundamentais imediatamente judicializáveis. In: _____; GRINOVER, Ada Pellegrini (Coord.). *O Controle jurisdicional de políticas públicas*. São Paulo: Gen-Forense, 2011.

SÍTIOS ELETRÔNICOS

Boletim Justiça em Números (CNJ), 2.017, ano-base 2.016: http://www.cnj.jus.br/files/conteudo/arquivo/2017/12/8d7418267af6f35d0917ecd-379899df4.pdf

Exposição de Motivos do novo CPC: www.senado.gov.br/senado/novocpc/pdf/Atenprojeto.pdf

Site de notícias *Mediante.* https://docs.wixstatic.com/ugd/522e38_84376227be-354db9b391ad0f95997ca4.pdf

Pré-impressão, impressão e acabamento

grafica@editorasantuario.com.br
www.editorasantuario.com.br

Aparecida-SP